한국의 다서

한국의 다서 한국 차 문화사 자료 집성

1판 1쇄 인쇄 2020. 7. 6.
1판 1쇄 발행 2020. 7. 13.

지은이 정민·유동훈

발행인 고세규
편집 임지숙·고정용 | 디자인 윤석진 | 마케팅 이헌영 | 홍보 김소영
발행처 김영사
등록 1979년 5월 17일(제406-2003-036호)
주소 경기도 파주시 문발로 197(문발동) 우편번호 10881
전화 마케팅부 031)955-3100, 편집부 031)955-3200 | 팩스 031)955-3111

값은 뒤표지에 있습니다.
ISBN 978-89-349-9245-5 93900

홈페이지 www.gimmyoung.com   블로그 blog.naver.com/gybook
페이스북 facebook.com/gybooks   이메일 bestbook@gimmyoung.com

좋은 독자가 좋은 책을 만듭니다.
김영사는 독자 여러분의 의견에 항상 귀 기울이고 있습니다.

이 도서의 국립중앙도서관 출판예정도서목록(CIP)은 서지정보유통지원시스템 홈페이지
(http://seoji.nl.go.kr)와 국가자료공동목록시스템(http://www.nl.go.kr/kolisnet)에서
이용하실 수 있습니다.(CIP제어번호 : CIP2020024402)

── 이 책은 아모레퍼시픽재단의 연구 지원을 받아 출간되었습니다.

한국 차 문화사 자료 집성

한국의 다서

정민 · 유동훈

김영사

머리말

한국의 차 문화는 중국, 일본과는 구분되는 저만의 색깔이 분명했다. 차 관련 문헌 또한 중국처럼 풍부하지는 않아도 비교적 여럿이 남아 있다. 그간 한국 차계의 논의는 초의의 《동다송》과 이목의 〈다부〉에만 지나치게 쏠린 감이 없지 않다. 최근 이덕리의 《기다(동다기)》가 소개되고, 서유구의 《임원경제지》 속 차론이 정리되었으며, 그 밖에 묻혀 있던 자료들도 속속 수면 위로 올라와 세상에 알려지기 시작했다.

이 책 《한국의 다서》는 이제껏 알려진 한국 차 문화사의 주요 저술과 논설을 한자리에 모아 꼼꼼한 주석과 풀이 및 해설을 더한 것이다. 1983년 김명배 선생이 《한국의 다서》(탐구당)를 펴낸 이후 근 40년의 세월이 흘렀다. 김명배 선생의 책은 〈다신계절목〉, 《동다송》, 《다신전》, 《농정신편》 등 네 가지 자료만 수록한 문고본 책자다. 그간 이보다 몇 배나 되는 수많은 자료가 추가로 발굴되어 공개되었고, 이를 통해 모호했던 한국 차 문화사의 구도가 한층 선명해졌다. 다만 이들 자료는 연구자들 사이에서 파편적으로 공유되었고, 한자리에 묶여 정리된 적이 없었다. 자료 또한 신뢰할 만한 번역과 주석 없이 부분 발췌하거나, 이전의 오류를 수정하지 않고 답습함으로써 한국 차 문화사의 전모가 드러나지 않아, 총체적 전망 수립을 어렵게 만들었다.

다행히 몇 해 전 7책 분량의 《한국의 차 문화 천년》(돌베개)이란 책자가 간행되어 이 같은 갈증을 해소해주었다. 다만 한국 차 문화사의 모든 자료를 한자리에 모으려는 의도에 따라 방대한 자료를 수습했으나, 학술적 인용이 가능한 수준의 원문 교감 및 주석과 풀이에서 다소 아쉬운 점이 있었다. 또 중요한 자료지만 누락된 것도 여럿 있다. 이것이 이 책의 작업을 서두르게 된 이유다.

한국과 중국, 일본은 저마다 다른 차 문화 정체성을 간직해왔다. 이는 풍토와 인문환경의 차이, 음식 문화와 체질적 특성을 반영한 결과일 뿐이니 여기에 문화적 우열의 잣대를 들이댈 필요는 없다. 차에 대한 우리 인식이 세련된 형태로 발달한 일본 다도의 그것만 못하다 해서, 우리도 그만 못지않았다는 것을 기어이 입증해야만 하는 것은 아니라는 뜻이다.

일제강점기 일본인은 전남 강진, 장흥 지역에서 1,000년간 이어 내려온 조선의 떡차가, 당나라 때 육우가《다경》에서 말한 떡차의 제다법을 그대로 지켜온 것을 발견하고 대단히 놀라 흥분했다. 중국과 일본에서 이미 사라진 지 오래인 그 제다법을 한국 남부 지방에서 오롯이 보존·전승했을 줄은 상상조차 하지 못했기 때문이다. 이후 조선 떡차에 그들의 관심이 온통 쏠렸고, 그것이 수많은 관련 논문과 함께 1940년 모로오카 다모쓰와 이에이리 가즈오의《조선의 차와 선》으로 결실을 보았다.

한국 차의 정체성은 떡차에 있다. 이 책에 수록된 대부분의 자료가 이를 분명하게 증언한다. 일본인은 한국 떡차에 놀라 눈을 동그랗게 떴으나, 정작 우리는 이러한 빛나는 떡차 전통과 정체성을 까맣게 잊고 1970년대에 오히려 일본의 다도를 수입해, 이를 통해 한국 다도에 허상을 덧씌우려 애써왔다. 차 문화사에 대한 논의가 진행될수록 정체성은 도리어 흔들리고, 논의가 제자리걸음에 머물고 만 이유다.

왜색 다도 논란은 지금도 불식되지 않고, 충실한 학문적 논의가 사라진 진공 지대에 각종 해괴한 찻자리 퍼포먼스만 법석을 떨어, 결국 차를 대중과 유리시키는 결과를 낳았다. 지금도 수많은 차 단체가 난립하고, 저마다 자신들만이 정통이라거나, 자신이 만드는 차만 전통 제다의 원형이라고 우긴다. 1980년대 대단했던 차 문화에 대한 열기는 싸늘히 식은 지 오래다. 그나마 커피에 밀려 차는 완전히 뒷방 늙은이 신세가 되고 말았다.

차는 기호식품일 뿐이니 여기에 만고불변의 원형이 있을 리 없다. 차는 마시는 사람의 기호를 반영해 계속 진화하고 변화한다. 그렇다 해도 이 땅에서 오랫동안 우리 선조들이 차를 어떻게 생각하고, 어떤 식으로 만들고 마셔왔는지에 관련된 탐구는 계속되지 않을 수 없다. 오늘날 차 문화의 끝 모를 침체에 대한 해답은 어차피 이 속에 들어 있을 테니까 말이다.

김명배 선생의 책 출간 이후 40년간 이 같은 작업이 멈춰 있었던 것이 부끄럽다. 《한국의 차 문화 천년》의 정리 또한 기대에 미치지 못하는 점이 있었다. 필자 두 사람은 평소 이 점을 안타깝게 여겨왔다. 젊은 연구자들이 학술적으로 활용할 수 있는 신뢰할 만한 원전 자료를 집대성해서 제공해야 한국 차 문화사 연구는 비로소 본궤도에 올라설 수 있을 것이다. 이를 위해 여러 이본을 대조하고, 그 차이를 꼼꼼히 살펴 주석으로 달았다. 인용 원전을 찾아 전사 과정의 오류도 정확하게 반영했다. 이 책에서 처음으로 발굴하여 소개한 자료도 꽤 있다. 번역과 원문을 단락별로 나란히 배치해 바로바로 원문 대조가 가능하도록 편집한 것은 교양서가 아닌 전문 학술서로 눈높이를 맞췄기 때문이다. 조금 지나치다 싶을 만큼 꼼꼼하게 각주를 단 것도 이 때문이다.

이 책의 출간에 아모레퍼시픽재단이 연구비를 지원해주었다. 필자들의 뜻에 공감해 지원을 아끼지 않은 서경배 회장님께 깊은 감사의 뜻을 표한다. 이진호 오설록 대표께서도 든든한 성원을 보내주셨다. 뒤이어《한국의 차시》,《일제강점기 일본인의 조선 차 연구》,《초의와 초의차》등의 작업을 이어가려고 한다. '한국차문화총서'로 이름 붙일 이 연속 기획을 통해 한국 차 문화사의 전망을 수립할 수 있기를 기대한다.

2011년에《새로 쓰는 조선의 차 문화》를 펴낸 인연으로, 각주가 900개가 넘게 주렁주렁 달리고, 한문 원문이 도처에 도사리고 있는 이 난감한 책의 간행을 선뜻 허락하고 지지해준 김영사에 특별히 고마운 뜻을 전한다. 자료의 정리와 원문 대조 작업에 최한영 양의 노고가 컸다. 어려운 원문 편집과 까다로운 주문에 늘 웃으며 응대해준 편집부 임지숙 씨에게도 고마운 마음을 전한다.

중국과 일본의 차학 연구자들에게도 정본이라 할 만한 자료집을 원문과 함께 제공할 수 있게 된 점을 자랑스럽게 생각한다. 그들도 적잖게 놀랄 것이다.

2020년 7월
정민·유동훈 함께 씀

목차

1

이목

李穆, 1471~1498

다부

茶賦

차에 대한 방대한 정보를 망라한 저작

茶賦

작가와 자료 소개

이목은 조선 전기의 학자다. 자는 중옹仲雍, 호가 한재寒齋, 시호는 정간貞簡이다. 본관은 전주다. 김종직金宗直(1431~1492)의 제자로, 성균관 유생으로 있을 당시, 왕대비가 성균관에 음사淫祠를 설치하여 무당을 부르자 태학생들을 이끌고 이를 쫓아냈다. 이후 정승 윤필상尹弼商(1427~1504)을 탄핵한 일로 공주公州에 유배되었다. 1495년(연산군 원년) 증광문과에 장원으로 급제한 다음 사가독서한 후 영안도평사永安道評事가 되었다. 1498년 무오사화 때 윤필상의 모함으로 김일손金馹孫(1464~1498), 권오복權五福(1467~1498) 등과 함께 사형에 처해졌다. 1504년 갑자사화 때 다시 부관참시되었고, 뒤에 신원되어 이조판서에 추증追贈되었다. 문집《이평사집李評事集》이 남아 있다.

〈다부茶賦〉는 1585년에 간행된《이평사집》권1에 실려 있다. 이목은 24세 때인 1494년 북경에 다녀온 일이 있는데 이때 중국에서 차를 경험한 후 차에 대한 확고한 기호를 갖게 된 것으로 보인다. 그는 28세의 젊은 나이에 세상을 떴다. 이 작품은 1494년에서 1498년 사이에 지은 것이다. 〈다부〉는 차에 대한 해박한 지식과 정보를 망라하여 정리한 230구에 달하는 장편이다. 중국 역대 고전에서 차와 관련한 온갖 고사와 인물을 총동원했고, 차의 산지와 종류별 이름, 차의 효용과 약성에 이르기까지 참으로 호한하고 방대한 정보를 한 편의 작품에 오롯이 담아냈다. 이 시기 조선에서 차 문화는 쇠퇴 일로를 걷던 상황이어서, 〈다부〉는 더욱 이채롭고 특별한 존재감을 보여준다. 한국에서 차에 관한 전문적 저작으로는 첫자리를 차지해야 마땅하다.

원문 및 풀이

병서 并序

사람들은 어떤 사물을 완상하거나 음미하는데 평생토록 즐기면서도 싫증을 내지 않는 것은 성품이 그렇기 때문이다. 이백은 달을 좋아했고, 유영劉伶[1]은 술을 사랑했다. 좋아하는 것이 비록 달랐지만 너무도 즐긴 것만은 똑같았다. 내가 차에 대해서는 아득히 아는 바가 없다. 육우陸羽의 《다경茶經》을 읽고부터 조금씩 그 성품을 얻어 마음으로

---

1 유영: 진晉나라 때 죽림칠현竹林七賢의 한 사람이다. 자字는 백륜伯倫이다. 술을 몹시 사랑하여 집을 나설 때면 늘 수레에 술을 싣고 다녔다. 하인에게 삽을 들고 따라오게 해서, 죽으면 그 자리에 묻으라고 한 일화가 있다. 술의 덕을 예찬한 〈주덕송酒德頌〉을 남겼다.

몹시 보배롭게 여겼다. 옛날 혜강嵇康[2]은 금琴을 즐겨서 〈금부琴賦〉를 지었고, 도연명陶淵明[3]은 국화를 사랑하여 노래로 불렀다. 하찮은 것에 대해서도 오히려 더욱 드러냈던 것이다. 하물며 차의 공은 가장 높다. 그런데도 아직 차를 찬송한 사람이 있지 않으니, 이는 마치 어진 이를 저버린 것과 다를 바 없다. 이 또한 잘못이 아니겠는가? 이에 그 명칭을 찾아보고, 산지産地를 확인하며, 제품의 높고 낮음을 따져 부賦로 지었다.

어떤 이가 말했다.

"차에 세금을 매기면서부터 도리어 사람들의 병폐가 되었거늘, 그대가 어찌 이러쿵저러쿵 말하려 하는가?"

내가 대답했다.

"그렇소. 그렇기는 해도 이것이 어찌 하늘이 만물을 낸 본래의 뜻이겠는가? 사람의 탓이지 차의 탓은 아니라네. 게다가 나는 차에 벽癖이 있는지라 이 문제를 따질 겨를이 없구려."

凡人之於物, 或玩焉, 或味焉, 樂之終身, 而無厭者, 其性矣乎. 若李白之於月, 劉伯倫之於酒, 其所好雖殊, 而樂之至則一也. 余於茶, 越乎其莫之知, 自讀陸氏經, 稍得其性, 心甚珍之. 昔中散樂琴而賦, 彭澤愛菊而歌. 其於微尙加顯矣, 況茶之功最高, 而未有頌之者, 若廢賢焉, 不亦謬乎. 於是, 考其名, 驗其産, 上下其

---

2 혜강: 진晉나라 때 죽림칠현의 한 사람이다. 중산대부中散大夫를 지냈다. 노장사상과 양생술에 조예가 깊어 〈양생론養生論〉을 지었고, 시문과 거문고에 능해 〈금부〉를 남겼다.

3 도연명: 중국 동진東晉(317~420) 시기의 시인으로 팽택彭澤 현령縣令을 지냈다. 주요 작품으로 〈오류선생전五柳先生傳〉, 〈귀거래사歸去來辭〉, 〈도화원기桃花源記〉 등이 있다. 국화를 특별히 애호하여 동쪽 울타리 아래에 국화를 심어두어 동리선생東籬先生으로 불린다.

品, 爲之賦. 或曰: "茶自入稅, 反爲人病, 子欲云云乎." 對曰: "然然是豈天生物之
本意乎, 人也, 非茶也. 且余有疾, 不暇及此云."

0	그 말은 이러하다.	其辭曰
1	어떤 물건 여기 있어	有物於此
2	그 종류가 아주 많다.⁴	厥類孔多
3	명茗과 천荈이라 하고	曰茗曰荈
4	한蔞과 파菠라고 하네.⁵	曰蔞曰菠
5	선인장仙人掌과 뇌명雷鳴⁶이요	仙掌雷鳴

4 그 종류가 아주 많다: 이하 3구부터 24구까지 여러 지역에서 생산되는 각종 차
의 명칭을 소개했다. 대부분의 차가 송말宋末·원초元初의 학자 마단림馬端臨(1254~
1323)이 지은 《문헌통고文獻通考》 권18에 수록된 〈각다權茶〉에 나온다. 이 글을 지
을 때 이목이 《문헌통고》를 주로 참고했음을 알 수 있다.

5 명과 천이라 …… 파라고 하네: 명과 천은 《다경》에 차의 별칭으로 소개하면서
"일찍 딴 것은 차, 늦게 채취한 것은 명 또는 천이라 한다(早取曰茶, 晚取爲茗, 或一曰荈
耳)"라 하였다. 명과 천은 차의 채취 시기를 놓고 구별해 부른 명칭이다. 한蔞과 파
菠는 따로 정확한 용례를 찾을 수 없다. 한은 산장초酸漿草라 불리는 꽈리를 말한
다. 꽈리는 《동의보감》에 맛이 쓰고 독이 없으며 풍을 다스리고 두통을 가라앉히
는 효능이 있는 약재로 소개되어 있고, 《본초강목本草綱目》에는 아이들이 먹으면
열을 내려준다고 나온다. 또 《제민요술齊民要術》에는 신맛을 띠는 고대의 음료로
소개했다. 파는 시금치인데 파릉채菠薐菜라고도 부른다. 《동의보감》에서는 오장五
臟에 이롭고, 장腸을 잘 통하게 하고 술독을 풀어준다고 했다. 이목이 대용차를 포
괄한다는 의미에서 한과 파를 차의 별칭으로 나열했는지는 분명치 않다. 문헌 근
거를 달리 찾을 수 없기 때문이다. 이하 5구부터 20구까지는 차의 여러 종류에 따
른 이칭異稱을 나열·소개하고 있다.

6 선인장과 뇌명: 선인장차는 형주荊州 옥천사玉泉寺 부근에서 나는 찻잎으로 만든
차로, 완성된 차 모양이 손바닥과 같았으므로 선인장차라고 이름 붙였다. 이백의
시 〈족질인 승려 중부中孚가 옥천사의 선인장차를 준 데 답례하여(答族姪中孚贈玉泉

6	조취鳥嘴와 작설雀舌[7]이라.	鳥嘴雀舌
7	두금頭金과 납면蠟面[8]에다	頭金蠟面
8	용봉龍鳳과 석적石的[9]일세.	龍鳳石的

仙人掌茶〕)에 보이고,《동다송》에도 인용되어 있다. 뇌명차는 몽산蒙山 5봉 중 중봉의 꼭대기에서 나는 몽정차蒙頂茶의 별칭이다. 이른 봄 천둥이 칠 때 채취한 찻잎으로 만들었다 하여 이 같은 이름이 붙었다. 뇌명차는 명나라 조학전曹學佺의《촉중광기蜀中廣記》에《촉지蜀志》를 인용하여, "선가에 뇌명차가 있는데 우렛소리가 나기를 기다렸다가 움이 튼다. 손을 가지런히 해서 중정에서 채취할 수 있다〔仙家有雷鳴茶, 俟雷發聲乃苗, 可併手於中頂採摘〕"고 한 내용이 나온다.

7 조취와 작설: 오대五代 모문석毛文錫의《다보茶譜》에는 "작설과 조취, 맥과는 대개 어린싹을 따서 만든 것〔雀舌, 鳥嘴, 麥顆, 蓋取其嫩芽所造〕"이라고 했다. 창槍을 아직 펴지 않은 작고 뾰족한 차 싹이 새의 부리나 참새의 혀와 같다 하여 붙은 이름이다.

8 두금과 납면: 마단림의《문헌통고》권18〈각다〉에서 두금과 납면이 건주建州와 검주劍州에서 생산되는 편차片茶라고 했다. 송나라 정대창程大昌의《연번로속집演繁露續集》권5〈납차蠟茶〉의 설명은 이러하다. "건차의 이름이 납차다. 그 차탕 표면에 뜬 유화가 밀랍(蠟)이 녹은 것과 서로 비슷하여 납면차蠟面茶라 하였다. 양문공의《담원》에서 말했다. '강동 지방에서 납면이라 부르는 것이 이것이다. 지금 사람들은 납蠟을 납臘으로 많이 쓰고, 이른 봄이란 뜻을 취했지만, 그 본뜻을 잃은 것이다〔建茶名蠟茶. 爲其乳泛湯面與溶蠟相似, 故名蠟面茶也. 楊文公談苑曰: '江左方有蠟面之號是也. 今人多書蠟爲臘云, 取先春爲義, 失其本意〕"라고 했다.

9 용봉과 석적:《문헌통고》〈각다〉에서 용봉과 석적은 건주와 검주에서 생산되는 편차로 나온다. "그 이름에 용·봉과 석유, 적유와 백유가 있다〔其名有龍鳳 石的 的乳 白乳〕"라 한 것으로 보아 건주와 검주에서 생산되는 12종류의 편차 중 용龍·봉鳳과 석유石乳, 적유的乳가 있었다. 시문의 '석적'은 석유와 적유를 합쳐 부른 명칭이다. 네 종류 모두 모양 틀에 굳혀 만든 연고차研膏茶다. 송대 웅번熊蕃의《선화북원공다록宣和北苑貢茶錄》에는 "또 한 종류의 차는 돌벼랑에서 덤불로 나는데 가지와 잎이 더욱 무성하다. 지도至道 초년에 황제의 명령으로 만들어 따로 석유라 하였다. 또 한 종류는 적유라 하고, 또 한 종류는 백유라고 하였다〔又一種茶, 叢生石崖, 枝葉尤茂. 至道初, 有紹造之, 別號石乳. 又一種號的乳, 又一種號白乳〕"는 내용이 보인다.

9	산제山提에 승금勝金[10]이요	山提勝金
10	영초靈草와 박측薄側[11]일세.	靈草薄側
11	선지仙芝와 난예爛蘂[12]에다	仙芝爛蘂
12	운경運慶과 복록福祿[13]이라.	運慶福祿
13	화영華英 내천來泉[14] 이름 있고	華英來泉
14	영모翎毛 지합指合[15] 또한 있네.	翎毛指合
15	청구淸口 독행獨行[16]이라 하고	淸口獨行
16	금명金茗 옥진玉津[17]이라 했지.	金茗玉津

10 산제에 승금:《문헌통고》에 산정山挺은 건주와 검주에서 생산되는 편차로 나온다. 또 "승금은 흡주에서 난다(勝金出歙州)"고 했다. 이목은 '산정山挺'을 '산제山提'로 잘 못 썼다.

11 영초와 박측:《문헌통고》 편차片茶 항목 중 "영초는 담주潭州에서 난다(獨行靈草綠芽片金金茗出潭州)"고 했고, "박측은 광주에서 난다(薄側出光州)"고 했다.

12 선지와 난예:《문헌통고》에 편차로 "선지仙芝와 눈예嫩蘂는 요주와 지주에서 난다(仙芝嫩蘂福合祿合運合慶合指合出饒池州)"고 했다. 이목은 '눈예嫩蘂'를 '난예爛蘂'로 잘 못 썼다. 눈예는 눈엽嫩葉이라고도 하며, 어린잎을 가리킨다.

13 운경과 복록:《문헌통고》에 편차로 "복합福合, 녹합祿合, 운합運合, 경합慶合은 요주 와 지주에서 난다(福合祿合運合慶合指合出饒池州)"고 했다. 본문의 운경은 운합과 경합 을 합쳐 부른 것이고, 복록은 복합과 녹합을 가리킨다.

14 화영 내천:《문헌통고》에는 편차로 "화영과 내천은 흡주에서 난다(華英來泉勝金出歙州)"고 했다.

15 영모 지합:《문헌통고》에 편차로 "영모는 악주에서 난다(翎毛出岳州)"고 했고, "지 합指合은 요주와 지주에서 난다(指合出饒池州)"고 했다. 영모는 황영모黃翎毛라고도 한다.

16 청구 독행:《문헌통고》에 산차散茶로 "청구는 귀주에서 난다(淸口出歸州)"고 했고, 편차로 "독행은 담주에서 난다(獨行靈草綠芽片金金茗出潭州)"고 했다.

17 금명 옥진:《문헌통고》에 편차로 "금명은 담주에서 난다(金茗出潭州)"고 했고, "옥진 은 임강군 영천 복주에서 난다(玉津出臨江軍靈川福州)"고 했다.

17	우전雨前 우후雨後[18] 이름 있고	雨前雨後
18	선춘先春 조춘早春[19] 따로 있네.	先春早春
19	진보進寶 쌍계雙溪[20] 유명하고	進寶雙溪
20	녹영綠英 생황生黃[21] 알려졌지.	綠英生黃
21	산차散茶 편차片茶[22] 갈래짓고	或散或片
22	음지 양지[23] 나눴다네.	或陰或陽
23	천지의 순수한 기운 머금어	含天地之粹氣
24	해와 달의 고운 빛을 들이마신다.	吸日月之休光
25	차가 나는 땅[24]을 보면	其壤則

18 우전 우후: 《문헌통고》에 산차로 "우전과 우후는 형호에서 난다(雨前雨後出荊湖)"고 했다. 일반적으로 곡우穀雨 이전과 이후의 차를 구분하는 표현이지만, 여기서는 형호 지역에서 나는 차의 고유명사로 썼다.

19 선춘 조춘: 《문헌통고》에 편차로 "선춘과 조춘은 흡주에서 난다(先春早春出歙州)"고 했다.

20 진보 쌍계: 《문헌통고》에 편차로 "진보와 쌍승雙勝은 흥국군에서 난다(進寶雙勝寶山兩府出興國軍)"고 했다. 본문에서 쌍계雙溪라 한 것은 쌍승의 오기다.

21 녹영 생황: 《문헌통고》에 편차로 "녹영은 원주에서 난다(綠英金片出袁州)"고 했고, "생황은 악주에서 난다(生黃翎毛出岳州)"고 했다.

22 산차 편차: 산차는 흩어진 상태의 잎(葉)차를 말하고, 편차는 《문헌통고》에서 "편차는 쪄서 만드는데 모양 틀에 채워 가운데 구멍을 뚫어 꿰미로 꿴다. 다만 건주와 검주에서는 찐 다음에 갈아서 대나무로 짜서 격자를 만들어 건조실 안에 두는데 가장 정결하다. 다른 곳에서는 만들 수가 없다(片茶蒸造, 實捲摸中串之. 惟建劍則既蒸而研, 編竹爲格, 置焙室中, 最爲精潔, 他處不能造)"라고 설명했다.

23 음지 양지: 《문헌통고》에서의 차 분류가 산차와 편차의 구분과 함께 음지에서 자라는 차와 양지에서 자라는 차를 나눠서 분류했다는 의미이다.

24 차가 나는 땅(其壤): 이하 26구에서 39구까지는 차의 주요 산지와 매차처買茶處를 소개했다. 각각의 지역은 역시 마단림의 《문헌통고》에 대부분 나온다. 해당 지역의 위치에 대해서는 번거로움을 피해 별도의 각주를 달지 않는다.

26	석교石橋와 세마洗馬에다	石橋洗馬
27	태호太湖와 황매黃梅라네.	太湖黃梅
28	나원羅原과 마보麻步 외에	羅原麻步
29	무주婺州 처주處州 온주溫州 태주台州.	婺處溫台
30	용계龍溪와 형협荊峽25이요	龍溪荊峽
31	항주杭州 소주蘇州 명주明州 월주越州.	杭蘇明越
32	상성商城과 왕동王同에다	商城王同
33	흥국興國 광덕廣德 강주江州 복주福州.	興廣江福
34	개순開順 땅과 검남劍南 땅에	開順劍南
35	신주信州 무주撫州 요주饒州 홍주洪州.	信撫饒洪
36	균주筠州 애주哀州 건창建昌 남강南康	筠哀昌康
37	악주岳州 악주鄂州 산동山同26일세.	岳鄂山同
38	담주潭州 정주鼎州 선주宣州 흡주歙州	潭鼎宣歙
39	아종鵶鍾과 몽곽蒙霍27이라.	鵶鍾蒙霍
40	구릉의 두터운 땅에 뿌리를 서려두고	蟠柢丘陵之厚
41	비이슬의 은택 입어 가지를 뻗는다네.	揚柯雨露之澤
42	자라는 곳 살펴보면	造其處則
43	높은 산 가파르고	崆峺嶬嵑

25 형협: 호북성에 있는 형문군荊門軍과 협주峽州를 합쳐서 말한 것이다.

26 산동: 왕동王同의 오기이다.

27 아종과 몽곽: 아종은 선주宣州 영국현寧國縣에 있는 아산鵶山과 의양현義陽縣의 종산鍾山을 합쳐 말한 것이다. 또 몽곽도 아주의 몽산蒙山과 수주壽州의 곽산霍山을 함께 부른 명칭이다. 몽산은 몽정차蒙頂茶가 유명하고, 곽산은 황아차黃芽茶가 널리 알려져 있다.

44	험준하여 비탈진 데.	嶮巇屺岬
45	들쭉날쭉 바위산이	嵤嶧嵒嵊
46	굽이굽이 잇닿은 곳.	嵣蟒崗峛
47	우멍한 듯 툭 터지고	呀然或放
48	통할 듯이 끊긴 곳에.	豁然或絶
49	솟은 듯이 숨어 있고	峇然或隱
50	움츠린 듯 비좁은 곳.	鞠然或窄
51	그 위로 보이는 것 무엇이던가?	其上何所見
52	별이 바로 지척이라.	星斗咫尺
53	그 아래로 들리는 것 무슨 소릴까?	其下何所聞
54	울부짖는 강물 소리.	江海吼唉
55	신령스러운 새들이 날며 우짖고	靈禽兮翎颺
56	기이한 짐승이 나꿔챈다네.	異獸兮拏攫
57	신기한 꽃 상서로운 풀	奇花瑞草
58	갖은 빛깔 구슬인 양,	金碧珠璞
59	무성하게 뒤덮여서	蓴蓴蓁蓁
60	온통 가득 자라누나.	磊磊落落
61	도로徒盧 사람[28]조차 머뭇거리고	徒盧之所趑趄
62	산도깨비 곁에서 핍박하는 듯.	魑魈之所逼側
63	골짝 바람 이때에 문득 일더니	於是谷風乍起

[28] 도로 사람: 도로는 지금의 미얀마 지역에 있던 고대 국가 도로국을 말한다. 도로국 사람들은 솟대를 잘 탔고, 등산에 능했다. 여기서는 산이 하도 험준해서 도로국 사람들조차 겁을 먹고 발 떼기를 망설일 정도라는 말이다. 차가 이같이 험준한 지형에서 자라므로 그만큼 채취하기가 힘들다는 의미이다.

64	북두성엔 달이 돌고,	北斗轉璧
65	황하에 얼음 녹아	氷解黃河
66	동방으로 해가 돈다.[29]	日躔靑陸
67	풀은 마음 있어도 싹은 아직 안 텄고	草有心而未萌
68	나무는 뿌리로 돌아가 옮기려고 할 때에,	木歸根而欲遷
69	저 어여쁜 차나무만	惟彼佳樹
70	온갖 물건 앞장서서,	百物之先
71	이른 봄에 홀로 나와	獨步早春
72	그 하늘을 차지했네.	自專其天
73	자주색 초록색에	紫者綠者
74	푸른색과 노란색.	靑者黃者
75	이른 것과 늦은 것에	早者晚者
76	짧은 잎과 긴 잎이라.	短者長者
77	뿌리 내려 줄기 뻗고	結根竦幹
78	잎을 펴서 그늘진 곳.	布葉垂陰
79	금빛 새싹 이미 나와	黃金芽兮已吐
80	벽옥 잎새 숲 이뤘네.	碧玉蕤兮成林
81	해 가릴 듯 무성하니	晻曖蓊蔚
82	아리땁고 어여뻐라.	阿那嬋媛
83	날개 편 듯 가지런해	翼翼焉與與焉
84	흡사 마치 구름 돋고 안개 이는 듯	若雲之作霧之興

29 골짝 바람 …… 동방으로 해가 돈다: 63구에서 66구까지는 계절이 바뀌어 겨울이
가고 봄이 왔다는 의미이다.

85	참으로 천하의 장관이로다.	而信天下之壯觀也
86	퉁소 불며 돌아오다	洞嘯歸來
87	찻잎 살짝 따고 따네.	薄言采采
88	따고 또 다시 따서	擷之捋之
89	등에 지고 실어 온다.	負且載之
90	옥 사발을 꺼내서 직접 씻고는	搴玉甌而自濯
91	돌 샘물로 끓이며 곁에서 보네.	煎石泉而旁觀
92	주둥이에 흰 김 넘쳐	白氣漲口
93	여름 구름 골짜기에 피어나는 듯.	夏雲之生溪巒也
94	흰 물결 비늘 일자[30]	素濤鱗生
95	봄 강물에 물결이 세찬 듯하다.	春江之壯波瀾也
96	슉슉슉 물 끓는 소리	煎聲颼颼
97	대나무 잣나무에 서리 바람 우짖는 듯.	霜風之嘯篁柏也
98	향기 넘실 풍겨옴은	香子泛泛
99	전함戰艦이 적벽강을 날아가는 양.[31]	戰艦之飛赤壁也
100	잠시 후 혼자 웃다 홀로 따르니	俄自笑而自酌
101	어지럽던 두 눈이 맑아지누나.	亂雙眸之明滅
102	이에 몸을 능히 가볍게 하니	於以能輕身者

30 흰 물결 비늘 일자: 솥에서 물이 끓기 시작하면서 표면에 비늘 같은 무늬가 일어나는 모양을 설명했다.

31 전함이 적벽강을 날아가는 양: 90구에서 99구까지는 차를 끓일 때 물이 끓어오르는 모양을 표현한 것이다. 물이 끓을 때 나는 소리와 향기를 차례로 설명했다. 당시는 떡차를 가루 내 탕에 넣고 함께 끓여서 마셨기 때문에 향기까지 함께 말한 것이다.

103 어찌 상품上品이 아니겠는가?　　　　　　非上品耶

104 묵은 병을 말끔히 씻어내주니　　　　　　能掃痾者

105 중품中品임에 틀림없네.　　　　　　非中品耶

106 답답함을 능히 달래주는 건　　　　　　能慰悶者

107 그다음 차품次品이 아니겠는가?　　　　　非次品耶

108 표주박 하나 들고　　　　　　　　　　乃把一瓢

109 두 다리를 내놓고서　　　　　　　　　露雙脚

110 백석白石을 삶는 것을³² 우습게 보며　　陋白石之煮

111 금단金丹³³을 숙성함에 견주어보네.　　擬金丹之熟

112 첫 잔을 다 마시자　　　　　　　　　　啜盡一椀

113 마른 창자 윤기 돌고,　　　　　　　　枯腸沃雪

114 둘째 잔을 다 마시니　　　　　　　　　啜盡二椀

115 넋 상쾌해 신선 될 듯.　　　　　　　　爽魂欲仙

116 세 번째 그 잔에는　　　　　　　　　　其三椀也

117 병골이 깨어나고　　　　　　　　　　病骨醒

118 두통마저 간데없네.　　　　　　　　　頭風痊

119 마음은 공자께서 뜬구름에 뜻 세우고³⁴　心兮若魯叟抗志於浮雲

---

32 백석을 삶는 것을: 예전 신선과 방사方士가 백석을 불에 구워 양식으로 삼았다는 전설이 있다. 진晉나라 갈홍葛洪의 《신선전神仙傳》 중 〈백석선생白石先生〉 조에 "백석선생은 늘 백석을 삶아서 양식으로 삼았는데 이 때문에 백석산에 가서 살았다〔白石先生常煮白石爲糧, 因就白石山居〕"라는 내용이 나온다. 백석선생은 중황장인中黃丈人 제자로 2,000세 넘게 살았다는 전설 속 신선이다.

33 금단: 도교 수련자들이 금이나 단사丹砂, 수은 등을 정련하여 제조한 불로장생의 약물을 말한다.

34 마음은 …… 뜻 세우고: 《논어》 〈술이述而〉 편에서 안빈낙도에 대한 공자의 말을

120 맹자가 호연지기로 기운을 기른 듯해.	鄒老養氣於浩然
121 네 번째 잔 비워내자	其四椀也
122 웅장하고 호방해져	雄豪發
123 근심 분노 간데없다.	憂忿空
124 기개는 태산 올라 천하를 작다 하니	氣兮若登太山而小天下
125 이 천지도 용납하지 못할까 걱정일세.	疑此俯仰之不能容
126 다섯 번째 잔 마시면	其五椀也
127 색마色魔 놀라 달아나고	色魔驚遁
128 철시饕尸³⁵마저 자취 없다.	饕尸盲聾
129 몸은 마치 구름 치마 깃털 옷을 입고서	身兮若雲裳而羽衣
130 흰 난새³⁶ 올라타고 달나라로 오르는 양.	鞭白鸞於蟾宮
131 여섯째 잔 다 마시자	其六椀也
132 마음속에 일월 빛나	方寸日月
133 만물이 하찮은 거적과 한가지일세.	萬類籧篨
134 정신은 허유 소보³⁷를 마부 삼고 백이숙제³⁸ 종을 삼아	
	神兮若驅巢許而僕夷齊
135 텅 빈 허공에서 상제께 절하는 듯.	揖上帝於玄虛

따왔다. "나물밥에 물 마시고 팔 베고 눕더라도 즐거움이 또한 그 속에 있다. 의롭지 못한 일로 얻은 부귀는 나에게 뜬구름과 같다(飯疏食飮水, 曲肱而枕之, 樂亦在其中矣, 不義而富且貴, 於我如浮雲)"고 했다.

35 철시: 철饕은 도철饕餮이니 고대 전설 속 악독한 괴수의 이름이다. 시尸는 간시干尸, 즉 미라를 가리킨다. 여기서는 귀신처럼 인간에게 해악을 끼치는 존재라는 의미로 썼다.

36 흰 난새: 봉황과 비슷한 상상의 새를 말한다. 신선이 타고 다닌다고 알려져 있다.

136 일곱째 잔 아직 반도 채 마시지 않았는데	何七椀之未半
137 자옥한 맑은 바람 옷깃에서 일어난다.	鬱淸風之生襟
138 하늘 대문 가까이서 치켜 올려보니	望閶闔兮孔邇
139 무성한 봉래蓬萊산39이 바로 그 너머일세.	隔蓬萊之蕭森
140 이와 같이 차의 맛은	若斯之味
141 지극히 좋고 오묘해서	極長且妙
142 그 공 논함 그만둘 수가 없구나.	而論功之不可闕也
143 서늘한 옥당에서	當其涼生玉堂
144 밤 깊은데 책상 앉아	夜闌書榻
145 만 권 서적 독파하려	欲破萬卷
146 잠시도 쉬지 않네.	頃刻不輟
147 동생董生처럼 입술 헐고40	董生脣腐

37 허유許由 소보巢父: 요堯 임금 때의 은자이다. 요 임금이 허유에게 왕위를 양보하려 하자 허유는 더러운 말을 들었다며 영수潁水에서 귀를 씻었다. 소보는 소를 끌고 와서 물을 먹이려다가 허유에게서 그가 귀를 씻는 이유를 전해 듣고는 그 물도 더럽다며 소를 몰고 다른 곳으로 갔다고 한다.《사기史記》〈백이열전伯夷列傳〉에 나온다.

38 백이숙제: 은나라 때 절개를 지켜 죽은 의사義士이다. 주周나라 무왕武王이 은나라 주紂왕을 정벌하는 것에 반대하다가 듣지 않자 수양산首陽山으로 들어가 고사리를 캐 먹으며 살다가 굶어 죽었다.《사기》〈백이열전〉에 보인다.

39 봉래산: 신선이 산다고 믿었던 삼신산三神山 가운데 하나이다.

40 동생처럼 입술 헐고: 동생은 당나라 동소남董邵南이다. 일찍이 진사進士가 되었으나 뜻을 얻지 못하자 안풍安豐에 은둔하여 살면서 주경야독晝耕夜讀하며 어머니를 정성껏 모셨다. 이에 한유韓愈가 〈동생행董生行〉이란 글을 지어 보냈다. 한편《문선文選》에 실린 한나라 동방삭東方朔의 〈답객난答客難〉에 "선현의 학술을 닦고 성인의 의리를 사모하여 시서와 백가의 말을 송독한 것이 이루 헤아릴 수 없이 많다. 죽백에 글을 짓느라 입술이 부르트고 이가 빠지도록 열심히 하면서 손에서 놓

148 한유韓愈같이 이 빠지니[41]   韓子齒豁

149 너 아니면 무엇으로 이 갈증을 풀겠는가?   靡爾也誰解其渴

150 그 공이 첫 번째라.   其功一也

151 그다음은 한궁漢宮에서 읽고 쓰다가   次則讀賦漢宮

152 양나라 옥에 갇혀 글 올릴 적에[42]   上書梁獄

153 그 모습 깡마르고   枯槁其形

154 안색은 초췌했지.   憔悴其色

155 하루에도 아홉 번씩 창자가 뒤틀리고   腸一日而九回

156 가슴은 미어터져 불붙을 것 같을 때   若火燎乎腷臆

157 너 아니곤 그 답답함 무엇이 풀어줄꼬.   靡爾也誰紓其鬱

158 그 공이 두 번째라.   其功二也

159 그다음은 천자께서 문서 한번 반포하면   次則一札天頒

160 만국이 하나 되어   萬國同心

161 칙사는 명 전하고   星使傳命

162 여러 제후 받드누나.   列侯承臨

163 읍양揖讓의 예절을 다 베풀고서   揖讓之禮旣陳

을 수가 없다(修先生之術, 慕聖人之義, 諷誦詩書百家之言, 不可勝記. 著於竹帛, 脣腐齒落, 服膺而不可釋)"고 했다. 입술이 헐고 이가 빠졌다는 표현이 여기서 나왔다.

41 한유같이 이 빠지니: 당나라의 문장가로 당송팔대가唐宋八大家 중 한 사람이다. 〈진학해進學解〉에서 "겨울이 따뜻한데도 아이들은 춥다고 울부짖고, 풍년이 들어도 아내는 배고프다며 우니, 머리는 어린애처럼 벗어지고 이는 빠져버렸습니다(冬暖而兒號寒, 年登而妻啼飢, 頭童齒豁)"라는 구절이 나온다.

42 양나라 옥에 갇혀 글 올릴 적에: 전한前漢(BC 202~AD 8) 시대 추양鄒陽의 고사다. 추양은 양梁나라 효왕孝王을 섬기다가 모함을 받아 감옥에 갇혔을 때 양효왕에게 〈옥중상양왕서獄中上梁王書〉를 써서 누명을 벗고 풀려난 고사를 말한다.

43 천태산에 숨어 사는 사람: 천태산은 절강성 천태현에 있는 산으로 불교 천태종의 성지이자 도교의 십대동천十大洞天 중 하나이다. 천태산에 숨어 사는 사람이란 도교를 수련하는 은자를 뜻한다.

44 청성산의 우객: 청성산은 사천성四川省에 있는 산으로 도교의 16대 동천 가운데 하나이다. 신선술을 닦는 사람을 가리킨다.

45 솔뿌리로 정기 닦아: 솔뿌리는 소나무 뿌리에 기생하는 복령茯苓를 말한다. 예로부터 복령을 먹으면 신선처럼 오래 산다고 알려져 있다. 《신농본초경神農本草經》에도 복령의 효능을 "오래 먹으면 혼을 안정시키고, 신을 기른다. 배고프지 않고 장수한다(久服安魂養神. 不饑延年)"고 했다.

46 낭중법: 도가道家에서 불로장생을 위해 옥가루를 복용하는 것을 말한다. 두보杜甫의 〈거의행去矣行〉에서 "주머니 속 옥 먹는 법 시험 못해보았으니, 내일 아침 남전산에 장차 들어가리라(未試囊中飧玉法, 明朝且入藍田山)"라고 한 데서 나왔다.

47 삼시충三尸蟲: 도교에서 말하는, 사람 몸속에 있다는 세 마리 벌레를 말한다. 팽거彭倨·팽질彭質·팽교彭矯라고 하는데 성姓이 모두 팽씨여서 삼팽이라 부른다. 세 마리 벌레가 인간 몸속에 있으면서 인간이 지은 죄악을 다 기록해두었다가 60일에 한 번씩 경신일庚申日 밤에 주인이 잠들면 몸을 빠져나가 천제에게 그간의 잘못을 고자질해서 그가 지은 죄만큼 수명을 단축시킨다고 믿었다. 삼시충이 죄를

174 그 공이 네 번째라.	其功四也
175 다음은 금곡[48]에서 잔치 자리 마치거나	次則金谷罷宴
176 토원[49]에서 수레 돌려 돌아올 적에	兔園回轍
177 숙취가 아직 덜 깨	宿醉未醒
178 간과 폐는 찢어질 듯.	肝肺若裂
179 너 아니면 한밤중에[50] 누가 이 술 깨게 하리	靡爾也五夜之醒誰輟

자주: 당나라 사람은 차를 철정사군轍醒使君, 즉 술 깨우는 사또라고 했다(自註: 唐人以茶爲轍醒使君).

180 그 공이 다섯 번째라.	其功五也
181 그런 뒤에 내 알았네	吾然後知
182 차에 또 여섯 가지 덕목이 더 있음을.	茶之又有六德也
183 사람 장수하게 하니	使人壽脩
184 요순堯舜의 덕 갖추었고	有帝堯大舜之德焉
185 사람 병을 낫게 함은	使人病已

고자질하지 못하게 하려면 경신일 밤에 잠을 자지 않아야 하는데 차가 잠을 없애는 효능이 있으므로 이렇게 말했다. 경신일 밤을 새우는 것을 수경신守庚申이라고 한다. 세 번 연속 수경신을 하면 몸속의 삼시충이 영구 박멸된다고 생각했다.

48 금곡金谷: 중국 서진西晉(265~316) 시대 대부호 석숭石崇(249~300)이 만든 정원 금곡원金谷園을 말한다. 석숭은 이곳에서 잔치를 벌여 초청한 빈객에게 시를 짓게 하고, 못 지을 경우 술 서 말을 벌주로 내렸다고 한다.

49 토원兔園: 중국 전한 시대 양효왕 유무劉武가 만든 정원이다. 양효왕은 이곳에 천자에 버금가는 궁전을 짓고 사마상여, 추양, 매승 등 천하의 호걸과 빈객을 초청하여 잔치를 베풀었다.

50 한밤중에(五夜): 하룻밤(오후 7시부터 오전 5시까지)을 갑야甲夜, 을야乙夜, 병야丙夜, 정야丁夜, 무야戊夜로 나누어 부르던 말이다.

186 유부愈附 편작扁鵲[51] 덕이 있네.　　　　有愈附扁鵲之德焉

187 사람 기운 맑게 하니　　　　使人氣清

188 백이伯夷 양진楊震[52] 덕이 있고　　　　有伯夷楊震之德焉

189 사람 마음 편케 함은　　　　使人心逸

190 이로二老 사호四皓[53] 덕이 있지.　　　　有二老四皓之德焉

191 사람 신선 되게 하니　　　　使人仙

192 황제黃帝 노자老子 덕이 있고　　　　有黃帝老子之德焉

193 사람 예의 갖추게 함은　　　　使人禮

194 희공姬公 공자孔子[54] 덕이 있네.　　　　有姬公仲尼之德焉

51 유부 편작: 유부는 중국 황제黃帝 때의 명의로 나무 인형에 입김을 불어넣어 죽은 사람을 살렸다는 이야기가 전해진다. 편작은 전국 시대의 명의로 인체를 투시하는 능력이 있었다고 한다.

52 백이 양진: 백이와 양진은 모두 청렴한 인물의 표상으로 썼다. 백이는 무왕의 불의를 막기 위해 간하다가 결국 수양산에 들어가 고사리를 캐 먹다가 죽었다. 양진은 중국 후한 때 학자로 청백리의 표상이다. 태수가 되어 임지로 부임하는 길에 옛 친구 왕밀王密이 뇌물을 바치려 하자 "하늘이 알고 땅이 알고 네가 알고 내가 안다"며 거절했다는 고사로 유명하다.

53 이로 사호: 세속을 떠나 숨어 사는 은자를 말한다. 이로는 송나라 대복고戴复古 (1167~1248?)가 지은 〈장천이로가章泉二老歌〉에 나오는 장천산에 숨어 산 형제 은자인 83세의 죽은선생竹隱先生과 79세의 정암거사定庵居士를 가리킨다. 사호는 진秦나라 말기 시황제始皇帝의 폭정을 피하여 섬서성陝西省 상산商山에 들어가서 숨은 기리계綺里季, 녹리선생甪里先生, 동원공東園公, 하황공夏黃公 등 네 명의 은사를 가리킨다. 상산사호商山四皓라고도 한다.

54 희공 공자: 희공과 공자는 예법의 종사宗師로 나란히 거론되었다. 희공은 주나라의 공신인 주공周公을 가리킨다. 주 왕실의 제도와 문물을 정리한 《주례周禮》의 저자로 알려져 있다.

195 이는 바로 옥천자[55]가 진작 찬송했던 바요	斯乃玉川之所嘗贊
196 육우陸羽가 맛보아 즐겼던 것이라네.	陸子之所嘗樂
197 매성유梅聖兪[56]는 이것으로 삶을 마쳤고	聖兪以之了生
198 조업曹鄴[57]은 이것으로 돌아감을 잊었다네.	曹鄴以之忘歸
199 한 마을의 봄볕에	一村春光
200 백낙천白樂天[58]은 심기心機를 가라앉혔고	靜樂天之心機
201 십 년의 가을 달에	十年秋月
202 소동파蘇東坡는 잠 귀신을 물리쳤다네.	却東坡之睡神
203 다섯 가지 해로움[59]을 쓸어 없애고	掃除五害
204 여덟 가지 참된 길[60]로 힘써 나가리.	凌厲八眞
205 이는 조물주가 은혜를 베풂이니	此造物者之盖有幸
206 나와 옛사람들이 함께 즐긴 것이라네.	而吾與古人之所共適者也

55 옥천자玉川子: 당나라 중기의 시인 노동盧仝(?~835)의 호號이다. 그는 다선茶仙이라 불릴 만큼 차를 좋아했다. 일곱 잔의 차가 주는 효능을 노래한 시 〈붓을 달려 맹간 의가 햇차를 보내온 데 감사하다(走筆謝孟諫議寄新茶)〉가 특히 유명하다.

56 매성유: 중국 북송 시대 시인 매요신梅堯臣(1002~1060)을 말한다. 그는 차를 몹시 좋아해서 여러 편의 차시를 남겼다.

57 조업: 당나라 때 시인으로, 차를 좋아하여 〈고인기다故人寄茶〉 등의 차시를 남겼다.

58 백낙천: 당나라 때의 시인 백거이白居易를 말한다. '별다인別茶人'이라 불릴 정도로 차를 좋아했고, 여러 편의 차 관련 시를 남겼다.

59 다섯 가지 해로움[五害]: 불교에서 말하는 수행을 방해하는 다섯 가지 장애물인 오 개五蓋를 뜻한다. 다섯 가지 장애물은 탐욕, 성냄, 수면, 동요, 의심이다.

60 여덟 가지 참된 길[八眞]: 불교에서 말하는 여덟 가지 수행법인 팔정도八正道, 또는 팔진도八眞道를 말한다. 팔진도는 정견正見, 정어正語, 정업正業, 정명正命, 정념正念, 정정正定, 정사유正思惟, 정정진正精進이다.

207 어찌 의적儀狄이 만든 저 광약狂藥⁶¹이	豈可與儀狄之狂藥

207 어찌 의적儀狄이 만든 저 광약狂藥⁶¹이 豈可與儀狄之狂藥

208 장부臟腑 찢고 창자 녹여 裂腑爛腸

209 천하 사람 덕을 잃고 명을 재촉하게 함과 使天下之人德損而命促者

210 한몫으로 논하리오.⁶² 同日語哉

211 기뻐하며 노래한다. 喜而歌曰

212 내가 세상 살면서 풍파 험하니 我生世兮風波惡

213 만약 양생에 뜻을 둔다면 如志乎養生

214 널 버리고 무엇을 다시 찾을까? 捨汝而何求

215 너를 지녀 내 마시고 我携爾飮

216 너는 나를 따라 노네. 爾從我遊

217 꽃 핀 아침 달 뜬 저녁 花朝月暮

218 즐거움이 끝이 없다. 樂且無斁

219 곁에 있던 천군天君(마음)이 傍有天君

220 두려운 듯 경계한다. 懼然戒曰

221 "삶은 죽음의 바탕이요 生者死之本

222 죽음이란 삶의 뿌리.⁶³ 死者生之根

---

61 의적이 만든 저 광약: 술을 뜻한다. 의적은 중국 하나라 때 처음으로 술을 만들어 우임금에게 바쳤다는 전설상의 인물이다. 《여씨춘추》와 《전국책》에 관련 기록이 보인다.

62 한몫으로 논하리오: 차는 5공 6덕을 지녔고, 술은 단지 건강을 해칠 뿐이니 그 효용을 동일한 잣대로 논할 수 없다는 의미이다. 당나라 시인 시견오施肩吾(791~?)는 "차는 번잡함을 씻어내주고, 술은 근심을 잊게 해준다(茶爲滌煩子, 酒爲忘憂君)"라고 하였고, 당나라 왕부王敷도 〈주다론酒茶論〉을 지어 차와 술의 서로 다른 효용을 논하는 등 차와 술을 나란히 보는 논의가 많은 데 대해 반대의 뜻을 밝혔다.

63 죽음이란 삶의 뿌리: 도교의 주요 경전 중 하나인 《음부경陰符經》에 나온다.

223 그저 안만 다스리면 바깥이 시드나니	單治內而外彫
224 혜강은 글을 지어 힘듦 견뎠네.⁶⁴	秸著論而蹈艱
225 어이해 지수智水에 빈 배를 띄우고서	曷若泛虛舟於智水
226 인산仁山에 좋은 곡식 심음만 하랴?	樹嘉穀於仁山
227 정신이 기운 움직여 묘한 경지 들어가니	神動氣而入妙
228 즐거움은 안 불러도 저절로 이르리라.	樂不圖而自至
229 이 또한 내 마음속에 있는 차茶이거니	是亦吾心之茶
230 또 어이 반드시 딴 데 가서 구하리오.”	又何必求乎彼也

해설

이목의 〈다부〉는 서문과 전체 230구, 1,329자에 달하며 우리나라 최초로 차에 대한 이론적 전모를 드러낸 다서다. 본문은 모두 9단락으로 의미를 분절할 수 있다.

서문에서는 자신이 육우의 《다경》을 읽고 나서 차에 대해 알게 되었고, 점차 벽癖이 생겼음을 적었다. 여러 사물에 대한 기호는 사람마다 같지 않다. 하찮은 물건에 대해서는 많은 이들이 글을 남겼는데 정작 공효가 높은 차에 대한 글을 쓴 사람은 없으므로, 차의 명칭과 산지, 그 밖에 제품의 높낮이를 찾아보아 이 글을 짓게 되었다고 말했다.

1단락은 1구에서 24구까지이다. 차의 여러 이칭異稱을 소개한 내

---

64 혜강은 …… 견뎠네: 혜강이 〈양생론〉을 지어 올바른 섭생장수 방법에 대해 논한 것을 말한다.

용이다. 그 명칭은 대부분 중국 송말·원초의 학자 마단림馬端臨이 지은 《문헌통고文獻通考》 권18에 수록된 〈각다榷茶〉에서 근거를 끌어왔다.

2단락은 25구에서 41구까지로, 차를 생산하는 주요 산지를 열거했다. 이후 42구에서 62구까지 차가 생장하기에 적절한 입지 조건을 소개했다. 산지의 지명 또한 마단림의 《문헌통고》 〈각다〉의 내용에서 대부분 가져왔다. 따라서 1구에서 41구까지의 해박한 인용과 열거는 이 책 저 책을 따져보아 정리한 것이 아니라, 한 권의 책에서 배치를 바꿔 인용한 것이다.

3단락은 42구에서 62구까지이니, 차의 생육 특징과 자라는 곳에 대해 설명했다. 가파른 산과 험한 비탈, 멧부리가 잇닿은 곳 중 움푹 들어가거나 그늘진 장소에서 차나무가 주로 자란다. 워낙 험한 곳에 자생하는지라 인적이 가닿기가 몹시 힘들다고 했다.

4단락은 63구에서 89구까지로, 찻잎 채취 장면을 묘사했다. 찻잎은 이른 봄 황하에 얼음이 녹을 무렵, 다른 초목은 움도 트지 않았을 때, 차나무만 새싹을 틔워 여러 빛깔과 길고 짧은 잎을 펼쳐, 구름이 일고 안개가 피어나는 듯한 장관을 연출한다. 이때 사람들은 찻잎을 따라 올라가서 채취한 찻잎을 등에 지고 산을 내려온다. 그다음에 의당 나와야 할 제다 과정은 따로 설명하지 않았다. 그러고는 곧바로 전다煎茶 장면으로 묘사를 이동했다.

5단락은 90구에서 111구까지이다. 차를 끓이는 장면과 차의 효능을 설명했다. 90구에서 99구까지는 차를 가루 내 돌 샘물에 넣고 끓일 때, 물결이 일 듯 수면에 일어나는 변화와 바람 소리 같은 물 끓는 소리, 이어 끓는 차에서 풍겨오는 향기를 차례로 묘사하여 눈으로 보고, 귀로 듣고, 코로 맡는 3단계로 구분하여 설명했다. 이후 100구부터 111구까지는 상품과 중품, 차품으로 나누어 차의 효능을 말했다. 상품차는 명모경신明眸輕身, 즉 눈을 밝게 해주고 몸을 가볍게 만드는 작용을 한다. 중품차는 소아掃痾, 즉 해묵은 병을 낫게 해준다. 차품차는 위민慰悶, 곧 고민에 빠진 마음을 달래준다. 그러면서 마치 예전 신선이 백석白石을 삶는 것이나, 도가道家에서 단약丹藥을 연조煉造하는 것에, 법도에 맞게 차를 만들어 예법에 따라 마시는 절차를 견주었다.

6단락은 112구에서 139구까지이다. 노동의 〈붓을 달려 맹간의가 햇차를 보내온 데 감사하다走筆謝孟諫議寄新茶)〉에 맞춰 찻잔의 횟수에 따른 심리 변화를 묘사했다. 첫 잔은 '고장옥설枯腸沃雪'로 마른 창자에 윤기를 채워준다. 둘째 잔은 '상혼욕선爽魂欲仙'이다. 기분이 상쾌해져서 신선이 되어 날아오를 듯하다는 뜻이다. 셋째 잔은 '병골성病骨醒, 두풍전頭風痊'을 꼽았다. 병골을 낫게 하고, 두통을 사라지게 한다. 넷째 잔은 '웅호발雄豪發, 우분공憂忿空'이다. 웅장하고 호방한 기상을 심어주고, 근심과 분노를 사라지게 해준다. 다섯째 잔은 '색마경둔色魔驚遁, 철시맹롱饕尸盲聾'이다. 색마나 철시 같은 삿된 기운이 말끔히 사라지게 한다. 여섯째 잔은 '방촌일월方寸日月, 만류거저萬類蘧篨'이다. 마음속에 환한 기운이 가득 차서 소소한 사물은 반눈에도 안 차게 만들어준다. 일곱째 잔은 채 마시기도 전에 맑은 바람이 옷깃 사이에서 일어나 봉래산 선계 위로 훨훨 나는 듯한 경계를 선사해준다.

7단락은 140구에서 180구까지이다. 차가 주는 다섯 가지 공효功效를 차례로 논했다. 차의 첫 번째 공은 소리 내서 책을 읽느라 입이 헐지경이 되었을 때, 갈증과 피로를 풀어주는 것이다. 차의 두 번째 공은 가슴에 답답한 일이 있어 속에서 불이 일어날 때, 마음속 울분을 가라앉히고 답답함을 풀어준다. 세 번째 공은 제후의 읍양하는 예절에서 주인과 손님의 정을 나눌 때 매개가 되어 의식적인 자리를 부드럽게 해주는 것이다. 네 번째 공은 깊은 산속에서 수행하는 우객들이 수련하며 옥가루를 복용하다가 탈이 났을 때, 그 부작용을 가라앉혀주는 것이다. 차의 다섯 번째 공은 성대한 잔치를 마치고 돌아와 숙취의 고통에서 벗어날 수 있게 해주는 것이다. 이렇듯 차는 공부하는 사람에게 필수품일 뿐 아니라, 분노를 가라앉혀 차분하게 해준다. 공식적 예절의 의례에서 없어서는 안 될 물건이고, 수행자에게도 필수품이다. 그뿐 아니라 술에 찌든 속을 가라앉혀주는 약효도 뛰어나다.

8단락은 181구에서 210구까지로, 차의 여섯 가지 덕목과 차가 주는 여러 가지 이로움을 밝혀 차에 대한 예찬을 마무리했다. 첫째, 차는 사람을 장수하게 해준다. 둘째, 질병을 낫게 해준다. 셋째, 탁한 기운을 맑게 해준다. 넷째, 마음을 차분히 안정시켜준다. 다섯째, 신선의 경지에 오르게 한다. 여섯째, 예의를 갖출 수 있게 해준다. 앞서 말한 다섯 가지 공효를 다른 방식으로 한 번 더 설명한 것이다.

9단락은 211구에서 마지막 230구까지이다. 전체 글을 총결하는 마무리 단락이다. 가歌의 형식을 빌려 차의 미덕과 공효를 종합해서 예찬했다.

이렇게 이목은 〈다부〉에서 모두 230구에 달하는 장시를 지어 차의 덕목과 공효를 여러 고사를 활용해 장강대하 같은 흐름으로 제시하였다. 의미 단락은 모두 9단락으로 구분해볼 수 있다. 차에 대한 기억이 점차 사라져가던 당시에 차에 대한 이목의 해박한 지식과 논의는 대단히 이채롭다.

그의 스승이던 김종직이 1471년 함양군수로 있을 적에 다원茶園을 일구어 차를 생산했고, 20여 수의 차시까지 남긴 것도 그가 차를 애호하게 된 사정과 무관치 않을 것이다. 여기에 더하여 1494년 중국 연행 체험을 통해 중국의 차 문화를 경험하면서 차에 대한 연구에 깊이를 더하게 된 것으로 보인다.

2

문위세

文緯世, 1534~1600

다부

茶賦

16세기 장흥 지역 떡차 문화를 체계화하다

작가와 자료 소개

　문위세는 조선 중종조의 문인이자 의병장이다. 자는 숙장叔章, 호
는 풍암楓庵이며, 본관은 남평南平이다. 문익점文益漸(1329~1398)의
9대손이고 유희춘柳希春(1513~1577)과 이황李滉(1501~1570)의 문하에
서 수학하였다. 1567년 진사가 되었다. 1592년 임진왜란 때는 박광전
朴光前(1526~1597)과 함께 의병을 일으켜 군량을 조달한 공으로 1595년
용담현령龍潭縣令에 임명되었다. 1597년 정유재란 때 읍민을 동원, 왜
군의 퇴로를 차단하고 많은 왜적을 무찔렀다. 1600년 파주목사坡州牧
使에 임명되었으나 신병身病으로 부임하지 못하고 죽었다. 사후 병조
참판兵曹參判에 추증되었다. 전남 장흥의 강성서원江城書院에 제향祭享
되었다. 저서로는《풍암유고楓庵遺稿》가 있다.
　〈다부茶賦〉는 16세기 전라남도 장흥 지역의 차 문화를 살펴볼 수

있는 중요한 자료로 그의 문집《풍암유고》에 수록되었다. 장흥은 고려 시대부터 차를 재배하고 생산하여 나라에 바치던 전라도와 경상도 지역의 다소茶所 19개 소 가운데 13개 소가 있던 차 주산지였다. 조선 시대를 거쳐 근대까지 고형차固形茶인 돈차(錢茶)의 유습遺習이 가장 많이 남아 있던 곳도 장흥이다. 모두 62구 313자로 이루어진 이 글은 당시의 음다 풍속과 차 역사, 차 효능에 대한 이해 면에서 모두 깊이를 담고 있다.

원문 및 풀이

1	산집은 적막하고	山堂寥闃
2	가을 날씨 추워져도,	秋天漸凉
3	매일 천 권 책 읽느라	日耕千軸
4	나도 몰래 창자 말라,	不覺枯腸
5	검은 사발 가져다가	爰取烏甌
6	운각¹ 한 잔 마시니,	一啜雲脚
7	혼탁함 다 씻어주어	滌盡昏濁

---

1 운각雲脚: 여기서는 차의 별칭으로 쓴 것이다. 하지만 일반적으로는 차탕에 뜬 거품을 뜻한다. 송대 채양蔡襄의《다록茶錄》〈점다點茶〉 조에 "차가 적고 탕이 많으면 운각이 흩어지고, 탕이 적고 차가 많으면 죽면이 모인다. 건안 사람들은 그것을 운각, 죽면이라 한다(茶少湯多, 則雲脚散, 湯少茶多, 則粥面聚. 建人謂之雲脚粥面)"라는 내용이 있다. 명나라 육수성陸樹聲의《다료기茶寮記》중 〈팽점烹點〉 조에 "운각이 점차 생겨, 유화가 표면에 뜨면 맛이 온전하다(雲脚漸開, 乳花浮面則味全)"고 했다.

8	뼛속까지 시원하다.	淸冷徹骨
9	이 차 정말 훌륭하다.	嘉此茗荈
10	여러 풀 중 으뜸일세.	拔乎羣萃
11	무협² 땅 갠 봄날	春晴巫峽
12	꽃은 희고 잎 푸른데,	花白葉綠
13	안개비가 적셔주니	烟雨添潤
14	그 향기 더욱 짙다.	馨香郁然
15	산사람 대그릇 들고	山人携籠
16	저 암천巖泉을 따라 올라,	遵彼巖泉
17	운근雲根 헤쳐 채취하니	掘取雲根
18	흰 이무기 꿈틀꿈틀.³	白蛟蜿蜒
19	돌솥을 말끔 씻자	爰濯石鼎
20	솔바람이 일더니만,	颯颯松聲
21	게 눈 일자 처음 익어⁴	蟹眼初熟

2 무협巫峽: 중국 사천성 무산巫山 동쪽의 협곡峽谷을 말한다. 사천성에서는 당대唐代
부터 차가 생산되었다. 모문석毛文錫의 《다보茶譜》에는 몽산蒙山에서 생산된 몽정
차蒙頂茶와 작설차雀舌茶·조취차鳥嘴茶·맥과차麥顆茶·편갑차片甲茶·선익차蟬翼茶
등 최상품의 차가 생산된다고 기록되어 있다. 여기서는 좋은 차 산지 정도의 의미
로 썼다.

3 흰 이무기 꿈틀꿈틀: 흰 솜털이 붙어 있는 어린싹과 잎의 모양을 비유적으로 표현
한 것이다.

4 게 눈 일자 처음 익어: 찻물이 솥에서 끓기 시작할 때 바닥에서 일어나는 기포를
게의 눈(蟹眼)으로 비유한 것이다. 송대 휘종徽宗의 《대관다론大觀茶論》〈수水〉조
에서는 "무릇 탕을 쓸 때에는 물고기 눈(魚目)과 게 눈(蟹眼)이 잇달아 꼬리를 물고
올라오는 것을 기준으로 삼는다(凡用湯以魚目蟹眼, 連繹迸躍爲度)"고 했으며, 명대 허
차서許次紓의 《다소茶疏》〈탕후湯候〉조에는 "물을 한번 솥에 넣으면 문득 급히 끓

2 문위세〈다부〉   43

22	자옥하게 김이 난다.	蕩然烟生
23	맛과 향이 빼어나고	味香勝絶
24	화기和氣가 성대하다.	和氣氤氳
25	체해 막힘 풀어주니[5]	釋滯消壅
26	안개 걷힌 가을 하늘.	霧霽秋旻
27	신통한 효험 이와 같아	神效若此
28	사람 즐김 당연하다.	固人所嗜
29	따는 사람 많을수록	採者彌夥
30	세상에 이름 퍼져.	名播天地
31	기이한 향 서초瑞草 중에 으뜸이거니	異馨魁於瑞草
32	두목杜牧이 그 향기를 칭찬했네.[6]	少陵稱其郁馥
33	잠 깨우는 훌륭한 공 드러난지라[7]	美功見於破睡

여야 한다. 기다렸다가 솔바람 소리가 나면 뚜껑을 열어 물이 쇘는지 어린지 살핀다. 해안이 지나고 물에 가벼운 물결이 이는데 이것이 꼭 알맞은 때이다(水一入銚. 便須急煮. 候有松聲. 則去蓋, 以消息其老嫩, 蟹眼之後, 水有微濤, 是爲當時)"라고 했다.

5 체해 막힘 풀어주니: 당대 기모경綦母炅이 〈벌다음서伐茶飲序〉에서 차의 효용으로 설명한 대목이다. "체한 것 풀어주고 막힌 것 뚫는 것은 하루의 이로움으로 잠시 좋은 것이고, 기를 마르게 하고 정기를 소모시키는 것은 평생의 누가 큰 것이다. 이익을 얻으면 공을 차의 힘에 돌리고, 병이 생겨도 차의 재앙이라 하지 않는다. 어찌 복은 가까워서 쉽게 알고, 화는 멀어서 보기 어려운 것이 아니겠는가?(釋滯消壅, 一日之利暫佳, 瘠氣耗精, 終身之累斯大. 獲益則歸功茶力, 貽患則不爲茶災. 豈非福近易知, 禍遠難見者乎)"라고 했다.

6 기이한 향 …… 칭찬했네: 당대 두목杜牧의 〈제다산題茶山〉에 "산은 진실로 동오가 아름답고(山實東吳秀) 차는 서초괴로 부른다(茶稱瑞草魁)"라는 내용이 있다. 서초괴는 여러 상서로운 초목 가운데 으뜸이라는 뜻이다. 소릉少陵은 두보를 지칭하기도 하나, 여기서는 두목을 가리킨다.

7 잠 깨우는 훌륭한 공 드러난지라: 당대 백거이의 〈증동린왕십삼贈東鄰王十三〉에

34 이백은 그 상쾌함 자랑했지.[8]	謫仙誇其爽潔
35 국화나물 육반차六班茶[9]와 맞바꾸었고	菊英換其六班
36 조설潮舌[10]이 봉병鳳餅[11]보다 달다고 했네.	潮舌甘於鳳餅
37 어찌 다만 문인들의 벽癖만 됐으랴	豈啻騷人之成癖
38 신통한 공이 시에서도 드러났다네.	著神勳於吟詠

"잠 깨우는 차의 공이 드러났다네[破睡見茶功]"라는 구절이 나온다. 이덕리도 《기다》에서 "차는 능히 잠을 적게 하므로 혹 밤새 눈을 붙이지 못하게 한다. 새벽부터 밤까지 공무에 있거나, 혼정신성昏定晨省하며 어버이를 봉양하는 사람에게는 모두 필요한 것이다. 닭이 울자마자 물레에 앉는 여자나 한묵翰墨의 장막 아래서 학업에 힘 쏟는 선비도 모두 이것이 적어서는 안 된다. 만약 성대히 돌아보지 않고 쉬지 않고 밤을 새우는 군자라면 즉시 받들어 받아들여야 할 것이다[茶能使人少睡, 或終夜不能交睫. 夙夜在公, 晨昏趨庭者, 咸其所需, 而鷄鳴入機之女, 墨帳勤業之士, 俱不可少. 是若夫厭厭無歸, 頟頟罔夜之君子, 則有不暇奉聞焉]"라고 차의 효능에 대해 말했다.

8 이백은 그 상쾌함 자랑했지: 이백이 〈족질인 승려 중부가 옥천사의 선인장차를 준 데 답례하여[答族侄中孚贈玉泉仙人掌茶]〉란 시에서 차에 '환동진고還童振枯'의 효능이 있음을 예찬한 바 있다.

9 육반차: 당대 풍지馮贄의 《운선잡기雲仙雜記》 권2에 실린 〈차와 바꿔 술을 깨다[換茶醒酒]〉에서 "백낙천이 막 관에 들어갔는데 유우석이 제대로 술병이 났다. 우석이 이에 국화싹나물, 무, 젓갈을 주고 낙천의 육반차 두 주머니와 맞바꿔서 술을 깼다[樂天方入關, 劉禹錫正病酒. 禹錫乃饋菊苗虀蘆葍鮓, 換取樂天六班茶二囊以醒酒]"는 내용이 나온다. 《하씨어림何氏語林》에도 보인다.

10 조설: 차를 마실 때 찻물이 혀를 적시는 것을 말한 것이다. 명대 육수성陸樹聲의 《다료기茶寮記》 〈4상차四嘗茶〉 조에 "차를 입에 넣고 먼저 적시듯이 채워서 천천히 마셔야 한다. 달콤한 진액이 혀를 적시면 진미를 얻은 것이다[茶入口先灌漱, 須徐啜. 俟甘津潮舌, 則得眞味]"라는 내용이 있다.

11 봉병: 송대 휘종徽宗의 《대관다론大觀茶論》에 "본 왕조[宋]가 일어나자 해마다 건계의 차를 바치게 하여 용단과 봉병의 이름이 천하에 으뜸이 되었다[本朝之興, 歲修建溪之貢, 龍團鳳餅, 名冠天下]"고 했다.

39 차 단지는 공현輩縣에서 만들었지만[12]	瓷偶作於鞏縣
40 복건福建 사람 맑고 힘을 자랑했지.[13]	建人矜其清白
41 밝은 달을 대신하여 벗으로 삼고	代明月而寄友
42 진한 술과 대체해 손님 대접해[14]	替醇酎而遇客
43 석화石花가 검남劍南에서 활짝 피어나고[15]	石花發於劍南
44 자순紫筍은 고저顧渚에서 돋아나누나.[16]	紫筍生乎顧渚
45 달기는 빙순冰蕈보다 한결 더 낫고	甘滑勝其冰蕈
46 술을 깸도 농어보다 알려졌다네.[17]	醒醒聞乎鱸魚

12 차 단지는 공현에서 만들었지만: 품질 좋은 도자기를 생산하던 공현에서 차를 보관하는 단지를 만들었다는 것이다. '공현'은 수·당 시대부터 청자와 백자, 삼채三彩 도자기를 생산하던 하남성河南省 공현요鞏縣窯를 말한다.

13 복건 사람 맑고 힘을 자랑했지: 송대 채양은 《다록茶錄》〈색色〉 조에서 "차의 색은 흰색이 귀하다〔茶色貴白〕"고 했다.

14 진한 술과 대체해 손님 대접해: 진晉나라 진수陳壽가 펴낸 《삼국지三國志》《오지吳志》〈위요전韋曜傳〉에 "손호가 매번 연회를 베풀 때, 참석한 사람들에게 모두 일곱 되의 양을 마시도록 정했다. 비록 다 마시지 못해도 따라 부어서라도 없애야 했다. 위요는 주량이 2되에 불과하여 손호는 처음부터 특별히 예우하여 몰래 술 대신 차를 내렸다〔孫皓每饗宴, 坐席無不率以七升爲限. 雖不盡入口, 皆澆灌取盡. 曜飲酒不過二升, 皓初禮異, 密賜茶荈以代酒〕"라는 내용이 있다. 육우의 《다경》〈칠지사〉에도 인용되어 있다.

15 석화가 검남에서 활짝 피어나고: 당대 이조李肇의 《당국사보唐國史補》 하권에 "검남에는 몽정산의 석화가 있는데 소방小方과 산아散芽를 천하제일로 불렀다〔劍南有蒙頂石花, 或小方, 或散芽, 號爲第一〕"고 했다. 검남은 사천성 지역이다.

16 자순은 고저에서 돋아나누나: 당대 이조의 《당국사보》 하권에 "호주(절강성)에는 고저산의 자순이 있다〔湖州有顧渚之紫筍〕"고 했다.

17 달기는 빙순보다 …… 알려졌다네: '순蕈'은 순채국을, '로鱸'는 농어회를 말한다. 진晉나라의 문인 장한張翰이 낙양洛陽에서 벼슬을 하다가 가을이 되자 고향의 순채국과 농어회가 생각나서 벼슬을 버리고 고향으로 돌아갔다는 고사를 끌어다 쓴 것이다. 이 때문에 '순갱노회蕈羹鱸膾'라는 말이 생겨났다. 《진서晉書》〈장한전張

47	그 향과 맛 어이 오래 비밀로 하랴	豈香味之久秘
48	임금께 바치는 이 있음 마땅타.	宜有人之獻王
49	차세茶稅는 당나라 때 처음 시작돼[18]	稅初起於唐時
50	여러 곳에서 공물로 바쳐졌다네.	致輸貢之多方
51	작은 대그릇을 송 황제께 진상하고서	小籠進於宋后
52	채양蔡襄은 은혜 입어 영화 누렸지.[19]	蔡極榮於恩光
53	어이 향과 빛깔만 아낀 것이랴	詎香色之獨愛
54	내 정신의 청량함을 기뻐한 걸세.	喜吾神之清凉
55	기이한 차의 품격 찬미하노니	美茲茶之品奇
56	참으로 풀 가운데 이물異物이로다.	實卉中之異物
57	하지만 양기陽氣 깎고 음기陰氣를 돋워	然消陽而助陰
58	손해됨이 이익보다 외려 크다네.[20]	損反勝於有益

翰傳)에 자세한 내용이 보인다. 따라서 벼슬을 버릴 만큼 맛있는 순채국과 농어회보다 차가 더 낫다고 말한 것이다.

18 차세는 당나라 때 처음 시작돼: 《구당서舊唐書》 권12 〈덕종상德宗上〉에 따르면 "덕종 건중 3년(782)에 호부시랑인 조찬趙贊이 글을 올려 …… 조찬이 이에 제도진諸道津에 관리를 두게 하여 상인의 재화에 세금을 거두게 했다. 1관마다 20문의 세금을 거둬, 대나무와 나무, 차, 칠은 모두 10분의 1을 세금으로 거둬, 모두 상평의 근본에 충당하였다(判度支趙贊上言 …… 贊乃於諸道津要置吏稅商貨, 每貫稅二十文, 竹木茶漆皆什一稅, 一以充常平之本)"고 했다. 이것이 차세의 시초이다.

19 작은 대그릇 …… 영화 누렸지: 송대 채양이 소룡단小龍團을 새롭게 만들어 인종仁宗에게 진상한 일을 말한 것이다. 웅번熊蕃의 《선화북원공다록宣和北苑貢茶錄》에 "경력 연간에 채군모가 전운사였을 때 소룡단을 처음 만들어 진상하였는데 천자의 마음에 들어 해마다 바치게 되었다(慶曆中, 蔡君謨將漕, 創造小龍團以進, 被旨仍歲貢之)"라는 내용이 있다.

20 양기 깎고 …… 외려 크다네: 차의 부작용을 말한 것이다. 송대 소동파의 《동파잡기東坡雜記》 〈수다설漱茶說〉에 "번열을 없애고 기름기를 제거하니, 세상에 차가

59	진실로 한번 마심 법도 있으니	誠一服之有式
60	많이 마셔 몸 상케 함 비웃는도다.[21]	笑斛飮之損躬
61	세속의 차 즐기는 이들 위하여	爲世俗之喜嗜
62	바보에게 경계하는 글을 짓노라.	乃作戒於庸愚

해설

문위세의 〈다부〉는 16세기 후반 작품이다. 비교적 이른 시기의 작품임에도 차에 대한 해박한 지식과 통찰력이 돋보인다. 전체 글은 62구 313자로, 의미 단위로 읽으면 7단락으로 구분할 수 있다.

첫 단락은 1구에서 10구까지로 차의 효능을 찬양했다. 쌀쌀해진 가을날 산속 집에서 독서에만 골몰하다 보니 깨닫지 못하는 사이에

없어서는 안 된다. 그러나 모르는 사이에 사람을 해치는 것이 적지 않다. 옛사람이 말했다. '차 마시기가 성행한 후부터, 사람들이 기가 병드는 것이 많아져, 황병이 회복되지 않는다. 비록 손해와 이익이 서로 반반이지만, 양기를 없애고 음기를 돋우니, 이익이 손해를 보상하지 못한다(除煩去膩, 世不可闕茶. 然闇中損人殆不少. 昔人云: '自茗飮盛後, 人多患氣, 不復病黃. 雖損益相半, 而消陽助陰, 益不償損也')'라는 내용이 있다.

21 많이 마셔 몸 상케 함 비웃는도다: 다산茶山 정약용丁若鏞은 1810년 보낸 편지에서 "차를 조금 보냅니다. 다만 이 물건은 원기를 크게 손상시키므로, 저도 고기를 먹어 체했을 때가 아니면 함부로 먹지 않습니다. 조심하고 조심하시기 바랍니다(茶少許送之. 但此物大損元氣, 戚非食肉作滯, 未嘗輕服, 愼之愼之)"라고 했으며, 또 다른 편지에서 "노동이 차 일곱 사발을 말한 것은 과장된 이야기입니다. 이공봉李供奉도 날마다 술을 300잔씩 마시지는 않았을 테지요. 날 위해 말을 전해, 조심해서 너무 많이 마시지는 말라고 하십시오(盧仝七碗, 此是夸談. 李供奉未必日飮三百, 爲我傳語, 愼勿過啜也)"라고 하여, 차를 많이 마시면 몸이 상한다고 했다.

고장枯腸, 즉 창자가 바짝 말라 갈증이 올라온다. 그래서 차를 한잔 끓여 마시자 혼탁하던 정신이 화들짝 돌아오고, 맑고 시원한 기운이 뱃속까지 스며든다. 이러니 차야말로 모든 풀 가운데 으뜸가는 것이라고 했다.

둘째 단락은 11구에서 18구까지로 차의 채취에 관한 내용을 소개했다. 봄날, 안개비가 촉촉이 내릴 때 차 향기가 짙게 밴다. 이때 대그릇을 들고 암천巖泉으로 올라가 구름에 잠긴 높은 산 위에서 찻잎을 채취한다. 찻잎 채취 시기와 채취 방법에 대해 간략히 언급했다.

셋째 단락, 19구에서 28구까지는 차를 끓이는 단계에 대한 설명을 담았다. 채다採茶 이후 차를 만드는 과정에 대한 설명은 포함하지 않았다. 돌솥을 깨끗이 씻어 차를 가루 내어 끓인다. 솔바람 소리가 슉슉 나고, 해안蟹眼이 올라오더니 찻물이 끓으면서 자옥하게 연기가 피어난다. 그 연기 사이로 차향이 풍겨 나온다. 맛도 절묘하다. 한 모금 마시면 화기和氣가 가득하여 '석체소옹釋滯消壅', 즉 체기를 풀어주고 꽉 막힌 것을 통하게 해주는 차의 효능을 체감할 수 있다.

넷째 단락은 29구에서 38구까지다. 차가 점차 세상에 알려져 두목과 백거이, 이백 같은 유명한 시인이 차의 향기와 상쾌한 기운을 찬양한 일을 적었고, 백낙천과 유우석 사이에 육반차에 얽힌 사연과 조설과 봉병에 대한 일화를 잇달아 소개하여, 차가 점차 문인의 애호품이 되면서 시 속에 차의 효능을 예찬하는 작품이 연이어 나왔음을 얘기했다.

다시 이어지는 다섯째 단락이다. 39구에서 46구까지에 해당한다. 차가 세상에 알려지면서 여러 지역에서 생산되는 차의 종류와 효능을 구분하여 소개했다. 복건과 검남, 고저 등지에서 생산된 석화와 자순 등 명차의 맛과 차가 지닌 각성 효과를 높였다.

여섯째 단락은 47구에서 56구까지다. 차의 명성이 널리 알려지면서 황제께 바치는 귀한 식품이 되고, 당나라 때부터는 차에 세금을 매길 정도가 되었다. 공물로 바쳐지고 황제께 진상품으로 바쳐지며, 송나라 때 채양 같은 사람은 이를 통해 부귀영화를 누리기까지 했다. 이같은 당송唐宋 시기 차에 대한 애호는 단순히 차의 향과 빛깔만이 아닌, 차가 정신을 맑게 해주는 약효를 지녔기 때문이라고 썼다.

마지막 일곱째 단락은 57구에서 62구까지다. 앞서 셋째 단락에서는 '석체소옹'의 효능을 예찬했지만, 끝에서는 지나치게 과도한 음다飮茶가 주는 해독에 대한 주의를 환기하면서 글을 맺었다. 그것은 '소양조음消陽助陰', 즉 양기를 깎고 음기를 돋우는 차의 성질이다. 차를 너무 많이 마실 경우 도리어 몸이 상할 수 있으니 지나침을 늘 경계해야 한다고 주의를 주었다.

이렇게 보면 이 글은 차의 효능, 채취, 전다煎茶, 차시茶詩, 차의 종류와 효능, 차의 역사, 차의 해독害毒 등 전반적인 흐름과 차례를 갖춘 대단히 체계적인 기술을 담은 작품임을 알 수 있다.

3

전승업

全承業, 1547~1596

다창위부

茶槍慰賦

차의 미덕을 예찬함

작가와 자료 소개

　전승업의 호는 인봉仁峯이다. 의병장 조헌趙憲(1544~1592)의 제자로 스승과 함께 의병을 일으켰다. 그는 조헌이 이끄는 의병이 금산에서 전멸하자 동지 박정량朴廷亮과 함께 700구의 시신을 수습해 큰 무덤을 만들고 칠백의총七百義塚이라 했다. 충북 옥천 출신인 전승업은 임란 이후 지병이 도진 데다 조헌과 함께 죽지 못하고, 왜적을 섬멸하지도 못한 것을 한으로 여기다가 1596년 50세의 나이로 세상을 떠났다. 사후에 후손이 그가 쓴 시와 부賦, 제문祭文과 행록, 행적 등을 엮어《인봉선생유고집仁峯先生遺稿集》을 펴냈다.

　〈다창위부〉는 그의 문집에 실려 있다. 이 작품 외에는 차에 관한 다른 기록이 보이지 않아, 그가 어떤 경로로 차를 만났고, 차 생활을 어떻게 영위했는지 등에 대한 주변 정보는 얻기 어렵다. '다창위茶槍慰'

3　전승업 〈다창위부〉　　53

란 제목도 흥미롭다. 다창茶槍은 찻잎이 아직 펴지기 전 창처럼 돌돌 말린 상태를 가리킨다. 가장 어린 찻잎인데 다창위는 이 상등 품질의 차가 주는 위로를 시로 노래했다는 의미로 보인다. 앞서 읽은 문위세의 〈다부〉와 거의 같은 시기에 창작되어, 16세기 후반 차 문화에 대해 살필 수 있는 귀중한 자료다.

원문 및 풀이

1	볼품없는 늙은 주인	龍鍾主人
2	초가집서 곤궁하다.	白屋窮居
3	몸 위한 꾀 졸렬하고	謀身計拙
4	양진養眞하는 법 잘 몰라.	養眞術疎
5	그림자 보며 마음 아파	弔影酸心
6	기쁨 적고 근심 많네.	歡寡愁殷
7	고민 떨칠 길이 없어	排悶末由
8	묵은 회포 수고롭다.	疢懷良勤
9	갑작스레 문 두드리는 소리	忽聞剝啄
10	아전이 날 찾아왔네.	有吏來款
11	지기知己가 멀리서 위로하려고	幸知己而遙慰
12	훌륭한 양선차陽羨茶¹를 부쳐 왔구나.	寄陽羨之良産

---

1 훌륭한 양선차: 양선陽羨은 현재 강소성江蘇省 의흥현宜興縣의 옛 이름이다. 이곳에서 생산되는 차를 양선차라고 한다. 당대唐代에 육우의 추천으로 공차貢茶가 되었

13	생각잖게 월단차月團茶를 이리 얻으니	獲月團之無慮
14	좋은 선물 바로 받음 너무 기쁘다.	喜嘉貺之遽承
15	차 마시는 방법이 있다 하면서	語服法之有術
16	좋은 방법 배워야만 능히 한다고.	學良方而後能
17	그래서 문무文武의 불 피워놓고서[2]	乃撥文武之火
18	이끼 낀 가운데로 나아갔다네.	進苔蘚之腹
19	차가운 샘물을 길어 와서는	挹寒泉之冽[3]
20	신통한 차약茶藥을 함께 넣었지.	和通靈之藥
21	이를 끓이고 이를 삶으니	是煎是烹
22	잠깐만에 팔팔 끓네.	且驚且沸
23	한 덩어리 화기和氣를 꼭 막아두자[4]	閉一團之和氣

다. 노동의 시에 "천자께서 모름지기 양선차를 맛보시면, 온갖 풀 감히 먼저 꽃 피우지 못하리라(天子須嘗陽羨茶, 百草不敢先開花)"라 하였다. 또 명대 허차서의《다소茶疏》〈산차産茶〉 조에는 "강남의 차에서 당나라 사람들은 양선차를 으뜸으로 일컬었다(江南之茶, 唐人首稱陽羨)"고 했다.

2 그래서 문무의 불 피워놓고서: 문화文火는 약한 불, 무화武火는 강한 불을 말한다. 명대 장원張源의《다록茶錄》〈화후火候〉 조에 "차를 끓임에 있어 중요한 것은 화후火候, 즉 불을 살피는 일이 먼저다. 화로에 불이 온통 붉어지면 비로소 다표茶瓢, 즉 탕관을 얹는다. 부채질은 가볍고 빠르게 해야 한다. 소리가 나기를 기다려 조금씩 무겁고 빠르게 한다. 이것은 약한 불과 센 불을 살피는 것이다. 불기운이 너무 약하면 물의 성질이 여려지고, 여리면 물이 차에 항복하게 된다. 불기운이 너무 세면 불의 성질이 맹렬해지고, 맹렬해지면 차가 물에 제압된다. 모두 중화中和가 되기에는 부족하니, 차 끓이는 사람의 주요한 뜻이 아니다(烹茶旨要, 火候爲先. 爐火通紅, 茶瓢始上. 扇起要輕疾, 待有聲稍稍重疾, 斯文火之候也. 過于文則水性柔, 柔則水爲茶降. 過于武則火性烈, 烈則茶爲水制. 皆不足於中和, 非茶家要旨也)"라고 했다.

3 원문에는 '열烈'로 되어 있으나 문맥으로 미루어 고쳤다.

4 한 덩어리 화기를 꼭 막아두자: 차 솥의 뚜껑을 덮은 채로 다신茶神이 우러나기를

24	어둔 물결 목이 메고 푸른빛 뜬다.	咽暗浪而浮翠
25	조금 있자 구멍에서 김이 나더니	俄竇泉之通線
26	남은 향기 바깥까지 끼쳐오누나.	藹餘香之外襲
27	물결이 가라앉길 잠시 기다려	竣波恬而浪靜
28	기분 따라 내 속에 채워본다네.	謾隨意而內實
29	바싹 마른 입술 적셔	爰滋燥吻
30	마른 창자 씻어내네.[5]	乃滌枯腸
31	태화太和의 향기 짙어	薰肥太和
32	온몸에선 천향天香 풍겨.	渾體天香
33	외로운 고민 사라지자	孤悶旣除
34	답답함도 간데없다.	煩敲消亡
35	오목가슴 꽉 막혔던 병증 끊기고	肺膈絶滯癰之患
36	피 잘 돌아 조화로운 즐거움 있네.	榮衛有和柔之樂
37	가슴속 걸림 없이 시원스러워	落胸襟之無碍
38	태고를 빼앗아서 방에 들인 듯.	拔太古而入室
39	참으로 풀 종류 중 신통한 약물	信乎草部之神餌

기다린다는 의미이다.

5 마른 창자 씻어내네: 차의 효능에 대해서 말한 것이다. 조선 시대 강희맹姜希孟은 〈이평중에게 답하는 글(答李平仲書)〉에서 "기운이 더욱 맑고 건실해지니, 차의 성질을 모르더라도 비리고 더러운 기운을 깨끗이 씻어준다(氣益淸健, 殊不知茶性, 蕩滌腥穢)"고 했으며, 윤형규尹馨圭는 〈차설茶說〉에서 "온몸이 문득 몹시 피곤하고 무겁게 느껴지며, 정신과 기운은 답답해서 견디지 못한다. 이럴 때 시험 삼아 차 한 사발을 마시면 장과 위가 시원스레 씻겨내려, 정신이 맑아지고 기운이 굳세져서 움직이는 것이 편하고 순조로워지게 한다(渾身頓覺困重, 神氣不堪悶薄. 于斯時也, 試進一椀茶, 疎滌腸胃, 則神淸氣健, 運用便利)"라고 차의 효능에 대해서 말했다.

40	근심의 성 쳐부수는[6] 놀라운 무기.	破愁城之利器
41	그 누가 차의 공을 이름 짓겠나	夫孰象功而創名
42	굳이 이름 짓는다면 다창茶槍이리라.[7]	强名之曰茶槍
43	해박한 이 아니고야 어찌 능히 하리오	非博雅其焉能
44	지은 이름 훌륭하여 내 기뻐하네.	喜賜號之允藏
45	순박함이 시들해지면서부터	自從淳衰
46	세상 사람들 술만 찾누나.	俗尙麴蘗
47	고래처럼 마셔대며	鯨吞轟飮
48	마셨다 하면 끝을 본다네.	飮輒就極
49	망우忘憂라고 이름 지어[8]	名曰忘憂
50	외려 그 덕 손상하네.	反傷厥德
51	근심이야 사라져도	愁悶雖除
52	천화天和 또한 잃고 말지.	天和亦○[9]
53	이는 본성 깎음이니	是謂伐性
54	잘 기른다 말하겠나?	豈云善養
55	갈증 적심 그치리오	潤渴而止

---

6 근심의 성 쳐부수는(破愁城): 일반적으로는 술을 두고 하는 표현이나, 여기서는 차가 마음의 근심을 없애준다는 뜻으로 말한 것이다.

7 굳이 이름 짓는다면 다창이리라: 송 휘종徽宗은 《대관다론大觀茶論》〈맛(味)〉에서 "다창은 차나무 가지에서 처음 싹튼 것이다(茶槍乃條之始萌者)"라고 했다. 여기서는 차가 근심의 성을 깨뜨리는 창이란 뜻에서 다창이란 말을 설명한 듯하다.

8 망우라고 이름 지어: 술을 마시면 근심을 잊게 해준다고 하여 망우군忘憂君이라 하고, 차는 번뇌를 씻어준다고 하여 척번자滌煩子라고 했다. 당대唐代의 시인 시견오는 "차는 척번자라 하고, 술은 망우군이라 한다(茶爲滌煩子, 酒爲忘憂君)"고 했다.

9 ○: 원문에 한 글자가 빠져 있다. '상喪' 자로 추정한다.

56 차 좋은 점 아주 많다.	顧茶則多
57 차여! 차여!	茶乎茶乎
58 나는 다만 네가 좋다.	惟予汝嘉
59 마침내 노래를 지어 말한다.	遂作歌日
60 유인幽人이 오랜 병을 지니고 사니	幽人抱沉疴
61 객이 있어 먼 데서 차 부쳐 왔네.	有客遙寄茶
62 살짝 끓자 백화白花가 떠오르더니[10]	微煎浮白花
63 가만 뜨니 잔잔한 물결이 인다.	細酌生恬波
64 마시면 요사한 마귀를 쫓아	飲來驅妖魔
65 툭 트여 생각에 삿됨이 없네.	蕩蕩思毋邪
66 세상 정리 나와는 상관없으니	世情於我何
67 속된 생각 어이 능히 더 보태리오?	俗念那能加
68 이 몸은 띠집 아래 살지만	身在茅茨下
69 거나한 흥 구름 노을 넘노는도다.	逸興凌雲霞
70 구구하다 신선을 배우는 이들	區區學仙子
71 저들 대체 어떠한 사람이던가?	彼獨何人耶

10 백화가 떠오르더니: 차를 가루 내어 끓였을 때 생기는 거품을 '백화'에 비유했다. 노동의 〈붓을 달려 맹간의가 햇차를 보내온 데 감사하다〉에서도 "흰 꽃들이 빛을 내며 사발 표면에 모이네(白花浮光凝碗面)"라는 내용이 보인다.

해설

전체 글은 모두 71구 349자 분량이다. 내용 단위로 나누면 다섯 단락으로 구분 가능하다. 좋은 차를 선물받고, 바른 방법으로 끓여 마신 뒤에 오는 변화를 통해 차의 미덕을 예찬한 내용이다.

첫째 단락은 1구에서 14구까지다. 가난하고 궁한 살림에 모신양진謀身養眞의 꾀도 없어 근심만 쌓이고 고민을 떨칠 길이 없는 나날이었다. 그런데 갑자기 아전이 문을 두드리는 소리가 나길래 내다보니, 먼 데서 지기知己가 자신을 위로해주려고 훌륭한 양선차를 보내왔더라고 했다. 양선차는 앞에서 언급했듯 강소성 의흥현에서 생산되는 특정한 차의 명칭이지만, 여기서는 상품의 훌륭한 차란 의미로 썼다. 그 차의 형태를 월단차月團茶라 한 것으로 보아 고형차固形茶였음을 알 수 있다. 그런데 이 단락은 노동이 〈붓을 달려 맹간의가 햇차를 보내온 데 감사하다〉에서 친구 맹간의가 보내준 양선차를 받는 과정과 양선차의 형태가 둥근 달, 즉 월단月團과 같다고 한 내용과 상당히 유사하다.

둘째 단락은 15구에서 28구까지다. 선물로 받은 차를 끌러서 탕법을 익혀 끓이는 과정을 설명했다. 차는 그냥 마실 수 없고 반드시 제대로 된 방법에 따라 끓여야 한다. 그러자면 먼저 화후火候, 즉 불기운의 완급 조절이 필요하다. 이것을 문화文火와 무화武火로 구분했다. 불을 피운 뒤 찬 샘물을 길어 와 차, 즉 '통령지약通靈之藥'을 함께 넣는다고 했다. 물이 끓기 시작한 뒤에 한동안 더 끓여 차의 기운이 알맞게 우러나기를 기다리자, 어느덧 차 솥에서 김과 함께 차향이 새어 나온다. 그러면 그제야 불을 빼고, 끓던 물이 가라앉기를 기다려서 원하는 대로 마신다. 자다법煮茶法의 과정과 단계를 비교적 충실하게 설명했다.

셋째 단락은 29구에서 44구까지다. 차의 여러 효능에 대해 자세히 설명했다. 처음은 향기로 느낀다. 다음은 고민과 답답한 증세가 간데 없이 사라진다. 꽉 막힌 듯하던 갑갑함이 사라지고, 혈행이 순조로워 진다. 마음은 편안해져서 아무 걸림이 없다. 차의 이 같은 신통한 약효 를 전승업은 '파수성破愁城', 즉 근심의 성을 깨뜨린다는 말로 표현했 다. 근심의 성을 격파하는 무기는 바로 다창茶槍이다. 다창은 일창일 기 상태의 어린 싹과 잎으로 최상의 찻잎을 가리키는 표현이다. 하지 만 여기서 말하는 다창은 근심의 성을 격파하는 위력적인 창이라는 의미도 담겨 있다.

넷째 단락은 45구에서 59구까지다. 술과 비교하여 차가 지닌 장점 을 한 번 더 드러내 예찬했다. 세상 사람들은 고래처럼 술을 마셔대며 절제할 줄 모른다. 술에 망우군忘憂君이란 이름을 붙이고 술에 절어 본래 지닌 덕을 손상시키고 건강 또한 잃고 만다. 이것은 본성을 기름 에 해가 될 뿐 아무 도움이 못 된다. 하지만 앞서 제시한 것처럼 차는 여러 미덕을 두루 갖춘 음료다. 그저 갈증을 해소해줄 뿐 아니라 마음 속에 쌓인 번민을 말끔히 씻어내주고, 태화太和의 상태로 이끌어준다.

마지막 여섯째 단락은 60구에서 71구까지다. 이제까지 노래한 내 용을 가歌의 형식으로 종합했다. 멀리서 벗이 보내준 차를 방법에 따 라 끓여서 마셨다. 차가 몸 안에 들어오자 마음속 요사스러운 마귀가 달아나고 사무사思無邪, 즉 생각에 아무 삿됨이 없는 평정이 찾아왔다. 세상 정리에 아등바등하던 마음이 간데없고, 속된 마음이 더 이상 들 어설 데가 없다. 가난한 살림임에도 흥취가 거나하다. 차만 있으면 되 니, 굳이 신선의 방술을 배울 필요가 없다. 이렇게 볼 때 차야말로 참 으로 신통한 물건이 아닌가?

4

이운해

李運海, 1710~?

부풍향차보

扶風鄕茶譜

18세기 조선의 음다 풍속과 약용차 제법

작가와 자료 소개

　이운해는 본관이 전주全州, 자는 자용子用이다. 1740년(영조 16)에
증광시 병과로 급제했다. 뒤에 이름을 심해心海로 고쳤다. 1741년 가
주서假注書가 되고 경상도사慶尙都事, 장령掌令, 지평持平 등을 거쳐
1753년 정언正言에 올랐다. 1754년 10월 3일 부안현감으로 부임하여,
2년 뒤인 1756년 10월 9일 다시 장령으로 서울로 올라갔다.

　정언 벼슬을 지낸 이중해李重海(1717~?)가 막내아우이다. 저술에
《상확보商確譜》와《부풍향차보》가 있으나 실물은 전하지 않는다.

　《부풍향차보》는 황윤석黃胤錫(1729~1791)의 일기인《이재난고頤齋
亂藁》에 그림과 함께 인용되어 있다. 전체 분량이라야 두 쪽밖에 되지
않는다. 더 자세한 내용을 담은 별도의 책자가 있었고, 여기 실린 것은
그 핵심 내용을 간추려 소개한 것으로 보인다.《부풍향차보》는 1757년

6월 26일 자 일기 끝에 실려 있다. 부안현감 재직 당시 이운해가 직접 차를 만든 경험을 살려서 지은 《부풍향차보》는 서문과 〈차본茶本〉, 〈차명茶名〉, 〈제법製法〉, 〈다구茶具〉의 네 항목으로 구성되어 있다. 이 자료는 18세기 당시 조선의 음다 풍속과 실상을 이해하는 데 더없이 중요한 정보를 제공한다.

원문 및 풀이

부풍扶風(전북 부안의 옛 이름)은 무장茂長[1]과 3사지舍地 떨어져 있다. 들으니 무장의 선운사禪雲寺에는 이름난 차가 있다는데 관민官民이 채취하여 마실 줄을 몰라 보통 풀처럼 천하게 여겨 부목副木으로나 쓰니 몹시 애석하였다. 그래서 관아의 하인을 보내 이를 채취해 오게 했다. 때마침 새말 종숙께서도 오셔서 함께 참여하였다. 바야흐로 새 차를 만드는데 제각기 주된 효능이 있어, 7종의 상차[七種常茶]로 만들었다. 또 지명으로 인하여 《부풍보扶風譜》라 하였다. 10월부터 11월과 12월에 잇달아 채취하니, 일찍 채취한 것이 좋다.

扶風之去茂長, 三舍地. 聞茂之禪雲寺有名茶, 官民不識採啜, 賤之凡卉, 爲副木之取, 甚可惜也. 送官隷採之. 適新邨從叔來, 與之參. 方製新, 各有主治, 作七種常茶. 又仍地名, 扶風譜云. 自十月至月臘月連採, 而早採爲佳.

---

1 무장: 전북 고창高敞의 옛 이름이다.

차본 茶本[2]

고차苦茶, 즉 쓴 차는 일명 작설雀舌이라고 한다. 조금 찬 성질이 있지만 독성은 없다. 나무가 작아 치자梔子와 비슷하다. 겨울에 잎이 난다. 일찍 따는 것을 '차茶'라 하고, 늦게 따는 것은 '명茗'이 된다. 차茶와 가檟, 설蔎과 명茗과 천荈 등은 채취 시기의 빠르고 늦음을 가지고 이름 붙인다. 납차臘茶, 즉 섣달차는 맥과차麥顆茶라 한다. 어린싹을 따서 짓찧어 떡을 만들고 불에 굽는다. 잎이 쇤 것은 천荈이라 한다. 뜨겁게 마시는 것이 좋다. 차가우면 가래가 끓는다. 오래 먹으면 기름기를 없애 사람을 마르게 한다.

苦茶一名雀舌. 微寒無毒. 樹少似梔. 冬生葉, 早採爲茶, 晩爲茗. 曰茶曰檟, 曰蔎曰茗曰荈, 以採早晩名. 臘茶謂麥顆. 採嫩芽, 搗作餠, 並得火良. 葉老曰荈, 宜熱. 冷則聚痰, 久服去人脂, 令人瘦.

차명 茶名

풍〔風〕 맞았을 때는 감국甘菊 · 창이자蒼耳子

추울〔寒〕 때는 계피桂皮 · 회향茴香

더울〔暑〕 때는 백단향白檀香 · 오매烏梅

열날〔熱〕 때는 황련黃連 · 용뇌龍腦

감기〔感〕에는 향유香薷 · 곽향藿香

기침〔嗽〕에는 상백피桑白皮 · 귤피橘皮

체했을〔滯〕 때에는 자단향紫檀香 · 산사육山査肉

---

2 〈차본〉의 내용은 허준許浚(1539~1615)의 《동의보감》 〈고차〉 항목을 인용한 것이다.

표점을 찍은 글자를 취해 일곱 가지 향차香茶로 삼으니 각각 주치가 있다.[3]

風: 甘菊·蒼耳子, 寒: 桂皮·茴香, 暑: 白檀香·烏梅, 熱: 黃連·龍腦, 感: 香薷·藿香, 嗽: 桑白皮·橘皮, 滯: 紫檀香·山査肉.

取点字爲七香茶, 各有主治.

제법製法

차 6냥과 위 재료 각각 1전錢에 물 2잔을 따라 반쯤 달인다. 차와 섞어 불에 쬐어 말린 후 포대에 넣고 건조한 곳에 둔다. 깨끗한 물 2종鍾을 탕관 안에서 먼저 끓인다. 물이 몇 차례 끓은 뒤 찻그릇〔缶〕에 따른다. 차 1전을 넣고, 뚜껑을 덮어 진하게 우려내 뜨겁게 마신다.

茶六兩, 右料每各一錢, 水二盞, 煎半. 拌茶焙乾, 入布帒, 置燥處. 淨水二鍾, 罐內先烹, 數沸注缶, 入茶一錢, 盖定濃透熱服.

다구茶具

화로는 탕관湯罐을 앉힐 수 있어야 한다.

탕관은 2부缶가 들어간다.

다부茶缶는 2종鍾이 들어간다.

다종茶鍾은 2잔盞이 들어간다.

다잔茶盞은 1홉이 들어간다.

다반茶盤은 다부와 다종, 다잔을 놓을 수 있다.

---

3 표점을 찍은 …… 주치가 있다: 일곱 가지 향차의 이름은 국향차·계향차·매향차·연향차·유향차·귤향차·사향차이다.

爐可安罐, 罐入二缶, 缶入二鍾, 鍾入二盞, 盞入一合, 盤容置缶鍾盞.

해설

《부풍향차보》는 1755년 또는 1756년에 지은 다서다. 그 내용은 부
안현감으로 있던 이운해가 고창 선운사 일원의 차를 따서 약효에 따
라 향약香藥을 가미해 만든 7종의 약용차 제법에 관한 것이다.

《부풍향차보》는 이덕리의 《기다記茶》보다 30년이나 앞선다. 《부풍
향차보》는 서문과 〈차본〉, 〈차명〉, 〈제법〉, 〈다구〉의 네 항목으로 구성
되었다.

서문에서는 부안현감으로 부임해 근처 선운사에서 좋은 차가 난다
는 말을 듣고, 각 차별로 주치主治가 있는, 즉 특정 증상에 약효가 있는
7종의 향약차香藥茶를 만들게 된 경위를 밝혔다. 부풍은 부안의 옛 이
름이다.

〈차본〉에서는 차의 여러 명칭과 효능을 짧게 설명했다. 특히 납차,
즉 섣달에 딴 차 싹으로 만든 차를 따로 맥과차라 한다는 설명이 이
채롭다. 맥과차는 갓 나온 차 싹이 꼭 보리알처럼 생겼다 하여 붙은
이름이다. 차를 만들 때는 어린싹을 채취하여 짓찧어 떡을 만들고, 불
에 말린다고 했다. 당시 마시던 작설차 또한 찻잎 채취 후 쪄서(蒸) 절
구에 찧어 떡차로 만들어 불에 쬐어 말렸다(焙). 쇤 잎차는 천차荈茶라
한다. 뜨겁게 마셔야 하고, 차게 마시면 가래가 끓어오르는 부작용이
있다. 또 차를 오래 마시면 몸의 기름기를 제거해 수척해진다는 지
적도 남겼다. 이운해의 차에 대한 이해가 상당한 수준이었음을 보여
준다.

다음은 〈차명〉이다. 풍風·한寒·서暑·열熱·감感·수嗽·체滯 등의 7자 아래 각각 두 가지씩 약재명을 적었다. 앞의 낱글자는 뒤에 나오는 차를 마셔야 할 증세이다. 서문에서 말한 각각 주치主治가 있다는 것이 이 뜻이다. 이 중 표점 찍은 글자를 취해 칠향차七香茶로 삼는다고 했다. 원본을 살펴보면 국菊·계桂·매梅·연連·유薷·귤橘·사查 자 위에 표점이 찍혀 있는 것을 볼 수 있다.

풍증이 있을 때는 작설차에 감국과 창이자를 섞어 만든 국향차菊香茶를 마시고, 추울 때는 작설차에 계피와 회향을 섞어 만든 계향차桂香茶를 마신다. 더울 때는 작설차에 오매와 백단향을 섞어 만든 매향차梅香茶를 마시고, 열날 때는 작설차에 황련과 용뇌를 섞어 만든 연향차連香茶를 마신다. 감기가 들었을 때는 작설차에 향유, 즉 목이버섯과 곽향을 섞어 만든 유향차薷香茶가 제격이다. 기침이 날 때는 작설차에 상백피와 귤피를 섞어 만든 귤향차橘香茶가 좋고, 체했을 때는 작설차에 자단향과 산사육, 즉 산사 열매를 섞어 만든 사향차查香茶를 마신다.

서문에서 말한 칠종상차七種常茶는 작설차에 일곱 가지 증세에 약효가 있는 약재를 가미해서 만들어 각종 증상에 맞춰 마시도록 한 상비차常備茶란 뜻이다.

칠종상차는 어떻게 만들어 마셨을까? 〈제법〉에 구체적 설명이 나온다. 먼저 6냥 되는 덩이차에 위에서 제시한 약재 1전씩을 함께 넣고 물 2잔을 붓는다. 그러고는 물이 반쯤 줄어들 때까지 졸인 후, 차를 불에 쪼여 말린다. 차가 바싹 마르면 포대에 넣고 건조한 곳에 놓아둔다. 여기까지가 향차 제조법이다. 그런데 여기서 문제는 약재와 함께 넣고 끓인 떡차가 풀어지는가 풀어지지 않는가 하는 것이다. 떡차가 풀어진다면 약재 성분과 향이 밴 차와 약재를 고루 섞어 함께 불에 쪼여 말리는 것이 된다. 그렇지 않다면 약재 성분과 향을 흡수한 떡차만 꺼내서 말리는 것인데 현재 남아 있는 내용만으로는 정확하게 파악하기가 어렵다. 좀 더 섬세한 논의가 필요한 부분이다.

이어지는 설명은 음다법에 관한 것이다. 깨끗한 물 2종을 탕관에 부어 먼저 끓인다. 몇 차례 끓고 나면 끓은 물을 다부로 따른다. 그 물에 차 1전을 넣어 우린다. 차는 짙게 우려서 아주 뜨거울 때 마신다.

그렇다면 물의 분량이나 차의 양은 정확히 얼마나 될까? 그래서 저자는 〈다구〉 항목을 따로 두어 각종 다구의 이름과 생김새와 용량을 따로 표시해두었다. 차 끓이는 데 소용되는 다구는 모두 6종류다. 다로茶爐·탕관·다부·다종·다잔·다반이 그것이다. 먼저 다로는 탕관을 앉힐 수 있는 크기라야 한다. 중간에 숯불을 넣는 구멍이 있고, 위쪽에 탕관이 얹히는 구멍이 있다. 탕관은 꼭지 달린 뚜껑이 있고 양옆에 손잡이가 달린 그릇이다. 탕관 하나는 2부들이다. 다부는 탕관과 생김새가 비슷하다. 다만 크기가 그 반만 하고 체형이 조금 날씬하다. 탕관에서 끓인 물을 부어 차를 우려내는 도구다. 다종은 다부의 절반들이다. 1부에는 2종이 들어간다. 손잡이가 한쪽만 달린 큰 컵이다. 다잔은 한 홉들이 용량의 개인 잔이다. 2잔이 1종이다. 그러니까 1다부로 4잔의 차를 만들 수 있다. 한번 탕관에 끓일 때 2부의 물을 부으니까, 두 차례 우려내면 모두 8잔이 된다. 그리고 마지막으로 다반은 다로와 탕관을 제외한 나머지 다부, 다종, 다잔 등을 함께 올려놓을 수 있는 크기의 찻상이다.

《부풍향차보》는 전체 내용이 과연 이것뿐이었을까? 황윤석은 《이재난고》에 자신이 읽은 다른 사람의 저술 중 중요한 대목을 자주 베껴놓았는데 대부분 필요한 부분만 발췌하는 방식이었다. 따라서 《부풍향차보》 또한 여기에 실린 내용 외에 비교적 풍부한 다른 설명이 있는, 더욱 완성된 형태의 저술이었을 것으로 짐작된다.

현재 내용만으로도 차에 대한 저자 이운해의 해박한 이해 수준이
십분 파악된다. 차의 특징과 성질부터 증세에 따른 향차 처방, 향차 제
조법, 향차 음다법을 차례대로 조목조목 설명한 흥미로운 저작이다.

5

이덕리

李德履, 1725~1797

기다

記茶

차의 국제 무역을 제안한 기념비적 저술

작가와 자료 소개

이덕리는 본관이 전의全義이고, 자字는 이중而重이다. 이징택李徵澤 (1689~1770)의 3자로 족보에는 이름이 이덕위李德威로 나온다. 부인은 고흥高興 류씨柳氏 성종星宗의 딸이다.

정조 즉위년(1776) 사도세자 추존 문제로 상소문을 올렸다가 대역 부도죄로 능지처참에 처해진 이덕사李德師(1721~1776)의 친동생이다. 이덕리는 이 사건에 연좌되어 1776년 4월에 옥주沃州, 즉 진도珍島로 유배되었다. 이후 20년 만인 1795년에 영암으로 이배移配되어 2년 뒤 73세의 나이로 사망했다.

이덕리는 윤광심尹光心(1751~1817)이 펴낸《병세집幷世集》에 형 이 덕사와 함께 작품이 수록되었을 정도로 문명文名이 높았다. 저술로는 국방 관련서인《상두지桑土志》와 시문집《강심江心》이 남아 전하는데

《기다記茶》는《강심》에 수록되어 있다.

《기다》는 이덕리가 진도 유배 중인 1783년경에 지은 차 무역에 관한 다서茶書로, 서론에 해당하는 〈다설茶說〉 5항목, 본문에 해당하는 〈다사茶事〉 14항목, 그리고 차 무역의 구체적 실행 계획을 정리한 〈다조茶條〉 7항목으로 구성되어 있다.

《기다》가 세상에 처음 알려진 것은 1837년 초의草衣가《동다송東茶頌》에서《동다기東茶記》란 이름으로《기다》의 한 단락을 인용하면서부터다.《동다송》과 마찬가지로 '우리 차에 대한 기록'이라는 의미로 이 제목을 썼다. 이후로도《기다》의 원본이 세상에 공개되지 않아, 이 저술은 본래 제목인《기다》가 아닌《동다기》라는 제목으로 알려져 왔다. 또 1891년 법진法眞이 필사한 법진본 목차에서는 이 책의 명칭을 《다기茶記》로 적었다. 같은 책에《동다송》을《다송》으로 적은 것을 감안한다면《다기》또한《동다기》와 같은 뜻이다.

한편 저자 이덕리는 저서《상두지》에서 자신의 국방 기획을 위한 재원 마련책으로 '다설'을 지었다고 했다. 이것은 책의 명칭이라기보다는, 차에 대한 자신의 주장을 담은 글을 썼다는 의미에 가깝다. 하지만 이 때문에 또 이 저술의 명칭을 '다설'로 보아야 한다는 주장도 제기되었다. 같은 자료를 두고《동다기》,《다기》,《기다》,《다설》 등 모두 네 가지 다른 명칭이 존재하는 셈이다. 하지만 2006년 다산의 강진 시절 제자인 강진 백운동 이시헌李時憲(1803~1860)의 집안에서 발견된 이덕리의 문집《강심》에 수록된《기다》 전문을 확인해 이 저술의 본래 명칭이《기다》임이 분명해졌다. 하지만 초의의《동다송》에《동다기》로 인용되면서, 이 자료가 처음으로 그 존재를 알렸고,《동다송》과《동다기》가 모두 우리나라 차에 대해 기록한 저술임을 분명히 드러낸다는 점에서《동다기》라는 명칭을 함께 쓰는 것도 여러 가지 이점이 있다.

《기다》는 현재 백운동본白雲洞本, 의암본衣巖本, 법진본法眞本 등 세 종류의 이본이 남아 전한다. 첫째, 백운동본은 다산의 막내 제자 이시헌이 필사한 것이다. 백운동본의 경우 뒷부분 7단락에 해당하는 〈다조〉 부분이 따로 떨어진 채 필사되어 있다. 책 속의 추기追記를 보면 이시헌이 난고亂藁 상태의 원자료를 정리하여 필사할 당시, 이 부분을 미처 찾지 못하고 있다가 나중에 뒤늦게 찾아 추가로 필사했기 때문이다. 필사자 이시헌은 이 자료의 필사 끝부분에 《강심》의 저자가 이덕리임을 분명하게 밝혔다. 이 필사기 덕에 비로소 이 저술의 지은이가 이덕리임을 확정할 수 있게 되었다.

둘째, 의암본은 의암 김규선 교수가 소장하고 있는 필사본이다. 초서草書로 필사된 백운동본을 바탕으로 정갈한 해서楷書로 옮겨 적은 책이다. 한편 옮겨 쓰는 과정에서 백운동본의 혼란스러운 부분을 말끔하게 편집해서 정리했다. 그 결과 백운동본에 따로 떨어져 있던 〈다조〉 7단락이 '다사茶事' 끝에 별도의 중간 제목 없이 잇달아 놓이게 되었다.

셋째, 법진본은 백양사 승려 법진이 1891년 대둔사에서 필사한 것이다. 법진본은 〈다설〉의 세 번째 단락 일부와 네 번째 단락, 〈다사〉 11번째 단락 및 뒷부분 〈다조〉 7단락이 통째로 누락된 불완전한 사본인 데다 오자도 많아 온전한 의미 파악이 어렵다. 법진본은 1991년 용운 스님이 발굴·소개했다. 이후 전체 자료가 공개되지 않은 데다 내용마저 불완전해서 이 자료에 대한 논의가 전혀 진행되지 못했다.

이 책에서는 김규선 교수가 소장한 필사본 의암본을 저본으로 삼아 번역문과 원문을 수록하였으며, 원문에 명시되지 않은 〈다설〉, 〈다사〉, 〈다조〉를 본문 내용에 의거하여 구분하고 중간 제목으로 달았다.

원문 및 풀이

다설茶說

베와 비단, 콩과 조는 땅에서 나는데 절로 일정한 수량이 있다. 관가에 있지 않고 반드시 백성에게 있다. 적게 취하면 나라에서 쓸 것이 부족하고, 많이 거두면 백성의 삶이 고달파진다. 금은과 주옥은 산택山澤에서 난다. 애초에 품은 것에서 줄어들 뿐 늘어나는 법은 없다. 진나라와 한나라 때 상으로 하사하던 것을 보면 황금을 대략 100근이나 1,000근을 기준으로 삼았다. 송나라나 명나라 시절에 이르러서는 황금 아닌 백금을 냥兩 단위로 헤아렸다. 고금의 빈부 차이를 여기에서 볼 수 있다. 지금 만약 베나 비단, 콩과 조처럼 백성을 위해 하늘이 주거나, 금은 혹은 주옥처럼 나라를 부유하게 해주는 것이 아니면서 황량한 들판의 구석진 땅에 절로 피고 지는 평범한 초목에서 얻어 이것으로 국가에 보탬이 되고 민생을 넉넉하게 할 수 있다면 어찌 그 일이 재물의 이익과 관련되어 있다 말하지 않을 수 있겠는가?

布帛菽粟, 土地之所生, 而自有常數者也. 不在於官, 必在於民. 少取則國用不足, 多取則民生倒懸; 金銀珠玉, 山澤之所産, 而孕於厥初, 有減而無增者也. 觀於秦漢之賞賜, 黃金率以百千斤爲槩, 至於宋明之際, 白金以兩計, 古今之貧富, 於斯可見矣. 今若有非布帛菽粟之爲民所天, 金銀珠玉之爲國所富, 而得於荒原隙地, 自開自落之閑草木, 可以裨國家而裕民生, 則何可以事在財利, 而莫之言也.

차는 남방의 좋은 나무이다.[1] 가을에 꽃이 피고 겨울에 싹이 튼다. 싹이 어린 것은 참새의 혀와 같다 하여 작설雀舌이라 하고 새의 부리와 비슷해서 조취鳥嘴라고 한다.[2] 오래되어 쇤 잎은 명茗·설蔎 또는 가檟

·천설茶荈이라고 한다.[3] 신농씨神農氏[4] 때 세상에 드러나 주관周官[5]에 나란히 섰다. 후대로 내려와 위진魏晉 시대부터 조금씩 성행하다가 당나라를 거쳐 송나라에 이르자 사람들의 솜씨가 점차 교묘해졌다. 천하의

1 차는 남방의 좋은 나무이다: 육우는 《다경茶經》〈일지원一之源〉에서 "차는 남방의 좋은 나무이다(茶者南方之嘉木也)"라고 했다.

2 작설조취雀舌鳥嘴: 작설은 참새의 혓바닥, 조취는 새의 뾰족한 부리를 말한다. 갓 나온 어린싹과 잎의 모양이 참새 혓바닥이나 부리 끝처럼 생겼다 해서 붙은 이름이다. 《동다송》의 '취금설翠禽舌'도 같은 의미이다. 취금은 참새와 크기가 비슷한 물총새를 말한다.

3 명설가천茗䖥檟荈: 차의 상태에 따른 별칭이다. 육우의 《다경》에 이 네 가지 이름을 소개한 후, "주공은 가檟는 고도苦茶라고 했다. 양집극揚執戟은 촉蜀 지역 서남쪽 사람은 차를 설䖥이라 한다. 곽홍농郭弘農은 일찍 채취한 것을 차라 하고 늦게 딴 것은 명이라 하는데 혹 천이라 하기도 한다(周公云: '檟苦茶', 揚執戟云: '蜀西南人, 爲茶曰䖥'. 郭弘農云: '早取爲茶, 晩取爲茗, 或一曰荈耳')"라고 풀이를 달았다. 가를 고도라 한 것은 한나라 때 사전인 《이아爾雅》에 보인다. 이 내용은 명나라 왕상진王象晉의 《군방보群芳譜》〈다보茶譜〉 첫 대목에도 나온다. 이덕리는 서두의 이 같은 인용을 통해 자신이 육우의 《다경》을 이미 읽었음을 분명하게 드러냈다.

4 신농씨: 태곳적 제왕인 삼황오제三皇五帝의 한 사람이다. 농사의 신으로 알려져 있다. 신농씨가 《식경食經》을 지었다고 하나 후대의 가탁이다. 신농씨는 인간의 온갖 풀을 직접 맛보고 사람에게 이로운지 해로운지 시험해 《신농본초神農本艸》를 지었다고 전해진다. 이 책에 "차를 오래 마시면 사람이 힘이 있고 뜻이 즐겁다(茶茗久服, 人有力悅志)"고 적혀 있다. 초의 《동다송》 11구에 "염제께서 진작 맛봐 《식경》에 실려 있고(炎帝曾嘗載食經)"라고 하고 그 아래 주석에 이 대목을 그대로 옮겼다.

5 주관: 《주례周禮》〈천관天官·선부膳夫〉 편에 제사 때 쓰는 여섯 가지 음료로 육청六清을 꼽았는데 차가 그 가운데 포함된다고 본 것이다. 청나라 육정찬陸廷燦이 지은 《속다경續茶經》에서도 《주례》에 도茶를 받들어 상사喪事 때 올리는데 그 쓴맛을 취한 것이다(周禮掌茶以供喪事, 取其苦也)"라는 내용도 있다. 진나라 때 장맹양張孟陽은 〈성도 백토루에 올라(登成都白菟樓)〉라는 시에서 "정식鼎食을 수시로 차려 내오니, 온갖 맛 묘하고 특별도 하다. 향기론 차 육청 중에 으뜸이어서, 넘치는 맛 온 세상에 퍼져가누나(鼎食隨時進, 百和妙且殊. 芳茶冠六清, 溢味播九區)"라고 하여 차를 육청의 음료 중 으뜸으로 꼽았다.

맛 가운데 이보다 나은 것이 없고, 또한 천하에 차를 마시지 않는 나라가 없다. 북쪽 오랑캐는 차가 생산되는 고장에서 가장 멀리 떨어져 있다. 하지만 차를 즐기는 것이 북쪽 오랑캐만 한 경우도 없다. 그들은 늘 육식을 하므로 배열背熱,[6] 즉 등에서 열이 나는 것을 견디지 못하기 때문이다. 이로 말미암아 송나라가 요하遼夏를 견제하고, 명나라가 삼관三關을 누를 때도 모두 차를 써서 미끼로 삼았다.

茶者南方之嘉木也. 花於秋而芽於冬. 芽之嫩者曰雀舌鳥嘴, 其老者曰茗蔎
檟荈. 著於神農, 列於周官. 降自魏晉浸盛, 歷唐至宋, 人巧漸臻. 天下之味, 莫尙
焉. 而天下亦無不飮茶之國. 北虜最遠於茶鄕, 嗜茶者, 無如北虜. 以其長時餕
肉, 背熱不堪故也. 由是宋之撫遼夏, 明之撫三關, 皆用是以爲餌.

우리나라에서 차가 생산되는 고장은 호남과 영남에 두루 퍼져 있다. 《동국여지승람東國輿地勝覽》[7]과 《고사촬요攷事撮要》[8] 등의 책에 실린 것은 그저 백 곳, 열 곳 중 하나일 뿐이다. 우리나라 풍습이 작설을 약에 넣어 쓰면서도 차와 작설이 본래 같은 물건인 줄은 대부분 알지

---

6 배열: 북방 유목민들은 육식만 하므로 기름기가 혈관을 막아 등이 자주 뜨거워져 통증을 견디기 힘들다. 이를 배열병이라 한다. 차를 마시면 열을 내려주고 기름기를 녹여 배열병에 걸리지 않는다.

7 《동국여지승람》: 성종 때 노사신盧思愼 등이 왕명으로 편찬한 지리서로 55권 25책 분량이다. 《대명일통지大明一統志》의 체재를 참고하여 각 도의 지리와 풍속, 특산 등을 기록했다. 누정樓亭과 불우佛宇, 고적古蹟과 제영題詠 등에 제가의 시문이 풍부하게 수록되어 있다. 각 권의 토산土産 항목에 차가 생산되는 지역을 표시하고 있는데 울산·밀양·진주·곤양·하동·산음·단성·진해·고부·흥덕·옥구·태인·나주·광산·영광·함평·고창·진원·무장·남평·무안·강진·해남·담양·순창·순천·낙안·보성·능성·광양·흥양·동복·화순 등지에서 차가 난다고 적혀 있다.

못한다. 그래서 일찍이 차를 채취하거나 차를 마시는 자가 없었다. 혹 호사가가 연경燕京의 시장에서 사 가지고 올망정 가까이 나라 안에서 취할 줄은 모른다. 경진년(1760, 영조 36)에 차를 실은 상선⁹이 와서 온 나라가 그제야 차의 생김새를 처음으로 알았다. 이후 10년간 실컷 써서 떨어진 것이 하마 오래되었는데도 또한 채취해서 쓸 줄은 모른다. 이렇게 보면 우리나라 사람에게 차란 그다지 긴요한 물건이 아니어서 있고 없고를 따질 것이 못됨이 분명하다. 비록 물건을 죄다 취한다 해도 이익을 독점한다는 혐의는 없을 것이다. 배로 서북 지역의 개시처開市處,¹⁰ 즉 시장이 열리는 곳으로 운반해 가서 차를 은과 맞바꾸면 주

---

8 《고사촬요》: 1554년 어숙권魚叔權 등이 왕명으로 사대교린과 일상생활에 필요한 다양한 내용을 모아 엮어 편찬한 책이다. 진공방물수목進貢方物數目과 중원진공노정中原進貢路程을 비롯하여 일상생활에 필요한 여러 서식과 약방, 각종 상식 등을 수록했다. 이 가운데 차 산지에 대한 언급이 나온다.

9 차를 실은 상선(舶茶): 1760년 차를 가득 싣고 호남 도서 지역에 표류한 중국 상선을 가리킨다. 이 일은 박제가의 《북학의北學議》에도 관련 기록이 있다. 〈강남 절강 상선과 통상하는 문제에 관한 논의(通江南浙江商舶議)〉에서 "나는 황차黃茶를 실은 배 한 척이 표류하여 남해에 정박한 것을 본 적이 있다. 온 나라가 그 황차를 10여 년 동안 사용했는데 지금도 여전히 남아 있다"고 한 것이다. 이 시기에 우리나라에 여러 차례 표류선이 왔으나 황차와 직접 관련된 것은 1762년 10월, 만경현萬頃縣 고군산도古群山島로 절강 상인 22명이 표류해 온 사건뿐이다. 《승정원일기》 1762년 11월 12일 자 기사 중 이 배에 가격으로 환산해 은 7,000여 냥에 해당되는 여러 물화가 실려 있었고, 그중 엄청난 양의 황차가 포함되어 있다는 내용이 보인다. 당시 조선은 금주령이 시행되던 터였으므로 제사 때 차로 술을 대신하려는 수요가 많아 표류선의 황차가 주목받았고, 조선에서 차에 대한 관심이 이는 중요한 계기가 되었다. 이덕리가 차 무역에 눈을 뜨게 된 것도 이 일과 무관하지 않다. 따라서 1760년은 1762년의 착오로 보는 것이 맞을 듯하다.

10 서북 지역의 개시처(西北開市處): 개시開市는 대외무역 시장을 일컫는 말이다. 서북 개시는 평안도 의주 국경의 책문에서 열린 무역 시장을 가리킨다.

제朱提의 최고급 은으로 만든 그릇과 촛대[11]가 물길을 따라 잇달아 들어와 지역마다 배당될 수 있다. 이것을 말과 교환한다면 기주冀州 북쪽 지방[12]의 준마와 양마[13]가 성 밖 유한지有閒地에 가득하고 교외 목장에 넘쳐날 수 있다. 이를 비단과 맞바꾸면 서촉西蜀 지방에서 짠 고운 비단을 사녀士女들이 나들이옷으로 걸치고 깃발의 천도 바꿀 수 있다. 나라의 재정이 조금 나아지면 백성의 힘도 절로 퍼질 것은 두말할 필요가 없다. 그럴진대 앞서 내가 황량한 들판의 구석진 땅에서 절로 피고 지는 평범한 초목을 얻어서 나라에 보탬이 되고 백성의 생활을 넉넉하게 할 수 있다고 말한 것은 결코 지나친 말이 아니다.[14]

　我東産茶之邑, 遍於湖嶺. 載輿地勝覽, 攷事撮要等書者, 特其百十之一也. 東俗雖用雀舌入藥, 擧不知茶與雀舌, 本是一物. 故曾未有採茶飮茶者. 或好事者, 寧買來燕市, 而不知近取諸國中. 庚辰舶茶之來, 一國始識茶面. 十年爛用,

---

11 주제의 …… 그릇과 촛대(朱提鍾燭): 주제는 운남성 소통현昭通縣 경계에 있던 주제현朱提縣이다. 이곳에서 양질의 은이 많이 나서 은을 나타내는 대명사로 쓰인다. 종촉鍾燭은 그릇과 촛대. 주제종촉은 최고급 은으로 만든 그릇과 촛대를 의미한다.

12 기주 북쪽 지방(冀北): 지금의 하북성河北省과 산서성山西省 일대이다.

13 준마와 양마(駿良駃騠): 준량駿良은 준마와 양마, 결제駃騠는 암나귀와 수말 사이에서 태어난 준마를 뜻하는 것으로 훌륭한 말을 통칭한다.

14 이 단락의 내용 대부분이 법진본에는 누락되고 없다. 법진본에는 '我東産茶之邑, 遍於湖嶺. 載'까지만 수록하고 한 칸을 비운 뒤 두 단락 뒤의 첫 문장인 '中國之茶'로 시작되는 단락까지 건너뛰었다. '재載' 자 이후 빈칸에 누락된 글자가 무려 398자나 된다. 법진본이 1행 20자, 1면 12행으로 된 것으로 보아 법진이《다경(합)茶經合》을 옮겨 쓸 당시 베껴 쓰다 말고 착각하여 아예 한 장을 그대로 넘겨 적었던 사정이 짐작된다. 본인도 쓰다가 문맥이 이상했으므로 '재' 자 아래에 빈칸을 하나 남겨두었다. 혹《다경(합)》의 원본에도 이 부분이 빠져 있었을 가능성을 완전히 배제하기는 어렵다. 어쨌거나 이 대목이 통째로 빠지는 바람에 법진본의 이 대목은 문맥이 온통 뒤엉켜버린 이상한 글이 되고 말았다.

告乏已久, 亦不知採用, 則茶之於東人, 其亦沒緊要之物, 不足爲有無, 明矣. 雖盡物取之, 無榷利之嫌. 舟輪西北開市處, 以之換銀, 則朱提鍾燭, 可以軼川流而配地部矣. 以之換馬, 則冀北之駿良駃騠, 可以充外閑而溢郊牧矣. 以之換錦段, 則西蜀之織成綺羅, 可以袪士女而變旌幟矣. 國用稍優, 而民力自紓, 更不消言. 而向所云得於荒原隙地, 自開自落之閑草木, 而可以裨國家裕生民者, 殆非過言.

　　재물을 버는 방법은 그 근원을 틔워 흐름을 끌어오는 것이다. 그리하면 천하의 재물이 마치 물이 아래로 내닫는 것과 같아 내가 이를 골짜기로 삼는다. 그 뿌리를 북돋우고 막힌 것을 뻗어가게 하기만 하면 된다. 그리하면 천하의 재물이 마치 나무에 새 움이 터 나오는 것 같아 내가 이를 숲으로 삼는다. 이런 까닭에 빈豳 지역의 땅[15]이 기름지고 비옥해 주나라가 부지런히 심고 거두어서 일어났다. 바닷가 짠 땅을 개간해서 제나라는 여공女工, 즉 길쌈의 일을 권면하여 넉넉해졌다.[16] 월나라는 계연計然의 계책[17]을 써서 패자霸者가 되었고, 진나라는

15 빈 지역의 땅[豳土]: 빈 지방은 지금 중국의 섬서성 순현旬縣 서남쪽으로 황하 유역의 비옥한 땅이다. 주나라는 은나라를 멸망시킨 후 계층이 분화되면서 사전私田을 통한 자립 경제 정책을 바탕으로 나라를 일으켰다.《시경》〈빈풍·칠월〉에 그들의 농사 장면이 나온다. 여기서는 경제 자립을 통한 국부 창출을 강조하기 위해 쓴 것이다.

16 제나라는 …… 넉넉해졌다: 태공망 여상呂尙이 제나라의 봉후가 되어 왔을 때 땅에 소금기가 많고 습지여서 사는 사람이 별로 없었다. 이에 여상이 부녀자들에게 방직과 바느질 등을 가르치고 생선을 잡고 소금을 구워 유통시키자, 사람과 물자가 사방에서 몰려들었다. 사마천의《사기》〈화식열전〉에 보인다.

경수涇水[18]의 탁한 물을 관개灌漑해서 강성해졌다. 그러므로 물건에 일정한 생산이 없을 경우 물건을 통제하는 것은 사람에게 달려 있고, 나라에 고정적인 세금이 없을 때 나라를 부유하게 하는 것 또한 사람에게 말미암는다는 것을 알겠다. 오직 밝은 임금과 어진 재상이 있어 미루어 이를 행하고, 변화하여 통하게 하는 것이다. 하지만 사마천司馬遷이 상홍양桑弘羊(BC 152~80)[19]을 두고 백성에게 세금을 더 걷지 않고도 나라의 비용이 넉넉해졌다고 말한 것은 진실로 잘못이다. 관중管仲이 아홉 차례나 제후를 규합하여 한결같이 천하를 바로잡을 수 있었던 것 또한 어찌 구부九府의 법[20]으로 한 것이 아니겠는가?[21]

夫生財之道, 疏其源而導其流, 則天下之財, 如水趨下, 而我爲之壑; 培其根

17 계연의 계책: 계연은 춘추 시대의 월나라 책사다. 그는 월나라 대부 범려范蠡의 스승으로 월왕 구천이 오왕 부차와 싸울 때 그에게 일곱 가지 계책을 주었는데 그 가운데 다섯 가지 계책을 써서 이겼다. 그는 "싸울 것을 알면 군비를 갖추어야 하고, 쓰는 것을 때에 맞게 하려면 물건을 알아야 한다. 이 두 가지가 드러나면 온갖 재화의 실정을 볼 수 있다. 가물 때 배를 사고, 홍수 때 수레를 사는 것이 물화의 이치다. 물자와 화폐는 흐르는 물처럼 쉼 없이 회전시켜야 한다. 이런 것을 미루어 힘쓰면 2년이면 나라가 부강해져서 전사戰士에게 넉넉하게 해줄 수 있다"고 말했다. 값쌀 때 사서 비싸게 팔고, 싼 곳에서 사서 비싼 곳에 파는 유통의 원리로 국부國富의 방책을 제시한 내용이다.

18 경수: 강 이름이다. 섬서성 중부를 지나는 위하渭河, 위수渭水의 지류이다. 물이 몹시 탁해 쉬 진흙이 쌓여 메워지곤 했는데 이 강물을 관개하여 물길을 통하게 하자 멀리 다른 지역의 물자가 들어와 교역이 활발해져서 진나라가 크게 부강해졌다.

19 상홍양: 한나라 무제 때의 신하이다. 관중의 변법을 본떠 소금과 철을 국가에서 전매하는 염철법鹽鐵法을 시행했고, 나아가 균수법均輸法과 평준법平准法을 시행하여 물가를 조절하고 가격을 관리하는 등 경제활동을 국가가 주관하여 백성의 세금 부담을 경감시키고 국가의 재원을 충실하게 함으로써 한무제의 계속된 영토 확장을 위한 대외 전쟁 비용으로 충당하도록 했다. 국가의 전매 제도를 활용한 국부 창출의 예로 든 것이다.

而逐其闚, 則天下之財, 若木斯萊, 而我爲之藪. 是以豳土膏沃, 周勤稼穡而興,
海濱斥鹵, 齊勸女工而饒. 越用計然之策而覇, 秦漑涇水之濁而强. 故知物無恒
産, 制物者在於人, 國無常賦, 富國者亦由於人. 惟在明君賢相. 推而行之, 變而
通之. 而司馬遷謂桑弘羊不加賦於民, 國用足, 則固謬矣. 至若管仲九合諸侯, 一
匡天下, 則亦豈不以九府之法哉.

중국의 차는 아득히 떨어진 만 리 밖에서 난다.[22] 그런데도 오히려
취해서 나라를 부유하게 하고 오랑캐를 방어하는 기이한 재화로 삼는
다. 우리나라는 차가 울타리 가나 섬돌 옆에서 나는데도 마치 아무 짝
에 쓸모없는 토탄土炭처럼 본다. 그뿐 아니라 그 이름조차 잊어버렸
다. 그래서 〈다설茶說〉 한 편을 짓고 〈다사茶事〉, 즉 차에 관한 일을 아
래에 조목별로 나열하여 당국자가 시행해볼 것을 건의한다.

中國之茶, 生於越絶萬里之外. 然猶取以爲富國禦戎之奇貨. 我東則産於笆
籬堦咫, 而視若土炭無用之物. 並與其名而忘之. 故作茶說一篇, 條列茶事于左
方, 以爲當局者, 建白措施之地云爾.

20 구부의 법(九府之法): 제나라는 시조인 강태공의 정책에 따라 상공商工을 소통시키
   고, 어염魚鹽의 이익을 간편하게 하는 구부원법九府圜法을 행하여 국부를 강화했
   다. 관중이 제환공齊桓公의 책사가 되어 강태공의 구부원법을 활용하여 어염의 이
   익을 국가에서 관리하여 생기는 수익으로 활용해 국가를 경영했다.
21 이 단락이 법진본에는 온전히 누락되었다.
22 중국의 차는 …… 밖에서 난다: 법진본에 따라 "중국의 차는 월나라에서 나는데
   만 리 밖에 섬으로 격리된 곳이다(中國之茶, 生於越, 絶島萬里之外)"라고 해서는 문리가
   맞지 않는다. 본문의 월절越絶은 아득히 격절隔絶된 모양을 가리키는 술어다.

다사茶事

차에는 우전雨前[23]과 우후雨後라는 명칭이 있다. 우전은 작설을 말한다. 우후는 바로 명설茗蔎이다. 차라는 물건은 움이 일찍 돋지만 싹은 뒤늦게 튼다. 그런 이유로 곡우穀雨 때는 찻잎이 아직 자라지 않는다. 모름지기 소만小滿이나 망종芒種[24]이 되어야만 바야흐로 싹이 능히 크게 자란다. 대개 섣달 이후에서 곡우 이전까지, 곡우 이후부터 망종 때까지 모두 채취할 수 있다. 어떤 이는 잎이 크고 작은 것으로 진짜와 가짜를 구별하기도 한다. 어찌 구방고九方皐가 말을 알아보던 것에 견주겠는가?[25]

一. 茶有雨前雨後之名. 雨前者雀舌是已. 雨後者卽茗蔎也. 茶之爲物, 早芽而晚苗. 故穀雨時茶葉未長, 須至小滿芒種, 方能苗大. 蓋自臘後至雨前, 自雨後至芒種, 皆可採取. 或以葉之大小, 爲眞贗之別者, 豈九方相馬之倫也.

---

23 우전차雨前茶: 곡우는 양력으로 4월 20일경이다. 봄비가 내려 농가에서 못자리를 마련하고 한 해 농사 준비를 시작하는 계절이다. 우전차는 곡우 이전에 나온 어린 잎을 따서 만든 차다. 이수광李睟光(1563~1628)은 《지봉유설芝峯類說》에서 "옛사람이 말한 우전차란 대개 3월 중 곡우 이전의 차이다(古人所謂雨前茶, 蓋以三月中穀雨前茶)"라고 하였다.

24 소만·망종: 소만은 입하立夏와 망종 사이에 있는 절기로 음력 4월, 양력으로는 5월 21일경이다. 만물이 점차 생장하여 가득 찬다는 의미로 모내기와 보리걷이가 시작되는 시절이다. 망종은 소만과 하지夏至 사이에 있는 절기로 양력 6월 6일경이다. 모내기와 보리걷이가 이때까지 끝난다.

25 어찌 구방고가 …… 견주겠는가?: 춘추 시대 사람 구방고가 말을 잘 알아보기로 유명했는데 진나라 목공穆公을 위해 먼 곳으로 가서 천리마를 구해왔다. 그는 말을 살필 때 털 빛깔이나 암수의 구별 따위는 따지지 않고, 겉으로 드러나지 않는 말의 내면을 관찰하여 천하의 좋은 말을 얻었다. 사물의 본질은 외양만 봐서는 알 수 없다는 뜻으로 썼다. 본문의 '윤倫'은 구방고가 말 관상 보던 것과 우전차와 우후차를 구분하는 것이 비슷한 부류임을 말한 것이다.

차에는 일창一槍이니 일기一旗[26]니 하는 명칭이 있다. 창槍은 가지를 말하고 기旗는 잎을 가리킨다. 만약 첫 잎 외에 따서는 안 된다고 한다면, 형주荊州 옥천사玉泉寺에서 나는 차[27]의 경우 크기가 손바닥만

26 일창일기: 차의 어린싹에서 나온 첫 잎이 마치 깃대에 깃발을 매단 것처럼 달린 상태를 가리킨다. 잎이 두 개 달리면 일창이기一槍二旗라 하고, 세 개 달리면 일창삼기라 한다. 우전차는 일창일기를 따서 만든 차다. 일창일기에 대한 정의는 차 문헌마다 다르다. 남송南宋 시대 섭몽득葉夢得은 《피서록화避暑錄話》에서 "대개 차의 맛이 아무리 균일하다고 하여도, 그 가장 좋은 것은 어린싹에 있다. 그 처음 싹이 작설 같은 것을 취하면 창이라 하고, 점차 퍼져서 잎이 된 것을 기라 한다. 기는 귀하게 여기는 바가 아니다(蓋茶味雖均, 其精者在嫩芽. 取其初萌如雀舌者謂之槍, 稍敷而爲葉者謂之旗, 旗非所貴)"라고 했다. 명나라 왕상진의 《군방보》에서는 "세상에서는 찻잎이 처음 생겨나서 어린 것을 '일창'이라 하고, 점점 크게 자란 것을 '일기'라고 한다(世謂茶始生而嫩者爲一槍, 寖大開者爲一旗)"고 했다. 명나라 때 낭영郎瑛이 쓴 《칠수휘고七修彙藁》에서는 "세상에 전하기를 끓이는 차에 일횡一橫과 일수一竪가 있다. 끓일 때 가늘고 어린 것을 일러 기창차旗槍茶라 한다. 《주사塵史》에서는 차가 처음 움터 어린 것을 일창이라 하고, 조금 커서 퍼진 것을 일기라 한다. 이 시기를 지나면 쓰지 않는다(世傳烹茶有一橫一竪, 而細嫩於湯中者, 謂之旗槍茶. 塵史謂茶之始生而嫩者爲一槍, 寖大而展爲一旗. 過此則不堪矣)"고 했다. 이덕리가 창을 가지로 보고 기를 잎으로 설명한 것을 보면 창기槍旗에 대한 이해가 부족했음을 알 수 있다.

27 형주 옥천사에서 나는 차(荊州玉泉寺茶): 이백의 〈족질인 승려 중부가 옥천사의 선인장차를 준 데 답례하여〉라는 시에 나오는 선인장차를 가리킨다. 형주 옥천사 계곡의 종유 동굴에서 나는 찻잎으로 옥천진공玉泉眞公이 차를 만들어 늘 마셔 나이 여든이 되어도 얼굴이 젊은 사람과 같았다고 한다. 완성된 차의 모양이 손바닥과 같았으므로 선인장차라고 이름 붙였다. 초의의 《동다송》에도 관련 언급이 보인다. 초의가 쓴 중부란 자도 여기서 따왔다.
〈족질인 승려 중부가 옥천사의 선인장차를 준 데 답례하여〉 병서幷序에 "내가 듣자니 형주의 옥천사는 청계산 여러 봉우리와 가깝다고 한다. 산골짝엔 이따금 종유 동굴이 있다. 굴 속에는 옥샘물이 많이 흐른다. 그 가운데 흰 박쥐가 사는데 크기가 갈가마귀만 하다. 《선경仙經》을 살펴보니, 박쥐는 일명 선서仙鼠라 한다. 천년이 지난 뒤에는 몸이 눈처럼 희어진다고 한다. 거꾸로 매달려서 산다. 대개 종유석에서 떨어지는 물을 마셔서 장생한다. 그 물가에는 여기저기 차 풀이 무리 지

하다 해서 희귀한 물건이 되었다. 무릇 초목의 갓 나온 첫 잎이 보통의 한 잎보다 크다 해도 점차 커지는 것이지 어찌 첫 잎이 문득 손바닥만 하게 자랄 수 있겠는가?[28] 또 상선에 실린 차를 보니 줄기가 몇

어 자란다. 가지와 잎이 푸른 옥과 같다. 오직 옥천진공이 늘 채취하여 이를 마셔, 나이가 80여 세인데도 낯빛은 복사꽃이나 오얏꽃 같았다. 이 차는 향기가 맑고 맛이 부드러워 다른 것과 다르다. 그래서 능히 늙음을 떨쳐 어린이로 돌아가게 하고, 사람의 장수를 돕는다. 내가 금릉에 놀러 갔다가 한 집안 승려 중부中孚를 만났다. 그가 내게 이 차 수십 조각을 보여주는데 포개서 쌓은 모양이 손과 같았으므로, 이름하여 선인장차仙人掌茶라 하였다. 대개 새로 옥천산에서 나온 것이어서 옛날에도 보지 못한 것이다. 인하여 이를 가져와 주면서 아울러 시를 주어 내게 화답하게 하였다. 그래서 마침내 이 시를 지었다. 훗날 고승高僧과 대은大隱은 선인장차가 중부선자中孚禪子와 청련거사 이백에게서 출발했음을 알 것이다(余聞荆州玉泉寺, 近清溪諸山. 山洞往往有乳窟. 窟中多玉泉交流. 中有白蝙蝠, 大如鴉. 按仙經, 蝙蝠一名仙鼠, 千歲之後, 體白如雪. 棲則倒懸. 蓋飲乳水而長生也. 其水邊, 處處有茗草羅生, 枝葉如碧玉. 唯玉泉真公常采而飲之. 年八十餘歲, 顏色如桃花. 而此茗清香滑熟, 異於他者. 所以能還童振枯, 壯人壽也. 余遊金陵, 見宗僧中孚, 示余茶數十片, 拳然重疊, 其狀如手, 號爲仙人掌茶. 蓋新出乎玉泉之山, 曠古未觀. 因持之見遺兼贈詩, 要余答之. 遂有此作. 後之高僧大隱, 知仙人掌茶發乎中孚禪子 及青蓮居士李白也)." 시의 내용은 이렇다. "일찍이 들으니 옥천산에는, 산골짝에 종유굴이 많다고 하네. 흰 까마귀 비슷한 박쥐가 있어, 시내 달빛 거꾸로 매달려 있네. 이 가운데 바위에서 차가 나는데 옥천이 쉴 새 없이 흘러내린다. 그 진액 뿌리와 가지에 뿌려 적시니, 따 먹으면 살과 뼈에 윤기가 도네. 묵은 떨기 초록 잎이 말려 있는데 가지마다 서로 이어 붙어 있구나. 볕에 쬐어 선인장차 만들어내니, 신선 홍애洪崖 어깨를 두들기는 듯. 온 세상 아무도 본 일 없으니, 그 이름 참으로 누가 전할까? 집안의 젊은 이가 선백禪伯이라서, 내게 주며 좋은 시도 지어주었네. 맑은 거울 무염無鹽을 비춰 보이니, 서시西施의 어여쁨이 부끄러워라. 아침나절 앉았자니 남는 흥 있어 길게 읊어 세상에 퍼뜨리노라(常聞玉泉山, 山洞多乳窟. 仙鼠如白鴉, 倒懸清溪月. 茗生此中石, 玉泉流不歇. 根柯灑芳津, 采服潤肌骨. 叢老卷綠葉, 枝枝相接連. 曝成仙人掌, 似拍洪崖肩. 舉世未見之, 其名定誰傳. 宗英乃禪伯, 投贈有佳篇. 清鏡燭無鹽, 顧慚西子妍. 朝坐有餘興, 長吟播諸天)."

28 형주 옥천사에서 …… 있겠는가?: 본래 옥천사의 선인장차는 완성된 차의 모양이 손바닥과 같았기에 붙인 이름이다. 하지만 이덕리는 완성된 차의 모양이 아닌 어린 찻잎의 크기가 손바닥만 해서 붙인 이름으로 잘못 설명하고 있다.

치 길이 되는 것이 있고, 잎이 네댓 개 잇달아 달린 것이 있었다. 대개 일창이라는 것은 처음 싹튼 첫 가지이고, 일기란 그 첫 가지에 달린 잎을 말한다. 이후 가지 위에 또 가지가 돋으면 그때는 쓰지 못한다.

茶有一槍一旗之稱. 槍卽枝而旗卽葉也. 若謂一葉之外, 不堪採, 則荊州玉泉寺茶, 以大如掌, 爲稀奇之物. 凡草木之始生一葉, 大於一葉, 漸成其大, 豈有一葉頓長如掌者乎. 且見船茶, 莖有數寸長, 葉有四五連綴者. 蓋一槍者, 謂初苗一枝, 一旗者, 謂一枝之葉也. 此後枝上生枝, 則始不堪用矣.

차에는 고구사苦口師[29]니 만감후晚甘侯[30]니 하는 이름이 있다. 또 천하의 단것에 차만 한 것이 없는지라 이를 일러 감초甘草[31], 즉 단 풀이라고도 한다. 차가 쓴 것은 사람들이 모두 능히 이를 말한다. 차가 달다

---

29 고구사: 당대 저명한 시인 피일휴皮日休의 아들 피광업皮光業이 차에 벽이 있어 차를 고구사로 부른 데서 나온 말이다. 잔치에 참석했던 그가 술 대신 차를 급히 찾으므로 차를 큰 사발에 담아 내오자, 그는 "감심씨甘心氏를 아직 보지 못했지만, 우선 먼저 고구사를 맞이한다네(未見甘心氏, 先迎苦口師)"라는 시를 읊었다. 달콤한 술을 입에 넣기 전에 쓴 차를 먼저 마신다는 뜻이다. 이후 고구사가 차의 별칭이 되었다. 송나라 도곡陶穀의 《청이록淸異錄》에 나온다.

30 만감후: 손초孫樵가 초형부焦刑部에게 차를 보내며 보낸 편지에서 차를 의인화하여 "만감후 15인을 부모님을 모시는 재각齋閣으로 보냅니다. 이것들은 모두 우레를 청하여 따서, 물에 절을 올리고서 타서 만든 것입니다(晚甘侯十五人, 遣侍齋閣. 此徒皆請雷而摘, 拜水而和)"라고 한 데서 나온 말이다. 차를 마신 후 이 뿌리에 단맛이 감도는 것을 두고 한 말이다. 도곡의 《청이록》에 나온다.

31 감초: 선성宣城 사람 하자화何子華가 손님들에게 차에 빠진 사람을 무슨 벽癖으로 불러야 하겠느냐고 묻자, 양수중楊粹仲이 "차는 지극히 진귀하지만 풀에 지나지 않습니다. 풀 가운데 달기로는 차 이상 가는 것이 없지요. 그러니 육우를 일러 감초벽甘草癖이라 하는 것이 좋겠습니다(茶至珍, 蓋未離乎草也. 草中之甘, 無出茶上者. 宜追目陸氏爲甘草癖)"라고 한 데서 나온 말이다. 이후 차를 즐기는 사람을 감초벽이 있다

고 하는 것은 내 생각에 이를 즐기는 자의 주장이다. 근래 차를 채취하다가 여러 종류의 잎을 두루 맛봤다. 유독 찻잎은 혀로 핥으면 마치 묽은 꿀물에 적셔낸 것 같았다. 그제야 옛사람들이 사물에 이름을 붙이는 뜻이 억지가 아님을 믿게 되었다. 차는 겨울에도 푸르다. 10월 사이에는 수분이 아주 많아져서 장차 이것으로 추위를 막는다. 그래서 잎 표면의 단맛이 더욱 강해진다. 내 생각에는 곡우 이전이냐 이후냐에 구애받지 않고 이때 찻잎을 따 달여서 고膏를 만들어보고 싶은데 아직 해보지는 못했다. 달여서 고를 만드는 것[32]은 실로 우리나라 사람이 억탁으로 헤아려 억지로 만든 것이니, 맛이 써서 단지 약용으로나 쓸 수 있다고 한다. 일본의 향차고香茶膏[33]는 마땅히 별도로 논해야 한다. 우리나라에서 만든 것이 가장 형편없다.

茶有苦口師·晚甘侯之號. 又有以天下之甘者, 無如茶. 謂之甘草. 茶之苦, 則夫人皆能言之. 茶之甘, 則意謂嗜之者之說. 近因採取, 遍嘗諸葉, 獨茶葉以舌舐之, 有若淡蜜水漬過者, 始信古人命物之意, 非苟然也. 茶是冬靑. 十月間液氣方盛, 將以禦冬. 故葉面之甘, 尤顯然. 意欲於此時採取煎膏, 不拘雨前雨後, 而未果然. 煎膏實東人之臆料硬做者, 味苦只堪藥用云. 倭國香茶膏, 當以別論. 我國所造最鹵莽.

옛사람은 "먹빛은 검어야 하고, 차 빛깔은 희어야 한다"고 했다.[34]

고 말하게 되었다. 도곡의 《청이록》에 나온다.

32 달여서 고를 만드는 것(煎膏): 오랜 시간 달여서 진하게 농축시킨 것을 말한다.

33 향차고: 찻잎에 다른 향초를 넣어 함께 오랜 시간 달여서 진하게 농축시킨 것을 말한다.

34 옛사람은 "먹빛은 …… 한다"고 했다: 명나라 도륭屠隆의 《고반여사考槃餘事》〈다전

색이 흰 것은 모두 떡차에 향약香藥을 넣고 만든 것을 말한다. 월토
月兎[35]니 용봉단龍鳳團[36]이니 하는 따위가 이것이다. 송나라 때 제현이

茶箋〉에 나온다. "사마온공과 소자첨이 차와 먹을 좋아하였는데 사마온공이 이르
길 '차와 먹은 참으로 상반되오. 차는 흰 것이 좋고, 먹은 검은 것이 좋으며, 차는
무거운 것이 좋고, 먹은 가벼운 것이 좋으며, 차는 새것이 좋고, 먹은 묵은 것이 좋
다'고 하였다. 소자첨이 말하기를 '뛰어난 차와 묘한 먹은 모두 향기롭습니다'고
하니, 사마온공도 그렇다고 하였다(司馬温公與蘇子瞻嗜茶墨, 公云: '茶與墨正相反, 茶欲白墨
欲黑, 茶欲重墨欲輕, 茶欲新墨欲陳.' 蘇曰: '奇茶妙墨俱香.' 公以爲然)."
송나라 때 채양이 《다록》에서 "차의 색은 흰색이 귀하다. 하지만 떡차는 진귀한
기름으로 그 표면을 바른 것이 많아서, 청황靑黃과 자흑紫黑의 구별이 있다. 차를
잘 알아보는 사람이 관상쟁이가 사람의 낯빛을 살피는 것처럼 가만히 내면을 살
펴, 육리肉理, 즉 살결이 윤기 나는 것을 상품으로 친다. 이미 가루로 낸 뒤에 황백
黃白색을 띠는 것은 물에 넣으면 어둡고 무거운데 청백靑白색을 띠는 것은 물에 넣
으면 선명하다. 그래서 건안建安 사람들이 다투어 시험하여 청백을 황백보다 낫게
여겼다(茶色貴白, 而餅茶多以珍膏油去聲其面, 故有靑黃紫黑之異. 善別茶者, 正如相工之視人氣色也,
隱然察之於內, 以肉理潤者爲上. 旣已末之, 黃白者受水昏重, 靑白者受水鮮明, 故建安人鬪試, 以靑白勝
黃白)"고 했다. 또 휘종徽宗의 《대관다론大觀茶論》에서도 "점차의 색은 순백색을 상
등으로 치고, 청백색은 그다음이다. 회백은 그다음이고 황백은 또 그다음이다(點茶
之色, 以純白爲上眞, 靑白爲次, 灰白次之, 黃白又次之)"라고 한 대목도 있다. 명나라 나름羅廩
이 지은 《다해茶解》에서는 "차색은 흰색이 귀하다. 희면서 맛은 달고 신선함이 느
껴지고, 향기가 코를 찌르는 것을 정품精品으로 친다. 대개 차의 정품은 한결같이
맑고 희며, 진해도 또한 희고, 처음 우려낸 것도 희고, 오래 담가둔 것도 또한 희다
(茶色貴白. 白而味覺甘鮮, 香氣撲鼻, 乃爲精品. 蓋茶之精者, 淡固白, 濃亦白, 初潑白, 久貯亦白)"고 하
여 흰 빛깔의 차를 상품으로 쳤다.

35 월토: 송나라 소식蘇軾(1037~1101)의 〈월토차月兎茶〉라는 시가 있다. "옥환인가 했
더니 옥환이 아니고, 옥결인가 했더니 옥결이 아닌 것이, 그 안에 희미한 어린 옥
토끼가 있어서, 아름다운 여인의 치마 위 달과 같구나. 달은 둥글었다가 다시 이
지러지고 이지러졌다가 다시 둥글어지지만, 이 달은 한번 이지러지면 어느 해에
둥글어질까, 그대는 보지 못했는가, 투차하는 공자들이 차마 소단으로 겨루지 못
하는 것은, 위에 서로 수대를 입에 문 봉황 한 쌍이 나란히 날아가고 있어서인 것
을(環非環, 玦非玦, 中有迷離玉兔兒, 一似佳人裙上月, 月圓還缺缺還圓, 此月一缺圓何年, 君不見, 鬪茶
公子不忍鬪小團, 上有雙銜綬帶雙飛鸞)."

노래한 것은 모두 떡차다. 하지만 옥천자玉川子 노동盧소의 〈칠완다가
七椀茶歌〉의 차는 엽차다.³⁷ 엽차의 효능은 이미 대단했다. 떡차는 맛과
향이 더 나은 데 지나지 않았다. 또 앞쪽의 정위丁謂³⁸와 뒤쪽의 채양
蔡襄³⁹이 이 때문에 나무람을 받았다.⁴⁰ 그럴진대 굳이 그 방법을 구하

36 용봉단: 용봉단은 송나라 때 만든 연고차研膏茶의 이름이다. 송대 웅번熊蕃의《선
화북원공다록宣和北苑貢茶錄》에 "태평흥국(976~984) 초에는 특별히 용봉차의 틀을
만들어놓고, 사신을 북원北苑으로 파견하여 단차를 만들게 해서 백성들이 마시는
차와 구별하였다. 용봉차龍鳳茶는 대개 이때부터 시작된 것이다(太平興國初, 特置龍鳳
模, 遣使卽北苑造團茶, 以別庶飲, 龍鳳茶蓋始於此)"라는 내용이 있다. 송대 장순민張舜民의
《화만록畫墁錄》에서는 "정진공(정위)이 복건 전운사가 되어 처음 만든 것이 봉단鳳
團이고, 후에 또 만든 것이 용단龍團으로, 바치는 것이 40덩이에 불과하다(丁晉公爲
福建轉運使, 始製爲鳳團, 後又爲龍團, 貢不過四十餠)"고 하였다.

37 옥천자 …… 차는 엽차다: 당나라 때 시인 옥천자 노동의 〈붓을 달려 맹간의가 햇
차를 보내온 데 감사하다〉를 두고 하는 말이다. 시 가운데 "월단차 300편片을 손
수 살펴보니(手閱月團三百片)"라는 구절이 보이므로 이 시에 나오는 차는 '엽차'가
아니라 '단차'다. 이덕리가 잘못 설명한 것이다.

38 정위(962~1033): 강소성江蘇省 소주蘇州 장주長州 사람으로, 자는 위지謂之 또는 공
언公言이다. 처음으로 용봉단차龍鳳團茶를 만들었다. 복건성 북원 지역의 전운사轉
運使가 되어 건안 지역의 차밭과 차 기구, 차 따기와 차 만들기 방법을 기술한《건
안다록建安茶錄》세 권을 지었고, 새 차를 만들어 올리면서 지은 〈진신차표進新茶
表〉라는 글이 전한다.

39 채양(1012~1067): 복건성 선유현仙遊縣 사람으로, 자는 군모君謨다. 소룡단小龍團을
새로 만들어 인종에게 바쳤다. 인종이 이를 귀하게 여겨 신하에게도 나눠주지 않
았다고 한다.

40 앞쪽의 정위와 …… 나무람을 받았다: 청나라 육정찬이 지은《속다경》〈사지기四
之器〉에서 "송나라의 대·소용단은 정위에 의해 시작되어 채양에 이르러 완성되었
음을 구양수가 듣고 탄식하여 말하기를 '군모는 선비인데 어찌 이런 일을 하기에
이르렀는가?'(宋之大小龍團, 始於丁謂, 成於蔡襄, 公開而嘆曰: '君謨士人也, 何至作此事')"라고
하였다. 본문에서 "이 때문에 나무람을 받았다"고 한 것은 바로 구양수의 언급을
두고 말한 것이다.

여 만들 필요는 없을 것이다.

古人云, 墨色須黑, 茶色須白. 色之白者, 蓋謂餅茶之入香藥造成者. 月兔龍
鳳團之屬是也. 宋之諸賢所賦 皆餅茶, 而玉川七椀, 則乃葉茶. 葉茶之功效已大.
餅茶不過以味香爲勝. 且前丁後蔡[41], 以此招譏. 則不必求其法而造成者也.

차 맛은 황정견黃庭堅의 〈영차사咏茶詞〉[42]에서 다 말했다고 할 만하
다. 떡차는 향약을 가지고 합쳐서 만든 뒤 맷돌로 가루를 내 끓는 물
에 넣는다. 특별한 한 가지 맛이어서 엽차에 견줄 바가 아닐 성싶다.
하지만 옥천자가 "두 겨드랑이에서 살랑살랑 맑은 바람이 일어난다"
고 한 것[43]이 또한 어찌 일찍이 향약을 써서 맛을 보탠 것이겠는가?
당나라 사람 중에도 생강과 소금을 쓴 이가 있어 소동파가 비웃은 바

41 前丁後蔡: 정위와 채양이 앞서거니 뒤서거니 하며 북송 북원의 용봉단차와 소
룡단 등의 연고차를 만들어 황제께 바친 일을 가리킨다. 명나라 진계유陳繼愈의
《다동보茶董補》 권상에 '전정후채' 항목이 실려 있다.

42 황정견의 〈영차사〉: 송나라 때 시인 황정견의 〈품령品令 · 영차詠茶〉를 말한다. 전
문은 이렇다. "동글동글 떡차를 바람 춤추듯, 나눠 쪼개 부숨이 안타깝구나. 쇠맷
돌을 깨끗이 씻어, 외바퀴로 천천히 빻자, 옥가루 빛 반짝이다. 끓으려 솔바람이
일더니만, 술 탈 난 것 얼마간 줄어드누나. 맛은 진하고 향은 오래가니, 취향醉鄉
의 길에서 가경佳境을 이뤘네. 흡사 마치 등불 앞에 옛 벗이, 만 리 길을 돌아와 마
주 섰는데 아무 말 못해도, 마음이 쾌활하여 스스로를 돌아보는 것만 같네[風舞團
團餅, 恨分破, 敎孤另, 金渠體淨, 隻輪慢碾, 玉塵光瑩, 湯響松風, 早減二分酒病, 味濃香永, 醉鄉路, 成佳
境, 恰如燈下故人, 萬里歸來對影, 口不能言, 心下快活自省]." 연고차를 끓이는 과정을 단계별
로 잘 묘사했다.

43 옥천자가 …… 한 것: 노동의 〈붓을 달려 맹간의가 햇차를 보내온 데 감사하다〉에
서 "일곱 번째 사발을 다 마시기도 전에, 다만 두 겨드랑이에서 살랑살랑 맑은 바
람이 일어남을 깨닫네[七碗喫不得也, 唯覺兩腋習習淸風生]"라고 했다.

이다.[44] 지난번 한 귀한 집의 잔치에서 꿀을 써서 차에 타서 내오자 온 좌중이 찬송했으나 입에 넣을 수가 없었다. 참으로 이른바 촌티가 끈 적끈적하다는 것이니, 오중태수를 지냈던 육자우陸子羽의 사당을 헐 어 없앨 만하다.[45]

茶之味, 黃魯直咏茶詞, 可謂盡之矣. 餅茶以香藥成合後, 用渠輪研末入湯. 另是一味, 似非葉茶之比. 然玉川子"兩腋習習生淸風", 則亦何嘗用香藥助味哉. 唐人亦有用薑塩者, 坡公所哂. 而向時一貴家宴席, 用蜜和茶而進, 一座讚頌, 不 容口. 眞所謂鄕態沃蜜者也. 正堪撥去吳中守陸子羽祠堂.

차의 효능을 두고 어떤 이는 우리 차가 월越 땅에서 나는 것만 못 할 것으로 의심한다. 내가 보니 색과 향과, 기운과 맛이 조금도 차이가

44 소동파가 비웃은 바이다(坡公所哂): 강염薑塩을 넣어 먹은 것은 "차의 성질이 냉하 여 많이 마시면 몸의 양기를 빼앗아 가기에 황산곡은 강염을 더해서 끓여 마셨다 (茶性冷, 多飮則能消陽, 山谷益以薑鹽煎飮)"라는 내용으로《농정전서農政全書》에 보인다. 당나라 설능薛能의 〈차시茶詩〉에 "소금을 덜고 더함 늘 조심하고, 생강을 알맞게 넣음 더욱 뽐낸다(鹽損添嘗戒, 薑宜著更誇)"고 한 것이 있고, 소동파는 〈장기가 보내준 차에 화답하여(和蔣夔寄茶)〉에서 "늙은 아내 어린 아들 아낄 줄도 모르고, 생강 소 금 반 덩이를 벌써 넣고 끓이네(老妻稚子不知愛, 一半已入薑鹽煎)"라고 했다. 생강과 소 금을 넣고 차를 끓이는 일이 보편적이었음을 알 수 있는데 소동파는 이것이 바른 방법이 아니라고 생각한 것이다. 명나라 때 전예형田藝蘅도《자천소품煮泉小品》에서 "당나라 사람은 차를 끓일 때 생강과 소금을 많이 썼다(唐人煎茶多用薑鹽)"라고 적었 다. 우리나라에서도 차에 생강이나 인삼을 넣고 함께 달여 마신 경우가 적지 않았 다. 서거정徐居正도 〈야음夜吟〉이라는 시에서 "병든 뒤 마른 창자 우렛소리 같으니, 생강 인삼 손수 잘라 차를 끓여 마시네(枯腸病後如雷吼, 手切薑蔘點小茶)"라고 했다.

45 육자우의 …… 만하다:《다경》을 지은 육우를 가리킨다. 차에 꿀을 타서 마시는 것은 차에 대해 너무 무지한 소치이므로, 이렇게 마실 바에야 차라리 육우의 사당 을 헐어 없애는 편이 낫겠다는 뜻으로 한 말이다.

없다. 다서에서 "육안차陸安茶는 맛이 낫고, 몽산차蒙山茶는 약용으로 좋다"[46]고 했는데 우리 차는 대개 둘을 아울렀다. 만약 이찬황李贊皇[47] 과 육자우가 있다면 두 사람은 틀림없이 내 말이 옳다고 할 것이다.

茶之效, 或疑東茶不及越産. 以余觀之, 色香氣味, 少無差異. 茶書云: "陸安茶以味勝, 蒙山茶以藥用勝." 東茶盖兼之矣. 若有李贊皇陸子羽, 其人則必以余言爲然.

계해년(1743, 영조 19) 봄에 나는 상고당尙古堂[48]에 들렀다가 요양遼陽

---

46 육안차는 …… 좋다: 관련 언급은 허준의 《동의보감》〈고차苦茶〉에서 "몽산차는 성질이 따뜻하여 냉병에 가장 좋다. 의흥차, 육안차, 동백산차, 신화산차, 용정차, 민납차, 촉고차, 보경차, 여산운무차 등은 모두 맛이 좋아서 명성을 얻었다(蒙山茶 性溫, 冷病最好. 宜興茶, 陸安茶, 東白山茶, 神華山茶, 龍井茶, 閩臘茶, 蜀苦茶, 寶慶茶, 廬山雲霧茶, 俱 以味佳得名)"고 한 내용에서 인용한 것으로 보인다. 안휘성의 육안과 사천성의 몽산은 모두 차의 산지로 차 이름을 삼은 것이다.

47 이찬황(787~849): 당나라 때의 이덕유李德裕를 가리킨다. 자는 문요文饒 또는 찬황이다. 그는 혜산천惠山泉의 물을 특히 아껴, 역말을 동원해 혜산천의 물을 운반해 마셨기에 당시에 '수체水遞'란 말이 생겼다. 그리고 《중조고사中朝故事》에는 차가 주육독酒肉毒을 푸는 데 효능이 있음을 다음과 같이 언급한 글이 있다. "이덕유가 말했다. '이 차는 술과 음식의 독을 없앨 수 있다.' 곧 명하여 차를 끓여 고기에 붓고 은합을 닫도록 하였다. 다음 날 아침에 보니 고기는 이미 물로 변해 있었다. 많은 사람들이 넓은 식견에 탄복하였다(李曰: '此茶, 可以消酒食毒.' 乃命烹一, 沃于肉食, 以銀合閉之. 詰旦視其肉, 已化爲水矣. 衆服其廣識)."

48 상고당: 조선 후기의 유명한 골동품 수장가 김광수金光遂(1699~1770)의 당호이다. 그는 이조판서를 지낸 김동필金東弼(1678~1737)의 둘째 아들로 사마시에 합격했으나 과거 공부를 그만두고 골동품 수집으로 일생을 보낸 인물이다. 집 안에는 고서화와 진귀한 그릇으로 가득했는데 모두 천하의 명품이었다. 이덕수李德壽 (1673~1744)가 지은 〈상고당김씨전尙古堂金氏傳〉이 남아 있고, 본인이 쓴 〈자명自銘〉이 규장각에 소장된 《상고서첩尙古書帖》에 친필로 전한다. 김경미, 〈탐닉과 몰두에의 자부–상고당 김광수〉, 《문헌과 해석》 통권 18호(문헌과해석사, 2002년 봄호),

의 사인士人 임任 아무개가 부쳐 온 차를 마셨다. 잎이 작고 창이 없었으니 생각건대 손초孫樵가 말한 우렛소리를 들으며 딴 것이었다.[49] 당시는 한창 봄날이어서 뜨락에 꽃이 아직 시들지 않았다. 주인은 자리를 펴고 소나무 아래서 손님을 접대했다. 곁에 차 화로를 놓아두었는데 화로와 탕관은 모두 해묵은 골동품 그릇이었다. 각자 한 잔씩을 다 마셨다. 그때 마침 감기를 앓는 늙은 하인이 있었다. 주인이 몇 잔 마실 것을 명하며 말했다. "이것이 감기를 낫게 할 수 있다." 벌써 40여 년 전의 일이다. 그 뒤 차를 실은 상선이 들어오자, 사람들은 또 설사를 치료하는 약제로 여겼다. 지금 내가 딴 것은 겨울철과 여름철 감기에 두루 시험해봤을 뿐 아니라, 식체食滯나 주육독酒肉毒, 흉복통胸腹痛에까지 모두 효험이 있었다. 설사병 걸린 자나 소변이 막혀 똑똑 떨어지려 하는 사람에게 효과가 있다. 차가 소변이 내려가는 길을 순조롭게 해주기 때문이다. 학질 걸린 사람이 두통 없이 잠시 후 문득 병이 나으니 이는 차가 머리와 눈을 맑게 해주기 때문이다. 마지막으로 염병을 앓는 자도 이제 막 하루 이틀 아팠을 때 뜨겁게 몇 잔을 마시면 병이 마침내 멈춘다. 염병을 앓은 지 오래되었는데도 땀을 내지 못한 자는 마셨다 하면 그 즉시 땀이 난다. 이는 고금의 사람이 논하지 않았던 것으로 내가 몸소 징험한 바이다.

余於癸亥春, 過尙古堂, 飮遼陽士人任某所寄茶, 而葉小無槍, 想是孫樵所謂

164~178쪽에 관련 내용이 자세히 실려 있다.

49 손초가 …… 딴 것이었다: 손초가 초형부焦刑部에 차를 보내면서 "이것들은 모두 우레를 청하여 따서, 물에 절을 올리고서 타서 만든 것입니다"라고 한 데서 나온 말이다. 이른 봄에 첫 잎을 따서 만든 차란 의미이다. 앞서 만감후를 설명하면서 다뤘다.

聞雷而採者也. 時方春月, 庭花未謝. 主人設席, 松下相待. 傍置茶爐, 爐罐皆古董彝器. 各盡一杯. 適有老傔患感者, 主人命飮數杯, 曰: "是可以療感氣." 距今四十餘年. 其後舶茶之來, 人又以爲泄痢之當劑. 今余所採者, 非但遍試寒暑感氣, 食滯酒肉毒胷腹痛皆效. 泄痢者尿澁欲成淋者之有效, 則以其利水道故也. 痰瘧者之無頭疼, 有時截愈. 則以其淸頭目故也. 寂後病瘧者, 初痛一二日, 熱啜數椀, 而病遂已. 病瘧日久, 不得發汗者, 飮輒得汗, 則古今人之所未論. 而余所親驗者也.

　　내가 지난번 막걸리를 몇 잔 마신 뒤 곁에 냉차가 있는 것을 보고 반 잔을 벌컥 마시고 잠들었더니 목에 바로 가래가 끓어올랐다. 10여 일을 뱉어내고서야 겨우 나았다. 그래서 식은 차는 도리어 가래를 끓게 할 수 있다는 주장을 더욱 믿게 되었다. 듣자니 표류인이 왔을 때 병 속에서 따라내 손님에게 권했다고 하니 어찌 식은 것이 아니겠는가? 또 들으니 중국어 역관 서종망徐宗望[50]이 애저 구이를 먹을 때 한 손에 작은 차호茶壺를 든 채 먹으면서 또 마셨다고 하니 이것은 반드시 냉차였을 것이다. 내 생각에 뜨거운 것을 먹은 뒤에는 찬 것이 또한 문제가 되지 않는 모양이다.

　　余頃於飮濁酒數杯後, 見傍有冷茶, 漫飮半杯入睡. 喉痰卽盛, 唾出十餘日始瘳. 益信冷則反能聚痰之說. 聞漂人之來到也, 於缾中瀉出勸客, 豈非冷者耶. 又聞北譯徐宗望之食兒猪炙也, 一手持小壺, 且唵且飮, 是必冷茶也. 想熱食之後, 冷亦不能作祟.

---

50 서종망: 역관의 이름인 듯하나, 구체적인 행적은 알 수 없다. 《승정원일기》에 무관으로 덕천군수 등을 역임한 서종망이 나오나 동일인인지 여부는 분명치 않다.

차는 능히 사람의 잠을 적게 한다. 혹 밤새도록 눈을 붙일 수 없게 한다. 책 읽는 사람이나 부지런히 길쌈하는 사람이 차를 마시면 한 가지 도움이 될 만하다. 참선하는 자 또한 이것이 적어서는 안 된다. 뒤에 개고한 조항과 함께 참고해서 볼 것.[51]

茶能使人少睡. 或終夜不得交睫. 讀書者, 勤於紡績者, 飲之可爲一助. 禪定者亦不可少是. 與下改稿條參看.

차는 산중에 돌이 많은 곳에서 많이 난다. 들으니 영남 지방은 집 둘레에 대숲이 곳곳에 있다고 한다. 대숲 사이에서 나는 차는 특히 효험이 있다. 또 계절이 늦은 뒤에도 딸 수 있는데 해를 보지 않았기 때문이다.

茶之生, 多在山中多石處. 聞嶺南則家邊竹林, 處處有之. 竹間之茶, 尤有效. 亦可於節晚後採得, 以其不見日故也.

동복同福[52]은 작은 고을이다. 지난번에 들으니 한 수령이 여덟 말의 작설을 따서 이것을 써서 달여서 고膏를 만들었다고 한다. 대저 여덟 말의 작설을 차가 되기를 기다려 땄다면 차 수천 근을 만들 수 있었을 것이다. 또 여덟 말을 따는 수고로움이라면 족히 수천 근을 쪄서 말리는 일을 감당하기에 충분하다. 그 많고 적음과 어렵고 쉬움의 차이가 까마득하다. 그런데도 이를 써서 나라에 이롭게 하지 않으니 어찌 애

---

51 뒤에 개고한 …… 볼 것: 이 내용은 의암본에만 보인다. 뒷부분 〈다조〉 일곱 번째 항목과 내용이 중복되므로 이렇게 적었다.

52 동복: 동복은 백제의 두부지현豆夫支縣으로 통일신라 경덕왕 때 동복으로 개명했다. 한때 곡성군谷城郡의 속현이었다. 현재는 화순군 동복면이다.

석하지 않겠는가?

同福小邑也. 頃聞一守令採八斗雀舌, 用以煎膏. 夫八斗雀舌, 待其成茶而採之, 則可爲數千斤. 又八斗採掇之勞, 足當數千斤蒸焙之役. 其多少難易懸絶, 而不得用以利國, 則豈不惜哉.

차는 비 온 뒤에 따는 것이 좋다.[53] 잎이 어리고 깨끗하기 때문이다. 소동파의 시[54]에 이렇게 말했다. "보슬비 넉넉할 제 차 농사꾼 기뻐하네."

茶之採, 宜於雨餘. 以其嫩淨故也. 坡詩云: "細雨足時茶戶喜."

《문헌통고》[55]를 살펴보니 차를 딸 때는 고을 태수가 스스로 산에 들어가 백성 중에 늙고 어린 남녀를 시켜 온 산을 뒤져 찾아 찻잎을 따서 가려 쪄서 말린다. 처음 딴 것을 우선으로 해서 훌륭한 것은 공차貢茶,

---

53 차는 비 온 뒤에 따는 것이 좋다(茶之採, 宜於雨餘): 육우의 《다경》〈삼지조三之造〉에서도 "찻잎을 따는 날에 비가 오면 따지 않는다(其日有雨不採)"라고 했다.

54 소동파의 시(坡詩): 소동파의 〈신성도중新城道中〉 2수의 5구이다. 시의 전문은 이렇다. "나의 이번 여행길 신세도 유유해라. 시냇가서 고삐 놓고 냇물 소리 듣누나. 못난 재목 숲 뒤지는 도끼 볼까 겁을 내고, 지친 말은 후퇴하란 징 소리만 생각하네. 보슬비 넉넉할 제 차 농사꾼 기뻐하고, 어지러운 산 깊은 곳엔 장궁長宮만 해맑구나. 인간 세상 갈림길은 많기도 많아서, 시험 삼아 뽕밭 향해 농사일을 물어보네 [身世悠悠我此行, 溪邊委轡聽溪聲. 散材畏見搜林斧, 疲馬思聞卷旆鉦. 細雨足時茶戶喜, 亂山深處長宮淸. 人間岐路知多少, 試向桑田問耦耕]."

55 《문헌통고》: 중국 송말·원초의 학자 마단림이 1319년에 간행한 저술로 348권의 방대한 분량이다. 중국 역대의 경제 제도에 대해 정리한 책으로 차와 관련된 내용이 많이 실려 있다. 전부田賦·전폐錢幣·호구戶口·직역職役·정각征榷·시적市糴·토공土貢·국용國用 등 모두 24개 항목으로 이루어져 있다.

즉 공물로 바치는 차로 만들고, 그다음은 관차官茶, 곧 관부에서 쓰는 차로 하며, 그 나머지는 백성이 직접 가질 수 있도록 허락했다. 대개 차의 이익이 몹시 큰지라 국가와 관련 있음이 이와 같다.

按文獻通攷, 採茶之時, 縣官親自入山, 使民之老幼男女, 遍山搜求, 採掇蒸焙. 先以首採, 而精者爲貢茶, 其次爲官茶, 餘則許民自取. 蓋茶利甚大, 有關國家如此.

다서茶書에 또 편갑片甲이란 것이 있으니 이른 봄에 딴 황차다.[56] 표류선의 차가 오자 온 나라 사람들이 황차라고 일컬었다. 하지만 창과 기가 이미 자라 결코 이른 봄에 딴 것이 아니었다. 당시 표류해온 사람이 과연 그 이름을 이처럼 전했는지는 모르겠다. 흑산도에서 온 사람이 있었는데 그의 말이 정유년(1777, 정조 원년) 겨울에 바다로 표류해 온 사람이 아차나무[57]를 가리켜 황차라 하더라고 했다. 아차란 것세

---

56 다서에 또 …… 봄에 딴 황차다: 오대 모문석의《다보》에 "또 편갑이란 것이 있는데 이것이 이른 봄의 황차다. 싹과 잎이 편갑과 같이 서로 감싸고 있는 것이다(又有片甲者, 卽是早春黃茶, 芽葉相抱如片甲也)"라고 했다. 즉 편갑이란 이른 봄의 노란 첫 싹이 마치 갑옷의 비늘처럼 서로 포개어 있는 모양을 가리키는 말이다.

57 아차나무(兒茶樹): 생강나무를 가리킨다. 서울·경기 지역에서는 황매라 한다고 했는데 오늘날 관상목으로 심는 장미과의 황매화와는 다르다. 꽃은 산수유와 비슷해서 혼동하기 쉬우나 생강나무는 둥치가 매끈한 데 반해 산수유는 둥치의 껍질이 매끈하지 않다. 무엇보다 잎이 또렷한 세 개의 맥을 따라 산山 자 모양으로 갈라진 손바닥 형태다. 모양이 삼각형이고 세 가닥 줄기 잎이며 생강 맛을 띤다는 설명에서 아차수 또는 황매란 식물은 틀림없는 생강나무다. 생강나무는 강원도에서는 동백나무로도 부른다. 일본에서는 단향매檀香梅라 한다. 열매로는 기름을 짜서 머릿기름으로 쓴다. 김유정의 단편소설〈동백꽃〉의 나무는 붉은 꽃을 피우는 동백나무가 아닌 바로 생강나무다. 식용으로도 사랑받았고 대용차로도 쓰였다.

속에서는 아구차兒求茶라 한다.은 서울 지방에서 이른바 황매黃梅라고 하는
것이다. 황매는 꽃이 노랗고 진달래보다 먼저 핀다. 잎은 삼각형으로
산山 자 같고 모양은 세 가닥 잎이 달렸다. 모두 생강 맛이 난다. 산골
사람들이 산에 들어가면 쌈을 싸서 배불리 먹는다. 각 고을에서는 그
여린 가지를 따서 끓이고 삶아 손님을 대접한다. 그 가지를 두 줌쯤
꺾어 주재료로 삼아 약과 함께 달여 마시면 감기나 상한傷寒 및 이름
모를 질병으로 여러 날 된 것도 땀이 나면서 틀림없이 신통한 효과가
있다. 어찌 또한 일종의 별다른 차이겠는가?

茶書又有[58]片甲者, 早春黃茶. 而舶茶之來, 擧國稱以黃茶. 然其槍枝已長, 決
非早春採者. 未知當時漂來人, 果傳其名如此否也. 有自黑山來者, 言丁酉冬漂
海人指兒茶樹, 謂之黃茶云. 而兒茶者 俗爲兒求茶,[59] 圻內所謂黃梅也. 黃梅花
黃, 先杜鵑發. 葉有三角如山字, 形有三筯莖葉. 皆帶薑味. 峽人之入山也, 包飽
以食. 各邑取其嫩枝煎烹, 以待使客. 且其枝截取, 二握爲主材. 和茶藥煎服, 則
感氣傷寒及無名之疾, 彌留數日者, 無不發汗神效. 豈亦一種別茶耶.

앞의 10여 조목은 모두 차에 관한 일을 떠오르는 대로 적은 것이
다. 하지만 국가에 보탬이 되고 민생을 넉넉하게 하는 큰 이로움에는
미치지 못했다. 이제 바야흐로 본론으로 들어가려 한다.

右十數條, 皆漫錄茶事. 而未及其裨國家裕民生之大利. 今方挽入正事云.[60]

58 茶書又有: 백운동본에는 '茶書文有'로 나온다. 백운동본 또한 처음에는 '우又'로 썼
다가 뒤에 '문文'으로 덧칠해 고쳤다. '茶書又有'가 맞다.
59 俗爲兒求茶: 법진본에는 2행 협서夾書로 적혀 있고 의암본과 백운동본에는 누락되
었다.
60 今方挽入正事云: 백운동본에는 '今方挽入正事'로 되어 있으며, 이어서 "이하 10조

다조茶條[61]

주사籌司[62]에서는 시기에 앞서 호남과 영남의 여러 고을에 공문을 보내, 차가 있는지 없는지 보고하게 한다. 차가 있는 고을은 수령으로 하여금 가난한 자 가운데 토지가 없거나, 토지가 있더라도 벼 100단[63]을 채우지 못하는 자 및 군역을 중첩해서 바치는 자를 조사해서 대기하게 한다.

籌司前期, 馳關[64]湖嶺列邑, 使開報[65]有茶無茶, 而有茶之邑, 則使守令査出貧人之無結卜,[66] 及有結卜而不滿十負以下者, 及一家疊納軍役者, 以待之.

주사에서는 시기에 앞서 낭청첩郎廳帖[67] 100여 장을 내서 서울의 약국에 있는 사람 중 일 처리 잘하는 사람을 가려 뽑는다. 곡우가 지

목은 지금 책이 흩어져서 적을 겨를이 없다(以下十條, 今散帙, 不暇錄)"는 내용이 추가되어 있다. 의암본에는 이 첨언이 없다. 이 부분은 애초에 백운동본을 필사할 당시 이시헌이 남긴 언급이다. 의암본은 백운동본을 다시 필사하면서 어지러운 편차를 바로잡았으므로 이 부분의 언급을 뺐다.

61 백운동본에는 〈다조〉라는 별도의 제목이 붙어 있지만, 의암본에는 제목 없이 그대로 이어진다.

62 주사: 비변사備邊司의 별칭이다. 비국備局이라고도 한다. 조선 시대 변경 문제를 포함하여 국내의 일반 행정 전반을 관장하던 중앙 관청이다.

63 100단(十負): 조선 시대 논밭의 수확 및 과세 단위 중 하나다. 과세 단위에는 파把(벼 한 줌), 속束(벼 한 단), 부負(벼 열 단), 결結(벼 천 단)이 있었다.

64 馳關(치관): 행정단위에서 단위로 보내는 공문서인 관문關文을 보내는 것이다.

65 開報(개보): 개열정보開列佈報의 줄임말로 공개적으로 보고를 올리게 하는 것이다.

66 結卜(결복): 전지田地에 매기는 세금을 말한다. 결부結負와 같다.

67 낭청첩: 낭청郎廳은 비변랑備邊郎이라고도 하는 비변사의 관직이다. 정원은 12명으로 종6품의 관리다. 낭청첩은 낭청의 이름으로 발행된 공문서를 말한다.

나기를 기다려 역부役夫와 말, 초료草料[68] 등을 지급하여 차가 나는 고을로 이들을 나누어 보내 차가 나는 곳을 자세히 살피게 한다. 차를 따야 할 때를 잘 살펴 본읍에서 심사하여 기록해둔 가난한 백성을 이끌고 산으로 들어가 찻잎을 채취해 고른다. 찻잎을 찌고 불에 쬐어 말리는 방법을 가르쳐주되 힘써 기계를 가지런히 정돈케 한다. 불에 쬐어 말리는 그릇은 구리로 만든 체가 가장 좋다. 그 나머지는 마땅히 대나무 발簾로 쓴다. 여러 절에서는 밥 소쿠리로 불에 쬐어 말리는 일을 돕는데 소쿠리에 밥을 넣어 기름기가 빠져 나가게 한 뒤 부뚜막 안에 두면, 부뚜막 하나당 하루 10근씩 불에 쬐어 말릴 수 있다. 찻잎은 아주 좋은 것만 가려내 알맞게 찌고 말리되 근량을 넘치게 하면 안 된다. 통틀어 계산하여 한 근의 차를 돈 50문으로 쳐서 보상해준다. 첫해에는 5,000냥으로 한정해서 1만 근의 차를 취한다. 일본 종이를 사 와서 포장하여 도회지로 나누어 보낸다. 관용 배로 서북 개시開市로 보내는데, 또한 낭청 가운데 한 사람이 압해관押解官[69]이 되어 창고에 봉납하고, 인하여 수고를 보상하는 은전을 베푼다.

籌司前期, 出郞廳帖百餘張, 揀選京城藥局人精幹者, 待穀雨後, 給夫馬草料, 分送于茶邑. 詳探茶所, 審候茶時, 率本邑查錄之貧民, 入山採掇, 敎以蒸焙之法, 務令器械整齊. 焙器銅篩第一, 其餘當用竹簾. 而諸寺焙佐飯竹筍, 浸去油氣, 入飯後竈中, 則可一竈一日焙十斤. 揀擇精美, 蒸焙得宜, 斤兩毋濫, 通計一斤茶, 償錢五十文. 初年則捐梢五千兩. 取萬斤茶, 貿倭紙作貼, 分送于都會. 官舟送于西北開市處, 亦須郞廳中一人押解納庫, 仍爲償勞之典.

68 초료: 꼴 또는 여물로 마소(馬牛)의 사료를 말한다.
69 압해관: 재물을 운송하는 일을 감독하고 관련된 문제를 처리하는 담당 관리이다.

예전에 상선에 실린 차를 보니 겉면에 찍어서 써 붙인 가격이 은 2전이었고, 첩에 든 차는 1냥(37.5그램) 무게였다. 하물며 압록강 서쪽은 연경과의 거리가 수천 리나 된다. 두만강 북쪽은 심양과의 거리가 또 수천 리다. 한 첩에 2전이면 가격이 너무 저렴해서 우습게 보일까 염려될 정도다. 하지만 한 첩에 2전씩 값으로 친다 해도 1만 근(6톤)의 차 값은 은으로 3만 2,000냥에 해당되고, 돈으로는 9만 6,000냥이 된다. 해마다 더욱 많이 채취하여 100만 근(600톤)으로 하면 비용으로 쓰는 돈 50만 냥이 국가의 경비가 되어 조금이나마 백성의 힘을 덜어 줄 것이니 어찌 큰 이익이 아니겠는가?

曾見舶茶, 貼面印寫價銀二戔. 而貼中之茶, 乃一兩也. 況鴨江以西, 去燕京數千里, 豆江以北, 去瀋陽又數千里. 則一貼二戔, 恐以太廉見輕. 然第以一貼二戔論價, 則萬斤茶價, 銀當爲三萬二千兩. 爲錢九萬六千兩. 年年加探百萬斤, 費錢五十萬, 爲國家經費, 而少紓民力, 則豈非大利也.

의논하는 자들은 저들 중국이 만약 우리나라에 차가 있는 것을 알게 되면 반드시 공물로 차를 바칠 것을 요구할 테니 후대에 두고두고 폐단을 열게 될 것을 염려한다. 하지만 이는 어리석은 백성이 고을 관리가 날마다 잡아 오라고 닦달하는 것이 두려워 고기가 있는 연못을 메워 미나리를 심는 것과 무엇이 다르겠는가? 이제 만약 수백수천 근의 차를 실어다 주어 천하로 하여금 우리나라에도 차가 있다는 것을 환히 알게 한다면, 연나라 남쪽과 조나라 북쪽의 장사꾼들이 온통 수레를 삐걱대고 말을 달려 책문을 넘어 동쪽으로 몰려들 것이다. 앞서 1만 근의 차로 한정했던 것은 진실로 먼 지역의 이목이 닿지 않고 한 모퉁이의 재화가 미처 모이지 않을까 걱정되고 물건이 정체될 염려가 있기 때문이었다. 만약 장사를 해서 재고가 쌓이지 않게 한다면, 비록

100만 근이라도 너끈히 마련할 수 있을 것이다. 숭양崇陽의 종자[70]를 또한 장차 뽑지 않고도 더욱 무성해질 것이니, 이는 실로 쉬 얻을 수 없는 기회인 셈이다. 어찌 이 때문에 걱정하겠는가?

議者必謂彼中若知我國有茶, 則必徵貢茶, 恐開弊於無窮. 而此與愚民畏縣官之日探, 塡魚池而種芹者, 何異? 今若輪與數百千斤, 使天下昭然知東國之有茶, 則燕南趙北之商, 擧將轔轔蚡蚡, 踰柵門而東矣. 向欲以萬斤茶爲限者, 誠恐遠地之耳目不長, 一隅之財貨未集, 有滯貨之患故也. 若使有售無滯, 雖百萬斤, 可以優辦, 而崇陽之種, 亦將不拔而益滋, 此實不易得之機也. 何可以此爲阻.

기왕 차시茶市를 연다면 모름지기 감시어사監市御史와 경역관京譯官과 압해관 등을 따로 뽑아야 한다. 수행인에 이르러서도 모두 일을 주관하는 자를 임명해야지 전처럼 단지 용만龍灣 사람[71]만 시장에 오게끔 허락해서는 안 된다. 대개 난하灤河의 풍속[72]이 교활한 데다 진실로

---

70 숭양의 종자(崇陽之種): 송나라 진사도陳師道의 《후산총담後山叢談》에 "충정공忠定公 장영張咏(946~1015)이 숭양현령이 되었는데 그곳 백성이 차 만드는 일을 하여 먹고살았다. 공이 말했다. '차는 이문이 많지만 관가에서 장차 이를 가져갈 것이니, 일찌감치 다른 것을 기르느니만 못하다'고 차를 뽑아버리고 뽕나무를 심게 했는데 백성이 이를 아주 괴롭게 여겼다. 그 후 차를 국가에서 전매하게 되자 다른 고을 사람들은 모두 직업을 잃었지만 숭양 땅의 뽕나무는 이미 크게 자라 한 해에 북쪽으로 가져다 파는 비단이 100만 필이나 되었다(張忠定公令崇陽, 民以茶爲業. 公曰: '茶利厚官將取之, 不若早自異也.' 命拔茶而植桑, 民以爲苦. 其後權茶, 他縣皆失業, 而崇陽之桑, 皆已成其絹, 而北者歲百萬定矣)"라는 고사를 말한다. 이는 청대 육정찬의 《속다경》에도 수록되어 있다. 여기서는 우리나라의 경우 설령 차를 국가에서 전매하더라도 백성은 자신들의 생업이 따로 있으므로 실직하는 일은 없게 될 것이라는 뜻으로 말한 것이다.

71 용만 사람: 용만은 평안북도 의주義州의 옛 이름이다.

72 난하의 풍속: 난하는 중국 북경 동쪽 지역으로, 여기서는 북방 오랑캐를 지칭하는

개 같아서 저들에게 실정이 알려지면 믿을 수 없는 점이 있기 때문이다. 또 차시가 파한 뒤에는 상급賞給을 더욱 낮게 주어서 마치 자기 일을 보듯 하게 한 뒤라야 바야흐로 오래 행하여도 폐단이 없다. 좋은 미끼 아래 반드시 죽는 고기가 있다고 하는 것은 바로 이를 두고 하는 말이다.[73]

旣開茶市, 則須別擇監市御史京譯官押解官之屬, 至於隨行人, 皆以幹事者差定, 不可如前只許灤人赴市. 盖灤俗撇苟狗態, 輸情于彼人, 有不可信者故也. 且茶市罷後, 優加賞給, 使視作己事然後, 方可久行無弊. 香餌之下, 必有死魚云者, 政謂是也.

검소하던 우리나라에 만약 갑작스레 평상의 세금 외에 수백만 냥이 생긴다면 무슨 일이든 못하겠는가? 다만 재용財用이 넉넉해지면 여기저기서 마구 빼앗아 갈 단서가 많아지게 마련이다. 상하가 마음을 합쳐 본전과 잡비잡비란 종이 값과 뱃삯 따위를 말한다.와 수고한 사람에게 주는 상여금 외에는 한 푼도 다른 데 가져다 쓸 수 없게 해야 한다. 비록 쓰는 바가 서로 관련은 없지만 단지 서변西邊의 성읍城邑과 연못 및 길을 쌓고 정비하는 데만 사용한다. 좌우 5리 안에 사는 백성에게는 토지세의 절반을 감면해주어 그들로 하여금 성관城館을 쌓고 도랑을 파는 데 힘을 쏟게 하여 천 리의 길을 고치실이나 대롱처럼 끊임없

말로 쓴 것이다.

73 좋은 미끼 아래 …… 하는 말이다: 좋은 미끼가 있으면 물고기가 저 죽는 줄 모르고 달려든다는 뜻으로, 이익을 보장해주면 제 몸을 사리지 않고 나라를 위해 일할 것이라는 의미로 썼다.

이 이어지게 하고,[74] 길가의 봇도랑을 촘촘한 그물같이 연결시킨다.[75] 금년에 못다 한 것은 내년에 이어 시행한다. 또 서쪽 변방에서 재주와 힘을 갖춘 인재를 모집하여 둔성屯城에 데려다가 날마다 활쏘기를 익히게 한다. 둔성 하나마다 수백 명을 두어 포를 쏘아 합격한 자는 특별히 상금을 내리고 처자와 함께 생활할 수 있게 한다. 이렇게 한다면 평상시에도 수만 명의 막강한 군대를 보유하는 셈이 되니, 어찌 도적을 막고 이웃 나라에 위엄을 보이기에 충분하지 않겠는가?

以我國之素儉, 若暴得數百萬於常稅之外, 則何事不可做. 但財用旣優, 則撓奪多端. 若上下齊心, 而於本錢雜費 雜費紙價船價之屬.[76] 償勞之外, 不許遷動一毫. 雖所需得相關, 只用於西邊修築城邑池及路傍, 左右五里, 減田租之半, 俾專力於築城館開溝洫, 使千里之路, 如繭管之窄, 使路傍之溝, 如地網之密. 今年未盡者, 明年繼行. 又募西邊材力之士, 取以於屯城, 日日習射. 聽一屯城 置數百人, 射砲中格者, 優加數償賚, 使可以畜妻子, 則是常時有數萬莫强之兵, 豈不足以禦暴客而威鄰國哉.

차는 능히 잠을 적게 하므로 혹 밤새 눈을 붙이지 못하게 한다. 새벽부터 밤까지 공무에 있거나, 혼정신성昏定晨省하며 어버이를 봉양하

---

74 천 리의 길을 …… 이어지게 하고: 고치실이나 대롱이 길게 이어지는 것처럼 길이 실핏줄같이 곳곳까지 끊이지 않고 이어지게 한다는 뜻이다.

75 길가의 봇도랑을 …… 연결시킨다: 외적을 방어하기 위해 참호와 도랑을 그물처럼 촘촘하게 판다는 뜻이다. 송나라 조언위趙彦衛의 《운록만초雲麓漫鈔》에 "땅에 종횡으로 참호를 파서 물길을 끌어와 잇대는 것을 지망이라 한다(即其地爲壕塹縱橫, 引水縷行, 名曰地網)"고 했다.

76 雜費紙價船價之屬: 이 협서夾書는 백운동본에는 본문 안에 '紙價船價之屬'으로 되어 있다.

는 사람에게는 모두 필요한 것이다. 닭이 울자마자 물레에 앉는 여자나 한묵翰墨의 장막 아래서 학업에 힘 쏟는 선비도 모두 이것이 적어서는 안 된다. 만약 성대히 돌아보지 않고 쉬지 않고 밤을 새우는 군자라면 즉시 받들어 받아들여야 할 것이다. 이 단락은 앞쪽의 '소수少睡'로 시작되는 조목을 개고한 것이다.[77]

茶能使人少睡, 或終夜不能交睫. 夙夜在公, 晨昏趨庭者, 咸其所需, 而鷄鳴入機之女, 墨帳勤業之士, 俱不可少. 是若夫厭厭無歸, 頟頟罔夜之君子, 則有不暇奉聞焉. 此段卽上少睡條改稿也.

'강심'의 의미는 자세하지 않다. 이 한 책에 적힌 사辭와 문文 및 시詩는 바로 이덕리가 옥주沃州[78]의 유배지에서 지은 것이다.[79]

江心之義未詳. 此一冊所錄辭文及詩, 乃李德履沃州謫中所作.

해설

《기다》는 국가 차원에서 차를 전매專賣하여 차 무역을 통한 국부

---

77 이 단락은 …… 개고한 것이다: 이 협서는 백운동본에는 없다.

78 옥주: 전남 진도의 옛 이름이다.

79 이 마지막 단락은 백운동본 필사자인 이시헌이 필사를 마치면서 적어둔 글이다. 의암본에는 생략되었다. 《기다》가 《강심》에 수록되었지만 '강심'이 무슨 뜻으로 쓴 표현인지는 알 수 없다고 했다. 그리고 이 책에 수록된 사와 문과 시가 모두 이덕리가 옥주, 즉 진도에서 귀양살이를 할 당시에 적소에서 지은 글임을 밝혔다. 이 대목으로 비로소 《상두지》와 《기다》의 실제 저자가 이덕리임이 밝혀졌으니 실로 귀한 기록이다.

창출 방안을 제안한 내용을 담고 있는 대단히 획기적인 다서이다. 대역부도죄에 연좌되어 진도에 귀양 가 19년간 흙벽 골방에서 지내던 이덕리가 국가를 위한 국방 기획과 실천책을 담은 국방 서적《상두지》를 지었는데, 이 방대한 기획을 실천에 옮기기 위한 재원 마련책으로 제안한 저술이 바로《기다》이다. 이 책을 익히 보았던 초의는 이 자료의 가치를 바로 알아보고 자신의《동다송》에《기다》의 한 단락을《동다기》란 이름으로 인용함으로써 이 책의 존재를 세상에 알렸다. 이후 이 책은 엉뚱하게 다산 정약용의 저술로 오인되어 오랫동안 지은이가 잘못 알려졌고, 원본의 소재도 오리무중으로 알려지지 않은 채 풍문만 무성하였다.

2006년 강진 백운동의 이효천李孝天(1934~2012) 가에서 정민이 이 자료의 최초 필사본을 발견해 공개했고, 저자 이덕리의 존재도 분명히 확인되었다. 이 책은 국방서《상두지》와 자매편을 이루는 저작으로 전체 글은 모두 세 묶음으로 구성되어 있다.

첫 번째 묶음은 〈다설〉에 해당하는 처음 5단락이다. 저절로 자생하여 아무도 주목하지 않는 찻잎을 채취하여 차를 만들어 차 무역을 통해 국가 경제와 백성의 삶에 큰 보탬이 될 재원으로 삼을 것을 제안하고 있다. 이덕리는 이 단락을 '다설茶說'이라 불렀다. 본격적인 논의에 앞서 차의 의미와 가치에 대한 개괄적 주장을 담은 서설 성격의 글이란 의미로 붙인 듯하다.

두 번째 묶음은 〈다사〉인데 〈다설〉에 이어지는 14항목이다. 여기서는 차에 대한 상식을 요약해서 정리했다. 차 채취 시기, 찻잎의 종류, 차의 종류 및 효능 등 차의 가치를 일반에 소개하는 내용이다. 또 당시 차에 대한 조선 사람들의 인식 수준이나, 차와 관련된 일화 및 주변 정황을 알 수 있게 해주는 생생한 정보를 담고 있다.

세 번째 묶음은 〈다조〉로 명명한 끝의 7항목이다. 국가와 민생에 큰 도움을 줄 수 있는 차를 만드는 방법과 국가의 전매를 통한 차 무역의 구체적인 방법과 절차에 대해 세세하게 설명한 내용이다. 나아가 차 무역을 통해 벌어들인 수익금으로 국방을 강화하는 구체적인 방법까지 설명했다. 의암본에는 별도의 제목이 없다.

이렇듯 《기다》는 〈다설〉, 〈다사〉, 〈다조〉 등 3부로 구성해 서설적 성격의 글과 차 일반론, 그리고 차 무역론의 구상으로 이어지는 장대한 서사를 담아내고 있다. 《기다》는 차에 대한 인식이 낮았던 당시 상황에서 정확한 식견과 이해를 바탕으로 국부 창출의 근원으로 차 무역의 필요성을 제안한 독창적 저술로, 우리 차 문화사에 남을 기념비적 저술이다.

정약용

丁若鏞, 1762~1836

다신계절목

茶信契節目

차로 이어진 사제 간의 신의와 인연을 묻다

茶信契節目

작가와 자료 소개

정약용은 조선 후기의 대학자이자 문인으로, 자는 미용美鏞 또는 송보頌甫, 호는 다산茶山, 사암俟菴, 탁옹籜翁 등을 썼다. 40세에 천주교 문제로 강진에 귀양 가 18년간 머물며 500여 권에 달하는 경이로운 저작을 남겼다. 1808년 다산초당에 머문 이후 해마다 직접 차를 생산하여 한 해에 수백 근의 차를 만들어 마시고 주변에 선물했다. 그를 통해 잊힌 조선의 차 문화가 되살아났으며, 제자들에게 제다의 맥이 이어져, 이 지역에 차 문화가 다시 부흥하는 계기가 되었다. 그를 조선 차 문화의 중흥조로 일컫는 이유가 여기에 있다.

〈다신계절목〉은 다산 정약용이 1818년 8월 30일, 18년간의 유배를 마치고 서울로 돌아가기에 앞서 제자들과 함께 '다신계茶信契'란 친목 모임을 결성하면서 작성한 일종의 약조문이다. 다신계는 다산초당에서의 강학을 인연으로 맺은 사람들 사이에 신의를 지키기 위해 맺는 계라는 의미이다.

〈다신계절목〉은 서문 격인 〈첨의僉議〉, 참여자 명단인 〈좌목座目〉, 〈계답목록契畓目錄〉, 〈약조約條〉, 〈읍성제생좌목邑城諸生座目〉, 〈다산발문茶山跋文〉 등으로 구성된다. 지금까지는 귤동에 살던 윤종진의 후손 윤재찬尹在瓚(1902~1998) 선생이《귤림문원橘林文苑》에 이 원본을 베껴 옮겨 적은 뒤, 각각의 인명 아래에 좀 더 자세한 인적 사항을 메모해둔 것만 알려져 있었다. 그런데 최근 미국에 거주하는 윤덕현 선생소장의 〈다신계절목〉 원본이 공개되어, 원본의 상태를 알 수 있게 되었다. 이 책에서는 원본에 따라 자료를 소개하고, 윤재찬의 추가 기록은 본문과 구분해 주석으로 소개한다. 여기에는 초당 제자 18명, 읍중 제자 6명, 승려 제자 2명의 명단이 나온다. 원본에는 각 사람 아래 자字와 생년만 적혀 있는데 윤재찬본에는 각 인물에 대한 비교적 자세한 내용이 추기追記되어 있다. 다만 윤재찬 선생의 추기에는 사실과 다른 잘못된 내용도 적지 않다.

원문 및 풀이

1818년 8월 그믐날 첨의[1]戊寅八月晦日 僉議

사람에게 귀한 것은 신의가 있는 것이다. 무리로 모여 서로 즐거워하다가 흩어진 뒤에 서로를 잊는 것은 금수禽獸의 도리이다. 우리 수십 명이 무진년(1808) 봄부터 오늘에 이르기까지 무리 지어 지내며 글을 공부한 것이 마치 형제와 다름없다. 이제 스승께서 북쪽으로 돌아가니 우리 무리가 별처럼 흩어져서 마침내 아득히 서로를 잊어 생각지 않는다면 신의를 강구하는 도리가 또한 경박하지 않겠는가?

所貴乎人者, 以有信也. 若羣聚而相樂, 旣散而相忘, 是禽獸之道也. 吾輩數十人, 粤自戊辰之春, 至于今日, 羣居績文, 如兄若弟. 今函丈北還, 吾輩星散, 若遂漠然相忘不思, 所以講信之道, 則不亦佻乎.

작년 봄, 우리가 이 같은 일을 미리 염려해서 돈을 모아 계를 만들었다. 처음에는 사람마다 돈 1냥을 냈다. 두 해 동안 이자를 불려 이제 그 돈이 35냥이 되었다. 다만 생각해보니 흩어진 뒤에는 돈의 출납을 마음대로 하기가 쉽지 않겠는지라 걱정이 되었다. 그리고 스승께서 보암寶巖 서촌西村에 메마른 밭 몇 뙈기가 있었는데 떠나실 임시 해서 팔려고 내놓았으나 대부분 팔 수 없었다. 이에 우리가 35냥의 돈을 행장에 넣어드리고, 스승께서는 서촌의 밭 몇 구역을 계의 물건으로 남겨두셨다. 이를 이름하여 다신계라 하고, 이후 신의를 강구하는 밑천으로 삼았다. 그 조례와 토지 결부結負²의 숫자를 아래와 같이 자세히 적는다.

去年春, 吾輩預慮此事, 聚錢設契. 其始也, 人出錢一兩, 兩年生息, 今其錢爲

---

1 첨의僉議: 여러 사람이 모여서 함께 의논했다는 뜻이다. 《귤림문원》에 수록된 윤재찬본〈다신계절목〉제목 하단에 다음의 추기가 적혀 있다. "다산 선생께서 북쪽으로 돌아가실 때 이 계안契案 한 편을 지었다. 남기신 부탁이 훨씬 더 자세하였으나 불행히도 중간에 없어지고, 다만 이 계권만 남았으나 약조가 어지럽지 않았다. 제현諸賢이 지은 글을 추모하며 완상해 마지않으며 이제 기록에 넣어 둔다(卽茶山先生北還之時, 作此契案一編. 遺託愈篤, 而不幸中潰, 只遺此券, 約條之不紊. 諸賢之績文, 追慕玩賞之不已矣, 今爲入錄)"라고 하였다.

2 결부: 수확량을 기준으로 논밭을 결(목), 부(짐), 속(뭇), 파(줌)의 단위로 넓이를 정해 과세하던 법에서 나온 말로, 토지의 크기를 말한다.

三十五兩. 第念旣散之後, 錢貨出納, 未易如意, 方以爲憂. 而函丈於寶巖西村, 有薄田數區, 臨行放賣, 多不能售. 於是, 吾輩以三十五兩之錢, 納于行裝, 函丈以西村數區之田, 留作契物, 名之曰茶信契, 以爲日後講信之資. 若其條例, 及田土結負之數, 詳錄下方.

좌목座目

나이로 차례 지우지 않고, 형제별로 둘씩 썼다[序次不以年齒, 以各其昆弟, 雙雙書之].

선仙[3] 이유회李維會(1784~1830)[4] 자는 인보賣甫, 갑진생(1784).

선仙 이강회李綱會(1789~?)[5] 자는 굉보紘甫, 기유생(1789).

정학가丁學稼(1783~1859)[6] 자는 치기穉箕, 계묘생(1783).

정학포丁學圃(1786~1855)[7] 자는 치구穉裘, 병오생(1786).

윤종문尹鍾文(1787~?)[8] 자는 혜관惠冠, 정미생(1787).

---

3 선仙: 18명 중 8인의 이름 앞에 '선仙'이란 글자를 추기했는데 어떤 의미인지 분명치 않다.

4 이유회: 형. 본관은 광주廣州로 진사進士이다. 부는 이기준李基俊, 조는 상희尙熙, 증조는 해석海錫. 백운처사白雲處士 보만保晩의 5대손이다. 아들은 병렴秉濂이다[兄. 廣州人. 進士. 父基俊, 祖尙熙, 曾祖海錫. 白雲處士保晩五代孫, 子秉濂]. *이하 인명 아래 달린 각주는 윤재찬 옹이 〈다신계절목〉에 추기한 내용이다.

5 이강회: 아우. 본관은 광주이다. 아우로 서회緖會, 진회縉會, 경회絅會가 있다[弟. 有弟緖會縉會絅會].

6 정학가: 선생의 맏아들이다. 뒤에 학연學淵으로 고쳤다. 자는 치수稚修로도 썼고 호는 유산酉山이다[先生之冑子, 後改學淵. 字曰稚修. 號酉山].

7 정학포: 선생의 둘째 아들이다. 학유學游로 고쳤다[先生之次男, 改學游].

8 윤종문: 연동蓮洞 공재恭齋 윤두서尹斗緖 공의 맏아들인 윤덕희尹德熙의 둘째 아들, 청고靑皐 윤용尹愹의 손자이다[蓮洞恭齋公冑子德熙二子, 靑皐愹孫也].

윤종영尹鍾英(1792~?)⁹ 자는 배연拜延, 임자생(1792).

선仙　정수칠丁修七(1768~?)¹⁰ 자는 내칙來則, 무자생(1768).

선仙　이기록李基祿(1780~?)¹¹ 자는 문백文伯, 경자생(1780).

　　　윤종기尹鍾箕(1786~1841)¹² 자는 구보裘甫, 병오생(1786).

선仙　윤종벽尹鍾璧(1788~1837)¹³ 자는 윤경輪卿, 무신생(1788).

　　　윤자동尹玆東(1791~?)¹⁴ 자는 성교聖郊, 신해생(1791).

선仙　윤아동尹我東(1806~?)¹⁵ 자는 예방禮邦, 병인생(1806).

선仙　윤종심尹鍾心(1793~1853)¹⁶ 자는 공목公牧, 계축생(1793).

---

9 윤종영: 공재 윤두서의 제5자 윤덕렬尹德烈의 손자인 윤지충尹持忠의 계자系子인데 윤지충은 선생의 외종이다. 진사이고, 호는 감암橄菴이다(恭齋公第五孫德烈孫持忠系子, 卽先生之外從也. 進士. 號橄菴). *그렇지만 윤재찬의 위 추기追記는 잘못이다. 윤종영은 윤지충의 집안에 입계된 것이 아니라, 윤황尹愰의 아들 윤규동尹奎東에게 입계되었다.

10 정수칠: 영광 사람으로, 호가 연암烟菴인데 바로 선생께서 지어주신 것이다. 후손이 대대로 장흥 반산盤山에 산다(靈光人. 號烟菴, 卽先生之命贈也. 後孫世居長興盤山).

11 이기록: 광주 사람이다(廣州人).

12 윤종기: 맏아들이다. 고조부이다. 행당 할아버지의 10대 종손이다(伯. 高祖考. 杏堂祖考十代宗孫). *윤재찬 옹 본인을 기준으로 한 설명이다.

13 윤종벽: 둘째 아들이다. 고조부이다. 호가 취록당醉綠堂이다. 이름을 종정鍾錠으로 고쳤다가 또 종억鍾億이라 했다(仲. 高祖考, 號醉綠堂, 改諱鍾錠, 又鍾億).

14 윤자동: 형. 석남石南. 본종本宗의 부춘파富春派이다. 족보에는 일동一東으로 나온다(浩字 자 항렬). 진사 효의孝義. 종파宗派 중 제2파다. 아들 주섭柱燮은 자가 기서琪瑞이고, 손자는 조하祚夏이다(兄. 石南. 本宗富春派. 譜作一東(浩字行). 進士孝義. 宗派第二派. 子柱燮, 字琪端, 孫祚夏).

15 윤아동: 아우. 율정栗亭. 아들은 형섭亨燮, 손자가 주하柱夏이고 그의 아들은 재남在南이다. 순하順夏는 아들이 재량在亮과 재정在正이다. 대대로 보암寶巖 율포栗浦에 산다(弟. 栗亭. 子亨燮, 孫柱夏, 子在南, 順夏, 子在亮在正, 世居寶巖栗浦).

16 윤종심: 형. 생가의 고조부로 호가 감천紺泉이다. 안빈하며 학업을 즐거워했다. 해

윤종두尹鍾斗(1798~1852)[17] 자는 자건子建, 무오생(1798).

이택규李宅逵(1796~?)[18] 자는 백홍伯鴻, 병진생(1796).

이덕운李德芸(1794~?)[19] 자는 서향書香, 갑인생(1794).[20]

윤종삼尹鍾參(1798~1878)[21] 자는 기숙旗叔, 무오생(1798).

선仙　윤종진尹鍾軫(1803~1879)[22] 자는 금계琴季, 계해생(1803).

서를 잘 썼다. 선생의 저서 500여 권을 다산체로 정서했다(兄. 生家高祖考. 號紺泉. 安貧樂業, 善楷書. 先生著書五百餘卷精書茶山体也).

17 윤종두: 아우. 감천공의 아우다. 입계한 아들은 창호昌浩인데 종기鍾箕의 둘째 아들이다. 현손은 재박在亳이다(弟. 紺泉公弟. 系子昌浩, 鍾箕次子. 玄孫在亳).

18 이택규: 평창 사람이다. 아버지는 진사 이승훈李承薰이다. 음사陰邪로 장을 맞아 죽었다가 뒤에 신원되었다. 조부는 문과에 급제한 참판삼사參判三司 이동욱李東郁이고, 숙부 치훈致薰은 문과에 급제했다. 아우 신규臣逵는 참봉, 아들 재겸在謙은 진사다. 세 사람이 함께 무진년(1868)에 장을 맞아 죽었다. 이가환의 내종손이다(平昌人. 父進士承薰, 陰邪杖斃, 後伸. 祖文, 參判三司東郁. 叔致薰文科. 弟臣逵參奉, 子在謙進士. 三人俱戊辰杖斃. 李家煥內從孫). *족보상 이택규의 생년은 1780년이고, 몰년은 1851년으로 나오는데 여기서는 16년이나 늦은 1796년생으로 되어 있어 혼란스럽다. 동명이인일 가능성도 있으나 희박하고, 오히려 이승훈의 아들이 다산에게 와서 배우고 있었다는 혐의를 피하려고 바꿔 적었을 가능성이 높다. 실제 다산의 맏아들 정학연의 아내는 이승훈의 누이동생이었다. 이렇게 보면 다산의 누이가 이승훈의 아내가 되고, 다산의 아들이 다시 이승훈의 여동생과 결혼한 셈이다. 다산의 누이에게 정학연의 아내는 시누이가 된다.

19 이덕운: 참고할 내용을 얻지 못했다(不得參考).

20 갑인생: 윤덕현본에는 병인생丙寅生으로 되어 있고, 윤재찬본에는 갑인생甲寅生으로 되어 있다. 윤재찬본에 따랐다.

21 윤종삼: 셋째 아들이다. 고조부. 호는 성헌星軒. 음직으로 첨추僉樞 통정대부가 되었다. 이름을 종익鍾翼으로 고쳤다(叔. 高祖考. 號星軒, 蔭僉樞通政大夫. 改諱鍾翼).

22 윤종진: 넷째 아들이다. 고조부. 호는 순암淳菴, 진사進士이다. 60세 나던 해에 사마시에 급제했다. 무진년(1808)에 여섯 살에 입학했다(季. 高祖考. 號淳菴, 進士. 司馬六十當年. 戊辰六歲入學).

이상 18인이다.

仙 李維會. 字奮甫, 甲辰生.

仙 李綱會. 字紘甫, 己酉生.

丁學稼. 字穉箕, 癸卯生.

丁學圃. 字穉裘, 丙午生.

尹鍾文. 字惠冠, 丁未生.

尹鍾英. 字拜延, 壬子生.

仙 丁修七. 字來則, 戊子生.

仙 李基祿. 字文伯, 庚子生.

尹鍾箕. 字裵甫, 丙午生.

仙 尹鍾璧. 字輪卿, 戊申生.

尹玆東. 字聖郊, 辛亥生.

仙 尹我東. 字禮邦, 丙寅生.

仙 尹鍾心. 字公牧, 癸丑生.

尹鍾斗. 字子建, 戊午生.

李宅逵. 字伯鴻, 丙辰生.

李德芸. 字書香, 甲寅生.

尹鍾參. 字旗叔, 戊午生.

仙 尹鍾軫. 字琴季, 癸亥生.

以上十八人

영등평永登坪 업자답業字畓 3마지기, 세액 5부 3속.
경오년(1810) 3월 문서 작성. 본값 6냥.[23]
거고평巨古坪 독자답篤字畓 2마지기, 세액 7부 2속.
경오년(1810) 4월 문서 작성. 본값 9냥.

청룡평靑龍坪 종자답終字畓 4마지기, 세액 17부 7속.

병자년(1816) 3월 문서 작성. 본값 23냥.

대천평大川坪 창자답昌字畓 5마지기, 세액 25부.

병자년(1816) 3월 문서 작성. 본값 25냥.

모목동평毛木洞坪 극념克念 양자답兩字畓 4마지기, 세액 14부.

임오년(1822) 3월 문서 작성. 본전 28냥.

永登坪. 業字畓三斗落. 稅額五負三束. 庚午三月成文, 本價六兩.

巨古坪. 篤字畓二斗落. 稅額七負二束. 庚午四月成文, 本價九兩.

靑龍坪. 終字畓四斗落. 稅額十七負七束. 丙子三月成文, 本價二十三兩.

大川坪. 昌字畓五斗落. 稅額二十五負. 丙子三月成文, 本價二十五兩.

毛木洞坪. 克念兩字畓四斗落. 稅額十四負. 壬午三月成文, 本錢二十八兩.[24]

약조約條

  - 위 논 중 보암에 있는 것은 이덕운이 살펴 관리하고, 백도白道에

23 이 해당 구절 끝에 행서체의 다른 필체로 "1820년 12월 19일 팔았다. 세미稅米는 면제해준다(賣於庚辰十二月十九日. 稅米代白給)"라고 적혀 있다. 백급白給은 아무것도 받지 않는 것을 말한다. 이 문서를 작성한 지 1년 반이 지나, 영등평 땅 세 마지기가 매매되어 다른 사람에게 넘어갔으므로 이 내용을 문서에 기록해둔 것이다. 윤재찬본은 이 부분을 본문으로 적었고, 그 하단에 다시 "이하 모두 18마지기이다. 뒤에 세미를 돈으로 대신하여, 해마다 증가하자 백문白文으로 처분한 것이다(以下 共十八斗落也. 後以稅米代錢, 年加歲增, 以白文處分也)"라는 추기를 달았다. 이 부분의 추기는 잘못된 내용이다.

24 전체 토지는 총 18마지기로, 본값은 91냥이고 세액은 69부 2속이다. 특히 모목동평 4마지기의 땅은 다산이 두릉으로 돌아간 지 4년 뒤인 1822년에 거래가 이루어진 것이다. 이때 계약의 주체가 다산인지 제자들인지 불분명하다. 어쨌거나 이 땅 또한 계답契畓으로 거래가 이루어진 것이다.

있는 것은 문백 이기록이 살펴 관리한다. 매년 가을 곡식을 거두면 방아 찧기를 기다려 돈으로 만든다.

一 右畓其在寶巖者, 李德芸照管. 其在白道者, 李文伯照管. 每年秋收穀, 待春作錢.

– 매년 청명이나 한식날에 계원契員이 다산茶山에 모여 계 모임을 하는 일. 운자韻字를 내서 시를 짓고, 연명聯名으로 글씨를 써서 유산酉山에게 보낸다. 모임이 있는 날 생선 값 1냥은 계에서 마련하고, 양식으로 쓸 쌀 1되는 각자 가지고 온다.

一 每年淸明寒食之日, 契員會于茶山, 以修契事. 出韻賦詩, 聯名作書, 送于酉山. 右會之日, 魚價錢一兩. 自契中上下, 糧米一升段, 各自持來.

– 곡우날엔 어린 차(嫩茶)를 따서 1근을 불에 쬐어 말려 만든다. 입하 전에는 늦차(晩茶)를 따서 떡차 2근을 만든다. 엽차 1근과 떡차 2근을 시와 편지와 함께 부친다.

一 穀雨之日, 取嫩茶, 焙作一斤. 立夏之前, 取晩茶, 作餠二斤. 右葉茶一斤, 餠茶二斤, 與詩札同付.

– 국화가 필 때 계원이 다산에 모여 모임을 갖는 일. 운자를 내서 시를 짓고, 연명으로 글씨를 써서 유산에게 보낸다. 모임이 있는 날 생선 값 1냥은 계에서 마련하고, 양식으로 쓸 쌀 1되는 각자 가지고 온다.

一 菊花開時, 契員會于茶山, 以修契事. 出韻賦詩, 聯名作書, 送于酉山. 右會之日, 魚價錢一兩. 自契中上下, 糧米一升, 各自持來.

– 상강 날엔 새 면포棉布 1필을 산다. 올이 거칠고 가는 것은 그해

형편을 살핀다. 수확한 곡식이 많으면 고운 베를 사고, 곡식이 적으면 거친 베를 산다. 백로 날에는 비자榧子 5되와 면포를 유산에게 같이 보낸다. 비자는 혜관 윤종문과 배연 윤종영, 두 사람이 해마다 가져다 드린다. 이 두 사람은 차 만드는 일을 면제해준다.

一 霜降之日, 買新棉布一疋. 其麤細視年, 穀多則買細布, 穀少則買麤布. 白露之日, 取榧子五升與棉布, 同送于酉山. 榧子則惠冠拜延, 兩人年年進排. 而此兩人則除其茶役.

─ 차를 채취하는 일은 각 사람이 분량을 나눠 직접 마련한다. 직접 마련하지 못한 사람은 돈 5푼을 신동信東[25]에게 주어 귤동 마을 아이를 고용하여 찻잎을 따서 숫자를 채우게 한다.

一 採茶之役, 各人分數自備. 而其不自備者, 以錢五分, 給信東, 令雇橘洞村兒, 採茶充數.

─ 동암東菴에 지붕을 이는 값은 1냥이다. 입동일에 계에서 지급한다. 귤동에 사는 6인이 이엉 엮는 것을 감독하게 한다. 반드시 동지 전까지는 새로 덮어야 한다. 만약 동지를 넘겼거든 이듬해 봄 차 따는 일을 6인이 온전히 감당하고, 다른 계원들은 일을 돕지 않도록 한다.

一 東菴蓋草價一兩. 立冬日, 自契中上下. 使橘洞六員, 董督編苫. 必於冬至前新覆, 而若過冬至, 則明春茶役, 六人全當, 而他契員, 勿爲助役.

25 신동: 당시 귤동에 살던 제자 윤종진의 아명이다. 윤재찬본에는 신동 바로 아래에 '순암의 어릴 적 이름이다淳菴小諱'라는 추기가 있다.

- 위의 여러 일에 쓴 것을 계산한 뒤에도 만약 남는 돈이 있으면, 착실한 계원에게 이자를 불리게 한다. 다만 한 사람이 받는 돈은 2냥을 초과하면 안 된다. 15냥이나 20냥을 채우면 즉시 논을 사서 계에 맡긴다. 이자로 불린 돈은 20냥을 넘겨서는 안 된다.

一 右諸役所用上下之後, 若有餘錢, 著實契員處, 使之殖利, 而一人所授, 毋過二兩錢. 滿十五兩 或二十兩, 卽爲買畓, 付之契中. 其殖利之錢, 毋過二十兩.

읍성제생좌목 邑城諸生座目

손병조孫秉藻(?~?) 소자小字는 준엽俊燁.

황상黃裳(1788~1863?)[26] 소자는 산석山石.

황경黃褧(?~?)[27] 소자는 안석安石.

황지초黃之楚(?~?)[28] 소자는 완담完聃.

이정李晴(1792~1861)[29] 소자는 학래鶴來, 자는 금초琴招. 임자생壬子生.

---

26 황상: 호는 치원처사巵園處士. 만년에 대구면大口面의 일속산방一粟山房에서 살았다. 천태산 아래 항동이다〔號巵園處士. 晩居大口一粟山房. 天台山下巷洞〕.

27 황경: 원문에는 '취裛' 자로 잘못 썼다. 또 윤재찬의 추기에 "호가 취몽재醉夢齋인데 원교체圓嶠体를 잘 썼다〔號醉夢齋, 善書圓嶠体〕"라고 했는데 취몽재는 그의 호가 아니라, 집안사람으로 강진 석교리에 살던 황인태黃仁泰의 호이다. 원교 이광사에게 글씨를 배워 원교체를 잘 쓴 것도 황경이 아니라 황인태이다.

28 황지초: 지금 족보에는 이름이 기초基楚이고, 자가 지초, 호는 연암硯菴이라 했다. 황인승黃仁升의 아들이다. 아들은 호붕鎬崩이고, 증손은 호정鎬政과 호채鎬朵이다〔今譜名基楚, 字曰之楚, 號硯菴. 仁升子. 子鎬崩, 曾孫鎬政鎬朵〕.

29 이정: 종래 그의 이름을 '이청'으로 읽어왔는데 김영호 소장 필사본 《대동수경大東水經》 2책 마지막 장에 "이정은 이름을 정晸으로 고쳤다. 을유년(1825) 10월 30일〔李晴改名晸, 乙酉十月晦日書〕"이라는 이정의 친필 메모가 남아 있다. 고친 이름 정晸과 이전 이름 정晴은 독음이 같아야 맞다.

김재정金載靖(?~?) 소자는 상규尙圭.

孫秉藻. 小字俊燁.[30]

黃裳. 小字山石.

黃袈. 小字安石.

黃之楚. 小字完聃.

李晴. 小字鶴來, 字琴招. 壬子生.

金載靖. 小字尙圭.

내가 가경嘉慶 신유년(1801) 겨울에 강진에 유배되어 와서 동문 밖
술집에 붙어살았다. 을축년(1805) 겨울은 보은산방寶恩山房에서 지냈
고, 병인년(1806) 가을에 이학래李鶴來의 집으로 이사했다. 무진년(1808)
봄에 다산에 깃들었다. 합쳐서 헤아려보니 귀양지에 있었던 것이
18년인데 읍중에서 지낸 것이 8년이고, 다산에서 산 것이 11년이었
다. 초기에는 백성들이 모두 두려워해서 문을 부수고 담을 헐면서 편
안히 지내는 것을 허락하지 않았다. 이 당시 좌우가 되어준 사람이 손
병조와 황상 등 네 사람이다. 이로 말미암아 말하자면, 고을 사람은 더
불어 우환을 함께한 사람들이다. 다산의 여러 사람은 오히려 조금 평
온해진 뒤 서로 알게 된 사람들이니, 고을 사람을 어찌 잊을 수 있겠
는가? 이에 다신계 절목의 끝에 또 고을 사람 여섯 명을 기록하여 훗
날 증거하는 글로 삼는다. 또 여기 적힌 여러 사람들이 마땅히 다신계

30 원본에는 끝에 '자字'가 한 글자씩 더 붙어 있다. 문서 작성 당시 이들의 소자小字
만 알고 자를 알지 못해 추가로 기입하려 했던 듯하나, 이정의 자만 적혀 있고 다
른 사람의 자는 기록되지 않았다. 이로 보아 당시 이 문서를 작성한 주체가 다산
초당의 제자들이었음을 알 수 있다.

의 일에 대해 한마음으로 살펴 관리하라는 것이 내가 남기는 부탁이다. 소홀히 할 수 있겠는가?

余於嘉慶辛酉冬, 到配于康津, 寓接于東門外酒家. 乙丑冬, 棲寶恩山房. 丙寅秋, 徙寓鶴來之家. 戊辰春, 乃寓茶山. 通計在謫十有八年, 其居邑者八年, 其居茶山者十有一年. 始來之初, 民皆恐懼, 破門壞墻, 不許安接. 當此之時, 其爲左右者, 孫黃等四人也. 由是言之, 邑人是與共憂患者也. 茶山諸人, 猶是稍平後相知者也. 邑人何可忘也. 玆於茶信契憲之末, 又錄邑人六員, 以爲徵後之文. 又此諸人, 應於茶信契事, 同心照管, 是余之留託也. 其可忽諸.

— 입하가 지난 뒤 잎차와 떡차를 읍내로 들여보내, 읍내에서 인편을 구해 유산에게 부쳐 보낸다.

一 立夏之後, 葉茶餅茶, 入送于邑中. 自邑中討便, 付送于酉山.

— 상강이 지난 뒤 면포와 비자를 읍내로 들여보내, 읍내에서 인편을 구해 유산에게 부쳐 보낸다.

一 霜降之後, 棉布榧子, 入送于邑中. 自邑中討便, 付送于酉山.

— 다신계 전답에서 만약 부負나 속束에 착오가 생기거나, 거두는 것이 빠져 누락된 것이 있을 경우, 계원이 읍내에 들어와 말해서 읍내에서 주선하여 살피게끔 한다.[31]

31 일 처리에 문제가 있을 경우 읍중 제생에게 문의해서 처리하라는 말은 읍중 제자들이 대부분 아전 신분이었으므로 세금을 받아내거나, 서울로 물건을 보내는 일에 그들의 도움을 받을 수 있었기 때문이다.

一 茶信契田畓, 如有負束之差誤, 收拾之散落. 則契員入言于邑中, 自邑中周旋顧護.

- 다신계 전답에서 세금으로 내는 곡식은 매년 겨울 계원과 읍내 제자들이 서로 상의해서 잘 처리해 땅을 묵히는 폐단이 없게끔 한다.[32]
一 茶信契田畓稅穀, 每年多契員與邑中相議善處, 俾無陳荒之弊.

- 수룡袖龍과 철경掣鯨 무리 또한 방외方外에 인연이 있는 자이다. 전등계傳燈契[33]의 전담에 근심할 만한 일이 있을 경우, 읍내에 들어가 알려, 읍내에서 주선하여 잘 살피게 한다.
一 袖龍掣鯨輩亦方外之有緣者也. 其傳燈契田畓, 如有可憂之事, 入告邑中, 自邑中周旋顧護.

해설

〈다신계절목〉은 막상 그 내용을 보면 차와 직접 관련된 내용이 많

---

32 〈다신계절목〉 원본에는 이 항목이 맨 끝에 실려 있다. 다만 항목 끝에 '당재상當在上'이라는 추기가 있어, 여기서는 이 교정을 반영해 다음 항목과 순서를 바꾸었다.

33 전등계: 불교 승려 제자들과 맺은 별도의 계를 말한다. 이 마지막 구절로 보아, 승려 제자들과 결성한 별도의 전등계가 있었음을 알 수 있는데 계원은 수룡 색성과 철경 응언 두 사람의 이름을 꼽았다. 이들 외에 어떤 승려가 더 전등계에 참여했는지는 알 수 없다. 초의나 호의 같은 승려는 여기에 포함되지 않았고, 아암 혜장의 제자들을 중심으로 결성된 계였던 것으로 보인다. 혹 다산이 지목한 두 사람과 다산 셋만 계원일 수도 있다. 그 계답의 실제와 규모 등은 전혀 알려진 것이 없다.

지 않다. 자료의 성격은 스승 다산이 18년의 긴 유배 생활을 마치고 두릉으로 돌아가게 되자, 다산초당에서 함께 강학하던 제자들이 사제와 동문의 우의를 이어가자는 취지로 결성한 다신계의 운영과 규칙, 참여 인원의 인적 사항 등을 적은 기록이기 때문이다.

절목에는 다산이 강진 체류 기간을 전후로 매입한 5건의 토지의 위치, 크기, 매입 원가, 세액을 비롯하여, 관련 비용 처리에 대한 세세한 지침까지 적혀 있어, 실제로는 다산이 강진에 두고 간 토지 재산을 제자들이 관리해주고, 여기서 생기는 수익을 전달하는 일에 대한 약조문에 더 가깝다.

다만 이 자료는 다산 학단을 구성하는 18명의 초당 제자 명단과 6인의 읍중 제자, 2인의 승려 제자 이름이 적시되어 있고, 다산초당에서 만들던 차에 대한 중요한 내용을 담고 있어 자료적 가치가 높다.

다산이 강진 유배 시기에 주로 만든 차는 모두 떡차다. 잎차에 대한 기록은 없다. 더욱이 떡차는 곡우 전의 어린 찻잎으로 만들었음을 많은 문헌 자료에서 한결같이 증언하고 있다. 또 해배 이후 막내 제자에게 부탁한 차도 떡차였다. 그런데 〈다신계절목〉에서는 오히려 곡우의 어린 찻잎으로는 잎차를 만들고 입하 전 늦차로는 떡차를 만든다고 하였다. 다산이 잎차를 만들고 음용한 이유와 시기에 대한 것은 좀더 심도 있는 논의가 필요하다.

또 찻잎 채취는 각자의 할당량을 마련해 와서 이것을 한데 모아 한꺼번에 차를 만드는 방식으로 진행되었다. 만일 개인적 사정으로 찻잎 마련이 어려울 경우, 5전을 내 귤동 소년의 노동력을 사서 찻잎을 채취케 했다. 아마도 다산이 초당에 머물 당시에도 이 같은 방식으로 찻잎을 채취해 차를 만들었을 것이다.

다산이 강진에 있을 때는 해마다 수백 근의 차를 만들었다고 직접 남긴 기술이 있으니, 이 글에 나오는 잎차 1근과 떡차 2근은 사람마다 만든 차 분량을 가리키는 것일 가능성도 없지 않다. 하지만 이후 다산이 강진에 보낸 여러 통의 편지를 보면 이 다신계의 약속이 잘 지켜지지 않았던 것을 알 수 있다.

7

정약용

丁若鏞, 1762~1836

각다고

椎茶考

중국 역대의 차 전매 제도에 대한 본격 리포트

榷
茶
考

자료 소개

〈각다고〉의 각다榷茶는 차를 '도거리 한다'는 뜻이니 국가에서 차를 전매하여 그 이익을 전유함을 말한다. 정약용은 《경세유표經世遺表》 권11, 지관地官 수제修制 부공제賦貢制 5에 이 〈각다고〉를 수록했는데 역대 중국에서 시행한 술·소금·철 등 각종 전매 제도를 검토한 일련의 논문 가운데 하나다. 특별히 〈각다고〉에서는 중국 역대 왕조에서 각다, 즉 차 전매 정책을 어떤 방식으로 운영해왔으며, 그 규모와 이익, 그리고 폐해는 어떠했는지를 사료를 통해 정리한 저작이다. 당나라와 송나라, 원나라와 명나라로 구분해 왕조별로 시기와 법령 시행 내용을 밝힌 본문을 제시하고, 각 본문 아래에는 역대 문헌을 인용하여 보충 설명을 달았다. 그리고 중간중간에 안설按說을 넣어 자신의 견해를 제시하였다. 본문은 당대唐代 3조목, 송대宋代 4조목, 원대元代

1조목, 명대明代 2조목 등 모두 10조목으로 되어 있다.

원문 및 풀이

당나라 덕종 건중建中(780~783)[1] 원년(780)에 호부시랑 조찬趙贊의 의논을 받아들여 천하에 차茶와 칠漆, 대나무와 목재에 세금을 매겼다. 10에서 1을 취해 상평常平의 본전으로 삼았다.[2]

唐德宗建中元年, 納戶部侍郎趙贊議, 稅天下茶·漆·竹·木, 十取一, 以爲常平本錢.

당시 군대의 비용이 많이 들어 통상적인 세금으로는 부족했기 때문에 이 같은 조서가 있었다. 봉천奉天에 나가게 되자[3] 슬퍼하며 뉘우쳐, 조서를 내려 급히 그만두게 했다.

時軍用廣, 常賦不足, 故有是詔. 出奉天, 乃悼悔, 下詔亟罷之.

---

1 건중: 당나라 12대 황제 덕종德宗 이괄李适(재위 779~805)이 사용한 첫 번째 연호이다.

2 이하 송대까지의 내용은 모두 마단림의 《문헌통고》 권18 〈정각고征榷考〉 5의 〈각다榷茶〉 항목을 정리한 것이다. 상평은 물가를 일정하게 조절하는 것이니, 여기서 마련한 재원을 가지고 물가 조절에 필요한 경비로 썼다는 의미이다.

3 봉천에 나가게 되자(出奉天): 당나라 덕종은 779년 즉위 직후 군비 확충을 위해 과도한 세금을 제정했다. 이에 백성들의 원망이 높아지고, 토벌군의 반란이 일어나 덕종은 봉천 지방으로 피란했다. 이때에 이르러 앞서 제정한 각종 세금을 폐지했다.

정원貞元(785~805)[4] 9년(793) 차에 대한 세금을 복원시켰다.

貞元九年, 復稅茶.

염철사鹽鐵使 장방張滂이 차가 생산되는 주현州縣과 차가 나는 산 밖의
상인들이 다니는 주요 길목에 매번 10분의 1의 세금을 거두어, 풀어준
두 가지 세금을 충당케 하고, 그 이듬해 이후 홍수나 가뭄으로 세금을
마련하지 못할 경우 이것으로 대신하게 하라고 주청하니, 조서를 내려
그렇게 하라고 했다. 이에 장방에게 위임하여 장소를 마련하고 조목을
두어, 해마다 40만 관貫을 얻었다. 차에 세금을 거둔 것은 이때부터 시작
되었다. 하지만 홍수나 가뭄을 만난 곳 또한 한 번도 차에서 거둔 돈으
로 구휼하지는 않았다.

鹽鐵使張滂奏請, 出茶州縣及茶山外商人要路, 每十稅一, 充所放兩稅. 其明年已
後, 水旱, 賦稅不辦, 以此代之. 詔可. 仍委張滂具處置條目. 每歲得錢四十萬貫, 茶
之有稅, 自此始. 然遭水旱處, 亦未嘗以稅茶錢拯贍.

○호인胡寅[5]이 말했다. "무릇 이익을 말하는 자는 언제나 그럴듯한 명분
을 내세워 임금의 사사로운 욕심을 받들지 않음이 없다. 장방이 차에 세
금을 매겨 거둔 돈으로 홍수나 가뭄 든 곳의 토지세를 대신하게 한다고
한 것이 이것이다. 이미 세액을 매긴 뒤에는 없애려 들지 않는다."

○胡寅曰: "凡言利者, 未嘗不假託美名, 以奉人主私欲, 滂以茶稅錢, 代水旱田租,

---

4 정원: 덕종 이괄이 사용한 세 번째 연호이다. 785년부터 805년까지 사용되었다.

5 호인(1098~1156): 송대의 학자로 건주建州 숭안崇安 사람이다. 치당선생致堂先生으
로 불렸다. 저서에《비연집斐然集》과《논어상설論語詳說》,《독사관견讀史管見》이 있
다. 여기 실린 호인의 여러 언급 또한 마단림의《문헌통고》에 실린 내용이다.

是也. 旣以立額, 則後莫肯蠲矣."

목종穆宗 때 천하의 차세茶稅를 증액하여, 100전마다 50전씩을 더하였다. 천하의 차에 무게를 더해 1근이 20냥에 이르렀다. ○문종文宗 때 왕애王涯[6]가 재상이 되어 이사二使, 즉 염철사를 맡아 다시 각다榷茶를 설치해 직접 거느렸다. 백성의 차나무를 관가의 땅에 옮겨 심고, 예전의 실적대로 전매하게 하니 천하가 크게 원망하였다.

穆宗時, 增天下茶稅, 率百錢增五十, 天下茶加斤, 至二十兩. ○文宗時, 王涯爲相, 判二使, 復置榷茶, 自領之. 使徙民茶樹於官場, 榷其舊積者, 天下大怨.

무종武宗 때 염철사 최공崔珙[7]이 또 강회江淮 지역의 차세를 증액했다. 이때 차 상인이 거쳐 가는 고을에 무거운 세금이 부과되자 배와 수레를 약탈해 빗속에 그대로 쌓아두기도 했다.[8] 여러 도道에서 해당 관청을 두어 세금을 걷자 이를 두고 탑지전塌地錢, 즉 땅으로 쏟아지는 돈이라고 했다. 이 때문에 사적으로 법을 범하는 일이 더욱 일어났다.

武宗時, 鹽鐵使崔珙, 又增江淮茶稅. 是時, 茶商所過州縣有重稅, 或掠奪舟車, 露積雨中, 諸道置邸以收稅, 謂之塌地錢, 故私犯益起.

6 왕애(764~835): 당대의 대신으로 산서山西 태원太元 사람이다. 문종 때 이부상서가 되어 왕파王播를 대신해 염철사를 맡아 변법變法으로 각박한 정사를 펼쳤다. 감로지변甘露之變 때 반군에게 잡혀 죽음을 당했다.

7 최공: 당대의 관리로 박릉博陵 사람이다. 무종 때 염철사가 되어 무거운 세금을 매겨 원성을 샀다.

8 빗속에 …… 했다: 항의의 표시로 차를 실은 배와 수레에 비를 맞게 해서 쓸 수 없게 만들었다는 뜻이다.

○대중大中(847~859)⁹ 연간 초기에 염철사 배휴裵休가 조약을 지었다. "사적으로 판매하는 것을 세 차례 범하여 합쳐서 300근이면 사형에 처한다. 멀리 가는 군대는 차가 비록 적더라도 또한 죽인다. 고의로 세 번 범한 것이 500근에 이르거나, 집에 있으면서 거간하는 것을 네 번 범해 1천 근에 이르면 모두 죽인다. 차밭을 가꾸면서 사사로이 100근 이상을 팔면 등에 매질을 하고, 세 번 범하면 무거운 요역徭役을 추가한다. 차밭을 베어버려 산업을 잃은 자는 자사刺史와 현령이 소금을 사적으로 판매한 경우에 준하여 벌을 준다."

○大中初, 鹽鐵使裵休著條約: "私鬻三犯, 皆三百斤, 乃論死. 長行軍旅, 茶雖少亦死. 顧載三犯, 至五百斤, 居舍僧保四犯, 至千斤, 皆死. 園戶私鬻百斤以上, 杖脊, 三犯加重徭. 伐園失業者, 刺史·縣令, 以縱私鹽論."

○호인이 말했다. "차를 전매한 이후에는 장사꾼들이 교역하여 옮기지 못하고, 반드시 관청과 거래해야 했지만, 사사롭게 거래하는 것을 끝내 금할 수 없어서, 흉악하고 못된 젊은이들이 몰래 판매하는 폐해가 일어났다. 어쩌다 장사하다가 붙들리더라도 간사한 자와 교활한 아전이 서로 전대에 돈을 찔러주어, 옥사의 처리가 마침내 곧게 시행되지 않았다. 하지만 관할지 치소治所를 거치는 것이 그루가 있고 가지가 넝쿨지듯 해서 양민이 파산에 이르는 것이 마을마다 다 그러하니, 심한 경우는 도적이 나오기까지 했다. 관에서도 거두어 보관하는 것을 건성으로 하는 데다 펴서 말리는 것을 제때 해주지 않아 썩은 것이 새로 거둔 것과 서로 섞이기에 이르렀다. 혹 몰래 팔던 것을 몰수해 팔아 쓸 데가 없으면 모

---

9 대중: 당나라 19대 황제 선종宣宗 이침李忱(재위 846~859)이 사용한 연호이다.

두 불에 태워버리거나 물에 담갔다. 백성을 죽이고 물건을 해치면서도 다들 근심하지 않는다."

○胡寅曰: "榷茶以來, 商旅不得貿遷, 而必與官爲市. 在私則終不能禁, 而椎埋惡少竊販之害興. 偶有販獲, 姦人‧猾吏, 相爲囊橐, 獄迄不直. 而治所由歷, 株連枝蔓, 致良民破産, 接村比里, 甚則盜賊出焉. 在公則收貯不虔, 發泄不時, 至於朽敗, 與新斂相妨. 或沒入竊販, 無所售用, 於是擧而焚之, 或乃沈之. 殘民害物, 咸弗恤也."

○마단림[10]이 말했다. "〈육우전陸羽傳〉을 살펴보니, 육우가 차를 좋아해서 《다경》 3편을 지어 천하 사람들이 차 마시는 것을 더욱 알게 되었다고 했다. 때로 차를 파는 자들이 육우의 형상을 그려, 불 때는 부뚜막 사이에 모셔두고 다신茶神이라고 하기에 이르렀다. 상백웅常伯熊[11]이란 자가 있었는데 육우의 논의를 바탕으로 다시 널리 차의 공효를 드러냈다. 그 뒤 차를 숭상하는 것이 풍조를 이루었다. 회흘回紇[12] 사람들이 들어와 조공을 바치면서 처음으로 말을 몰고 와서 차를 사 가지고 갔다. 육우는

---

10 마단림(1254~1323): 남송말‧원초의 학자로, 자가 귀여貴與, 호는 죽주竹洲이다. 경사經史에 능통하였고 남송 멸망 후 은거하면서 저술에 전념하였다. 20여 년의 세월을 들여 완성한 《문헌통고》는 두우杜佑의 《통전通典》, 정초鄭樵의 《통지通志》와 함께 중국 역대의 제도를 다룬 삼통三通이라 불린다. 이 글은 마단림이 《문헌통고》 권18, 〈각다〉 조를 마무리하면서 쓴 글이다.

11 상백웅: 상로常魯를 말한다. 당나라 중기 사람으로, 자세한 정보는 전해지지 않는다. 당나라 봉연封演이 〈음다飮茶〉에서 "상백웅이란 사람이 있는데 또 육우의 논의를 바탕으로 이를 윤색했다. 이에 다도가 크게 행해져서 왕공과 조정의 인사들이 마시지 않는 자가 없었다(有常伯熊者, 又因鴻漸之論廣潤色之. 於是茶道大行, 王公朝士無不飮者]"고 하였다. 《봉씨문견기封氏聞見記》 권6에 나온다.

12 회흘: 위구르Uighur의 음역어音譯語이다. 몽골 고원에서 일어나 뒤에 투르키스탄 지방으로 이주한 터키계系 유목 민족을 말한다.

정원貞元 말기에 세상을 떴다. 그렇다면 차를 즐기고 차를 전매한 것은 모두 정원 연간에 시작된 것이다."

○馬曰: "按陸羽傳, 羽嗜茶, 著經三篇, 言茶之原之法之具尤備, 天下益知飮茶矣. 時鬻茶者, 至畫羽形, 置煬突間爲茶神. 有常伯熊者, 因羽論, 復廣著茶之功, 其後尙茶成風. 回紇入朝, 始驅馬市茶. 羽貞元末卒, 然則嗜茶·榷茶, 皆始於貞元間矣."

○삼가 내 생각은 이렇다.[13] 차라는 물건은 처음에는 대개 약초 중에 미세한 것이었다. 나중에 와서는 실어 나르는 수레가 잇따르고 선박이 이어져 고을 관리가 이에 대해 세금을 매기지 않을 도리가 없었다. 하지만 이 또한 장사하는 하나의 물건이므로 알맞게 헤아려 세금을 거두면 그것으로 충분하다. 어찌 관에서 직접 장사까지 하면서 백성이 사사로이 판매하는 것을 금하여, 베어 죽이면서까지 그만두지 않는 지경에 이르렀단 말인가?

○臣謹案 茶之爲物, 其始也蓋藥艸之微者也. 及其久也, 連軺車而方舟舶, 則縣官不得不征之. 然是亦商販之一物, 量宜收稅, 斯足矣. 何至官自爲商, 禁民私賣, 至於誅殺而不已乎?

송 태조 건덕建德(963~968)[14] 2년(964)에 조서를 내려, 백성의 차에 세금으로 제한 것 외에는 모두 관에서 매입했다. 감히 감춰 숨겨 관에 보내지 않거나 사적으로 판매한 것은 몰수하고 죄를 논하였다. 주관

---

13 이 한 단락은 다산이 쓴 글이다. 당대의 차 전매와 관련된 기사를 마무리하면서 총평 형식으로 자신의 생각을 보탰다. 국가에서 전매 형식으로 차를 관리한 것을 비판했다.

14 건덕: 북송 태조太祖 조광윤趙匡胤(재위 960~976)이 사용한 두 번째 연호이다.

하는 관리가 사사로이 관차官茶를 매매한 것이 1관 500에 이르거나, 아울러 뒷배를 믿고 판매하다가 관리나 백성으로 붙들린 자는 모두 죽였다. ○순화淳化(990~994)[15] 3년(992)에 조서를 내려, 관차를 훔쳐 판 것이 10관을 넘으면 얼굴에 자자刺字하여 해당 고을의 죄수를 가 두는 곳으로 유배 보냈다.

宋太祖乾德二年, 詔民茶折稅外, 悉官買. 敢藏匿不送官及私販鬻者, 沒入 之, 論罪. 主吏私以官茶貿易及一貫五百, 幷持仗販易, 爲官私擒捕者, 皆死. ○ 淳化三年, 詔盜官茶販鬻十貫以上, 黥面, 配本州牢城.

송나라의 제도는 차를 전매하는 6무務강릉江陵·기주蘄州 등와 13장場이 있었다. 기주·황주黃州 등. 또 차를 수매하는 곳은 강남江南·호남湖南·복 건福建 등 모두 수십 고을이었다. 산장山場의 제도는 원호園戶를 거느려 그 조租를 받고, 나머지는 모두 관에서 팔았다. 또 따로 민호民戶에 절세 折稅[16]하는 것도 있었다.

宋制, 榷茶有六務 江陵·蘄州等十三場. 蘄州·黃州等 又買茶之處, 江南·湖南·福建 總數十郡. 山場之制, 領園戶受其租, 餘悉官市之. 又別有民戶折稅課者.

○차에는 두 종류가 있다. 편차片茶와 산차散茶가 그것이다. 편차는 쪄서 만드는데 모양 틀에 채워 가운데 구멍을 뚫어 꿰미로 꿴다. 다만 건주建

---

15 순화: 북송 2대 황제 태종太宗 조광의趙匡義(재위 976~997)가 사용한 네 번째 연호 이다.

16 절세: 송대에 차에 세금을 매기던 방법이다. 관부에서 13개소 산장의 민호에 먼저 돈을 지급한 뒤, 새 차가 나서 관에 차를 바치면 민호에게 먼저 준 돈을 제한 뒤, 생산한 차의 양을 헤아려 세금을 징수하던 제도이다.

州와 검주劍州에서는 찐 다음에 갈아서 대나무로 짜서 격자를 만들어 건조실 안에 두는데 가장 정결하다. 다른 곳에서는 만들 수가 없다. 그 명칭은 용龍·봉鳳·석유石乳·적유的乳·백유白乳·두금頭金·납면蠟面·두골頭骨·차골次骨·말골末骨·추골麤骨·산정山挺 등 12등급이 있다. 세공歲貢과 나라의 쓰임에 충당하고, 본도本道의 차를 마시는 나머지 고을에까지 미쳤다. 편차는 진보進寶·쌍승雙勝·보산寶山·양부兩府가 있으니, 흥국군興國軍에서 강남에 있다. 난다. 선지仙芝·눈예嫩蘂·복합福合·녹합祿合·운합運合·경합慶合·지합指合은 요주饒州와 지주池州에서 강남에 있다. 난다. 이편泥片은 건주虔州에서 나고, 녹영綠英과 금편金片은 원주袁州에서 난다. 옥진玉津은 임강군臨江軍·영천靈川·복주福州에서 난다. 선춘先春·조춘早春·화영華英·내천來泉·승금勝金은 흡주歙州에서 나고, 독행獨行·영초靈草·녹아綠芽·편금片金·금명金茗은 담주潭州에서 난다. 대척침大拓枕은 강릉江陵에서 나고, 대·소파릉大小巴陵·개승開勝·개권開捲·소권小捲·생황生黃·영모翎毛는 악주岳州에서 난다. 쌍상雙上·녹아綠芽·대소방大小方은 악진岳辰과 풍주灃州에서 나고, 동수東首·천산淺山·박측薄側은 광주光州에서 난다. 모두 26가지 명칭이 있다. 절동浙東·절서浙西 및 선강宣江과 정주鼎州에서는 상·중·하로 나누거나, 제1에서 제5로 부르는 데 그쳤다. 산차에는 태호太湖·용계龍溪·차호次號·말호末號가 있는데 회남淮南에서 난다. 악록岳麓·초자草子·양수楊樹·우전雨前·우후雨後는 형주荊州와 호주湖州에서 난다. 청구淸口는 귀주歸州에서 나고, 명자茗子는 강남에서 각각 난다. 모두 11가지 명칭이 있다.

○凡茶有二類, 曰片曰散. 片茶, 蒸造實捲摸中串之. 惟建·劍則旣蒸而研, 編竹爲格, 置焙室中, 最爲精潔, 他處不能造. 其名有龍鳳·石乳·的乳·白乳·頭金·蠟面·頭骨·次骨·末骨·麤骨·山挺十二等, 以充歲貢及邦國之用, 泊本路食茶餘州. 片茶, 有進寶·雙勝·寶山·兩府出興國軍, 在江南. 仙芝·嫩蘂·福合·祿合·運合·慶

合·指合出饒·池州. 在江南. 泥片出虔州, 綠英·金片出袁州, 玉津出臨江軍·靈川·

福州, 先春·早春·華英·來泉·勝金出歙州, 獨行·靈草·綠芽·片金·金茗出潭州,

大拓枕出江陵·大小巴陵, 開勝·開捲·小捲·生黃·翎毛出岳州, 雙上·綠牙·大小

方出岳辰·澧州, 東首·淺山·薄側出光州, 總二十六名. 其兩浙及宣江·鼎州, 止以

上·中·下, 或第一至第五爲號. 散茶有太湖·龍溪·次號·末號出淮南, 岳麓·草子·

楊樹·雨前·雨後出荊·湖, 清口出歸州, 茗子出江南, 總十一名.

○지도至道(995~997)[17] 말년에 차를 판매한 돈이 285만 2,900여 관이었
는데 천희天禧(1017~1021)[18] 말년에는 45만여 관이 더 늘어났다. 온 천하
에 차 판매는 모두 금했지만, 오직 사천四川과 협서峽西와 광주廣州에서
만은 백성이 직접 판매하는 것을 허락했는데 지경 밖으로 나갈 수는 없
었다.

○至道末, 賣錢二百八十五萬二千九百餘貫, 天禧末, 增四十五萬餘貫. 天下茶皆
禁, 唯川·峽·廣, 聽民自賣, 不得出境.

○단공端拱(988~989)[19] 3년에는 한 해 동안 거둔 것이 50만 8,000여 관이
나 늘었다.[20]

17 지도: 북송 2대 황제 태종이 사용한 다섯 번째 연호이다.

18 천희: 북송 3대 황제 진종眞宗 조항趙恒(재위 997~1022)이 사용한 네 번째 연호이다.

19 단공: 북송 2대 황제 태종이 사용한 세 번째 연호이다.

20 여기까지가 모두 마단림의 《문헌통고》 권18 〈각다〉에 나오는 내용이다. 본문 중
의 단공 3년은 《문헌통고》의 원문을 통해 볼 때 '순화淳化 3년(992)'의 착오다. 단
공 연호는 988년부터 989년까지 2년만 사용해서 단공 3년은 애초에 없는 연호
이다. 《문헌통고》에는 단공 2년 조 기사 바로 다음에 '3년 8월' 기사가 이어지는데
《송사宋史》에는 같은 내용 앞에 '순화 3년'이라고 명시하였다. 또 《송사》에서 "한

○端拱三年, 歲課增五十萬八千餘貫.

인종仁宗 초에 다무사茶務司를 세워 해마다 대·소 용봉차龍鳳茶를 만들었다. 정위丁謂가 시작해 채양蔡襄이 완성했다.[21]

仁宗初, 建茶務, 歲造大·小龍鳳茶. 始於丁謂, 而成於蔡襄.

진부량陳傅良이 말했다. "가우嘉祐(1056~1063)[22] 4년(1059)에 인종이 조서를 내려 차 판매 금지를 풀었다. 이때부터 차가 백성에게 폐해가 되지 않은 것이 이제껏 60~70년이다. 이것은 한기韓琦가 재상으로 있을 때의 일이다. 채경蔡京이 각다법을 처음으로 복구하니, 이에 차 판매에서 얻는 이익이 1전을 넘는 금액부터는 모두 경사京師로 돌아갔다."

陳傅良云: "嘉祐四年, 仁宗下詔弛禁. 自此茶不爲民害者六七十載矣. 此韓琦相業也. 至蔡京始復榷法, 於是茶利, 自一錢以上, 皆歸京師."

희령熙寧(1068~1077)[23] 7년(1074)에서 원풍元豊(1078~1085)[24] 8년 (1085)까지 촉도蜀道에 다장茶場이 41곳이었고, 경서로京西路와 금주金

해 동안 거둔 것이 50만 8,000여 관이나 늘었다"고 한 대목은 실제로는 순화 4년 (993)의 일이다. 다산이 《문헌통고》의 축약된 기록만 보고, 순화 3년을 있지도 않은 단공 3년으로 착각한 것이다.

21 이는 《문헌통고》에는 없고, 명대 구준丘濬의 《대학연의보大學衍義補》에 나온다.

22 가우: 북송 4대 황제 인종仁宗 조정趙禎(재위 1022~1063)이 사용한 아홉 번째 연호이다. 1056년부터 1063년까지 사용되었다.

23 희령: 북송의 6대 황제 신종神宗 조욱趙頊(재위 1067~1085)이 사용한 첫 번째 연호이다.

24 원풍: 신종 조욱의 두 번째 연호이다.

州는 다장이 6곳이었다. 섬서陝西에는 차를 판매하는 곳이 332군데였다. 차 세금의 이익이 이직李稷 때 이르러 50만이 되었고, 육사민陸師閔 때에는 100만이 되었다고 한다.

熙寧七年至元豐八年, 蜀道茶場四十一, 京西路金州爲場六, 陝西賣茶爲場三百三十二. 稅息至李稷加爲五十萬, 及陸師閔爲百萬云.

원풍 연간에 수마水磨[25]를 처음으로 만들었다. 서울에 있는 다호茶戶가 말차末茶를 마음대로 가는 것을 금지시키고, 쌀이나 콩 같은 잡물雜物을 섞은 자에게 벌을 내렸다.

元豐中創置水磨, 凡在京茶戶, 擅磨末茶者有禁, 米豆雜物拌和者有罰.

○시어사侍御史 유지劉摯가 임금께 아뢰었다. "촉蜀 땅에서는 차를 전매하는 폐해로 원호園戶가 도망하여 면하려는 자가 있고 죽음으로 면하려는 자가 있어, 그 폐해가 오히려 이웃의 오伍에까지 미칩니다. 차나무를 베려 하니 금령이 있고, 더 심자니 세금만 늘어납니다. 이 때문에 세속에서는 "땅이 차를 내는 것이 아니라 실로 재앙을 만든다"고들 합니다. 원컨대 사자使者를 선발하여 차에 관한 법령의 폐단과 속임수를 조사케 하여 촉의 백성을 소생시키소서."[26]

○侍御史劉摯上言: "蜀地榷茶之害, 園戶有逃以免者, 有投死以免者, 而其害猶及鄰伍. 欲伐茶則有禁, 欲增植則加市, 故其俗論, 謂'地非生茶也, 實生禍也'. 願選使

---

25 수마: 수력을 이용한 맷돌(磨)로 말차를 대량으로 생산하기 위하여 만든 것이다. 수마로 만든 말차를 '수마차水磨茶'라고 하였다.

26 각주 23 이후부터 여기까지는 마단림의 《문헌통고》 권18 〈각다〉에 보인다.

者, 攷茶法之弊欺, 以蘇蜀民."

송나라 희령 연간과 원풍 연간 이래로 오래전부터 말을 무역할 때
모두 조차粗茶, 즉 거친 차로 주던 것을, 건도乾道(1165~1173)[27] 말년에
처음으로 세차細茶, 즉 고운 차로 주었다. 성도成都와 이주로利州路의
12개 고을에서 차 2,102만 근을 생산했는데 차마사茶馬司에서 거둔
것이 대개 이와 같았다.[28]

宋自熙·豊來, 舊博馬皆以粗茶, 乾道末始以細茶遺之. 成都利州路十二州,
産茶二千一百二萬斤, 茶馬司所收, 大較若此.

구준丘濬[29]이 말했다. "후세에 차로써 오랑캐의 말과 맞바꾼 것이 여기에
처음으로 나온다. 대개 당나라 때부터 회흘이 조공 올 때 이미 말을 차
와 교역했다. 대개 오랑캐 사람들은 유락乳酪을 즐겨 먹는다. 우유나 치
즈는 체증을 낳고, 차의 성질은 잘 통하게 해서 능히 깨끗이 씻어낼 수
있기 때문이다. 송나라 사람이 처음으로 차마사를 만들었다."

---

27 건도: 남송의 2대 황제 효종孝宗 조신趙眘(재위 1162~1189)이 사용한 두 번째 연호
이다.
28 여기서부터 《대명률》 전까지의 기사는 모두 《대학연의보大學衍義補》에 나온다.
29 구준(1421~1495): 명대의 학자, 정치가이다. 명나라 효종이 '이학명신理學名臣'의 칭
호를 내렸다. 네 조정을 섬겼고, 영종과 헌종의 실록을 편수하였다. 《속통감강목
續通鑑綱目》과 《대학연의보》를 편찬했다. 특별히 《대학연의보》는 그의 경제와 치국
사상을 집대성한 저술로, 역대 법률 사상과 제도를 정리한 것이다. 〈각다고〉에 인
용된 구준의 모든 글은 《대학연의보》 중 〈치국평천하지요治國平天下之要〉의 160권
중 권29 〈제국용制國用〉의 〈산택지리하山澤之利下〉 항목에서 차에 관해 논한 내용
을 간추린 것이다.

丘濬曰: "後世以茶易虜馬, 始見於此. 蓋自唐世, 回紇入貢, 已以馬易茶. 蓋虜人多嗜乳酪, 乳酪滯膈, 而茶性通利, 能蕩滌之故也. 宋人始制茶馬司."

원 세조 지원至元(1264~1294)[30] 17년(1280)에 강주에 각다도전운사 榷茶都轉運司를 설치하여, 강주·회주·형주·남주·복주·광주江·淮·荊·南·福·廣 지방의 차세茶稅를 총괄하게 했다. 말차와 엽차葉茶가 있었다.

元世祖至元十七年, 置榷茶都轉運司于江州, 總江·淮·荊·南·福·廣之稅, 有末茶有葉茶.

구준이 말했다. "차라는 명칭은 왕포王襃의 〈동약僮約〉에 처음 보이고, 육우의《다경》에서 성대하게 드러났다. 당송 이래로 마침내 인가의 일용품이 되어 하루라도 없어서는 안 될 물건이 되었다. 하지만 당송 때 쓰던 차는 모두 곱게 가루를 내서 떡 조각으로 만들어두었다가 쓸 때 이를 갈았다. 당나라 노동盧소의 시詩에 이른바 '처음으로 월단차月團茶를 살핀다'거나, 송나라 범중엄范仲淹 시에 이른바 '차 맷돌 둘레에서 먼지가 날린다〔輾畔塵飛〕'고 한 것이 이것이다.《원지元志》에도 오히려 말차에 대한 이야기가 있다. 오늘날에는 오직 위주閩州와 광주廣州 사이에서만 말차를 쓰고, 엽차를 쓰는 것이 온 중국에 퍼져 있다. 바깥 오랑캐 또한 그러해서, 세상에서는 다시 말차가 있는 줄을 알지 못한다."

丘濬曰: "茶之名, 始見於王襃僮約, 而盛著于陸羽茶經. 唐宋以來, 遂爲人家日用, 一日不可無之物. 然唐宋用茶, 皆爲細末, 製爲餅片, 臨用而輾之. 唐盧仝詩所謂首閱月團, 宋范仲淹詩所謂輾畔塵飛者, 是也. 元志猶有末茶之說, 今世惟閩·廣間用

---

30 지원: 원나라 황제 세조世祖(재위 1260~1294)가 사용한 연호이다.

末茶, 而葉茶之用, 遍於中國, 外夷亦然, 世不復知有末茶矣."

명나라 때는 각무榷務와 첩사貼射,[31] 교인交引[32] 등 차로 말미암아 생긴 여러 가지 명목을 모두 없앴다. 다만 사천四川[33]에 차마사 한 곳을 두고, 섬서에 차마사 네 곳을 두었다.

大明時, 悉罷榷務·貼射·交引, 茶由諸種名色. 惟於四川置茶馬司一, 陝西置茶馬司四.

또 관문關門과 나루터의 요긴한 곳에 간격을 두어 비험소批驗所를 설치했다. 매년 행인行人을 파견하여 차를 교역하는 지방에 방문을 내걸어 백성으로 하여금 금령을 알게 했다.

又間於關津要害, 置批驗所, 每年遣行人, 掛榜於行茶地方, 俾民知禁.

○구준이 말했다. "차가 생산되는 지방은 강남에 가장 많다. 오늘날은 전매하는 법이 모두 없어졌지만, 사천과 섬서에만 금법이 자못 엄중하니, 대개 말과 교역하기 때문이다. 대저 중국에서는 쓸데없는 차를 가지고 오랑캐의 쓸모 있는 말과 바꾸니, 비록 백성에게서 차를 취한다고 해도,

---

31 첩사: 송나라 때 찻잎 매매에 부과하던 세금 징수 제도이다. 상인이 원호에 직접 차를 사서 관에 납입할 때 관에서 검사표를 발부해 붙여 사사로이 매매하지 못하게 했다.

32 교인: 송나라 때 관부에서 상인들에게 비용을 받고 증명서를 교부해 지정 장소에 가서 차를 가져올 수 있는 권리를 주던 제도이다. 변방의 군수 비용을 조달하는 데는 편리했으나, 상인들의 가격 농간이 심해서 폐단이 되었다.

33 《각다고》 원문은 '사주四州'이나 《대학연의보》 원본에 따라 '사천四川'으로 바로잡았다

이 때문에 말을 얻어 백성을 지킬 수 있다. 산동과 하남에서 말을 기르는 일이 진실로 가벼워진 셈이다."

○丘濬曰: "産茶之地, 江南最多. 今日皆無榷法, 獨於川·陝, 禁法頗嚴, 蓋爲市馬故也. 夫以中國無用之茶, 而易虜人有用之馬, 雖曰取茶於民, 然因是可以得馬, 以爲民衛. 其視山東·河南養馬之役, 固已輕矣."

《대명률大明律》에서 말했다. "무릇 차를 사사로이 파는 자는 사염법私鹽法과 동일하게 죄를 논한다."

大明律曰: "凡犯私茶者, 同私鹽法論罪."

사염법[34]은 앞에 보인다.

私鹽法見上.

내가 전고前古의 세금을 징수하던 제도를 두루 살펴보았다. 그 손익과 득실이 비록 시대마다 같지 않았지만, 크게 보아 도가 행해지던 시대에는 세금을 거두는 것이 반드시 가벼우면서도 쏨쏨이는 넉넉했고, 도가 없던 시대에는 세금 거두는 것은 반드시 무거운데도 쏨쏨이는 부족했다. 이는 이왕의 자취가 분명한 것이다. 이로 말미암아 본다면 재물을 넉넉하게 하는 방법은 한 가지뿐이 아니나, 큰 이로움은 세금을 가볍게 걷는 것만함이 없다. 재물을 바닥나게 하는 방법이 한 가지만이 아니지만,

---

34 사염법: 백성이 사사로이 소금을 만들어 판매하는 것을 금지한 법령이다. 앞에 나온다고 한 것은 《경세유표》 지관地官 〈공부제貢賦制〉의 앞선 항목에 설명이 있다는 뜻이다.

큰 해로움은 세금을 무겁게 거두는 것보다 더한 것이 없다.

臣歷觀前古財賦之制, 雖其損益得失, 代各不同. 大較有道之世, 其賦斂必薄而其財
用必裕, 無道之世, 其賦斂必重而其財用必匱, 此已然之跡, 昭昭然者也. 由是觀之,
裕財之術非一, 而其大利無過乎薄斂也, 匱財之術非一, 而其大害無踰乎重斂也.

아! 천하의 재물은 한정이 있지만, 쓰임은 한정이 없다. 한정이 있는 재
물을 가지고 한정 없는 쓰임에 응하니, 어찌 이를 견디겠는가? 이 때문
에 성인은 법을 제정할 때 "수입을 헤아려서 지출을 한다"고 말했던 것
이다. 수입은 재물이고, 지출은 쓰임이다. 한정이 있는 것을 헤아려서 한
정 없는 쓰임을 절제함은 성인의 지혜요, 흥하여 융성하는 방법이다. 한
정이 없는 것을 멋대로 해서 한정이 있는 것을 고갈시키는 것은 어리석
은 사내의 어리석음이요, 패망하는 꾀이다. 무릇 세금 제도를 만드는 사
람은 먼저 국가의 쓰임을 헤아리지 말고, 오직 백성의 힘을 헤아리고 하
늘의 이치를 살펴야 한다. 무릇 백성의 힘이 감당하지 못하고, 하늘의 이
치가 허락하지 않는 것은 터럭만큼이라도 감히 더 보태서는 안 된다. 이
에 1년의 수입을 전부 헤아려 셋으로 이를 나눈다. 그 둘을 가지고 1년
의 비용으로 지출하고, 나머지 하나는 남겨서 내년을 위해 비축해두니,
이른바 3년을 농사지어 1년의 양식이 있다는 것이다. 만약 부족할 경우
제사와 빈객 접대에서 아래로 승여乘輿와 복식服飾에 이르기까지 온갖
물품을 한결같이 모두 줄여 검소하게 하여, 수입과 지출이 걸맞게 되기
를 기약한 뒤에 그만둔다. 이것이 옛날의 도였으니 다른 방법이 없다.[35]

嗚呼! 天下之財有限, 而其用無限. 以有限之財, 應無限之用, 其何以堪之? 故聖人

---

35 이 마지막 단락은 다산의 안설按說로 자신의 생각을 밝힌 내용이다.

制法曰'量入以爲出', 入者財也, 出者用也. 量有限以節無限, 聖人之智也, 興隆之道也, 縱無限以竭有限, 愚夫之迷也, 敗亡之術也. 凡制賦稅者, 勿先計國用, 惟量民力‧揆天理, 凡民力之所不堪, 天理之所不允, 卽毫髮不敢加焉. 於是通計一年之入, 參分之, 以其二支一年之用, 留其一爲來年之蓄, 所謂三年耕有一年之食也. 如有不足, 自祭祀‧賓客, 而下乘輿‧服飾一應百物, 皆減之爲儉約, 期與相當而後已焉. 此古之道也, 無他術也.

해설

〈각다고〉에서 정약용은 중국 역대의 각다 정책의 변화를 살폈다. 〈각다고〉에서 인용한 근거 문헌은 마단림의 《문헌통고》 중 〈각다〉와 명대 구준의 《대학연의보》이다. 그는 《경세유표》 권2, 〈동관공조冬官工曹〉 중 임형시林衡寺 항목에서 "살피건대, 남쪽 여러 고을에서 나는 차는 매우 좋다. 내가 본 바로는 해남과 강진, 영암과 장흥 등 바닷가 여러 고을에는 차가 나지 않는 곳이 없다. 나는 말한다. 무릇 차가 나는 산은 지방관으로 하여금 다른 것을 심지 못하게 하고 백성들이 나무하지 못하게 한다. 이윽고 무성해지기를 기다려 해마다 차 몇 근씩을 임형시로 옮겨, 만하성滿河省에 보내 좋은 말을 사 와 목장에 나눠주게 한다면, 또한 나라에서 쓰기에 충분할 것이다〔案南方諸縣, 産茶極美. 臣以所見海南康津靈巖長興, 凡沿海諸邑, 莫不産茶. 臣謂凡産茶之山, 令地方官封植, 禁民樵牧, 待其茂盛, 歲以茶幾斤輸于林衡, 送于滿河省, 以市良馬, 頒于牧場, 亦足以贍國用也〕" 라고 하여, 소박하나마 차의 전매와 국제무역을 제안한 바 있다.

당나라 항목에서는 3조목 4단락의 내용을 담았는데 당나라는 780년 덕종 때 처음 차에 차세를 매긴 이후 50년도 채 되지 않아, 차를 통한 세수가 40만 관에 이르렀던 사정을 짚었다. 이 때문에 백성의 원성이 높아지고 범죄가 끊이지 않았다.

송·원대에는 차의 국가 전매는 더욱 강화되고, 관리도 엄격해져 각종 규제와 처벌이 까다로워졌다. 각다를 위해 국가에서는 세부 조직을 갖춰서 관리했고, 차의 종류도 편차와 산차로 구분 생산해서, 지역마다 서로 다른 종류의 차를 생산하고 품질 등급도 몹시 복잡하게 매겨, 당나라 덕종 때 40만 관이던 것이 송나라 지도 말년(997)에는 285만 관이 넘는 금액으로 규모가 커졌다. 차는 이제 국가 경제의 기반이 되는 주요 재원이 된 것이다. 그러나 이에 따른 폐단도 점차 커졌다. 오랑캐의 말과 차를 맞바꾸는 차마 교역도 남송 때 시작되었다. 하지만 명대에 이르면 각다 정책이 폐지되고 차와 말의 교역을 담당하는 차마사만 몇 곳에 존치되었다.

이상 〈각다고〉의 정리는 간추린 중국 역대 차 문화사이기도 하다. 정약용은 중국의 역사 기록에서 이와 같이 각다와 관련된 기록을 추출한 후, 관련 문헌을 인용해 앞뒤 맥락을 설명했는데 국가가 판매를 독점하는 각다 정책에 대해서는 부정적인 입장을 견지했다. 각다가 백성의 세금을 가중하고, 국가의 재용이 넉넉해져도 백성에게 혜택이 돌아가는 것도 아니라고 하여, 반대의 뜻을 분명히 했다.

정약용의 〈각다고〉는 이덕리의 《기다》를 읽지 못한 상태에서, 앞서 이덕리가 《기다》에서 펼친 차마茶馬 무역론의 구체적 제안을 발전적으로 계승하지 못하고 무역의 당위만 원론 수준에서 확인한 채, 전반적으로 각다에 대해 부정적 견해를 피력한 한계를 지닌다.

8

정약용

丁若鏞, 1762~1836

걸명소

乞茗疏

차 문화의 중흥을 알린 신호탄이 된 글

乞茗疏

자료 소개

정약용은 1801년 강진에 귀양 가 1806년까지 동문 밖 주막집에 방을 얻어 살았다. 1805년 만덕사 주지로 온 아암兒庵 혜장惠藏(1772~1811)과 만나, 그에게 차를 청해 고질적인 체증을 다스릴 수 있었다. 1805년 봄에 혜장을 통해 차를 얻은 정약용은 어렵게 구한 차가 금세 떨어지자, 1805년 겨울에 다시 한번 혜장에게 차를 청하는 글을 보내는데 그것이 바로 〈걸명소〉이다. 걸명소란 장난스럽게 상소문 형식을 빌려 차를 구걸하는 사연으로 풀어냈다. 변려문으로 엮은 문식文飾이 두드러진 글이다.

〈걸명소〉는 1805년 겨울 고성암高聲菴 보은산방寶恩山房에서 지낼 때 지은 것이다. 《다산시문집》에는 어찌 된 셈인지 이 글이 빠지고 없고 자신이 지은 변려문만 따로 모은 《열수문황洌水文簧》에 실려 전한다. 초의의 《동다송》에도 한 대목이 인용되어 있다.

〈걸명소〉는 몇 가지 이본이 전한다. 원문도 이본에 따라 차이가 있다. 《열수문황》 하권에는 〈아암선자에게 주는 차를 청하는 글[貽兒菴禪子乞茗疏]─을축년 겨울 강진에 있을 때 지었다[乙丑冬在康津作]〉라는 제목으로 나온다. 또 김두만 소장 필사본에는 〈걸명소乞茗疏─을축년 겨울 다산 선생이 아암강사에게 주다[乙丑冬茶山先生贈兒菴講師]〉로 되어 있다. 이 밖에 그냥 〈걸명소〉라고만 한 것 등 서너 종류의 필사본이 전한다.[1] 본문의 글자나 배열도 조금씩 차이가 난다. '계호洎乎'가 '박호泊乎'로 된다든지, '효효皛皛'가 '정정晶晶'으로 바뀌거나, '서초지괴瑞草之魁'가 '초서지괴草瑞之魁'로 된 것 같은 경우가 그렇다.

가장 흥미로운 것은 강진 시절 다산과 가깝게 지낸 윤시유尹詩有의 집안에 전해온 《항암비급航菴秘笈》이란 필사본에 수록된 것이다. 서항재인書航齋印이란 소장인이 찍힌 이 필사본에는 다산초당 시절 다산이 지은 시로 문집에 빠진 작품이 다수 수록되어 있는데 이 책의 맨 끝에 〈걸명소〉가 실려 있다. 그런데 여기에 실린 〈걸명소〉는 《열수문황》의 것과 배열이 상당한 차이가 있다. 《열수문황》과 다른 필사본이 "旅人近作茶饕, 兼充藥餌. 書中妙辟, 全通陸羽之三篇"으로 시작해서 "玆有采薪之疾, 聊伸乞茗之情, 竊聞苦海津梁, 最重檀那之施, 名山膏液, 潛輸草瑞之

---

1 《열수문황》 하권에는 〈이아암선자걸명소貽兒菴禪子乞茗疏─을축동재강진작乙丑冬在康津作〉으로 되어 있고, 김대성의 《초의선사의 동다송》(동아일보사, 2004), 354쪽의 〈다산이 차를 구걸하는 걸명소〉란 글에 김두만 선생이 젊은 시절 해남 고물상에서 팔려나가는 것을 베껴 적었다는 필사본에는 〈걸명소乞茗疏─을축동다산선생증아암강사乙丑冬茶山先生贈兒菴講師〉로 되어 있다. 이 밖에 다산의 시문을 강진 시절 제자 집안에서 필사한 서항재인이 찍힌 《항암비급》에는 〈걸명소〉로 실려 있다.

魁. 宜念渴希, 毋慳波惠"로 끝맺는 데 반해, 《항암비급》본은 반대로 뒷
부분에 나오는 "竊以名山膏液, 潛輪草瑞之魁, 苦海津梁, 最重檀那之施. 玆
有采薪之疾, 聊伸乞茗之情"으로 시작해, "旅人近作茶饕, 兼充藥餌. 書中妙
解, 全通陸羽之三篇"으로 이어진다. 《열수문황》이 느닷없이 바로 글을
시작하는 모양새인 데 반해, 《항암비급》은 서두가 타당하고, 뒷부분의
연결이 매끄러워, 전체 글의 전개가 매우 자연스럽다. 다만 《항암비
급》에는 다른 이본과는 달리 마지막 "宜念渴希, 毋慳波惠", 두 구절이
누락되었다. 이 책에서는 《항암비급》을 저본으로 하였으며, 필사가 누
락된 부분은 다른 이본의 나머지 부분으로 채워서 전문을 정리하였다.

　　이 글은 변려문 형식이어서 안팎으로 촘촘한 대우對偶를 이루고 있
어, 안짝과 바깥짝의 대구가 삼엄하다. 번역 또한 일반적인 산문 형식
으로 옮길 경우 각 단락의 대칭이 잘 드러나지 않는지라, 구절을 구분
해서 제시한다.

원문 및 풀이

가만히 보건대 　　　　　　　　　　　　　　　　竊以

명산名山의 고액膏液은 　　　　　　　　　　　　名山膏液

서초괴瑞草魁[2]로 몰래 옮겨 오고, 　　　　　　潛輪草瑞之魁

2　서초괴: 당대 두목杜牧의 〈제다산題茶山〉에 "산은 실로 동오가 아름다운데 차는 서
　　초괴라 일컫는다네(山實東吳秀, 茶稱瑞草魁)"라는 내용이 보인다. 원문에는 '초서지괴
　　草瑞之魁'라 하였는데 '서초괴'를 네 글자 구문에 맞춰 바꿔 표현한 것이다.

고해苦海를 건너가는 나루는	苦海津梁
단나檀那의 보시를 가장 무겁게 여긴다.	最重檀那之施
이에 몸에 지닌 병이 있는지라	玆有采薪之疾
애오라지 차를 청하는 정을 편다오.	聊伸乞茗之情
나그네는	旅人
근래 다도茶饕가 된 데다	近作茶饕
겸하여 약용藥用에 충당하고 있다네.	兼充藥餌
글 가운데 묘한 깨달음³은	書中妙解
육우의《다경》세 편과 온전히 통하니	全通陸羽之三篇
병든 숫누에는	病裏雄蠶
마침내 노동盧仝의 일곱 사발 차⁴를 마셔버렸다오.	遂竭盧仝之七椀
비록 정기를 고갈시킨다는	雖浸精瘠氣
기모경蘷母㷡의 말을 잊지는 않았으나,⁵	不忘蘷母㷡之言

---

3 묘한 깨달음〔妙解〕: 김두만본은 원문을 '묘벽妙辟'이라 했는데 《열수문황》과 《항암비급》에서는 좀 더 쉬운 표현인 '묘해妙解'로 고쳤다. '묘벽'은 《대장경》 가운데 《공작왕주경孔雀王咒經》 1권에 《묘벽인당다라니경妙辟印幢陀羅尼經》에서 끌어온 표현으로 오묘한 깨달음이란 뜻이다.

4 노동의 일곱 사발 차〔盧仝之七椀〕: 중국 당대 시인 노동의 〈붓을 달려 맹간의가 햇 차를 보내온 데 감사하다〉 내용을 말한 것이다.

5 비록 정기를 …… 않았으나: 당대 기모경이 〈벌다음서伐茶飮序〉에서 "체한 것 풀 어주고 막힌 것 뚫는 것은 하루의 이로움으로 잠시 좋은 것이고, 기를 마르게 하 고 정기를 소모시키는 것은 평생의 누가 큰 것이다. 이익을 얻으면 공을 차의 힘 에 돌리고, 병이 생겨도 차의 재앙이라 하지 않는다. 어찌 복은 가까워서 쉽게 알 고, 화는 멀어서 보기 어려운 것이 아니겠는가?(釋滯消壅, 一日之利暫佳, 瘠氣耗精, 終身之 累斯大. 獲益則歸功茶力, 貽患則不爲茶災. 豈非福近易知, 禍遠難見者乎)"라고 차의 효용에 대해 설명한 것을 말한 것이다.

마침내 막힌 것을 뚫고 쌓인 기운을 없앴다고 한	而消壅破癥
이찬황李贊皇의 벽癖[6]을 얻었다 하겠소.	終有李贊皇之癖
이윽고	洎乎
아침 해가 막 떠오르매	朝華始起
뜬구름은 맑은 하늘에 환히 빛나고,	浮雲晶晶乎晴天
낮잠에서 갓 깨어나자	午睡初醒
밝은 달빛은 푸른 냇가에 흩어진다.	明月離離乎碧澗
잔 구슬 같은 찻가루를 날리는 눈발처럼 흩어,[7]	細珠飛雪
산 화로에 자순紫筍의 향을 날리고,	山鑪[8]飄紫筍之香
활화活火로 새 샘물을 끓여,[9]	活火新泉
야외의 자리에서 백토白菟[10]의 맛을 올린다.	野席薦白菟之味
꽃무늬 자기와 붉은 옥으로 만든 그릇은	花瓷紅玉

---

6 이찬황의 벽[李贊皇之癖]: 이찬황은 당나라 때의 이덕유李德裕(787~849)를 가리킨다. 이덕유가 차가 음식을 소화시키는 효능이 있음을 직접 실험한 것을 말한다. 《중조고사中朝故事》에 "이덕유가 말했다. '이 차는 술과 음식의 독을 없앨 수 있다.' 곧 명하여 차를 끓여 고기에 붓고 은합을 닫도록 하였다. 다음 날 아침에 보니 고기는 이미 물로 변해 있었다. 많은 사람들이 넓은 식견에 탄복하였다[李日: '此茶, 可以消酒食毒.' 乃命烹一, 沃于肉食, 以銀合閉之. 詰旦視其肉, 已化爲水矣. 衆服其廣識]"라는 내용이 있다.

7 잔 구슬 …… 흩어: 송대 소식의 〈시원에서 차를 끓이다[試院煎茶]〉에서 3구 "맷돌에선 어지러이 가는 구슬 떨어지고[蒙茸出磨細珠落]"와 4구 "사발 둘러 휘젓자 나는 눈발 가벼워라[眩轉遶甌飛雪輕]"의 내용을 끌어다 쓴 것이다.

8 鑪: 김두만본에는 '등燈'으로 되어 있다.

9 활화로 새 샘물을 끓여[活火新泉]: 소식의 〈시원에서 차를 끓이다〉에서 9구 "활화를 일으켜 새 샘을 끓임을 귀하게 따랐음을[貴從活火發新泉]"를 끌어다 쓴 것이다.

10 백토: '白菟'와 '白兔'는 통용해서 쓴다. 백토차는 월토차月兔茶를 변려문의 대우에 맞춰 색채어로 달리 표현한 것이다. 소식의 〈월토차〉라는 시가 있다.

번화함이 비록 노공潞公만 못해도,[11]　　　　　繁華雖遜於潞公

돌솥의 푸른 연기는　　　　　　　　　　　　石鼎青烟

담박함은 한자韓子[12]와 거의 맞먹는다네.　淡景庶追於韓子

해안蟹眼 어안魚眼은　　　　　　　　　　　蟹眼魚眼

옛사람의 즐김이 한갓 깊거니,　　　　　　　昔人之玩好徒深

용단龍團 봉단鳳團은　　　　　　　　　　　龍團鳳團

내부內府에서 귀하게 나눠줌을 이미 다했다네.[13]　內府之珍頒已罄

애타게 바람을 마땅히 헤아려,　　　　　　　宜念渴希

아낌없이 은혜를 베풀어주길 바라오.　　　　毋慳波惠

---

11 꽃무늬 자기와 …… 노공만 못해도: 소식의 〈시원에서 차를 끓이다〉에서 11구 "오늘날 노공이 서촉서 배워 차 끓이니, 정주의 꽃무늬 자기 홍옥 쪼아 만들었네[今時潞公煎茶學西蜀, 定州花瓷琢紅玉]"라고 한 것을 끌어다 쓴 것이다. 노공은 중국 북송 때 재상을 지낸 문언박文彦博(1006~1097)을 말한다.

12 한자: 당대 문인이자 당송팔대가唐宋八大家 중 한 사람인 한유韓愈(768~824)를 말한다.

13 용단 봉단은 …… 다했다네: 송대 구양수歐陽修(1007~1072)가 《귀전록歸田錄》에서 "차의 품질로서 용봉보다 귀한 것이 없는데 이것을 소단이라 한다. 무릇 28편의 무게가 1근이며 가치는 금 2냥이다. 그러나 금을 가지고 있어도 차를 얻을 수 없다. 일찍이 남교에서 제를 올렸을 때, 2부에 함께 1병餅을 하사하였는데, 네 명이 그것을 나누었다. 궁궐 사람들은 이따금 그 위를 금꽃으로 장식하였다. 대개 이와 같이 귀중한 것이다[茶之品莫貴於龍鳳, 謂之小團. 凡二十八片, 重一斤, 其價直金二兩. 然金可有, 而茶不可得. 嘗南郊致齋, 兩府共賜一餅, 四人分之. 宮人往往鏤金花其上. 蓋貴重如此]"라고 하였다.

해설

글의 서두에서 차를 청하는 이유를 먼저 밝혔다. 즉 몸에 병이 있기에 명산의 진액이 응축된 상서로운 풀 중의 우두머리인 차를 청한다고 한 것이다.

스스로를 다도茶饕라 하였는데 차에 욕심이 많은 사람이란 뜻이다. 도饕는 고대 상상의 동물인 도철饕餮이다. 탐욕이 많고 흉포한 성질을 지녔다. 천하에 맛보지 않은 차가 없다고 자부했던 청나라 때 원매袁枚(1716~1797)도 자신의 별호를 다도라 한 바 있다.

'병리웅잠病裏雄蠶'은 누에가 뽕잎을 먹고 최면기에 들어 한잠 자고 나서 다시 깨어난 상태를 말한다. 이때 누에의 몸은 극도로 쇠약하여 특별히 주의를 기울이지 않으면 안 된다. 한잠에서 깨어난 숫누에는 욕심 사납게 다시 뽕잎을 갉아 먹는데 여기서는 다산 자신이 마치 갓 깨어난 숫누에가 뽕잎 찾듯 차를 갈급한다는 의미로 썼다. 노동의 칠완七椀은 흔히 〈칠완다가七椀茶歌〉로 널리 알려진 〈붓을 달려 맹간의가 햇차를 보내온 데 감사하다〉란 시의 내용을 두고 이른 말이다.

기모경은 당나라 때 우보궐右補闕의 벼슬을 한 사람이다. 차를 싫어해 '척기모정瘠氣耗精'으로 차의 폐해를 지적하고 차에 지나치게 빠지는 것을 경계하는 〈벌다음서〉란 글을 남겼다. 이찬황은 본명이 이덕유다. 당나라 때 재상을 지냈고, 차에 남다른 조예가 있었다. 그는 특히 차를 끓일 때 혜산천惠山泉 물만 고집해 역말을 이어 달려 혜산천의 물을 실어 날라 당시에 '수체水遞'란 말이 생겨날 만큼 차에 벽癖이 있단 말을 들었던 인물이다. 또 그는 차를 끓여 고깃덩어리에 넣고, 이튿날 열게 하여 고깃덩어리가 다 녹은 것을 보여주며 차가 지닌 소옹消壅, 즉 체기를 내리는 효과를 증명해 사람들을 놀라게 한 일도 있다. 기모경의 경계에도 다산 자신이 체기를 내리는 신통한 효과 때문에 이찬황이 그랬던 것처럼 차에 벽이 들었음을 말한 것이다.

다산은 차를 마시기에 알맞은 때로 "아침 해가 막 떠오르매, 뜬구름은 맑은 하늘에 환히 빛나고, 낮잠에서 갓 깨어나자, 밝은 달빛은 푸른 냇가에 흩어진다〔朝華始起, 浮雲晶晶乎晴天, 午睡初醒, 明月離離乎碧澗〕"고 했다. 초의가 《동다송》에 인용한 부분이다.

'세주비설細珠飛雪'과 '활화신천活火新泉', '해안어안蟹眼魚眼'은 모두 소동파의 시 〈시원에서 차를 끓이다〉에서 따왔다. 특히 '세주비설'은 단차를 차 맷돌에 갈아 찻가루가 눈가루처럼 흩날리는 형상을 묘사한 것이다. 다산이 당시 즐겨 마신 차가 주로 떡차였음을 다시 한번 증언한다. '자순紫筍'과 '백토白兎'는 차 이름이다. 자순차는 절강성浙江省 장흥현長興縣 고저산顧渚山에서 생산되던 차로 품질이 뛰어나 당대唐代에 이미 공차貢茶로 지정되었다. 백토차는 월토차를 변려문의 대우에 맞춰 색채어로 달리 표현한 것이다.

송나라 때 노공 문언박은 서촉西蜀에서 차 끓이는 법을 배워 와서 정주定州 땅의 홍옥紅玉을 쪼아 만든 호사스러운 화자花瓷로 차를 끓여 마셨다. 석정과 한자 운운한 것은 당나라 때 한유韓愈의 〈석정연구시서石鼎聯句詩序〉에서 따온 말이다. 자신이 문언박의 화려한 자기瓷器의 호사스러움만은 못해도 한유의 돌솥의 담백함에는 거의 맞먹는다고 하여 차를 아끼는 마음만큼은 그들에 못지않음을 말한 것이다.

〈걸명소〉는 차에 대한 정약용의 해박한 식견을 보여줄 뿐 아니라, 한국 차 문화사에서 차 문화의 중흥을 알리는 신호탄이 된 뜻깊은 글이다. 이를 기점으로 훗날 초의에게 이어지는 차 문화의 부흥이 시작되었기 때문이다. 세 해 뒤인 1808년 다산초당으로 거처를 옮기면서부터 정약용은 1년에 수백 근의 차를 직접 생산했다.

9

정약용

丁若鏞, 1762~1836

아언각비

雅言覺非

차의 이름과 종류를 바로잡다

雅言覺非

자료 소개

정약용의《아언각비》는 당시 일반적으로 널리 쓰던 말과 글 중 잘못된 것을 찾아 문헌으로 검토하여 본래의 뜻과 어원을 밝힌 책이다. 다양한 용례를 통해 합리적인 설명을 더하고, 오류를 바로잡기 위해 집필했다.

모두 194항목에 걸쳐 450여 단어를 수록했는데 이 중 차에 대해 설명한 내용이 한 단락 들어 있다.

원문 및 풀이

차는 겨울에도 푸른 나무이다. 육우의《다경》에 첫째는 차茶라 하고, 둘째는 가檟라 하며, 셋째는 설蔎이라 하고, 넷째는 명茗이라 하며, 다섯째는 '천荈'이라 한다고 했다. 본시 초목의 이름이지, 음료인 음청 飲淸의 이름이 아니다. 《주례周禮》에 육음六飮과 육청六淸이 있다. 우리나라 사람들은 차란 글자를 탕湯·환丸·고膏와 같이 마시는 종류로 생각하여, 무릇 약물을 한 가지만 끓이는 것을 모두 차라고 말한다. 생강차·귤피차·모과차·상지차桑枝茶·송절차松節茶·오과차五果茶라고 습관적으로 늘상 이렇게 말하는데 이는 잘못이다. 중국에는 이 같은 법이 없는 듯하다.

茶者冬靑之木. 陸羽茶經, 一曰茶, 二曰檟, 三曰蔎, 四曰茗, 五曰荈. 本是草木之名, 非飲淸之號. 周禮有六飮六淸. 東人認茶字, 如湯丸膏飮之類. 凡藥物之單煮者, 總謂之茶. 薑茶橘皮茶木瓜茶桑枝茶松節茶五果茶, 習爲恒言, 非矣. 中國似無此法.

이동李洞의 시에는 이렇게 말했다.

나무 계곡 은자 부름 기약하면서   樹谷期招隱
시 읊으며 백차柏茶를 끓이는도다.   吟詩煮柏茶

송시에서는 이렇게 썼다.

한잔의 창포차를 마시는 동안   一盞菖蒲茶
사탕떡 몇 개를 먹어 치웠네.   數箇沙糖粽

육유의 시에서도 이렇게 말했다.

찬 샘물 스스로 창포수로 바뀌니   寒泉自換菖蒲水

활화活火로 한가로이 감람차를 끓인다.   活火閒煮橄欖茶

이는 모두 찻덩이 가운데 잣나무 잎이나 창포, 감람 등을 섞은 까닭에 차 이름을 이렇게 붙인 것이지, 한 가지 다른 물건만 끓이면서 차라고 이름 붙인 것이 아니다. 소동파가 대야장로에게 도화차桃花茶를 청해 심고서 부친 시가 있는데,[1] 도화차 또한 차나무의 별명일 뿐 복사꽃에 차 이름을 붙인 것이 아니다.

李洞詩云: '樹谷期招隱, 吟詩煮柏茶.' 宋詩云: '一盞菖蒲茶, 數箇沙糖粽.' 陸游詩云: '寒泉自換菖蒲水, 活火閒煮橄欖茶.' 斯皆於茶錠之中, 雜以柏葉菖蒲橄欖之等, 故名茶如此. 非單煮別物, 而冒名爲茶也. 東坡有寄大冶長老, 乞桃花茶栽詩. 此亦茶樹之別名, 非以桃花冒名爲茶也.

해설

정약용은 조선 사람들이 맹물에 어떤 것을 넣고 끓이기만 하면 모두 차라고 말하는 것이 잘못되었음을 지적하려고 이 항목을 집필했다. 오직 차나무 잎을 법제하여 뜨거운 물에 끓인 것만 차다. 우리나라 사람들처럼 귤껍질을 넣어 끓이면 귤피차라 하고, 모과를 넣은 것은 모과차라고 해서는 안 된다는 것이다. 보리를 넣으면 보리차라 하고,

---

1 소동파가 …… 있는데: 소동파가 지은 시의 원래 제목은 〈대야장로에게 물어 도화차를 청해 동쪽 언덕에 심다〔問大冶長老乞桃花茶栽東坡〕〉이다. 다산은 원문의 '재栽'를 '재裁'로 잘못 썼으므로 고쳤다.

유자를 넣으면 유자차라고 하는 것도 잘못이다. 중국에서 백차니 창포차니 감람차니 하는 것은 잣나무 잎이나 창포, 감람만 따로 넣고 끓인 것이 아니라, 찻덩이를 넣으면서 이것을 함께 넣어 가미한 것을 가리킨다고 보았다. 이를 위해 몇 사람의 시를 인용해 근거로 제시했다. 우리나라 사람들이 말하는 차 아닌 차, 즉 대용차는 엄밀한 의미에서 차라고 말해서는 안 된다고 본 것이다.

다산이 이처럼 지적한 것은 당시 차 문화가 쇠퇴한 것과도 관련이 있을 것이다. 차 문화가 쇠퇴하여 차를 구하기 어려워지자 차 대신 마시는 음료를 모두 차라고 한 것이 풍속으로 굳어 차가 아님에도 습관적으로 차라고 부르게 되었을 것이다. 오늘날 차는 곧 커피나 대용차를 뜻하는 것처럼 이러한 현상은 계속되고 있다.

윤형규

尹馨圭, 1763~1840

차설

茶說

19세기 조선의 음다 실태에 관한 보고

茶
說

작가와 자료 소개

윤형규는 정조와 순조 때 활동했던 문인으로 본관은 파평坡平, 호
가 희재戱齋, 자는 성문聖聞이다. 조부는 동급東伋, 부친은 광익光翼이
다. 음직으로 선공감繕工監 감역監役이 되어 1823년 제천현감, 1826년
교하군수를 지냈다. 충청도 태안 지역에서 세거했던 듯하다. 생애에
관련된 사실은 그 밖에 알려진 것이 많지 않다. 문집《희재잡록戱齋雜
錄》6책이 전한다.

〈차설〉은 6책에 실려 있다. 이 글은 윤형규가 71세 되던 1833년에
썼다. 1830년 초의가 떡차를 만들어 상경해서 경향간에 초의차가 명
성을 날리던 시점이었는데 차에 대한 그의 이해는 사뭇 다른 느낌이
어서, 당시 조선 차 문화의 주소를 알게 해주는 글이기도 하다. 그의
문집 중 차에 관한 글은 이것뿐이다.

원문 및 풀이

대저 차는 고기를 먹는 사람에게 필요한 물건이다. 밥 먹기 전에 배가 그득한 채 방 안에 앉았노라면, 배 속은 고기로 그득하고 근골에는 기름기가 흘러, 온몸이 문득 몹시 피곤하고 무겁게 느껴지며, 정신과 기운은 답답해서 견디지 못한다. 이럴 때 시험 삼아 차 한 사발을 마시면 장과 위를 시원스레 씻어내려, 정신이 맑아지고 기운이 굳세져 움직이는 것이 편하고 순조로워지게 한다. 차는 진실로 고기 먹는 사람이 좋아하는 물건이다.

夫茶食肉者物也. 食前方丈, 飽飫而坐, 臟腑委肉, 筋骨流脂, 渾身頓覺困重, 神氣不堪闓癀. 于斯時也, 試進一椀茶, 疎滌腸胃, 則神淸氣健, 運用便利, 茶誠食肉者之好物也.

용정龍晶과 계주桂珠[1] 같은 이름난 차를 앞에 잔뜩 늘어놓고, 돌솥과 구리 솥에 숯불을 피워 지렁이 울음소리[2]가 나면, 기이한 향기가 밖으로 퍼지고 훌륭한 맛이 입안으로 들어온다. 비록 고기를 먹는 사람이 아니더라도, 대부분 점점 가까워져 자연스럽게 아끼게 된다. 그래서 차는 마침내 호사자好事者의 물건이 되었다. 호사자가 반드시 모

---

1 용정과 계주: 차 이름으로 쓴 것인데 두 명칭 모두 문헌상 확인되지 않는다.

2 지렁이 울음소리(蚓吼): 솥에서 물(湯)이 끓을 때 나는 소리를 '지렁이 우는 소리'로 표현한 것이다. 조선 초 서거정徐居正(1420~1488)도 〈병중에 오은군에게 부치고 겸하여 기백에게 적어 보내다(病中寄吳隱君兼簡耆伯)〉라는 시에서 "때로는 차 솥에서 지렁이 우는 소리를 듣는다(時聞茶鼎鳴蚯蚓)"라고 했다. 실제로 비 올 때 나는 지렁이 울음소리는 상당히 크게 울린다.

두 고기를 먹는 것은 아니지만, 비록 한미한 재야의 선비라 하더라도 관례나 혼례 같은 길한 날이나 세시가절歲時佳節을 만나게 되면 손님과 주인이 예의로 사양하고, 벗들이 모여서 마실 때 그만둘 수 없는 점이 있다.

龍晶桂珠, 有名畢陳, 石鼎銅鍋, 獸炭蚓吼, 異香聞外, 美味入脣. 雖非食肉者, 擧有漸近自然之愛. 茶遂爲好事者物也, 好事者, 未必皆食肉者. 雖寒儒野士, 遇冠昏吉日, 歲時佳節, 則賓主禮讓, 朋知聚飮, 有不可已也.

하지만 음식은 박하고 술도 형편없는 데다 싱거워 맛까지 없으면 한 차례 배불리 먹기에 족하지 않다. 이미 안주를 담은 그릇이 바닥이 나서, 차를 가져오게 하여 올리면서 "이것이 아니고는 소화를 시켜 속을 가라앉힐 수가 없다"고 말한다면 어찌 그렇겠는가? 하지만 스스로 맑은 운치로 여겨 마침내 풍속을 이루게 되었다. 그중에서도 차에 몹시 빠지고 차를 심하게 좋아하는 자는 다만 한때에 자기만 좋아하는 것이 아니라, 또한 뒷사람마저 좋아하지 않을까 염려한다. 그래서 《다경》을 지어 세상에 알리고, 도상을 그려 신으로 받드니 뜻이 부지런한 사람이라고 말할 만하다.

然薄饌殘瀝, 滲淡寡味, 是未足爲一飽. 而肴楏旣罄, 喚茶輒進, 曰: "非此莫可以消化而安中也." 豈有然乎? 自爲淸致, 遂成風俗. 其中酷之甚而好之篤者, 非但自爲好於一時, 亦恐後人之不以爲好也. 著經以詔之, 圖像以神之, 可謂志之勤者矣.

지금 나는 고기를 먹는 사람도 아니고 호사자는 더더욱 아니다. 그런데도 오히려 70년 동안 차 마시기를 그치지 않았으니, 이는 무슨 까닭인가? 내가 평소에 병이 많은 데다 걸핏하면 먹은 것이 잘 체한다.

먹는 것이라야 거친 밥과 나물 뿌리에 지나지 않고, 그마저도 배불리 먹어본 적이 없으며, 또 간혹 하루에 두 끼도 대지 못하였다. 하지만 절로 소화되어 속이 편안함을 얻지는 못하였다. 또 이따금 생각지 않은 물건이나 맛난 음식과 크게 썬 고깃점이 상에 가득하여 눈이 휘둥 그레짐을 만나면, 스스로 궁한 자가 배불리 먹고픈 마음에서 위장이 꿈틀대고 침이 흐르지 않을 수가 없었다. 물건마다 드물게 보는 것이고, 하나하나의 맛이 기뻐할 만하다. 그래서 무릎을 밥상 앞에 바싹 붙이고 몸은 더욱 제멋대로 놀아, 소매를 걷어붙이고 턱을 치켜 젓가락 질을 겨우 두세 번쯤 하고 나면, 가슴은 어이하여 절로 맺히고, 배는 무슨 일로 먼저 부르단 말인가? 급히 눈앞의 물건을 치워 가라고 명하고 나면 다시 마주하고 싶지도 않다. 그러고는 구토와 설사가 한꺼번에 일어나 기운이 꽉 막혀 위태로웠던 적이 여러 번이었다.

今余非食肉者, 又非好事者, 猶夫七十年啜茶不休, 此何故也? 余素多病, 又善於食滯. 其食不過糲飯也, 菜根也. 又未嘗飽也. 又或不給於日再食也. 然而自不得消化而安中. 又或逢着分外之物, 珍羞大胾, 滿盤驚目, 則自以窮者願飽之心, 不能無胃動而涎嚥, 物物稀見, 味味可悅, 於是乎盤膝而體益肆, 攘袂掀頤, 下箸纔二三, 則胸何爲而自結, 腹何爲而先飽. 急令撤去眼前物, 不欲更對, 而嘔瀉幷作, 昏窒幾危者, 屢矣.

살펴봐도 의약으로는 치료할 방법이 없고 보니, 임시로 급한 증세를 구하는 것은 다만 체기를 내리는 단방약單方藥이 있을 뿐이다. 체기를 내리는 단방약으로는 차만 한 것이 없다.[3] 하지만 이른바 이름

---

3 체기를 내리는 …… 것이 없다: 실제로 많은 의서醫書에서 음식을 소화시키는[消

있는 차는 궁한 사람이 가질 수 있는 것이 아니다. 또 동산 가운데 덤불 숲 사이에서 곡우 시절의 새싹이나 단오 무렵의 잎을 따서 생강 몇 조각을 넣고서 끓여 마시면⁴ 바로 효과가 있다. 하지만 싹과 잎을 거두어 모아서 찌고 말려서 약을 만드는 것 또한 쉽지 않은 데다, 매번 이어 대기 어려운 것이 근심이다.

顧無醫藥可療之策, 臨時救急, 只有導滯單方, 而導滯單方, 莫如乎茶矣. 然所謂有名之茶, 非窮者之所致有也. 且從園中叢薄間, 摘得穀雨之芽, 端陽之葉, 入薑數角而煎飮, 則乃有其效. 然收聚芽葉, 蒸曝成藥, 亦不容易. 每患難繼.

여러 해 전 지주地主 송일교宋一敎 씨를 만났더니 그가 늘상 차로 마시는 것은 바로 목화씨였다. 목화씨는 시골에서 길쌈하는 집이면 흔히 있는 물건이다. 이것이 기운을 순조롭게 내려주는 효과가 있는 데다, 입을 톡 쏘거나 위를 상하게 하는 해독이 아예 없다고 했다. 내가 그래서 검게 볶아 까부르는 방법을 자세히 물어보고는 날마다 끓여 마신 것이 이제까지 몇 해가 된다. 올여름에 마침 다 떨어져서 다

食〕 효능을 언급하고 있다. 허준의 《동의보감》 잡병편雜病篇 내상內傷 단방單方 〈차茶〉에서 "음식이 체한 것을 내려가게 한다. 따뜻하게 데워 마시는데 작설차도 역시 좋다(消宿食. 溫煖飮之, 雀舌茶亦可)"고 하며, 체했을 때 차를 단방약으로 사용하고 있다.

4 생강 몇 조각을 …… 마시면: 차에 생강을 넣어서 끓이는 음다법은 이미 중국 삼국 시대 위魏나라(220~265) 장읍張揖이 지은 《광아廣雅》에서 언급할 정도로 역사가 오래되었다. 명나라 전예형田藝衡의 《자천소품煮泉小品》 〈의차宜茶〉에서도 "당나라 사람들은 차를 끓이는데 흔히 생강이나 소금을 썼다(唐人煎茶多用薑鹽)"고 했다. 명대 이시진李時珍(1518~1593)의 《본초강목本草綱目》 권26 채지일菜之一 〈생강生薑〉에서는 "생강은 양기를 돕고 차는 음기를 돕는다. 두 가지 모두 나쁜 기운을 흩어 없애고 음양을 조화롭게 해준다(薑能助陽, 茶能助陰, 二物皆消散惡氣, 調和陰陽)"고 했다.

시 목화씨를 널리 구하려 했지만 구할 수 없었다. 대개 집집마다 가지고 있던 물건은 봄 이후 밭에 뿌리지 않았으면, 나머지는 모두 농사짓는 사람의 모판에 들어가버렸기 때문이었다. 그럴진대 이른바 다른 종류의 이름난 차를 내가 어디서 구할 수 있겠는가?

年前遇地主宋一敎氏, 其所食恒茶, 卽木棉子也. 木棉子乃鄕曲紡績家多有之物, 而此有順氣導下之功, 自無口刺胃敗之害云. 余乃細問其炒黑簁揚之法, 逐日烹服, 爲數年于玆矣. 今夏適見乏, 更爲博求木棉子, 而不可得. 盖家家所有之物, 春後不歸於田種, 則盡入於農者秧坂故然耳. 然則所謂他種名茶, 吾何處可得.

현천玄川 송사선宋士善 군은 속이 깊은 사람이다. 그가 나를 위해 사는 집 뒤편의 이름난 잎을 따서 먼저 한 봉지에 담아 보내주며 말했다. "또 장차 잘 말려서 이어서 보내드리겠습니다." 그의 부친 청성노인靑城老人이 이 말을 듣더니 또한 나를 위해 산사山査와 황매黃梅와 모과木果 등속을 한 되 남짓 보내주었다. 이로부터 차가 넉넉하게 되었다. 마침내 처음처럼 끓여 마시자 속이 몹시 편안함을 느꼈다. 친구 사이의 두터운 뜻을 감사할 만하다.

玄川宋君士善, 有心人也. 爲採其家後有名之葉, 先以一囊封見遺曰: "又將乾曬繼送也." 其大人靑城老人聞此, 亦爲送贈山査黃梅木果之屬一升許. 從此茶將富有矣. 遂卽煎飮如初, 甚覺安中. 親舊間厚意可謝也.

그러니 내가 차를 쉬지 않고 마신 것은 고기를 먹어 그런 것이 아니요, 호사자라 그런 것도 아니다. 대개 어쩔 수 없는 데서 나온 것이다. 하지만 또한 달여 마시는 사이에 폐해도 적지 않으니 어찌하겠는가? 하물며 의서醫書에서는 차의 이로움과 해로움에 대해 이렇게 말했다. "한때의 효과는 몹시 적고, 평생에 누가 됨은 도리어 크다."[5] 그렇다면 이것이 어찌 오래 복용할 물건이겠는가? 어쩔 수 없어서임을 알 수 있다. 하물며 잘 모르는 사람들은 틀림없이 나를 호사자라고 어지러이 비웃을 것이니 또 어쩌겠는가? 하지만 이는 서로 알지 못하는 자이니 염려할 바가 아니다.

然則余之啜茶不休, 非肉食而然也, 非好事而然也. 盖出於不得已者, 而其亦煎服之際, 爲弊不少, 奈何? 況醫書言茶之利害曰: "一時之效甚少, 終身之累反大." 此豈可長服之物乎? 不得已可知也. 況人之不知者, 必以好事者, 譏笑我紛紛, 又奈何. 然是則不相悉者, 非所憂也.

청성노인은 높은 산 위에 집을 짓고 고을의 큰길을 내려다보며 산다. 맑은 백마강이 뒤편으로부터 오른쪽으로 흘러가, 바람을 한껏 머금은 돛대가 안개 속에 오가는 모습이 아침저녁으로 눈에 들어온다. 여러 종류의 이름난 꽃과 과일나무가 집 둘레에 빼곡하니 해맑은 복이 넉넉하고 그윽한 운치가 몹시 쾌적하다. 노인은 올해 나이가 80여 세다. 근력이 튼튼하고 기거는 편안하고 한가롭다. 성근 음식과 나물국을 분수로 여겨, 세간에서 고기를 먹는 자가 영화를 탐하고 부귀를 욕심내는 것을 마치 뜬구름처럼 여긴다. 이는 성시城市에 사는 산림 고사의 부류라 말할 수 있을 것이다.

5 한때의 효과는 …… 크다: 당대 기모경이 〈벌다음서〉에서 "체한 것 풀어주고 막힌 것 뚫는 것은 하루의 이로움으로 잠시 좋은 것이고, 기를 마르게 하고 정기를 소모시키는 것은 평생의 누가 큰 것이다(釋滯消壅, 一日之利暫佳, 瘠氣耗精, 終身之累斯大)"라고 했는데 기모경의 이 글을 이시진의 《본초강목》 권32 과지사果之四 〈명차茗茶〉에서도 인용하고 있다.

계사년(1833) 6월 하순, 희재 늙은이가 쓴다.

靑城老人, 結廬高巘, 俯瞰邑里大道. 白馬澄江, 自後而右, 風馭烟雲, 日夕入
矚. 多種名花果木, 繞屋蓊蔚, 淸福自在, 幽趣甚適. 老人秊今八十餘, 筋力康强,
起居安閒. 疏食菜羹, 乃其分也, 世間肉食者之貪榮饕富, 視之如浮雲焉. 此其謂
城市山林之高士流也歟? 癸巳六月下旬, 戲齋老夫書.

해설

19세기 전반의 차 음용 실태를 알려주는 흥미로운 글이다. 그는 충
청도 지역에 살아, 차 산지와는 거리가 조금 있었다. 하지만 차가 정신
을 맑게 해주고 더부룩한 속을 가라앉혀 정신을 맑게 하며 기운을 굳
세게 해서 소화를 돕는 효능이 있음을 잘 알고 있었다. 특별히 고기를
먹어 생긴 체증을 내리는 데 차는 특별한 효능이 있었다. 그는 형편이
어려워서 중국의 명차인 용정차와 계주차를 여러 가지 도구를 갖춰두
고 마시는 것은 할 수 없었던지라, 이런 것은 호사가들의 취미에 가깝
다고 했다. 하지만 한미한 선비도 길한 날이나 세시가절에 손님을 청
하면 차 대접을 하지 않을 수 없다고 한 것을 보면, 차가 점차 조선 사
대부들의 접대 자리에서 비중을 높여가고 있던 사정을 짐작케 한다.

하지만 찻자리와 술자리가 한데 섞이기는 어렵다. 차에 빠진 사람
은 술을 멀리하고 차에 대한 예찬에 치우치게 마련이다. 육우가 《다
경》을 지어 세상에 차를 알리는 데 앞장서기까지 했던 것이 그 같은
예이다. 하지만 고기를 늘 먹지도 않고, 호사가도 못 되는 글쓴이가 평
생 차를 가까이한 것은 약하게 타고난 소화기관 때문이었다. 어쩌다
고깃점이라도 먹으면 바로 급체해 구토와 설사로 위태로운 지경에 이

르기까지 했다. 차는 이 같은 상황에서 가장 좋은 단방약이었다.

하지만 차는 쉽게 구할 수 있는 것이 아니어서 곡우와 단오 무렵 찻잎을 따서 생강 몇 조각과 함께 달여 마시면 효과가 좋지만, 계속 이어 댈 수 없다는 문제가 있었다. 그가 차를 마실 때 생강 몇 조각을 함께 넣었다고 한 것은 차의 효능을 좀 더 높이고자 한 것이다.

차를 구하기 어렵자, 그는 찻잎 대신 목화씨를 검게 볶아 끓여 마시는 것으로 대용차 삼았다. 이 같은 사정을 딱하게 여긴 송사선이 집 뒤편의 야생차를 따 한 봉지 보내면서 잘 말려서 계속 보내주겠다고 했다. 그의 부친 청성노인은 찻잎과 함께 달여 마시라고 산사 열매와 황매 열매 등을 보내주어, 그때부터 속이 편안해졌다. 끝에서는 정기를 깎는 차의 독성에 대해 이야기했다. 어쩔 수 없어서 마시기는 해도 지나치면 안 된다는 말도 덧붙였다. 이어서 송사선의 부친인 청성노인에 대한 덕담으로 글을 맺었다.

그러니까 이 글은 소화기관이 약해 차를 마시지 않으면 체기를 내리지 못해 애를 먹던 그가 차를 마시다가, 이어 댈 수 없자 목화씨를 볶아 대용차로 마셨고, 그 사정을 딱하게 여긴 송사선이 야생차를 보내자 여기에 감격해서 쓴 것이다. 당시 찻잎에 생강 조각이나 산사 열매 같은 것을 함께 넣어 끓였다고 한 것은 차를 맛으로가 아니라 약용으로 마신 것임을 한 번 더 확인시켜준다.

11

서유구

徐有榘, 1764~1845

임원경제지
중 차 관련 항목

林園經濟志

차에 관한 모든 정보를 집적한 백과전서적 저작

林園經濟志

작가와 자료 소개

서유구는 조선 후기의 학자로 본관은 대구大邱이고, 자는 준평準平, 호는 풍석楓石이다. 당대의 내로라하는 경화세족이자 소론 가문 출신으로, 북학파北學派의 비조鼻祖라 칭해지는 서명응徐命膺(1716~1787)의 손자이며 아버지가 이조판서를 지낸 서호수徐浩修(1736~1799)이다. 당숙堂叔 서철수徐澈修(1749~1829)에게 입양되었다. 가학의 영향으로 농학 등의 실용 학문에 깊은 관심을 가졌으며, 《행포지杏浦志》, 《금화경독기金華耕讀記》 등 다양한 실학서를 저술하였다. 만년에 아들 서우보徐宇輔(1795~1827)의 도움을 받아 113권에 이르는 《임원경제지》를 완성하였다.

《임원경제지》는 사대부가 임원에서의 삶을 경영하는 데 필요한 의식주 생활 전반과 문화생활 및 건강관리법 등을 총망라한 백과전서적 저술로, 서유구가 평생에 걸쳐 모은 학문의 집대성이라 할 수 있다. 《고사신서攷事新書》,《증보산림경제增補山林經濟》,《북학의北學議》등 다양한 국내 서적과 중국 문헌 900여 종을 인용하였는데 방대한 자료를 《본리지本利志》,《관휴지灌畦志》등 크게 16지志로 나누고, 각 지에 대목大目과 세조細條를 두어 정보를 편집·정리하였다. 특히 조부와 아버지의 저술은 물론이고 자신의 저술과 인용 자료에 대한 안설까지 더하였다는 점에서 자료를 종합했을 뿐인 다른 유서와 변별점이 있다.

그중 차와 관련된 내용은 《만학지晚學志》의 〈잡식雜植〉과 《정조지》의 〈음청지류飲淸之類〉, 그리고 《이운지怡雲志》의 〈형비포치衡泌鋪置〉, 〈산재청공山齋淸供〉, 〈명승유연名勝遊衍〉 등에서 찾아볼 수 있다. 특히 여기에서 소개하는 글은 《만학지》권5 〈잡식〉의 '차茶', 《이운지》권2 〈산재청공〉의 '다공茶供', 권8 〈명승유연〉 '여행 도구[遊具]'의 '다구茶具'로, 차의 명칭과 차나무 재배부터 차를 끓이고 마시는 등 차를 즐기는 방법과 휴대용 차제구茶諸具까지 차 향유에 필요한 전반적 정보를 아울러 다루고 있다.

원문은 서울대 규장각한국학연구원 소장본을 저본으로 하였으며, 교감은 해당 다서의 원문을 참조하여 각주로 교감 사항을 명시하였다. 《임원경제지》에는 원전 그대로 초록하지 않고 각색한 지점이 적지 않아 의미상 차이가 없으면 따로 교감하지 않았다.

원문 및 풀이

《만학지晩學志》의 차茶 항목

차의 이름名品

첫째는 차茶라 하고, 둘째는 가檟라 하며, 셋째는 설蔎이라 하고, 넷째는 명茗, 다섯째는 천荈이라 한다. 차는 남방의 좋은 나무다. 1, 2자에서 수십 자에 이른다. 파산巴山과 협천峽川에는 굵기가 두 아름 되는 것이 있다. 가지를 쳐서 잎을 딴다. 나무는 과로瓜蘆와 같고, 잎은 치자처럼 생겼다. 꽃은 백장미 같고, 열매는 종려나무와 꼭 같다. 꽃받침은 정향丁香 같고, 뿌리는 호두(胡桃)와 비슷하다. 야생에서 나는 것이 상품이고, 밭에서 기른 것은 그다음이다. 별 바른 벼랑이나 그늘진 숲에서 난 것으로 자줏빛 도는 것이 상품이고 초록빛은 그다음이다. 순筍이 상품이고, 싹(芽)은 다음이다. 잎은 말려 있는 것이 상품이고 펼쳐진 것은 그다음이다. 그늘진 산과 비탈진 계곡의 것은 따지 않는다.《다경》

一曰茶, 二曰檟, 三曰蔎, 四曰茗, 五曰荈. 茶, 南方之嘉木也. 一尺二尺, 迺至數十尺. 其巴山峽川有兩人合抱者, 伐而掇之. 其樹如瓜蘆, 葉如梔子, 花如白薔薇, 實如栟櫚, 蔕如丁香, 根如胡桃. 野者上, 園者次. 陽崖陰林, 紫者上, 綠者次. 筍者上, 芽者次. 葉卷上, 葉舒次. 陰山坡谷者, 不堪採掇.《茶經》

천하에는 차 산지가 많다. 검남劍南에는 몽정蒙頂과 석화石花가 있고, 호주湖州에는 고저顧渚와 자순紫筍이 있다. 협주峽州에는 벽간碧澗과 명월明月이 있고, 공주邛州에는 화정火井과 사안思安이 있다. 거강渠江에는 박편薄片, 파동巴東에는 진향眞香이 있고, 복주福州에는 백암柏巖, 홍주洪州에는 백로白露가 있다. 상주常州에는 양선陽羨, 무주婺州에는 거암擧巖, 아산丫山에는 양파陽坡, 용안龍安에는 기화騎火가 있다. 검

양黔陽의 도유都濡와 고주高株, 노천瀘川의 납계納溪와 매령梅嶺 등 몇
가지는 그 이름이 모두 알려져 있다. 등급을 매긴다면 석화가 가장 좋
고 자순은 그다음이다. 그다음은 벽간과 명월 같은 종류가 그것이다.
고씨《다보》[1]

茶之産于天下多矣. 若劍南有蒙頂石花, 湖州有顧渚紫筍, 峽州有碧澗明月,
邛州有火井思安, 渠江有薄片, 巴東有眞香, 福州有柏巖, 洪州有白露, 常之陽
羨, 婺之擧巖, 丫[2]山之陽坡, 龍安之騎火, 黔陽之都濡高株, 瀘川之納溪梅嶺之
數者, 其名皆著. 品第之, 則石花最上, 紫筍次之, 又次則碧澗明月之類是也. 顧氏
《茶譜》

천지天池와 청취靑翠, 방형芳馨은 선품仙品이라 말할 만하다. 양선陽
羨은 속명이 나개羅岕이다. 절강浙江의 장흥長興 것이 좋고, 형계荊溪는
조금 못하다. 잎이 가는 것은 값이 천지天池의 두 배다. 육안六安 또한
훌륭한데 약에 넣으면 효과가 가장 좋다. 용정龍井은 고작 십 수 묘畝
에 지나지 않는다. 이 밖에도 차가 있지만 모두 이만 못하다. 천목天目
은 천지와 용정에 버금간다. 《다전》[3]

天池[4]靑翠芳馨, 可稱仙品. 陽羨俗名羅岕. 浙之長興者佳, 荊溪稍下. 細者其
價兩倍天池. 六安品亦精, 入藥最效. 龍井不過十數畝. 外此有茶, 皆不及. 天目

1 고씨《다보》: 명대 고원경顧元慶이 지은《다보茶譜》를 말한다. 이하 같다.
2 《임원경제지》원문은 '료丫'인데 '아丫'의 오기이다. 이외《본초강목》,《군방보》부
   분에도 '아丫'가 '료丫'로 잘못 쓰여 있어 수정하였다.
3 《다전》: 명대 도륭屠隆이 지은《고반여사考槃餘事》〈다전茶箋〉을 말한다.
4 《임원경제지》원문은 '지地'인데 '지池'의 오기이다. 뒤의 내용과 〈다전〉 원본에 따
   라 고쳤다.

爲天池龍井之次. 《茶箋》

차는 야생차와 심어 기르는 것이 있다. 심는 것은 씨를 쓴다. 씨는
크기가 손가락 끝만 하다. 동그랗고 검은색이다. 씨를 입에 넣으면 첫
맛은 달고 뒷맛은 써서, 사람의 목구멍을 콕 찌른다. 대략 차의 품종은
너무 많다. 아주雅州에는 몽정蒙頂과 석화石花, 노아露芽와 곡아穀芽가
으뜸이다. 건녕建寧[5]의 북원北苑에서는 용봉단龍鳳團이 상등의 공납품
이다.

茶有野生種生. 種者用子, 其子大如指頂, 正圓黑色. 其仁入口, 初甘後苦, 最
戟人喉. 大約茶品甚衆, 有雅州之蒙頂石花, 露芽穀芽爲第一. 建寧之北苑龍鳳
團爲上供.

촉蜀 지역의 차는 동천東川의 신천神泉과 수목獸目, 협주硤州의 벽
간碧澗과 명월明月, 기주夔州의 진향眞香, 공주邛州의 화정火井과 사안思
安, 검양黔陽의 도유都濡, 가정嘉定의 아미峨眉, 노주廬州의 납계納溪, 옥
루玉壘의 사평沙坪이 있다.

蜀之茶, 則有東川之神泉獸目, 硤州之碧澗明月, 夔州之眞香, 邛州之火井思
安, 黔[6]陽之都濡, 嘉定之峨眉, 廬州之納溪, 玉壘之沙坪.

초楚 지역의 차는 형주荊州의 선인장仙人掌, 호남湖南의 백로白露,
장사長沙의 철색鐵色, 기주蘄州 기문蘄門의 단면團面, 가주嘉州 곽산霍

---

5 건녕: 복건성福建省 건녕현建寧縣을 말한다.
6 《임원경제지》원문은 '점點'이나 《본초강목本草綱目》원본에 따라 '검黔'으로 고쳤다.

山의 황아黃芽, 여주廬州의 육안六安과 영산英山, 무창武昌의 번산樊山, 악주岳州의 파릉巴陵, 진주辰州의 서포漵浦, 호남湖南의 보경寶慶과 도릉茶陵이 있다.

楚之茶, 則有荊州之仙人掌, 湖南之白露, 長沙之鐵色, 蘄州蘄門之團面, 嘉州霍山之黃芽, 廬州之六安英山, 武昌之樊**7**山, 岳州之巴陵, 辰州之漵浦, 湖南之寶慶茶陵.

오월吳越 지역의 차는 호주湖州 고저顧渚의 자순紫筍과 복주福州 방산方山의 생아生芽, 홍주洪州의 백로白露, 쌍정雙井의 백모白毛, 여산廬山의 운무雲霧, 상주常州의 양선陽羨, 지주池州의 구화九華, 아산丫山의 양파陽坡, 원주袁州의 계교界橋, 목주睦州의 구갱鳩坑, 선주宣州의 양갱陽坑, 금화金華의 거암擧巖, 회계會稽의 일주日鑄가 있다. 모두 차 산지로 유명하다. 지금 사람들은 종가시나무나 상수리나무, 산반山礬이나 남촉南燭 또는 오약烏藥 등의 여러 잎을 따는데 모두 마실 만해서 차를 어지럽힌다고 한다.《본초강목》

吳越之茶, 則有湖州顧渚之紫筍, 福州方山之生芽, 洪州之**8**白露, 雙井之白毛, 廬山之雲霧, 常州之陽羨, 池州之九華, 丫山之陽坡, 袁州之界橋, 睦州之鳩坑, 宣州之陽坑, 金華之擧巖, 會稽之日鑄. 皆産茶有名. 今人採櫧櫟山礬南燭烏藥諸葉, 皆可爲飮, 以亂茶云.《本草綱目》

건주建州의 대룡단大龍團과 소룡단小龍團은 정위丁謂에게서 시작되

7《본초강목》원본에 따라 '번樊'을 보충하였다.

8《임원경제지》원문은 '방方'이나《본초강목》원본에 따라 '지之'로 고쳤다.

어 채군모蔡君謨가 완성했다. 희령熙寧(1068~1077) 말 건주에 조서를
내려 밀운룡蜜雲龍 한 가지 제품만 만들게 했는데 특별히 기이하고 뛰
어났다. 촉주蜀州의 작설雀舌 · 조취鳥嘴 · 맥과麥顆는 대개 어린싹으로
만든 것이 참새 혀, 새의 부리, 보리 알갱이와 비슷하다.

建州大小龍團, 始於丁謂, 成於蔡君謨. 熙寧末, 有旨下建州, 製蜜雲龍一品,
尤爲奇絶. 蜀州雀舌鳥嘴麥顆, 蓋嫩芽所造似之.

또 편갑片甲이란 것이 있다. 이른 봄의 노란 싹과 잎이 서로 감싼
것이 갑옷의 비늘과 같다. 선익蟬翼은 잎이 연하고 얇기가 매미 날개
와 같다. 홍주의 학령차鶴嶺茶는 맛이 지극히 묘하다.

又有片甲者, 早春黃芽, 葉相抱如片甲也. 蟬翼, 葉頓薄如蟬翼也. 洪州鶴嶺
茶, 其味極妙.

촉蜀의 아주雅州 몽산蒙山의 꼭대기에는 노아露芽와 곡아穀芽가 있
다. 모두 한식寒食 이전의 것이라고 하는데 한식 전에 따서 만들었다
는 말이다. 한식 이후의 것은 그다음이다. 일설에는 아주의 몽정차는
생장이 가장 늦어 봄과 여름 사이에 난다. 언제나 구름과 이슬이 그
위를 덮고 있어서 마치 신물神物이 지켜주는 것 같다.

蜀之雅州蒙山頂, 有露芽穀芽, 皆云火前者, 言採造於禁火之前也, 火後者
次之. 一云, 雅州蒙頂茶, 其生最晩, 在春夏之交, 常有雲露覆其上, 若有神物
護持之.

또 오화차五花茶라는 것이 있다. 그 조각은 다섯 잎이 나온 꽃 모양
으로 만든다. 운각雲脚은 원주袁州의 계교界橋에서 생산된다. 이름이
대단히 드러났지만, 호주湖州의 연고研膏나 자순紫筍을 끓이면 녹각綠

脚이 드리우는 것만은 못하다. 초차草茶는 절동浙東과 절서浙西 지방에서 성행하는데 일주日注가 제일이다. 경우景祐(1034~1038)[9] 연간 이후로 홍주洪州 쌍정雙井, 백아白芽가 제작이 특히 정밀해서 일주보다 한참 위에 있다. 마침내 초차의 으뜸이 되었다.

又有五花茶者, 其片作五出花. 雲脚出袁州界橋. 其名甚著, 不若湖州之研膏紫筍. 烹之有綠脚垂下. 草茶盛于兩浙, 日[10]注第一. 自景祐以來, 洪州雙井白芽, 製作尤精, 遠在日注之上, 遂爲草茶第一.

의흥宜興 옹호灉湖에서는 함고含膏가 난다. 선성현宣城縣에는 아산丫山이 있다. 생김새가 작고 네모진 떡과 같다. 횡포橫鋪의 명아茗芽는 그 위에서 생산된다. 산 동쪽은 아침 해가 비춰서 양파陽坡라고 부르는데 그 차가 가장 좋다. 이름을 아산양파횡문차丫山陽坡橫文茶라 하는데 일명 서초괴瑞草魁[11]라고도 한다.

宜興灉湖出含膏. 宣城縣有丫山, 形如小方餅, 橫鋪茗芽産其上. 其山東爲朝日所燭, 號曰陽坡, 其茶最勝, 其名曰丫山陽坡橫文茶, 一曰瑞草魁.

또 건주建州 북원北苑의 선춘先春, 홍주洪州 서산西山의 백로白露가 있고, 안길주安吉州 고저顧渚의 자순紫筍, 상주常州 의흥宜興의 자순과 양선陽羨, 춘지春池의 양봉령陽鳳嶺, 목주睦州의 구갱鳩坑, 남검南劍의

---

9 경우: 북송 4대 황제 인종仁宗 조정趙禎(재위 1022~1063)이 사용한 세 번째 연호다.
10 《임원경제지》의 원문은 '왈日'인데 '일日'의 오기다. 뒤의 내용과 《군방보》 원본에 따라 고쳤다.
11 서초괴: 상서로운 풀 중 으뜸이라는 뜻이다.

석화石花와 노준아露鋑芽와 전아餞芽, 남강南康의 운거雲居, 협주峽州 소강원小江園의 벽간료碧澗蓼와 명월료明月蓼와 수유茱萸, 동천東川의 수목獸目, 복주福州 방산方山의 노아露芽, 수주壽州 곽산霍山의 황아黃 芽, 육안주六安州의 소현춘小峴春 등이 모두 차의 지극히 훌륭한 제품 이다.

又有建州北苑先春, 洪州西山白露, 安吉州顧渚紫筍, 常州宜興紫筍陽羨, 春 池陽鳳嶺, 睦州鳩坑, 南劍石花露鋑芽餞芽, 南康雲居, 峽州小江園碧澗蓼明月 蓼茱萸, 東川獸目, 福州方山露芽, 壽州霍山黃芽, 六安州小峴春, 皆茶之極品.

옥루관玉壘關 밖 보당산寶唐山에는 차나무가 있는데 깎아지른 벼랑 에서 자란다. 싹은 길이가 3촌 또는 5촌이며, 겨우 한 잎이나 두 잎뿐 이다. 대화산大和山의 건림차騫林茶는 처음 끓이면 대단히 쓰고 떫은데 서너 번 끓이면 맑은 향기가 특이하여 사람들이 차의 보물로 여긴다. 부주涪州에는 세 종류의 차가 나온다. 최상품은 빈화賓化로 이른 봄에 만들고, 그다음은 백마白馬이며, 가장 하품은 부릉涪陵이다. 《군방보》

玉壘關外寶唐山有茶樹, 産懸崖, 筍長三寸五寸, 方有一葉兩葉. 大和山騫林 茶, 初泡極苦澀, 至三四泡, 淸香特異, 人以爲茶寶. 涪州出三般茶, 最上賓化, 製 於早春, 其次白馬, 最下涪陵.《群芳譜》

강남의 차는 당나라 사람들은 양선陽羨을 으뜸으로 꼽았고, 송나라 사람들은 건주의 차를 가장 중시했다. 오늘날에 양선은 간신히 이름 만 남았고, 건차 또한 최상품이 아니다. 다만 무이武夷의 우전雨前이 가장 낫다. 근래에 높이는 것은 장흥의 나개羅岕인데 옛사람들이 고저 자순顧渚紫筍이라 한 것이지 싶다. 산 가운데 끼어 있어서 개岕라고 하 고, 나羅씨 사람이 숨어 살았으므로 나개羅岕라고 이름했다. 하지만 개는 예전에도 여러 곳이 있었고, 지금은 다만 동산洞山이 가장 좋다. 고저顧渚에서 나는 것도 또한 좋은 것이 있는데 사람들이 항상 수구차 水口茶라고 불러 나개차와는 완전히 구별한다.

江南之茶, 唐人首稱陽羨, 宋人最重建州. 于今陽羨僅有其名, 建茶亦非最 上. 惟有武夷雨前最勝. 近日所尙者, 爲長[12]興之羅岕, 疑卽古人顧渚紫筍也. 介 於山中謂之岕, 羅氏隱焉故名羅. 然岕故有數[13]處, 今惟洞山最佳. 若在顧渚, 亦 有佳者, 人恒以水口茶名之, 全與岕別矣.

흡주歙州의 송라松羅, 오吳의 호구虎丘, 전당錢塘의 용정龍井은 향기가 진하기로 나개와 더불어 나란히 앞뒤를 겨룰 만하다. 예전 곽차보郭次甫가 황산黃山을 대단히 칭찬하였는데 황산 또한 흡주에 있다. 하지만 송라와는 몹시 떨어져 있다. 예전에는 사인士人들이 모두 천지天池를 귀하게 여겼는데 천지에서 나는 것은 마시면 대략 사람의 가슴을 답답하게 하는 것이 많다. 나 때문에 처음으로 그 다품茶品이 내려간 것을 이제껏 비난하는 경우가 많았지만, 근래에 맛본 사람은 비로소 내 말을 믿게 되었다.

若歙之松羅, 吳之虎丘, 錢塘之龍井, 香氣穠郁, 竝可雁行與岕頡頏. 往時次 甫亟稱黃山, 黃山亦在歙中, 然去松羅甚遠. 往時士人皆貴天池, 天池産者, 飮之 略多令人胸滿. 自余始下其品, 向多非之. 近來賞音者, 始信余言矣.[14]

12《다소》원본에 따라 '장長' 한 글자를 보충하였다.

13《다소》원본에 따라 '수數' 한 글자를 보충하였다.

14《다소》원본에 따라 '向多非之. 近來賞音者, 始信余言矣' 14글자를 보충하였다.

절浙 지방의 산지는 또 천태天台의 안탕雁宕, 괄창栝蒼의 대반大盤, 동양東陽의 금화金華, 소흥紹興의 일주日鑄가 모두 무이武夷와 더불어 서로 우열을 가릴 수 없다. 전당錢塘의 여러 산에서도 나는 차가 아주 많다. 남쪽 산에서 나는 것은 모두 훌륭하나, 북쪽 산의 것은 그만 못하다. 북산에서는 거름을 부지런히 주어 차는 비록 잘 자라지만 기운과 운치는 도리어 부족하다. 예전에 자못 목주睦州의 구갱鳩坑과 사명四明의 주계朱溪를 일컬었지만, 지금은 모두 제품에 들지 못한다. 무이 외에 천주泉州의 청원淸源이 있는데 좋은 솜씨로 만든다면 또한 무이에 버금갈 것이다. 초楚의 산지는 보경寶慶이라 하고, 진滇의 산지는 오화五華라 한다. 이는 모두 두드러지게 이름난 것들이다. 허씨《다소》[15]

浙之産, 又有天台之雁宕, 栝蒼之大盤[16], 東陽之金華, 紹[17]興之日鑄, 皆與武夷相爲伯仲. 錢塘諸山, 産茶甚多. 南山盡佳, 北山稍劣. 北山勤於用糞, 茶雖易苗, 氣韻反薄. 往時頗稱睦之鳩坑, 四明之朱溪, 今皆不得入品. 武夷之外, 有泉州之淸源, 倘以好手製之, 亦與武夷亞匹. 楚之産曰寶慶, 滇之産曰五華, 此皆表表有名者. 許氏《茶疏》

백차白茶는 따로 하나의 종류여서 일반적인 차와 같지 않다. 가지는 넓게 뻗고, 잎은 윤기가 나면서 얇다. 벼랑이나 숲 사이에서 우연히 생겨나니 인력으로 이룰 수 있는 것이 아니다. 있다 해도 4~5그루에

---

15 허씨《다소》: 명나라 허차서許次紓(1549~1604)가 1597년경 지은《다소茶疏》를 말한다.

16 《다소》원본에 따라 '반盤' 한 글자를 보충하였다.

17 《임원경제지》원문은 '뉴紐'이나《다소》원본에 따라 '소紹'로 고쳤다.

불과하고, 집에서 기르는 것은 한두 그루에 지나지 않아, 차로 만들 경우 2~3덩이에 그칠 뿐이다. 어린싹이 많지 않아 찌고 말리는 것이 특히 어렵고, 탕과 불 어느 하나만 잃어도 이미 변해서 보통의 제품이 되고 만다. 모름지기 제조를 정밀하고 꼼꼼하게 해야 하고, 운용의 절도도 꼭 맞아야 한다. 그래야만 겉과 속이 환히 통해 옥이 박옥璞玉 속에 들어 있는 것과 같아진다. 다른 것은 더불어 겨룰 것이 없다.

白茶自爲一種, 與常茶不同, 其條敷[18]闊, 其葉瑩薄. 崖林之間, 偶然生出, 非人力所可致. 有者不過四五, 家生者不過一二株, 所造止於二三銙而已. 芽英不多, 尤難蒸焙, 湯火一失, 則已變而爲常品. 須製造精微, 運度得宜, 則表裏昭徹, 如玉之在璞, 它無與倫也.[19]

백엽차白葉茶는 근년에 나왔다. 차밭에서 기를 때 이따금 있다. 산지는 산천의 멀고 가까움으로 따지지 않고, 싹이 나오는 것은 사일社日[20] 앞인지 뒤인지 가리지 않는다. 아엽芽葉은 종이 같아 민간에서 이를 크게 중하게 보아 차 중 상서로운 것으로 여긴다.

감엽차柑葉茶는 나무 높이가 1장 남짓 되고 지름이 7, 8촌이다. 잎이 두껍고 둥글다. 생긴 것은 감귤柑橘 잎과 비슷하다. 싹이 나오면 바로 기름지고 젖빛이 돈다. 길이가 2촌 남짓일 때 먹는데 차의 상등품이다.

---

18 《임원경제지》 원문은 '수數'이나 《대관다론》 원본에 따라 '부敷'로 고쳤다.

19 '백차白茶' 대목은 《대관다론》의 〈백차〉 항목에서 인용한 것인데 인용 표시가 《동계시다록》으로 잘못 적혀 있다.

20 사일: 입춘이 지난 뒤 다섯 번째 무일戊日인 춘사春社를 말한다. 양력으로 3월 17~26일경이다.

조차早茶 또한 감엽차와 비슷하다. 잎이 늘 봄에 앞서 나오므로, 민간에서 채취하여 만들어 시험 삼아 불에 말린 것이다.

세엽차細葉茶는 잎이 감귤 잎에 비해 가늘고 얇다. 나무는 키가 5, 6척인데 싹이 짧아 젖빛은 돌지 않는다. 지금 사계산沙溪山에서 나는데 토질이 척박하여 무성하지 않다.

계차稽茶는 잎은 가늘지만 도톰하고 촘촘하다. 싹은 늦게 나오고 청황색이다.

만차晚茶는 대개 계차의 종류인데 다른 여러 차에 비해 늦게 나와 사일社日 이후에 나온다.

총차叢茶는 또한 얼차蘗茶라고도 한다. 덤불로 나는데 높이는 몇 자가 되지 않는다. 1년 사이에 서너 번 싹이 나와서 가난한 사람들이 이롭게 여긴다. 《동계시다록》

白葉茶, 出於近歲. 園培時有之. 地不以山川遠近, 發不以社之先後. 芽葉如紙, 民間大重之, 以爲茶瑞. 柑葉茶, 樹高丈餘, 徑頭七八寸, 葉厚而圓, 狀類柑橘之葉, 其芽發, 卽肥乳. 長二寸許爲食, 茶之上品. 早茶亦類柑, 葉發常先春, 民間採[21]製爲試焙者也. 細葉茶, 葉比柑葉細薄, 樹高五六尺, 芽短而不乳. 今生沙溪山中, 蓋土薄而不茂也. 稽茶, 葉細而厚密, 芽晚而靑黃. 晚茶, 蓋稽茶之類, 發比諸茶晚, 生於社後. 叢茶亦曰蘗茶, 叢生, 高不數尺, 一歲之間, 發者數四, 貧民以爲利. 《東溪試茶錄》

교지차交趾茶는 녹태綠苔처럼 맛이 매운데 이름하여 등登이라 한다. 《연북잡지》

---

21 《임원경제지》원문은 '채採'인데 '채採'의 오기이다.

交趾茶, 如綠苔, 味辛, 名之曰登.《硏北雜志》

폭포산瀑布山은 일명 자응산紫凝山이다. 대엽차大葉茶가 난다.《동백
산지》

瀑布山, 一名紫凝山, 産大葉茶.《桐栢山志》

연화차蓮花茶는 널리 돌 틈으로 나아가 차를 기른다. 흔히 맑은 향
과 서늘한 운치가 사람을 엄습해 오면 입을 다물지 못하게 하니, 이를
일러 황산운무차黃山雲霧茶라고 한다.《황산지》

蓮花茶, 旁就石縫養茶, 多淸[22]香冷韻, 襲人斷齶, 謂之黃山雲霧茶.《黃山志》

보운산寶雲山에서 나는 것은 보운차寶雲茶 하고, 하천축下天竺의
향림동香林洞에서 나는 것은 향림차香林茶라 한다. 상천축上天竺의 백
운봉白雲峯에서 나는 것은 백운차白雲茶라고 한다.《항주부지》

寶雲山産者, 名寶雲茶, 下天竺香林洞者, 名香林茶, 上天竺白雲峯者, 名白
雲茶.《杭州府志》

태화산太華山은 운남부雲南府 서쪽에 있다. 생산되는 차는 색과 맛
이 모두 송라松蘿와 비슷하다. 이름을 태화차太華茶라 한다. 보이산普洱
山은 차리군민車里軍民 선위사宣慰司의 북쪽에 있다. 그 꼭대기에서 차
가 나는데 성질은 따뜻하고 맛이 향기롭다. 이름을 보이차普洱茶라고
한다. 맹통산孟通山은 만전주灣甸州 경계에 있다. 세차細茶를 생산하는

22《임원경제지》원문은 '경輕'이나《황산지》원본에 따라 '청淸'으로 고쳤다.

데 맛이 가장 훌륭하다. 이름을 만전차灣甸茶라고 한다. 《운남지》

太華山, 在雲南府西, 産茶色味俱似松蘿, 名曰太華茶. 普洱山, 在車里軍民
宣慰司北. 其上産茶, 性溫味香, 名曰普洱茶. 孟通山, 在灣甸州境, 産細茶, 味最
勝, 名曰灣甸茶.《雲南志》

감통사感通寺는 점창산點蒼山 성응봉聖應峯 기슭에 있다. 예전 이름
은 탕산蕩山이며 또 상산上山이라고 한다. 36개의 원院이 있는데 모두
차가 난다. 차나무는 키가 1장이며, 성질과 맛이 양선陽羨에 못지않다.
이름하여 감통차感通茶라고 한다. 《대리부지》

感通寺, 在點蒼山聖應峯麓, 舊名蕩山, 又名上山, 有三十六院, 皆産茶. 樹高
一丈, 性味不減陽羨, 名曰感通茶.《大理府志》

양주楊州에서는 해마다 촉강차蜀岡茶를 공물로 바치는데 몽정차와
비슷하다. 질병을 낫게 하고 수명을 늘려준다. 《완릉시주》

楊州歲貢蜀岡茶, 似蒙頂茶, 能除疾延年.《宛陵詩注》

우리나라는 호남의 고을에서 종종 차가 난다. 이수광이 《지봉유설》
에서 말했다. "신라 흥덕왕 때 사신이 당나라에서 돌아오면서 차 씨앗
을 가져왔다. 지리산에 심을 것을 명하였다." 당시 가져온 것이 어느
땅에서 난 것인지는 모르겠다. 하지만 지금 호남의 차가 요컨대 그 남
은 종자일 것이다. 잎은 거칠고 큰 데다 단단하다. 이를 끓이면 기운과
맛이 한결같이 북경의 가게에서 사 가지고 온 황차와 비슷하다. 내 생
각에 찻잎을 따서 찌고 말리는 것이 그 방법을 아직 얻지 못한 듯하다.
영호남의 바닷가 지방의 차는 품질이 대단히 높아서, 중국의 강절
江浙과 양회兩淮[23] 등지에서 나는 이름난 차와 비교하더라도, 지역도

그다지 멀지 않고, 땅의 기운의 차고 더운 것도 진실로 차이가 없다. 혹 풍토가 맞지 않는다고 말하는 것은 망령된 이야기다. 진실로 능히 좋은 품종을 구입해 와 심어서 기르고, 덖어 만드는 것이 알맞게 된다면 석화와 자순 같은 명품을 애초에 우리나라에서 얻지 못할 것도 없다. 《행포지》

我國湖南州郡, 往往産茶. 李睟光芝峯類說云: "新羅興德王時, 使臣自唐還, 賫茶子來, 命植智異山." 未知其時賫來者, 何地之産, 而今湖南之茶, 要其遺種也. 葉麤大而硬. 煎之, 氣味一似燕肆購來之黃茶, 意採擷蒸焙之, 未得其法也. 嶺湖南沿海州郡極高, 較中國江浙兩淮等産名茶地方, 不甚相遠. 地氣寒煖諒亦無異, 或謂風土不宜者, 妄也. 苟能購²⁴得嘉種而栽藝, 有方焙造合宜, 則石花紫筍之名品, 未始不可得於東土矣. 《杏蒲志》

[안설]: 우리나라 사람들은 차를 그다지 마시지 않는지라, 나라 안에 절로 차의 종자가 있는데도 아는 이가 또한 드물다. 근래 50~60년 이래로 신분 높은 사대부들이 종종 차를 즐기는 사람이 있어 해마다 수레에 실어 사 가지고 오는 것이 걸핏하면 소와 말이 땀을 흘릴 정도이다. 하지만 진짜는 몹시 드물다. 흔히 종가시나무, 상수리나무, 박달나무, 조나무의 잎을 섞는지라 오래도록 마시면 설사를 하게 만든다. 이제 대략 중국에서 차가 생산되는 지방과 각종 명품들을 위와 같이 기록하여, 호사자로 하여금 종자를 구입해서 전파하고 번식하게 하고자 한

---

23 강절과 양회: 강절은 강소성江蘇省과 절강성浙江省을 뜻하고, 양회는 회남淮南과 회북淮北을 말하는데 현재의 안휘성安徽省 지역이다.

24 《임원경제지》 원문은 '구購'이나 《행포지》 원본에 따라 '구購'로 고쳤다.

다. 진실로 심고 길러 덖어 만드는 기술이 있다면 우리나라 고유의 진짜 차를 버리고 다른 지역의 값비싼 가짜 차를 구입하는 데 이르지는 않을 것이다.

按: 東人不甚啜茶, 國中自有茶種, 而知者亦鮮. 近自五六十年來, 縉紳貴遊, 往往有嗜之者, 每歲燕輸之購來者, 動輒汗牛馬. 然眞者絶罕. 多雜以櫧櫟檀皀之葉, 久服之, 令人冷利. 今略掇中州産茶地方及各種名品, 載錄如右, 俾好事者, 得以購種傳殖焉. 苟其蒔藝焙造之有術, 庶不至捨吾邦固有之眞茶, 而購他域價翔之僞茶也.

又 [안설]: 편차는 남당南唐의 북원北苑에서 시작해 송나라 사람들이 가장 좋아했다. 경력慶曆(1041~1048)[25] 연간의 소룡단小龍團과 원풍元豐(1078~1085) 연간의 밀운룡密雲龍, 소성紹聖(1094~1098)[26] 연간의 서운룡瑞雲龍 등은 모두 가장 두드러진 것들이다. 논하는 자는 이렇게 말한다. "단차團茶와 편차는 모두 맷돌로 간 가루에서 나오기 때문에 이미 참맛이 손상되었다. 여기에 기름때까지 더해져 좋은 제품이 못되니, 아차芽茶 천연의 맑은 향기만은 못하다." 대개 용단봉병龍團鳳餠은 본래 공물로 바치는 데 충당되었다. 뇌자腦子[27] 등의 여러 향과 기름을 섞어서 조제하므로 한 덩어리 값이 40만 전에 이르렀다. 이 때문에 당시 황금을 얻기 쉽지 용병龍餠은 얻기 쉽지 않다는 말까지 있었

25 경력: 북송 4대 황제 인종이 사용한 여섯 번째 연호이다.

26 소성: 북송 7대 황제 철종哲宗 조후趙煦(재위 1085~1100)가 사용한 두 번째 연호이다.

27 뇌자: 용뇌龍腦를 말한다.

다. 어찌 산림에서 맑게 몸을 닦는 선비가 쉽게 얻을 것이겠는가? 이 제 오로지 아차의 명품만 기록하고, 편차는 생략하였다.

又按: 片茶, 始自南唐之北苑, 而宋人最尚之. 慶曆之小龍團, 元豐之密雲龍, 紹聖之瑞雲龍, 皆其最著者也. 論者謂, 茶之團者片者, 皆出于碾磑之末, 既損眞味. 復加油垢, 卽非佳品, 不若芽茶之天然淸香也. 蓋龍團鳳餅, 本充貢獻, 雜以腦子諸香膏油調齊, 一夸之直至四十萬錢, 故當時有金易得, 龍餅不易得之語. 此豈山林淸修之士, 所易致哉. 今專錄芽茶名品, 而片茶則略之云.

적당한 토양 土宜

나무 아래나 북쪽의 그늘진 땅이 적합하다. 《사시유요》

宜樹下, 或背陰之地. 《四時類要》

대개 산 중간 지대의 비탈이 좋다. 평지일 경우 양쪽 두둑에 도랑을 깊이 파서 물을 빼야 한다. 뿌리가 물에 잠기면 반드시 죽는다. 위와 같은 책

大槪宜山中帶坡坂, 若於平地, 卽於兩畔深開溝壅洩水, 水浸根必死. 同上

땅은 제일 좋은 것은 난석爛石, 즉 풍화토에서 나고, 중간 것은 사질토砂質土에서 나며, 나쁜 것은 황토에서 난다. 《다경》

其地, 上者生爛石, 中者生礫[28]壤, 下者生黃土. 《茶經》

심는 땅은 벼랑은 반드시 양지이고, 밭은 틀림없이 음지라야 한다. 대개 돌은 성질이 차므로, 그 잎은 억눌려 파리하고, 그 맛은 성글고 박하다. 반드시 볕의 따스함에 힘입어서 이를 편다. 흙은 성질이 골고루 퍼져 있어, 그 잎은 성글고 뻣뻣하고 그 맛은 강하면서 제멋대로다.

반드시 그늘로 가려줌에 힘입어 이를 조절해야 한다. 음양이 서로 조절해야만 차 맛이 늘 마땅함을 얻게 된다. 《대관다론》

植産之地, 崖必陽, 圃必陰. 蓋石之性寒, 其葉抑以瘠, 其味疏以薄, 必資陽和以發之, 土之性敷, 其葉疏以暴, 其味强以肆, 必資陰蔭以節之. 陰陽相濟, 則茶之滋長得其宜. 《大觀茶論》

차를 심는 땅은 남쪽을 향하는 것이 좋다. 북쪽을 향한 것은 마침내 맛이 나쁘다. 이 때문에 같은 산 가운데서도 좋고 나쁨이 서로 크게 다르다. 《다해》

茶地南向爲佳. 向陰者遂劣, 故一山之中, 美惡大相懸也. 《茶解》

차나무는 성질이 물을 싫어한다. 기름진 땅에 비탈진 언덕, 그늘진 땅에 물이 잘 빠지는 곳이 좋다. 《군방보》

性惡水, 宜肥地斜坡陰地走水處. 《群芳譜》

시기時候

2월에 차를 심는다. 《사시유요》

二月種茶. 《四時類要》

청명과 곡우는 차를 따는 시기이다. 청명은 너무 이르고, 입하는 너무 늦다. 곡우 전후가 가장 알맞은 때다. 만약 다시 하루나 이틀의 날

---

28 《임원경제지》 원문에 '역은 마땅히 석石 자를 넣어야 한다(櫟當以石爲㯚)'고 하여 '역櫟'을 '역㯚'으로 고친다는 각주가 달려 있다.

짜를 미뤄서 그 기력이 완전히 채워지기를 기다리면 향기가 배나 더욱 짙어지고, 보관하기도 쉽다. 매우梅雨가 내리는 장마철에는 날씨가 덥지 않아, 비록 조금 크게 자라더라도 가지는 어리고 잎은 부드럽다. 항주杭州의 풍속은 사발 안에 손으로 집어서 타는 것을 좋아한다. 그래서 지극히 가는 것을 좋아한다.[29] 번민을 다스리고 답답한 기운을 흩어주니 갑작스레 아니라고 해서는 안 된다.

清明穀雨, 摘茶之候也. 清明太早, 立夏太遲, 穀雨前後, 其時適中. 若肯再遲一二日期, 待其氣力完足, 香烈尤倍, 易於收藏. 梅時不蒸, 雖稍長大, 故是嫩枝柔葉也. 杭俗喜于盂中撮點, 故貴極細, 理煩散鬱, 未可遽非.

오송吳淞 사람들은 우리 고장의 용정차를 지극히 귀하게 여긴다. 곡우 전에 가는 잎으로 만든 것을 기꺼이 비싼 가격에 구매하는데 옛 습관에 익어서 묘한 이치를 알지 못하기 때문이다. 개중升中 사람은 여름 이전이 아니면 따지 않는다. 처음 시험 삼아 딴 것은 개원開園이라 하고, 입하로부터 딴 것은 춘차春茶라고 말한다. 그 땅은 조금 차므로 모름지기 여름을 기다린다. 이는 또 마땅히 너무 늦었다고 해서 문제 삼지 않는다. 예전에는 가을날 차를 따는 경우가 없었지만, 근래에는 있다. 가을 7~8월에 다시 한 차례 딴다. 이를 조춘早春이라고 하는데 그 제품이 대단히 훌륭하다. 허씨《다소》

<hr>

29 항주의 풍속은 …… 좋아한다: 사발에서 차를 우려 마시는 촬포법撮泡法을 말한 것이다. 명대 진사陳師의 《다고茶考》에서 "항주의 차를 끓이는 풍속은, 가는 차를 써서 사발에 넣고 끓인 탕을 부으니, 이름을 촬포라 한다(杭俗烹茶, 用細茗置茶甌, 以沸湯點之, 名爲撮泡)"고 했다.

吳淞[30]人極貴吾鄕龍井, 肯以重價購雨前細者, 狃於故常, 未解妙理. 岕中之人, 非夏前不摘, 初試摘者, 謂之開園, 采自正夏, 謂之春茶. 其地稍寒, 故須待夏, 此又不當以太遲病之. 往日無有秋日摘茶者, 近乃有之. 秋七八月, 重摘一番, 謂之早春, 其品甚佳. 許氏《茶疏》

따는 것은 일러야 좋다. 대개 청명과 곡우 이전에 딴 것이 좋고, 이 시기를 지나면 좋지 않다. 왕씨《농서》[31]

採之宜早. 率以淸明穀雨前者爲佳, 過此不及. 王氏《農書》

좋은 차는 사전社前[32]에 만든다. 그다음은 화전火前이니 한식 이전을 말한다. 그 아래는 우전雨前, 즉 곡우 이전을 말한다. 《학림신편》

茶之佳者, 造在社前. 其次火前 謂寒食前也. 其下則雨前, 謂穀雨前也.

《學林新編》

곡우 전에 차를 따면 정신이 충분치 않다. 입하 후에는 줄기와 잎이 너무 거칠다. 하지만 차는 가늘고 어린 것을 묘하게 여긴다. 모름지기 입하로 넘어갈 때 따는 것이 마땅하다. [안설]: 이것은 나개에서 차를 따는 시기이다. 다른 예에 견줘보면 숫자가 느리다. ○《개다전》

採茶雨前, 則精神未足, 夏後則梗葉太麤. 然茶以細嫩爲妙, 須當交夏時採 按:

---

30 《임원경제지》 원문은 '송松'이나 《다소》 원본에 따라 '송淞'으로 고쳤다.

31 왕씨《농서》: 중국 원대 왕정王禎이 1313년경 지은 《농서農書》를 말한다.

32 사전: 양력으로 3월 21일경의 춘분 전후에 따서 만든 차를 말한다. 사전차社前茶라고도 한다.

此羅岕採茶之候也. 較他例遲數. ○《岕茶箋》

북원北苑은 관배官焙[33]로, 차를 만드는 데 늘 경칩 뒤에 한다. 《초계시화》[34]

北苑官焙, 造茶, 常在驚蟄後.《苕溪詩話》

심고 가꾸기 種藝

구덩이는 둘레 3척, 깊이 1척으로 판다. 두엄을 익히고 인분을 뿌려 흙에 섞는다. 구덩이마다 60~70개의 씨앗을 심는데 흙의 두께는 1촌 남짓 되게 하고, 나는 풀은 내버려두고 김을 매지 않는다. 2척 간격을 두고 한 방향으로 심는다. 가물 때는 쌀뜨물을 준다. 이 식물은 해를 두려워하니 뽕나무 밑이나 대나무 그늘에 심으면 모두 좋다. 2년이 지나서야 바야흐로 김을 매줄 수 있다. 소변과 묽은 똥, 누에똥을 주어서 북돋운다. 또 너무 많이 주면 안 되는데 뿌리가 여리기 때문이다. 3년 뒤에 차를 거둔다. 《사시유요》

開坎圓三尺深一尺, 熟剗著糞和土. 每阬中種六七十顆子, 蓋土厚一寸强, 任生草, 不得耘. 相去二尺, 種一方. 旱時以米泔澆. 此物畏日, 桑下竹陰地種之皆可. 二年外, 方可耘治. 以小便稀糞蠶沙澆壅之. 又不可太多, 恐根嫩故也. 三年後收茶.《四時類要》

---

33 북원은 관배: 관배는 '관영 차 공장' 또는 '관영 차밭'을 뜻한다. 《초계시화》에서 북원은 관배, 학원壑源은 사배私焙, 사계沙溪는 외배外焙라고 기록하고 있다.

34 《초계시화苕溪詩話》: 송대 호자胡仔(1095~1170)가 지은 《초계어은총화苕溪漁隱叢話》를 말한다.

그 방법은 오이를 심을 때와 같다. 3년이면 잎을 채취할 수 있다. 《다경》

法如種瓜, 三歲可採.《茶經》

씨를 심을 때는 겨와 불에 탄 흙을 섞어서 심는다. 《군방보》

種子, 用糠與焦土拌, 種之.《群芳譜》

다만 심어서 기를 수 있지, 옮겨 심어서는 안 된다. 《증보도주공서》

但可種成, 不可移栽.《增補陶朱公書》

보호하기護養

차밭에는 나쁜 나무를 심으면 안 된다. 오직 계수나무〔桂〕, 매화〔梅〕 신이辛夷, 옥란玉蘭, 매괴玫瑰, 창송蒼松, 취죽翠竹만 중간중간에 함께 심어두면 서리와 눈을 덮어 가리고 가을볕이 비치는 것을 가려주기에 충분하다. 그 아래로는 방란芳蘭과 유국幽菊 같은 향기 맑은 식물도 심을 수 있다. 《다해》

茶園, 不宜加以惡木. 惟桂梅辛夷玉蘭玫瑰蒼松翠竹, 與之間植, 足以蔽覆霜雪, 掩映秋陽. 其下可植芳蘭幽菊淸芬之物.《茶解》

조심해야 할 점宜忌

가장 꺼리는 것은 채마밭과 바싹 붙어 있어 물이 스며드는 것을 면치 못해 그 맑고 참됨을 더럽히는 것이다. 《다해》

最忌, 菜畦相逼, 不免滲漉, 滓厥淸眞.《茶解》

따서 모으기收採

찻잎 채취는 2월과 3~4월에 한다. 차의 순筍은 풍화토의 비옥한 땅에서 난다. 길이가 4~5촌인데 마치 고사리가 처음 뻗는 것 같다. 이슬을 맞으면서 채취한다. 차의 싹은 떨기의 윗부분에서 나오는데 세 가지, 네 가지 또는 다섯 가지가 있다. 그 가운데 가지가 쑥 올라온 것을 가려서 채취한다. 날씨는 비가 오면 따지 않고, 개었어도 구름이 있으면 따지 않는다. 《다경》

採茶在二月三月四月之間. 茶之筍者, 生爛石沃土, 長四五寸, 若薇蕨始抽, 凌露採焉. 茶之芽者, 發於叢薄之上, 有三枝四枝五枝者, 選其中枝穎拔者採焉. 其日有雨不採, 晴有雲不採.《茶經》

찻잎 따기는 여명에 해서 해가 나오면 그만둔다. 손톱을 사용하여 싹을 끊어야지 손가락으로 문지르면 안 된다. 땀 기운이나 냄새가 스미면 차가 깨끗하지 않을까 염려해서다. 이 때문에 차 따는 사람들은 새로 길어 온 물을 가지고 다니면서 차 싹을 얻으면 물에 넣는다. 무릇 싹은 참새 혀나 곡식의 낟알 같은 것을 투품鬪品으로 꼽고, 일창일기一鎗一旗[안설 : 차가 처음 나와서 어린 것을 일창이라 하고, 조금 커서 펴지면 일기라 한다.]는 간아揀芽라 한다. 일창이기一鎗二旗는 그다음이고, 나머지는 하품이다. 차가 처음 싹이 움트면 백합白合35이란 것이 있고, 따고 나면 오대烏帶가 있다. [안설]:《서계총어》36에서 말했다. "북원의 용단승설龍團勝雪37과 백차 두 종류는 먼저 찌고 나서 가려낸다. 매번 하나의 싹에서 먼저 바깥 두 개의 작은 잎

---

35 백합: 차나무의 겨울눈을 싸서 보호하는 얇은 잎처럼 생긴 것을 말한다. '인편鱗片' 혹은 '아린芽鱗'이라고도 한다.

을 제거하는데 이것을 오대라 한다. 또 다음에는 두 개의 어린잎을 취하는데 이것을 백합이라고 한다. 작은 싹의 심만 물속에 남기는데 이를 수아水芽라고 한다. 이것을 모은 것이 많아지면 바로 갈고 말려서 두 종류의 차를 만든다." 백합을 제거하지 않으면 차 맛을 해치고, 오대를 제거하지 않으면 차의 색을 해친다.《대관다론》

撮茶以黎明, 見日則止. 用爪斷芽, 不以指揉. 慮氣汗薰漬, 茶不鮮潔. 故茶工多以新汲水自隨, 得芽則投諸水. 凡芽如雀舌穀粒者爲鬪品, 一鎗一旗, 按: 茶始生而嫩者爲一鎗 寖大而開爲一旗 爲揀[38]芽, 一[39]鎗二旗爲次之, 餘斯爲下. 茶之始芽萌, 則有白合, 既撮則有烏帶.[40] 按: 西溪叢語[41]云 北苑 龍團勝雪白[42], 二種, 先蒸後揀. 每一芽先去外兩小葉, 謂之烏帶. 又次取兩嫩葉, 謂之白合. 留小心芽置於水中, 呼爲水芽. 聚之稍多, 即研焙爲二品茶. 白合不去害茶味, 烏帶不去害茶色.《大觀茶論》

36 《서계총어西溪叢語》: 송대 요관姚寬(1105~1162)이 지었다.

37 용단승설: 《서계총어》에는 '용원승설龍園勝雲'로 되어 있다. '용단승설'은 필사하는 과정에서 '園' 자를 '團' 자로 잘못 쓴 것이다. '용원龍園'은 북원 지역의 차 밭이다. 《선화북원공다록宣和北苑貢茶錄》을 지은 웅번熊蕃의 〈어원채다가御苑探茶歌〉 10수十首 병서並序에서 "오늘날 용원에서 만든 것은 지난날에 비해 더욱 흥성하다[今龍園所製, 視昔尤盛]"고 했고, 4수四首에서 "차 따는 이들이 신선한 풀잎을 다투어 밟고, 뒤돌아보니 용원에 새벽이 열리네. 병사의 징 소리 세 번 울리니, 차바구니 젊어지고 서둘러 내려오네. 해가 뜨면 차 따는 것을 허락하지 않는다[紛綸爭徑踩新苔, 回首龍園曉色開. 一尉鳴鉦三令趨, 急持煙籠下山來. 探茶不許見日出]"라고 한 내용으로 '용원'이 차 밭임을 알 수 있다. 따라서 '용원승설'은 '용원에서 만든 승설차'라는 뜻이다.

38 《임원경제지》원문은 '련練'이나 《대관다론》원본에 따라 '간揀'으로 고쳤다.

39 《임원경제지》원문은 '이二'이나 《대관다론》원본에 따라 '일一'로 고쳤다.

40 《임원경제지》원문과 《서계총어》에는 '오대烏帶'로 되어 있지만, '오체烏蒂'가 맞다. '어엽魚葉'이라고도 한다. 이하 같다.

41 《임원경제지》원문은 '화話'이나 본래의 책 《서계총어》에 따라 '어語'로 고쳤다.

42 《서계총어》에는 '龍園勝雪白茶'로 되어 있다.

찻잎을 따는 것은 모름지기 이른 새벽에 하고 해를 보아서는 안 된다. 새벽에는 밤이슬이 아직 마르지 않아 차 싹이 살찌고 촉촉하다. 해를 보면 양기陽氣에 이슬 기운이 엷어져서, 차 싹의 기름기를 안에서 소모시키므로 물을 받아도 선명하지 않게 된다. 이 때문에 항상 5경에 무리를 모아 산에 들어가 진시辰時, 즉 오전 9시가 되면 마친다. 욕심을 부려 많이 얻으려 하게 해서는 안 된다. 《북원별록》

採茶, 須侵晨, 不可見日. 晨則夜露未晞, 茶芽肥潤, 見日則爲陽氣所薄, 使芽之膏腴內耗, 至受水而不鮮明. 故常以五更集衆入山, 至辰則止, 勿令貪多務得. 《北苑別錄》

찻잎 채취는 모름지기 바람과 해가 맑고 화창한지 살펴, 달 이슬이 막 걷힐 때 직접 채취하는 것을 감독하여 광주리에 넣는다. 뜨거운 햇살 아래서는 또 광주리 안이 푹푹 찌는 것을 막아야 하므로 덮개로 가려서 집까지 간다. 얼른 쏟아내 깨끗한 광주리에 얇게 펼쳐 마른 가지나 병든 잎, 거미줄이나 달팽이 같은 것을 꼼꼼히 골라내 하나하나 발라낸다. 그래야 정결해진다. 《개다전》

採茶, 須看風日晴和, 月露初收, 親自監採入籃. 烈日之下, 又防籃內鬱蒸, 須傘蓋至舍. 速傾淨匾[43]薄攤, 細揀枯枝病葉, 蛸絲靑牛之類, 一一剔去, 方爲精潔. 《芥茶箋》

찻잎을 딸 때는 너무 가는 것은 필요 없다. 가늘면 싹이 갓 움터서

---

43 《임원경제지》 원문에는 '匾' 자 위에 '竹'이 있으나 원본에 따라 '匾'으로 바로잡았다.

맛이 부족하다. 너무 푸를 필요도 없다. 푸르면 차가 이미 쇠어서 어린 맛이 부족하다. 모름지기 곡우 전후 줄기에 잎이 달린 것을 찾아야 한다. 옅은 녹색으로 둥글고 두꺼운 것이 상품이다. 도씨《다전》[44]

採茶, 不必太細. 細則芽初萌, 而味欠足. 不必太靑, 靑則茶已老, 而味欠嫩. 須在穀雨前後, 覓成梗帶葉, 微綠色而團且厚者, 爲上. 屠氏《茶箋》

찻잎을 처음 딸 때는 모름지기 줄기와 가지, 쇤 잎을 골라내고 어린잎만 취해야 한다. 또 뾰족한 것과 잎자루도 제거해야 한다. 덖을 때 쉬 탈 것을 염려해서다. 문룡《다전》

茶初摘時, 須揀去枝梗老葉. 惟取嫩葉, 又須去尖與柄. 恐炒時易焦也. 聞龍《茶箋》

찌고 말리기蒸焙

차가 좋고 나쁜 것은 차 싹을 찌는 일과 압황壓黃, 즉 압착을 어떻게 하느냐에 달려 있다. 찐 것이 너무 날것 상태이면 차 싹이 미끄러워서 색은 맑아도 맛이 맵고, 너무 익으면 차 싹이 뭉크러져 색이 붉고 찰기가 없다. 오래 압착하면 기운이 빠져 맛이 엷고, 부족하면 색깔이 어둡고 맛은 떫다. 차 싹을 찔 때 알맞게 익으면 향기가 나고, 압착은 진액이 모두 빠지면 즉각 멈춰야 한다. 이렇게 하면 제조 공정에서 열에 일고여덟은 얻은 것이다. 《대관다론》

茶之美惡, 尤係于蒸芽壓黃之得失. 蒸太生則芽滑, 故色淸而味烈, 過熟則芽爛, 故色赤而不膠. 壓久則氣竭味漓, 不及則色暗味澀. 蒸芽欲及熟而香, 壓黃欲膏盡亟止. 如此則製造之工, 十已得七八矣.《大觀茶論》

---

44 도씨《다전》: 명대 도륭이 지은《고반여사》〈다전〉을 말한다.

차 싹을 씻는 것은 깨끗하게 해야 하고, 씻는 그릇은 정갈해야 한다. 쪄서 누르는 것은 알맞게 해야 하고, 누른 찻잎을 갈 때는 고膏[45]가 될 때까지 갈며, 불에 말리는 것은 잘해야만 한다. 마실 때 조금이라도 모래가 있는 것은 세척이 정밀하지 않아서다. 단차 표면의 결이 마르고 붉은 것은 불에 말리는 것이 지나치게 길었기 때문이다. 대저 차를 만들 때는 먼저 해의 길고 짧음을 헤아리고 일꾼의 많고 적음을 고르게 분배하며, 채취하여 가린 것의 많고 적음을 가늠해서 하루 만에 만들어야 한다. 차가 하룻밤을 묵고 나면 색깔과 맛이 손상될까봐 염려해서다. 위와 같은 책

滌芽唯潔, 濯器唯淨, 蒸壓唯其宜, 研膏唯熟, 焙火唯良. 飲而有少砂者, 滌濯之不精也. 文理燥赤者, 焙火之過熟也. 夫造茶, 先度日晷之短長, 均工力之衆寡, 會采擇之多少, 使[46]一日造成, 恐茶過宿, 則害色味. 同上

생차生茶를 막 따면 아직 향기가 스미지 않은 상태여서 반드시 불의 힘을 빌려 그 향기를 끌어내야 한다. 하지만 성질이 괴로움을 견디지 못하므로 덖기를 오래 해서는 안 된다. 많이 가져다 솥에 넣으면 손길이 고르지 않게 되고, 솥 안에 오래 두어 너무 익으면 향기가 흩어지고 만다. 심한 경우 타거나 말라버리면 어떻게 차 끓이는 것을 견디겠는가? 차를 덖는 기구는 신철新鐵, 즉 새로 만든 쇠를 가장 꺼린다. 쇠 비린내가 한번 배면 다시는 향기가 나지 않는다. 더 꺼리는 것

---

45 고: 압착하여 진액을 제거한 찻잎을 곱게 갈아 진득한 겔gel 상태가 된 것을 말한다. 이를 무늬가 새겨진 틀에 넣어 굳힌 것을 연고차研膏茶라고 한다.
46 《임원경제지》원문은 '편便'이나 《대관다론》원본에 따라 '사使'로 고쳤다.

은 기름기이니, 해로움이 쇠보다 심하다. 모름지기 미리 솥 하나를 가져다가 오로지 밥 짓는 데만 쓰고 다른 용도로 따로 써서는 안 된다.

生茶初摘, 香氣未透, 必借火力, 以發其香. 然性不耐勞, 炒不宜久. 多取入鐺, 則手不勻, 久於鐺中, 過熟而香散矣. 甚且焦枯, 何堪烹點. 炒茶之器, 最忌新鐵, 鐵腥一入, 不復有香. 尤忌脂膩, 害甚於鐵, 須豫取一鐺, 專用炊飯, 無得別作他用.

차를 덖는 땔감은 나뭇가지만 쓸 수 있고 줄기나 잎은 안 된다. 줄기를 때면 불의 힘이 맹렬하게 타오르고, 잎을 때면 쉽게 불이 붙었다가 쉽게 꺼진다. 솥은 반드시 윤이 나도록 닦아두었다가 찻잎을 따오는 대로 바로 덖는데 솥 하나에 겨우 4냥을 넣는다. 먼저 약한 불로 덖어 부드럽게 하고 이어서 센 불을 써서 재촉한다. 손에 나무 손가락을 끼고 서둘러 움켜서 굴려 반쯤 익히는 것을 기준으로 삼는다. 조금 기다려 향기가 피어나면 이것이 알맞은 때이다. 급히 작은 부채를 써서, 순면이나 큰 종이를 바닥에 깐 대광주리에 집어다 두고 펼쳐놓는다. 불에 쬐어 말린 것이 잔뜩 쌓이면 식기를 기다려 병에 넣어 보관해둔다. 일손이 많을 경우는 여러 개의 솥과 여러 개의 대광주리를 쓰고, 일손이 적으면 솥은 하나나 둘이라도 대광주리는 너댓 개를 마련한다. 대개 덖는 것은 빠른데 말리는 것은 더디기 때문이다.

炒茶之薪, 僅可樹枝, 不可幹葉, 幹則火力猛熾, 葉則易焰易滅. 鐺必磨瑩, 旋摘旋炒, 一鐺之內, 僅容四兩. 先用文火焙軟,[47] 次用武火催之. 手加木指, 急急鈔轉, 以半熟爲度. 微俟香發, 是其候矣. 急用小扇, 鈔置被籠純綿大紙襯底, 燥焙積多, 候冷, 入瓶收藏. 人力若多, 數鐺數籠. 人力卽少, 僅一鐺二鐺, 須四五竹籠, 蓋炒[48]速而焙遲.

또 마른 것과 젖은 것을 섞어서는 안 된다. 섞으면 향기와 기운이 크게 줄어든다. 잎 하나가 조금만 타도 전체 솥을 쓸 수 없다. 불은 비록 센 것을 꺼리지만 솥이 식는 것은 더욱 꺼린다. 그렇게 하면 가지와 잎이 부드럽지 않게 된다. 뜻대로 불기운을 조절하는 것이 가장 어렵다. 허씨《다소》

亦燥濕不可相混, 混則大減香力. 一葉稍焦, 全鐺無用. 然火雖忌猛, 尤嫌鐺冷, 則枝葉不柔. 以意消息, 最難最難. 許氏《茶疏》

개차岕茶는 덖지 않고 시루에서 쪄서 익힌 뒤에 불에 말린다. 따는 시기가 늦기 때문에 가지와 잎이 조금 쇠어, 덖더라도 부드럽게 할 수가 없어 그저 말라 바스러질 뿐이다. 또 일종의 지극히 가는 것을 덖은 개차가 있는데 다른 산에서 채취해 덖고 말려 기이한 것을 좋아하는 자를 속인다. 저들 중에는 차를 몹시 아껴 차마 어린잎을 채취하지 못하여 나무의 바탕을 손상시키기도 한다. 내 생각에 다른 산에서 나는 것 또한 조금 늦게 채취하고, 크게 자라기를 기다려서 쪄도 안 될 것이 없을 듯하다. 위와 같은 책

岕茶不炒, 甑中蒸熟, 然後烘焙. 緣其摘遲, 枝葉微老, 炒亦不能使嫩, 徒枯碎耳. 亦有一種極細炒岕, 乃采之他山炒焙, 以欺好奇者. 彼中甚愛惜茶, 不忍乘嫩摘採, 以傷樹本. 余意他山所産, 亦稍遲探之, 待其長大, 蒸之, 似無不可. 同上

47 《다소》 원본에 따라 '배연焙軟' 두 글자를 보충하였다.
48 《임원경제지》 원문은 '묘妙'이나 《다소》 원본에 따라 '초炒'로 고쳤다.

차를 찔 때는 잎이 쇠었는지 부드러운지 살펴서 찌기를 더디 할지 빨리 할지 정한다. 껍질과 줄기가 바스라지고, 색깔이 붉은빛을 띠는 것을 기준으로 삼는다. 너무 익으면 신선함을 잃는다. 솥 안의 탕은 자주 물을 갈아준다. 대개 너무 익은 탕은 차의 맛을 빼앗아 가기 때문이다. 《개다전》

蒸茶, 須看葉之老嫩, 定蒸之遲速, 以皮梗碎而色帶赤爲度. 若太熟則失鮮. 其鍋內湯49頻換水, 蓋熟湯能奪茶味也. 《齊茶箋》

차배로50는 매년 한 번씩 수리한다. 수리할 때 습한 흙을 섞으면 흙기운이 있게 된다. 먼저 마른 섶을 하룻밤 재운 뒤 연기를 태워 배로 안팎을 바싹 마르게 한다. 먼저 거친 차를 넣어 말리고 나서 그 이튿날 상품을 말린다. 배로 위에 두는 발은 또 새 대나무를 써서는 안 된다. 대나무 기운이 일어나는 것을 염려해서다.

茶焙每年一修, 修時雜以濕土, 便有土氣. 先將乾柴, 隔宿熏51燒, 令焙內外乾透. 先用麤茶入焙, 次日, 然後以上品焙之. 焙上之簾, 又不可用新竹, 恐惹竹氣.

또 모름지기 차를 골고루 펼쳐야지 두껍거나 얇게 해서는 안 된다. 배로 안에 숯을 쓸 경우, 연기가 있으면 급히 없앤다. 또 큰 부채를 가볍게 부쳐서 불기운이 돌게 하고 대나무 발을 아래위로 다시 바꾼다.

---

49 《임원경제지》원문은 '수須'이나《개다전》원본에 따라 '탕湯'으로 고쳤다.
50 차배로〔茶焙〕: 차를 건조하는 기구이다.
51 《임원경제지》원문은 '훈薰'이나《개다전》원본에 따라 '훈熏'으로 고쳤다.

불이 너무 뜨거우면 탄 기운이 배어들까 염려된다. 너무 뜨거우면 색깔과 윤기가 좋지 않다. 발을 바꾸지 않으면 또 마르고 습한 상태가 고르지 않을까 봐 걱정이다.

又須勻攤, 不可厚薄. 如焙中用炭, 有烟者, 急剔去. 又宜輕搖大扇, 使火氣旋轉, 竹簾上下更換, 若火太熱, 恐黏焦氣. 太煖色澤不佳, 不易簾, 又恐乾濕不勻.

모름지기 찻잎의 단단한 줄기 부분이 모두 잘 말랐는지 살펴서, 그제야 한 개나 두 개의 발을 나란히 만들어 배로 가운데 가장 높은 곳에 놓아둔다. 하룻밤이 지나 배로 가운데 숯을 가져다가 다 탄 재 속에도 몇 개를 넣어두고 가만히 말려주면, 이튿날 아침에는 거두어 보관할 수 있다. 위와 같은 책

須要看到茶葉梗骨處, 俱已乾透, 方可幷作一簾或兩簾, 置在焙中最高處. 過一夜, 乃將焙中炭, 留數莖于灰燼中, 微烘之, 至明早可收藏矣. 同上

덖을 때는 모름지기 한 사람이 곁에서 부채질을 해 열기를 없애주어야 한다. 그렇게 하지 않으면 황색이 되고 향기와 맛이 모두 줄어든다. 덖어내 솥에서 꺼낼 때는 큰 자기 쟁반 안에 놓고 급히 부채질해 열기가 조금 물러가게 하고는 손으로 되풀이해서 유념한다. 다시 흩어서 솥에 넣고, 약한 불로 덖어 말려서 배로에 넣는다. 대개 유념하면 진액이 위로 떠서, 차를 우릴 때 향기와 맛이 쉬 나온다. 전자예田子藝[52]는 생것을 햇볕에 말리기만 하고, 덖거나 유념하지 않은 것을 좋게 여겼지만, 또한 여태 시험해보지는 못했다. 문룡 《다전》

52 전자예: '자예子藝'는 《자천소품煮泉小品》을 지은 전예형田藝衡의 자이다.

炒時, 須一人從旁扇之, 以祛熱氣, 否則黃色, 香味俱減. 炒起出鐺時, 置大磁盤中, 仍須急扇, 令熱氣稍退, 以手重揉之, 再散入鐺. 文火炒乾入焙. 蓋揉則其津上浮, 點時香味易出. 田子藝以生曬, 不炒不揉者爲佳, 亦未之試耳. 聞龍《茶箋》

아차는 불로 만든 것은 차품次品이 되고, 생것을 햇볕에 말린 것이 상품이 되니, 또한 더욱 자연에 가까운데 연기와 불을 끊었기 때문이다. 하물며 만드는 사람의 손과 그릇이 불결하고, 불기운이 마땅함을 잃으면 모두 능히 그 향기와 색깔을 손상시킬 수 있음에랴. 생것을 햇볕에 말린 차를 병 속에서 우리면 창槍과 기旗가 활짝 펴지고 맑은 비췻빛이 선명해서 더욱 아낄 만하다. 《자천소품》

芽茶, 以火作者爲次, 生曬者爲上, 亦更近自然, 且斷烟火氣[53]耳. 況作人手器不潔, 火候失宜, 皆能損其香色也. 生曬茶, 瀹之瓶中, 則槍旗舒暢, 清翠鮮明, 尤爲可愛. 《煮泉小品》

찻잎 채취가 끝나면 시루에 살짝 쪄서 알맞게 익혀야 한다. 날것이면 맛이 강하고, 너무 익으면 맛이 줄어든다. 찌고 나서는 광주리를 써서 얇게 편다. 습기가 있을 때 대략 유념하여, 배로焙爐에 넣어 고르게 펴준다. 불에 쬐어 말리되 타게 하면 안 된다. 대나무를 엮어서 배로를 만들고, 대나무 껍질로 싸서 이를 덮어주어 불기운을 거둔다. 왕씨《농서》

採訖, 以甑微蒸, 生熟得所. 生則味硬 熟則味減. 蒸已, 用筐箔薄攤, 乘濕略揉之, 入焙勻佈, 火烘令乾, 勿使焦. 編竹爲焙, 裹箬覆之, 以收火氣. 王氏《農書》

53《자천소품》원본에 따라 '기氣' 한 글자를 보충하였다.

납차蠟茶가 가장 귀한데 만드는 방법 또한 평범치 않다. 상등의 어
린잎을 골라 가늘게 빻아 체에 거른다. 용뇌龍腦와 여러 향기로운 고
유를 섞어서 방법에 따라 조제하여 떡으로 찍어내니, 제품의 모양새
는 솜씨에 맡긴다. 마르기를 기다려 향기로운 고유膏油[54]로 발라서 꾸
민다. 그 제법은 대용단大龍團, 소용단小龍團, 대과帶胯 등의 차이가 있
다. 다만 공납으로 바치는 것에 충당하는지라 민간에서는 보기 힘들
다. 위와 같은 책

蠟茶最貴, 而製作亦不凡. 擇上等嫩芽, 細碾入[55]羅, 雜腦子諸香膏油, 調齊如
法, 印作餅子, 製樣任巧. 候乾, 仍以香膏油潤飾之. 其製有大小龍團帶胯之異,
惟充貢獻, 民間罕見之. 同上

등[56]차橙茶는 당귤唐橘 껍질을 가는 실처럼 잘라 1근을 만든다. 불
에 쬐어 말린 좋은 차 5근을 당귤채〔橙絲〕 사이에 섞고, 발이 고운 삼
베를 화상火箱, 즉 불 쬐는 상자에 깔고, 차를 그 위에 올려놓아 뜨겁게
불에 쬔다. 깨끗한 면 덮개로 두세 시간 덮어준다. 쓰임새에 따라 건련
지建連紙 봉투로 싸서 봉하고, 인하여 덮개로 덮어 불에 쬐어 말린 뒤
에 거두어 쓴다. 고씨 《다보》[57]

54 향기로운 고유〔香膏油〕: 고유는 저장 과정에서 연고차의 산화를 막기 위해 표면에
   바르거나 품질이 떨어지는 연고차의 겉을 꾸미기 위해 바르기도 하였다.
55 《임원경제지》 원문은 '인入'이나 왕씨 《농서》 원본에 따라 '입入'으로 고쳤다.
56 등橙: 당귤을 말한다.
57 이 단락 '등차橙茶'부터 '거두고 보관하기〔收藏〕'까지의 내용은 명대 전춘년錢春年의
   《제다신보製茶新譜》와 고렴高濂의 《준생팔전遵生八箋》에도 보인다.

橙茶, 將橙皮切[58]作細絲一斤, 以好茶五斤焙乾, 入橙絲間和, 用密麻布櫬墊火箱, 置茶於上烘熱, 淨綿被罨之三兩時, 隨用建連紙袋封裹, 仍以被罨焙乾收用. 顧氏《茶譜》

연화차는 해가 아직 뜨기 전에 반쯤 머금은 연꽃을 벌려서 세차 한 줌을 집어 꽃술 안에 가득 넣고 삼대 껍질로 대충 묶어두고 하룻밤을 재운다. 다음 날 아침에 꽃을 따 찻잎을 기울여 쏟고, 건지建紙로 차를 싸서 불에 쐬어 말린다. 다시 앞서의 방법대로 또 찻잎을 다른 꽃술 안에 넣는다. 이렇게 하기를 몇 차례 하여 꺼내 불에 쐬어 말려 쓰면 그 향의 아름다움이 더할 나위 없다. 위와 같은 책

蓮花茶, 於日未出時, 將半含蓮花撥開, 放細茶一撮, 納滿蕊中, 以麻皮略縶, 令其經宿. 次早摘花, 傾出茶葉, 用建紙包茶焙乾. 再如前法, 又將茶葉入別蕊中, 如此者數次. 取出焙乾收用, 不勝香美. 同上

목서木樨 · 말리茉莉 · 해당화〔玫瑰〕· 장미薔薇 · 난사蘭蕙 · 귤꽃〔橘花〕· 치자梔子 · 목향木香 · 매화梅花는 모두 차로 만들 수 있다. 여러 꽃들이 피었을 때, 반만 피고 반은 오므려져 꽃술의 향기가 온전한 것을 따서 찻잎의 많고 적음을 헤아려, 꽃을 따서 차를 만든다. 꽃이 많으면 향기가 강해 차의 운치를 뺏는다. 꽃이 적으면 향기가 안 나서 아름다움을 다하지 못한다. 3정停의 찻잎에 1정의 꽃잎이라야 비로소 걸맞다. 가령 목서화는 가지와 꼭지 및 먼지와 벌레, 개미를 제거하고 나서 자기 항아리를 써서 한 층은 차를 깔고 한 층은 꽃을 깔아 켜켜이 가득 채

58 《임원경제지》 원문은 '공功'이나 《다보》 원본에 따라 '절切'로 고쳤다.

우고, 종이나 댓잎으로 단단하게 묶는다. 솥에 넣어 중탕으로 끓여내서 꺼내 식기를 기다려 종이로 싸서 봉하고 불 위에 놓아 쬐어 말려서 보관해두었다가 쓴다. 여러 다른 꽃들도 이와 같다. 위와 같은 책

木樨茉莉玫瑰薔薇蘭蕙橘花梔子木香梅花, 皆可作茶. 諸花開時, 摘其半含半放, 蕊之香氣全者, 量其茶葉多少, 摘花爲茶. 花多則太香, 而脫茶韻, 花少則不香, 而不盡美, 三停茶葉一停花始稱. 假如木樨花, 須去其枝蒂及塵垢蟲蟻, 用磁罐, 一層茶, 一層花, 投間至滿, 紙箬繫固, 入鍋重湯煮之, 取出待冷, 用紙封裹, 置火上焙乾收用. 諸花倣此. 同上

거두고 보관하기收藏

차는 댓잎과 잘 어우러지고 향약香藥은 두려워한다. 따뜻하고 건조한 것을 좋아하고 차고 습한 것은 꺼린다. 이 때문에 거두어 보관하는 집에서는 댓잎에 싸서 봉해 배로 안에 넣는다. 2~3일에 한번 불을 쓰되 사람의 체온과 같게 해야 한다. 따뜻하면 습기가 없어진다. 만약 불이 지나치면 차가 타서 먹을 수 없다. 고씨 《다보》

茶宜蒻葉, 而畏香藥. 喜溫燥, 而忌冷濕, 故收藏之家, 以蒻葉封裹, 入焙中. 兩三日, 一次用火, 當如人體溫. 溫則去濕潤, 若火多, 則茶焦不可食. 顧氏 《茶譜》

서무오徐茂吳가 말했다. "차를 보관하는 방법은 큰 항아리에 차를 채우고 바닥에 댓잎을 깔아 단단히 봉해 뒤집어 놓아두면 여름이 지나도 황색으로 변하지 않는다. 그 기운이 밖으로 새어 나가지 않기 때문이다." 자진子晉이 말했다. "뚜껑이 있는 항아리 속에 뒤집어 두되, 항아리는 바닥에 모래를 깐다. 그래야 물이 안 생기고 늘 건조하다. 언제나 단단히 봉해두어 해를 보게 하면 안 된다. 해를 보면 얼룩이 생겨 차 색깔이 손상된다. 또 뜨거운 곳에 보관하면 안 된다. 새 차는 바

로 쓰면 좋지 않다. 매실이 익어가는 때가 지나야[59] 그 맛이 비로소 채 워진다."《쾌설당만록》

徐茂吳云: "藏茶法, 實茶大甕, 底置箬, 封固倒放, 則過夏不黃, 以其氣不外 泄也." 子晉云: "倒放有蓋缸內, 缸宜砂底, 則不生水而常燥. 時常封固, 不宜見 日. 見日則生翳, 損茶色矣. 藏又不宜熱處. 新茶不宜驟用, 過黃梅, 其味始足." 《快雪堂漫錄》

차를 보관할 때는 자기로 만든 단지를 새로 깨끗이 씻어, 마른 댓 잎을 촘촘하게 두루 깔고, 차를 조금씩 넣되 흔들어서 채워야지 손으 로 눌러서는 안 된다. 위에는 마른 댓잎을 몇 겹 덮고, 불에 구운 마른 숯을 단지 입구에 깔아 단단히 묶어준다. 근래에 주둥이에 끼우는 주 석 그릇으로 차를 저장하는 것은 더 건조하고 더 촘촘하게 할 수 있어 서다. 대개 자기 단지에도 바람이 스며드는 미세한 틈이 있으니 주석 의 견고함만 못하다.《다전》[60]

藏茶, 新淨磁罈, 週廻用乾箬葉密砌, 將茶漸漸裝進[61]搖實, 不可用手捃[62]. 上 覆乾箬數層, 又以火灸乾炭, 鋪罈口紮固. 近有以夾口錫器貯茶者, 更燥更密. 蓋 磁罈, 猶有微罅透風, 不如錫者堅固也.《茶箋》

보관할 때는 자기 항아리를 쓰는 것이 좋다. 큰 것은 10근에서

---

59 매실이 익어가는 때가 지나야〔過黃梅〕: 6월 중순 시작되는 초여름〔初夏〕을 말한다. 이때 내리는 장마를 매실이 누렇게 익을 때 내린다고 하여 매우梅雨라고 한다.

60 출전은《다전茶箋》이 아닌 명대 풍가빈馮可賓이 지은《개다전岕茶箋》이다.

61《임원경제지》원문은 '진盡'이나《개다전》원본에 따라 '진進'으로 고쳤다.

62《임원경제지》원문은 '지指'이나《개다전》원본에 따라 '긍揹'으로 고쳤다.

20근을 넣는다. 사방 둘레에 댓잎을 두껍게 두고 가운데에 차를 저장하는데 모름지기 아주 바싹 말리고 지극히 새것으로 해서 오로지 이 일에만 사용해야 한다. 오래될수록 더욱 좋아지므로 굳이 해마다 바꿀 필요 없다. 차는 모름지기 차곡차곡 채워, 두꺼운 댓잎을 써서 항아리 입구를 야물게 메워야 한다. 다시 댓잎을 덧대고, 진피지眞皮紙로 이를 싸서 모시 끈으로 꽁꽁 싸맨다. 크고 새로 구운 벽돌로 눌러주어 미풍조차 들어오지 못하게끔 해야만 햇차가 나올 때까지 이을 수 있다. 허씨《다소》

收藏宜用磁甕, 大容一二十斤. 四圍厚箬, 中則貯茶, 須極燥極新, 專供此事. 久乃愈佳, 不必歲易. 茶須築實, 仍用厚箬塡緊甕口. 再加以箬, 以眞皮紙包之, 以苧麻緊扎, 壓以大新磚, 勿令微風得入, 可以接新. 許氏《茶疏》

차는 습기를 싫어하고 건조한 것을 좋아한다. 추운 것을 겁내고 따뜻한 것을 기뻐한다. 푹푹 찌거나 답답한 것을 꺼리고 맑고 시원한 것을 좋아한다. 놓아두는 장소는 모름지기 때때로 앉았다 누웠다 하는 곳이라야 한다. 사람의 기운과 아주 가까운 곳에 두면 늘 따뜻하여 춥지 않다. 반드시 판자로 된 방에 두어야지 흙방은 적당하지 않다. 판자방은 건조한데 흙방은 습기가 많기 때문이다. 또 바람이 잘 통해야 하므로 구석진 곳에 두면 안 된다. 구석진 곳은 덥거나 습기가 많기 쉽다. 아울러 점검을 놓칠 염려도 있다.

茶惡濕而喜燥, 畏寒而喜溫,[63] 忌蒸鬱而喜淸涼, 置頓之所, 須在時時坐臥之處. 逼近人氣, 則常溫不寒. 必在板房, 不宜土室. 板房則燥, 土室則蒸. 又要透

---

63 《임원경제지》 원문은 '습濕'이나 《다소》 원본에 따라 '온溫'으로 고쳤다.

風, 勿置幽隱. 幽隱之處, 尤易蒸濕, 兼恐有失點檢.

시렁에 보관하는 방법은 바닥에 벽돌을 여러 층 쌓고, 사방을 벽돌로 둘러싼다. 형태가 마치 화로와 같은데 크면 클수록 좋다. 흙벽 가까이에 두면 안 된다. 그 위에 항아리를 올려놓고 수시로 아궁이 아래에 불씨가 남은 재를 가져다 식기를 기다려 항아리 곁에 쌓아둔다. 반 자 밖에는 수시로 잿불을 가져다 둘러준다. 안쪽의 재는 늘 바싹 마르게 해서 한편으로 바람을 피하고 한편으로 습기를 피하게 한다.

其閣庋之方, 宜磚底數層, 四圍磚砌. 形若火爐, 愈大愈善. 勿近土墻. 頓甕其上, 隨時取竈下火灰, 候冷, 簇於甕旁. 半尺以外, 仍隨時取灰火簇之, 令裏灰常燥, 一以避風, 一以避濕.

불기운이 항아리에 들어가는 것을 조심해야 한다. 차가 누레질 수 있다. 세상 사람들은 흔히 대나무 그릇에 차를 보관한다. 비록 대나무 잎을 많이 써서 보호한다지만, 댓잎은 성질이 강하고 억세서 그다지 착 붙어 있지 못한다. 꽁꽁 싸매기가 가장 어려우니 능히 새는 빈틈이 없겠는가? 바람과 습기가 침입하기 쉽고 일이 많아 보탬이 안 된다. 또 땅에 놓인 화로 안에 두는 것은 견디지 못하니 절대로 해서는 안 된다. 대나무 그릇에 담아 대광주리 안에 덮어놓는 사람도 있다. 하지만 불을 쓰면 누레지고, 불을 없애면 축축해지니, 조심하고 조심해야 한다. 위와 같은 책

却忌火氣入甕, 則能黃茶. 世人多用竹器貯茶, 雖復多用箬護, 然箬性峭勁, 不甚伏帖, 最難緊實, 能無滲罅. 風濕易侵多故, 無益也. 且不堪地爐中頓, 萬萬不可. 人有以竹器盛, 置被籠中, 用火卽黃, 除火卽潤 忌之忌之. 同上

흐리고 비 오는 날에는 찻독을 멋대로 열면 안 된다. 만약 꺼내 쓰려 한다면 반드시 활짝 개어 따스하고 화창한 날씨를 기다린 뒤 단지를 열어야 바람 피해가 없다. 먼저 뜨거운 물로 손을 씻고, 삼베 수건으로 건조하게 닦는다. 단지 주둥이 안쪽의 댓잎은 따로 건조한 곳에 놓아둔다. 별도로 작은 항아리에 꺼낸 차를 담아두는데 날짜가 얼마나 되었는지 헤아려 10일을 한도로 한다. 차를 1촌가량 꺼내면 그만큼의 댓잎으로 채우는데 잘게 잘라야 한다. 차는 날마다 점점 줄어들고 댓잎은 갈수록 많아진다. 이것이 그 차례이다. 불에 쬐어 말려 차곡차곡 채워, 전처럼 단단히 묶어준다. 위와 같은 책

陰雨之日, 豈[64]宜擅開. 如欲取用, 必候天氣晴明, 融和高朗, 然後開缶, 庶無風害. 先用熱水濯手, 麻帨拭燥. 缶口內箬, 別置燥處. 另用小罌貯所收茶, 量日幾何, 以十日爲限. 去茶盈寸, 卽以寸箬補之, 仍須碎剪. 茶日漸少, 箬日漸多, 此其節也. 焙燥築實, 包扎如前. 同上

차는 성질이 종이를 무서워한다. 종이는 물에서 만들어져 물기운을 많이 받았기 때문이다. 종이로 하룻밤만 싸두면 종이에 따라 습기가 생겨 차 맛이 없어진다. 비록 불 속에서 말려내도 조금 있으면 축축해진다. 위와 같은 책

茶性畏紙, 紙於水中成, 受水氣多也. 紙裹一夕, 隨紙作氣, 茶味盡矣. 雖火中焙出, 少頃卽潤. 同上

일용으로 쓸 것은 작은 항아리 안에 담아둔다. 댓잎으로 싸고 모시

---

64 《임원경제지》원문은 '불不'이나《다소》원본에 따라 '기豈'로 고쳤다.

줄로 묶어, 바람을 맞게 해서는 안 된다. 책상머리에 두어야 하고, 장바구니나 책 상자에 놓아두면 안 된다. 또 밥그릇과 같은 곳에 두는 것을 더욱 꺼린다. 향약과 나란히 두면 향약이 배어들고, 해산물과 함께 두면 비린내가 배어든다. 그 밖의 것도 부류를 가지고 미루어 보면, 하루 저녁도 지나지 않아서 바로 변해버린다. 위와 같은 책

日用所須, 貯小罌中, 箬包苧扎, 亦勿見風. 宜卽置之案頭, 勿頓市箱書籠, 尤忌與食器同處. 竝香藥, 則染香藥, 海味則染海味, 其他以類而推, 不過一夕, 卽變矣. 同上

종자 보관하기藏種

여물었을 때 씨앗을 거두어 젖은 모래흙에 고루 휘저어 대광주리에 담아두고 볏짚으로 덮어둔다. 그렇게 하지 않으면 얼어 죽어 살지 못한다. 《사시유요》

熟時收取子, 和濕沙土拌勻, 筐籠盛之, 穰草蓋覆, 不爾卽凍死不生. 《四時類要》

한로寒露에 차 씨를 수확해서 햇볕에 말렸다가 젖은 모래흙에 골고루 휘저어 광주리 안에 채워둔다. 《군방보》

寒露收茶子晒乾, 以濕沙土拌勻, 盛筐內. 《群芳譜》

《이운지怡雲志》〈산재청공山齋淸供〉 중 다공茶供

물의 품등水品

산물이 상등이고 강물이 중등이고 우물물은 하등이다. 산물의 경

우 유천乳泉[65]과 석지石池로 넘쳐흐르는 것을 고르는 것이 가장 좋고, 폭포나 솟아나는 물, 여울물과 세찬 물은 먹으면 안 되니, 오래 먹으면 사람에게 목병에 걸리게 한다. 또 흔히 산골짜기에 따로 흐르는 물은 맑게 잠겨 빠져나가지 못한다. 한여름부터 상강霜降 이전까지 혹 숨은 용이 그 사이에 독을 쌓아놓기도 한다. 마시는 사람은 물길을 터서 나쁜 것을 흐르게 해 새 샘물이 졸졸 흐른 뒤 이를 떠서 마셔야 한다. 강물은 사람과 멀리 떨어진 것을 취하고, 우물물은 사람들이 많이 길어 가는 것을 취한다. 《다경》

山水上, 江水中, 井水下. 其山水, 揀乳泉, 石池漫流者上, 其瀑湧湍漱[66], 勿食之, 久食令人有頸疾. 又多別流於山谷者, 澄浸不泄, 自火天至霜降[67]以前, 或潛龍蓄毒於其間, 飮者可決之, 以流其惡, 使新泉涓涓然后酌之. 其江水取去人遠者, 井[68]取汲多者. 《茶經》

폭포수는 비록 대단히 성대해도 먹어서는 안 된다. 넘쳐흘러 부딪치고 요동치면 물맛이 이미 크게 변해 참된 성품을 잃고 만다. 폭瀑이라는 글자는 물〔水〕과 사납다〔暴〕는 뜻에서 나왔으니 대개 깊은 뜻이 있다. 내가 일찍이 폭포수 위의 근원을 살펴보았더니, 모두 여러 물줄기가 한데 합쳐지는 곳의 출구에 가파른 절벽이 있어 비로소 내리 걸

---

65 유천: 젖샘. 종유석에서 떨어지는 샘물을 말한다. 《임원경제지》권1〈상택지相宅志〉에 "유천은 석종유이니, 산골山骨의 골수다. 샘물의 빛깔은 희고 몸은 무겁다. 지극히 달면서 향기롭다"고 했다.

66 《임원경제지》원문은 '격激'이나 《다경》원본에 따라 '수漱'로 고쳤다.

67 《임원경제지》원문은 '교郊'이나 《다경》원본에 따라 '강降'으로 고쳤다.

68 《임원경제지》원문은 '병幷'이나 《다경》원본에 따라 '정井'으로 고쳤다.

려 폭포가 되었다. 하나의 근원이 혼자 흘러 이처럼 되는 것은 없었다. 근원이 많으면 흐름이 뒤섞여 좋은 품질이 아님을 알 만하다. 《수품》[69]

瀑布水雖盛至, 不可食. 汎激撼盪, 水味已大變, 失眞性矣. 瀑字從水從暴, 蓋有深義也. 余嘗攬瀑水上源, 皆派流會合處, 出口有峻壁, 始垂挂爲瀑, 未有單源隻流如此者. 源多則流雜, 非佳品可知. 《水品》

폭포수는 비록 먹을 수 없지만, 흘러서 아래쪽 못에 이르러 오랫동안 고여 모인 것은 다시금 폭포의 것과 비슷하지 않다. 위와 같은 책

瀑水雖不可食, 流至下潭停滙久者, 復與瀑者不類. 同上

모래흙 가운데서 나는 샘은 그 기세가 성대하게 솟는다. 혹 그 아래는 텅 비어서 바다의 맥과 통하니, 이것은 좋은 물이 아니다. 위와 같은 책

泉出沙土中者, 其氣盛涌, 或其下空洞通海胍, 此非佳水. 同上

물은 젖빛 액체가 상품이 된다. 젖빛 도는 물은 반드시 달다. 저울에 달아봐도 다른 물보다 유독 무겁다. 위와 같은 책

水以乳液爲上, 乳液必甘, 稱之獨重于他水. 同上

샘물 중 흐름이 막혀 더러운 것이 쌓이거나, 안개와 구름이 서려

---

69 《수품》: 명대 서헌충徐獻忠이 1554년경 지었다. 좋은 물의 기준과 선택하는 방법, 그리고 유명한 샘물의 등급에 대해 상세하게 서술하고 있다. 명대 유정喩政의 《다서전집茶書全集》에 수록되어 있다.

바닥이 보이지 않는 것은 크게 나쁘다. 만약 찬 계곡이 맑고 고우며, 성질과 기운이 맑고 윤기가 나면 안쪽에 빛을 머금어 사물의 그림자가 해맑을 것이니 이것이 상품이다. 위와 같은 책

　　泉有滯流積垢, 或霧翳雲蓊, 有不見底者, 大惡. 若冷谷澄華, 性氣淸潤, 必涵內光澄物影, 斯上品爾. 同上

　　샘물은 단것을 상등으로 여긴다. 샘물이 단것은 저울로 재어보면 틀림없이 무겁다. 말미암아 흘러온 것이 원대하므로 그렇게 된 것이다. [안설]: 《태서수법》에 〈물의 좋고 나쁨을 시험하는 법〉이 있다. "맛이 없는 것이 참물이다. 무릇 맛은 모두 바깥으로부터 합져진 것이다. 이 때문에 물맛을 시험할 때는 담백함을 위주로 한다." 또 말했다. "한 그릇에 거듭 따라서 무게를 재어 가벼운 것이 상품이 된다." 《건륭어제집》에서는 이렇게 말했다. "물은 가벼운 것을 귀하게 친다. 일찍이 은으로 됫박을 만들어, 옥천玉泉의 물을 달아보니 1말의 무게가 1량兩이었다. 오직 변방의 이손수伊遜水만이 맞겨룰 만했다. 제남濟南의 진주천珍珠泉과 양자강楊子江의 중령천中泠泉은 모두 무게가 1~2리釐가량 더 무거웠고, 혜산惠山·호포虎跑·평산平山은 더 무거웠다. 옥천보다 가벼운 것은 오직 설수雪水와 하로荷露[70]뿐이었다." 이것과 더불어 서로 반대다. 위와 같은 책

　　泉以甘爲上. 泉甘者, 稱之必重厚. 其所由來者, 遠大使然也. 案: 泰西水法, 有試水美惡法云: "無味者眞水, 凡味皆從外合之, 故試水以淡爲主." 又云: "以一器更酌而稱之, 輕者爲上." 乾隆御製集: "水以輕爲貴. 嘗製銀斗, 較玉泉水, 斗重一兩, 惟塞上伊遜水尙可埒. 濟南珍珠泉, 楊子中冷, 皆較重一二釐, 惠山虎跑平山則更重. 輕於玉泉者, 惟雪水荷露." 與此相反. 同上

---

70 하로: 연잎에 내린 이슬을 말한다.

샘물은 달고 차지 않으면 모두 하등이다. 《주역》에서 "우물이 차서
찬 샘물을 먹는다"고 했다. 우물이 찬 것을 상품으로 삼음을 볼 수 있
다. 위와 같은 책

泉水不甘[71]寒, 俱下品. 易謂井洌寒泉食, 可見井泉以寒爲上. 同上

샘물은 달고 찬 것이 향기가 많다. 그 기운이 종류대로 서로를 따
를 뿐이다. 위와 같은 책

泉水甘寒者多香, 其氣類相從爾. 同上

샘물은 처음 솟는 곳에서는 맛이 몹시 담백하다. 산 바깥 기슭으로
나온 것은 점점 달아진다. 흘러 바다에 이르면 단맛에서 짠맛으로 바
뀐다. 이 때문에 물을 길은 지 오래되면 물맛 또한 변한다. 위와 같은 책

水泉初發處甚澹. 發于山之外麓者, 以漸而甘. 流至海, 則自甘而作鹹矣. 故
汲者持久, 水味亦變. 同上

처사 육우陸羽가 물에 대해 논한 것은 지극히 정확하다. 다만 폭포
수는 목병을 일으킬 뿐 아니라 본래 독성이 있는 비말飛沫이어서 염려
할 만하다. 육우가 "맑게 잠겨 있어 새지 않는다"고 한 것은 용담수龍
潭水이다. 비록 나쁜 것을 내보냈어도 또한 먹을 수 없다. 위와 같은 책

陸處士論水至確, 但瀑水不但頸疾, 故多毒沫可慮. 其云"澄浸[72]不洩", 是龍

---

71 《임원경제지》 원문은 '감紺'이나 《수품》 원본에 따라 '감甘'으로 고쳤다.

72 《임원경제지》와 《수품》에는 '적寂'으로 되어 있으나 육우의 《다경》 원본에 따라
'침浸'으로 고쳤다.

潭水, 雖出其惡, 亦不可食. 同上

    우물물은 깊이 고여 있는 땅속의 음맥陰脈이다. 산의 샘물이 천연적으로 나오는 것과는 같지 않다. 이를 마시면 속에서 뭉쳐 배가 쉬그득하다. 약물을 달여도 능히 펼쳐 펴서 유통시킬 수 없으므로 꺼리는 것이 좋다. 육우가 "우물물은 사람들이 많이 길어 가는 것을 취한다"고 했다. 샘물이 부족한 곳에서나 가능한 말일 뿐이다. 우물은 본래 품등에 들지 않기 때문이다. 위와 같은 책

    井水淳泓, 地中陰胍, 非若山泉天然出也, 服之中聚易滿, 煮藥物不能發散流通, 忌之可也. 陸處士云: "井取汲多者." 止自乏泉處可爾, 井故非品. 同上

    샘물을 옮길 경우, 멀리 가서 이틀 밤 묵은 뒤에는 문득 좋은 물이 아니게 된다. 방법은 샘물 속 조약돌을 가져다가 담궈두면 맛이 변치 않을 수 있다. 위와 같은 책

    移泉水, 遠去信宿之後, 便非佳液. 法取泉中子石養之, 味可無變. 同上

    돌은 산의 뼈라서 흐르는 물이 다닌다. 산은 기운을 펴서 만물을 길러낸다. 기운이 펴지면 맥이 길어진다. 이 때문에 《다경》에서는 "산물이 상등이다"라고 했다. 강은 공변되니, 여러 물이 함께 그 속으로 들어간다. 물이 공변되다 보니 맛이 뒤섞인다. 이 때문에 "강물은 중등이다"라고 했다. "사람에게서 멀리 떨어진 것을 취한다"고도 했는데 대개 사람과 멀리 떨어져 있으면 맑고 깊어서 흔들려 넘치는 알팍함이 없다. 우물은 맑으니 샘물 중 청결한 것이다. '통한다' 함은 사물이 통용되는 바이고, '법도요 절도'라 함은 법이 사는 사람들을 규제하고, 음식을 절약하여 완전히 고갈됨이 없게 하는 것이다. 맑음은 음

陰에서 나오고 통함은 섞임으로 들어간다. 그 법도와 절도는 어쩔 수 없는 데서 말미암아 맥이 어둡고 맛이 껄끄럽다. 그래서 "우물물은 하등이다"라고 말한다. "우물물은 사람들이 많이 길어 가는 것을 취한다"는 것은 대개 기운이 통하고 흐름이 살아 있다는 말일 뿐이다. 끝내 좋은 품등은 아니니, 먹지 않는 것이 좋다. 《자천소품》

石山骨也, 流水行也. 山宣氣以產萬物, 氣宣則脈長, 故曰山水上. 江公也, 衆水共入其中也. 水共則味雜, 故曰江水中. 其曰取去人遠者, 蓋去人遠, 則澄深而無盪瀁之漓耳. 井淸也, 泉之淸潔者也, 通也,[73] 物所通用者也, 法也節也, 法制居人, 令節飮食, 無窮竭也. 其淸出于陰, 其通入于淆, 其法節由于不得已, 脈暗而味滯. 故曰井水下. 其曰井取汲多者, 蓋氣通而流活耳. 終非佳品, 勿食可也. 《煮泉小品》

눈이란 것은 천지에 찬 기운이 쌓인 것이다. 도곡陶穀은 눈 녹인 물을 가져다가 단차를 달였다. 정위丁謂는 〈차를 끓이며〔煎茶〕〉라는 시에서 "책 상자에 보관해둠 너무 아까워, 굳이 남겨 눈 올 때를 기다리누나"라고 했다. 이허기李虛己는 〈건차[74]를 학사에게 드리며〔建茶呈學士〕〉라는 시에서 "시험 삼아 양원梁苑의 눈[75] 가지고 와서, 건계춘建溪春 좋

73 《자천소품》 원본에 따라 '통야通也' 두 글자를 보충하였다.
74 건차建茶: 복건성 건계建溪 일대에서 생산되는 명차를 말한다.
75 양원의 눈〔梁苑雪〕: 남조南朝 송宋의 사혜련謝惠連이 지은 《설부雪賦》에는 양원에 큰 눈이 내린 풍경을 묘사한 것이 나온다. 이후 다른 사람의 시문을 찬미하는 전고典故로 사용되었다. 양원은 서한西漢 양효왕梁孝王이 세운 정원으로, 그 규모가 30여 리에 달할 정도로 광대하였다. 여기서는 양원에 내린 눈을 녹여 차를 끓여 보고 싶다는 의미이다.

은 차를 끓여보시게"라 하였다. 이 눈이야말로 특별히 차 마시기에 알맞은데 처사 육유가 가장 나쁜 자리에 놓은 것은 어째서일까? 내 생각에 그 맛이 건조해서가 아닐까 싶다. 만약 너무 차기 때문이라고 한다면 그렇지 않을 것이다. 위와 같은 책

雪者, 天地之積寒也. 陶穀取雪水烹團茶, 而丁謂煎⁷⁶茶詩: "痛惜藏書篋, 堅留待雪天." 李虛己建茶呈學士詩: "試將梁苑雪, 煎動建溪春." 是雪尤宜茶飲也, 處士列諸末品, 何耶? 意者以其味之燥乎? 若言太冷, 則不然矣. 同上

비라는 것은 음양의 조화이자 천지가 베푸는 것이다. 물은 구름에서 내려와, 때를 도와 낳고 기르는 것이다. 따스한 바람과 때에 맞춰 내리는 비, 밝은 구름과 단비는 진실로 먹을 수 있다. 용이 지나간 것이나 사납게 쏟아지는 장맛비, 가뭄 뒤의 소나기, 비리면서 검은 것과 처마에 떨어지는 낙숫물은 모두 먹을 수 없다. 위와 같은 책

雨者, 陰陽之和, 天地之施, 水從雲下, 輔時生養者也. 和風順雨, 明雲甘雨, 固可食. 若夫龍所行者, 暴而霆者, 旱而凍者, 腥而墨者及檐溜者, 皆不可食. 同上

샘물에서 멀리 떨어져 있는 사람은 직접 길어 올 수 없으니, 성실한 산동山童을 보내 물을 길어 오게 해서 석두성石頭城 아래의 거짓말⁷⁷을 면한다. 소식蘇軾은 옥녀하玉女河의 물을 아껴 승려에게 조수부調水符⁷⁸를

---

76 《임원경제지》 원문은 '자煮'이나 시 제목과 《자천소품》 원본에 따라 '전煎'으로 고쳤다.

77 석두성 아래의 거짓말[石頭城下之僞]: 육정찬의 《속다경》 〈오지자五之煮〉에 나온다. "찬황공 이덕유가 조정에 있을 때 경구에 사신으로 가는 친지가 있었다. 공이 말했다. '돌아오는 날 금산 아래 양자강 남령수를 1병만 떠 오라.' 그 사람은 공손히

주고서 길어 왔다. 증다산曾茶山[79]은 혜산천惠山泉을 보내준 데 감사하는 시에서 "예전엔 물을 길어 보내느라 애를 썼네〔舊時水遞費經營〕"라고 하였다. 위와 같은 책

去泉遠者, 不能自汲, 須遣誠實山童取之, 以免石頭城下之僞. 蘇子瞻愛玉女河水, 付僧調水符取之, 曾茶山謝送惠山泉詩: "舊時水遞費經營." 同上

물을 옮길 때 돌로 씻으면 또한 흔들려 일어나는 탁한 찌꺼기를 없앨 수 있다. 물맛은 흔들릴수록 더 줄어든다. 위와 같은 책

移水而以石洗之, 亦可以去其搖盪之濁滓, 若其味, 則愈揚愈減矣. 同上

물을 옮길 때 돌멩이를 가져다가 병 안에 놓아두면, 맛을 길러주고 물도 맑게 해서 탁해지지 않게 해준다. 황정견黃庭堅의 〈혜산천惠山泉〉[80] 시에 "석곡의 찬 샘물에 조약돌을 깔았네〔錫谷寒泉撧石俱〕"라고 한 것이

승낙하였다. 사신이 돌아가는 날에 취해서 그 일을 잊어버렸다. 배가 석두성 아래에 이르자 생각이 나서 강 중심에서 1병을 길어 장안으로 돌아와 그것을 바쳤다. 공이 마신 후 탄식하여 매우 의심하면서 말하기를 '강 표면의 물맛이 근년에는 다르구나. 이 물은 자못 건업 석두성 아래의 물과 비슷하다'고 하였다. 그 사람은 곧 용서를 빌면서 감히 숨기지 못하였다〔贊黃公李德裕居廊廟日, 有親知奉使於京口. 公曰: '還日金山下子江南零水與取一壺來.' 其人敬諾. 及使回舉棹日, 因醉而忘之. 汎舟至石城下方憶, 乃汲一瓶於江中, 歸京獻之. 公飮後, 歎訝非常曰: '江表水味有異於頃歲矣. 此水頗似建業石頭城下水也.' 其人卽謝過, 不敢隱〕."

78 조수부: 소동파가 금사사金沙寺 금사천金寺泉의 물을 아껴, 부절을 갈라 반쪽을 절의 주지에게 맡기고, 나머지 반쪽은 물을 길으러 가는 사람에게 가져가게 해서 절에 가서 물을 뜬 뒤 부절을 맞바꿔 오게 했다는 고사에서 나왔다. 중간에 가지 않고 다른 물을 떠 오는 속임수를 막기 위해 만든 부절이다.

79 증다산: 송나라 시인 증기曾幾(1084~1166)를 말한다. 다산사茶山寺에 7년 동안 머물러 다산거사茶山居士로 불렸다.

이것이다. 위와 같은 책

移水取石子置瓶中, 雖養其味, 亦可澄水, 令之不淆. 黃魯直惠山泉詩: "錫谷寒泉撱石俱." 是也. 同上

물을 먼 길에서 길어 오면 반드시 원래 맛을 잃게 되어 있다. 당자서唐子西가 말했다.[81] "차는 단차나 과차銙茶[82] 할 것 없이 새것을 귀하게 친다. 물은 강물과 우물물을 묻지 않고 살아 있는 것을 귀하게 여긴다." 위와 같은 책

汲泉道遠, 必失原味. 唐子西云: "茶不問團銙, 要之貴新, 水不問江井, 要之貴活." 同上

무릇 샘물이 달지 않으면, 차 맛의 엄격함을 손상시킬 수 있다. 그래서 옛사람은 물을 가리는 것을 가장 중요하게 여겼다. 《다보》[83]

凡水泉不甘, 能損茶味之嚴, 故古人擇水, 最爲切要. 《茶譜》

우물물이 게장처럼 혼탁하고 짠 것은 모두 쓰지 말아야 한다. 위와 같은 책

---

80 〈혜산천〉: 본래 제목은 〈사황종선사업기혜산천謝黃從善司業寄惠山泉〉이다.
81 당자서가 말했다(唐子西云): 당자서는 북송 휘종徽宗 때 종자박사宗子博士 당경唐庚 (1071~1121)을 말한다. 자서子西는 그의 자이다. 당자서가 말한 내용은 그가 지은 《투다기鬪茶記》에서 인용한 것이다. 문장이 세련되고 정밀하여 사람들이 작은 동파(小東坡)라 불렀다.
82 과차: 송대의 연고차 중 사각형 형태의 차를 말한다.
83 《다보》: 고원경의 《다보》를 말한다. 이하 동일하다.

井水, 如蟹黃混濁鹹苦者, 皆勿用. _{同上}

소재옹[84]과 채군모가 차 맛을 겨루었다. 채군모가 혜산천을 사용하자 소재옹의 차 맛이 다소 못하여, 죽력수로 바꾸어 끓이고서야 마침내 이길 수 있었다. 《가우잡지》

蘇才翁與蔡君謨鬪茶, 蔡用惠山泉, 蘇茶少劣, 改用竹瀝水煎, 遂能取勝. 《嘉祐雜志》

차를 끓일 때는 단샘이 좋다. 그다음은 매수梅水인데 매우梅雨가 기름 같아서 만물이 이것에 힘입어 길러진다. 그 맛이 유독 달다. 매우 이후로는 문득 마시지 못한다. 《다해》

烹茶宜甘泉, 次梅水. 梅雨如膏, 萬物賴以滋養, 其味獨甘, 梅後便不堪飮. 《茶解》

차를 끓일 물의 공功이 열에 여섯쯤 된다. 샘물이 없으면 빗물을 쓰는데 가을비가 가장 좋고, 매우가 그다음이다. 가을비는 차면서 희고, 매우는 진하면서 희다. 설수雪水는 오곡五穀의 정기여서 색이 흴 수가 없다. 《나개다기》

烹茶, 水之功居六 無泉則用天水, 秋雨爲上, 梅雨次之. 秋雨洌而白, 梅雨醇而白. 雪水五穀[85]之精也, 色不能白. 《羅芥茶記》

---

84 소재옹蘇才翁: 북송의 문인 소순원蘇舜元(1006~1054)을 말한다. 재옹은 그의 자이다.
85 五穀(오곡): '천지天地'로 되어 있는 《나개다기》 이본도 있다.

땔감의 품등 薪品

차 끓일 때의 불은 숯을 쓴다. 그다음은 단단한 장작을 사용한다. 뽕나무, 회화나무, 오동나무, 상수리나무의 종류를 말한다. [안설]: 뽕나무나 오동나무 장작은 불꽃이 가장 안 일어나는 것들인데 지금 그렇다고 말했으니 알지 못하겠다. 숯은 일찍이 고기를 구워 누린내와 기름기가 스민 것이나 진액이 많은 나무와 부서진 그릇은 쓰지 않는다. 고목膏木은 잣나무, 계수나무, 노송나무이다. 패기敗器는 썩거나 못 쓰게 된 기물이다. 옛사람이 노신勞薪의 맛[86]이 있다고 한 것은 믿을 만하다. 《다경》

其火用炭, 次用勁薪. 謂桑槐桐櫪之類也. 案: 桑薪桐薪, 最不起焰, 今乃云然, 未可知. 其炭, 曾經燔炙, 爲膻膩所及, 及膏木敗器, 不用之. 膏木爲栢桂檜也. 敗器爲朽廢器也. 古人有勞薪之味, 信哉. 《茶經》

차는 모름지기 약한 불에 굽고 활화活火로 끓인다. 활화는 숯불에 불꽃이 있는 것을 말한다. 《다보》

茶須緩火炙, 活火煎. 活火謂炭火之有焰者. 《茶譜》

무릇 나무면 탕을 끓일 수 있는 것이지 숯만 써야 하는 것은 아니다. 다만 옥차沃茶, 즉 찻가루에 따르는 탕만큼은 숯이 아니면 안 된다.

---

86 노신의 맛: 노신은 수레바퀴나 기계에 쓰던 부품목처럼 시달린 오래된 목재를 땔감으로 쓰는 것을 말한다. 여기에는 고사가 있다. 《세설신어 世說新語》에 "조조의 책사 순욱荀勖이 사마염司馬炎과 함께 죽순을 곁들여 밥을 먹는데 순욱이 옆사람에게 말하기를 '이것은 노신으로 불을 때 지은 것이다'라고 하였다. 사람들이 믿지 못하고 몰래 사람을 보내서 물으니, 실제로 오래된 수레바퀴를 썼다고 하였다〔荀勖嘗在晉武帝坐上, 食筍進飯, 謂在坐人曰: '此是勞薪炊也.' 坐者未之信, 密遣問之, 實用故車脚〕"라는 내용이다.

다가 茶家에는 또한 법률이 있다. 물은 고이는 것을 꺼리고, 땔감은 연기를 꺼린다. 율법을 범하거나 어겨서 탕이 잘못되면 차가 위태로워진다. 《십육탕품》

凡木可以煮湯, 不獨炭也. 惟沃茶之湯, 非炭不可. 在茶家亦有法律, 水忌停, 薪忌薰. 犯律踰法, 湯乖則茶殆矣. 《十六湯品》

혹 땔감 중 왕겨 불이나 혹 타다 남은 빈 숯은 본체가 다한지라 성질이 또 가볍다. 성질이 가벼우면 끝내 탕이 어린 문제가 생긴다. 숯은 그렇지 않으니 실로 탕의 벗이다. 위와 같은 책

或柴中之麩火, 或焚餘之虛炭, 本體雖盡而性且浮, 性浮則有終嫩之嫌. 炭則不然, 實湯之友. 同上

차는 본래 신령스러운 풀이다. 만지작거리면 상한다. 배설물로 피운 불은 비록 세지만 나쁜 성질이 다 없어지지 않아서 탕을 만들어 찻가루를 띄우면 향과 맛이 떨어진다. 위와 같은 책

茶本靈草, 觸之則敗. 糞火[87]雖熱, 惡性未盡. 作湯泛茶, 減耗[88]香味. 同上

댓가지와 나뭇가지를 바람과 햇볕에 말려 솥이나 병에 지피면 자못 시원스럽게 잘 탄다. 하지만 본체의 성질이 허약하고 가벼워서 중화中和의 기운이 없다 보니, 탕을 망치는 원흉이 된다. 위와 같은 책

竹篠樹梢, 風日乾之, 燃鼎附瓶, 頗甚快意. 然體性虛薄, 無中和之氣, 爲湯之

---

87 《임원경제지》 원문은 '토土'이나 《십육탕품》 원본에 따라 '화火'로 고쳤다.
88 《임원경제지》 원문은 '호好'이나 《십육탕품》 원본에 따라 '모耗'로 고쳤다.

殘賊也. _{同上}

차탕을 만드는 것은 탕의 맑고 탁함에 달려 있다. 탕은 연기를 가
장 싫어한다. 땔나무 한 가지를 태워 짙은 연기가 방 안에 가득 차면
또한 어찌 탕이 제대로 되겠는가? 또 어찌 차가 있겠는가? 위와 같은 책

調茶在湯之淑慝, 而湯最惡烟. 燃柴一枝, 濃煙蔽室, 又安有湯耶. 又安有茶
耶. _{同上}

물이 있고 차가 있어도 불이 없어서는 안 된다. 불이 없다는 것이
아니라 알맞은 불이 있어야 한다는 뜻이다. 이약李約은 "차는 모름지
기 약한 불에 굽고 활화로 끓여야 한다"고 했다. 활화는 숯불에 불꽃
이 있는 것을 말한다. 소식蘇軾의 시에 "활수는 모름지기 활화로 끓여
야 한다(活水仍須活火烹)"고 한 것이 이것이다. 내 생각은 이렇다. 산중
에서 숯을 늘 얻지는 못하므로 사화死火, 즉 죽은 불로 해야 할 경우 마
른 소나무 가지만큼 묘한 것이 없다. 추운 겨울철에 솔방울을 많이 주
워다가 차 끓이는 도구로 비축해둔다면 더욱 우아할 것이다. 《자천소품》

有水有茶, 不可無火. 非無火也, 有所宜也. 李約云: "茶須緩火炙, 活火煎." 活
火[89]謂炭火之有焰者. 蘇軾詩: "活水仍須活火烹,"[90] 是也. 余則以爲山中不常
得炭, 且死火耳, 不若枯松枝爲妙. 若寒月, 多拾松實, 蓄爲煮茶之具, 更雅.《煮
泉小品》

89 《임원경제지》 원문은 '수水'이나 《자천소품》 원본에 따라 '화火'로 고쳤다.
90 《임원경제지》와 《자천소품》에는 '活火仍須活水烹'으로 되어 있으나 소식의 〈급강
    전다汲江煎茶〉 시 구절에 따라 '活水仍須活火烹'으로 고쳤다.

물 끓음의 징후湯候

물이 끓는 것이 물고기 눈 같고 가늘게 소리가 나면 일비一沸이다. 가장자리를 따라 이어진 구슬이 샘솟듯 올라오면 이비二沸이다. 물결이 솟구쳐 파도가 일렁이면 삼비三沸이다. 그 이상은 물이 쉬어 먹을 수 없다.

其沸如魚目, 微有聲, 爲一沸. 緣邊如湧泉連珠, 爲二沸. 騰波鼓浪, 爲三沸. 已上水老, 不可食也.

초비初沸, 즉 처음 물이 끓을 때 물의 양을 맞추고 소금으로 맛을 조절한다. 마시다 남은 것은 버린다고 하는 것은 '철啜'은 맛보는 것이다. '시市'와 '세稅'의 반절, 또는 '시'와 '열悅'의 반절이다. 아무 맛도 없게 해서 하나의 맛으로 모은다는 것이 아닐까? 위의 글자는 '고古'와 '잠暫'의 반절이고, 아래의 글자는 '미昧'와 '람濫'의 반절이다. 맛이 없다는 뜻이다.

初沸則水合量, 調之以鹽味, 謂棄其啜餘. 啜, 嘗也, 市稅反, 又市悅反. 無酒酪齷, 而鍾其一味乎. 上古暫反, 下吐[91]濫反, 無味也.

이비에서 물 한 바가지를 떠내고, 대젓가락으로 탕의 중심을 휘저어준다. 그러고 나서 찻가루의 양을 가늠해 중심에 떨군다. 잠시 후 형세가 마치 물결이 닥쳐와 포말을 흩뿌리듯 하게 되면 떠냈던 물을 부어 이를 멈추게 해서 그 정화精華를 길러준다.

第二沸, 出水一瓢, 以竹筴環激湯心, 則量末當中心而下. 有頃, 勢若奔濤濺沫, 以所出水止之, 而育其華也.

91 《임원경제지》 원문은 '미昧'이나 《다경》 원본에 따라 '토吐'로 고쳤다.

무릇 차를 잔에 따르는 것은 여러 사발을 놓아두고 말沫과 발餑이 골고루 나눠지게끔 해야 한다. 자서字書와 본초本草에는 '발도 똑같이 차의 말沫이다' 하였다. '포蒲'와 '홀笏'의 반절이다. 말과 발은 차탕의 정화精華이다. 화華 가운데 엷은 것을 말이라 하고 두꺼운 것을 발이라고 하며 잘고 가벼운 것을 화花라고 한다. 마치 대추꽃이 둥근 연못가에 떠다니는 듯하고, 또 돌아나가는 연못의 굽이진 물가에 푸른 부평초가 막 생겨난 것 같으며, 상쾌하게 갠 하늘에 뜬 구름이 비늘처럼 떠 있는 것 같다.

凡酌, 置諸盌, 令沫餑均. 字書幷本草, 餑, 均茗沫也, 蒲笏反. 沫餑, 湯之華也. 華之薄者曰沫, 厚者曰餑. 細輕者曰花, 如棗花漂漂然於環池之上, 又如廻潭曲渚靑萍之始生, 又如晴天爽朗有浮雲鱗然.

말이란 것은 초록색 이끼가 물가에 떠 있는 것 같고, 또 국화꽃이 술단지 가운데 떨어진 것 같다. 발이란 것은 찻가루 찌꺼기를 끓이다가 끓어오르면 화華가 포개지고 말이 겹쳐져 하얗게 눈이 쌓인 듯한 것이다. 〈천부荈賦〉에서 이른바 "환하기는 쌓인 눈 같고, 빛나기는 봄 기운이 퍼진 것 같네"라 한 것이 있다. 첫 번째 끓음에서 물 기포[魚目]가 솟아오르면 그 거품은 버린다. 거품 위에 흑운모黑雲母 같은 수막이 있는데 이를 마셔보면 그 맛이 바르지 않아서다.

其沫者, 若綠錢浮於水湄, 又如菊英墮於 樽俎之中. 餑者, 以滓煮之, 及沸則重華累沫, 皤皤然若積雪耳, 荈賦所謂: "煥如積雪, 燁若春敷",[92] 有之. 第一煮水沸, 而棄其沫, 之上有水膜, 如黑雲母, 飮之則其味不正.

첫 번째 것을 준영雋永이라 한다. 준雋은 서현徐縣과 전현全縣의 반절이다. 지극히 훌륭한 것을 준영이라 하니, 준은 맛이 있다는 뜻이고 영은 맛이 오래간다는 의미이다. 맛이 오래가는 것을 준영이라고 한다. 《한서漢書》에는 "괴통蒯通(본명 철徹)이 〈준영) 20편을 지었다"고 하였다. 혹은 끓인 물을 남겨두어 저장하여 정화를 기르고 끓음을 구하는 용도에 대비한다. 첫째 잔과 둘째 잔, 셋째 잔은 차례대로 한다. 넷째 잔과 다섯째 잔 이상은 갈증이 심하지 않으면 마시지 않는다.《다경》

其第一者爲雋永, 徐縣, 全縣二反. 至美者曰雋永. 雋, 味也. 永, 長也. 味[93]長曰雋永. 漢書, 蒯通著雋永二十篇也. 或留熟以貯之, 以備育華救沸之用. 諸第一與第二, 第三盌次之. 第四第五盌外, 非渴甚, 莫之飮.《茶經》

탕은 차의 생명을 맡는다. 좋은 차도 탕을 함부로 하면 보통의 찻가루와 다름없게 된다.

湯者, 茶之司命. 若名茶而濫湯, 則與凡末同調矣.

불기운이 너무 쌓이면 물의 성질이 다 없어진다. 이는 마치 됫박 속에 든 쌀이나 저울 위에 얹힌 물고기가 높낮이가 꼭 맞게 평평해서 지나침도 없고 부족하지도 않은 것을 법도로 삼는 것과 같다. 대개 한결같아서 치우치거나 뒤섞이지 않는 것이니, 이것을 이름하여 득일탕得一湯이라고 한다.

火積已儲, 水性乃盡. 如斗中米, 稱上魚, 高低適平, 無過不及爲度, 蓋一而不偏雜者也. 是名得一湯.

땔감에 불이 붙어 물 담은 솥이 뜨거워지자마자 급히 가져다 바로

92《임원경제지》와《다경》에는 '부藪'로 되어 있으나〈천부〉에 따라 '부敷'로 고쳤다.
93《임원경제지》원문은 '사史'이나《다경》원본에 따라 '미味'로 고쳤다.

따르면, 이는 마치 갓난아이가 어린아이도 되지 않은 상태에서 어른의 일을 해내게 하려는 격이니 어려운 일이다. 이를 이름하여 영탕嬰湯이라고 한다.

薪火方交, 水釜纔熾, 急取旋傾, 若嬰兒之未孩, 欲責以壯夫之事, 難矣哉. 是名嬰湯.

사람이 100세가 넘거나, 물이 열 번 끓어 넘치면, 혹 말문이 막히고 혹 일을 그만두게 된다. 만약 이를 취해서 쓰면 탕이 이미 성질을 잃고 만다. 감히 묻겠다. 귀밑머리가 하얗고 얼굴이 창백한 큰 노인이 오히려 활을 잡고 화살을 흔들면서 적중시킬 수 있겠는가? 도리어 씩씩하게 올라가고 활달하게 걸어서 먼 곳까지 갈 수 있겠는가? 이것을 이름하여 '백발탕白髮湯'[94]이라고 한다.

人過百息, 水踰十沸, 或以話阻, 或以事廢, 始取用之, 湯已失性矣. 敢問皤鬢蒼顔之大老, 還可執弓搖矢以取中乎. 還可雄登闊步以邁遠乎. 是名白髮湯.

또 거문고를 연주하는 사람을 보면 소리가 중도中道에 맞으면 뜻이 오묘하다. 또 먹을 가는 사람을 보아도, 힘이 중도에 맞아야 색깔이 짙다. 소리에 완급緩急이 있으면 거문고는 망하고, 힘에 완급이 있으면 먹물은 버리며, 탕을 부을 때 완급이 있으면 차가 못 쓰게 된다. 탕의 중용을 얻으려면 팔뚝이 책임을 맡는다. 이를 이름하여 중탕中湯이라

---

94 백발탕: 경명이문광독본景明夷門廣牘本과 함분루설부본涵芬樓說郛本에만 '일명 백발탕一名白髮湯'으로 되어 있고, 나머지 판본에는 '백수탕百壽湯'으로 나온다. 《동다송》에서도 백수탕이라고 했다.

고 한다.《십육탕품》

亦見夫鼓琴者也, 聲合中則意妙. 亦見夫磨墨者也, 力合中則矢[95]濃. 聲有緩急則琴亡, 力有緩急則墨喪, 注湯[96]有緩急則茶敗, 欲[97]湯之中 臂任其責, 是名中湯.《十六湯品》

나와 나이가 같은 이남금李南金이 말했다. "《다경》에서는 어목魚目과 용천연주湧泉連珠를 가지고 물 끓이는 기준으로 삼았지만, 근세에는 차를 끓일 때 솥(鼎)이나 확鑊은 드물게 쓰고, 병을 써서 물을 끓이는지라 상태를 살피기 어렵다. 결국 소리를 가지고 일비와 이비, 삼비의 정도를 따져야 한다. 또 육씨의 방법[98]은 찻가루를 차 솥에 넣기 때문에, 제 이비에서 양을 맞춰 넣어야 한다. 이것은 오늘날 끓인 물을 차사발에 넣고 점다하는 것만 못하니, 마땅히 이비를 지나 삼비로 넘어가는 즈음을 알맞은 때로 삼아 소리로 변별해야 한다." 시에서 말하기를,

섬돌 벌레 찍찍대고 1만 매미 울어대며	砌蟲唧唧萬蟬催
홀연히 천대 수레 짐을 싣고 오는구나.	忽有千車稛載來
솔바람 냇물 소리 뒤섞여 들려올 때	聽得松風幷澗水
급하게 옥색의 초록 자기 잔을 찾네.	急呼縹色綠瓷杯

余同年李南金云: "茶經以魚目湧泉連珠, 爲煮水之節. 然近世瀹茶, 鮮以鼎鑊, 用瓶煮水, 難以候視, 則當以聲辨一沸二沸三沸之節. 又陸氏之法, 以末就茶

---

95 《임원경제지》원문은 '색色'이나《십육탕품》원본에 따라 '시矢'로 고쳤다.

96 《십육탕품》원본에 따라 '力有緩急則墨喪. 注湯' 아홉 글자를 보충하였다.

97 《임원경제지》원문은 '음飮'이나《십육탕품》원본에 따라 '욕欲'으로 고쳤다.

98 육씨의 방법(陸氏之法): 육우가 차 끓이는 방법을 말한다. 육우는《다경》〈오지자五之煮〉에서 차 끓이는 방법을 자세하게 설명하고 있다.

鑊, 故以第二沸爲合量而下, 未若以今[99]湯就茶甌瀹之, 則當用背二涉三之際爲
合量. 乃爲聲辨之." 詩云: "砌蟲啁啁萬蟬催, 忽有千車梱載來. 聽得松風幷澗水,
急呼縹色綠瓷杯."

그 논의가 진실로 정밀하다. 하지만 점다의 방법은 탕이 어려야지
늙어서는 안 된다. 대개 탕이 어리면 차 맛이 달고, 늙으면 너무 쓰다.
만약 소리가 솔바람이나 시냇물 소리와 같을 때 갑작스럽게 점다하면
어찌 탕이 지나치게 늙어서 차 맛이 쓰지 않겠는가? 다만 병을 옮겨
불에서 떼어내 끓는 것이 그치기를 조금 기다렸다가 점다한다. 그런
뒤에야 탕이 꼭 맞아서 차 맛이 달다. 이것은 이남금이 미처 말하지
못한 것이다. 인하여 시 한 수로 보완하여 말한다.

솔바람 노송 빗소리 처음으로 들려오면	松風檜雨到来初
구리 병 급히 당겨 죽로竹爐에서 떼어낸다.	急引銅瓶離竹爐
소리 들림 완전히 고요해짐 기다리니	待得聲聞俱寂後
한 사발의 춘설春雪이 제호醍醐보다 더 낫구려.	一甌春雪勝醍醐

《학림옥로》

其論固已精矣. 然瀹茶之法, 湯欲嫩而不欲老, 蓋湯嫩則茶味甘, 老則過苦
矣. 若聲如松風澗水而遽瀹之, 豈不過於老而苦哉. 惟移瓶去火, 少待其沸止而
瀹之, 然後湯適中而茶味甘. 此南金之所未講者也, 因補以一詩云: "松風檜雨到
來初, 急引銅瓶離竹爐. 待得聲聞俱寂後, 一甌春雪勝醍醐."《鶴林玉露》

차를 끓일 때는 모름지기 불꽃이 있는 숯불을 쓴다. 물이 끓어오르

---

99 《임원경제지》 원문은 '금金'이나 《학림옥로》 원본에 따라 '금今'으로 고쳤다.

면 곧바로 냉수를 붓고, 다시 끓어오르기를 기다려 한 번 더 냉수를 붓는다. 이렇게 세 번을 하면 색깔과 맛이 모두 좋아진다. 《거가필용》

煎茶須用有焰炭火. 滾起便以冷水點住, 伺再滾起再點. 如此三次, 色味皆進.
《居家必用》

탕이 멋대로 끓어 넘치지 않게 해야 좋은 차 맛을 만들어낼 수 있다. 처음엔 물고기 눈이 흩어지면서 가느다란 소리가 있다. 중간엔 사방의 가장자리에서 샘물이 솟구쳐 구슬이 포개진 채 연이어 올라온다. 끝에는 물결이 솟고 파도가 쳐 물기운이 완전히 사그라드는데 이것을 노탕老湯이라고 한다. 이 같은 삼비의 방법은 활화가 아니고는 만들 수 없다. 《다보》

當使湯無妄沸, 庶可養茶. 始則魚目散布, 微微有聲. 中則四邊泉湧, 纍纍連珠. 終則騰波鼓浪, 水氣全消, 謂之老湯. 三沸之法, 非活火不能成也. 《茶譜》

무릇 차가 적고 탕이 많으면 운각雲脚이 흩어지고, 탕이 적고 차가 많으면 유면乳面이 모여든다.[100] 위와 같은 책

凡茶少湯多則雲脚散, 湯少茶多則乳面聚. 同上

사람들은 탕을 가늠할 줄은 알면서 불을 가늠하는 것은 알지 못한

---

100 운각이 흩어지고 …… 유면이 모여든다: 차탕에 뜬 거품을 뜻한다. 송대 채양의 《다록》〈점다點茶〉 조에도 "차가 적고 탕이 많으면 운각이 흩어지고, 탕이 적고 차가 많으면 죽면이 모인다. 건안 사람들은 그것을 운각, 죽면이라 한다茶少湯多, 則雲脚散, 湯少茶多, 則粥面聚. 建人謂之雲脚粥面)"고 했다. 유면과 죽면粥面은 같은 의미이다.

다. 불이 타면 물은 마른다. 이 때문에 불을 시험하는 것이 물을 시험하는 것보다 먼저다. 《여씨춘추呂氏春秋》에서 이윤伊尹이 탕 임금에게 다섯 가지 맛을 설명하면서, 아홉 번 끓으면 아홉 번 변하니 불은 이것을 기준으로 삼는다고 했다. 《자천소품》

人但知湯候, 而不知火候. 火然則水乾, 是試火先于試水也. 呂氏春秋, 伊尹說湯五味, 九沸九變, 火爲之紀. 《煮泉小品》

탕이 어리면 차 맛이 나오지 않는다. 끓인 것이 정도에 넘치면 물이 쇠어 차가 시달린다. 오직 화花만 있고 의衣가 없는 것이[101] 차를 우려야 할 때이다. 위와 같은 책

湯嫩則茶味不出, 過沸則水老而茶乏, 惟有花而無衣, 乃得點淪之候耳. 同上

물속에 든 정결한 흰 돌을 골라내 샘물과 함께 끓이면 더욱 묘하다. 위와 같은 책

擇水中潔淨白石, 帶泉煮之, 尤妙. 同上

황산곡黃山谷이 말했다. "거세구나! 냇가 솔이 맑은 소리 내는 듯.

---

101 오직 화만 있고 의가 없는 것이[惟有花而無衣]: 여기서 '화'와 '의'는 물이 끓는 단계를 나타낸 것이다. 즉 '화'는 어목과 용천연주湧泉連珠 같은 기포가 생기는 단계이고, '의'는 물결이 일렁이는 등파고랑騰波鼓浪 상태를 말한다. 따라서 전예형田藝蘅은 물이 끓는 상태가 등파고랑 전前 단계인 어목과 용천연주의 상태를 알맞게 끓은 상태로 본 것이다. 명대 허차서도 《다소》〈탕후湯候〉에서 "해안이 지나고 물에 가벼운 물결이 이는데 이것이 꼭 알맞은 때이다. 큰 물결이 일면서 솥에서 끓고, 곧 소리가 없어지면, 이것은 지나친 때가 된다[蟹眼之後, 水有微濤, 是爲當時. 大濤鼎沸, 旋至無聲, 是爲過時]"고 하였다.

드넓어라! 봄 하늘에 흰 구름이 지나가듯."[102] 차 달이는 삼매경을 얻
었다 할 만하다. 《암서유사》

山谷云: "洶洶乎, 如澗松之發淸吹. 浩浩乎, 如春空之行白雲." 可謂得煎茶三昧.
《巖棲幽事》

고황顧況은 이렇게 읊었다.

| 약한 불에 가는 연기 | 文火細烟 |
| 작은 솥엔 긴 샘물을. | 小鼎長泉 |

소동파는 이렇게 읊었다.[103]

| 활수는 활화로 끓여야만 하는 법 | 活水仍須活火烹 |
| 낚시터 바위에서 깊고 맑은 물을 긷네. | 自臨釣石汲深淸 |

문형산文衡山[104]은 이렇게 읊었다.

| 병에 산속 샘물 새롭게 길어 와서 | 瓦瓶新汲山泉水 |
| 오사모烏紗帽 머리에 쓰고 손수 차를 달이네. | 紗帽籠頭手自煎 |

또 소동파의 〈전다가煎茶歌〉[105]에서는 노래했다.

---

102 황산곡이 …… 지나가듯: 황산곡이 말한 내용은 그가 지은 〈전다부煎茶賦〉의 내
용이다.

103 소동파는 …… 읊었다〔蘇子瞻云〕: 소동파가 지은 〈급강전다汲江煎茶〉의 내용이다.

104 문형산: 중국 명대의 서화가이자 문인 문징명文徵明(1470~1559)을 말한다. 형산
衡山은 그의 호이다.

105 〈전다가〉: 〈시원에서 차를 끓이다試院煎茶〉를 말한다. 4구의 '비설飛雪'을 '비운飛雲'

게 눈이 지나가고 물고기 눈 생기니　　　　　　　　　蟹眼已過魚眼生

쏴아 쏴아 솔바람 우는 소리 나는구나.　　　　　　　颼颼欲作松風鳴

맷돌에선 어지러이 가는 구슬 떨어지고　　　　　　　蒙茸出磨細珠落

사발 둘러 휘젓자 나는 눈발 가벼워라.　　　　　　　眩轉遶甌飛雪輕

또 사종謝宗의 〈논다論茶〉에서 말했다.

섬배蟾背[106]의 꽃다운 향 피어나길 기다리며　　　　候蟾背之芳香

새우 눈이 끓어오름 자세히 바라보네.　　　　　　　觀蝦目之沸湧

모두 차에 대해 깊이 알았다고 할 만하다.《군방보》

顧況云: "文火細烟, 小鼎長泉." 蘇子瞻云: "活水仍須活火烹, 自臨釣石汲深
淸." 文衡山云: "瓦瓶新汲山泉水, 紗帽籠頭手自煎." 又東坡煎茶歌: "蟹眼已過
魚眼生, 颼颼欲作松風鳴. 蒙茸出磨細珠落, 眩轉遶甌飛雪[107]輕." 又謝宗論茶:
"候蟾背之芳香, 觀蝦目之沸湧." 皆可謂深于茶者.《群芳譜》

　　채군모蔡君謨가 탕은 어린 것을 취하고 쇤 것은 취하지 않는다고
했는데 단차와 병차를 두고 한 말일 뿐이다. 지금 기아旗芽와 창갑槍甲
같은 어린싹은 탕이 부족하면 다신茶神이 우러나지 못하고, 차의 색깔
도 밝지 않다. 그래서 명전茗戰, 즉 차 겨루기에서 이기는 것은 특별히

　　으로 썼는데 원본에 따라 고쳤다.

106 섬배: 차의 별칭이다. 떡차의 표면이 두꺼비 등처럼 울룩불룩한 상태를 말한다.

107《임원경제지》원문은 '운雲'이나《군방보》원본과 소동파 시의 원구절에 따라
　　'설雪'로 고쳤다.

오비五沸에 달려 있다. 《징회록》

蔡君謨, 湯取嫩而不取老, 爲團餅茶發耳. 今旗芽槍甲, 湯不足則茶神不透, 茶色不明. 故茗戰之捷, 尤在五沸. 《澄懷錄》

탕은 차의 생명을 맡는다. 그래서 탕을 살피는 것이 가장 어렵다. 익지 않으면 차가 위로 떠오르니 이를 영아탕嬰兒湯이라 한다. 향은 능히 나올 수 없다. 너무 익으면 차가 아래로 가라앉는다. 이를 백수탕 百壽湯이라고 한다. 맛은 많이 껄끄럽다. 탕을 잘 살피는 사람은 반드시 센 불에서 부채질을 급히 한다. 수면에 우윳빛 구슬이 일고 그 소리가 소나무 파도 소리 같은 것이 바로 탕의 가장 알맞은 때이다. 《다설》[108]

湯者, 茶之司命, 故候[109]湯最難. 未熟則茶浮于上, 謂之嬰兒湯, 而香則不能 出. 過熟則茶沈于下, 謂之百壽湯, 而味則多滯. 善候湯者, 必活火急扇, 水面若 乳珠, 其聲若松濤, 此正湯候也. 《茶說》

끓인 물을 따르는 법點法

차가 이미 고膏 상태가 되었거든,[110] 마땅히 조화로 그 모양을 이루 어주어야 한다. 만약 손을 떨고 팔뚝을 늘어뜨려, 다만 지나치게 따르 는 것을 염려하여, 탕병湯瓶 주둥이 끝에 있는 둥 마는 둥 하면 탕이 잘 통하지 않는다. 이 때문에 차가 고르게 풀리지 않는다. 이것은 사람

---

108 《다설》: 명대 황용덕黃龍德이 1630년경에 지었다.

109 《임원경제지》 원문은 '음飮'이나 《다설》 원본에 따라 '후候'로 고쳤다.

110 차가 이미 고 상태가 되었거든(茶已就膏): 찻가루에 끓인 물을 조금 섞어서 걸쭉하 게 반죽한 상태를 말한다.

의 100곳 맥과 기혈이 끊어졌다 이어졌다 하는 것과 같으니, 오래 살고자 한들 어찌 얻겠는가? 《십육탕품》

茶已就膏, 宜以造化成其形. 若手顫臂䯮, 惟恐其深, 瓶觜之端, 若存若亡, 湯不順通, 故茶不勻粹. 是猶人之百胍氣血斷續, 欲壽奚獲. 《十六湯品》

힘센 역사力士가 바늘을 잡거나, 밭 가는 농부가 붓대를 잡아 능히 성공할 수 없는 까닭은 거침에서 손상되기 때문이다. 또 한 사발의 차는 많아야 2전錢이 안 된다. 찻잔에 합당한 양은 탕을 따를 때 6부를 넘지 않아야 한다. 만에 하나 제멋대로 따라서 깊이 채운다면 어찌 제대로 된 차가 있겠는가? 위와 같은 책

力士之把針, 耕夫之握管, 所以不能成功者, 傷於麤也. 且一甌之茗, 多不二錢, 茗盞量合, 宜下湯不過六分. 萬一快瀉而深積之, 茶安在哉. 同上

무릇 점다點茶는 우선 잔을 불에 덥혀 뜨겁게 해야 한다. 그래야 차 표면에 유화乳花가 모여든다. 차면 차의 색이 떠오르지 않는다. 《다보》

凡點茶, 先須熁盞令熱, 則茶面聚乳, 冷則茶色不浮. 《茶譜》

씻는 방법滌法

무릇 차를 끓일 때는 먼저 뜨거운 물로 찻잎을 씻어 먼지와 냉기를 없애고 나서 끓이면 맛이 좋다. 《다보》

凡烹茶, 先以熱湯洗茶葉, 去其塵垢冷氣, 烹之則美. 《茶譜》

차병이나 찻잔, 찻숟가락에 녹이 생기면 음흉은 성星이다. 차 맛을 손상시키기에 이른다. 반드시 모름지기 먼저 깨끗이 씻어야 좋다. 위와 같은 책

茶瓶茶盞茶匙生鉎, 音星. 致損茶味, 必須先時洗潔則美. 同上

찻잎이 본래 깨끗할 경우는 씻지 말아야 한다. 《군방보》

如茶本潔淨, 勿洗. 《群芳譜》

찻그릇은 모름지기 정결한 것을 골라야 한다. 누린내나 기름때에 찌든 것과 가까이하면 차의 참맛이 모두 망가진다. 위와 같은 책

茶器須簡點淨潔, 若近腥羶油膩等物, 則茶之眞味俱敗. 同上

소금으로 간을 맞추는 것에 대해 논함論調鹽

당나라 사람들은 차를 끓일 때 생강과 소금을 많이 썼다. 그래서 육우가 말했다. "처음 물이 끓으면 양에 맞춰 소금으로 맛을 조절한다." 설능薛能의 시[111]는 이렇다.

| 소금을 덜고 더함 늘 경계하되 | 鹽損添常戒 |
| 생강을 넣는 것은 더 자랑하네. | 薑宜着更誇 |

소자첨蘇子瞻[112]은 "중등품의 차는 생강을 써서 달이는 것이 정말 좋다. 소금은 안 된다"고 여겼다. 나는 소금과 생강 둘 다 모두 물에는 재앙이 된다고 생각한다. 만약 산속 거처에서 물을 마시는 경우라면 두 물건을 조금만 넣어서 남기嵐氣[113]를 줄이는 것이 좋을 수도 있다. 하지만 차에 있어서는 진실로 필요가 없다. 《자천소품》

---

111 설능의 시[薛能詩]: 〈촉주 정사군이 조취차를 보냈기에 인하여 답하여 준 8운 [蜀州鄭史君寄鳥觜茶因以贈答八韻]〉이라는 시이다.

112 소자첨: 송대 문인 소식蘇軾(1037~1101)을 말한다.

113 남기: 산람장기山嵐瘴氣의 준말로, 산간에 있는 습열이 훈증할 때 생기는 좋지 않은 기운으로 인해 사람에게 해를 주는 일종의 사기邪氣를 말한다.

唐人煎茶多用薑鹽, 故鴻漸云: "初沸水, 合量調之以鹽味." 薛能詩: "鹽損添
常戒, 薑宜着更誇." 蘇子瞻以爲茶之中等, 用薑煎信佳, 鹽則不可. 余則以爲二
物皆水厄也. 若山居飮水, 少下二物, 以減嵐氣或可耳, 而有茶, 則此固無須也.
《煮泉小品》

다과에 관하여 논함 論茶果

차에는 진향眞香이 있고 아름다운 맛이 있으며 바른 빛깔이 있다.
차를 끓일 때 진귀한 과일이나 향초香草를 곁들이는 것은 좋지 않다.
차의 향을 빼앗는 것은 송자松子, 감등柑橙, 행인杏仁, 연심蓮心, 목향木
香, 매화梅花, 말리茉莉, 장미薔薇, 목서木犀의 종류다. 맛을 빼앗는 것은
우유牛乳, 반도番桃, 여지荔枝, 원안圓眼, 수리水梨, 비파枇杷 등이다. 빛
깔을 빼앗는 것은 곶감〔柿餠〕, 마른 대추〔膠棗〕, 화도火桃, 양매楊梅, 등
귤 따위이다.

茶有眞香, 有佳味, 有正色. 烹點之際, 不宜以珍果香草雜之. 奪其香者, 松子
柑橙杏仁蓮心木香梅花茉莉薔薇木犀之類是也. 奪其味者, 牛乳番桃荔枝圓眼
水梨枇杷之類是也. 奪其色者, 柿餠膠棗火桃楊梅橙橘之類是也.

무릇 좋은 차를 마실 때는 과일을 치워야 몹시 맑음을 깨닫게 된
다. 과일을 곁들이면 분별할 수 없다. 만약 굳이 괜찮은 것을 말하라고
한다면, 호두, 개암, 외씨, 조인藻仁, 능미菱米, 남인欖仁, 밤, 계두鷄頭,
은행銀杏, 산약山藥, 순건筍乾, 지마芝麻, 거호苣蕒, 와이萵苣, 근채芹菜 같
은 것을 정제하면 혹 쓸 수 있을 것이다. 《다보》

凡飮佳茶, 去果方覺淸絶, 雜之則無辨矣. 若必曰所宜, 核桃榛子瓜仁棗[114]

---

[114] 《임원경제지》 원문은 '조藻'이나 《다보》 원본에 따라 '조棗'로 고쳤다.

仁菱米欖仁栗子鷄頭銀杏山藥筍乾芝麻莒蒿萵苣¹¹⁵芹菜之類, 精製或可用也.
《茶譜》

　지금 사람들은 차 종류를 올릴 때 다과를 놓는데 이는 더욱 속됨에
가깝다. 이는 설령 좋은 것이라도 능히 참맛을 손상시키니, 또한 마땅
히 없애야 한다. 또 과일을 낼 때는 반드시 숟가락을 쓴다. 금이나 은
같은 것은 산속 살림에서 쓸 그릇이 아니고, 구리는 또 비린내가 나므
로 모두 안 된다. 예전에 북쪽 사람이 소락酥酪을 타거나 촉 땅 사람들
이 백토를 넣는다고 일컬음 같은 것은 모두 오랑캐의 음료이니, 진실
로 나무랄 것도 못 된다. 《자천소품》

　今人薦茶類下茶果, 此尤近俗. 是縱佳者, 能損眞味, 亦宜去之. 且下果則必
用匙, 若金銀, 大非山居之器, 而銅又生腥,¹¹⁶ 皆不可也. 若舊稱北人和以酥酪,
蜀人入以白土,¹¹⁷ 此皆蠻飲, 固不足貴.《煮泉小品》

　매화나 국화, 말리화茉莉花를 넣은 차를 올리는 사람이 있다. 비록
풍류와 운치는 감상할 만하지만 또한 차의 맛을 손상시킨다. 만약 좋
은 차가 있다면 또한 이런 일을 하지 않을 것이다. 위와 같은 책

　有以梅花菊花茉莉花薦茶者, 雖風韻可賞, 亦損茶味, 如有佳茶, 亦無事此.同上

115 《임원경제지》 원문은 '이苣'이나 《다보》 원본에 따라 '거苣'로 고쳤다.
116 《임원경제지》 원문은 '생鉎'이나 《자천소품》 원본에 따라 '성腥'으로 고쳤다.
117 '토土'가 '염鹽'으로 되어 있는 《자천소품》 이본도 있다.

누영춘漏影春을 만드는 방법은 아로새긴 종이를 잔에 붙이고 찻가루를 뿌려주고 종이를 떼어내, 가짜로 꽃 모양을 만드는 것이다. 별도로 여지의 과육으로 잎을 만들고, 잣이나 은행 등으로 꽃술을 만든다. 탕을 끓여서 붓고 휘저어 점다한다. 《청이록》

漏影春法, 用鏤紙貼盞, 糝茶而去紙, 僞爲花身. 別以荔肉爲葉, 松實[118]鴨脚之類爲蕊, 沸湯點攪.《淸異錄》

예원진倪元鎭[119]은 호두와 잣을 써서 진분眞粉에 섞어 작은 덩어리를 돌 모양으로 만들어 차 속에 넣고는 이름하여 '청천백석차淸泉白石茶'라고 했다. 손님이 오면 이것으로 대접했는데 혹 아무렇지 않게 마시는 자가 있으면 원진이 발끈하여, "풍미를 조금도 모르니, 참으로 속물이다"라고 하였다. 《운림유사》

倪元鎭, 用核桃, 松子肉和眞粉, 成小塊, 如石狀, 置茶中, 名曰淸泉白石茶, 客至供之. 或有啖如常者, 元鎭艴然曰, 略不知風味, 眞俗物也.《雲林遺事》

차 마시는 방법 飮法

무릇 물 한 되를 끓이면 다섯 사발에 나눠 따라, 사발 수는 작게는 셋에서 많게는 다섯 개로 한다. 만약에 사람의 수효가 많아 열 사람에 이르면 두 개의 풍로를 더한다. 뜨거운 동안 연이어 마신다. 무겁고 탁한 것은 아래에 엉기고, 정수精髓와 영화英華는 위로 떠오른다. 식으면 정수와 영화가 기운을

---

118 《청이록》 원본에 따라 '실實' 한 글자를 보충하였다.
119 예원진: 중국 원나라 때의 문인화가 예찬倪瓚(1301~1374)을 말한다. 자는 원진, 호는 운림雲林이다.

따라 고갈되어, 마셔도 해소되지 않은 것 또한 그러하다. 차는 성품이 검약해서 많이 마시는 것은 마땅치 않다. 그럴 경우 그 맛이 어둡고 심심해진다. 또 한번에 사발에 가득 채웠을 경우, 반만 마시더라도 맛이 떨어지는데 많이 마시겠는가? 그 색깔은 담황색이고, 그 향기는 대단히 훌륭하다. 향이 매우 좋은 것을 '비歎'라고 한다. 음은 '비'이다. ○《다경》

凡煮水一升, 酌分五盌. 盌數, 少至三, 多至五. 若人多至十, 加兩爐. 乘熱連飮之. 以重濁凝其下, 精英浮其上. 如冷, 則精英隨氣而竭, 飮啜不消亦然矣. 茶性儉, 不宜廣, 則其味黯澹¹²⁰. 且如一滿盌, 啜半而味寡, 況其廣乎. 其色緗¹²¹也 其馨¹²² 歎也. 香至美曰歎, 歎音備¹²³ ○《茶經》

차를 끓이는 것이 다 알맞다 해도 마시는 사람이 그만한 사람이 못되면 유천乳泉을 길어다 쑥이나 누린내 나는 풀에 넣은 것과 한가지라 죄가 더없이 크다. 마시는 사람이 단숨에 마셔버리면 맛을 음미할 겨를이 없어 더없이 속되다. 《자천소품》

煮茶得宜, 而飮非其人, 猶汲乳泉以灌蒿蕕, 罪莫大焉. 飮之者一吸而盡, 不暇辨味, 俗莫甚焉.《煮泉小品》

당나라 사람은 꽃을 마주해 차를 마시는 것을 살풍경하다고 여겼다. 그래서 왕안석王安石의 시¹²⁴에서 "금곡원의 온갖 꽃 앞 차 끓이지

---

120 《임원경제지》 원문은 '담淡'이나 《다경》 원본에 따라 '담澹'으로 고쳤다.

121 《임원경제지》 원문은 '축縮'이나 《다경》 원본에 따라 '상緗'으로 고쳤다.

122 《임원경제지》 원문은 '경磬'이나 《다경》 원본에 따라 '형馨'으로 고쳤다.

123 '비備'가 '사使'로 되어 있는 《다경》 이본도 있다.

124 왕안석의 시(王介甫詩]:《임천문집臨川文集》 권32, 〈차를 부쳐 평보에게 주다(寄茶與

마시게〔金谷千花莫漫煎〕"라고 했다. 그의 뜻은 꽃에 있었지 차에 있지는 않았다. 나도 금곡원의 꽃 앞에서는 차가 정말 어울리지 않는다고 생각한다. 만약 차 한잔을 들고서 산꽃을 마주 보며 마신다면 마땅히 풍경을 더욱 보태줄 수 있을 것이다. 또 어찌 고아주羔兒酒가 필요하겠는가? 위와 같은 책

唐人以對花啜茶, 爲殺風景, 故王介甫詩, 金谷千花莫漫煎, 其意在花, 非在茶也. 余則以爲金谷花前, 信不宜矣. 若把一甌, 對山花啜之, 當更助風景, 又何必羔兒酒也. 同上

무릇 이빨 사이에 고기가 낀 것은 차로 양치질해서 씻어내면 전부 없어지거나 줄어들어 저도 모르는 사이에 빠져나가 번거롭게 찌르거나 쑤시지 않아도 된다. 이〔齒〕는 성질이 쓴 것을 좋아한다. 이로 인해 점차 단단하고 촘촘해져서 충치나 독성이 절로 없어진다. 하지만 대체로 중등과 하등의 차를 쓴다. 《동파집》[125]

凡肉之在齒間者, 得茶漱滌之, 乃盡消縮, 不覺脫去, 不煩刺挑也. 而齒性便苦, 緣此漸堅密, 蠹毒自已矣. 然率用中下茶. 《東坡集》

다구茶具

풍로風爐

구리와 쇠로 주조하는데 옛 정鼎의 형상이다. 두께는 3푼, 테두리

平甫〕〕를 말한다.

125 이 대목은 소식이 지은 〈수다설漱茶說〉로 《동파잡기東坡雜記》에 실려 있다. 조선 후기 실학자 순암順菴 안정복安鼎福(1712~1791)이 《잡동산이雜同散異》에 옮겨 적어두었는데 이를 안정복의 저술로 오인한 경우가 종종 있다.

의 너비는 9푼이다. 6푼 높이에서 가운데는 비워두고 흙손으로 바른다. 발은 세 개인데 고문古文으로 21자를 적는다. 발 하나에는 "감坎은 위에, 손巽은 아래, 리離는 가운데 둔다[126][坎上巽下離于中]"라고 쓰고, 발 하나에는 "몸에 오행을 고르게 해서 온갖 질병을 물리친다[體均五行去百疾]"라고 쓴다. 발 하나에는 "거룩한 당나라가 오랑캐를 멸망시킨 이듬해[127]에 주조하다[聖唐滅胡明年鑄]"라고 적는다.

風爐: 以銅鐵鑄之, 如古鼎形, 厚三分, 緣闊九分. 令六分虛中, 致其杇[128]墁. 凡三足, 古文書二十一字. 一足云, 坎上巽下離于中, 一足云, 體均五行去百疾, 一足云, 聖唐滅胡[129]明年鑄.

세 발 사이에 세 개의 창을 설치한다. 바닥의 창 하나는 바람을 통하게 하고 재를 빼는 곳이다. 위에 고문으로 여섯 글자를 나란히 쓴다. 한 창 위에는 '이공伊公'이란 두 글자를 쓰고, 한 창 위에는 '갱육羹陸'이란 두 글자를 쓰며, 한 창 위에는 '씨차氏茶'란 두 글자를 쓴다. 이른바 "이공伊公의 국과 육씨陸氏의 차[130]"이다.

126 감은 …… 가운데 둔다:《주역》의 감괘坎卦는 물을 나타내고, 손괘巽卦는 바람, 리괘離卦는 불을 뜻한다. 풍로 위에 물이 얹히고, 아래에서 바람을 넣어 중간에서 불을 지핀다는 의미이다.

127 거룩한 당나라가 …… 이듬해: 안록산安祿山과 사사명史思明이 일으킨 '안사의 난'을 평정한 다음 해인 764년을 말한다.

128《임원경제지》원문은 '후杇'이나《다경》원본에 따라 '오杇'로 고쳤다.

129《임원경제지》원문은 '수隋'이나《다경》원본에 따라 '호胡'로 고쳤다.

130 이공의 국과 육씨의 차[伊公羹陸氏茶]: 이공은 이윤伊尹(BC 1649~1550)이니, 은나라 초기의 정치가이다. 탕 임금을 도와 솥에 국을 조미하는 법과 오미五味의 조화를 이루는 법을 가지고 천하를 다스리는 이치를 설명했다. 육씨는《다경》을 지은 육

其三足之間, 設三窓. 底一窓以爲通飆漏燼之所. 上幷古文書六字, 一窓之
上書伊公二字, 一窓之上書羹陸二字, 一窓之上書氏茶二字, 所謂伊公羹陸氏
茶也.

안쪽에 솟아오른 받침대(墆㙜)를 두고 세 개의 칸막이를 설치한다.
한 칸막이에는 꿩을 그렸는데 꿩은 불을 상징하므로 리괘離卦를 그린
다. 한 칸막이에는 표범을 그린다. 표범은 바람을 상징하는 짐승이라
손괘巽卦를 그린다. 한 칸막이에는 물고기를 그리니, 물고기는 물에 사
는 동물이라서 감괘坎卦를 그린다. 손巽은 바람을 맡고, 리離는 불을
맡으며, 감坎은 물을 맡는다. 바람은 불을 일으킬 수 있고, 불은 물을
끓일 수 있다. 그래서 그 3괘를 갖춰두었다.

置墆㙜於其內, 設三格. 其一格有翟焉, 翟者火离也, 畫一卦曰離. 其一格有
彪焉, 彪者風獸也, 畫一卦曰巽. 其一格有魚焉, 魚者水蟲也, 畫一卦曰坎. 巽主
風, 離主火, 坎主水, 風能興火, 火能熟水, 故備其三卦焉.

바깥은 이어진 꽃무늬, 드리운 넝쿨무늬, 굽이진 물무늬, 네모진 무
늬 등으로 꾸민다. 풍로는 쇠를 단조해서 만들거나 진흙으로 빚어서
만든다. 재 받침은 세 발이 달린 쇠 쟁반을 만들어서 받친다.

其餙以連葩垂蔓曲水方文之類. 其爐, 或鍛鐵爲之, 或運泥爲之. 其灰承, 作
三足鐵柈擡之.

우이다. 이 솥에 이윤의 국과 육우의 차를 끓인다는 의미이다.

숯 광주리筥

대나무로 짠다. 높이는 1척 2촌, 지름은 7촌이다. 간혹 등나무도 쓴다. 나무 틀(木棺)을 만들어 예전의 '거筥' 자이다. 광주리 모양으로 짠다. 육각의 둥근 구멍이 나도록 하고, 그 바닥과 뚜껑은 대상자처럼 입구를 불로 지진다.

以竹織之, 高一尺二寸, 徑闊七寸. 或用藤. 作木棺, 古筥字. 如筥形織之. 六出圓眼, 其底蓋若利篋口鑠之.

숯 망치炭檛

쇠를 여섯 모로 해서 만든다. 길이는 1척이다. 위쪽은 뾰족하고 가운데는 두툼하다. 손잡이는 가늘고, 머리에는 작은 쇠고리를 하나 달아서 망치를 장식한다. 오늘날 하서河西와 농우隴右 지방 군인들의 나무 방망이와 같다. 혹 쇠망치나 도끼 모양으로 만들되 편의에 따른다.

以鐵六稜制之, 長一尺, 銳上豐中, 執細頭系一小鑷 以飾檛也, 若今之河隴軍人木吾也. 或作錘, 或作斧, 隨其便也.

부지깽이火筴

일명 '부젓가락(筯)'이라고 한다. 평상시에 쓰는 것과 같이 둥글고 곧은데 길이가 1자 3치이다. 꼭대기는 평평하게 잘랐고 총대葱臺나 갈고리 쇠사슬 등은 붙어 있지 않다. 쇠 또는 정련精鍊된 구리로 만든다.

一名筯, 若常用者, 圓直一尺三寸, 頂[131]平截, 無葱臺句鎖之屬, 以鐵或熟銅製之.

---

131 《임원경제지》원문은 '항項'이나《다경》원본에 따라 '정頂'으로 고쳤다.

솥[鍑] 발음은 보輔이다. 혹은 부釜라 하고, 혹은 부鬴라 한다(音輔 或作釜 或作鬴).

생철生鐵로 만든다. 지금 사람은 대장장이가 말하는 급철急鐵로도 하는데, 그 쇠는 못 쓰게 된 보습을 녹여서 만든 것이다. 거푸집 안은 흙으로, 거푸집 밖은 모래로 만든다. 흙은 안에서 매끄러워 문질러 씻어내기 쉽고, 모래는 밖에서 껄끄러워 불꽃을 흡수한다. 귀를 네모지게 해서 명령을 바르게 하고, 테두리를 넓게 해서 원대함에 힘쓰게 하며, 배꼽을 길게 해서 중심을 지키게 한다. 배꼽이 길면 가운데서 끓고, 가운데서 끓으면 찻가루가 쉽게 올라온다. 찻가루가 쉽게 올라오면 그 맛이 순하다. 홍주에서는 자기瓷器로 만들며, 내주萊州에서는 돌로 만든다. 자기와 돌도 모두 우아한 그릇이지만 성질이 견실하지 않아 오래 견디기 어렵다. 은으로 만든 것은 지극히 깨끗하지만 다만 사치하고 화려한 것이 걸린다. 우아한 것은 우아해서 좋고, 깨끗한 것은 깨끗해서 좋지만 만약 늘상 쓸 것이라면 마침내 쇠로 돌아오게 마련이다.

以生鐵爲之, 今人有業冶者所謂急鐵. 其鐵以耕刀之趄, 鍊而鑄之. 內模土, 而外模沙. 土滑於內, 易其摩滌, 沙澁於[132]外, 吸其炎焰. 方其耳, 以正令也. 廣其緣, 以務遠也. 長其臍, 以守中也. 臍長則沸中, 沸中則末易揚, 末易揚則其味淳也. 洪州以瓷爲之, 萊州以石爲之. 瓷與石皆雅器也, 性非堅實, 難可持久. 用銀爲之, 至潔, 但涉於侈麗. 雅則雅矣, 潔亦潔矣, 若用之恒, 而卒歸於鐵[133]也.

132 《다경》 원본에 따라 '어於' 한 글자를 보충하였다.
133 《임원경제지》 원문은 '은銀'이나 《다경》 원본에 따라 '철鐵'로 고쳤다.

교상交床

다리를 '열십자[十字]'로 교차시키고, 가운데를 파내 텅 비게 하여 솥을 받치게 한다.

以十字交之, 剜中令虛, 以支鍑也.

집게夾

작은 청죽靑竹으로 만든다. 길이는 1척 2촌이다. 1촌 위치에 마디 가 있게 하고, 마디의 위쪽을 쪼개 차를 끼워 굽는다. 저 대나무 가지 는 불에 대면 진액이 흘러, 그 산뜻한 향을 빌려 차 맛을 돋운다. 숲과 골짜기 사이가 아니면 얻을 수 없을까 염려된다. 혹 정제된 쇠나 숙동 熟銅의 종류로 쓰기도 하는데 오래가는 것을 취한 것이다.

以小靑竹爲之, 長一尺二寸. 令一寸有節, 節已上剖之以炙茶也. 彼竹之篠, 津潤于火, 假其香潔, 以益茶味, 恐非林谷間莫之致. 或用精鐵熟銅之類, 取其 久也.

종이 주머니紙囊

희고 두꺼운 섬등지剡藤紙[134]로 겹쳐 꿰맨다. 구워놓은 차를 저장해 서 그 향이 새어 나가지 않게끔 해야 한다.

以剡藤紙白厚者, 夾縫之. 以貯所炙茶, 使不泄其香也.

맷돌碾

귤나무로 만든다. 다음으로는 배나무나 뽕나무, 오동나무나 산뽕나

---

134 섬등지: 절강성 섬현剡縣 지역에서 등나무 껍질로 만든 종이[藤紙]를 말한다.

무로 만든다. 안은 둥글고 밖은 네모나게 한다. 안쪽이 둥근 것은 운행에 대비해서이고, 바깥이 네모난 것은 한쪽으로 기우는 것을 막기 위해서이다. 안쪽에 연알(墮)을 넣고 나서 바깥은 남음이 없어야 한다. 나무 연알은 수레바퀴처럼 생겨, 바큇살은 없고 굴대만 있다. 길이는 9촌, 너비는 1촌 7푼, 연알의 지름은 3촌 8푼, 가운데 두께는 1촌, 가장자리 두께는 5푼이다. 굴대의 중앙은 네모나고 손잡이는 둥글다. 가루 털개는 새 깃으로 만든다.

以橘木爲之, 次以梨桑桐柘爲之. 內圓而外方. 內圓備於運行也, 外方制其傾危也. 內容墮而外無餘. 木墮, 形如車輪, 不輻而軸焉. 長九寸, 闊一寸七分, 墮徑三寸八[135]分, 中厚一寸, 邊厚半寸, 軸中方而執圓. 其拂末, 以鳥羽製之.

체와 합 羅合

가루를 체질해 합에 넣고 뚜껑을 덮어 저장하고, 구기(則)도 합 속에 둔다. 큰 대나무를 써서 갈라 굽혀 명주를 씌운다. 합은 대나무 마디로 만든다. 혹 삼나무를 굽혀 옻칠을 하기도 한다. 높이는 3촌, 뚜껑은 1촌, 바닥은 2촌, 입구의 지름은 4촌이다.

羅末, 以合蓋貯之, 以則置合中. 用巨竹剖而屈之, 以紗絹衣之. 其合以竹節爲之, 或屈杉而漆之. 高三寸, 蓋一寸, 底二寸, 口徑四寸.

구기 則

바닷조개나 굴 껍질 등으로 하고, 혹 구리, 쇠, 대나무, 숟가락, 대쪽의 종류이다. 구기(則)란 헤아리고 가늠하며 재는 것이다. 대개 물 한

---

135 《다경》 원본에 따라 '팔八' 한 글자를 보충하였다.

되를 끓일 경우, 찻가루는 사방 한 치 숟가락 분량을 쓴다. 만약 연한 것을 좋아하는 자는 덜고, 진한 것을 좋아하는 사람은 더한다. 그래서 구기라고 한다.

以海貝蠣蛤之屬, 或以銅鐵竹匕策之類. 則者, 量也, 準也, 度也. 凡煮水一升, 用末方寸匕. 若好薄者減, 嗜濃者增, 故云則也.

물통水方

주나무, 음은 주胄이고 나무 이름이다. 홰나무, 개오동나무, 가래나무 등으로 짜서 만든다. 안쪽과 바깥의 이음새에는 옻칠을 한다. 용량은 한 말이다.

以椆 音胄, 木名也. 木槐楸梓等合之, 其裏幷外縫漆之, 受一斗.

물 거르는 자루漉水囊

일상에서 쓰는 것은 격자를 생동生銅으로 만들어 물에 젖는 것에 대비하여, 더러운 이끼의 떫고 비린내가 없게 한다. 숙동熟銅으로 만들면 더러운 이끼가 끼고, 쇠는 비리거나 떫다. 산림이나 골짜기에 사는 은자는 대〔竹〕나 나무〔木〕를 쓴다. 나무와 대는 오래 쓰거나 먼 길에 쓰는 도구가 아니다. 그래서 생동을 쓴다. 자루는 청죽을 짜 말아서 만들고, 푸른 비단을 잘라 꿰매, 비취 장식을 가늘게 해서 엮는다. 또 초록빛 기름 주머니를 만들어서 담아둔다. 망의 지름은 5촌이고 자루는 1촌 5푼이다.

若常用者, 其格以生銅鑄之, 以備水濕, 無苔穢腥澁意. 以熟銅苔穢, 鐵腥澁也. 林棲谷隱者, 或用之竹木. 木與竹, 非持久涉遠之具, 故用之生銅. 其囊, 織靑竹以捲之, 裁碧縑以縫之, 細翠鈿以綴之. 又作綠油囊以貯之, 圓徑五寸, 柄一寸五分.

표주박瓢

희표犧杓라고도 한다. 박을 갈라서 만든다. 혹 나무를 깎아서 만들기도 한다. 진晉나라 사인舍人 두육杜毓은 〈천부荈賦〉에서 "박으로 잔질한다"고 했다. 박은 표주박이다. 주둥이가 넓고 정강이는 얇고, 자루는 짧다. 영가永嘉(307~313)[136] 연간에 여요餘姚 사람 우홍虞洪이 폭포산瀑布山에 들어가 차를 따다가 한 도사와 만났다. 그가 말했다. "나는 단구자丹丘子이다. 그대가 다른 날 사발甌이나 희犧로 차를 마시는 여가에 내게도 주기를 바란다." 희는 나무로 만든 구기이다. 지금은 배나무로 만든 것을 상용한다.

一曰犧杓. 剖瓠爲之, 或刊木爲之. 晉舍人杜毓荈賦云: "酌之以匏." 匏, 瓢也. 口闊, 脛薄, 柄短. 永嘉中, 餘姚人虞洪入瀑布山採茗, 遇一道士, 云: "吾丹丘子, 祈子他日甌犧之餘, 乞相遺也." 犧, 木杓也. 今常用以梨木爲之.

대젓가락竹夾

복숭아나무, 버드나무, 포규蒲葵나무로 만들기도 하고, 감나무 목심木心으로도 만든다. 길이는 1자. 양쪽 끝에 은을 씌운다.

或以桃柳蒲葵木爲之, 或以柿心木爲之. 長一尺, 銀裹兩頭.

소금 단지鹺簋

자기로 만든다. 원통의 지름이 4촌이다. 합盒의 모양이나 오늘날의 합盒 자다. 혹은 병이나 술독 같은 데 소금을 보관한다. 주걱〔揭〕은 대나무

---

136 영가: 중국 위진남북조 시대 서진의 3대 황제 회제懷帝 사마치司馬熾(재위 307~311)가 사용한 연호이다.

로 만든다. 길이는 4촌 1푼, 너비는 9푼이다. 게揭는 대쪽이다.

以瓷爲之. 圓徑四寸, 若合形, 或卽今盒字. 或瓶或罍[137], 貯鹽花也. 其揭, 竹制, 長四寸一分, 闊九分. 揭, 策也.

숙우熟盂

익은 물을 저장한다. 도자기나 사기로 만드는데 두 되들이다.

以貯熟水, 或瓷或沙, 受二升.

사발盌

월주越州가 상품이고, 정주鼎州가 그다음이다. 무주婺州가 그다음, 악주岳州가 그다음, 그리고 수주壽州와 홍주洪州가 그다음이다. 어떤 사람은 형주邢州 것을 월주越州의 위에 두지만 절대 그렇지 않다. 형주의 자기가 은에 가깝다면, 월주의 자기는 옥과 같으니 형주 것이 월주 것만 못한 첫 번째 이유다. 형주의 자기가 눈과 비슷하다면 월주의 자기는 얼음과 같다. 형주 것이 월주 것만 못한 두 번째 이유다. 형주의 자기는 백색이기에 차탕의 색깔은 붉다. 월주의 자기는 청색이어서 차탕의 색깔은 녹색이다. 형주 것이 월주 것만 못한 세 번째 이유다. 진나라 두육은 〈천부〉에서 "그릇을 고르고 질그릇을 가리니 동구東甌에서 나왔다네(器擇陶揀 出自東甌)"라고 했다. 구甌는 월주越州이다. 사발은 월주가 상품으로 입술은 말리지 않고, 바닥은 말렸지만 얕아서 반 되를 채 못 담는다. 월주의 자기와 악주의 자기는 모두 청색이다. 청색은 차탕에 이롭다. 차탕을 만들면 백홍白紅색인데 형주의 자기는

137《임원경제지》원문은 '루甖'이나《다경》원본에 따라 '뢰罍'로 고쳤다.

흰색이라서 차탕의 색깔이 붉다. 수주의 자기는 황색이기에 차탕의
색깔이 자주색이다. 홍주의 자기는 갈색인지라 차탕의 색깔이 검다.
모두 차에 마땅치가 않다.

越州上, 鼎州次, 婺州次, 岳州次, 壽州洪州次. 或者以邢州處越州上, 殊爲不
然. 若邢瓷[138]類銀, 越瓷類玉, 邢不如越一也. 若邢瓷類雪, 則越瓷類氷, 邢不如
越二也. 邢瓷白而茶色丹, 越瓷靑而茶色綠, 邢不如越三也. 晉杜毓荈賦, 所謂器
擇陶揀, 出自東甌. 甌, 越也. 甌, 越州上, 口脣不卷, 底卷而淺, 受半升[139]已下. 越
州瓷岳瓷皆靑, 靑則益茶. 茶作白紅之色, 邢州瓷白, 茶色紅, 壽州瓷黃, 茶色紫,
洪州瓷褐, 茶色黑, 悉不宜茶.

동구미畚

흰 부들을 말아서 짠다. 사발 열 개를 담을 수 있다. 혹 둥근 광주리
도 쓴다. 종이 싸개는 섬등지를 겹쳐 꿰매 네모나게 만든다. 또 열 개다.

以白蒲捲而編之, 可貯盌十枚. 或用筥. 其紙帊以剡紙, 夾縫令方, 亦十之也.

솔札

병려栟櫚 껍질을 엮어 수유茱萸나무에 끼워서 묶는다. 혹 쪼갠 대나
무를 묶어서 대롱에 끼우는데 큰 붓의 모양과 같다.

緝栟櫚皮, 以茱萸木夾而縛之, 或截竹束而管之, 若巨筆形.

---

138 《임원경제지》 원문은 '자賓'이나 '자瓷'의 오기로 《다경》 원본에 따라 고쳤다.
139 《임원경제지》 원문은 '근斤'이나 《다경》 원본에 따라 '승升'으로 고쳤다.

개숫물통滌方

설거지하고 남은 것을 담아둔다. 개오동나무를 짜서 만드는데 제작은 물통과 같고 여덟 되들이다.

以貯滌洗之餘, 用楸木合之, 制如水方, 受八升.

찌꺼기통滓方

여러 찌꺼기를 모아두는 것이다. 제작은 개숫물통과 같고 닷 되들이다.

以集諸滓, 製如滌方, 處五升.

수건巾

가는 베로 만든다. 길이는 두 자다. 두 장을 만들어 번갈아 써서 여러 그릇을 깨끗이 닦는다.

以絁布爲之, 長二尺, 作二枚, 互用之以潔諸器.

진열대具列

상床으로 만들고 시렁으로도 만든다. 혹 나무나 대나무만으로 만든다. 나무와 대나무를 노랗고 검게 나눠 칠한 것도 있다. 길이는 3척, 너비는 2척, 높이는 6촌이다. 진열대는 모든 기물을 다 거두어 한꺼번에 진열한다.

或作床, 或作架, 或純木純竹而製之. 或木或竹, 黃黑可局而漆者, 長三尺, 闊二尺, 高六寸. 具列者, 悉斂諸器物, 悉以陳列也.

모둠바구니都籃

여러 그릇을 다 놓아둔다고 해서 이름 붙였다. 대오리로 안쪽에 삼각형의 모눈을 만들고, 바깥은 두 겹의 넓은 대오리를 세로로 하고 한 겹의 가는 대오리로 묶어 세로 두 줄을 교대로 눌러 모눈을 만들면서 영롱하게 만든다. 높이는 1척 5촌, 바닥은 너비가 1척, 높이는 2촌, 길이는 2척 4촌, 너비는 2척이다. ○《다경》

以悉設諸器而名之. 以竹篾內作三角方眼, 外以雙篾闊者經之, 以單篾纖者縛之, 遞壓雙經作方眼, 使玲瓏. 高一尺五寸, 底闊一尺, 高二寸, 長二尺四寸, 闊二尺. ○《茶經》

끓이는 그릇을 소나무 사이 바위 위에 앉힐 수 있으면 진열대는 쓰지 않아도 된다. 마른 장작, 세발솥 등을 쓰는 경우라면 풍로風爐와 재받침[灰承], 숯 망치[炭檛], 부지깽이[火筴], 교상交床 등은 쓰지 않아도 된다. 샘을 내려다보거나 시냇가에 있을 경우라면 물통[水方], 개숫물통[滌方], 물 거르는 자루[漉水囊]는 쓰지 않아도 된다. 사람이 다섯 이하이고, 차를 가루 내 정제한 것이라면 체는 쓰지 않아도 된다. 덩굴을 더위잡고 바위에 오르거나, 동아줄을 끌어당겨 골짝에 들어갈 때, 산어귀에서 차를 구워 가루 내, 혹 종이에 싸거나 합에 담을 수 있으면, 맷돌[碾]이나 가루 털개[拂末] 등은 쓰지 않아도 된다. 표주박[瓢], 사발[盌], 대젓가락[筴], 솔[札], 숙우熟盂, 소금 단지[鹺簋]를 모두 하나의 숯광주리[筥]에 담았다면 모둠바구니[都籃]는 쓰지 않아도 된다. 다만 성읍城邑 안 왕공王公의 집안에서는 24가지 다기 가운데 하나만 빠져도 차 마시기를 그만둔다. [안설]: 지금 사람은 차를 끓일 때 탕관을 쓰고 솥은 쓰지 않는다. 그럴 경우 솥鍑은 안 써도 괜찮다. 다만 아차芽茶로 차를 끓일 때, 맷돌로 가루 내지 않는다면 집게, 종이 주머니, 맷돌, 체와 합을 모두 폐할 수 있다. 생강과 소금을 쓰지 않을 경우 소금 단지도 필요 없다. ○위와 같은 책

其[140]煮器, 若松間石上可坐, 則具列廢. 用槁薪鼎攊之屬, 則風爐灰承炭撾火
筴交牀等廢. 若瞰泉臨澗, 則水方滌方漉水囊廢. 若五人已下, 茶可末[141]而精者,
羅廢. 若援藟躋巖, 引絙入洞, 於山口炙而末之, 或紙包合貯, 則碾拂末等廢. 既
瓢盌筴札熟盂醝簋, 悉以一筥盛之, 則都籃廢. 但城邑之中, 王公之門, 二十四器
闕一, 則茶廢矣. 案: 今人煮茶, 用罐不用鼎, 則鍑可廢矣. 但以芽茶瀹之, 未嘗碾而末之, 則夾紙
囊碾羅合皆可廢矣. 不用薑鹽, 則醝簋可廢矣. ○ 同上

금이나 은으로 탕을 끓이는 그릇을 만드는 것은 오직 부귀한 사람
만 갖출 수 있다. 이 때문에 탕을 끓이는 일에 공을 세우는 것은 가난
하고 천한 자가 능히 이룰 수 없는 점이 있다. 탕기湯器에서 금과 은을
버릴 수 없는 것은, 거문고를 만들면서 오동나무를 버릴 수 없거나, 먹
에서 아교를 버릴 수 없는 것과 한가지다. 《십육탕품》

以金銀爲湯器, 惟富貴者具焉. 所以策功建湯業, 貧賤者有不能遂也. 湯器之
不可捨金銀, 猶琴之不可捨桐, 墨之不可捨膠. 《十六湯品》

돌은 천지의 빼어난 기운이 응결되어 형상을 갖춘 것이다. 쪼아서
그릇으로 만들더라도 빼어남이 그대로 남아 있다. 그 탕이 좋지 않을
수 없다. 위와 같은 책

石, 凝結天地秀氣, 而賦形者也, 琢以爲器, 秀猶在焉. 其湯不良, 未之有也.
同上

140 《임원경제지》 원문은 '범凡'이었으나 《다경》 원본에 따라 '기其'로 고쳤다.
141 《임원경제지》 원문은 '미味'였으나 《다경》 원본에 따라 '말末'로 고쳤다.

금과 은은 비싸지만 흠이 있고, 구리와 쇠는 싸지만 나쁘다. 자기병(瓷瓶)은 족히 가져다 쓸 만하다. 숨어 사는 선비와 은사에게 그 제품과 빛깔이 더욱 알맞다. 위와 같은 책

貴欠**142**金銀, 賤惡銅鐵, 則瓷瓶有足取焉. 幽士逸夫, 品色尤宜. 同上

제멋대로인 사람과 속된 무리가 물 끓이는 그릇을 어찌 깊이 따질 겨를이 있겠는가? 구리나 쇠, 백랍과 주석 어느 것이든 가져다 끓일 뿐이다. 이렇게 끓인 물은 비리고 쓰고 떫다. 마시고 나서 시간이 지나면 나쁜 기운이 입안을 맴돌면서 가시지 않는다. 위와 같은 책

猥人俗輩, 煉水之器, 豈暇深擇? 銅鐵鉛錫, 取熱而已. 是湯也, 腥苦且澁, 飲之逾時, 惡氣纏口而不得去. 同上

유약을 바르지 않은 질그릇은 물이 스며들고 흙 기운이 있다. 비록 대궐에 바쳐지는 황제의 차**143**라 할지라도, 패배한 장수의 덕이 소리 없이 사라지는 것처럼 된다. 속담에 "다병茶瓶을 질그릇으로 쓰는 것은 다리가 부러진 준마를 타고 높은 데 오르는 격이다"라고 했다. 호사가들이 기억해두면 좋겠다. 위와 같은 책

無油之瓦, 滲水而有土氣, 雖御胯宸緘, 且將敗德銷聲. 諺曰, 茶瓶用瓦, 如乘折脚駿登高. 好事者幸誌之. 同上

---

142 '흠欠'이 '염厭'으로 되어 있는《십육탕품》이본도 있다.
143 황제의 차〔御胯〕: '과胯'는 고형차固形茶 중 사각형 형태의 고형차를 뜻하는 '과銙'와 같은 뜻으로 쓰였으며, 차의 수량을 세는 양사量詞로도 쓰였다. 여기서는 차를 지칭하는 '과銙'와 같은 의미이다.

무릇 다병이 작아야 하는 것은 탕을 살피기가 쉽고, 또 점다點茶할 때 따르는 탕의 양을 맞출 수 있어서다. 만약 다병이 커서 마시고 남은 것이 오래 남아 있다가 맛이 지나치게 되면 좋지 않다. 다요茶銚와 다병은 은과 주석이 상품이 되고, 도자기와 돌이 그다음이다.《다보》

凡瓶要小者, 易候湯, 又點茶注湯有應. 若瓶大, 啜存停久, 味過則不佳矣. 茶銚茶瓶, 銀錫爲上, 瓷石次之.《茶譜》

차의 색이 희므로 검은 잔이 알맞다. 건안建安에서 만든 것은 감흑 紺黑색에 무늬는 토끼털 같고, 그 잔은 조금 두꺼워, 오래도록 열이 식지 않아 가장 유용하다. 다른 곳에서 나온 것은 두께가 얇거나 색깔이 이상해서 모두 미치지 못한다.[144] 위와 같은 책

茶色白, 宜黑盞. 建安所造者, 紺黑, 紋如兔毫, 其坯微厚, 熁之久熱難冷, 最爲要用. 出他處者, 或薄坯色異, 皆不及也. 同上

차호茶壺는 작은 것을 귀하게 여긴다. 손님 한 사람마다 하나의 호를 가지고 마음대로 자기가 따라 자기가 마시게 하는 것을 운치 있게 여긴다. 왜 그럴까? 호가 작으면 향기가 흩어지지 않고 맛은 변하지 않는다. 하물며 차 속의 향기와 맛은 빠르지도 않고 늦지도 않은 단 하나의 때가 있으니, 너무 이르면 맛이 부족하고, 너무 느리면 이미 지나치게 된다. 꼭 알맞은 때를 살펴서 한번에 따라서 다 마셔야 하는데 변화에 따라 가늠하는 것은 그 사람에게 달려 있기 때문이다.《다전》[145]

---

144 이 대목은 고원경이 송나라 채양蔡襄의 《다록茶錄》〈다잔茶盞〉의 내용을 인용한 것이다.

茶壺以小爲貴. 每一客壺一把, 任其自斟自飮, 方爲得趣. 何也? 壺小則香不
渙散, 味不耽閣[146]. 況茶中香味, 不先不後, 只有一時, 太早則未足, 太遲則已過.
見得恰好, 一瀉而盡, 化而裁之, 存乎其人.《茶箋》

찻잔 받침은 건중建中(780~783)[147] 연간에 촉蜀 출신으로 재상을 지
낸 최령崔寧의 딸에게서 비롯되었다. 찻잔에 받침이 없다 보니 손가락
이 뜨거운 문제가 있어 접시를 가져다가 이를 받쳤더니, 차를 다 마시
니 잔이 쓰러져버렸다. 그래서 밀랍으로 접시 중앙을 두르니 잔이 마
침내 고정되었다. 즉시 장인에게 명하여 옻칠한 고리로 밀랍을 대신
하게 해서 촉상蜀相에게 바쳤다. 촉상이 기이하게 여겨, 제조법과 이
름을 지어 손님과 친척에게 말해주자, 사람마다 편하게 여겼다. 이후
로는 전하는 자가 그 바닥에 까는 고리를 바꿔서 그 제법이 점점 새로
워져 온갖 형태가 되기에 이르렀다. [안설]: 지금 쓰는 다주茶舟와 다반茶盤은
모두 이 제작법에서 나왔다. ○《자가록》

茶托子 始建中蜀相崔寧之女. 以茶杯無襯, 病其熨指, 取楪子承之. 旣啜而
杯傾, 乃以蠟環楪子之央, 其杯遂定. 卽命匠以漆環代蠟. 進於蜀相, 蜀相奇之,
爲製名而話於賓親, 人人爲便. 是後, 傳者更環其底, 愈新其製, 以至百狀焉. 案:
今所用茶舟茶盤, 皆此製之濫觴也. ○《資暇錄》

145 명대 풍가빈의《개다전》이다.
146《임원경제지》원문에는 '합閣'으로 되어 있으나《다전》원본에 따라 '각閣'으로
　　고쳤다.
147 건중: 당나라 12대 황제 덕종이 사용한 첫 번째 연호이다.

자기 차호로 차를 따르고, 사기 냄비에 물을 끓이는 것이 가장 좋다. 《청이록淸異錄》에서 말했다. "부귀탕[148]은 마땅히 은 냄비에 탕을 끓여야 아주 좋다. 구리 냄비에 물을 끓이거나 주석 차호에서 차를 따르는 것은 그다음이다. 《준생팔전》

磁壺注茶, 砂銚煮水爲上. 淸異錄云: "富貴湯當以銀銚煮湯, 佳甚. 銅銚煮水, 錫壺注茶次之." 《遵生八牋》

찻잔은 선요宣窯에서 만든 단잔壇盞이 가장 좋다. 질박하고 두꺼우면서 백옥빛이 돌고 양식이 고아하다. 선요와는 차등이 있지만 꽃무늬를 찍은 흰 사발도 방식과 모양이 알맞고 옥처럼 말쑥하다. 그다음은 가요嘉窯에서 만든, 잔 안에 '다茶' 자가 쓰인 작은 옥잔도 아름답다. 황백색 차탕의 색을 시험해보려면 어찌 청화 잔으로 어지럽힐 수 있겠는가? 술을 따르는 것도 그렇다. 오직 순백색의 그릇이 최고 좋은 제품이고, 나머지는 모두 취하지 않는다. 위와 같은 책

茶盞惟宣窯壇盞爲最, 質厚白瑩, 樣式古雅. 有等宣窯, 印花白甌, 式樣得中, 而瑩然如玉. 次則嘉[149]窯心內茶字小琖爲美. 欲試茶色黃白, 豈容靑花亂之? 注酒亦然, 惟純白色器皿爲最上乘品, 餘皆不取. 同上

다구茶具 16가지 기구는 이렇다.

상상商象: 옛날 돌솥이다. 차를 끓이는 데 쓴다.

---

148 부귀탕富貴湯: 송대 도곡陶穀(903~970)이 지은 《청이록》 하권에 실린 《십육탕품》 〈제칠품 부귀탕第七品 富貴湯〉을 말한다.

149 《임원경제지》 원문은 '희凞'이나 《준생팔전》 원본에 따라 '가嘉'로 고쳤다.

귀결歸潔: 대나무 솔이다. 차호를 씻는 데 쓴다.

분영分盈: 국자이다. 물의 양을 가늠하는 데 쓴다.

체화遞火: 구리로 만든 불을 담는 구기. 불씨를 옮기는 데 쓴다.

강홍降紅: 구리 부젓가락이다. 불씨를 모으는 데 쓴다.

집권執權: 차 양을 다는 저울. 한 국자에 물 2근, 차 1냥을 쓴다.

단풍團風: 장식 없는 대부채이다. 불을 피우는 데 쓴다.

녹진漉塵: 차 세제이다. 차를 씻는 데 쓴다.

정비靜沸: 대나무 시렁이다.《다경》에 나오는 지복支腹[150]이다.

왕춘注春: 도자기 병이다. 찻물을 붓는 데 쓴다.

운봉運鋒: 과일을 깎는 칼이다. 과일을 자르는 데 쓴다.

감둔甘鈍: 나무 받침대이다.

철향啜香: 도자기 찻잔이다. 차를 마실 때 쓴다.

요운撩雲: 대나무 찻숟가락이다. 과일을 집는 데 쓴다.

납경納敬: 대나무 주머니이다. 잔을 놓아두는 데 쓴다.

수오受汚: 닦는 수건이다. 잔을 깨끗이 하는 데 쓴다.

茶具十六器曰, 商象 古石鼎也, 用以煎茶. 歸潔 竹筅箒也, 用以滌壺. 分盈 杓也, 用以量
水斤兩. 遞火 銅火[151]斗也, 用以搬火. 降紅 銅火筯也, 用以簇火. 執權 準茶秤[152]也, 每杓水二
斤, 用茶一兩. 團風 素竹扇也, 用以發火. 漉塵 茶洗也, 用以洗茶. 靜沸 竹架, 卽茶經支腹也. 注
春 磁瓦壺也, 用以注茶. 運鋒 劃果刀也, 用以切果. 甘鈍 木磑墩也. 啜香 磁瓦甌也, 用以啜茶.

---

150 지복:《다경》〈사지기四之器〉에는 '지복支鍑'으로 나온다. 하지만 시렁을 뜻하는
것이 아니고 교상交牀의 역할을 설명할 때 '솥을 받치게 한다(以支鍑也)'라는 뜻으
로 쓴 것이다.《다경》에 나오는 시렁은 〈이지구二之具〉에서 설명한 '붕棚'이다.

151《임원경제지》원문은 '대大'이나《준생팔전》원본에 따라 '화火'로 고쳤다.

152《임원경제지》원문은 '칭稱'이나《준생팔전》원본에 따라 '칭秤'으로 고쳤다.

撩雲 竹茶匙也, 用以取果. 納敬 竹茶橐也, 用以放盞. 受汚 拭抹布也, 用以潔甌.

다기茶器를 한꺼번에 보관하는 일곱 가지 도구는 이렇다.

고절군苦節君: 차를 끓이는 화로로, 차를 끓이는 데 쓴다. 또 길 떠나는 사람이 거두어 보관한다.

건성建城: 대껍질로 만든 그릇이다. 차를 담아 높은 곳에 보관한다.

운둔雲屯: 도자기 병이다. 샘물을 뜨거나, 찻물을 끓일 때 쓴다.

오부烏府: 대나무로 바구니를 만들어 숯을 담을 때 쓴다. 차를 끓이는 재료다.

수조水曹: 자기 항아리와 질동이다. 샘물을 담아서 불 때는 솥에 넣을 때 쓴다.

기국器局: 대나무로 짠 네모난 상자로 다구를 보관할 때 쓴다.

외유품사外有品司: 대나무로 짠 둥글고 길쭉한 손잡이가 달린 이동용 합盒이다. 각종 찻잎을 보관해두었다가 차를 끓일 때를 기다려서 쓴다. ○위와 같은 책

[안설]: 고심보의 23구와 육처사의 24기가 서로 들쭉날쭉해서 지금 함께 실어 가늠하여 선택할 수 있게 했다.

總貯茶器七具曰 苦節君 煮茶作爐也, 用以煎茶, 更有行者收藏. 建城 以箬爲籠, 封茶以貯高閣. 雲屯 磁甁, 用以杓泉以供煮也. 烏府 以竹爲籃, 用以盛炭, 爲煎茶之資[153]. 水曹 卽磁缸瓦缶, 用以貯泉, 以供火鼎. 器局 竹編爲方箱, 用以收茶具者. 外有品司 竹編圓橦提合, 用以收貯各品茶葉, 以待烹品者也. ○同上

153《임원경제지》원문은 '용用'이나《준생팔전》원본에 따라 '자資'로 고쳤다.

《이운지怡雲志》〈명승유연名勝遊衍〉 다구茶具

다구茶具

먼 곳으로 노니는 여행길에서 풍로를 휴대하기란 쉽지 않다. 또 갑작스레 다조茶竈, 즉 차 부뚜막을 설치할 수도 없다. 이럴 경우 유랍鍮鑞, 즉 놋쇠를 써서 탕관湯罐을 만든다. 주둥이도 없고 손잡이도 없이 그 모양은 항아리나 동이 같다. 안쪽 바닥 정가운데 구리로 만든 통을 일으켜 세운다. 배는 불뚝하고 입구는 좁은데 높이가 탕관 입구보다 4~5푼 높이 나오게 한다. 통 바깥쪽에 물을 담고 통 가운데 숯을 넣어 불을 피우면, 마치 연못이 섬을 둘러싼 것처럼 통이 뜨거워지면서 물이 끓는다. 숯 두세 덩어리를 써서 열 잔의 차를 끓일 수 있다. 그 뚜껑은 또한 놋쇠로 만든다. 다만 통의 입구에는 덮개를 쓰지 않는다. 《금화경독기》

遠遊旅次, 未易携帶風爐, 又不可聚設茶竈, 則用鍮鑞爲罐. 無嘴無提梁, 形如缸盎, 內底正中 竪起銅造筩子, 腹飽口弇, 高出罐口四五分. 貯水筩子之外, 裝炭筩子之中而爇之, 如池環島, 筩熱水沸. 用炭二三塊, 可煎十盞茶. 其蓋亦用鍮鑞爲之, 惟筩口不用蓋. 《金華耕讀記》

---

154 《임원경제지》원문은 '부夫'이지만, 고렴高濂의 자는 '심부深夫'가 아닌 '심보深甫'이므로 '보甫'로 고쳤다.

한 가지 방법은, 붉은 구리로 탕관을 만들되 외형은 소뿔 모양을 닮았고, 위쪽에 뚜껑을 설치해 여닫게 하는 것이다. 물을 담고 뚜껑을 덮고 나서 막바로 아궁이 불 속에 꽂아두면 잠깐 만에 바람 소리와 파도 소리가 일어난다. 먼 길을 떠나는 나그네에게 가장 편리하다. 다만 임씨의 16탕十六湯[155] 가운데 있는 땔감은 연기 나는 것을 꺼린다는 내용[156]을 범하는 것이 걱정된다. 위와 같은 책

一法, 用赤銅爲罐, 形肖牛角, 上設蓋, 令啓閉. 旣貯水關蓋, 直揷灶火中, 斯須作風濤聲. 最便於遠行旅宿. 但恐犯林氏十六湯中薪熏之律耳. 同上

찻잔이나 차합茶盒은 작은 박을 가지고 만들면 아취가 풍부하고 먼 길에 휴대하기에도 편리하다. 일찍이 중국에서 만든 것을 본 적이 있는데 몸체에 전서篆書로 쓴 글이 양각陽刻을 한 것처럼 돋을새김을 해놓았다. 들으니, 박이 채 익지 않았을 때 거푸집을 만들어 마음대로 전서로 된 글귀나 꽃무늬를 새겨서, 원포園圃로 가서 박에 씌워놓고 내버려두면, 박이 자라면서 거푸집 안을 꽉 채워, 절로 돋을새김한 무늬가 만들어진다고 한다. 위와 같은 책

茶盞茶盒, 用小匏爲之, 饒有雅趣, 亦便遠携. 曾見華造者, 身有篆文, 凸起如陽刻者. 聞於匏未熟時, 作型範, 隨意刻篆文或花紋, 就園圃中, 套匏任置, 則匏

---

155 임씨의 16탕(林氏十六湯):《십육탕품》의 저자는 소이蘇廙이다. 서유구의 착오로 보인다.

156 땔감은 …… 꺼린다는 내용: 당나라 소이의《십육탕품》중 "다가茶家에는 또한 법률이 있는데 물은 고인 것을 꺼리고, 땔감은 연기 나는 것을 꺼린다. 이 율법을 어기면 탕이 망가져서 차가 좋지 않게 된다(在茶家亦有法律: 水忌停, 薪忌熏. 犯律逾法, 湯乖, 則茶殆矣)"라고 한 대목을 두고 한 말이다.

長充滿範內, 自作凸起之文云. 同上

다구를 한꺼번에 담아두는 상자는 거죽을 씌워 삼나무로 만든다. 아래에는 속 상자 하나를 만들어 숯을 보관하고, 위에는 세 칸으로 구분해둔다. 칸막이 높이는 속 상자의 배로 한다. 가운데 칸에는 놋쇠 다관 하나와 옻칠한 다주茶舟 열 개를 넣는다. 다관의 앞뒤로 칸을 나눈다. 오른쪽 칸에는 도자기 찻잔 5, 6개와 바가지 찻잔 세 개 또는 다섯 개를 둔다. 왼쪽 칸에는 나무 합盒과 바가지 합, 주석 차호를 넣어두는데 각종 아차와 덩이차를 나누어 보관한다. 통으로 하나의 문을 설치하여 자물쇠로 열고 닫는다. 육우의 24종 다기에 견주면 겨우 5분의 1쯤 되고, 고심보高深甫의 16다기와 견주더라도 3분의 1이 못 된다. 대개 산행이나 여행지에서는 어쩔 수 없이 더욱 간편해야 하기 때문이다. 위와 같은 책

茶具總匣皮護, 杉木爲之. 下設一替藏炭, 上設三撞[157], 撞之高倍于替, 中撞藏鍮鑞茶罐一木漆茶舟十, 分庋茶罐前後 右撞藏磁盞五六匏盞三五, 左撞藏木盒匏盒鑞壺, 分貯各種芽茶銙茶. 總設一門, 鎖鑰啓閉. 此較陸處士二十四器, 董過五分之一, 比高深甫[158]十六器, 未及三分之一. 蓋山行旅宿, 不得不益就簡便也. 同上

이슬람의 다구는 길에서 가지고 다니면서 화로에 데우기에 가장 알맞다. 솥과 사발은 모두 붉은 옻칠한 가죽으로 외투를 만들어 대과

---

157 《임원경제지》 원문에 '종種'으로 되어 있으나 '당撞'의 오기이다.
158 《임원경제지》 원문에는 '부夫'로 되어 있으나 '보甫'로 고쳤다.

帶銙[159]처럼 하나하나 잇대어 허리에 차거나 등에 지고 다니기가 지극히 간편하다. 《열하일기》

回回茶具, 最宜道路携持熱爐. 鎗椀皆以朱漆皮韋爲外套, 纍纍如帶銙, 腰帶背負, 極其簡便. 《熱河日記》

해설

《임원경제지》는 국내외의 다양한 문헌에서 인용한 내용을 체계적으로 정리한 실용 백과사전으로, 이 가운데 방대한 분량의 차에 관한 내용이 수록되어 있다. 본 책에서는 《임원경제지》 중 《만학지》 권5 〈잡식雜植〉의 '차茶', 《이운지》 권2 〈산재청공〉의 '다공'과 권8 〈명승유연〉 '여행 도구'의 '다구'에 정리되어 있는 내용을 소개한 것이다.

《만학지》는 '늘그막에 배워 짓는 나무 농사에 관한 기록'이라는 뜻으로서, 권5 〈잡식〉에서는 '차의 이름(名品)', '적당한 토양(土宜)', '시기(時候)', '심고 가꾸기(種藝)', '보호하기(護養)', '조심해야 할 점(宜忌)', '따서 모으기(收採)', '찌고 말리기(蒸焙)', '거두고 보관하기(收藏)', '종자 보관하기(藏種)' 등을 모두 29종의 문헌에서 인용하여 총 10개 세목으로 나누어 소개하고 있다. 이는 《만학지》 전체에서 '고구마' 다음으로 많은 분량이다. 특히 '차의 이름'에서는 14종의 중국 문헌과 자신의 저술인 《행포지》를 인용하여 자세히 설명했는데, 이는 사대부들이 중국의 가짜 차를 비싼 값으로 수입해오는 것을 막고 실제 생활에서 차를

---

159 대과: 네모진 형태의 조각 장식을 잇대어 연결한 장삼의 긴 허리띠를 말한다.

잘 즐길 수 있도록 안배한 것이다. 값비싼 편차片茶를 생략한 것 또한
같은 이유에서이다. 즉《만학지》의 '차'는 단순한 종합자료가 아니라
서유구가 조선의 사대부가 차를 향유하는 실정을 관찰하여 그에 알맞
게 자료를 선별하고 논평한 결과물이라 할 수 있다.

　《이운지》는 '홀로 구름을 즐기는 일에 관한 기록'이라는 뜻으로서,
선비들의 고상한 취미 생활에 해당하는 차와 향, 골동품과 예술품, 그
리고 문구文具와 문주연회文酒宴會 등을 수록하고 있다. 서유구는《이
운지》서문에서 임원에서 고상하게 사는 일의 어려움을 말하며, 그 방
법과 풍도를 알려주기 위해《이운지》를 쓴다고 하였는데, 〈산재청공〉
에서는 '물의 품등(水品)', '땔감의 품등(薪品)', '물 끓음의 징후(湯候)',
'끓인 물을 따르는 법(點法)', '씻는 방법(滌法)', '소금으로 간을 맞추는
것에 대해 논함(論調鹽)', '다과에 관하여 논함(論茶果)', '차 마시는 방법
(飮法)', '다구' 등을 모두 20종의 문헌에서 인용하여 9개 세목으로 나
누어 차를 마시는 과정과 그에 필요한 여러 가지 다구를 임원에서 즐
기는 고상한 취미의 일환으로 소개하고 있다. 권8의 〈명승유연〉에서
는 여행 도구의 하나로 다구를 자신이 지은《금화경독기》와 박지원
朴趾源(1737~1805)의《열하일기熱河日記》를 인용하여 소개하고 있다.

　《만학지》에서 차의 재배법과 제다법, 그리고 보관법을 상세하게
설명한 것은《이운지》에서 차를 마시는 방법과 다구를 다룬 것과 서
로 연결되는 부분이다.《만학지》에서는 차를 만들기 위한 전반적인
정보를 전달하였다면,《이운지》에서는 차를 음미하고 즐기는 것에 대
한 실제 과정과 풍도를 보여주고 있는 셈이다. 한편《이운지》는 차에
대해 독보적이리만큼 체계적으로 많은 정보를 수록하고 있는데, 여기
서 소개한 글 외에도 권1 〈형비포치〉나 권8 〈연한공과〉 등에도 '다료
茶寮' 등 차에 대한 기록이 있다.

《임원경제지》의 차 관련 항목의 인용 서목은 당시 조선에서 읽혔던 차 관련 지식 정보의 총량에 가까울 정도로 폭넓다.《동다송》이나 〈도다변증설〉에서 인용하고 있는 서목과 비교해보더라도 압도적이다.

12

신위

申緯, 1769~1845

남차시병서

南茶詩并序

남쪽에서 올라온 초의차의 놀라운 맛

작가와 자료 소개

　신위의 본관은 평산平山이고 자는 한수漢叟, 호는 자하紫霞·경수당
警修堂이다. 1812년 서장관書狀官으로 청나라에 가서 옹방강翁方綱
(1733~1818) 등 중국의 학자와 문인들과 교유했고, 1814년 병조참지
를 거쳐 곡산부사가 되었다. 1822년 병조참판에 올랐고, 1828년에 강
화유수로 부임했다. 추사秋史 김정희金正喜(1786~1856)도 연루된 윤상
도尹商度 옥사로 탄핵되어 시흥의 자하산에 은거하였다. 이후 1832년
도승지에 제수되었으나 사양하였고, 이후 복직하여 이조참판과 병조
참판을 역임했다.

　그는 시·서·화 삼절三絶로 불린 문인이자 예술가로 거처인 자하산장
紫霞山莊에 '다반향초茶半香初'라는 편액을 건 다실에서 차를 즐긴 차인
이었다. 문집《경수당전고警修堂全藁》에 100여 수의 차 시문을 남겼다.

〈남차시병서〉는 제자 박영보朴永輔(1808~1872)가 초의가 직접 만든 '남차南茶'를 맛보고 지은 〈남차병서南茶並序〉에 화답하여 지은 것이다. 이를 계기로 초의와 차를 통한 교유가 시작되었다. 초의가 꿈속에 신위를 만난 일을 박영보에게 이야기하자, 박영보가 이 일을 〈몽하편夢霞篇〉이란 시로 지어 친필로 써서 신위에게 보이고 초의에게 선물했다. 신위는 이 일에 감동해서 〈원몽圓夢〉 4수를 지어주어 묵연墨緣의 징표로 삼았다. 또 제자 박영보를 통해 초의차를 맛보게 된 신위는 이어 〈남차시병서〉를 지어 친필로 써주었다. 서울의 경화세족 사이에서 초의차의 명성이 높아지게 된 직접적인 계기가 된 작품이다.

〈남차시병서〉는 병서並序와 7언 40구의 장시로 이루어졌다. 《동다송》과 마찬가지로 중간중간 시의 내용을 풀이하는 주석이 실려 있다. 이 작품은 신위의 문집 《경수당전고》에는 누락되어 전하지 않는다. 신위의 친필본이 남아 전하는데 박동춘이 소장하고 있다.

원문 및 풀이

남차[1]는 호남과 영남 사이에서 나는 것이다. 신라 때 사람이 중국의 차 씨를 가지고 산곡의 사이에 뿌려서, 여기저기 싹튼 것이 있었다.

---

1 남차南茶: 초의가 만든 차 이름이다. 그런데 조재삼趙在三(1808~1866)의 《송남잡지松南雜識》 〈황차黃茶〉에서는 "또 해남에는 옛날에 황차가 있었는데 세상에 아는 사람이 없었다. 다만 정약용만이 이를 알았으므로, 이름을 정차 또는 남차라고 한다〔又海南古有黃茶, 世無知者. 惟丁若鏞知之, 故名丁茶又南茶〕"고 기록하고 있는 것을 볼 때 다산이 만들었던 남차가 초의에게 전승되었음을 알 수 있다.

하지만 그 뒤의 사람들이 쑥대의 종류로 이를 보아 진짜인지 가짜인지 분간할 수 없었다. 근래에 그곳 백성들이 이를 채취하여 달여서 마신다. 이것이 바로 차다. 초의선사가 직접 찌고 말려서 한때의 명사에게 보내주었다. 이산중이 이를 얻어 금령 박영보에게 나눠주었고, 금령이 나를 위해 차를 끓여 맛보게 했다. 인하여 〈남차가南茶歌〉를 내게 보여주므로, 나 또한 그 뜻에 화답한다.

南茶湖嶺間所産也. 勝國時人, 以中州茶種, 播諸山谷之間, 種種有萌芽者. 然後之人, 以蓬蒿之屬視之, 不能辨其眞贗. 近爲土人採之, 煎而飮之, 乃茶也. 草衣禪師, 親自蒸焙, 以遺一時名士. 李山中得之, 分于錦舲, 錦舲爲余煎嘗, 因以南茶歌, 示余, 余亦和其意焉.

1	내가 맛에 담백해도 차에는 벽癖 있으니	吾生澹味癖於茶
2	마시면 정신이 들게 하기 때문일세.	飮啜令人神氣華
3	용단차와 봉미차²는 모두 다 가품이나	龍團鳳尾摠佳品
4	낙장酪漿과 금 쟁반³은 사치 너무 심했다네.	酪漿金盤空太奢
5	이 한잔 차를 빌려 기름기를 씻어내니	假此一甌洗梁肉
6	겨드랑이 이는 바람 옥천가玉川家로부터 온다.⁴	風腋來從玉川家

---

2 용단차와 봉미차〔龍團鳳尾〕: 용단차는 송나라 때 건안에서 만든 연고차研膏茶의 이름이고, 봉미차는 청대 육정찬의 《속다경》 권 하 〈팔지출八之出〉에서는 복건성福建省 무이산武夷山에서 생산된 차로, 주로 평지에서 생산되는 주차州茶의 한 종류로 설명하고 있다.

3 낙장과 금 쟁반: 송나라 왕지도王之道(1093~1169)의 〈우미인虞美人〉에 "낙장은 서늘하게 금반 가루 스며든다(酪漿冷浸金盤粉)"란 구절이 보인다. 여기서는 차를 마실 때 쓰는 도구와 음식이 지나치게 사치스럽다는 뜻으로 썼다.

4 겨드랑이 이는 …… 온다: 당대 노동이 〈붓을 달려 맹간의가 햇차를 보내온 데 감

7	강남 땅 아득해라 육우를 떠올리며	江南迢遞憶桑苧
8	홀로 《다경》 펴서 보니 글씨 촘촘 기울었네.[5]	獨抱遺經書密斜
9	초금관의 주인이 저녁에 나를 맞아	苕錦主人夕邀我

초금관은 금령 박영보의 집 이름이다[苕錦館錦舲齋名].

10	질화로 먼저 내와 엷은 안개 일어난다.	先將土銼生澹霞
11	말하길 이 씨를 호남 영남 뿌렸어도	爲言此種種湖嶺
12	푸른 산 천 년 동안 쓸모없이 꽃만 맺혀	碧山千年空結花
13	이끼와 같이 보아 스님들 죄다 밟고	雲衲踏盡等莓苔
14	나무꾼은 베어내 땔감으로 쓴다 하네.	樵童芟去兼杈枒
15	골짜기 난초처럼 아는 이가 없었는데	無人識得谷蘭馨
16	초의 스님 두 손 번갈아 찻잎을 따는구나.	草衣採擷雙手叉
17	절집에 곡우 비가 흩날리는 시절에	僧樓穀雨細飛節

왕완정[6]이 손사원이 차를 부쳐준 데 사례한 시에 "죽순 굽는 승루에 곡우가 깊었구나"라고 하였다[王阮亭 謝 孫思遠寄茶詩, 有"燒筍僧樓穀雨闌"].

| 18 | 새 떡차 찌고 말려 붉은 비단에 넣었다네. | 新餅蒸焙囊絳紗 |

구양수의 《귀전록》에 "근세에 만드는 것은 더욱 정묘해져서 차를 붉은 비단에 묶는다"고 했다[歐陽脩歸田錄: "近歲製作尤精, 束茶以絳紗"].

사하다〉에서 "일곱 번째 사발을 다 마시기도 전에, 다만 두 겨드랑이에서 살랑살랑 맑은 바람이 일어남을 깨닫네[七碗喫不得也, 唯覺兩腋習習淸風生]"라고 한 것을 말한다.

5 글씨 촘촘 기울었네: 중국에서 출판한 《다경》의 활자체가 크기가 작은 데다 획이 비스듬히 기울어진 서체를 사용했다는 말이다.

6 왕완정王阮亭: 청나라 시인 왕사정王士禎(1634~1711)을 말한다. 자는 자진子眞, 호는 완정, 어양산인漁洋山人이라고 했다.

19 부처 공양 남은 것이 시 벗에게 미치어서	供佛餘波及詩侶
20 머리에 사모 쓰니 품미 더함 훌륭하다.⁷	紗帽籠頭添品嘉

노동의 맹간의의 차에 사례하는 시에 "머리에 사모 쓰고 손수 직접 달인다"는 구절이 있다(盧仝謝孟簡儀茶詩, 有"紗帽籠頭手自煎").

21 초사가 이를 얻어 강가 집에 부쳐주니	苕士得之寄江屋

초사는 이산중의 자호다(苕士李山中自號也).

22 백자에 녹설아綠雪芽⁸라 써서 봉하였구나.	白甄封題綠雪芽

당나라 승려 제기의 시에 "백자에 써서 봉한 화전차를 부쳤구나⁹"라고 했다(唐僧齊已詩: "白甄封題寄火前").

23 생강 계피 묵을수록 점점 더 매워지고	大勝薑桂老愈辣
24 삼과 창출 대그릇서 약효 더해짐 보다 낫네.	却與蔘朮籠裏加
25 푸른 하늘 찬 구름에 물에 자취 생겨나니	沈碧寒雲水生痕

---

7 머리에 …… 훌륭하다: 머리에 사모를 썼다는 것은 의관衣冠을 정제하고 몸가짐을 바르게 하여 차를 끓였다는 의미이다. 즉 멀리서 온 귀한 차를 정성을 다해서 끓인 것이다.

8 녹설아: 애초에 초의가 '남차'를 이산중에게 선물할 때 백자에 녹설아라 쓰고 봉해서 선물했는지, 이산중이 새롭게 백자에 담아 녹설아라고 써서 선물했는지는 명확하지 않다. 그런데 녹설아는 중국 안휘성安徽省 선성현宣城縣과 복건성 복정福鼎에서 생산되었던 명차의 이름이기도 하다. 우선藕船 이상적李尙迪(1803~1865)도 〈접암蝶菴 비부가 송차淞茶를 부쳐 오다(蝶菴比部寄餉淞茶)〉에서 중국에서 보내준 '백자에 봉한 녹설아'에 대해 언급하고 있는 것을 볼 때 당시에 중국차 녹설아가 조선으로 유입되어 경화세족에게 널리 알려졌던 듯하다.

9 백자에 써서 봉한 화전차를 부쳤구나(白甄封題寄火前): 신위의 친필에는 '기화전寄火前'을 '기화전記火前'으로 잘못 옮겨 썼다. 신위는 "백자에 써서 봉해 '화전'이라 적었구나"의 의미로 이 구절을 해석했는데 원본에 따라 고쳤다. 제기의 원시는 〈도림의 여러 벗이 차를 맛보았다는 말을 듣고서 인하여 부쳐 보내다(聞道林諸友嘗茶因有寄)〉란 작품의 6구이다.

시우산[10]의 차시에 "짙푸른 하늘에 운삼이 차다" 하였다(施愚山茶詩: "沈碧寒雲杉").

26 옥명玉茗으로 비녀 꼽음[11] 모름지기 자랑 마라.   釵頭玉茗須莫誇

육방옹[12]의 시에 "옥명으로 비녀 꽂으니 천하에 절묘하네"라고 했다(放翁: "釵頭玉茗天下妙").

27 덕과 절조 먹과는 절로 서로 반대지만   德操與墨自相反

온공[13]이 말하기를, "차는 희어지려 하고, 먹은 검어지려 한다" 했고, 소동파는 "기이한 차와 좋은 먹은 모두 향기로우니 덕이 같기 때문이고, 모두 굳세니 절조가 같아서이다"라고 했다. 온공은 "차와 먹은 서로 반대다"라고 했다(溫公: "茶欲白墨欲黑." 東坡曰: "奇茶妙墨, 俱香是其同德也. 皆堅是其同操也." 溫公曰: "茶墨相反").

28 안고서 고인高人 향해 세 번 탄식하였다지.   抱向高人三歎嗟
29 건주 땅의 섭씨葉氏[14]가 매년 많은 공물 바쳐   建州葉氏歲多貢
30 심부름꾼 먼 길에 쉴 새 없이 이어졌네.   勞人絡繹途里遛
31 이 차가 흘러옴은 힘이 들진 않았어도   此品流來不煩力
32 경화京華까지 부쳐옴은 접사蝶槎와 한가질세.[15]   寄到京華如蝶槎

---

10 시우산: 청나라 시윤장施潤章(1618~1683)을 말한다. 자는 상백尙白, 우산은 그의 호다. 저술에 《쌍계시문집雙溪詩文集》과 《우산시문집愚山詩文集》 등이 있다.

11 옥명으로 비녀 꼽음(釵頭玉茗): 흰 차꽃으로 비녀 머리를 장식한 것으로 보기도 하지만 맥락이 분명치 않다.

12 육방옹: 중국 남송 시대 시인 육유陸游(1125~1210)를 말한다. 방옹放翁은 그의 호다.

13 온공溫公: 중국 송대의 학자 사마광司馬光(1019~1086)을 말한다. 사후死後 태사온국공太師溫國公에 봉해졌기 때문에 사마온국공司馬溫國公 또는 사마온공司馬溫公이라고도 한다.

14 건주 땅의 섭씨: 섭씨는 송대 《술자다천품述煮茶泉品》을 지은 섭청신葉淸臣을 가리키는 듯하나, 맥락이 분명치 않다.

15 접사와 한가질세: 접사는 사신이 타는 뗏목이니, 여기서는 사신의 행차라는 뜻이다. 차가 생산되는 중국 남쪽 지방에서 북경까지 오는 것은 거의 조공 행차와 같

33	남쪽 고장 여태껏 풍미가 좋았음은	南鄉至今好風味
34	구루산에서 단사가 나는 것과[16] 다름없네.	便是勾漏生丹砂
35	사전의 새순[17]을 직접 싼 것 기억하니	記得親包社前箏
36	제기 말한 묘한 솜씨[18] 이빨에서 향기 난다.	齊已妙製香生牙
37	봄 그늘에 지렁이 울고[19] 소낙비가 내려서	春陰蚯鳴驟雨來
38	안 마셔도 군침 돌아 술 수레와 만난 듯해.	未啜流涎逢麯車
39	시정詩情에 힘입어 맛보기에 합당하니	詩情賴有合得嘗

다는 의미로 쓴 듯하다.

16 구루산句漏山에서 단사丹砂가 나는 것: 구루산은 광서성廣西省 북류현北流縣에 위치한 산으로 이곳에서 단사가 나온다는 소문을 듣고 진晉나라 때 갈홍葛洪이 이곳에 현령으로 가서 단사를 연단煉丹하였다는 고사가 있다.《진서晉書》권72〈갈홍 전葛洪傳〉에 관련 내용이 보인다.

17 사전의 새순: 사전社前은 춘사春社를 지내기 전이란 뜻이다. 사일社日은 입춘이 지난 뒤 41일에서 50일의 사이에 끼어 있는 다섯 번째 무일戊日인데 대체로 춘분쯤이다. 송나라 때는 건주에서 나는 차 중 최고급차를 사전차社前茶, 그다음은 화전차火前茶, 그다음을 우전차雨前茶로 구분했다. 사전차는 춘분경의 잎을 채취해서 만든 차이고, 화전차는 한식 이전, 우전차는 곡우 이전의 찻잎을 채취해서 만든 것이다. 순箏는 원래 죽순의 뜻이지만 여기서는 찻잎의 새순을 가리키는 것으로 보았다. 자순차紫箏茶의 의미에 가깝다.

18 제기 말한 묘한 솜씨: 제기齊己는 위 22구에도 인용된 바 있는 당나라 때 시승詩僧으로 차시를 여러 편 남겼다.〈영차십이운咏茶十二韻〉의 끝 두 구절에 "일찍이 만드는 법 살펴보니, 묘함은 육선생이 다하였다네(曾尋修事法, 妙盡陸先生)"라 한 것이 있고, 또〈어떤 사람이 부채와 차를 준 것에 사례하며(謝人惠扇子及茶)〉라는 시의 5구에도 "육생은 묘한 제법 자랑을 하고(陸生夸妙法)"라는 대목이 나온다. 따라서 본문은 제기가 자신의 시에서 말한 육우의 묘한 제법으로 만든 차를 가리키는 표현이다.

19 지렁이 울고(蚯鳴): 물이 끓는 소리를 지렁이 울음소리에 비유한 것이다. 조선 초서거정의〈작설차를 보내준 잠스님에게 사례하다(謝岑上人惠雀舌茶)〉에서도 "때맞추어 지렁이가 우는 듯 파리가 우는 듯(時聞蚯竅蒼蠅鳴)"하다고 하였다.

40　강의루가 다름 아닌 추관麤官의 관아일세.[20]　　　江意樓是麤官衙

설능[21]의 〈사차〉 시에 "추관에게 부쳐준들 아무 쓸데 없지만, 시정에 힘입어서 맛
봄이 합당하리"라고 하였다. 당나라 사람의 옛 풍속에 대성臺省을 거치지 않고
염군廉軍과 절진節鎭을 맡아나가는 것을 추관이라 했다[薛能謝茶詩: "麤官寄與眞
抛却, 賴有詩情合得嘗." 唐人舊俗, 以不歷臺省, 出領廉軍節鎭者爲麤官].

해설

　　신위는 먼저 병서幷序에서 신라 때 사신 대렴이 중국에서 차 씨를
들여와 호남과 영남의 산곡에 뿌렸지만, 후세에 차를 까맣게 잊어 무
슨 나무인지도 모른 채 지내오고 있었는데 초의가 이를 채취하여 쪄
서 말려 서울의 여러 명사에게 나눠주고, 제자인 박영보를 통해 자신
도 초의차를 얻어 마시고 그가 지은 〈남차병서〉에 화답하여 이 시를
짓게 된 경과에 대해서 적었다.

　　이어서 자신이 다른 맛에는 각별한 욕심이 없지만 차에만은 벽이
있다는 말로 글을 열었다. 차를 마시면 정신이 환해지는데 초의의 남
차를 마시니 기름기까지 씻어내어, 당나라 때 노동이 〈붓을 달려 맹간
의가 햇차를 보내온 데 감사하다〉에서 말한 일곱 잔을 마시면 양편 겨
드랑이에서 날개가 돋아 훨훨 날아갈 듯하다고 한 그 경지를 느낄 수

---

20 강의루가 …… 관아일세: 강의루는 신위의 거처 이름이고, 추관이라 한 것은 자신
이 좌천되어 보잘것없는 처지인데도 차를 보내주어 고맙다는 의미로 한 말이다.

21 설능薛能(817~880): 당나라 때 시인. 자가 태졸太拙, 하동 분주汾州 사람이다. 저서
에 《설능시집薛能詩集》과 《번성집繁城集》이 있다.

있을 것만 같다고 했다. 이어 박영보가 자신을 초대해 질화로에 초의가 만든 남차를 끓여 내온 광경과 남차에 대해 묘사했다.

신위는 작품에서 역대 중국 시인의 차와 관련된 고사를 거의 매 구절마다 인용했으며, 내용이 어려울 경우에는 이해를 돕고자 그때마다 주석 형식으로 풀이 글을 달았다. 왕사정王士禎, 구양수歐陽修, 노동, 제기齊己, 시윤장施潤章, 육유陸游, 사마광司馬光, 설능薛能 등 역대 문인의 차 관련 시문을 폭넓게 인용해 차에 대한 자신의 해박한 식견을 드러냈다. 이를 바탕으로 조선에서 차의 역사와 당시 처한 현실, 그럼에도 초의차가 등장해서 이를 맛보게 된 감동을 설명한 뒤, 중국차의 역사를 간추려 초의차를 중국의 명차에 비견하는 차라고 높였다.

이처럼 초의의 남차를 맛본 박영보가 〈남차병서〉를 짓고, 이에 화답하여 신위까지 〈남차시병서〉를 지어 초의의 차 맛을 높이 평가한 일을 계기로 서울의 경화세족 사이에서는 초의의 명성이 우뚝하게 높아지게 되었다.

초의 의순

草衣 意恂, 1786~1866

다신전

茶神傳

지리산에서 베껴온 제다와 음다의 전 과정

茶神傳

작가와 자료 소개

초의 의순은 해남 대둔사의 승려다. 전남 무안군 삼향면에서 태어나 15세에 운홍사의 벽봉碧峯 민성珉聖에게서 머리를 깎고, 19세에 대둔사의 완호玩虎 윤우倫佑(1758~1826)에게서 계를 받았다. 젊어서 사방을 운유雲遊하며 선지식을 찾았고, 20대 초반에 강진에 귀양 와 있던 다산 정약용을 찾아가 그에게 유가의 경전과 시를 배웠다. 시詩·서書·화畵에 모두 능해 추사 김정희 등 당대 명류들과 폭넓은 교유를 나눴다.

초의는 차를 다산에게 배웠다. 특별히 차에 조예가 깊었던 김정희와 수십 통의 편지를 주고받으며 평생 우정을 나누었고, 추사를 통해 초의차가 경향 간에 널리 알려졌다.

《다신전》은 초의가 1828년 여름 지리산 칠불아원七佛亞院에서《만보전서萬寶全書》의 내용 중 차茶 관련 부분인 〈다경채요茶經採要〉를 초출抄出한 후 1830년 2월 대흥사大興寺 일지암一枝庵에서 다시 정서正書하여 《다신전》이라는 제명題名을 붙여 펴낸 것이다.

초의는 《다신전》에서 "《만보전서》에서 초출하였다(抄出萬寶全書)"고 분명하게 출전出典을 밝히고 있다. 하지만 《만보전서》도 판본이 다양하고, 판본에 따라 글자 출입이 상당하다. 《다신전》의 저본이 된 정확한 판본은 아직 분명히 밝혀지지 않았다.

《다신전》의 출전이 되는 《만보전서》 〈다경채요〉의 내용은 명대 장원張源이 1595년경에 저술한 《다록茶錄》을 저본으로 삼았다. 다만 《다록》은 모두 23항목으로 되어 있는데 《만보전서》 〈다경채요〉에는 22번째 〈분다합分茶盒〉 항목이 누락되어 모두 22항목이다.

《다신전》은 현재 필사본과 인쇄본이 전해진다. 필사본은 다예관본茶藝館本과 법진본法眞本이 전한다. 인쇄본은 1939년 대흥사 주지이던 응송應松 박영희朴暎熙(1893~1990)가 해남군 삼림주사森林主事 김석보金石寶에게 필사해준 것을 이에이리 가즈오家入一雄가 입수하여, 1940년 모로오카 다모쓰諸岡存와 이에이리 가즈오가 공저한 《조선의 차와 선[朝鮮の茶と禪]》 초판본에 수록한 것이다.

본 책에서는 다예관본 《다신전》 원문을 1746년과 1850년에 간행된 《증보만보전서增補萬寶全書》와 장원의 《다록》과 교감하였다. 상이한 부분은 각주로 제시하였다. 다만 《만보전서》가 여러 차례 간행되는 과정에서 판본에 따라 출입이 생기고, 이를 필사한 《다신전》도 이후 여러 차례 필사가 옮겨지는 과정에서 글자 차이가 많아, 교정은 《증보만보전서》의 저본이 되는 장원의 《다록》을 기준으로 하였다.

원문 및 풀이

채다採茶[1]

찻잎을 채취할 때는 시기를 맞추는 것이 중요하다. 너무 이르면 맛이 온전치 않고, 늦으면 다신茶神이 흩어진다. 곡우 전 5일이 가장 좋고, 곡우 후 5일이 그다음이다. 다시 5일이 지난 것은 또 그다음이다. 차는 자줏빛 싹이 상품이고 주름진 것은 그다음이며, 잎이 넓적한 것이 또 그다음이다. 댓잎처럼 표면에서 빛이 나는 것은 가장 하품이다. 밤새 구름 없이 이슬에 젖은 것을 딴 것이 가장 좋고, 한낮에 딴 것은 그다음이다. 음산하게 비가 내릴 때는 차를 따기에 마땅치 않다. 골짜기 가운데서 나는 것이 상품이 되고, 대숲 아래 나는 것은 그다음이다. 풍화토 속에서 난 것이 또 그다음이고, 누런 모래 가운데서 난 것은 또 그다음이다.

採茶之候, 貴及其時. 太早則味[2]不全, 遲則神散. 以穀雨前五日爲上, 後五日次之, 再五日又次之. 茶芽[3]紫者爲上, 面皺者次之[4]. 團葉者次之,[5] 光面[6]如篠葉

1　'채다' 항목은 《다신전》에는 별도로 제목이 없지만 내용으로 살펴 첨가했다. 《증보만보전서》에는 별도의 제목 없이 《채다론》으로 서두에 적혀 있는데 전체 글의 제목이 아니라, 첫 단락에만 해당하는 내용이다. 장원의 《다록》에는 이 항목의 제목이 '채다採茶'로 되어 있다.

2　味: 《다신전》에는 '향香'으로 되어 있으나 《다록》과 《증보만보전서》에 따라 바로잡았다.

3　《다신전》과 《증보만보전서》에는 '비非'이나 《다록》에는 '아芽'로 되어 있다. 이 경우 의미가 완전히 달라지는데 판본에 따른 출입에서 이 같은 예가 많다. 이하 《다록》을 기준으로 필사 과정의 오류를 반영하였다. 단, 《다신전》과 《다록》의 글자가 다르더라도 의미상 《다신전》의 글자가 옳다고 판단되는 경우에는 《다신전》을 따르고 각주에 명시하였다.

者最下. 徹⁷夜無雲, 浥露採⁸者爲上, 日中採者次之. 陰雨下不宜採. 産谷中者爲上, 竹林下者次之.⁹ 爛石中¹⁰者又次之, 黃砂中者又次之.¹¹

차 만들기 造茶

새로 딴 찻잎에서 쇤 잎과 가지와 줄기, 부스러기는 골라내어 버린다. 너비가 2자 4치 되는 노구솥에 찻잎 1근 반을 가져다가 만든다. 노구솥이 몹시 뜨거워지기를 기다려 비로소 찻잎을 넣고 빠르게 덖는다. 이때 불을 늦춰서는 안 된다. 익기를 기다려 불을 빼고, 찻잎을 체 안에 거두어들여 가볍게 뭉쳐 몇 차례 비빈다. 다시 노구솥 안에 넣어 점차 불을 줄여 건조시키는 것을 법도로 삼는다. 이 가운데 현묘하고 미묘한 것이 있으나 말로는 표현하기가 어렵다. 불기운이 고르면 차의 빛깔과 향이 모두 훌륭하고, 현묘하고 미묘한 것을 갖추지 않으면 차의 신神과 맛에 모두 문제가 생긴다.

新採, 揀去老葉及枝¹²梗碎屑. 鍋廣二尺四寸, 將茶一斤半焙之. 候鍋極熱,

---

4 面皺者次之:《다신전》에는 '而皺者次之'로,《증보만보전서》에는 '而皺皮者次之'로 되어 있으나《다록》에 따라 바로잡았다.

5 團葉者次之:《다록》에는 '團葉又次之'로 되어 있다.

6 面:《다신전》에는 '이而'로 되어 있으나《다록》에 따라 바로잡았다.

7 徹:《다록》에는 '철撤'로 되어 있으나《다신전》과《증보만보전서》에 따른다.

8 採:《다록》에는 '茶'이나《다신전》과《증보만보전서》에 따른다. 이하 같다.

9 竹林下者次之:《다록》에는 '竹下者次之'로 되어 있다.

10 石中:《다신전》에는 '中石'으로 되어 있으나《다록》에 따라 바로잡았다.

11 黃砂中者又次之:《다신전》에는 '黃砂中又次之'였으나《다록》에 따라 '자者'를 추가하였다.

12 枝:《다신전》에는 '피柀'로 되어 있으나 1746년《증보만보전서》와《다록》에 따라

始下茶急炒, 火不可緩. 待熟[13]方退火, 徹入篩中, 輕團那[14]數遍. 復下鍋中, 漸漸減火, 焙乾爲度. 中有玄微, 難以言顯. 火候均停, 色香全美,[15] 玄微未究, 神味俱疲.[16]

차 분별하기 辨茶

차의 오묘함은 처음 만들 때의 정밀함, 보관하는 요령, 우리는 것의 적절함에 달려 있다. 차의 좋고 나쁨은 처음 솥에서 결정되고, 맑고 탁함은 마지막 건조하는 불과 관계된다. 불기운이 매서워야 향기가 맑고, 솥이 식으면 신이 피곤해진다. 불이 맹렬하면 날것인 상태로 타버리고, 땔감이 부족하면 푸른빛을 잃고 만다. 시간을 오래 끌면 너무 익어버리고, 일찍 꺼내면 날것인 상태로 돌아간다. 너무 익으면 누렇게 변하고, 설익으면 검은빛을 띤다. 제대로 비비면 차 맛이 달고, 거꾸로 잘못 비비면 차 맛이 떫다.[17] 흰 점을 두른 것은 그런대로 괜찮고, 탄 부분이 없는 것이라야 가장 좋다.

바로잡았다.

13 熟:《다신전》에는 '열熱'로 되어 있으나《다록》에 따라 바로잡았다.

14 那:《다신전》과《증보만보전서》는 '가枷'라 하였고《다록》에는 '나那'로 되어 있다. '나那'는 '나挪'의 통가자通假字로 '비빈다'는 뜻이다.

15 色香全美:《다신전》과《증보만보전서》에는 '색향미色香美'로 되어 있으나《다록》에 따라 '전全' 자를 추가하였다.

16 疲:《다신전》에는 '묘妙',《증보만보전서》에는 '초炒'로 되어 있으나《다록》에 따라 바로잡았다.

17 제대로 비비면 …… 맛이 떫다: 여기서 '那'는 일반적으로 의미 없는 어조사로 해석해왔으나 일반적인 용례에 어긋나므로, 앞 단락 '輕團那數遍'의 '那'와 같이 '비빈다'는 뜻으로 해석하는 것이 옳다. 순나順那는 순방향으로 비비는 것을, 역나逆那는 순방향과 역방향을 섞어서 잘못 비비는 것을 말한다.

茶之妙, 在乎始造之精, 藏之得法, 泡之得宜. 優劣定[18]乎始鍋, 清濁係乎末火.[19] 火烈香清, 鍋寒[20]神倦. 火猛生焦, 柴疎失翠. 久延則過熟, 早起却還生.[21] 熟則犯黃, 生則著黑. 順那則甘, 逆那則澀.[22] 帶白點者無妨, 絶焦點[23]者最勝.

차 저장하기藏茶

만든 차를 처음 건조하고 나서 먼저 오래된 합盒에 담아 밖에서 종이로 입구를 봉한다. 3일이 지나 그 성질이 회복되기를 기다려, 다시 약한 불에 쬐어 바싹 말린다. 식기를 기다려 항아리 안에 보관해둔다. 누르지 않고 가볍게 채워 쌓아 대껍질로 단단히 덮어준다. 화순花筍[24]의 껍질과 종이를 몇 겹으로 싸서 항아리 입구를 단단하게 봉한다. 그 위에는 불에 구운 벽돌을 식혀 눌러 다육茶育[25] 안에 놓아둔다. 절대로 바람을 쬐거나 불에 가까이 두면 안 된다. 바람을 쬐면 냉해지기 쉽고, 불에 가까이 두면 먼저 누렇게 변한다.

造茶始乾, 先盛舊盒中, 外以紙封口. 過三日, 俟[26]其性復, 復以微火焙極乾.

---

18 定:《다신전》과《증보만보전서》에는 '의宜'였으나《다록》에 따라 바로잡았다.

19 係乎末火:《다신전》과《증보만보전서》에는 '계수화係水火'였으나《다록》에 따라 바로잡았다.

20 寒:《다신전》과《증보만보전서》에는 '승乘'이었으나《다록》에 따라 바로잡았다.

21 還生:《다신전》과《증보만보전서》에는 '변생邊生'이라 했으나《다록》에 따라 바로잡았다.

22 澀:《다신전》과《증보만보전서》에는 '일溢'이었으나《다록》에 따라 바로잡았다.

23 點:《다록》에 따라 '점點' 자를 추가하였다.

24 화순: 죽순의 다른 이름이다.

25 다육: 차를 보관하는 장소를 가리킨다.

26 俟:《다신전》에는 '사俟'였으나 '사俟'의 오자라 바로잡는다.

待冷貯壜中.²⁷ 輕輕築實, 以箬襯緊. 將花筍箬²⁸及紙數重封緊壜口. 上以火煨磚, 冷定壓之, 置茶²⁹育中. 切勿臨風近火. 臨風易冷, 近火先黃.

불 조절火候

차를 끓임에 있어 중요한 것은 화후火候, 즉 불을 살피는 일이 먼저다. 화로에 불이 온통 붉어지면 비로소 다표茶瓢, 즉 탕관을 얹는다. 부채질은 가볍고 빠르게 해야 한다. 소리가 나기를 기다려 조금씩 무겁고 빠르게 한다. 이것은 약한 불과 센 불을 살피는 것이다. 불기운이 너무 약하면 물의 성질이 여려지고, 여리면 물이 차에 항복하게 된다. 불기운이 너무 세면 불의 성질이 맹렬해지고, 맹렬해지면 차가 물에 제압된다. 모두 중화中和되기에는 부족하니, 차 끓이는 사람의 주요한 뜻이 아니다.

烹茶旨要, 火候爲先. 爐火通紅, 茶瓢始上. 扇起要輕疾, 待有聲稍稍重疾. 斯文武之候也. 過於³⁰文則水性柔, 柔則水³¹爲茶降. 過於武則火性烈, 烈則茶爲水制. 皆不足於中和, 非烹³²家要旨也.

---

27 待冷貯壜中: 1746년《증보만보전서》에는 '行冷貯坛中'으로, 1850년《증보만보전서》에는 '待冷貯坛中'으로 되어 있다. '단坛'은 '담壜'의 약자로 '항아리'라는 뜻이다.

28 筍箬:《다록》에는 '순약笋蒻'으로 되어 있다.

29 茶:《증보만보전서》에는 '도荼'로 되어 있다.

30 於:《다록》에는 '우亐'로 되어 있다. 이하 같다.

31 水:《다록》에 따라 '수水' 자를 추가하였다.

32 烹:《증보만보전서》와《다록》에는 '다茶'로 되어 있다.

탕 분별하기 湯辨

탕湯은 세 가지 큰 구분과 15가지의 작은 구분이 있다. 세 가지 중 첫째는 형변形辨, 곧 형태로 구분하는 것이고, 둘째는 성변聲辨, 즉 끓는 소리로 구분하는 것이며, 셋째는 기변氣辨, 곧 증기로 구분하는 것이다. 형태로는 속을 분별하고, 소리로는 겉을 살피며, 증기로는 빠르기를 분별한다. 새우 눈〔蝦眼〕, 게 눈〔蟹眼〕, 물고기 눈〔魚眼〕, 연달아 이어진 구슬 모양〔連珠〕 등은 모두 맹탕萌湯, 즉 막 끓기 시작한 물이다. 곧장 마치 솟구치는 파도나 일렁이는 물결처럼 솟구쳐 끓어올라 물기운이 완전히 사그라들어야 바야흐로 순숙純熟, 즉 푹 익은 상태가 된다. 처음 소리〔初聲〕, 도는 소리〔轉聲〕, 떠는 소리〔振聲〕, 휘달리는 소리〔驟聲〕 등은 모두 맹탕이다. 곧장 소리가 없는 상태에 이르러야 바야흐로 순숙이다. 김이 한 가닥 뜨거나, 두 가닥, 서너 가닥이 뜨거나, 가닥이 어지러워 분간이 안 되거나, 김이 자욱해져 어지러이 얽히는 것은 모두 맹탕이다. 곧장 김이 허공으로 솟구치면 그제야 순숙이다.

湯有三大辨十五小辨. 一曰形辨, 二曰聲辨, 三曰氣辨.[33] 形爲內辨, 聲爲外辨, 氣爲捷辨. 如蝦[34]眼, 蟹[35]眼, 魚眼, 連珠, 皆爲萌湯. 直至[36]湧沸如騰波鼓浪, 水氣全消, 方是純熟. 如初聲, 轉聲, 振聲, 驟聲, 皆爲萌湯. 直至無聲, 方是純[37]熟. 如氣一縷浮,[38] 二縷三四縷, 及縷[39]亂不分, 氤氳亂繞,[40] 皆爲萌湯. 直至氣直冲貫, 方是純[41]熟.

---

33 三曰氣辨:《증보만보전서》에는 '三曰氣辨辨'으로 되어 있다.

34 蝦:《다신전》에는 '해蟹'로 되어 있으나《다록》에 따라 바로잡았다.

35 蟹:《다신전》에는 '하蝦'로 되어 있으나《다록》에 따라 바로잡았다.

36 至:《다신전》과《증보만보전서》에는 '여如'였으나《다록》에 따라 바로잡았다.

탕으로 쓰는 끓인 물의 정도 湯用老嫩

채양蔡襄은 탕은 어린 것을 쓰고 쇤 것은 쓰지 않았다. 대개 옛사람이 제다할 때는, 만들고 나서 반드시 빻고, 빻고 나서는 반드시 갈며, 갈고 나면 꼭 체에 쳐서, 차가 먼지처럼 날리는 가루가 되었기 때문이다. 여기에 약제를 섞어 용봉단龍鳳團으로 찍어 만들 경우, 탕과 만나면 다신이 바로 떠오른다. 이에 어린 물을 쓰고 쇤 물은 쓰지 않는다. 오늘날의 제다는 차를 체에 치거나 맷돌에 갈지 않아 온전히 원래의 형체를 갖추고 있다. 이 경우 탕은 모름지기 순숙, 즉 푹 익어야 원래의 다신이 비로소 퍼져 나온다. 그래서 모름지기 탕이 오비五沸라야 차가 세 가지 기이함을 얻는다고 말하는 것이다.

蔡君謨湯用嫩而不用老, 蓋因古人製茶, 造則必碾, 碾則必磨, 磨則必羅, 則茶⁴²爲飄塵飛粉矣. 於是和劑, 印作龍鳳⁴³團, 則見湯而茶神便⁴⁴浮. 此用嫩而⁴⁵不用老也. 今時製茶, 不假羅磨⁴⁶, 全具元⁴⁷体. 此湯須純熟, 元神始發也. 故

---

37 純:《다신전》과《증보만보전서》에는 '결結'로 되어 있으나《다록》에 따랐다.《다신전》에서는 세 차례의 '순숙'을 각각 '순숙', '결숙結熟', '경숙經熟'으로 다르게 표기했다. 일부 연구자는 이를 초의가 창의적으로 변용한 것으로 보기도 하나,《만보전서》에도 다르게 표기된 것과 '순숙'으로만 표기된 판본이 다 있다. 결과적으로 초의가 고친 것이 아니라, 초의가 베낀 저본이 다르게 표기된 판본이었을 뿐이다. 전체 문장의 문맥은, 형태와 소리와 기운의 세 가지 기준을 놓고, 맹탕과 순숙의 차이를 각각 설명한 것일 뿐이므로, 여기서는《다록》에 따라 모두 '순숙'으로 통일하였다.

38 如氣一縷浮:《증보만보전서》와《다록》에는 '如氣浮一縷'로 되어 있다.

39 及縷:《다록》에 따라 '급루及縷' 두 자를 추가하였다.

40 縷:《다신전》과《증보만보전서》에는 '루縷'로 되어 있으나《다록》에 따랐다.

41 純:《다신전》과《증보만보전서》에는 '경經'으로 되어 있으나《다록》에 따랐다.

42 茶:《다신전》과《증보만보전서》에는 '미味'였으나《다록》에 따라 바로잡았다.

日湯須五沸, 茶奏三奇.

우리는 법泡法

   탕이 순숙 상태인지 살펴, 바로 가져다가 먼저 차호茶壺 안에 조금 부어 냉기를 제거하고 따라낸다. 그런 뒤에 차를 넣는다. 차의 많고 적음을 알맞게 헤아려 정도를 넘거나 바름을 잃어서는 안 된다. 차가 많으면 맛이 쓰고 향은 가라앉는다. 물이 많으면 색은 맑으나 기운이 부족하다.[48] 두 차례 우린 뒤에는 또 찬물을 써서 깨끗이 씻어, 차호를 차고 깨끗하게 해준다. 그렇지 않으면 차향이 줄어든다. 탕관의 물이 너무 익으면 다신이 건강치 않고, 차호의 물이 맑아야만 물의 성질이 항상 영활靈活하다. 잠깐 차와 물이 알맞게 조화를 이루기를 기다려 나누어 따르고, 펼쳐 마신다.[49] 따르는 것이 너무 빠르면 안 되고, 마시는 것이 너무 더뎌도 안 된다. 빠르면 다신이 미처 나오지 못하게 되고,

43 鳳:《다록》과 《증보만보전서》에 따라 '봉鳳' 자를 추가하였다.
44 便:《다신전》과 《증보만보전서》에는 '경硬'이었으나 《다록》에 따라 바로잡았다.
45 而:《다신전》과 《증보만보전서》에는 '혈血'이었으나 《다록》에 따라 바로잡았다.
46 磨:《다신전》과 《증보만보전서》에는 '연碾'이었으나 《다록》에 따라 바로잡았다.
47 元:《다신전》과 《증보만보전서》에는 '무无'였으나 《다록》에 따라 바로잡았다.
48 색은 맑으나 기운이 부족하다(色清氣寡): 차가 적고 물이 많아 제대로 우러나지 않아 색이 멀겋고, 차 맛이 밍밍하다는 의미이다.
49 나누어 따르고, 펼쳐 마신다(分釃布飲): 그간 일반적으로 "베에 걸러 나누어 마신다"로 해석해왔으나, 다음 문장에서 '釃不宜早, 飲不宜遲'라 하여 '시釃'와 '음飮'이 병렬 구문으로 나오므로 '분시포음分釃布飲' 또한 '분시'와 '포음'으로 구분해 읽어야 한다. 이때 시釃는 거른다는 의미가 아니라 따른다는 뜻이고, 분은 나누어준다는 것이며, 포는 배포配布의 의미이다.

더디면 묘한 향기가 먼저 사라져버린다.

探湯純熟, 便取起, 先注少許壺中, 祛蕩[50]冷氣傾出, 然後投茶. 茶[51]多寡宜酌, 不可過中失正. 茶重則味苦香沈,[52] 水勝則色清氣[53]寡. 兩壺後, 又用冷水蕩滌, 使壺凉潔. 不則減茶香矣. 礶熟則茶神不健, 壺清則[54]水性常[55]靈. 稍俟[56]茶水冲和, 然後分[57]釃布飮. 釃不宜早, 飮不宜遲, 早則茶神未發, 遲則妙馥先消.

찻잎 넣기投茶

차를 넣는 데는 순서가 있으므로 마땅함을 잃어서는 안 된다. 차를 먼저 넣고 탕을 나중에 넣는 것을 하투下投라 한다. 탕을 반쯤 붓고 차를 넣고, 다시 탕을 가득 채우는 것은 중투中投라 한다. 탕을 먼저 넣고 차를 나중에 넣는 것은 상투上投라 한다. 봄가을에는 중투로 하고, 여름에는 상투로 하며, 겨울에는 하투로 한다.

投茶有[58]序, 毋失其宜. 先茶後湯[59]曰下投. 湯半下茶, 復以湯滿曰中投. 先湯後茶曰上投. 春秋中投, 夏上投, 冬下投.

---

50 蕩:《다신전》과《증보만보전서》에는 '탕湯'이었으나《다록》에 따라 바로잡았다. 거탕祛蕩은 깨끗이 씻어낸다는 뜻이다.

51 茶:《다신전》과《증보만보전서》에는 '엽葉'이었으나《다록》에 따라 바로잡았다.

52 沈:《다신전》에는 '황況'이었으나《다록》과《증보만보전서》에 따라 바로잡았다.

53 氣:《다신전》과《증보만보전서》에는 '미味'였으나《다록》에 따라 바로잡았다.

54 則:《다신전》에는 '즉則'이 빠져 있으나《다록》과《증보만보전서》에 따라 추가했다.

55 常:《다신전》에는 '당當'이었으나《다록》과《증보만보전서》에 따라 바로잡았다.

56 俟:《다신전》에는 '후候'였으나《다록》과《증보만보전서》에 따라 바로잡았다.

57 分:《다신전》과《증보만보전서》에는 '냉冷'이었으나《다록》에 따라 바로잡았다.

58 有:《다신전》과《증보만보전서》에는 '행行'이었으나《다록》에 따라 바로잡았다.

59 後湯:《다신전》에는 '탕후湯後'였으나《다록》과《증보만보전서》에 따라 바로잡았다.

차 마시기飲茶

차를 마실 때는 손님이 적은 것을 귀하게 여긴다. 손님이 많으면 떠들썩하고, 떠들썩하면 아취雅趣가 없어진다. 혼자 마시는 것을 '신神'이라 하고, 손님이 둘이면 '승勝'이라 하며, 셋 또는 넷은 '취趣'라고 한다. 다섯이나 여섯은 '범泛'이라 하고, 일곱 또는 여덟은 '시施'라고 한다.

飲茶以客少爲貴. 客衆則喧, 喧則雅趣乏矣. 獨啜曰神, 二客曰勝, 三四曰趣, 五六曰泛, 七八曰施.

향香

차에는 진향眞香과 난향蘭香, 청향淸香과 순향純香이 있다. 겉과 속이 한결같은 것이 순향이다. 날것도 아니고 너무 익은 것도 아닌 것은 청향이다. 불기운이 고르게 스민 것은 난향이다. 곡우 전에 다신이 온전한 것이 진향이다. 이 밖에 함향含香, 누향漏香, 부향浮香과 간향間香60이 있다. 이것들은 모두 바르지 않은 기운이다.

茶有眞香, 有蘭香, 有淸香, 有純香. 表裏如一曰純香, 不生不熟61曰淸香, 火候均停曰蘭香. 雨前神具62曰眞香. 更有含香, 漏香, 浮香,63 間香,64 此皆不正之氣.

---

60 함향, 누향, 부향과 간향: 함향은 다른 것을 머금은 향이다. 순향의 반대어로 썼다. 누향은 새어 넘치는 향이니 청향의 반대어이다. 부향은 가라앉지 못하고 들뜬 향으로 난향의 반대어이다. 간향은 이도 저도 아닌 섞인 향으로 진향의 반대어이다.

61 熟:《다신전》과《증보만보전서》에는 '열熱'이었으나《다록》에 따라 바로잡았다.

62 具: 1746년《증보만보전서》에는 '기其'로 되어 있다.

63 漏香. 浮香:《다신전》과《증보만보전서》에는 '漏浮香'으로 되어 있으나《다록》에 따라 바로잡았다.

색色

차는 맑은 비췻빛이 훌륭하고 찻물〔濤〕[65]은 푸르스름한 흰빛을 좋게 여긴다. 황색과 흑색, 홍색과 어두운 색은 모두 차품에 들지 못한다. 눈처럼 흰 찻물이 상품이고, 푸른 찻물이 중품이며, 누런 찻물은 하품이 된다. 새 샘물과 살아 있는 불은 차를 달이는 오묘한 솜씨이고, 옥빛 차와 흰 찻물은 잔에 따를 때의 절묘한 기술이다.[66]

茶以淸翠爲勝, 濤以藍白爲佳. 黃黑紅昏, 俱不入品. 雪[67]濤爲上, 翠濤爲中, 黃濤爲下. 新泉[68]活火, 煑茗玄工, 玉茗氷[69]濤, 當杯絶技.[70]

맛味

맛은 달고 매끄러운 것이 상품이고, 쓰고 떫은 것은 하품이다.

味以甘潤爲上, 苦澁[71]爲下.

---

64 聞香:《다록》에는 '문향問香'이나《다신전》과《증보만보전서》에 따른다.

65 찻물: 도濤는 물결이라는 뜻이나 글의 문맥으로 보아 찻물로 옮긴다. 찻물은 흰 것을 귀하게 여긴다고 한 것은 여러 다서에 나온다.

66 새 샘물과 …… 절묘한 기술이다: 새로 떠 온 샘물에 살아 있는 불로 찻물을 달여야 차 맛이 좋고, 비취색 찻잎에 빙도, 즉 설도雪濤 상태로 잔에 따라야 맛이 가장 훌륭하다는 뜻이다.

67 雪:《다신전》과《증보만보전서》에는 '운雲'이었으나《다록》에 따라 바로잡았다.

68 新泉: 1746년《증보만보전서》에는 '조막早莫'으로 되어 있다.

69 氷:《다신전》과《증보만보전서》에는 '수水'였으나《다록》에 따라 바로잡았다.

70 技:《다신전》과《증보만보전서》에는 '지枝'였으나《다록》에 따라 바로잡았다.

71 澁:《다신전》과《증보만보전서》에는 '체滯'였으나《다록》에 따라 바로잡았다.

조금만 오염되면 참됨을 잃는다 點染失真

차는 절로 진향眞香과 진색眞色과 진미眞味가 있다. 조금이라도 물들면, 바로 그 참됨을 잃고 만다. 예를 들어 물에 소금을 넣거나, 차에 다른 재료를 넣거나, 찻잔에 과일을 곁들이거나 하면[72] 모두 참됨을 잃고 만다.

茶自有眞香, 有眞色, 有眞味. 一經點染, 便失其眞. 如水中着醎, 茶中着料, 碗中着果,[73] 皆失眞也.

차가 변하면 쓸 수 없다 茶變不可用

차를 처음 만들면 푸른 비췻빛이다. 거두어 보관하는 방법을 얻지 못하면, 한 차례 변해 녹색이 되고, 두 차례 변해 황색이 되며, 세 차례 변해 흑색이 되고, 네 차례 변해 백색이 된다. 이것을 마시면 위를 차게 해서 심할 경우 수척한 기운이 쌓이게 된다.

茶始造則靑翠. 收藏不得其法,[74] 一變至綠, 再[75]變至黃, 三變至黑, 四變至白. 食之則寒胃, 甚至瘠氣成積.[76]

---

72 물에 소금을 …… 곁들이거나 하면: 차를 마실 때 소금이나 생강 또는 용뇌향으로 가미해서는 차 맛을 잃게 된다는 뜻이다. 또 차를 마실 때 과일을 곁들이면 과일의 향 때문에 차 맛을 잃게 되니 함께 먹으면 안 된다는 의미이다. 명대 전춘년 錢椿年의《제다신보製茶新譜》〈과실 가리기〔擇果〕〉에도 "차에는 진향이 있고, 아름다운 맛이 있으며, 바른 색이 있기에 끓일 때는 진귀한 과일이나 향기로운 풀을 섞는 것은 마땅하지 않다〔茶有眞香, 有佳味, 有正色, 烹點之際, 不宜以珍果香草雜之〕"고 하였다.

73 着果:《다신전》에는 '착착과着着菓',《증보만보전서》에는 '착과着菓'로,《다록》에는 '착과着果'로 되어 있다.《다록》에 따른다. '과果'와 '과菓'는 의미에 차이가 없다.

74 收藏不得其法:《다록》에는 '收藏不法'으로 되어 있다.

75 再: 1746년《증보만보전서》에는 '이耳'로 되어 있다.

샘물의 품질品泉

차는 물의 정신이고, 물은 차의 육체이다. 진짜 물이 아니면 그 정
신을 드러내지 못하고, 진짜 차가 아니면 그 육체를 엿보지 못한다. 산
꼭대기의 샘물은 맑고 가벼우나, 산 아래 샘물은 맑지만 무겁다. 바위
틈의 샘물은 맑으면서 달고, 모래에서 솟는 샘은 맑고도 차며, 흙 속에
서 솟는 샘은 담백하면서 희다. 누런 바위에서 흘러나온 것이 좋고, 푸
른 바위에서 쏟아져 나온 것은 못 쓴다. 흘러 움직이는 것이 가만히
고인 물보다 낫고, 응달진 곳의 것이 양지에서 난 것보다 참되다. 참된
근원은 맛이 없고, 참된 물은 향이 없다.

茶者水之神, 水者茶之體. 非眞水莫顯其神, 非精茶莫窺其體.**77** 山頂泉淸
而輕, 山下**78**泉淸而重. 石中泉淸而甘,**79** 砂中泉淸而冽, 土中泉淡而白. 流於**80**
黃石爲佳, 瀉出靑石無用. 流動者愈於安靜, 負陰者眞於陽.**81** 眞源**82**無味, 眞
水無香.

---

76 甚至瘠氣成積:《다신전》에는 '其至瘠氣成積', 1746년《증보만보전서》에는 '其至春
氣成積'으로, 1850년《증보만보전서》에는 '甚至春氣成積'으로 되어 있으나《다록》
에 따라 바로잡았다.

77 非精茶莫窺其體:《다록》에는 '非精茶曷窺其體'로 되어 있다. 앞뒤 문장의 호응으로
보아,《다신전》을 취한다.

78 山下:《다신전》과《증보만보전서》에는 '수하水下'로 되어 있다.《다록》에 따른다.

79 甘: 1746년《증보만보전서》에는 '이耳'로 되어 있다.

80 於:《다록》에는 '우于'로 되어 있다. 이하 같다.

81 負陰者眞於陽:《다록》에는 '負陰者勝于向陽'으로 되어 있다.

82 源:《다신전》과《증보만보전서》에는 '원原'이었으나《다록》에 따라 바로잡았다.

우물물은 차에 마땅치 않다 井水不宜茶

《다경茶經》에서 말했다. "산에서 나는 물이 가장 좋고, 강물이 그다음이며, 우물물이 가장 안 좋다." 제일 좋은 방법은, 강이나 산이 가깝지 않아 마침내 샘물이 없을 경우, 다만 마땅히 매우梅雨[83]를 많이 저장해두어야 한다. 그 맛이 달고도 부드러우니, 만물을 길러주는 물이다. 눈 녹인 물은 비록 맑지만, 성질이 무겁고 느낌이 어두워 사람의 비장과 위장을 차게 하므로 많이 저장해두는 것은 마땅치 않다.

茶經云: "山水上, 江水次,[84] 井水最下矣." 第一方, 不近江山,[85] 卒無泉水, 惟當多[86]積梅雨. 其味甘和, 乃長養萬物之水. 雪水雖淸, 性感重陰, 寒人[87]脾胃, 不宜多積.

물 저장하기 貯水

물을 담는 항아리는 모름지기 그늘진 뜰 가운데 놓아두고 비단으로 덮어주어 별과 이슬의 기운을 받게끔 해야 한다. 그러면 그 영기가 흩어지지 않고 신령한 기운이 늘 남아 있게 된다. 가령 나무나 돌로 누르거나 종이나 대나무 껍질로 봉해 햇볕 아래 쪼이면 밖으로 그 정신이 소모되고, 안으로 그 기운이 꽉 막혀서, 물의 신령함이 스러지고 만다. 차를 마시는 것은 오로지 차의 신선함과 물의 신령함을 귀하게

---

83 매우: 매실이 익을 때 내리는 비, 곧 장맛비를 말한다.

84 山水上, 江水次:《다신전》에는 '山水上下'로,《증보만보전서》에는 '山水上, 江水下'로 되어 있으나《다록》에 따라 바로잡았다.

85 第一方, 不近江山:《다신전》과《증보만보전서》에는 '第一方, 不近山'으로 되어 있다.

86 多:《다신전》과《증보만보전서》에는 '春春'이었으나《다록》에 따라 바로잡았다.

87 人:《다신전》과《증보만보전서》에는 '입入'이었으나《다록》에 따라 바로잡았다.

여긴다. 차가 신선함을 잃거나, 물이 신령함을 잃으면 도랑물과 무엇이 다르겠는가?

貯水甕須置陰庭中, 覆以紗帛, 使承星露之氣, 則英靈不散, 神氣常存. 假令壓之以木石,[88] 封以紙箬, 曝于日下,[89] 則外耗其[90]神, 內閉其氣, 水神敝[91]矣. 飮茶惟貴乎[92]茶鮮水靈, 茶失其鮮, 水失其靈, 則與溝渠水何異.[93]

차 끓이는 도구 茶具

육우는 차를 끓일 때 은그릇을 쓰다가, 지나치게 사치스럽다 하여, 나중에는 자기를 썼다. 또 자기가 오래 견딜 수 없다 보니 마침내 은그릇으로 돌아갔다. 내 생각에 은은 붉은 칠한 누각과 화려한 집에 쌓아둠이 마땅하나, 산속 집이나 띠집 같은 데서는 다만 주석 그릇을 쓰더라도 또한 향과 색과 맛에 손색이 없다. 다만 구리와 쇠는 꺼린다.

桑苧[94]翁煮[95]茶用銀瓢, 謂[96]過於奢侈, 後用磁[97]器, 又不能耐[98]久, 卒歸於[99]銀. 愚意銀者, 宜貯朱樓華屋,[100] 若[101]山齋茅舍,[102] 惟用錫瓢, 亦無損於香色味[103]也. 但銅鐵忌之.[104]

---

88 假令壓之以木石:《다록》에는 '假令壓以木石'으로 되어 있다.

89 曝于日下: 1746년《증보만보전서》에는 '曝于口不'로, 1850년《증보만보전서》에는 '曝于日不'로 되어 있다.

90 其:《다신전》과《증보만보전서》에는 '산散'이었으나《다록》에 따라 바로잡았다.

91 敝:《다신전》에는 '폐弊'였으나《다록》과《증보만보전서》에 따라 바로잡았다.

92 乎:《다신전》과《증보만보전서》에는 '부夫'였으나《다록》에 따라 바로잡았다.

93 則與溝渠水何異:《다신전》과《증보만보전서》에는 '則與溝渠何異'로 되어 있다.《다록》에 따랐다.

94 苧:《다신전》에는 '우芋'이나《다록》과《증보만보전서》에 따라 바로잡았다.

찻잔茶盞

찻잔은 눈처럼 흰 것이 상품이고, 남백색도 차의 색깔을 손상시키
지 않으므로 그다음으로 친다.

盞以雪白者爲上, 藍白者不損茶色次之.[105]

찻잔 닦는 베拭盞布

차 마시기 앞뒤로 모두 가는 삼베를 써서 잔을 닦는다. 다른 것은
쉬 더러워져서 쓰기에 마땅치 않다.

飮茶前後, 俱用細麻布拭盞. 其他易穢不宜用.[106]

95 煮:《다신전》과《증보만보전서》에는 '자煑'이나《다록》에 따랐다.

96 謂:《다신전》과 1746년《증보만보전서》에는 '조調'이나《다록》과 1850년《증보
만보전서》에 따라 바로잡았다.

97 磁: 1746년《증보만보전서》에는 '자瓷'로 되어 있다.

98 耐:《다록》에는 '지持'로 되어 있다.

99 於:《다록》에는 '우于'로 되어 있다. 이하 같다.

100 宜貯朱樓華屋:《다신전》에는 '貯朱樓華屋'으로 되어 있으나,《다록》과《증보만보
전서》에 따라 '의宜' 한 글자를 추가하였다.

101 若:《다신전》과《증보만보전서》에는 '석石'이나《다록》에 따라 바로잡았다.

102 山齋茅舍:《다신전》에는 '山茅齋舍'로 되어 있어,《증보만보전서》에 따라 바로잡
았다.《다록》에는 '山齋茆舍'로 되어 있으나 의미는 같다.

103 香色味:《다신전》과《증보만보전서》에는 '색미色味'라고만 했다. 여기서는《다록》
을 따른다.

104 但銅鐵忌之:《다신전》과《증보만보전서》에는 '단但' 자가 빠졌다. 여기서는《다
록》에 따른다.

105 藍白者不損茶色次之: 1746년《증보만보전서》에는 '藍白不損茶色次之'로, 1850년
《증보만보전서》에는 '藍白則損茶色次之'로 되어 있다.

106 其他易穢不宜用:《다신전》과《증보만보전서》에는 '其他物穢不堪用'으로 되어 있

다도茶道[107]

만들 때는 정성스럽게, 보관할 때는 건조하게, 우릴 때는 깨끗하게
한다. 정성스럽고 건조하게 하고, 깨끗하게 하면 다도는 다한 것이다.

造時精, 藏時燥, 泡時潔, 精燥潔, 茶道盡矣.

발문跋文

무자년(1828) 장마철에 방장산 칠불아원七佛亞院[108]에 스승을 따라
갔다가 베껴 써서 내려왔다. 다시 정서하려 했으나 병으로 인하여 마
치지 못하였다. 수홍修洪 사미가 이때 시자방侍者房에 있었는데 다도
茶道를 알고 싶어 하여 베껴 썼지만 또한 병으로 마치지는 못하였다.
그래서 참선하는 여가에 억지로 관성자管城子[109]에게 명하여 끝을 보
았다. 시작이 있으면 끝이 있다 함이 어찌 군자만을 위한 말이겠는가?
총림叢林에 간혹 조주趙州의 유풍遺風[110]이 있지만, 다도는 다들 알지
못하므로, 베껴 써서 다도가 두려워할 만한 것임을 보인다. 경인년
(1830) 2월, 암자에서 쉬는 병든 선객이 눈 오는 창가에서 화로를 끼고
서 삼가 쓴다.

다.《다록》에 따랐다.

107 茶道:《다신전》과《증보만보전서》에서는 '다위茶衛'로 썼는데《다록》에 따른다.

108 칠불아원: 경남 하동군 화계면 범왕리 지리산에 있던 쌍계사에 딸린 암자이다.
옛 이름은 운수원雲水院이다. 1948년 불타기 전에 있었던 아자방亞字房이 널리 알
려져 있다.

109 관성자: 붓의 별칭이다.

110 조주의 유풍: 당대唐代의 선승으로 일찍이 조주에서 불교를 크게 드날렸던 종심
從諗을 가리킨다. 사람이 찾아와 불법의 대의를 물으면 "차나 마시고 가게〔喫茶去〕"
라고 대답한 일이 널리 알려졌다. 절집에서 차를 마시는 유풍을 말한다.

戊子雨際, 隨師於方丈山七佛亞院, 謄抄下來. 更欲正書, 而因病未果. 修洪沙彌, 時在侍者房, 欲知茶道正抄, 亦病未終. 故禪餘强命管城子成終. 有始有終, 何獨君子爲之. 叢林或有趙州風, 而盡不知茶道. 故抄示可畏. 庚寅中春, 休菴病禪, 雪窓擁炉, 謹書.

해설

《다신전》은 〈채다採茶〉, 〈조다造茶〉, 〈변다辨茶〉, 〈장다藏茶〉, 〈화후火候〉, 〈탕변湯辨〉, 〈탕용노눈湯用老嫩〉, 〈포법泡法〉, 〈투다投茶〉, 〈음다飮茶〉, 〈향香〉, 〈색色〉, 〈미味〉, 〈점염실진點染失真〉, 〈다변불가용茶變不可用〉, 〈품천品泉〉, 〈정수불의다井水不宜茶〉, 〈저수貯水〉, 〈다잔茶盞〉, 〈식잔포拭盞布〉, 〈다위茶衛〉 등 전체 22항목으로 모두 1,497자(발문 98자 포함)로 이루어졌다.

초의선사는 《다신전》을 필사한 이유에 대해 발문에서 "총림에 간혹 조주의 유풍이 있지만, 다도는 다들 알지 못하므로, 베껴 써서 다도가 두려워할 만한 것임을 보인다"고 썼다. 절집에서 차를 마시면서도 정작 다도에 대해서는 전혀 모르는 승려들을 위해 《다신전》을 필사한 것이다.

《다신전》은 제다에서 음다에 이르기까지 다도의 여러 내용을 간결하면서도 요령 있게 담았다. 찻잎 채취와 제다 방법, 차 보관법과 물 선택, 적당한 불 조절, 그리고 차를 마실 때 유념해야 할 여러 사항과 도구에 이르기까지 필요한 모든 내용을 담았다. 초의는 이 글을 1828년 지리산의 칠불아원에 머물 때, 그곳에 보관되어 있던 《만보전서》에서 처음 보고, 흥미를 느껴 급하게 베껴 써 왔다. 당시 그는 다산의 영향으로 차에 대한 관심이 커진 상태여서 직접 차를 만들면서 느낀 많은 문제들이 이 책을 통해 해결되는 느낌을 가졌던 듯하다.

책의 제목을 《만보전서》에 실린 제목인 〈다경채요茶經採要〉라 하지 않고, 《다신전茶神傳》이란 다른 이름을 붙인 것은 흥미롭다. 다신은 차의 정신이자 차에서 우러난 성분을 가리키는 표현으로 책 속에 몇 차례 나온다. '다신전'이라는 표현은 마치 다신을 인격적 존재로 상정하여 그의 일대기를 적는 듯한 느낌을 준다. 이 명명이 초의의 《다신전》이 비록 《만보전서》의 〈다경채요〉를 그대로 베낀 것임에도 그의 저작의 범주에 이 저술을 포함시키게 만들었다. 특히 뒷부분 〈포법〉과 〈품천〉에서 다도를 '중정건령中正健靈' 네 글자로 포착해 한국 다도의 핵심 개념으로 포착한 것은 1837년에 지은 《동다송》에서 분명하게 확인할 수 있다.

다만 기록으로 볼 때 초의 자신이 1850년대까지 직접 만든 차는 분명히 떡차였는데 이 책에서 설명하는 것은 잎차 제다법이어서, 초의는 실제 자신의 제다와 책 내용 사이에서 얼마간 혼란을 느꼈을 것 같다. 이 말은 오늘날 《다신전》의 제다법을 초의의 제다법으로 동일시해서는 안 된다는 뜻이기도 하다. 그는 이 책을 보면서 자신이 만들고 마셔온 떡차〔餅茶〕와는 전혀 다른 잎차〔葉茶〕를 솥에서 덖어 만드는 새로운 제다법과 음다법에 흥미를 느꼈을 것이다. 이후 초의는 《다신전》에서 설명하는 제다법과 음다법을 자신의 차 생활에 적극적으로 적용한 것으로 보인다. 《동다송》 제56구 주석에 《다신전》의 내용을 소개하면서 "우리나라 차에 징험해보니, 곡우 전후는 너무 이르다. 마땅히 입하 전후를 알맞은 때로 삼아야 한다"고 적고 있고, 이덕리의 《동다기》 한 대목을 인용하여 우리 차의 우수성을 강조하기도 했다. 이와 같이 《다신전》 필사 과정에서 깨달은 다도의 기본 정신은 《동다송》

으로 계승·발전되어 초의차 정신의 기본 정신으로 확장되었다.《다신전》은 우리나라에서 잎차 제다법과 음다법을 가장 보편적인 이론으로 널리 보급한 중요한 다서이다.

14

초의 의순

草衣 意恂, 1786~1866

동다송

東茶頌

차의 역사를 적고 효용을 예찬한 차 문화사의 금자탑

東茶頌

자료 소개

《동다송》은 초의가 만든 차를 마신 뒤 평소 차에 대해 관심이 많았던 해거도위海居都尉 홍현주洪顯周(1793~1865)의 요청에 따라 1837년에 지었다. 홍현주는 경화세족으로 정조正祖(재위 1776~1800)의 외동사위, 즉 부마 신분이었다. 그는 초의와 함께 추사 김정희, 자하 신위 등과 가깝게 교유했다.

차에 대해 불모에 가까웠던 조선에서 초의가 만든 수제 차는 지식인 사회에서 큰 호응을 불러일으켰다. 차의 역사와 효능, 제다와 음다법을 소개하고 정리한 그의 《동다송》은 한국 차 이론의 고전으로 당당한 위치를 차지한다. 《동다송》은 현재 다음과 같은 여러 이본이 남아 있다.

1. 석오본石梧本: 1851년 윤치영尹致英 필사본, 현 개인 소장.
2. 백열록본栢悅錄本: 1886년 금명錦溟 보정寶鼎 전사본轉寫本, 현 송광사 박물관 소장.
3. 채향록본採香錄本: 1886년 이후 금명 보정의 《백열록》 재再전사본, 현 개인 소장.
4. 법진본法眞本: 1891년 백양사 승려 법진 전사본, 구 담양 용화사 소장, 현 소재 불명.
5. 다예관본茶藝館本: 일제강점기 전사 추정 응송 구장본, 현 아모레퍼시 픽미술관 소장.

이 밖에 경암등초본鏡菴謄抄本과 효산등초본曉山謄抄本 등이 있다. 하지만 이는 모두 1970년대 후반이나 1980년대 이후에 필사한 것이어서 이본으로서의 자료적 가치를 인정하기 어렵다. 이것 외에 아직 공개되지 않은 필사본이 두어 종류 더 있으나 실물을 미처 확인하지 못하였다.

《동다송》은 각 이본 사이에 글자 출입이 상당하여 이제껏 정본 확정에 어려움이 있었다. 이 가운데 정본에 가장 가까운 것은 1851년에 석오石梧 윤치영이 초의의 부탁을 받고 필사한 석오본이다. 초의가 처음에 《동다행東茶行》이란 제목으로 지어 홍현주에게 준 글에 오자가 적지 않자, 변지화卞持和가 초의에게 수정·정리해서 다시 한 부를 보내달라고 요청한 편지가 남아 있다. 석오본은 이 요청에 부응하여 초의가 직접 수정한 뒤 윤치영에게 부탁해 깨끗하게 정서한 것이다. 제목 아래 붙어 있는 부기附記가 초의의 친필이다. 석오본은 위 5종의 필사본 중 유일하게 다른 이본군들과 계열이 다르다. 초의의 초고가 대둔사에서 전사傳寫되며 유통되었고, 수정본인 석오본은 변지화를 통해 홍현주에게 다시 건네졌던 것으로 판단된다. 다만 이 석오본에도 오자낙서가 없지 않다. 이 책에서는 초의가 원전을 인용했을 경우, 원전에 따라 오자를 바로잡았고, 빠진 글은 축약으로 보아 초의의 원본을 따르고, 각주에서 그 차이를 정리했다.

초의는《동다송》을 저술하면서 여러 인용문을 육우의《다경》, 소이의《십육탕품十六湯品》, 왕상진의《군방보群芳譜》, 왕호汪灝의《광군방보廣羣芳譜》, 이덕리의《기다記茶》,《만보전서》중〈다경채요茶經採要〉등을 필사한《다경(합)茶經合》에서 가져온 것으로 보인다.

초의가 인용한 원전 중 육우의《다경》은 백천학해본百川學海本을,《군방보》는 국립중앙도서관 소장본을,《광군방보》는 사고전서본四庫全書本을, 이덕리의《기다》는 백운동본白雲洞本을,《증보만보전서增補萬寶全書》는 1746년 모환문毛煥文이 증보하여 간행한 판본으로 대조하였다.

《동다송》의 단락 분절을 두고 그간 17송이니 31송이니 하는 분독법이 일반화되어왔다. 하지만《동다송》은 말 그대로 동다東茶에 대해 논한 한 편의 송頌이다. 중간중간에 포함된 주석은 떼어 읽기의 분절 단위와는 무관하고, 해당 구절에 대한 출전 근거를 밝힌 부연 설명일 뿐이다.《동다송》은 전체 한 편으로 읽는 것이 마땅하다.

또 초의가 인용한 원전이 어디서 나온 것인지 비교할 수 있도록, 관련 원전의 원문을 주석에서 나란히 제시하였다. 인용한 원전에 해당하는 원문이《다경(합)》에 필사되어 있을 경우 그 내용도 함께 제시하였다.

원문 및 풀이

해도인海道人의 명을 받들어 짓다. -해거도인海居道人¹께서 차 만드는 일을 물으시므로, 마침내 삼가 《동다송》 한 편을 지어 대답한다. 초의 사문 의순²

承海道人命作 海居道人, 垂詰製茶之候, 遂謹述東茶頌一篇以對. 草衣沙門意恂

1	하늘이 좋은 나무 귤의 덕과 짝 지우니	后皇嘉樹配橘德
2	천명받아 옮기잖고 남국에서 난다네.³	受命不遷生南國
3	촘촘한 잎 눈과 싸워 겨우내 푸르고	密葉鬥霰貫冬靑
4	흰 꽃은 서리에 씻겨 가을꽃을 피우네.	素花濯霜發秋榮
5	고야산의 신인인가 분 바른 듯 고운 살결⁴	姑射仙子粉肌潔

1　해거도인: 홍현주洪顯周를 가리킨다. 해거재海居齋가 그의 호였으므로 이렇게 불렀다. 정조의 사위로 숙선옹주淑善翁主와 결혼했다. 초의는 홍현주에게 쓴 편지 〈해거도인에게 올리는 글(上海居道人書)〉에서 "근자에 북산도인의 말씀을 들으니, 다도에 대해 물으셨다더군요. 마침내 옛사람에게서 전해오는 뜻에 따라 삼가 《동다행東茶行》 한 편을 지어 올립니다(近有北山道人承敎, 垂問茶道. 遂依古人所傳之意, 謹述東茶行一篇以進獻)"라고 했다. 《동다송》의 원래 제목이 '동다행'이었음과, 이 작품이 홍현주의 요청에 따라 지은 것임을 밝혔다.

2　제목 아래 이 글을 짓게 된 경위와 지은이를 밝힌 내용이다. 이본에 따라 원문이 차이가 난다. 백열록본과 채향록본에는 "承海道人命, 艸衣沙門意恂作"이라 했고, 법진본에는 "頭崙山沙門草衣意恂述"로 되어 있다. 다예관본에는 "承海道人命作, 艸衣沙門意恂"이라 했다.

3　하늘이 …… 남국에서 난다네: 중국 춘추전국 시대 초楚나라 시인 굴원屈原의 〈귤송橘頌〉에서 따왔다. 〈귤송〉의 1구는 "后皇嘉樹橘徠服兮"라 했고, 2구는 "受命不遷生南國兮"라 했다. 이 표현을 그대로 차용해 차나무를 묘사했다.

4　고야산의 …… 고운 살결: 희디흰 차꽃을 신인神人의 백설 같은 피부에 견준 표현이다. 《장자莊子》 〈소요유逍遙遊〉에 "묘고야산에 신인이 사는데 피부가 마치 빙설

6 염부의 단금⁵인 양 꽃술이 맺혔구나.   閻浮檀金芳心結

차나무는 과로瓜蘆⁶와 같고 잎은 치자와 비슷하다. 꽃은 흰 장미 같고, 꽃술은 황금 같다. 가을이 되어 꽃이 피는데 맑은 향기가 은은하다茶樹如瓜蘆, 葉如梔子, 花如白薔薇. 心黃如金, 當秋開花, 淸香隱然云.⁷

7 밤이슬은 벽옥 가지 해맑게 씻기우고   沆瀣漱淸碧玉條

8 아침 안개 물총새 혀⁸ 함초롬 적시누나.   朝霞含潤翠禽舌

이백이 말했다. "형주 옥천사의 푸른 시내 여러 산에는 차가 많이 난다. 가지와 잎이 푸른 옥과 같다. 옥천진공玉泉眞公⁹이 늘 따서 마셨다李白云: "荊州玉泉寺靑溪諸山, 有茗艸羅生. 枝葉如碧玉, 玉泉眞公常采飮)."¹⁰

처럼 희다藐姑射之山, 有神人居焉, 肌膚若冰雪)"고 한 데서 따왔다.

5 염부閻浮의 단금檀金: 흰 차꽃의 황금빛 꽃술을 가리키는 표현이다. 염부단금은 인도의 염부나무 아래로 흘러가는 하천에서 채취한 황금으로 적황색에 자줏빛 불꽃의 기운을 띤 빛깔이다. 《지도론智度論》에 "이 고을에 숲이 있는데 숲속에 하천이 있다. 그 아래 금모래가 있는데 이름하여 염부단금이라고 한다此洲上有樹林, 林中有河, 底有金沙, 名爲閻浮檀金)"고 했다.

6 과로: 대엽동청大葉冬靑을 말한다. 대엽동청의 잎으로 만든 차가 고정차苦丁茶이다.

7 왕상진의 《군방보》〈다보茶譜〉에서 "樹如瓜蘆, 葉如梔子, 花如白薔薇而黃心, 淸香隱然"이라 부연한 것을 인용했다. 초의가 베껴 쓴 《다보(합)》중 〈다보소서茶譜小序〉(32쪽)에도 "樹如瓜蘆, 葉如梔子, 花如白薔薇而黃心, 淸香隱然"으로 원문이 《군방보》와 같다.

8 물총새 혀翠禽舌): 취금翠禽은 물총새다. 취금설은 물총새의 혀를 말하니, 작설雀舌과 같은 의미이다.

9 옥천진공: 이백의 〈족질인 승려 중부가 옥천사의 선인장차를 준 데 답례하여答族侄中孚贈玉泉仙人掌茶)〉란 시에 나오는 옥천사 승려를 가리킨다.

10 《군방보》〈다보〉에 "予聞荊州玉泉寺近淸溪諸山. 山洞往往有乳窟, 窟中多玉泉, 其水邊處處有茗草羅生, 枝葉如碧玉, 惟玉泉眞公常採而飮之, 年八十餘歲, 顔色如桃李, 而此茗淸香淸異于他者, 所以能還童振枯. 今人壽也. 予游金陵, 見宗僧中孚, 示余茶數十片, 狀如手掌號仙人掌茶. 盖新出于玉泉之山, 曠古未覿, 因特見遺, 兼贈詩, 要余答之, 遂有此

9 하늘 신선 사람 귀신 모두 몹시 아끼나니[11]   天僊人鬼俱愛重

10 네 물건 됨 기이하고 특별한 줄 알겠구나.   知爾爲物誠奇絶

11 염제께서 진작 맛봐《식경》에 실려 있고[12]   炎帝曾甞載食經

　　염제의 《식경》에서 말했다. "차를 오래 마시면 사람이 힘이 있고 뜻이 즐겁다."

　　〔炎帝食經云: "茶茗久服, 人有力悅志."〕[13]

12 제호[14] 감로 그 이름이 예로부터 전해온다.   醍醐甘露舊傳名

作"이라는 글을 간추려 인용했다. 인용문 중 집안 승려 중부中孚가 이백에게 금릉
金陵에서 나는 선인장차를 선물한 내용이 보이는데 초의의 자인 중부는《주역》의
괘 이름인 동시에 차를 만드는 승려라는 의미를 취한 것으로 보인다.
《다경(합)》〈다보소서〉(34쪽)에 "李白曰: '予聞荊州玉泉寺清溪諸山. 山洞往往有乳窟,
窟中多玉泉, 其水邊處處有茗草羅生, 枝葉如碧玉, 惟玉泉眞公常采飮之, 年八十餘, 顔色
如桃李, 而此茗淸香異于他者, 所以能還童振枯. 今人壽也. 余游金陵, 見宗僧中孚, 示余
茶數十片, 狀如手掌号仙人掌茶. 盖新于玉泉之山, 曠古未覿, 因特見遺, 兼贈詩, 要余答
之, 遂有此作'"으로 필사했다.

11 하늘 신선 …… 아끼나니: 9구부터 18구까지 하나로 묶어주는 표현이다. 차의 특
별한 효용으로 신이나 신선, 사람과 귀신 할 것 없이 모두 차를 애호했다는 의미
이다. 이를 증명하기 위해 11구의 염제炎帝, 12구의 왕자상王子尙과 나대경羅大經,
13구의 주공周公, 14구의 안영晏嬰, 15구의 우홍虞洪, 16구의 모선毛仙, 진정秦精,
17구의 진무陳務 처와 무덤 속 귀신, 18구의 장맹양張孟陽의 고사를 잇달아 인용했
다. 따라서 《동다송》의 2단락은 고대부터 서진 시대까지 상하귀천을 가리지 않고
애호되었음을 설명한 9구부터 18구까지이다.

12 염제께서 …… 실려 있고: 염제는 삼황오제三皇五帝 중 농사의 신으로 알려진 신농
씨神農氏를 말한다. 《식경》은 《신농본초神農本草》를 가리킨다. 당나라 이적李勣의
《신수본초新修本草》에 《신농식경神農食經》을 인용했으나 실물은 전하지 않는다.

13 육우《다경》〈칠지사七之事〉에 "神農食經: '茶茗久服, 令人有力悅志'"라는 내용을 인
용했다. 《다경(합)》〈다경〉(14쪽)에 "神農食經: '茶茗久服, 人有力悅志'"로 필사했다.

14 제호醍醐: 우유나 양젖을 가공해 만든 유제품이다. 옛사람들은 우유의 정화精華로
여겼다.

왕자상王子尙[15]이 팔공산에서 담제도인曇濟道人[16]을 찾아갔다. 도인이 차에 대해 설명하자, 왕자상이 이를 맛보고 말했다. "이것은 감로甘露입니다." 〔王子尙詣曇濟道人于八公山, 道人說茶茗, 子尙味之曰: "此甘露也."〕[17]

나대경羅大經[18]의 〈약탕瀹湯〉 시는 이렇다.

"솔바람 노송 비[19]가 처음으로 들려오면 구리 병 급히 당겨 죽로竹爐에서 떼어낸다. 소리 들림 완전히 고요해짐 기다리자, 한 사발의 춘설春雪[20]이 제호醍醐보다 더 낫구려." 〔羅大經瀹湯詩: "松風檜雨到来初, 急引銅瓶離竹爐. 待得聲聞俱寂後, 一

15 왕자상: 남송 효무제孝武帝의 둘째 아들이다. 원문에는 신안왕新安王 자란子鸞과 예장왕豫章王 자상子尙, 두 사람이 함께 담제도인을 찾아간 것으로 나온다. 초의가 인용하면서 간추려 적었다.

16 담제도인: 남북조 시대의 승려로《속명승전續名僧傳》에 이름이 나온다. 하동河東 사람으로 13세 때 출가하여 팔공산 동산사東山寺에 머물렀다. 구마라집鳩摩羅什의 제자이다.《삼론의소三論義疏》와《성실의소成實義疏》를 지었다.《동다송》이본에는 '운재雲齋' 또는 '담재曇齋' 등으로 잘못 표기되었다.

17 《다경》〈칠지사〉에 "宋錄: 新安王子鸞, 豫章王子尙, 詣曇濟道人於八公山, 道人設茶茗. 子尙味之曰: '此甘露也, 何言茶茗'"이라 한 기사를 간추려 인용했다.《다경(함)》〈다경〉(20쪽)에 "宋錄: 新安王子鸞, 預章王子尙, 詣曇濟道人於八公山, 道人設茶茗. 子尙味之曰: '此甘露, 何言茶茗'"으로 필사했다.

18 나대경(1196~1252?): 남송 길주吉州 사람이다. 자는 경윤景綸, 호는 유림儒林 또는 학림鶴林이다.《학림옥로鶴林玉露》를 지었다. 초의가 이름 붙인 〈약탕〉 시 또한 이 책 병편丙編 권3 〈다병탕후茶甁湯候〉에 수록되어 있다.

19 솔바람 노송 비〔松風檜雨〕: 탕병湯甁에서 물이 끓으면서 나는 소리를 묘사한 것이다. 소나무 가지 사이로 바람이 지나면서 나는 소리가 송풍인데 마치 파도 소리 같다고 해서 송도성松濤聲이라고 한다. 회우檜雨는 노송나무 잎에서 빗방울이 후드득 떨어지는 소리가 물이 팔팔 끓으면서 내는 소리와 비슷하다고 해서 이렇게 표현했다. 처음 물이 끓을 때 송풍성의 단계를 지나 회우성으로 넘어가면 물이 알맞은 상태가 되었다는 의미이다.

20 춘설: 여기서는 차 이름으로 썼다.

甌春雪勝醍醐.")[21]

13　술 깨우고 잠 줄여줌 주성[22]께서 증명했고　　　解酲少眠證周聖

《이아爾雅》에서 말했다. "가檟는 고차苦茶이다."[23] 《광아廣雅》에서 말했다. "형주
荊州와 파주巴州 사이에서 잎을 따는데 마시면 술이 깨고 사람에게 잠이 적게 한
다."(爾雅: "檟苦茶.", 廣雅: "荊巴間采葉, 其飲醒酒. 令人少眠.")[24]

14　차나물 곁들인 밥 안영晏嬰[25]에게 들었다네.　　　脫粟伴菜聞齊嬰

《안자춘추晏子春秋》에서 말했다. "안영이 제나라 경공景公의 재상으로 있을 때,
거친 밥과 구운 고기 세 꼬치, 알 다섯 개, 차나물을 먹었을 뿐이다."(晏子春秋:

---

21 이 협주夾注의 원출전은 나대경의 《학림옥로》〈다병탕후〉의 "因輔以一詩云: '松風
檜雨到來初, 急引銅瓶離竹爐. 待得聲聞俱寂後, 一甌春雪勝醍醐'"이다. 초의는 《학림
옥로》 중 이 시가 수록된 〈다병탕후〉를 《다경(합)》의 〈십육탕품〉 바로 뒤(28~29쪽)
에 필사해놓았다. 이 대목은 《다경(합)》의 목차에도 들어 있지 않다. 《다경(합)》을
옮겨 쓴 법진이 재필사 당시 〈십육탕품〉과 〈다보소서〉 사이에 첨부되어 있던 내
용을 그대로 옮겨 적은 것으로 보인다.

22 주성周聖: 주나라 문왕의 아들 주공단周公旦을 높여 부른 표현이다. 조카인 2대 성
왕成王을 보좌하여 주나라의 문물을 갖춘 인물이다.

23 《이아》 원문에는 '가고도檟苦茶'로 나온다. 《동다송》에서는 '가고차檟苦茶'로 바꿔
서 적었다. 이는 초의가 인용한 육우의 《다경》〈칠지사〉에서 당나라 이전 문헌을
인용할 때 차를 뜻하는 옛 글자인 '도茶' 자를 모두 '차茶' 자로 고쳐 인용했는데
이를 따른 것이다.

24 《다경》〈칠지사〉에 "周公爾雅: '檟苦
茶.' 廣雅云: '荊巴間採葉作餅, 葉老者, 餅成, 以米
膏出之. 欲煮茗飲, 先炙令赤色, 搗末置瓷器中, 以湯澆覆之, 用葱薑橘子芼之. 其飲醒酒,
令人不眠'"이라는 내용을 인용했다. 《다경(합)》《다경》 14~15쪽에 "周公爾雅: '檟苦
茶.' 廣雅云: '荊巴間采葉作餅, 葉老者, 餅成, 以米膏出之. 欲煮茗飲, 先炙令赤色, 搗末置
瓷器中, 以湯澆覆之, 用葱薑橘子芼之. 其飲醒酒, 令人不眠'"으로 필사했다.

25 안영: 춘추 시기 제나라의 정치가이다. 제나라 영공靈公과 장공莊公, 경공景公 3대
를 50년간 보좌했다. 원칙을 지키고 청렴한 성품으로 존경받았다.

"嬰相齊景公時, 食脫粟飯炙三戈五卵茗菜而已."[)²⁶

15 우홍虞洪은 제물 올려²⁷ 단구丹邱에게 빌었고   虞洪薦犧乞丹邱

16 모선은 진정 끌어 차 숲 보여주었다지.   毛仙示蘂引秦精

《신이기神異記》²⁸에서 말했다. "여요餘姚 사람 우홍이 산에 들어가 차를 따다가
도사 한 사람을 만났는데 세 마리의 푸른 소를 끌고 있었다. 우홍을 이끌고 폭포
산에 이르러 이렇게 말했다. '나는 단구자丹邱子²⁹일세. 듣자니 그대가 갖추어 마
시기를 잘 한다길래 늘 베풀어주었으면 하고 생각했다네. 산속에 큰 차가 있으니
대줄 수 있을 것이오. 바라건대 그대가 훗날 차로 제사 지내고 남은 것이 있거든
주기를 청하오.' 이로 인해 제사를 올린 뒤 산에 들어가면 언제나 큰 차를 얻었
다."[神異記: "餘姚虞洪, 入山采茗, 遇一道士, 牽三靑牛. 引洪至瀑布山曰: '予丹邱子也.
聞子善具飮, 常思見惠. 山中有大茗, 可相給. 祈子他日, 有甌犧之餘, 乞相遺也.' 因奠祀後
入山, 常獲大茗."[)³⁰

26《다경》〈칠지사〉에 "'晏子春秋: 嬰相齊景公時, 食脫粟飯炙三戈五卵茗菜而已'"라 한
것을 그대로 가져왔다.《다경(합)》〈다경〉(15쪽)에도 동일하게 필사했다.

27 제물 올려[薦犧]: 주석 원문 중 '구희甌犧'는《군방보》에는 '구의甌蟻'로 나온다. 구
의는 말차를 끓였을 때 찻사발 속에 일어난 차 거품을 가리키는 표현이다. 석오
본《동다송》에만 '구희'로 표기했고, 그 밖의 이본에서는 모두 또 다른 글자인 '구
희甌餼'로 표기했다. 구희와 구희甌餼는 제사에 올리는 차 또는 음식이라는 뜻이다.
'구희甌犧'와 '구희甌餼'의 표기는《동다송》의 이본 계통을 구분 짓게 하는 시금석
이 되는 글자이다.

28《신이기》: 중국의 신화와 지괴志怪를 모아놓은 책이다. 진晉나라 왕부王浮가 지은
것으로 알려져 있으나, 동방삭東方朔이 저자라는 주장도 있다. 원본은 남아 있지
않고, 여러 책에 일부분만 인용되어 전한다.

29 단구자: 단구는 굴원의《초사楚辭》에 "단구의 신선이 옛 불사향에 머무네[仍羽人於
丹丘兮, 留不死之舊鄕]"라 했듯 신선이 머무는 선계이다. 단구생丹丘生, 단구우인丹丘羽
人 등으로 도교 계통 문헌에 등장하는 고대의 신선이다.《동다송》제9구에서 말한
'신선'의 예에 해당한다.

30《다경》〈칠지사〉의 "神異記: 餘姚人虞洪, 入山採茗, 遇一道士, 牽三靑牛, 引洪至瀑布山

"선성宣城 사람 진정秦精이 무창산에 들어가 차를 따다가 키가 한 장丈 남짓 되는 한 털북숭이와 만났다. 그는 진정을 이끌고 가서 산 아래에 이르러 차 덤불[31]을 보여주고는 떠나갔다. 잠시 후에 다시 돌아와서 품속의 귤을 찾아 진정에게 주었다. 진정은 겁이 나서 차를 지고서 돌아왔다〔宣城人秦精, 入武昌山中採茗, 遇一毛人, 長丈餘. 引精至山下示以藜茗而去. 俄而復還, 乃探懷中橘, 以遺精. 精怖, 負茗而歸〕."[32]

17 땅속 귀신 만전 돈을 사례함 안 아꼈고　　　潛壤不惜謝萬錢

《이원異苑》[33]에서 말했다. "섬현剡縣 진무陳務의 아내가 젊어서 두 아들과 함께

曰: '吾丹丘子也. 聞子善具飲, 常思見惠. 山中有大茗, 可以相給. 祈子他日, 有甌犧之餘, 乞相遺也.' 因其奠祀, 後常令家人入山, 獲大茗焉"을 인용했다.
《다경(함)》〈다경〉(17쪽)에 "神異記: 餘姚虞洪, 入山采茗, 遇一道士, 牽三靑牛, 引洪至瀑布山曰: '予丹丘子也. 聞子善具飲, 常思見惠. 山中有大茗, 可以相給. 祈子他日, 有甌犧之餘, 乞相遺也.' 因其奠祀, 後常令家人入山, 獲大茗焉"으로 필사했다.

31 차 덤불[藜茗]: 원문 중 '총藜'은 덤불을 나타내는 '총叢'의 속자이다. 육우의《다경》에도 판본에 따라 송대 백천학해본百川學海本, 명대 경릉본竟陵本과 다서전집본茶書全集本에는 '총藜'으로 표기했고, 청대 사고전서본四庫全書本에는 '총藂'으로 적혀 있다.

32 이 글은 원래《속수신기》에 수록된 글이다.《다경》〈칠지사〉에 "續搜神記: 晉武帝, 宣城人秦精, 常入武昌山採茗, 遇一毛人, 長丈餘. 引精至山下示以藜茗而去. 俄而復還, 乃探懷中橘, 以遺精. 精怖, 負茗而歸"라는 내용을 인용하면서 초의는 원출전을 따로 밝히지 않았다.《속수신기》는《수신후기搜神後記》로도 불린다. 진나라 도잠陶潛(365~427)의 저술로 알려져 있으나 후인의 가탁이다.
《다경(함)》〈다경〉(18~19쪽)에 "續搜神記: 晉武帝時, 宣城人秦精, 常入武昌山採茗, 遇一毛人, 長丈餘. 引精至山下示以藜茗去. 俄而復還, 乃探懷中橘, 遺精. 精怖, 負茗而歸"로 필사되어 있다.

33《이원》: 남송의 유경숙劉敬叔이 엮은 신기하고 괴이한 일을 기록한 잡기집으로 모두 10권 분량이다. 이 대목 또한《동다송》의 필사 과정을 엿볼 수 있는 흥미로운 부분이다.《동다송》석오본과 법진본, 다예관본은 앞의 한 글자가 빠진 채 '완宛' 한 글자만 적혀 있고, 백열록본과 채향록본은 '완菀'으로 바꿔 썼다. 앞쪽 한 글자가 빠진 것은 초의가 여러 다서를 필사하여《다경(함)》을 엮을 때 해당 대목의 '이

과부로 살았는데 차 마시기를 좋아했다. 집 안에 해묵은 무덤이 있었는데 차를 마실 때마다 먼저 제사를 지내주곤 했다. 두 아들이 말했다. '해묵은 무덤이 무엇을 알겠습니까? 한갓 사람의 뜻만 수고롭게 할 뿐입니다.' 이를 파내버리려 하니 어머니가 금하여 그치게 했다. 그날 밤 꿈에 한 사람이 말했다. '내가 이곳에 머문 것이 300여 년이라오. 그대의 아들이 늘 없애버리려 하였지만 보호해주심에 힘을 입었소. 게다가 좋은 차까지 대접해주니, 비록 땅속에 묻힌 썩은 뼈라도 어찌 예상翳桑의 보답³⁴을 잊으리까?' 새벽이 되어 마당 가운데에서 10만 전을 얻었다."(異苑: "剡縣陳務妻, 少与二子寡居, 好飲茶茗, 宅中有古冢, 每飲輒先祭之. 二子曰: '古冢何知? 徒勞人意.' 欲掘去之, 母禁而止. 其夜夢, 一人云: '吾止此三百年餘. 卿子常欲見毀, 賴相保護, 反享佳茗, 雖潜壤朽骨, 豈忘翳桑之報.' 及曉於庭中, 獲錢十万.")³⁵

원異苑'을 '완섬苑剡'으로 잘못 옮겨 적었기 때문이다. 앞쪽에 '이異' 자가 탈락하면서 《동다송》에 이를 다시 옮길 당시, 초의는 '완섬苑剡'을 고을 이름으로 생각했던 듯하다. 《동다송》 원문 중 이 같은 오자가 적지 않은데 이는 인용의 근거로 삼았던 《군방보》 또는 《광군방보》의 원본을 초의가 소장하지 못했고, 1830년 서울로 상경했을 당시 추사의 집에서 이를 빌려 베껴 쓴 뒤 원본을 돌려주었기 때문이다. 따라서 초의는 이후 필사 과정의 오자낙서를 바로잡을 기회를 가질 수 없었다. 실제로 육우의 《다경》도 판본에 따라 글자의 출입이 확인된다. 송대 백천학해본과 명대 경릉본에는 '이완異苑'으로 표기했고, 명대 다서전집본과 청대 사고전서본에는 '이원異苑'으로 바로잡았다.

34 예상의 보답: 춘추전국 시대 진의 대부 조돈趙盾이 예상에서 굶어 죽어가던 영첩靈輒에게 음식을 주어 살려주자 훗날 영첩이 조돈의 목숨을 살려주어 은혜를 갚았다는 고사를 말한다. 《춘추좌씨전春秋左氏傳》에 관련 내용이 나온다.

35 《다경》〈칠지사〉의 "異苑: 剡縣陳務妻, 少與二子寡居. 好飲茶茗. 以宅中有古塚, 每飲輒先祀之. 二子患之曰: '古塚何知, 徒以勞意?' 欲掘去之, 母苦禁而止. 其夜夢, 一人云: '吾止此塚三百餘年. 卿二子恒欲見毀, 賴相保護, 又享吾佳茗, 雖潜身朽骨, 豈忘翳桑之報.' 及曉, 於庭中獲錢十萬, 似久埋者, 但貫新耳. 母告二子, 慚之, 從是禱饋愈甚"이라는 내용을 인용했다.
《다경(함)》〈다경〉(19쪽)에 "異苑: 剡縣陳務妻, 少與二子寡居. 好飲茶茗. 以宅中有古冢, 每飲輒先祀之. 二子患之曰: '古冢何知, 徒以勞意?' 欲掘去之, 母苦禁而止. 其夜夢, 一人云: '吾止此冢三百餘年. 卿子恒欲見毀, 賴相保護, 又享吾佳茗, 雖潜壤朽骨, 豈忘翳桑之

18　정식³⁶에서 육청³⁷ 중 으뜸이라 일컬었네.　　　鼎食獨稱冠六清

　　　장맹양張孟陽³⁸이 〈등루登樓〉³⁹란 시에서 말했다. "정식을 수시로 차려 내오니,
　　　온갖 맛 묘하고 특별도 하다. 향기론 차 육청 중 으뜸이어서, 넘치는 맛 온 세상에
　　　퍼져가누나."(張孟陽登樓詩: "鼎食隨時進, 百和妙且⁴⁰殊. 芳茶冠六清, 溢味播九區.")⁴¹

恩.' 及曉, 於庭中獲錢十萬"으로 필사되어 있다.

36 정식鼎食: 솥을 즐비하게 늘어놓고 밥을 먹는다는 뜻으로 부호가 먹는 진수성찬을
　　　의미한다.

37 육청六清: 초의는 《동다송》에서 육청을 모두 '육정六情'으로 표기했다. 육청은 고대
　　　의 여섯 가지 청량음료를 가리킨다. 인용한 장맹양의 시 또한 원본에는 '육청六清'
　　　으로 나온다. 다만 육우의 《다경》에서 이 시를 인용하면서 여러 판본이 모두 "좋
　　　은 차 육정 중 으뜸이라네(芳茶冠六情)"로 잘못 표기했고, 초의 또한 《다경》을 옮겨
　　　적는 바람에 오류를 답습했다. 이에 따라 본문을 '육청'으로 바로잡는다. 육청은
　　　《주례周禮》 〈천관天官〉에 "음식은 여섯 가지 희생을 쓰고, 음료는 여섯 가지 맑은
　　　음료를 쓴다(膳用六牲, 飲用六清)"고 한 그것이다. 육청은 물(水), 장漿, 단술(醴), 진한
　　　술(醇), 단술(醬), 단술(酏) 등의 맑은 음료를 말한다. 일반적으로 음청飲清이라 일
　　　컫는다.

38 장맹양: 서진西晉의 문인이다. 안평安平 사람으로 맹양은 그의 자다. 유협劉勰의
　　　《문심조룡文心雕龍》에 재주가 뛰어나다는 평가가 나온다.

39 〈등루〉: 원제는 〈성도 백토루에 올라(登成都白菟樓)〉이고, 이 시의 원문에도 '육정
　　　六情'이 아닌 '육청六清'이다.

40 且: 《동다송》에는 '구具'로 되어 있는데 《다경》 원문에 따라 바로잡았다. 이는 초의
　　　가 《다경》 〈칠지사〉에 나오는 '百和妙且殊'를 《다경(함)》에 베낄 때 '百和妙具殊'로
　　　잘못 베껴 쓴 것을, 다시 《동다송》에 그대로 옮겼기 때문이다. '차且'는 '중차대重
　　　且大'의 표현에서 보듯 무겁고 크다는 뜻으로, '차'는 앞뒤의 말을 동격으로 연결한
　　　다. '구具'는 전혀 맥락이 닿지 않는 잘못 쓴 글자이다.

41 《다경》 〈칠지사〉에 "張孟陽登成都樓詩云: '借問揚子舍, 想見長卿廬. 程卓累千金, 驕侈
　　　擬五侯. 門有連騎客, 翠帶腰吳鈎. 鼎食隨時進, 百和妙且殊. 披林采秋桔, 臨江釣春魚. 黑
　　　子過龍醢, 吳饌逾蟹蝑. 芳茶冠六情, 溢味播九區. 人生苟安樂, 茲土聊可娛'"라는 내용을
　　　간추려 인용했다.
　　　《다경(함)》 〈다경〉(17~18쪽)에는 "張孟陽登樓詩: '借問揚子舍, 想見長卿廬. 程十累千

19 수문제[42]가 두통 나은 기이한 일 전해져서   開皇醫腦傳異事

수나라 문제가 즉위하기 전, 꿈에 귀신이 그의 머리뼈를 바꿔버리자 이때부터 아팠다. 어느 날 한 스님을 만나니 이렇게 말했다. "산중의 차가 낫게 할 수 있습니다." 황제가 이를 마시자 효과가 있었다. 이에 천하 사람들이 처음으로 차 마시는 것을 알게 되었다(隋文帝微時, 夢神易其腦骨, 自爾痛. 忽遇一僧云: "山中茗草可治." 帝服之有效. 於是天下, 始知飮茶.).[43]

20 경뇌소[44]와 자용향이 차례로 나왔구나.   雷笑茸香取次生

金, 驕侈擬五都. 門有連騎客, 翠帶腰吳弧. 鼎食隨時進, 百和妙具殊. 披林采秋橘, 臨江釣春魚. 黑子過龍醢, 果饌逾蟹蝑. 芳茶冠六情, 溢味播九區. 人生苟安樂, 玆土聊可娛"라고 필사되어 있다.

42 수문제隋文帝: 원문은 개황開皇이다. 수문제가 581년에 수나라를 개국하여 황제에 올랐기 때문에 이렇게 표현했다.

43 《군방보》〈다보〉의 "隋文帝微時, 夢神易其腦骨. 自爾腦痛, 忽遇一僧云: '山中茗草可治.' 帝服之有效. 於是天下, 始知飮茶. 蠻甌志"를 인용했다.
《다경(합)》〈다보소서〉(33쪽)에 "洛陽伽藍記: 隋文帝微時, 夢神易其腦骨. 自爾痛, 忽遇一僧云: '山中茗草可治.' 帝服之有效. 於是天下, 始知飮茶"라 되어 있는데 이 대목의 출처가《만구지》가 아닌《낙양가람기洛陽伽藍記》로 필사되어 있다.

44 경뇌소驚雷笑: 각림사 승려 지숭이 만들어 마셨다는 세 종류의 차 가운데 하나의 이름이다. 중국의 여러 문헌에는 '경뇌소'가 아닌 '경뇌협驚雷莢'으로 되어 있다. 초의가 이를 옮겨 적는 과정에서 '경뇌소'로 잘못 적었거나, 의도적으로 바꾸었다고 보는 견해가 있다. 하지만 조선 중기의 승려 중관中觀 해안海眼(1567~?)이 대흥사의 역사를 기록한 활자본《죽미기竹迷記》란 문헌의 끝부분에 "唐德宗時, 覺林寺僧志崇, 用茶三等. 以萱草帶供佛, 以驚雷笑自奉, 以紫茸香待客"이라고 분명하게 '경뇌소'로 표기한 것으로 보아, 초의는《죽미기》의 표기를 따랐을 것으로 생각된다. 초의의 유품 목록인《일지암서책목록一枝庵書冊目錄》중 초의가 생전에 소장했던 도서를 기록한〈서책목록〉에《죽미기》가 들어 있기 때문이다. 초의가《동다송》에서 경뇌소로 표기한 이후, 조선 후기 여러 시인들이 모두 경뇌소 표기를 따랐다. 경뇌협이란 봄에 우렛소리를 듣고서 찻잎이 깜짝 놀라 돌돌 말려 있던 잎 꼬투리를 폈다는 의미이다. 뜻으로 보아서는 경뇌소가 아닌 경뇌협이 맞다. '협莢'과

당나라 각림사覺林寺 스님 지숭志崇이 차를 3품으로 만들었다. 경뇌소는 자신이 마시고, 훤초대萱艸帶는 부처님께 올리고, 자용향紫茸香은 손님을 접대했다고 한다(唐覺林寺僧志崇, 製茶三品. 驚雷笑自奉, 萱艸帶供佛, 紫茸香待客云).[45]

21 당나라 때 상식[46]에 갖은 진미 있었지만   巨唐尙食羞百珍

22 심원[47]에선 다만 홀로 자영만을 기록했지.   沁園唯獨記紫英

당나라 덕종德宗이 동창공주同昌公主에게 음식을 내릴 때마다, 그 차에는 녹화綠花와 자영紫英의 호칭이 있었다(唐德宗每賜同昌公主饌, 其茶有綠花紫英之號).[48]

23 두강[49]으로 법제함이 이때부터 성해지니   法製頭綱從此盛

'소笑'를 잘못 보아 혼동한 것이 굳어 이렇게 바뀐 것으로 보인다.

45 《군방보》〈다보〉에는 "覺林僧志崇, 收茶三等, 待客以驚雷莢, 自奉以萱草帶, 供佛以紫茸香. 蠻甌志"라 했고, 《광군방보》에는 "蠻甌志: '覺林僧志崇, 收茶三等, 待客以驚雷莢, 自奉以萱艸帶, 供佛以紫茸香'"이라 하여, 기록이 조금씩 차이가 난다. 다예관본에는 '자용향紫茸香'을 '시용향柴茸香'으로 잘못 썼고 석오본, 법진본, 백열록본, 채향록본에는 '자紫' 자로 바르게 적혀 있다. 또 한 가지 지적해둘 점은 경뇌협, 훤초대, 자용향의 용도를 《광군방보》 등 중국 쪽 기록에는 모두 경뇌협은 손님용, 훤초대는 자가용, 자용향은 불공용으로 용도를 구분했는데 초의는 경뇌소를 자가용, 훤초대를 공불용, 자용향을 대객용으로 바꿔 배열한 점이다. 이 또한 초의가 앞서 각주 44에서 말한 것처럼 대둔사의 역사를 기록한 《죽미기》에 인용된 것에 따라 이 부분을 끌어다 쓴 것임이 한 번 더 확인된다.

46 상식尙食: 중국 고대에 황제의 음식을 담당하는 관서官署인 상식국尙食局을 줄여서 표현한 말이다.

47 심원沁園: 중국 하남성河南省 심양현沁陽縣에 있던 장원莊園 이름이다. 후한 명제明帝 때 심수공주沁水公主의 장원으로, 이후 공주가 소유한 원림을 일컫는 표현으로 쓴다. 덕종이 동창공주에게 내린 음식이어서 이렇게 말했다.

48 《군방보》〈다보〉의 "唐德宗每賜同昌公主饌, 其茶有綠花紫英之號"를 인용했다. 이 글의 원출처는 당소악唐蘇鶚의 《두양잡편杜陽雜編》이다. 《다경(합)》〈다보소서〉에는 이 대목이 필사되지 않았다.

49 두강頭綱: 일창일기의 첫물 찻잎으로 만든 최고급 차를 가리킨다. 웅번熊蕃의 《선

24 어진 이와 명사들이 깊은 맛을 뽐냈네.   淸賢名士誇雋永

《다경》에서는 차 맛이 깊고 그윽하다고 일컬었다(茶經稱茶味雋永).[50]

25 용봉단[51] 비단 장식 외려 사치스러워   綵莊龍鳳轉巧麗

26 떡차 100개 만드는 데 만금을 허비했지.   費盡万金成百餠

크고 작은 용봉단은 정위丁謂[52]에게서 처음 시작되어, 채군모蔡君謨[53]에게서 이

화북원공다록華北苑貢茶錄》에 "歲分十餘綱, 惟白茶與勝雪, 自驚蟄前興役, 浹日乃成, 飛騎疾馳, 不出仲春, 已至京師, 號爲頭綱"이라 하여, 경칩 절기 이전에 따서 만든 차를 기병 편에 빠르게 운반해서 음력 2월 이전에 서울까지 도착한 차를 두강차라 한다고 했다. 청나라 심초沈初도 《서청필기西淸筆記》에서 "龍井新茶, 向以谷雨前爲貴, 今則於淸明節前采者入貢, 爲頭綱"이라 한다고 해서, 청명 이전에 딴 찻잎으로 만든 차를 두강차라 했다. 송나라 때 소동파의 시에도 '두강팔병頭綱八餠'이란 표현이 나온다. 그해에 가장 처음에 만든 귀한 최고급 차의 별칭이다.

50 《다경》〈오지자五之煮〉에 "其第一者爲雋永"이라 했고, 〈육지음六之飮〉에도 "其雋永補所闕人"이라 한 내용이 있다. 초의는 이 표현을 바꿔서 알기 쉽게 옮겼다.
《다경(합)》〈다경〉(11쪽)에 "其第一者爲雋永"으로, 13쪽에 "其雋永補所闕人"으로 필사되어 있다.

51 용봉단龍鳳團: 용단봉병龍團鳳餠을 줄인 표현이다. 용단봉병은 송나라 때 북원다원北苑茶園에서 황제께 진상하던 연고차硏膏茶다. 차 표면에 용과 봉황 무늬를 찍었으므로 이런 이름이 붙었다. 구양수歐陽修의 《귀전록歸田錄》 권2에 "茶之品, 莫貴於龍鳳, 謂之團茶. 慶曆中, 蔡君謨爲福建路轉運使, 始造小片龍茶以進, 其品絶精, 謂之小團. 凡二十餠重一斤, 其價直金二兩"이라 한 기록이 보인다.

52 정위(966~1037): 진국공晉國公에 봉해졌다 하여 진진공丁晉公이라 불린다. 벼슬은 소문관태학사昭文館太學士에 이르렀으며, 전후로 재상의 지위에 7년간이나 있었다. 용봉단차를 황제께 바쳐 아첨하여 높은 지위에 올랐고, 총애를 믿고 못된 짓을 일삼다가 쫓겨나 죽었다.

53 채군모(1012~1067): 북송의 인종仁宗·영종英宗 때 정치가이자 문인이다. 이름은 채양蔡襄, 군모는 그의 자다. 관직 생활은 청렴했다. 복건로전운사福建路轉運使, 천주泉州와 복주福州 부사를 거쳤다. 북원의 공차貢茶인 소룡단小龍團 만드는 일을 주관했고, 《다록茶錄》을 저술했다.

루어졌다. 향약香藥을 섞어서 떡으로 만들고, 떡 위에 용과 봉황 무늬를 장식했다. 임금에게 바치는 것은 황금으로 꾸며서 만들었다〔大小龍鳳團, 始於丁謂,成於蔡君謨. 以香藥合而成餅, 餅上飾以龍鳳紋. 供御者, 以金莊成〕.[54] 소동파의 시에서 말했다. "자금紫金 꾸민 100병餅에 1만 전이 들었구나."〔東坡詩: 紫金百餅費万錢〕.[55]

27 참다운 빛깔과 향이 저절로 넉넉해서   誰知自饒眞色香
28 조금만 오염되면 성품 잃음 뉘라 알리.   一經點染失眞性

《만보전서》에서 말했다. "차는 절로 참된 향과 참된 맛, 참된 색이 있다. 조금이라도 다른 물건에 물들면 바로 그 참됨을 잃고 만다."〔萬寶全書: "茶自有眞香眞味眞色. 一經他物點染, 便失其眞."〕[56]

---

54 《군방보》〈다보〉에 "大小龍團, 始於丁謂, 成於蔡君謨, 宋太平興國二年, 始造龍鳳茶. 龍鳳茶, 餅上飾以龍鳳紋也. 供御者, 以金裝成"이라는 내용을 인용했다.
《다경(합)》〈다보소서〉(32~33쪽)에 "大小龍團, 始於丁謂, 成於蔡君謨, 宋太平興國二年, 始造龍鳳茶. 餅上飾以龍鳳紋也. 供御者, 以金裝成"으로 필사되어 있다. '以香藥合而成餅'은 초의가 원문에 없는 내용을 추가한 것이다. 중국의 문헌 기록에는 나오지 않지만 초의가 《다경(합)》에 필사한 〈기다記茶〉에서 "古人云, 墨色須黑, 茶色須白. 色之白者, 蓋謂餅茶之入香藥造成者. 月兎龍鳳團之屬是也"와 "茶之味, 黃魯直咏茶詞, 可謂盡之矣. 餅茶以香藥合成後, 用渠輪研末入湯"이라고 말한 대목을 참고한 것으로 보인다.

55 《광군방보》〈다보〉에 '〈장기가 보내준 차에 화답하여〔和蔣夔寄茶〕〉'라는 소동파의 시 내용 중 "紫金百餅費萬錢"을 인용한 것이다. 〈和蔣夔寄茶〉는 모두 7언 32구에 달하는 장시다. 인용한 구절은 이 시의 제22구다. 원문의 '비만전費萬錢'은 석오본과 법진본, 다예관본에는 바르게 나오지만, 백열록본과 채향록본에는 '비진만금費盡万金'으로 잘못 적혀 있다.

56 모환문毛煥文의 《증보만보전서》〈다경채요〉의 "點染失眞: '茶自有眞香, 有眞色, 有眞味, 一經點染, 便失其眞'"을 조금 수정해서 인용했다.
《다경(합)》〈채다론探茶論〉(51쪽)에 "點染失眞: '茶自有眞香, 有眞色, 有眞味, 一經點染, 便失其眞'"으로 필사되어 있다.

29	도인⁵⁷께서 그 뛰어남 온전히 보전하려	道人雅欲全其嘉
30	몽산蒙山 꼭대기에 손수 심어 길렀다네.	曾向蒙頂手栽那
31	다섯 근을 길러 얻어 임금께 바쳤으니	養得五斤獻君王
32	길상예와 성양화⁵⁸가 바로 이것이라네.	吉祥蕊与聖楊花

부대사가 몽정산蒙頂山에 혼자 살면서 암자를 엮고 차를 심었다. 무릇 3년 만에 몹시 훌륭한 것을 얻어, 성양화와 길상예라고 불렀다. 모두 5근을 가지고 돌아와서 바쳤다(傅大士自住蒙頂, 結庵種茶. 凡三年, 得絕嘉者. 號聖楊花吉祥蕊. 共五斤, 持歸供獻).⁵⁹

| 33 | 설화차와 운유차는 짙은 향기 앞다투고 | 雪花雲腴爭芳烈 |
| 34 | 쌍정차와 일주차⁶⁰는 강절 땅에 떠들썩해. | 雙井日注喧江浙 |

소동파의 시에서 말했다. "설화雪花와 우각雨脚이야 어이 족히 말하리."(東坡詩: "雪花雨脚何足道.")⁶¹

---

57 도인道人: 여기서는 몽정산에서 혼자 살며 차를 만든 부대사傅大士를 가리킨다.

58 길상예吉祥蕊와 성양화聖楊花: 부대사 또는 쌍림대사로 불린 승려가 만든 차 이름이다. '예蕊'는 꽃술을 나타내는 '예蕋'의 속자 형태다.

59 《군방보》〈다보〉에 "傅大士自往蒙頂, 結庵種茶. 凡三年, 得絕佳者, 號聖楊花吉祥蕊. 共五斤, 持歸供獻. 俱淸異錄"을 인용했다. 《군방보》에는 부대사라 했는데 《광군방보》에는 쌍림대사雙林大士로 달리 적혀 있다. 성이 부씨인 승려가 쌍림사에 주석하고 있었음을 뜻한다.
《다경(합)》〈다보소서〉(34쪽)에 "傅大士自往蒙頂, 結菴種茶. 凡三年, 得絕佳者, 号聖楊花吉祥蕊. 共五斤, 持攸供獻. 俱淸異錄"으로 필사되어 있다.

60 쌍정차雙井茶와 일주차日注茶: 쌍정은 중국 강서성江西省 분녕현分寧縣에서 생산되던 고급차의 이름이고, 일주는 절강성浙江省 소흥현紹興縣에서 생산되던 차를 가리킨다.

61 《광군방보》〈다보〉에 '〈전안도가 건계차를 부쳐 온 것에 화답하여(和錢安道寄惠建茶)〉'라는 소동파의 시 내용 중 "雪花雨脚何足道"를 인용한 것이다. 해당 구절은 총 32구의 장시 중 11구에 해당한다. 전문은 이러하다. "我官於南今幾時, 嘗盡溪茶與

황산곡黃山谷의 시에서 말했다. "우리 집은 강남인데 운유雲腴를 채취하네"라 했다. 〔山谷詩: "我家江南採雲腴."〕[62]

소동파가 승원僧院에 갔다. 승려 범영梵英이 지붕을 이고 수리했는데 집이 몹시 정결하고, 차는 향기가 진했다. "이것은 새 차인가요?" 하고 묻자, 범영이 말했다. "차의 성질은 새것과 묵은 것을 섞으면 향과 맛이 돌아옵니다." 〔東坡至僧院, 僧梵英葺治, 堂宇嚴潔, 茗飮芳烈. 問: "此新茶耶?" 英曰: "茶性新舊交, 則香味復."〕[63]

초차草茶는 양절兩浙 지방에서 이루어졌다. 양절의 차는 일주차가 으뜸이다. 경우景祐(1034~1038) 연간 이래로 홍주洪州의 쌍정차와 백아차가 점차 성대해졌다. 근세에 만든 것은 더욱 정밀해서 그 품질이 일주차보다 훨씬 나으니, 마침내 초차 중 으뜸이 되었다〔草茶成兩浙, 而兩浙之茶品, 日注爲第一. 自景祐以來, 洪州雙井白芽漸盛. 近世製作尤精, 其品遠出日注之上, 遂爲艸茶第一〕.[64]

山茗. 胸中似記記故人面, 口不能言心自省. 爲君細說我未暇, 試評其略差可聽. 建溪所産雖不同, 一一天與君子性. 森然可愛不可慢, 骨淸肉膩和且正. 雪花雨脚何足道, 啜過始知眞味永. 縱復苦硬終可錄, 汲黯少戇寬饒猛. 草茶無賴空有名, 高者妖邪次頑懭. 體輕雖復强浮汎, 性滯偏工嘔酸冷. 其間絶品豈不佳, 張禹縱賢非骨鯁. 葵花玉騎不易致, 道路幽險隔雲嶺. 誰知使者來自西, 開緘磊落收百餠. 嗅香嚼味本非別, 透紙自覺光炯炯. 粃糠團鳳友小龍, 奴隷日注臣雙井. 收藏愛惜待佳客, 不敢包裹鑽權倖. 此詩有味君勿傳, 空使時人怒生癭." 설화차와 우각차는 이 시기 이름 높던 차의 이름이다.

62 《광군방보》〈다보〉에 〈쌍정차를 자첨에게 보내다〔雙井茶送子瞻〕〉라는 황정견 시의 내용 중 "我家江南摘雲腴"를 인용했다. 해당 구절은 5구이다. 전문은 이렇다. "人間風日不到處, 天上玉堂森寶書. 想見東坡舊居士, 揮毫百斛瀉明珠. 我家江南摘雲腴, 落磑霏霏雪不如. 爲君喚起黃州夢, 獨載扁舟向五湖."

63 《군방보》〈다보〉에 실린 소동파의 글 중 "予去此十七年, 復與彭城張聖途丹陽陳輔之同來, 院僧梵英葺治堂宇, 比舊加嚴潔, 茗飮芳烈. 問: '此新茶耶?' 英曰: '茶性新舊交, 則香味復'"라는 내용을 줄여서 인용했다.

《다경(함)》〈다보소서〉(33쪽)에 "予去此十七年, 復彭城張聖途同來, 院僧梵英葺治堂宇, 嚴潔, 茗飮芳烈. 問: '此新茶耶?' 英曰: '茶性新舊交, 則香味復'"로 필사되어 있다.

64 구양수歐陽修의 《귀전록歸田錄》에 "草茶盛於兩浙, 兩浙之品, 日注爲第一. 自景祐以後, 洪州雙井白芽漸盛. 近歲製作尤精, 囊以紅紗, 不過一二兩, 以常茶十數斤養之, 用辟暑濕

35 건양建陽은 산이 붉고 물은 푸른 고장인데[65]　　　建陽丹山碧水鄉

36 제품으로 특별히 운간월[66]을 꼽는다네.　　　品題特尊雲澗月

《둔재한람》[67]: "건안차建安茶가 천하에 으뜸이다." 〔遜齋閒覽: "建安茶爲天下第一."〕
손초孫樵[68]가 차를 초형부焦刑部에 보내면서 말했다. "만감후晚甘侯[69] 15인을 부
모님을 모시는 재각齋閣으로 보냅니다. 이것들은 우레 속에서 따서, 물에 절을 올
리고서 타서 만든 것입니다.[70] 대개 건양은 산은 붉고 물이 푸른 고장으로, 월간

之氣, 其品遠出日注上, 遂爲草茶第一"이라는 내용을 간추려 인용했다.

65 건양은 산이 붉고 물이 푸른 고장인데〔建陽丹山碧水鄉〕: 일반적으로 "건양과 단산은
물이 푸른 고장인데"로 해석한다. 그러나 단산벽수丹山碧水는 늘 짝으로 붙어 다니
는 표현이고, 손초가 이때 만든 차가 건양에서 만든 차이지, 이곳에서 멀리 떨어
진 단산丹山에서 같이 만든 차는 아니다. 하단 주석 원문의 '단산벽수지향丹山碧水
之鄉'은 이어지는 '월간운감지품月澗雲龕之品'과 대구가 된다. 의미는 건양이 단산
벽수의 산 좋고 물 좋은 고장이어서 이곳에서 월간차와 운감차 같은 좋은 제품이
나고, 이런 곳에서 때에 맞춰 정성껏 만든 차이니 귀하게 마셔달라는 뜻으로 말한
것이다.

66 운간월雲澗月: 건양, 즉 복건성福建省 건구현建甌縣에서 나는 차인 월간차月澗茶와
운감차雲龕茶를 합쳐서 운자에 맞춰 바꿔 부른 표현이다.

67 《둔재한람遜齋閒覽》: 북송 때 진정민陳正敏의 저술이다. 연평延平 사람이다. 저서에
《둔재한람》 외에 《군재독서지郡齋讀書志》 14권이 있다. 《설부說郛》에서는 그의 이
름을 범정민范正敏으로 잘못 소개했다. 송대 주자안朱子安도 《동계시다록東溪試茶
錄》에서 "以建安茶品, 甲於天下"라고 말한 바 있다.

68 손초: 만당晚唐의 문인으로 자는 가지可之 또는 은지隱之이다. 문집으로 《경유집
經維集》 3권이 있다.

69 만감후: 차의 별칭이다. 차를 마시면 첫맛은 입에 쓰고, 혀끝에 남는 뒷맛은 달다
고 해 차를 의인화해서 붙인 이름이다. 여감씨餘甘氏라고도 한다. 첫맛에 입에 쓴
것은 고구사苦口師로 표현했다.

70 이것들은 …… 만든 것입니다: 원문의 차도此徒는 '이들 무리'라는 의미로 앞서 말
한 만감후 15인을 받는 말이다. '승뢰이적乘雷而摘'은 천둥이 울릴 때 찻잎을 채취
한다는 말이니 비가 아직 오지 않고 습도가 높은 이른 봄에 채취했다는 뜻이다.

月澗과 운감雲龕 같은 제품이 나옵니다. 삼가 값싸게 마구 쓰시면 안 됩니다." 〔孫
樵送茶焦刑部曰: "晚甘侯十五人, 遣侍齋閣. 此徒乘雷而摘, 拜水而和. 盖建陽丹山碧水之
鄕. 月澗雲龕之品, 愼勿賤用."〕[71]

만감후는 차 이름이다〔晚甘侯茶名〕.[72]

다산 선생의 〈걸명소乞茗疏〉[73]: "아침 해가 막 떠오르매, 뜬구름은 맑은 하늘에 환
히 빛나고, 낮잠에서 갓 깨어나자, 밝은 달빛은 푸른 냇가에 흩어진다."〔茶山先生
乞茗疏: "朝華始起, 浮雲晶晶於晴天. 午睡初醒, 明月離離於碧澗."〕

37 우리나라 나는 것도 원래는 서로 같아   東國所産元相同

'배수이화拜水而和'는 차를 만들 때 물을 긷기 전에 정성껏 절을 올리고 나서 물
을 떠와, 차를 만들었다는 의미이다. 모문석毛文錫의 《다보茶譜》에 "湖州長興縣啄木
嶺金沙泉, 即每歲造茶之所也, 湖常二郡接界. 於此厥土, 有境會亭. 每茶節, 二牧皆至焉.
斯泉也, 處沙之中, 居常無水, 將造茶, 太守具儀, 注拜敕祭, 泉頃之發源, 其夕清溢, 造供
御者畢, 水即微減, 供堂者畢, 水已半之, 太守造畢, 即涸矣"라 한 대목이 보인다. 호주
부의 장흥현에서 차를 만들 때 샘물에 고을 태수가 예를 갖춰 절을 올리면 말랐던
샘물에서 물이 솟아나 차를 만들 수 있었다는 얘기이다. 이 고사의 의미를 취해서
가져온 표현인 듯하다.

71 《군방보》〈다보〉에 "孫樵送茶焦刑部書: '晚甘侯十五人遣侍齋閣. 此徒皆乘雷而摘,
拜水而和. 盖建陽丹山, 碧水之鄕, 月澗雲龕之品, 愼勿賤用之'"라는 내용을 인용한 것
이다. 원출전은 송나라 도곡陶谷의 《청이록淸異錄》이다.
    《다경(합)》〈다보소서〉(33~34쪽)에 "孫樵送茶焦刑部書: '晚甘侯十五人遣侍齋閣. 此徒
皆乘雷而摘, 拜水而和. 盖建陽丹山, 碧水之鄕, 月磵雲龕之品, 愼勿賤用之'"로 필사되어
있다.

72 만감후는 차 이름이다: 초의가 풀이하여 덧붙인 내용이다.

73 다산 선생의 〈걸명소〉: 석오본과 법진본, 다예관본에는 〈걸명소乞茗疏〉라 했고, 백
열록본과 채향록본에는 〈걸차소乞茶疏〉로 썼다. 다산이 1805년 아암 혜장에게 차
를 청하며 보낸 글이다. 필사본 《열수문황》에는 제목이 〈이아암선자걸명소貽兒菴
禪子乞茗疏〉로 되어 있다. 초의가 다산의 이 구절을 인용한 것은 〈걸명소〉에 나오
는 '부운浮雲'과 '명월明月', '벽간碧澗' 등의 표현이 위 손초의 편지에 나오는 '벽수
碧水', '월간月澗', '운감雲龕' 등의 어휘와 포개졌기 때문이다.

38 빛깔과 향, 기운과 맛, 효능은 한가질세.　　　　　色香氣味論一功

39 육안차[74]의 맛에 몽산차[75]의 약효 지녀　　　　　陸安之味蒙山藥

40 옛사람[76]은 둘을 겸함 아주 높게 평가했지.　　　　　古人高判兼兩宗

《동다기》[77]에서 말했다. "어떤 이는 우리 차의 효능이 월越 땅에서 나는 것만 못할 것으로 의심한다. 내가 보니, 색과 향과 기운과 맛이 조금의 차이가 없다. 다서[78]에서 '육안차는 맛이 낫고, 몽산차는 약효가 좋다'고 했는데, 우리 차는 대개 이둘을 아울렀다. 만약 이찬황李贊皇과 육자우陸子羽[79]가 있다면 두 사람은 틀림없이 내 말이 옳다고 할 것이다."[80] 〔東茶記云: "或疑東茶之效, 不及越産. 以余觀之, 色

---

74 육안차陸安茶: 육안차六安茶로도 쓴다. 안휘성安徽省 육안현六安縣에서 나는 고급차다. 명나라 허차서許次紓는 《다소茶疏》에서 이렇게 썼다. "天下名山, 必産靈草. 江南地暖, 故獨宜茶. 大江以北, 則稱六安. 然六安乃其郡名, 其實産霍山縣也 …… 河南山陝人皆用之, 南方謂其能消垢膩去積滯, 亦共寶愛." 육안차는 실제로 곽산현霍山縣에서 나는데 몸의 찌꺼기를 없애주고 적체된 기운을 해소해준다 하여 사람들에게 큰 애호를 받았다.

75 몽산차蒙山茶: 사천성 몽산蒙山 중봉 꼭대기에서 나는 차를 말한다. 몽정차蒙頂茶라고도 한다.

76 옛사람〔古人〕: 《동다기》를 지은 이덕리를 가리킨다.

77 《동다기》: 그간 다산 정약용의 저술로 잘못 알려져왔으나, 1776년 4월 진도로 귀양 가 영암에서 세상을 뜬 이덕리가 지은 차 관련 저술이다. 차에 관한 일반론과 중국과의 차 무역을 통해 국부를 창출하는 방안을 제시한 실학적 저술이다. 전체 원문의 주석과 작가에 대한 정보는 정민의 《잊혀진 실학자 이덕리와 동다기》(글항아리, 2018)를 참고할 것.

78 다서: 구체적으로 어떤 책을 가리키는지 알 수 없다. 다만 인용 내용은 허준의 《동의보감》 탕액편湯液篇 목부木部 〈고차苦茶〉의 내용과 유사하다.

79 이찬황과 육자우: 당나라 때 재상을 지낸 이덕유李德裕와 《다경》을 지은 육우陸羽(733~804)를 말한다. 차에 대해 밝게 알았으므로 한 말이다.

80 《동다기東茶記》에서 …… 옳다고 할 것이다: 《다경(합)》〈기다〉(42쪽)의 "茶之效, 或疑東茶不及越産, 以余觀之, 色香氣味, 少無差異. 茶書云: '陸安茶以味勝, 蒙山茶以藥用.' 東茶盖兼之矣. 若有李贊皇陸子羽, 其人則必以余言爲然"을 인용했다. 백운동본 〈기다

香氣味, 少無差異. 茶書云: '陸安茶以味勝, 蒙山茶以藥勝.' 東茶盖兼之矣. 若有李贊皇陸

子羽, 其人必以余言爲然也.")

41 늙음 떨쳐 젊어지는 신통한 효험 빨라   還童振枯神驗速

42 여든 살 노인 얼굴 복사꽃인 듯 붉네.[81]   八耋顔如夭桃紅

이백이 말했다. "옥천사의 진공眞公은 나이가 80인데 낯빛이 복사꽃, 오얏꽃 같

았다. 이 차는 향이 맑기가 다른 곳과 달라, 능히 어린아이로 돌아가게 하고 시들

어 마른 것을 떨치게 하여, 사람을 오래 살게 한다." (李白云: "玉泉眞公年八十, 顔色

如桃李. 此茗香淸異于他, 所以能還童振枯, 而令人長壽也.")[82]

43 유천[83]이 내게 있어 수벽백수탕[84] 만들어   我有乳泉挹成秀碧百壽湯

記茶)와는 '以藥用'이 '以藥用勝'으로 한 글자 첨가된 것만 다르다.

81 여든 살 노인 얼굴 복사꽃인 듯 붉네: 마르고 쇠약한 육신을 떨쳐 젊음을 되찾는
다는 뜻이다. 이백의 〈족질인 승려 중부가 옥천사의 선인장차를 준 데 답례하여〉
에 형주 옥천산 종유 동굴에서 나는 찻잎으로 만든 선인장차를 마시고 옥천진공
이 나이 80에도 얼굴빛이 복사꽃 같았다고 한 내용이 보인다.

82 《군방보》〈다보〉에서 "予聞荊州玉泉寺近淸溪諸山. 山洞往往有乳窟, 窟中多玉泉, 其
水邊處處有茗草羅生, 枝葉如碧玉, 惟玉泉眞公常採而飮之, 年八十餘歲, 顔色如桃李, 而
此茗淸香淸異于他者, 所以能還童振枯. 今人壽也. 予游金陵, 見宗僧中孚, 示余茶數十
片, 狀如手掌號仙人掌茶. 盖新出于玉泉之山, 曠古未覩, 因特見遺, 兼贈詩, 要余答之, 遂
有此作"이라는 내용을 간추려서 인용했다. 이 대목은 《동다송》 8구의 주석에서 한
번 나왔다.

83 유천乳泉: 젖샘을 말한다. 찻물로 가장 훌륭한 물을 비유해서 한 말이다. 명나라
전예형田藝蘅은 《자천소품煮泉小品》에서 "乳泉石鍾乳, 山骨之膏髓也. 其泉色白而體重,
極甘而香, 若甘露也"라 했다. 종유 동굴에서 흘러나온 물로 빛깔이 희고 무거우며,
맛이 달고 향기롭다고 한다.

44 어이해 지녀 가서 목멱산의 해옹[85]께 바칠 건가.

何以持歸木覓山前獻海翁

당나라 소이蘇廙의 《십육탕품十六湯品》: "제3품은 백수탕百壽湯이라 한다. 사람이 100세가 넘거나, 물이 열 번 끓어 넘치면, 혹 말문이 막히고, 혹 일을 그만두게된다. 만약 이를 취해서 쓰면 탕이 이미 성질을 잃고 만다. 감히 묻겠다. 귀밑머리가 하얗고 얼굴이 창백한 늙은이가 오히려 활을 잡고 화살을 매겨 적중시킬 수있겠는가? 도리어 씩씩하게 올라가고 활달하게 걸어서[86] 먼 곳까지 갈 수 있겠는가?"[87] "제8품은 수벽탕秀碧湯이라 한다. 돌은 천지의 빼어난 기운이 응결되어형상을 갖춘 것이다. 쪼아서 그릇으로 만들더라도 빼어남이 그대로 남아 있다. 그탕이 좋지 않을 수 없다." 〔唐蘇廙著十六湯品: "第三曰百壽湯. 人過百息, 水逾十沸, 或

84 수벽백수탕秀碧百壽湯: 소이의 《십육탕품》 중 제3품 백수탕과 제8품 수벽탕을 합친 말이다. 백수탕은 백발탕白髮湯이라고도 하는데 물이 십비十沸를 넘긴 노숙老熟한 상태를 가리키고, 수벽탕은 천지의 수기秀氣를 간직한 돌그릇으로 끓인 물을말한다. 여기서는 차를 마시기에 가장 적절한 상태의 물을 말한다.

85 해옹海翁: 해거도위 홍현주를 말한다.

86 씩씩하게 올라가고 활달하게 걸어서〔雄登闊步〕: 초의는 《동다송》의 모든 이본에서'웅등활보雄登闊步'를 '웅○활보雄○潤步'로 '등登' 한 글자를 빈칸으로 비워놓았다.처음 필사했던 《다경(합)》 〈십육탕품〉에서 해당 대목이 '웅활보雄潤步'로 한 글자를 빼고 잘못 썼고, 이후 원본을 확인하지 못해 빈칸을 채우지 못하고 남겨둔 것이다. 또 '말시抹矢'를 다예관본에서 '부시扶矢'라 한 것도 잘못이다. 이처럼 반복적으로 답습되는 오류는 초의가 《동다송》을 지을 당시 인용된 글의 원본을 직접 본것이 아니라, 자신이 《다경(합)》에 베껴 써둔 잘못된 필사를 참고했음을 확인시켜준다.

87 소이의 《십육탕품》의 "第三品百壽湯, 一名白髮湯. 人過百息, 水踰十沸, 或以話阻, 或以事廢, 始取用之, 湯已失性矣. 敢問皤鬢蒼顔之大老, 還可執弓抹矢以取中乎. 還可雄登闊步以邁遠乎"를 인용했다.
《다경(합)》 〈십육탕품〉(25쪽)에 "第三百壽湯, 人過百息, 水踰十沸, 或以話阻, 或以事廢, 如取用之, 湯已失性矣. 敢問皤鬢蒼顔之老夫, 還可執弓抹矢以取中乎. 還可雄闊步以邁遠乎"로 필사되어 있다.

以話阻, 或以事廢. 如取用之, 湯已失性矣. 敢問幡髩蒼顔之老夫, 還可執弓抹矢, 以取中乎? 還可雄登濶步, 以邁遠乎?"第八曰秀碧湯, 石凝天地秀氣, 而賦形者也. 琢而爲器, 秀猶在焉. 其湯不良, 未之有也.")[88]

○근자에 유당酉堂 김노경金魯敬[89] 어르신께서 남쪽으로 두륜산에 들르셔서, 자우산방紫芋山房에서 하룻밤을 묵으셨다. 샘물을 맛보시고는 "맛이 소락酥酪보다 낫다"고 하셨다. 〔○近酉堂大爺, 南過頭輪, 一宿紫芋山房. 嘗其泉曰: "味勝酥酪."〕[90]

45 구난사향九難四香 현묘한 작용이 또 있나니   又有九難四香玄妙用

《다경》에서 말했다. "차에는 아홉 가지 어려움이 있다. 첫째는 만들기이고, 둘째는 감별하는 것이며, 셋째는 그릇이고, 넷째는 불이다. 다섯째는 물이고, 여섯째는 불에 굽는 것이고, 일곱째는 가루 내는 것이다. 여덟째는 끓이는 것이요, 아홉째는 마시는 것이다. 흐린 날에 따서 밤중에 불에 쬐어 말리는 것은 제대로 만드는 것이 아니다. 씹어서 맛을 보고 냄새로 향을 맡는 것은 옳게 감별하는 것이 아니다. 누린내 나는 솥이나 비린내 나는 그릇은 알맞은 그릇이라 할 수 없다. 송진기가 있는 땔감이나 부엌에서 쓰는 숯은 적절한 불이 아니다. 날리는 여울물이나 웅덩이에 고인 물은 알맞은 물이 아니다. 겉은 익고 속이 날것이면 바르게 구운 것이 아니다. 푸른 가루가 먼지처럼 날리면 제대로 가루 낸 것이 아니다. 간신히 잡아서 급작스레 휘저으면 제대로 끓인 것이 아니다. 여름철에는 많이 마시다가 겨울에 그만두면 바르게 마시는 것이 아니다." 〔茶經云: "茶有九難, 一曰造, 二曰別,

---

88 소이의 《십육탕품》의 "第八品秀碧湯, 石凝結天地秀氣, 而賦形者也, 琢以爲器, 秀猶在焉, 其湯不良, 未之有也"를 인용했다.
《다경(함)》〈십육탕품〉(26~27쪽)에 "第八秀碧湯, 石凝結天地秀氣, 而賦形者也, 琢以爲器, 秀猶在焉, 其湯不良, 未之有也"로 필사되어 있다.
89 김노경(1766~1837): 추사 김정희의 부친이다. 1830년 지돈녕부사知敦寧府事로 재직 중 탄핵되어, 강진현 고금도에 위리 안치되었다. 1833년 귀양에서 풀려난 후 상경 길에 대둔사에 들른 것이다.
90 이 부분은 초의가 자신의 말로 보충한 내용이다.

三曰器, 四曰火, 五曰水, 六曰炙, 七曰末, 八曰煑, 九曰飮. 陰采夜焙, 非造也. 嚼味嗅香,

非別也. 羶鼎腥甌, 非器也. 膏薪庖炭, 非火也. 飛湍壅潦, 非水也. 外熟內生, 非炙也. 碧粉

飄塵, 非末也. 操艱攪遽, 非煑也. 夏興冬廢, 非飮也.")[91]

《만보전서》: "차에는 진향眞香과 난향蘭香, 청향淸香과 순향純香이 있다. 겉과 속
이 한결같은 것이 순향이다. 날것도 아니고 너무 익은 것도 아닌 것은 청향이다.
불기운이 고르게 스민 것은 난향이다. 곡우 전에 다신이 온전한 것이 진향이다."
이것을 일러 사향四香이라 한다. 〔萬寶全書: "茶有眞香, 有蘭香, 有淸香, 有純香. 表裏
如一曰純香, 不生不熟曰淸香, 火候均停曰蘭香, 雨前神具曰眞香." 此謂四香.〕[92]

46 어이해야 옥부대 위 좌선 무리[93] 가르칠꼬.

何以敎汝玉浮臺上坐禪衆

지리산智異山 화개동花開洞에 차나무가 40, 50리에 펼쳐져 자란다. 우리나라 차

91 육우, 《다경》〈육지음六之飮〉에서 "茶有九難, 一曰造, 二曰別, 三曰器, 四曰火, 五曰水,
六曰炙, 七曰末, 八曰煑, 九曰飮. 陰採夜焙, 非造也. 嚼味嗅香, 非別也. 羶鼎腥甌, 非器也.
膏薪庖炭, 非火也. 飛湍壅潦, 非水也. 外熟內生, 非炙也. 碧粉飄塵, 非末也. 操艱攪遽, 非
煑也. 夏興冬廢, 非飮也"를 인용한 것이다.
  《다경(함)》〈다경〉(12~13쪽)에 "茶有九難, 一曰造, 二曰別, 三曰器, 四曰火, 五曰水, 六
曰炙, 七曰末, 八曰煮, 九曰飮. 陰采夜焙, 非造也. 嚼味嗅香, 非別也. 羶鼎腥甌, 非器也.
膏薪庖炭, 非火也. 飛湍壅潦, 非水也. 外熟內生, 非炙也. 碧粉飄塵, 非末也. 操艱攪遽, 非
煮也. 夏興冬廢, 非飮也"로 필사되어 있다.

92 《증보만보전서》〈다경채요〉의 "香: 茶有眞香, 有蘭香, 有淸香, 有純香. 表裏如一曰純
香, 不生不熟曰淸香, 火候均停曰蘭香, 雨前神其曰眞香"을 인용한 것이다. 법진본과
백열록본, 다예관본에는 '불생불열不生不熱'로 썼고, 채향록본에는 '不生不熟'로 되
어 있다.
  《다경(함)》〈채다론〉(50쪽)에 "香: 茶有眞香, 有蘭香, 有淸香, 有純香. 表裏如一曰純香,
不生不熟曰淸香, 火候均停曰蘭香, 雨前神其曰眞香"으로 필사하였다.

93 옥부대玉浮臺 위 좌선坐禪 무리: 지리산 화개동 옥부대 아래 있는 칠불선원에서 좌
선하던 승려들을 가리킨다. 화개동의 훌륭한 차밭을 곁에 두고도 다도에 무지해
먹을 수 없는 차를 끓여 마시는 그들을 보며 안타까운 뜻을 피력한 내용이다.

밭으로 넓기가 이보다 더한 것은 없지 싶다. 화개동에는 옥부대玉浮臺가 있고, 옥
부대 아래에는 칠불선원七佛禪院이 있다. 좌선하는 자들이 늘 뒤늦게 쇤 찻잎을
따서 햇볕에 말린다. 하지만 땔나무로 솥에 끓여 마치 나물국을 삶듯 하여서, 진
하고 탁한 데다 색깔은 붉고, 맛이 너무 쓰고 떫다. 참으로 '천하의 좋은 차가 속
된 솜씨로 많이 버려놓은 바가 되었다'고 하는 것에 해당한다. 〔智異山花開洞, 茶樹
羅生四五十里. 東國茶田之廣, 料無過此者. 洞有玉浮臺, 臺下有七佛禪院. 坐禪者常晩取
老葉晒乾. 然柴煮鼎, 如烹菜羹, 濃濁色赤, 味甚苦澁. 政所云: '天下好茶, 多爲俗手所
壞.'〕[94]

47 구난九難을 범치 않고 사향四香 또한 보전하니   九難不犯四香全
48 지극한 맛 구중궁궐 이바지로 바칠 만해.   至味可獻九重供
49 푸른 물결 초록 향기 이제 막 마시자   翠濤綠香纔入朝

심군心君, 즉 마음으로 입조入朝함이다.[95] 〔入朝于心君.〕

《다서茶序》에서 말했다. "푸른 거품 찻잔에 뜨고, 초록 가루 맷돌에 날리네."[96]

94 초의가 자신의 경험으로 보충한 내용이다. 끝부분에 "천하의 좋은 차가 속된 솜
씨로 많이 버려놓은 바가 되었다"고 한 말은, 육정찬의 《속다경》 〈삼지조三之造〉에
"紫桃軒雜綴: 天下有好茶, 爲凡手焙壞. 有好山水, 爲俗子粧點壞, 有好子弟, 爲庸師敎壞,
眞無可奈何耳. 匡廬頂產茶, 在雲霧蒸蔚中, 極有勝韻. 而僧拙於焙瀹之, 爲赤滷, 豈復有
茶哉. 戊戌春, 小住東林, 同門人董獻可曹不隨萬南仲手自焙茶, 有淺碧. 從敎如凍柳, 淸
芬不遣雜花飛之句, 卽成色香味殆絶"이라 한 데서 따왔다. 이인행李仁行의 《신야선생
문집新野先生文集》 권4 〈답이경원答李景圓〉에서 "且讀時, 或可隨分授課, 而製時無以資
鼓作振發之力, 正所謂好茶因庸手焙壞了者"라 한 표현과 비슷하다.
95 심군, 즉 마음으로 입조함이다: 초의의 보충 설명이다. 앞 구에서 '구중궁궐'을 말
했으므로 '심군'으로 받아 호응한 것이다. 조정에 드는 것이 심군에게 입조한다는
의미라고 했으니, "차를 마시자마자"라는 뜻으로 한 말이다.
96 《다서》에서 …… 날리네: 《군방보》 〈다보소서〉에서 "甌泛翠濤, 碾飛綠屑"을 인용한
것이다. '다서'는 〈다보소서〉를 말한다.
《다경(합)》 〈다보소서〉(32쪽)에 "甌泛翠濤, 碾飛綠屑"이 필사되어 있다.

또 말했다. "차는 푸른 것이 훌륭하고, 찻물은 남백藍白을 좋게 여긴다. 누런색과
검은색, 붉은색과 어두운 색은 모두 제품에 들지 못한다. 운도雲濤, 즉 구름 같은
흰색의 찻물이 상품이고, 취도翠濤, 곧 푸른색 찻물은 중품이며, 황도黃濤, 즉 누
런색 찻물은 하품이다."[97] 〔又云: "茶以靑翠爲勝, 濤以藍白爲佳. 黃黑紅昏, 俱不入品.
雲濤爲上, 翠濤爲中, 黃濤爲下."〕

진미공陳麋公의 시는 이렇다. "고운 그늘 덮개 뚫고, 신령한 풀 기旂를 땄지. 죽로
竹爐에 끓여내니, 소나무 불 활활 탄다. 물과 어울려 담백해도, 차 겨루기로 살이
찌네. 초록 향기 길에 가득, 종일토록 돌아감 잊네."[98] 〔陳麋公詩: "綺陰攢盖, 靈草試
旂. 竹爐幽討, 松火怒飛. 水交以淡, 茗戰以肥. 綠香滿路, 永日忘歸."〕

50 총명함 사방 통해 엉겨 막힘 전혀 없네.[99]　　　　聰明四達無滯壅

51 신령스러운 네 뿌리를 신산神山[100]에 의탁하니　　矧爾靈根托神山

---

97 또 말했다 …… 하품이다: 《증보만보전서》〈다경채요〉의 "色: 茶以淸翠爲勝, 濤以藍
白爲佳. 黃黑紅昏, 俱不入品. 雲濤爲上, 翠濤爲中, 黃濤爲下"를 인용한 것이다. 《동다
송》은 모든 이본이 '청취靑翠'로 표기했는데 《증보만보전서》에서는 '청취淸翠'로
적고 있다. 다예관본, 법진본 《다신전》에도 '청취淸翠'로 되어 있다.
《다경(함)》〈채다론〉(50쪽)에 "色: 茶以淸翠爲勝, 濤以藍白爲佳. 黃黑紅昏, 俱不入品.
雲濤爲上, 翠濤爲中, 黃濤爲下"로 필사되어 있다.

98 《군방보》〈다보〉에서 "綺陰攢盖, 靈草試旗. 竹爐幽討, 松火怒飛. 水交以淡, 茗戰而肥.
綠香滿路, 永日忘歸. 陳眉公"을 인용했다.
《다경(함)》〈다보소서〉(34쪽)에 "陳麋公云: '采茶欲精, 藏茶欲燥, 烹茶欲潔. 茶見日而味
奪. 墨日而色灰.' 又有詩曰: '綺陰攢盖, 靈草試旗. 竹爐幽討, 松火怒飛. 水交以淡, 茗戰而
肥. 綠香滿路, 永日忘歸'"로 필사되어 있다.

99 총명함 …… 전혀 없네: 차에 '소옹석체消壅釋滯', 즉 막힌 것을 뚫어주고 체한 것
을 풀어주는 효용이 있다는 말에서 따온 표현이다. 다만 여기서는 고기를 먹고 얹
힌 체기가 내려간다는 뜻이 아니라, 총명이 활짝 열려 걸리거나 막힘이 없어진다
는 의미로 썼다.

지리산을 세상에서 방장이라 일컫는다(智異山世稱方丈).[101]

52	신선 풍모 옥 같은 뼈 저절로 별종이라.	仙風玉骨自另種
53	초록 싹과 자줏빛 순 구름 뿌리 뚫고 나니	綠芽紫筍穿雲根
54	되놈 신발 물소 가슴 주름진 물결무늬.	胡靴犎臆皺水紋

《다경》에서 말했다. "풍화토(爛石)에서 나는 것이 상품이고, 자갈이 섞인 흙(礫壤)에서 나는 것은 그다음이다." 또 말했다. "골짜기에서 나는 것이 상품이다."(茶經云: "生爛石中者爲上, 礫壤者次之." 又曰: "谷中者爲上.")[102]

화개동 차밭은 모두 골짜기와 풍화토를 겸하였다(花開洞茶田, 皆谷中兼爛石矣).[103]

다서茶書에서 또 말했다. "잎은 자줏빛 나는 것이 상품이고, 주름진 것은 그다음이고, 초록빛 나는 것이 그다음이다. 죽순 같은 것이 상품이고, 싹처럼 생긴 것은 그다음이다."[104] (茶書又言: "葉紫者爲上,[105] 皺者次之,[106] 綠者次之. 如筍者爲上, 似牙者次之.")

"그 모양은 오랑캐의 가죽신처럼 오그라들고, 들소의 멱미레처럼 축 늘어지며, 가

---

100 신산: 신산이 지리산이라고 말한 것이다. 지리산은 예로부터 삼신산三神山 중 하나로 일컬어져왔다.

101 초의의 보충 설명이다.

102 《다경》〈일지원一之源〉에 "其地, 上者生爛石, 中者生礫壤, 下者生黃土"라고 한 내용과, 《증보만보전서》〈다경채요〉의 "産谷中者爲上"을 인용한 것이다.
《다경(합)》〈다경〉(1쪽)에 "其地, 上者生爛石, 中者上生礫壤, 按礫當作石. 者下生黃土者又下"로, 《다경(합)》〈채다론〉(45쪽)에 "産谷中者爲上"으로 필사되어 있다.

103 초의의 보충 설명이다.

104 다서에서 …… 그다음이다: '다서茶書'는 《증보만보전서》와 《다경》을 가리킨다.
《증보만보전서》〈다경채요〉의 "茶非紫者爲上, 而皺皮者次之"라는 내용과 《다경》〈일지원〉의 "紫者上, 綠者次. 筍者上, 牙者次"라는 내용을 인용한 것이다.
《다경(합)》〈채다론〉(45쪽)에 "茶非 恐非字之誤. 紫者爲上, 而皺者次之"로, 《다경(합)》〈다경〉(2쪽)에 "綠者次. 笋者上, 牙者次"로 필사되어 있다.

105 葉紫者爲上: 법진본, 백열록본, 채향록본, 다예관본에는 '茶紫者爲上'으로 되어 있다.

벼운 회오리바람이 수면을 불어 가듯 잔잔하다. 이는 모두 차의 정유精腴이다."

〔其狀如胡人靴者蹙縮然, 如犎牛臆者廉沾然, 如輕飈拂水者[107]涵澹然. 此皆茶之精腴也."〕[108]

55　송송 맑은 밤이슬을 죄다 빨아들인 잎이[109]　　　　吸盡瀼瀼淸夜露

56　삼매三昧 솜씨 거치자 기이한 향 올라온다.　　　　三昧手中上奇芬

다서에서 말했다. "찻잎을 따는 때는 시기를 맞추는 것이 중요하다. 너무 이르면 향이 온전치 않고, 늦으면 다신이 흩어진다. 곡우 전 5일이 가장 좋고, 곡우 후 5일이 그다음이며, 다시 5일 뒤가 또 그다음이다." 〔茶書云: "採茶之候, 貴及時. 太早則香不全[110], 遲則神散. 以穀雨前五日爲上, 後五日次之, 後五日又次之."〕[111]

하지만 우리나라 차에 징험해보니, 곡우 전후는 너무 이르다. 마땅히 입하 전후를

---

106 皺者次之: 백열록본, 채향록본에는 '皮者次之'로, 다예관본, 법진본은 '皺者次之'로 되어 있다.

107 如輕飈拂水者: 백열록본, 법진본에는 '如輕飈拂衣者'로 되어 있다. 54구에서 "주름진 물결무늬(皺水紋)"라고 했으니, 《다경》을 따라 수면에 바람이 불어 물결이 수면 위에 주름 무늬를 만든다는 의미로 보는 것이 옳다.

108 《다경》〈삼지조三之造〉에서 "茶有千萬狀, 鹵莽而言, 如胡人靴者, 蹙縮然. 犎牛臆者, 廉襜然. 浮雲出山者, 輪囷然. 輕飈拂水者, 涵澹然. 有如陶家之子, 羅膏土以水澄泚之. 又如新治地者, 遇暴雨流潦之所經. 此皆茶之精腴"를 간추려 인용했다.
　《다경(합)》〈다경〉(6쪽)에 "茶有千萬狀, 鹵莽而言, 如胡人靴者, 蹙縮然. 犎牛臆者, 廉襜然. 浮雲出山者, 輪囷然. 輕飈拂水者, 涵澹然. 有如陶家之子, 羅膏土以水澄泚之. 又如新治地者, 遇暴雨流潦之所經. 此皆茶之精腴"로 필사되어 있다.

109 송송 맑은 …… 잎이: 찻잎은 이른 새벽에 이슬을 흠뻑 빨아들인 상태에서 따야 함을 말한다.

110 香不全: 법진본, 백열록본, 채향록본, 다예관본에는 '차부전茶不全'으로 되어 있다.

111 《증보만보전서》〈다경채요〉의 "採茶論: 採茶之候, 貴及其時. 太早則味不全, 遲則神散, 以穀雨前五日爲上, 後五日次之, 再五日又次之"를 인용했다.
　《다경(합)》〈채다론〉(45쪽)에 "採茶之候, 貴及其時. 太早則香不全, 遲則神散, 以穀雨前五日爲上, 後五日次之, 再五日又次之"로 필사되어 있다.

알맞은 때로 삼아야 한다. 〔然驗之東茶, 穀雨前後太早, 當以立夏前後爲及時也.〕[112]

찻잎을 따는 방법은 밤새 구름 없이 이슬에 젖은 것을 딴 것이 가장 좋고, 한낮에 딴 것이 그다음이다. 음산하게 비가 내릴 때 따는 것은 마땅치 않다. 〔其採法, 徹夜無雲, 浥露採者爲上, 日中采者次之. 陰雨下不宜采.〕[113]

소동파가 〈겸謙 스님을 송별하며〉라는 시에서 이렇게 말했다. "도인께서 새벽에 남병산을 나오셔서, 점다삼매點茶三昧 솜씨를 와서 보여주시네." 〔老坡送謙師詩曰: "道人曉出南屛山, 來試點茶三昧手."〕[114]

57 그 가운데 현미玄微함은 알려주기 어려우니   中有玄微妙難顯

58 참된 정기 체體와 신神을 나누지 못하리라.   眞精莫敎體神分

〈조다造茶〉편에서 말했다. "새로 딴 찻잎에서 쉰 잎을 골라내어 버리고, 뜨거운 노구솥에서 이를 덖는다. 노구솥이 몹시 뜨거워지기를 기다려 비로소 찻잎을 넣고 빠르게 덖는다. 이때 불을 늦춰서는 안 된다. 익기를 기다려 바로 꺼내 체 안에 거두어 넣는다. 가볍게 뭉친 것을 몇 차례 얼러서, 다시 노구솥 안에 넣는다. 점차

---

112 초의의 보충 설명이다. 자신의 실제 경험에 비춰 조선의 채다 시기가 중국과는 조금 다르다는 점을 설명했다. 이덕리도 《동다기》에서 "茶有雨前雨後之名. 雨前者雀舌是已. 雨後者卽茗蔎也. 茶之爲物, 早芽而晚苗. 故穀雨時茶葉未長, 須至小滿芒種, 方能苗大"라고 했다. 따라서 초의는 자신의 실제 경험과 함께 이덕리의 《동다기》 내용도 참고했던 것으로 보인다.

113 《증보만보전서》〈다경채요〉의 "採茶論: …… 徹夜無雲, 浥露採者爲上, 日中採者次之, 陰雨下不宜採"를 인용했다.
《다경(합)》〈채다론〉(45쪽)에 "採茶論: …… 徹夜無雲, 浥露采者爲上, 日中采者次之, 陰雨下不宜采"로 필사되어 있다.

114 소식의 〈송남병겸사送南屛謙師〉의 "并引: 南屛謙師妙於茶事, 自云: '得之於心, 應之於手, 非可以言傳學到者.' 十二月二十七日, 聞軾游落星, 遠來設茶, 作此詩贈之." '道人曉出南屛山, 來試點茶三昧手. 忽驚午盞兎毛斑, 打作春甕鵝兒酒'에서 시의 내용 중 1구와 2구를 인용했다. 시 속의 점다삼매는 점다가 삼매의 경지에 들었다는 뜻이다. 조선 후기 신위申緯와 김정희金正喜 등이 이 네 글자를 글씨로 남겼다.

불을 줄여 건조시키는 것을 법도로 삼는다. 이 가운데 현묘하고 미묘한 것이 있으나, 말로는 표현하기가 어렵다."〔造茶篇云: "新採揀去老葉, 熱鍋焙之, 候鍋極熱, 始下茶急炒, 火不可緩. 待熱方退, 徹入筐中. 輕團枷數遍, 復下鍋中. 漸漸減火, 焙乾爲度. 中有玄微, 難以言顯."〕[115]

〈품천品泉〉 편에 말했다. "차는 물의 정신(神)이고, 물은 차의 육체(體)이다. 진짜 물이 아니면 그 정신을 드러내지 못하고, 진짜 차가 아니면 그 육체를 엿보지 못한다."〔品泉云: "茶者水之神, 水者茶之體. 非眞水莫顯其神, 非精茶莫窺其體."〕[116]

59 체와 신이 온전해도 중정中正 잃음 염려되니   體神雖全猶恐過中正
60 중정이란 건健과 영靈이 나란함에 불과하네.   中正不過健靈倂

〈포법泡法〉에서 말했다. "탕이 순숙의 상태인지 살펴, 바로 가져다가 먼저 차호茶壺 안에 조금 부어 냉기를 제거하고 따라낸다. 그런 뒤에 차를 넣는다. 잎의 많고 적음을 알맞게 헤아려 정도를 넘거나 바름을 잃어서는 안 된다. 차가 많으면 맛이 쓰고 향은 가라앉는다. 물이 많으면 맛이 부족하고 색은 맑다. 두 차례 우린 뒤에는 또 찬물로 깨끗이 씻어, 차호를 차고 깨끗하게 해준다. 그렇지 않으면 차향이 줄어든다. 탕관이 너무 뜨거우면 다신이 건강치 않고, 차호의 물이 맑아야만

---

115 《증보만보전서》〈다경채요〉의 "造茶: 新採, 揀去老葉及枝梗碎屑, 鍋廣二尺四寸, 將茶一斤半焙之, 候鍋極熱, 始下茶急炒, 火不可緩, 待熱方退火, 徹入篩中, 輕團枷数遍, 復下鍋中, 漸漸減火, 焙乾爲度. 中有玄微, 難以言顯"을 인용했다.
《다경(합)》〈채다론〉(46쪽)에 "造茶: 新茶採, 揀去老葉及被梗碎屑. 鍋廣二尺四寸, 將茶一斤半焙之. 候鍋極熱, 始下茶急炒, 火不可緩, 待熱方退火, 撤入筐中. 輕團枷數遍, 復下鍋中, 漸漸減火, 焙乾爲度. 中有玄微, 難以言顯"으로 필사되어 있다.

116 《증보만보전서》〈다경채요〉의 "品泉: 茶者水之神, 水者茶之體, 非眞水莫顯其神, 非精茶莫窺其體"를 인용했다. 초의는 본문에서 '천품泉品'으로 잘못 썼다. 인용한 원문에 따라서 '품천品泉'으로 바로잡는다.
《다경(합)》〈채다론〉(51쪽)에 "品泉: 茶者水之神, 水者茶之體, 非眞水莫顯其神, 非精茶莫窺其體"로 필사되어 있다.

물의 성질이 항상 영활靈活하다. 잠깐 차와 물이 알맞은 조화를 이루기를 기다린 뒤, 나누어 따르고 펼쳐 마신다. 따르는 것이 너무 빠르면 안 된다. 빠르면 다신이 미처 나오지 못하게 된다. 마시는 것이 너무 더뎌서도 안 된다. 더디면 묘한 향기가 먼저 사라져버린다."〔泡法云: "探湯純熟, 便取起, 先注壺中小許, 盪祛冷氣傾出. 然后投茶, 葉多寡宜酌, 不可過中失正. 茶重則味苦香沉, 水勝則味寡色清. 兩壺後, 又冷水盪滌, 使壺涼潔. 否則減茶香. 盖罐熱則茶神不健, 壺清則水性當靈, 稍候茶水冲和然后, 令布釃飮, 釃不宜早, 早則茶神不發, 飮不宜遲, 遲則妙馥先消."〕[117]

평하여 말한다. "따는 것에 묘함을 다하고, 만듦에 정밀함을 다한다. 물은 참됨을 얻고, 우리는 것은 중도中道를 얻는다. 체와 신이 서로 조화롭고, 건과 영이 서로 나란하다. 여기에 이르러 다도는 다한 것이다."〔評曰: "采盡其妙, 造盡其精, 水得其真, 泡得其中, 體与神相和, 健与靈相併. 至此而茶道盡矣."〕[118]

61 한번 옥화玉花 기울이자 겨드랑이 바람 일고   一傾玉花風生腋
62 어느새 몸 가벼워 상청경上淸境을 노니누나.   身輕已涉上淸境

진간재陳簡齋의 다시茶詩에서 말했다. "이 옥화를 고루 맛봤네."〔陳簡齋茶詩: "嘗此玉花匀."〕[119]

117 《증보만보전서》〈다경채요〉의 "泡法: 探湯純熟, 便取起. 先注少許壺中, 祛湯冷氣傾出, 然後投茶. 葉多寡宜酌, 不可過中失正. 茶重則味苦香沉, 水勝則色清味寡. 兩壺後, 又用冷水盪滌, 使壺涼潔. 不則減茶香矣. 礶熟則茶神不健, 壺清則水性常靈, 稍候茶水冲和, 然後冷釃布飮. 釃不宜早, 飮不宜遲, 早則茶神未發, 遲則妙馥先消"를 인용한 것이다. 《다경(합)》〈채다론〉(49쪽)에 "泡法: 探湯純熟, 便取起. 先注少許壺中, 祛湯冷氣傾出, 然後投茶. 葉多寡宜酌, 不可過中失正. 茶重則味苦香沉, 水勝則色清味寡. 兩壺後, 又用冷水盪滌, 使壺涼潔. 不則減茶香矣. 礶熟則茶神不健, 壺清則水性當靈, 稍候茶水冲和, 然後冷釃布飮. 釃不宜早, 飮不宜遲, 早則茶神未發, 遲則妙馥先消"로 필사되어 있다.

118 초의가 앞서의 논의를 마무리 지으면서 자신의 의견을 개진한 부분으로, 초의가 말하고자 하는 다도의 핵심이 담겨 있는 가장 중요한 내용이다.

119 송대의 시인 진여의陳與義가 쓴 〈제공을 모시고 남쪽 누각에 올라 새 차를 마셨

노옥천盧玉川의 〈다가茶歌〉에서 말했다. "다만 두 겨드랑이에서 살랑살랑 맑은 바람이 일어남을 깨닫네."〔盧玉川茶歌: "唯覺兩腋習習生淸風."〕[120]

63	밝은 달을 등촉 삼아 아울러 벗 삼으니	明月爲燭兼爲友
64	흰 구름은 자리 깔고 어느새 병풍 되네.	白雲鋪席因作屛
65	댓바람 솔바람이 서늘함을 갖춰주어	竹籟松濤俱蕭凉
66	청한淸寒함 뼈 저미고 심간心肝마저 깨어난다.	淸寒瑩骨心肝惺
67	흰 구름과 밝은 달을 두 벗으로 허락하여	惟許白雲明月爲二客
68	도인의 좌석 위에 이것으로 '승' 삼으리.[121]	道人座上此爲勝

차 마시는 법에 "손님이 많으면 떠들썩하고, 떠들썩하면 아취雅趣가 간데없다.

다. 아우가 건제체建除體 시를 내놓아서 제공이 화답하고 나서 내가 인하여 차운하였다〔陪諸公登南樓啜新茗, 家弟出建除體詩, 諸公旣和, 予因次韻〕란 제목 긴 시에 나오는 한 구절이다. 초의는 진여의의 시에 나오는 '옥화玉花'를 차의 대칭代稱으로 보아, 자신의 시 속에 옥화란 표현을 끌어와 썼다.《간재집簡齋集》원본에는 인용된 시의 '상미嘗'이 '상미賞' 자로 나온다. 원본대로라면 맛본다는 의미가 아니라 감상했다는 뜻이 된다. 전체 시의 원문은 다음과 같다. "建康九醞美, 侑以八味珍. 除瘴去熱惱, 與茶不相親. 滿月墮九天, 紫面光璘磷. 平生酪奴謗, 脈脈氣未申. 定論得公詩, 雅好知凝神. 執持甘露椀, 未覺有等倫. 破睡及四座, 媿我非嘉賓. 危樓與世隔, 萬事不及脣. 成公方坐嘯, 賞此玉花勻. 收杯未要忙, 再試晴天雲. 開口得一笑, 玆遊念當頻. 閉眼歸黙存, 助發梨棗春." 시구 속 옥화는《선화북원공다록宣和北苑貢茶錄》에 제시된 수십 종의 차 이름 중 하나다.

120《광군방보》〈다보〉에서 노동의 〈붓을 달려 맹간의가 햇차를 보내온 데 감사하다〉라는 시의 내용 중 '唯覺兩腋習習淸風生'을 인용한 것이다. 이 구절과 연관하여 시 본문에 나오는 상청경上淸境은 도교에서 신선이 거처하는 공간을 나타낸다. 삼청三淸은 상청上淸·중청中淸·하청下淸을 말한다. 상청경에 옥황상제가 거처하는 백옥경이 자리 잡고 있다. 마치 신선이 되어 선계를 노니는 듯하다는 뜻이다.

121 승 삼으리: 승勝은 손님이 둘인 찻자리를 일컫는 말이다. 명나라 장원의《다록茶錄》〈음다飮茶〉 조에 나온다. 흰 구름과 밝은 달을 두 손님으로 찻자리에 초대하여 자신까지 포함해 셋이 멋진 찻자리를 갖겠다는 의미이다.

혼자 마시는 것은 신神이라 하고, 손님이 둘이면 승勝이라 한다. 서너 명은 취趣라 하고, 대여섯 명이면 범泛이라 하고, 일고여덟 명은 시施라 한다."〔飮茶之法: "客衆則喧. 喧則雅趣索然. 獨啜曰神, 二客曰勝, 三四曰趣, 五六曰泛, 七八曰施也."〕[122]

해설

《동다송》은 본문만 모두 68구 494자에 달하는 장시다. '동다송'이란 동다東茶, 즉 우리나라 차를 찬송한다는 뜻이다. 우리나라 차 역사를 시로 정리하겠다는 야심 찬 의도를 담았다.

전체 내용은 크게 5단락으로 나눠볼 수 있겠다. 첫 단락은 처음 1구에서 8구까지이다. 차의 덕성과 효능을 노래했다. 남쪽 지방에서 생장하고, 한번 뿌리를 내리면 옮겨 심지 못하는 차나무의 성품을 설명했다. 이어 가을에 피는 흰 꽃과 황금빛 꽃술, 그리고 푸른 잎과 물총새의 혀 같은 차 싹에 대해 묘사했다.

둘째 단락은 9구에서 18구까지이다. 수隋·당唐 이전 시기 문헌에 나오는 천선인귀天仙人鬼의 차 애호 사례를 한자리에 모아 열거했다. 13구의 주나라 주공周公, 14구의 제나라 안영晏嬰, 15구의 진晉 이전 사람 우홍虞洪과 신선 단구자丹丘子, 16구의 진무제 때 진정秦精과 털북숭이 신선 모선毛仙, 그리고 17구의 시대가 분명치 않은 진무陳務의

---

122 《증보만보전서》〈다경채요〉의 "飮茶: 飮茶以客少爲貴. 客衆則喧. 喧則雅趣乏矣. 獨啜曰神, 二客曰勝, 三四曰趣, 五六曰泛, 七八曰施"를 인용한 것이다.
《다경(합)》〈채다론〉(49~50쪽)에 "飮茶: 飮茶以客少爲貴. 客衆則喧. 喧則雅趣乏矣. 獨啜曰神, 二客曰勝, 三四曰趣, 五六曰泛, 七八曰施"로 필사되어 있다.

처와 무덤 속 귀신 등이 그것이다. 여기에는 모두 수나라와 당나라 이전까지 고문헌에 등장하는 차 애호가들의 고사를 나열해, 차를 마신 역사가 육우의 《다경》 이전부터 그 연원이 오래되었음을 설득하려 했다.

셋째 단락은 다시 19구부터 36구까지이다. 앞 단락을 이어 수·당·송宋에 이르는 시기 중국에서 차 문화가 얼마나 흥성하였고 종류가 다양해졌으며 제다製茶가 전문 영역으로 넘어와 발전을 거듭했는지 정리했다. 19구에서는 수나라 문제文帝, 20구는 당나라 각림사 승려 지숭志崇의 삼품차三品茶, 21·22구는 당나라 덕종과 동창공주의 녹화綠花와 자영紫英, 23·24구는 송나라 때 두강차, 25·26구는 송나라 때 정위와 채군모가 만든 용단봉병龍團鳳餅, 27구에서 32구까지는 송나라 때 부대사傅大士의 길상예吉祥蕊와 성양화聖楊花를 나열했다. 이어 33구에선 송나라 때 설화차雪花茶와 운유차雲腴茶, 34구는 강절 지역에서 나는 쌍정차雙井茶와 일주차日注茶, 그리고 35·36구는 손초孫樵가 만든 만감후晩甘侯와 건양에서 생산하는 월간차月澗茶, 운감차雲龕茶를 차례로 나열했다.

네 번째 단락은 37구부터 50구까지이다. 중국 차의 역사적 흐름을 개관하고 나서, 이를 이어 동다東茶, 즉 우리나라에서 생산되는 차에 대해 설명한 단락이다. 37구에서 40구까지는 이덕리의 《동다기》 한 대목을 끌어와 우리 차가 중국 육안차의 맛과 몽산차의 약효를 함께 갖춘 우수한 차임을 설명했다. 41·42구는 그 차가 '환동진고還童振枯'의 효능이 있음을 말했다. 43·44구로 물맛 또한 훌륭하다고 한 후, 45·46구에서 그럼에도 무지한 승려들이 다도를 몰라 훌륭한 차를 제대로 만들지도 못하고 차마 먹을 수 없도록 끓이는 폐단을 지적했다. 하지만 47구부터 50구까지 차가 지닌 고유한 구난사향九難四香, 즉 아홉 가지 절차와 차 고유의 네 가지 향기를 잘 보전한다면 맛과 효용이 임금에게 바쳐도 손색이 없음을 자부했다.

다섯 번째 단락은 51구에서부터 68구까지의 나머지 부분이다. 찻잎을 채취해서 마시는 단계까지의 설명을 담았다. 51구에서 54구는 지리산에서 자생하는 찻잎을 설명했고, 55·56구는 그 찻잎이 채취할 시기를 맞아 향을 머금은 것을 말했다. 57·58구는 제다의 미묘한 과정이 언어로는 설명하기가 어려운 점을 말했고, 59·60구는 차의 체와 신이 중정건령中正健靈이란 네 글자로 조화를 이루어야 함을 설명했다. 이어 61구에서 마지막 68구까지는 중정을 얻어 다신이 훌륭하게 발현된 차를 마신 느낌을 설명한 구절이다. 이 부분은 《다신전茶神傳》의 내용을 압축했다.

이렇게 다섯 단락으로 분절해보니, 《동다송》은 첫째, 차나무에 대한 소개, 둘째, 당송대 이전의 차 문화, 셋째, 당송대 차 문화의 놀라운 발전, 넷째, 조선 차의 우수성, 다섯째, 제다와 음다의 방법을 차례대로 말했음을 알겠다.

《동다송》은 우리 차 문화사에서 대단히 보배로운 저술이다. 차에 관한 초의의 해박한 지식과 정심한 이해가 잘 녹아들어 있다. 처음 차의 외양에서 시작하여, 간추린 차의 역사를 정리하고, 끝에 가서 우리 차의 우수성을 말한 뒤, 차의 효능과 성질, 차 끓이는 방법까지 총정리한 압축적이고 완결적인 서술이다. 처음 홍현주가 초의에게 주문한 것은 다도 일반에 관한 설명이었고, 초의의 이 작품은 그 취지에 충실하게 대답한 내용이다.

《동다송》에 인용한 문헌 고사는 대부분 《군방보》와 《광군방보》, 그리고 육우의 《다경》과 소이의 《십육탕품》, 《증보만보전서》〈다경채요〉 정도의 범위를 넘어서지 않는다.

초의 의순

草衣 意恂, 1786~1866

산천도인의 사차시에
화운하여

奉和山泉道人謝茶之作

제2의 동다송, 차의 불교시원설을 제기하다

자료 소개

추사의 동생 김명희金命喜가 1850년 초의에게 차를 선물 받고 나서 감사의 뜻을 담아 답례로 〈사차謝茶〉 시를 지어 보냈다. 초의는 김명희의 시에 다시 답시를 보냈는데 여기에 소개하는 〈산천도인의 사차시에 화운하여〔奉和山泉道人謝茶之作〕〉가 바로 그 작품이다. 초의의 《일지암시고一枝庵詩稿》에 김명희의 〈사차〉와 나란히 실려 있다.

《일지암시고》에는 초의가 정학연丁學淵(1783~1859)과 김상희金相喜 (1794~1861)의 〈사차〉를 받고 쓴 답시도 실려 있지만, 이들 작품에는 차와 관련된 내용이 거의 보이지 않는다. 이에 반해 초의의 이 답시는 《동다송》에 이은 제2의 다송茶頌이라 해도 손색이 없을 만큼 차에 대한 깊은 논의를 담았다. 1850년에 지은 작품이다.

15 초의 의순 〈산천도인의 사차시에 화운하여〉 ———— **353**

원문 및 풀이

1   예로부터 성현은 모두 차를 아꼈나니   古來賢聖俱愛茶

2   차는 마치 군자 같아 성품에 삿됨 없다.   茶如君子性無邪

3   세상의 풀잎 차를 대충 맛을 다 보고서   人間艸茶差嘗盡

4   멀리 설령雪嶺 들어가서 노아露芽를 따 왔다네.   遠入雪嶺探露芽

5   법제하여 이를 통해 제품題品을 받고서는   法製從他受題品

6   옥그릇에 갖은 비단 감싸서 담았다네.   玉壜盛裏十樣錦

7   황하의 맨 위 근원 그 물을 찾고 보니   水尋黃河寂上源

8   여덟 덕을 두루 갖춰 더욱더 훌륭하다.   具含八德美更甚

《서역기西域記》에 말했다. "황하의 근원은 아욕달지阿耨達池에서 처음 나온다. 물
이 여덟 가지 덕을 머금어, 가볍고 맑고 차고 부드럽고 아름다우며, 냄새나지 않
고, 마실 때 맛이 알맞으며, 마신 뒤 병이 나지 않는다." 〔西域記云: "黃河之源, 始發
於阿耨達池. 水含八德, 輕淸冷軟美, 不臭, 飮時調適, 飮後無患."〕

9   경연수輕軟水[1] 깊이 길어 한 차례 시험하자   深汲輕軟一試來

10 참된 정기 마침맞아 체體와 신神이 열리누나.   眞精適和體神開

《다서》〈품천品泉〉에서 말했다.[2] "차는 물의 정신이고, 물은 차의 육체이다. 진짜
물이 아니면 그 정신을 드러내지 못하고, 진짜 차가 아니면 그 육체를 엿보지 못
한다. 〔茶書泉品云: "茶者水之神, 水者茶之體. 非眞水莫顯其神, 非精茶莫窺其體."〕

11 나쁜 기운 사라지고 정기精氣가 들어오니   麤穢除盡精氣入

---

1 경연수: 가볍고 부드러운 물을 말한다.

2 《다서》〈품천〉에서 말했다(茶書泉品云): 모환문의 《증보만보전서》(1746) 〈다경채요〉
의 '품천'을 말한다. 그런데 초의는 《동다송》과 마찬가지로 '품천品泉'을 '천품泉品'
으로 잘못 썼다. 원문에 따라 '품천'으로 바로잡았다.

12 큰 도를 얻어 이룸 어이 멀다 하리오.	大道得成何遠哉
13 영산靈山에서 가져와 부처님께 올리고	持歸靈山獻諸佛
14 차 끓임 더욱 따져 범률梵律을 살피었네.	煎點更細考梵律
15 알가閼伽의 진체眞體는 묘한 근원 다하였고	閼伽眞體窮妙源

범어로 '알가화閼伽花'는 차를 말한다(梵語閼伽花言茶).

16 묘한 근원 집착 없어 바라밀波羅蜜이 그것일세.	妙源無着波羅蜜

《대반야경》에서 말했다. "일체의 법에 집착하는 바가 없기 때문에 바라밀이라 한다."(大般若經云: "於一切法無所執着, 故名波羅蜜.")

17 아아! 나는 삼천 년이 지난 후에 태어나	嗟我生後三千年
18 물결 소리 아득해라 선천先天과 막혔구나.	潮音渺渺隔先天
19 묘한 근원 묻자 해도 물을 곳이 바이없어	妙源欲問無所得
20 부처님 열반 전에 나지 못함 한탄했지.	長恨不生泥洹前

니원泥洹은 열반과 뜻이 같다(泥洹涅槃義同).

21 이제껏 차 사랑을 능히 씻지 못하여서	從來未能洗茶愛
22 우리 땅에 가져오니 속 좁음을 웃어본다.	持歸東土笑自隘
23 옥그릇에 비단 두른 빗긴 봉함 풀어서	錦纏玉壜解斜封
24 먼저 지기知己에게 단세로 바치게나.	先向知己修檀稅

해설

예로부터 성현이 모두 차를 사랑했다는 말로 서두를 열었다. 차의 성품은 군자와도 같아 삿된 기운이 하나도 없다. 이후 차의 연원에 대한 설명이 묘하다. 《동다송》과 마찬가지로 작품 중간중간에 협주를 달았다. 작품에 들어 있는 협주는 모두 다섯 개다. 《서역기》와 《다서》,

《대반야경大般若經》을 인용했고《다서》, 즉《증보만보전서》를 제외한 나머지 넷은 모두 불경에서 끌어왔다.

차의 근원에 대한 설명이 특이하다. 부처님이 인간 세상에서 나는 풀잎 차를 대개 맛본 뒤 설령, 즉 히말라야로 들어가 노아를 따와 제품으로 만든 것이 차의 시원이라고 했다. 수품水品 또한 황하의 발원지인 아욕달지에서 나는 가볍고 맑고 차고 부드러우며, 아름답고 냄새 없고, 마실 때 맛이 알맞고 마신 뒤 뒤탈이 없는 여덟 가지 덕을 갖춘 경연수를 길어 이 물로 차를 끓였다. 그러자 차의 체와 신이 환하게 열려, 나쁜 기운은 말끔히 사라지고 정기가 스며들어, 청정한 정신으로 득도의 경지에까지 가볍게 오를 수 있었다. 그래서 이 차를 영산에서 가져와 부처님께 바치기 시작했다. 또 차 끓이는 방법을 더욱 발전시켜 범률, 즉 부처님의 율법처럼 정밀하게 체계를 갖추니 차의 진체가 묘원妙源을 다하게 되어 바라밀의 대법을 이룰 수 있게 되었다.

말하자면 초의는 이 시에서 차의 연원을 신농씨의《식경食經》에서 찾는 전통적인 설명법과 달리 불경에 근거하여 차의 불교 시원설을 펼치고 있어 대단히 놀랍다. 차가 범어로는 알가화라 한다든지, 부처님 열반 전에 태어나지 못함을 안타까워했다든지 하는 언급은 차가 부처님 시대부터 이미 세상에 행해져 득도得道의 한 방편으로 사랑받았음을 밝힌 흥미로운 내용이다. 그 근거는 당나라 현장 스님의《대당서역기大唐西域記》에서 찾았다.

초의는 자신이 부처님보다 3,000년이나 뒤늦게 태어나, 당시의 다도를 물을 길이 없고, 그 방법도 알 수 없음을 안타까워했다. 그런데 여태까지 차를 사랑하는 습벽만은 씻어낼 수 없어, 이 차가 우리나라 땅에까지 전해져 널리 퍼지고 있으니, 차에 대한 그 맹목적인 집착을 웃지 않을 수 없다고 했다. 마지막 두 구절에서는 옥그릇에 비단으로 감싸둔 비싼 중국차를 혼자만 마시지 말고, 단세檀稅, 즉 부처님 전에 바치는 세금 삼아 자신에게도 좀 보내보라는 말로 시를 마무리 지었다.

초의의 이 답시는 차의 불교 시원설을 과감하게 제창한 내용으로, 달리 다른 다서에서 이 비슷한 논의를 들어보지 못했다. 좀 더 깊은 연구가 필요하다.

16

속우당

俗愚堂, 1786~?

대둔사초암서

大芚寺草菴序

한국 차 문화 성지 일지암에 대한 증언

大芚寺草菴序

작가와 자료 소개

속우당俗愚堂은 옥주沃州, 즉 진도의 용촌龍村에 살던 문인이다. 본명을 비롯하여 그에 대해 알려진 사항은 〈대둔사초암서大芚寺草菴序〉외에는 전혀 없다. 필사본으로 전하는 이 자료는 현재 아모레퍼시픽 미술관에 소장되어 있다. 원래 초의의 처소에 보관되어 있던 것인데 대둔사 주지를 지낸 응송 박영희가 절을 나오면서《동다송》,《다신전》과 이 자료를 포함해 초의의 일체 유품을 무단 반출하여 소장하다가, 아인 박종환에게 양도했고, 박종환이 이를 되팔아 현재에 이른다.

초의와 동갑이던 그는 초의가 54세 나던 1839년에 일지암을 찾았다. 초의가 당시 머물던 일지암의 풍광과 초의에 대해 드물게 묘사한 글이어서 자료 가치가 높다.《동다송·다신전》(김두만 역, 태평양박물관, 1982)이나 그 밖에 한두 곳에 이 글이 소개된 바 있는데 오자가 무수

하여 문맥이 통하지 않는다. 귀한 자료의 원본 열람과 촬영을 허락해
준 아모레퍼시픽미술관 측에 고마운 뜻을 전한다.

원문 및 풀이

대개 들으니 철인哲人은 사물에 해박하여 일을 서적 위에 기록하
고, 빼어난 구역은 그 주인을 얻어 이름이 강호 사이에 드러난다고 했
다. 사마천은 용문 땅을 노닐고 나서 시야가 툭 트였고, 소동파는 고무
鈷鉧에 글을 쓰고서 가슴에 품은 뜻이 시원스러워졌다.[1] 광려匡廬[2]의
한가한 구름과 채석강의 맑은 바람 외에도 빼어난 경치야 인간 세상에
어찌 다 헤일 수 있겠는가. 다만 능히 귀한 줄을 아는 이가 드문 것이다.

盖聞哲人博於物, 而事記書籍之上. 勝區得其主, 而名擅江湖之間. 長卿遊龍
門而眼界豁然, 子瞻題鈷鉧而胸襟灑落. 匡廬閒雲, 采石淸風以外, 勝界何限於
人間, 而鮮能知貴焉.

이제 장춘동은 해남의 남쪽 20리에 있다. 두륜산의 한 맥이 나뉘어
용호의 형세를 지었다. 산은 열 겹으로 둘리었고, 시내는 아홉 굽이를

---

1 사마천은 …… 시원스러워졌다:《사기》권130〈태사공자서太史公自序〉에 사마천이
    용문龍門에서 전국 등지로 유람하며 사적을 탐방하였다는 내용이 나온다. 원문의
    자첨子瞻은 소동파를 가리키나 실제로 고무에 글을 남긴 사람은 유종원柳宗元이
    다. 기이한 경관의 고무담鈷鉧潭과 작은 구릉을 우연히 발견하고 가꾸게 된 기쁨
    을 적은〈고무담기鈷鉧潭記〉와〈고무담서소구기鈷鉧潭西小丘記〉는《유하동집柳河東
    集》권29에 나온다.
2 광려: 중국 강서성江西省 구강시九江市 남쪽에 위치한 여산廬山의 별칭이다.

돌아 나간다. 대둔사란 절 하나가 시내와 산 사이에 우뚝하니, 승려의 무리가 몹시 많아 마치 저잣거리 같다. 화려한 수레가 잇따르고 옥대玉帶를 두른 이가 다투어 머문다. 그런데도 다만 절집의 영롱함과 인물의 성대함만 알 뿐 산수가 참으로 빼어난 줄은 깨닫지 못한다.

今夫長春洞處在海南之南二十里. 頭崙一脉, 分作龍虎. 山繞十匝, 溪廻九曲. 大芚一刹, 儼然於溪山之間. 緇徒紛紜, 怳若關市. 華盖絡繹, 爭留玉帶. 則但知梵宇之玲瓏, 人物之全盛, 而不覺山水爲絶勝矣.

모래가 깔린 시내에 의순意洵이라는 비구가 있는데 호가 초의草衣이다. 본래는 나주 사람으로 자취를 산문에 맡겼다. 나이는 올해 54세로 유가의 경전을 섭렵하고, 불경을 널리 탐구하였다. 시문을 짓고 읊조림은 비록 대단한 선비라 해도 붓을 던지고 앞머리를 양보하지 않음이 없었다. 그런데도 평소 담박함으로 마음을 길러 시원스레 티끌세상을 벗어난 마음을 지녔다. 십수 년 전에 목공을 불러 모아 비용의 넉넉함은 따지지도 않고서, 북암의 남쪽, 남암의 북쪽 산허리에 한 채의 초가집 몇 간을 지었다. 푸른 산 아래 맑은 시내 위, 구름 산의 가장자리, 안개 낀 나무의 사이였다.

沙溪有意洵比丘者, 號草衣, 本是羅州人. 棲跡山門, 年今五十四歲. 涉獵五七, 博究八萬, 詞藻唫咏, 雖宏儒碩士, 無不却筆讓頭. 而素以淡泊棲心, 蕭灑出塵之想. 十數年前, 鳩聚屠工, 不顧資潤, 北菴之南, 南菴之北, 山腰一庄草菴數間卜築, 碧岫下淸溪上, 雲山之邊, 烟樹之間.

암자의 이름은 그윽하고도 아득하여 티끌세상의 자취에 물들지 않음을 말한다. 표연한 정사精舍는 마치 구름 속에 걸려 있는 것만 같다. 사는 사람은 단지 의순 한 사람과 승려 한 사람뿐이다. 송라松蘿에 얽

흰 달빛과 솔바람이 차례로 손님과 주인이 되면, 사물은 주인과 더불어 서로 뒤따라온다. 깊은 숲속에 있어 아는 이가 없다. 대청의 탁상 위에는 금합金盒 안에 금부처 한 좌가 놓였다. 아침저녁으로 여기에 공양하고, 새벽과 저녁에는 목탁을 두드린다. 부지런하고 정성스럽지 않음이 없다.

菴之爲名, 幽闃廖夐, 不染塵跡之謂也. 而飄然精舍, 若掛雲中. 居人則只是意洵一人, 及闍梨一人. 而蘿月松風, 迭爲賓主. 則物與主而相隨, 無人知於深林. 於其大廳卓床上, 有金盒裡金佛一座, 朝夕供斯, 晨暮箟鐸, 靡不勤摯.

이에 이곳에 있기를 생각하며 많은 나무들이 우거진 것과 대숲이 무성한 것을 본다. 과원果園은 뒤에 심고, 채마밭은 앞에 만들었다. 맑은 물 한 줄기가 바위 사이로 솟아 채마밭 앞으로 남실남실 흘러나온다. 채마밭 곁에 연못 하나를 파서 물길을 이끌어 아래로 흐르게 하니, 차고도 맑은 품이 금곡金谷[3]만 못지않다. 또 못 위에는 나무 시렁을 설치해서 몇 그루 포도 넝쿨이 그 위를 덮고 있다. 양옆의 흙 계단에는 기화이초를 심어, 봄빛을 아껴 희롱하니, 마치 속세 사람을 비웃는 듯하다.

念玆在玆, 觀諸衆樹之翁薆, 竹林之榛榛. 果園樹後, 場圃築前. 淸水一源, 從石間而溶溶流出于場圃之前. 而場邊鑿得一池塘, 灌漑流下, 冽冽淸釀, 不羨金谷. 且於池上, 設置木架, 數莖葡萄, 蔓葳其上. 左右土階, 種得奇花異草, 矜弄春色, 若笑塵人.

암자 뒤편에는 바위로 된 미륵봉이 있다. 암자 앞에는 맑게 흐르는

3 금곡: 중국 서진 시대 대부호 석숭石崇이 만든 정원 금곡원을 말한다.

연못이 있다. 높은 데 올라가 먼 데를 바라보고, 물가에 임해 더러운 것을 씻어내며, 산을 즐거워하고 물을 즐거워한다. 오늘날의 의순은 옛날의 사마천과 소동파의 맑은 운치를 아울렀다고 말할 만하다. 서암에 구름이 걷히고, 동산에 해가 나서 더운 기운이 사람에게 끼쳐오면, 가사를 벗고 경전을 덮는다. 정정한 늙은 스님은 왼손에는 노란 풀잎 부채를 천천히 부치면서 오른손에는 벽오동 지팡이를 짚고서, 두 아름다운 풍광 사이를 소요한다. 인간 세상에서 뜻을 기름은 비록 선경이라 해도 이보다 더 낫지는 못할 것이다.

而菴後有彌勒石峰, 菴前有池塘淸流. 登高而望, 臨流而滌, 樂山樂水. 今之意恂, 可謂兼之於古之長卿子瞻之淸趣矣. 至若西菴雲捲, 東山日出, 暑氣薰人, 則解袈裟掩經卷. 亭亭老釋, 左手懶撓黃葍扇, 右手住執碧梧杖, 逍遙於兩美之間, 人世養志, 雖仙境無以過此.

내가 티끌세상에 숨어 살면서 이곳에 대해 물리도록 들은 지가 오래되었다. 올해 6월, 대둔사 길로 볼일이 있어 시내를 건너고 골짝을 지나 풀을 헤치고 덩굴을 더위잡아 오르니, 골이 깊은 것이 마치 무릉도원을 찾아가는 것만 같았다. 암자에 들어가 함께 얘기를 나누자 품은 생각이 서로 꼭 맞았다. 그 소지품을 보니 마음이 시원스러워졌다. 모습은 맑고도 깨끗해서 애초에 한 점의 물욕도 없었으니, 참으로 이름을 헛되이 얻은 것이 아니라 할 만하다. 그 나이를 물어보매, 또한 나와 한동갑인지라, 별안간에 본 것을 주워 얻어 마침내 이를 위해 기문을 쓴다. 1839년 7월[4] 옥주 용촌의 속우당이 쓰다.

---

4 1839년 7월〔黃猪流火〕: '황저黃猪'는 노란색 돼지해, 즉 기해己亥년을 말하는데

俗愚居蟄塵埃, 飽聞久矣. 是年六月, 有事大芚之路, 渡溪經谷, 披草攀蘿, 筇
筇然如訪武陵. 入其菴, 與之語而肝膽照應, 觀其物而胸膈灑落. 形骸清淨, 初無
一点之物慾, 眞可謂名不虛得. 問其年, 亦吾同庚. 故瞥眼間拾得所見, 遂爲之
記. 黃猪流火 沃州龍村 俗愚堂 稿.

해설

초의는 탁상에 금부처를 모셔두고 조석으로 예불을 올렸다. 암자 뒤
편에는 과원을 조성하고, 앞쪽에는 채마밭을 일구었다. 샘물이 채마밭
을 적시며 흘러나오고, 못을 파서 그 물이 고이게 했다. 못 위에 시렁을
설치해 포도 넝쿨이 못 위를 덮고 있었고, 양옆의 화계花階에 온갖 기
화이초를 옮겨 심었다. 암자의 위치는 북암과 남암 사이라고 적었고,
암자 뒤에 미륵석봉彌勒石峰이 있었다. 초의는 갠 날이나 해 뜰 무렵, 혹
은 무더운 여름이면 입고 있던 가사를 벗고 불경을 덮어둔 채 한 손에
는 부채를 들고 한 손에는 지팡이를 짚고서 골짜기를 소요하였다.

한갓지고 고즈넉한 일지암의 주변 풍경과 초의의 일상을 그리듯이
묘사한 글이다. 초의는 화계를 조성하고 포도 넝쿨을 올리며, 과원과
채마밭을 차례로 조성하면서 다산이 거처하던 초당의 분위기를 하나
씩 되살려가고 있었다. 차에 대한 직접 언급은 없지만, 한국 차 문화의
성지인 일지암에 관한 당대의 증언이어서 자료적 가치가 높다.

1839년이다. '유화流火'는《시경詩經》〈빈풍豳風〉에 "7월이 되면 화성이 서쪽으로
내려간다(七月流火)"고 하여 7월을 뜻한다.

김명희

金命喜, 1788~1857

다법수칙

茶法數則

중국 다서에서 가려 뽑은 차를 따고 만드는 방법에 대한 논의

茶法數則

작가와 자료 소개

김명희의 자는 성원性源, 호는 산천山泉으로 추사 김정희의 동생이다. 1810년 진사에 급제하여 홍문관직제학을 지냈으며, 1822년 동지겸사은사로 연행을 가는 부친을 따라 자제군관子弟軍官으로 북경에 들어가 청나라 명사들과 교분을 맺었다. 학문이 깊고 시문과 글씨에 능했으며, 금석학에 조예가 깊었다. 특히 시를 잘 지어 문인 사회에서 이름이 높아 당시 명사이던 정학연, 정학유丁學游(1786~1855), 홍석주洪奭周(1774~1842), 홍현주, 초의선사 등과 시詩·서書·화畵로 깊은 교유를 나누었다.

〈다법수칙〉은 대흥사 승려 견향見香 향훈向薰에게 채다採茶와 제다製茶에 관련된 내용을 중국의 다서茶書에서 가려 뽑아 여섯 항목으로 직접 써준 글로 모두 413자 분량의 차론茶論이다.

현재 〈다법수칙〉 원본의 소재는 알 수 없다. 하지만 초의가 여러 종류의 다서를 필사하여 한데 묶은 《다경(합)》을 1891년 백양사 승려 법진이 다시 필사한 법진본 《다경(합)》 30~31쪽에 실려 있다. 목차에는 들어 있지 않고 〈십육탕품〉과 〈다보소서〉 사이에 《학림옥로鶴林玉露》 〈다병탕후茶甁湯候〉와 나란히 필사되어 있다.

산천이 인용한 서목書目은 다음과 같다.
1   송 휘종徽宗, 《대관다론大觀茶論》 〈채택采擇〉
2   송 조여려趙汝礪, 《북원별록北苑別錄》 〈채다採茶〉
3   명 허차서許次紆, 《다소茶疏》 〈채적採摘〉
4   명 허차서, 《다소》 〈초차炒茶〉
5   명 도륭屠隆, 《다전茶箋》 〈채다〉
6   명 문룡聞龍, 《다전》

본 책에서는 산천이 인용한 다서 원문과 〈다법수칙〉을 비교하여 상이한 부분을 각주에 제시하였다.

원문 및 풀이

찻잎 따기는 여명에 해서 해가 나오면 그만둔다. 손톱을 사용하여 싹을 끊어야지 손가락으로 문지르면 안 된다. 땀 기운이나 냄새가 스미면 차가 깨끗하지 않을까 염려해서다. 이 때문에 차 따는 사람들은 새로 길어 온 물을 가지고 다니면서 차 싹을 얻으면 물에 넣는다. 무릇 싹은 참새 혀나 곡식의 낟알 같은 것을 투품으로 꼽고, 일창일기는

간아라 한다. 일창이기는 그다음이고, 나머지는 하품이다.[1]

擷茶以黎明, 見日則止. 用爪斷芽, 不以指揉, 慮氣汚薰漬[2], 茶不鮮潔. 故茶工多以新汲水自隨, 得芽則投諸水. 凡芽如雀舌穀粒者爲鬥品, 一槍一旗爲揀芽, 一槍二旗爲次之, 餘斯爲下.

차를 따는 방법은 모름지기 이른 새벽에 하고, 해를 보아서는 안 된다. 새벽에는 밤이슬이 아직 마르지 않아 차 싹이 살찌고 촉촉하다. 해를 보면 양기에 이슬 기운이 엷어져서, 차 싹의 기름기를 안에서 소모시키므로 물을 받아도 선명하지 않게 된다.[3]

采茶之法, 須是侵晨, 不可見日. 晨則夜露未晞,[4] 茶芽肥潤, 見日則爲陽氣所薄, 使芽之膏腴內耗, 至受水而不鮮明.

청명과 곡우는 차를 따는 시기이다. 청명은 너무 이르고, 입하는 너무 늦다. 곡우 전후가 가장 알맞은 때이다. 만약 다시 하루나 이틀의 날짜를 미뤄서 그 기력이 완전히 채워지기를 기다리면, 향기가 배나 더욱 짙어지고 보관하기도 쉽다. 비록 조금 크게 자라더라도 가지는 어리고 잎은 부드럽다.[5]

淸明穀雨, 摘茶之候也. 淸明太早, 立夏太遲. 穀雨前後, 其時適中. 若肯再遲一二日期, 待其氣力完足, 香烈尤倍, 易于收藏. 雖稍長大,[6] 故是嫩枝柔葉也.

---

1 휘종의 《대관다론》 〈채택〉 조의 내용이다.
2 慮氣汚薰漬: 《대관다론》 원문에는 "慮氣汗薰漬"로 되어 있다.
3 조여려의 《북원별록》 〈채다〉 조의 내용이다.
4 晨則夜露未晞: 《북원별록》 원문에는 "侵晨則夜露未晞"로 되어 있다.
5 허차서의 《다소》 〈채적〉 조의 내용이다.

생차를 막 따면 아직 향기가 스미지 않은 상태여서 반드시 불의 힘을 빌려 그 향기를 끌어내야 한다. 하지만 성질이 괴로움을 견디지 못하므로 덖기를 오래 해서는 안 된다. 많이 가져다가 솥에 넣으면 손길이 고르지 않게 되고, 솥 안에 오래 두어 너무 익으면 향기가 흩어지고 만다. 심한 경우 타거나 말라버리면 어떻게 차 끓이는 것을 견디겠는가? 차를 덖는 기구는 신철, 즉 새로 만든 쇠를 가장 꺼린다. 쇠 비린내가 한번 배면 다시는 향기가 나지 않는다. 더 꺼리는 것은 기름기이니, 해로움이 쇠보다 심하다. 차를 덖는 땔감은 나뭇가지만 쓸 수 있고, 줄기나 잎은 쓰지 않는다. 줄기를 때면 불의 힘이 맹렬하게 타오르고, 잎을 때면 쉽게 불이 붙었다가 쉽게 꺼진다. 솥은 반드시 윤이 나도록 닦아두었다가 찻잎을 따오는 대로 바로 덖는데 솥 하나 안에 겨우 4냥을 넣는다. 먼저 문화文火, 즉 약한 불을 쓰고,[7] 이어서 무화武火, 곧 센 불을 써서 재촉한다. 손에 나무 손가락을 끼고서 서둘러 움켜서 굴려 반쯤 익히는 것을 기준으로 삼는다. 조금 기다려 향기가 피어나면 이것이 알맞은 때이다.[8]

生茶初摘, 香氣未透, 必借火力, 以發其香. 然性不耐勞, 炒不宜久. 多取入鐺, 則手不勻,[9] 久于鐺中,[10] 過熟而香散.[11] 甚且枯焦, 何堪烹點.[12] 炒茶之器, 最

6 易于收藏. 雖稍長大:《다소》원문에는 "易于收藏. 雖稍長大" 사이에 "梅時不蒸"이 들어 있다.

7 먼저 문화, 즉 약한 불을 쓰고(先用文火):《다소》원문에는 "먼저 약한 불로 덖어 부드럽게 하고(先用文火焙軟)"로 되어 있다.

8 허차서의《다소》〈초차〉조의 내용이다.

9 則手不勻:《다소》원문에는 "則手力不勻"으로 되어 있다.

10 久于鐺中:《다소》원문에는 "久於鐺中"으로 되어 있다.

忌新鐵.[13] 鐵腥一入, 不復有香. 尤忌脂膩, 害甚于鐵.[14] 炒茶之薪,[15] 僅可樹枝, 不用幹葉. 幹則火力猛熾, 葉則易炎易滅.[16] 鐺必磨瑩, 旋摘旋炒. 一鐺之內, 僅容四兩. 先用文火, 次用武火催之.[17] 手加木指, 急急炒轉,[18] 以半熟爲度. 微俟香發, 是其候矣.

찻잎을 딸 때는 너무 가는 것은 필요 없다. 가늘면 싹이 갓 움터서 맛이 부족하다. 너무 푸를 필요도 없다. 푸르면 차가 이미 쇠어서 어린 맛이 부족하다. 모름지기 곡우 전후에 줄기에 잎이 달린 것을 찾아야 한다. 옅은 녹색으로 둥글고 두꺼운 것이 상품이다.[19]

采茶, 不必太細. 細則芽初萌, 而味欠足. 不必太靑, 靑則茶已老, 而味欠嫩. 須在穀雨前後, 覓成梗帶葉, 微綠色團且厚者, 爲上.[20]

덖을 때는 모름지기 한 사람이 곁에서 부채질을 하여 열기를 없애

---

11 過熟而香散:《다소》원문에는 "過熟而香散矣"로 되어 있다.

12 何堪烹點:《다소》원문에는 "尙堪烹點"으로 되어 있다.

13 最忌新鐵:《다소》원문에는 "最嫌新鐵"로 되어 있다.

14 害甚于鐵:《다소》원문에는 "害甚於鐵"로 되어 있다.

15 害甚于鐵, 炒茶之薪:《다소》원문에는 "害甚于鐵"과 "炒茶之薪" 사이에 "須豫取一鐺, 專用炊飯, 無得別作他用" 문장이 들어 있다.

16 葉則易炎易滅:《다소》원문에는 "葉則易燄易滅"로 되어 있다.

17 次用武火催之:《다소》원문에는 "次加武火催之"로 되어 있다.

18 急急炒轉:《다소》원문에는 "急急鈔轉"으로 되어 있다.

19 도륭의《다전》〈채다〉조의 내용이다.

20 微綠色團且厚者爲上: 도륭의《다전》원문에는 "微綠色而團且厚者爲上"이다.

주어야 한다. 뜨거우면 황색이 되고, 향기와 맛이 모두 줄어든다.[21]

炒時, 須一人從傍扇之, 以去熱氣[22]. 熱則黃色[23], 香味俱減.

다법 몇 항목을 써서 견향[24]에게 보인다. 이 방법에 따라 차를 만들어 중생을 이롭게 한다면 부처님의 일 아님이 없을 것이다. 산천거사.

茶法數則, 書贈見香, 要依此製茶, 以利衆生, 無非佛事耳. 山泉居士.

해설

〈다법수칙〉은 찻잎을 따는 방법과 덖는 방법에 관한 내용으로 모두 여섯 항목 413자로 이루어져 있다. 본래 글에는 제목이 따로 없지만 말미에 적은 글 첫머리에 '다법수칙茶法數則'이라 한 것을 표제標題로 삼았다.

찻잎을 따는 방법은 송대의 다서 《대관다론》〈채택〉, 《북원별록》〈채다〉, 명대 다서 《다소》〈채적〉, 도륭의 《다전》〈채다〉에서 각각 인용하였으며, 덖는 방법은 명대 다서 《다소》〈초차〉와 문룡의 《다전》에서 인용했다.

견향見香 향훈向薰은 완호玩虎 윤우倫佑와 환봉喚峰 경민景旻의 법

---

21 문룡의 《다전》의 내용이다.

22 以去熱氣: 문룡의 《다전》 원문에는 "以祛熱氣"로 되어 있다.

23 熱則黃色: 문룡의 《다전》 원문에는 "否則黃色"으로 되어 있다.

24 견향: 완호 윤우와 환봉 경민의 법맥을 이은 대둔사 승려 견향 향훈이다. 차에 조예가 깊어 추사에게 '다선茶禪'의 칭호를 들었다.

맥을 이은 승려이다. 초의선사에게는 제자 항렬로, 초의선사가 그랬던 것처럼 차를 만들어 추사에게 보내주었다.

산천이 향훈에게 〈다법수칙〉을 써준 것은 향훈이 만든 차를 마시고 부족한 점을 느껴 올바른 제다법을 알려주기 위해서였던 듯하다. 〈다법수칙〉 글 끝에 "다법 몇 항목을 써서 견향에게 보인다. 이 방법에 따라 차를 만들어 중생을 이롭게 한다면 부처님의 일 아님이 없을 것이다. 산천거사"라고 한 내용을 통해 짐작할 수 있다.

향훈은 산천의 바람대로 〈다법수칙〉의 제다 이론을 실전에 적용하여 추사가 '다선茶禪'이라고 할 만큼 차를 잘 만들게 되었다. 실제 추사가 향훈에게 보낸 걸명乞茗 편지가 여러 통 남아 있다.

산천의 〈다법수칙〉은 초의의 《다신전》과 함께 대흥사 승려들의 제다 수준을 높이는 데 기여한, 우리 차 문화사에서 중요한 의미를 갖는 글이다.

18

김명희

金命喜, 1788~1857

사차

謝茶

초의차의 효능과 포장 및 제법

謝
茶

자료 소개

　김명희는 형인 추사와 함께 초의와 가깝게 왕래했다. 〈사차謝茶〉는
1850년 초의에게 차를 선물 받고 나서 김명희가 감사의 뜻을 담아 초
의에게 보낸 시이다. 이 시를 지을 당시 김명희는 63세의 노인이었다.
초의의 《일지암시고》에 자신의 답시에 대한 원운原韻으로 소개해 수
록했다. 시 끝에 실은 발문跋文에서는 초의에게 차를 청한 이유와 초
의차를 마신 후 초의차의 효능에 대한 찬송을 담았는데, 학질에 따른
오랜 갈증을 말끔히 씻어줄 정도였다고 적었다.
　앞서 본 〈다법수칙〉에 이어 김명희와 승려의 차 교류를 잘 보여준
다. 이 시를 받고 초의는 이를 차운하여 다시 답시를 보냈다. 두 작품
모두 차에 대한 깊은 이해를 담았다.

원문 및 풀이

1	이 늙은이 평소에 차 즐기지 않았는데	老夫平日不愛茶
2	하늘이 어리석음 미워하여 학질에 걸렸다네.	天憎其頑中瘧邪
3	열나는 것 걱정 않고 갈증 심함 염려되어	不憂熱殺憂渴殺
4	급히 풍로風爐 가져다가 차 싹을 끓인다네.	急向風爐瀹茶芽
5	연경燕京에서 들여온 것 가짜가 많다 하니[1]	自燕來者多贗品
6	향편이니 주란이니[2] 비단 갑에 담았구나.	香片珠蘭匣以錦
7	듣자니 좋은 차는 고운 여인 같다는데[3]	曾聞佳茗似佳人
8	이 계집종[4] 재주 용모 추하기 그지없다.	此婢才耳醜更甚
9	초의 스님 갑자기 우전차雨前茶를 부쳐 와서	艸衣忽寄雨前來
10	대껍질 싼 응조차鷹爪茶를 손수 직접 끌렀다네.	篲包鷹爪手自開
11	막힘 뚫고 번열煩熱 씻음 그 공이 대단하여	消壅滌煩功莫尙

1 연경에서 …… 많다 하니: 서유구도《임원경제지》에서 "해마다 수레에 실어 사 가
지고 오는 것이 걸핏하면 소와 말이 땀을 흘릴 정도이지만 진짜는 몹시 드물다(每
歲輦輸之購來者, 動輒汗牛馬. 然眞者絶罕)"고 했다.

2 향편香片이니 주란珠蘭이니: 당시 중국에서 많이 팔리던 차의 이름이다. 향편은 차
에 꽃을 섞거나 꽃향기를 흡착시켜 만든 화차花茶이니 '향기의 조각'이라는 뜻으
로 화차의 별칭이다. 홍대용의《담헌서》에 중국 사람 서종현이 선물로 보낸 주란
차 이야기가 나온다.

3 좋은 차는 고운 여인 같다는데: 소동파의 시 〈조보曹輔가 '학원壑源에서 시험 삼
아 만든 새 차를 부쳐 오다'의 시운을 차운하다(次曹輔寄壑源試焙新茶)〉의 7, 8구에서
"장난으로 지은 짧은 시 그대여 웃지 마소. 예로부터 좋은 차는 가인佳人과 비슷하
네(戲作小詩君勿笑, 從來佳茗似佳人)"라 한 데서 따왔다.

4 이 계집종(此婢): '차비此婢'는 지금 그가 끓여 마신 가짜 중국차를 추녀에 견줘 말
한 것이다.

12	우레 같고 칼 같으니 어이 이리 웅장한가.	如霆如割何雄哉
13	노스님의 차 고르기 부처를 고르듯해	老僧選茶如選佛
14	일창일기 어린 싹을 엄히 지켜 가렸다네.	一槍一旗嚴持律
15	덖어 말림 솜씨 좋아 두루 통함 얻으니	尤工炒焙得圓通
16	향기와 맛을 따라 바라밀⁵로 드는구나.	從香味入波羅蜜
17	이 비법 500년에 비로소 드러나매	此秘始抉五百年
18	옛사람 그때보다 내 복이 훨씬 낫네.	無乃福過古人天
19	그 맛은 순유純乳보다 훨씬 나음 알겠거니	明知味勝純乳遠
20	부처님 계실 적에 나지 못함 유감없네.	不恨不生佛滅前
21	차가 이리 좋으니 어이 아끼잖으리오.	茶如此好寧不愛
22	노동盧소의 일곱 잔도 오히려 부족하다.	玉川七椀猶嫌隘
23	가벼이 외인에게 말하지 마시게나.	且莫輕向外人道
24	산속의 차에 대해 세금 매김 염려되니.	復恐山中茶出稅

학질을 앓아 갈증이 심하므로 신령한 차를 청했다. 근래 연경의 시장에서 구입해 온 것은 비단 주머니에 수놓은 천으로 싸서 한갓 겉치장만 힘쓸 뿐 거친 가지와 질긴 잎을 차마 입에 넣을 수가 없다. 이러한 때 초의가 부쳐 온 차를 얻으니, 응조鷹爪와 맥과麥顆가 모두 곡우 이전의 좋은 제품이었다. 한 그릇을 다 마시지도 않았는데 문득 번열을 씻어내고 갈증을 해소시키니, 전씨顧氏의 갑옷은 이미 저만치 멀리 물러나고 말았다.⁶ 고려 때 차를 심게 하여 토산의 공물과 대궐의 하

---

5 바라밀波羅蜜: 초의가 지은 〈산천도인의 사차시에 화운하여〉에서 "일체의 법에 집착하는 바가 없기 때문에 바라밀이라 한다(於一切法無所執着, 故名波羅蜜)"고 했다.

사품을 모두 차로 썼다. 500년 이래로 우리나라에 차가 있는 것을 알지 못했는데 이를 따고 덖어 묘함이 삼매에 든 것은 초의에게 처음으로 얻었다. 공덕이 참으로 무량하다. 산천노인이 병든 팔뚝으로 쓴다.

病瘧渴甚, 乞靈茗椀. 近日燕肆購來者, 錦囊繡包, 徒尙外飾, 麤柯梗葉, 不堪入口. 此時得艸衣寄茶, 鷹爪麥顆, 儘雨前佳品也. 一甌未了, 頓令滌煩解渴. 顓氏之胃, 已退三舍矣. 麗朝令植茶, 土貢內賜, 皆用茶. 五百年來, 不識我東有茶. 採之焙之, 妙入三昧, 始於艸衣得之. 功德眞無量矣. 山泉老人試病腕.[7]

해설

김명희는 시 중간 부분과 발문에서 당시 중국에서 흔히 들어온 형편없는 품질의 가짜 차를 성토했다. 중국차는 비단 주머니에 수놓은 천으로 차를 포장해 향편이니 주란이니 하는 그럴듯한 이름을 붙여놓았다. 하지만 막상 기대를 품고 차를 끓여보면, 가지는 거칠고 잎은 질겨 향은커녕 입에 댈 수조차 없을 지경이었다. 산천은 좋은 차는 가인佳人과 같다고 한 소동파의 시구를 끌어와, 중국에서 들여온 차가 가인은커녕 재주와 용모가 몹시 추악해서 차마 봐줄 수 없는 계집종과 같다고 비유했다.

---

6 전씨의 갑옷은 …… 말았다: 전씨는 황제의 손자인 전욱顓頊으로 오제五帝 중 한 사람이다. 제곡帝嚳은 전욱의 조카다. "제곡이 쓰던 투구는 그 아비 또한 쓰지 않았다"라는 기록이 있는데 여기서는 학질 증세가 간데없이 말끔해졌다는 의미로 썼다.
7 이 발문은 목판본《초의시집》에는 없고, 필사본《일지암시고》에만 수록되어 있다.

초의가 부쳐 온 곡우 전에 딴 잎으로 만든 차를 응조차鷹爪茶와 맥과차麥顆茶라고 설명했다. 응조는 매의 발톱이니 갓 나온 어린 차 싹의 모양이 매의 발톱처럼 노랗고 끝이 꼬부라진 데서 얻은 표현이다. 맥과는 보리 알갱이다. 둘 다 채 펴지 않은 차 싹을 형용한 것이다. 응조차와 맥과차는 곡우 이전에 딴 첫물차라는 말이다.

김명희는 시에서 초의차의 포장 상태와 효능에 대해서도 세세하게 적고 있다. 포장은 탁포籜包, 즉 대나무 껍질로 쌌고, 응조와 맥과라 했듯 일창일기의 어린싹과 잎만 엄선해서 덖고 말리는 수단을 발휘했다. 효능은 '소옹척번消壅滌煩', 즉 막힌 체증을 뚫어주고 번열煩熱을 씻어내준다고 했다.

또 우리나라가 고려 때 토산의 공물과 대궐에서 신하에게 내리는 하사품을 모두 차로 썼을 만큼 차 문화가 진작에 발전하였으나, 지난 500년간 적막하게 단절되어 차가 무슨 물건인지조차 모르게 되었는데 초의에 와서 그 단절을 메워 제다의 비법을 복원할 수 있었으니, 공덕으로 쳐도 큰 공덕이 아닐 수 없다고 했다. 끝은 차 맛이 이다지도 훌륭하므로, 공연히 바깥사람에게 알려져 차에 세금을 매기게 되거나, 이런저런 요청으로 성가시게 될 것이 걱정이란 말로 맺었다.

발문에서는 초의에게 차를 청한 이유를 밝혔다. 자신이 학질에 걸려 차를 마시려고 했지만, 중국에서 구해 온 차는 입에 넣을 수조차 없는 가짜라서 초의에게 신령한 차를 청했는데 부쳐 온 차를 마시니 바로 학질이 물러났다고 했다. 더욱이 차를 마시고 삼매三昧에 드는 경험을 초의차에서 처음으로 얻었기에 초의차의 공덕이 참으로 크다고 하였다.

19

이규경

李圭景, 1788~1856

도다변증설

茶茶辨證說

차 관련 문헌을 총망라한 박물학적 저술

작가와 자료 소개

이규경李圭景의 본관은 전주全州이며, 자는 백규伯揆, 호는 오주五洲
또는 오주거사五洲居士, 소운거사嘯雲居士라고도 한다. 할아버지는 정
조의 총애를 받은 규장각 검서관 이덕무李德懋(1741~1793)이며, 부친
은 이광규李光奎로 역시 규장각 검서관을 지냈다.

이규경은 경서經書와 사서四書부터 기문이서奇文異書에 이르기까지
박학다식하여 고증학적인 학문 토대를 마련했던 할아버지와 아버지의
영향을 이어받았다. 그 결과 우리나라와 중국의 고금사물古今事物에 대
한 수백 종의 서적을 탐독하여 천문·역수曆數·종족·역사·지리·문
학·음운音韻·종교·서화·풍속·야금冶金·병사兵事·초목·어조魚鳥
등 모든 학문을 변증설辨證設이라는 방식에 의해 고증학적인 방법으
로 논리적이고 체계적으로 연구하여 총 1,417항목을 담은 《오주연문

장전산고五洲衍文長箋散稿》를 60권 60책으로 집대성하였다.

〈도다변증설茶茶辨證說〉은《오주연문장전산고》56권에 수록되어 있으며, '도茶' 자와 '다茶' 자의 어원과 유래, 다품茶品, 수품水品, 탕변湯辨, 차의 아홉 가지 어려움(九難), 차의 재배栽培와 저장, 중국의 차세茶稅, 투차投茶 등에 관한 내용을 문헌을 통해 꼼꼼하게 변증한 내용을 담고 있다.

이 책에서는 〈도다변증설〉의 번역문과 원문을 수록하고, 인용 문헌의 원문을 꼼꼼히 대조해 교감 내용을 주석에 제시했다.

원문 및 풀이

'도茶'란 글자는 중당中唐 때부터 처음 변해 '다茶'가 되었다. 그 주장은《당정운唐正韻》에 이미 상세하다.

茶字, 自中唐始變作茶. 其說已詳于唐韻正.

《곤학기문困學紀聞》에서 말했다. "도茶에는 세 가지가 있다. '누가 도를 쓰다고 했나?'의 고채苦菜, 즉 씀바귀이다. '여자가 도와 같네〔有女如茶〕'의 도는 모수茅秀, 즉 강아지풀이다. 호蔊와 도와 료蓼는 뭍에서 나는 풀이다."

困學紀聞: "茶有三. 誰謂茶苦, 苦菜也. 有女如茶, 茅秀也. 以蔊茶蓼, 陸草也."

《이아爾雅》에는 도茶와 도蒤 자가 다섯 차례 보인다. 하지만 각각 가리키는 것이 다르다.

爾雅, 茶荼字凡五見, 而各不同.

《이아》〈석초釋草〉에서 말했다. "도는 고채이다." 주注에서는 《시경》을 인용해 "누가 도를 쓰다고 했나. 달기가 냉이 같네(誰謂荼苦, 其甘如薺)"라 하고, 풀이에서는 "이것은 맛이 쓰지만 먹을 수 있는 채소다. 잎은 고거苦苣와 비슷하지만 가늘고, 자르면 흰 즙이 있다. 꽃은 노란 것이 국화와 비슷하다. 먹을 수 있다. 다만 맛이 쓰다"라고 했다.

釋草曰: "荼苦菜." 注引詩, "誰謂荼苦, 其甘如薺." 疏云: "此味苦, 可食之菜. 葉似苦苣而細, 斷之有白汁. 花黃似菊. 堪食, 但苦耳."

또 말했다. "표薰는 과荂와 도이다." 주에서는 "바로 꽃이다"라고 했다. 풀이에서는 "《주례周禮》〈장도掌荼〉와 《시경》에서 '여자가 도와 같네'라 한 것은 모수이다. 표와 과는 그 별명이다"라고 했다.

又曰: "薰荂荼." 注云: "卽芳." 疏云: "按周禮掌荼及詩, 有女如荼. 茅秀也. 薰也荂也, 其別名."

또 말했다. "도는 호장虎杖이다." 주에서는 "홍초紅草와 비슷한데 거칠고 크다. 가는 가시가 있다. 붉은 물을 들일 수 있다"고 했다.

又曰: "荼虎杖." 注云: "似紅草而粗大. 有細刺, 可以染赤."

또 말했다. "도는 위엽委葉이다." 주에서는 《시경》의 "도료荼蓼로 김매다(以茠荼蓼)"를 인용했다. 풀이에서는 "도는 일명 위엽이다"라고 했다. 왕숙王肅은 〈설시說詩〉에서 "도는 뭍에서 나는 더러운 풀이다"라고 했다. 그렇다면 도란 것은 들판이나 밭에 무성한 지저분한 풀이지 고채가 아니다.

又曰: "荼委葉." 注引詩以莃荼蓼. 疏云: "荼. 一名委葉." 王肅說詩云: "荼. 陸
穢草." 然則荼者. 原田蕪穢之草. 非苦荼也.

《이아》〈석목釋木〉에서 말했다. "가檟는 고도苦荼이다." 주에서 말
했다. "나무는 작기가 치자만 하고, 겨울에 잎이 나오는데 삶아서 국
을 만들어 마실 수 있다. 오늘날 일찍 딴 것은 차荼라고 하고, 늦게 딴
것은 명茗이라 하며, 일명 천荈이라고도 한다. 촉蜀 땅 사람은 고도라
고 불렀다."

釋木曰: "檟苦荼." 注云: "樹小如梔子. 冬生葉, 可煮作羹飮. 今呼早采者爲
荼[1]. 晚取者爲茗. 一名荈. 蜀人名之苦荼."

지금《시경詩經》을 살펴보니,〈패邶·곡풍谷風〉의 '도고荼苦'와〈칠
월七月〉의 '채도采荼',〈면綿〉의 '근도菫荼'는 모두 고채이다.

今以詩考之, 邶谷風之荼苦, 七月之采荼, 綿之菫荼, 皆苦荼也.

《하소정夏小正》에서는 "도유荼莠를 취한다"고 했고,《주례周禮》〈지
관地官〉에는 '장도掌荼'의 항목이 있으며,《의례儀禮》에서는 "자리(茵
著)를 짤 때 도를 쓰는데 속을 채울 때는 생강(縓)이나 난초(澤)로 한
다[2]"고 했다.《시경》〈치효鴟鴞〉에 나오는 '날도捋荼', 즉 도를 뽑는다고
할 때 도는 모유茅莠이다.

---

1 今呼早采者爲荼: 진진晉나라 곽박郭璞(276~324)이 지은《이아주爾雅注》원문에는 "今呼
早采者爲荼"로 되어 있다.

2 자리를 짤 때 …… 난초로 한다:《상변통고常變通攷》권6에 "깔개의 속(著)으로는
띠 이삭(荼)을 사용한다. 도荼는 대大와 노奴의 반절이다. 채우는 것(實)은 생강이

夏小正: "取荼莠", 周禮地官掌荼, 儀禮: "茵著用荼, 實綏澤焉." 鴟鴞 '捋荼', 茅莠也.

《시경詩經》〈출기동문〉에서는 "여자가 도와 같네"라고 했다.
出其東門: "有女如荼."

《국어國語》에서 말했다. "오왕 부차夫差가 1만 명으로 방형方形의 진을 만들어, 흰옷과 흰 깃발, 흰 갑옷과 흰 새의 깃으로 만든 화살을 갖추니[3], 멀리서 보면 도와 같았다." 이 또한 모유이다.
國語: "吳王夫差萬人爲方陳. 白常白旗素甲白羽之矰, 望之如荼." 亦茅莠也.

《시경》〈주송·양사周頌·良耜〉에 나오는 '도료荼蓼'는 위엽의 도이다. 다만 호장虎杖의 도와 가櫃의 고도는 《시경》과 《예기禮記》에는 보이지 않는다. 하지만 왕포王襃의 〈동약僮約〉[4]에서는 "무양陽武에서 도

나 난초로 한다. 주: 도는 띠의 이삭이다. 수綏는 염강廉薑이고 택澤은 택란澤蘭이니, 모두 그 향기를 취함이고, 또 습기를 막아주기 때문에 관 아래에 있는 것이다"라 하였다.

3 흰옷과 흰 깃발 …… 화살을 갖추니: '상常'이 사부비요본四部備要本에는 '상裳'으로 되어 있다. 《설문說文》에 "상常은 혹 의衣를 붙여 상裳으로도 쓴다"고 했다. 백우지증白羽之矰은 흰 살깃을 붙인 화살인데 증矰은 짧은 화살을 가리킨다. 백기白旗는 흰 바탕에 곰과 호랑이를 그린 깃발이다. 여기서는 부차가 왕의 지위로 중군中軍을 지휘함을 상징한다.

4 왕포의 〈동약〉: 노비 계약을 다룬 글로서 그 내용은, 왕포가 양혜楊惠라는 과부의 집에 들렀다가 오만하게 술심부름을 거부하는 양혜의 노비 편료便了를 샀는데 그 노비 문서에서 노비가 해야 할 수많은 일을 구체적으로 제시하고, 이를 어겼을 때 적용하는 처벌 조항까지도 세세하게 밝혀놓음으로써 편료를 길들인다는 이야기

를 산다"고 했다.

良耜之茶蓼, 委葉之藗也. 惟虎杖之藗與檟之苦茶, 不見於詩禮. 而王褒僮約
云: "武陽⁵買茶."

장재張載⁶가 〈성도 백토루에 올라〔登成都白菟樓〕〉라는 시에서 말했
다. "향기로운 도는 육청六淸의 으뜸일세."

張載, 登成都白菟樓詩云: "芳茶冠六淸."

손초孫楚⁷의 시⁸에서 말했다. "생강〔薑〕과 계피〔桂〕, 도와 천쌰은 파
촉巴蜀에서 난다."

孫楚詩云: "薑桂茶蔱出巴蜀."

이다. 왕포는 전한前漢 시대의 인물로 사부辭賦에 능했다.《고문원古文苑》권17 〈동
약僮約〉에 관련 내용이 나온다.

5 무양: 〈도다변증설〉에는 '양무陽武'로 되어 있으나, 원래의 지명에 맞춰 '무양武陽'
으로 고쳤다. 무양은 지금의 사천성 팽산현이다.

6 장재: 서진 시대 문인으로 자가 맹양孟陽이다. 용모가 심히 누추했지만 박식하고
글을 잘 지었다.

7 손초: 서진 시대 문인으로 자는 자형子荊이다. 그가 장차 숨어 살려고 하면서, "돌
을 베개 삼고 흐르는 물에 양치질하련다〔枕石漱流〕"라고 말해야 할 것을 "물을 베
고 돌로 양치질하련다〔枕流漱石〕"라고 잘못 말했는데 왕제王濟가 그 말을 듣고서
잘못을 지적하자 손초가 "물을 베는 것은 속진에 찌든 귀를 씻어내기 위함이요
〔洗其耳〕, 돌로 양치질하는 것은 연화煙火에 물든 치아의 때를 갈아서 없애려 함이
다〔礪其齒〕"라고 대답했던 고사가 전한다.《세설신어世說新語》〈배조排調〉에 관련 내
용이 보인다.

8 손초의 시: 손초가 지은 〈출가出歌〉를 말한다.

《본초연의本草衍義》에서 말했다. "진晉나라 온교溫嶠가 표문表文을 올려 도 천 근과 명茗 300근을 바쳤다." 이를 통해 진秦나라 사람이 촉 땅을 취한 뒤로부터 비로소 명을 마시는 일이 있었음을 알 수 있다.

本草衍義: "晉溫嶠上表, 貢茶千斤. 茗三百斤." 是知自秦人取蜀而後, 始有茗飮之事.

왕포의 〈동약〉에 앞에서는 "자라를 굽고 도를 삶는다"고 했고, 뒤에서는 "무양에서 도를 산다"고 했다. 주에서는 "그 전에는 고채라 하던 것을 나중에는 명이라 했다"고 하였다. 《당서唐書》에서는 "육우陸羽가 도를 즐겼으므로 이후부터는 '도' 자에서 획 하나를 덜어 '차茶'라고 하였다. 그는 《다경》 세 편을 지어, 천하 사람들이 더욱 차 마시는 것을 알게 되었다. 당시에 회흘回紇이 입조入朝하면서 처음으로 말을 몰고 와 차를 사 가지고 갔다"고 했다. 명나라 때에 이르러서는 차마어사茶馬御史[9]를 설치하였다.

王褒僮約, 前云 '烹鼈烹茶', 後云 '武陽買茶'. 注云: "以前爲苦菜, 後爲茗." 唐書: 陸羽嗜茶. 自此後. 茶字減一畫爲茶. 著經三篇. 天下益知飮茶矣. 時回紇入朝, 始驅馬市茶. 至明代, 設茶馬御史.

《대당신어大唐新語》[10]에서 말했다. "우보궐右補闕 기모경綦母㷉은 성품이 차를 마시지 않았다. 〈다음서茶飮序〉에서 '체증을 풀어주고 막힌

---

9 차마어사: 변방 민족과의 차마茶馬 무역을 위해 설치된 차마사茶馬司에서 차와 말을 교환하는 업무를 담당하던 관리를 말한다.

10 《대당신어》: 당나라 유숙劉肅이 지은 책으로, 7~8세기의 당나라 무덕武德에서 대력大曆까지의 정교政敎에 관해 권계하는 기사記事를 모았다. 총12권이다.

것을 뚫는 것은 하루의 이로움이 잠깐 좋은 것이고, 기를 마르게 하고 정기를 깎는 것은 평생의 해로움이 큰 것이다'라고 하였다."

大唐新語言: "右補闕綦毋㷵, 性不飮茶, 著茶飮序曰: '釋滯消壅, 一日之利暫佳, 瘠氣侵精, 終身之害斯大.'"

내가 살펴보니, '차' 자 가운데 가장 오래된 것은《신농식경神農食經》에 겨우 보인다.

愚按, 茶字之最古者, 僅見神農食經.

《물리소지物理小識》에서 말했다. "차에 대한 풀이가《신농식경》에 실려 있다. 옛날의 '도'는 바로 '차'이다.《한서漢書》〈지리지地理志〉에 나오는 '도릉茶陵'의 '도'는 '다'로 읽는데 그 설명이《통아通雅》에 자세하다.[11] 한굉韓翃[12]은 〈사차계謝茶啓〉[13]에서 '오주吳主 손호孫皓는 차를 내려주었고, 진인晉人은 차를 나눠주었네'라고 하였다. 안자晏子의 삼명三茗은 예로부터 그러했다.[14] 오직 상저桑苧 육우가 차를 만들어 이름이 드러났다."

---

11 《통아》에 자세하다:《통아》권43〈식물植物〉에 "《한서》〈지리지〉에 '장사長沙에 도릉茶陵이 있다'고 했다. 주注에서 안사고가 말하길 '차의 음은 식式과 사奢의 반절이다. 즉 지금의 차릉이다(漢地理志, 長沙有茶, 注師古曰: '茶音式奢反, 即今之茶陵')'"라는 내용이 있다.《통아》는 명말 청초의 문인 방이지方以智(1611~1671)가 지었다.

12 한굉: 당나라 때 대력십재자大歷十材子 중 한 사람으로, 자가 군평君平이다.

13 〈사차계〉: 한굉이 올린〈위전신옥사차표爲田神玉謝茶表〉를 말한다.《전당서全唐書》권444와《광군방보》권19에 실려 있다.

14 안자의 삼명은 예로부터 그러했다(晏子三茗, 自古以然): 안자는 제齊나라 재상 안영을 말한다. 안영이 재상임에도 검소하여 거친 밥에 구이 세 꼬치, 알 다섯 개, 그리고 차나물(茗菜)만 먹었던 고사를 말한 것이다.《안자춘추》에 관련 내용이 있다.

物理小識: "茶解答載神農食經, 古荼卽茶. 漢志, 荼陵音茶, 詳通雅. 韓翃謝茶啓云: '吳主置茗, 晉人分茶.' 晏子三茗, 自古以然. 惟桑苧以製顯耳."

당나라 때 경릉竟陵 사람 육우가 《다경》에서 말했다. "첫째는 '차茶'이고, 둘째는 '가檟'이며, 셋째는 '설蔎'이고, 넷째는 '명茗', 다섯째가 '천荈'이다. 천 가지 만 가지 형상이 있는데 거칠게 말해보면 이렇다. 오랑캐의 가죽신처럼 쭈글쭈글한 것, 들소의 먹미레 살처럼 주름진 것, 뜬구름이 산에서 피어나듯 몽실몽실한 것, 산들바람이 수면을 스칠 때의 물결 같은 것 등이다." 모두 옛날에는 보이지 않는 것이다.

唐竟陵陸羽茶經: "一曰茶, 二曰檟, 三曰蔎, 四曰茗, 五曰荈. 有千萬狀, 鹵莽而言, 如胡人靴者蹙縮然, 犎牛臆者廉襜然, 浮雲出山者輪囷然, 輕颷拂水者涵澹然." 於古無見者.

《신농식경》에서 말했다. "차(茶茗)를 오래 마시면 사람이 힘이 있고 뜻이 즐겁다."

神農食經: "茶茗久服, 人有力悅志."

주공周公의 《이아》에서 말했다. "가는 고도이다."

周公爾雅: "檟, 苦茶."

《안자춘추晏子春秋》에서 말했다. "안영晏嬰이 제경공齊景公의 재상으로 있을 때, 거친 밥에 구이 세 꼬치, 알 다섯 개, 그리고 차와 나물만 먹었다."

晏子春秋: "嬰相齊景公時, 食脫粟飯, 炙三弋五卵茗菜而已."

곽박郭璞이 《이아주爾雅注》에서 말했다. "나무가 작아 치자 같다. 겨울에 잎이 나는데 끓여서 국으로 마실 수 있다."

郭璞爾雅注云: "樹小似梔子. 冬生葉, 可煮羹飲."

《본초강목本草綱目》〈목부木部〉에서 말했다. "명은 '고차'이다. 맛이 달면서 쓰다. 성질이 약간 차지만 독은 없다. 부스럼증에 좋고 소변을 잘 나오게 한다. 가래를 없애주고 열을 내려주며, 잠을 적게 한다."

本草木部: "茗, 苦荼. 味甘苦, 微寒無毒. 主瘻瘡, 利小便. 去痰渴熱, 令人小睡."

송나라 웅번熊蕃의 《선화북원공다록宣和北苑貢茶錄》에서 말했다. "육우의 《다경》과 배문裴汶의 《다술茶述》에는 모두 건안에서 나는 다품을 품평하지 않았다. 설명하는 자가 다만 두 사람이 한 번도 건안에 가보지 않았기 때문이라고 하는데 물건이 나오는 것이 진실로 절로 때가 있음을 알지 못해서이다. 예전에는 산천이 막혀 있어 차의 신령한 싹이 아직 세상에 드러나지 않았다. 당나라 말에 이른 뒤에야 북원北苑에서 나는 것이 으뜸이 되었다. 이때는 위촉僞蜀[15]의 시기였다. 사신詞臣 모문석毛文錫[16]이 《다보茶譜》를 지었지만, 다만 건안에 자순차

---

15 위촉: 오대십국五代十國 시대 왕연汪衍이 세운 전촉前蜀(907~925)과 맹지상孟知祥이 세운 후촉後蜀(934~965)을 가리킨다.

16 모문석: 오대 때 고양高陽 사람으로 자는 평규平珪이다. 당나라 말에 태어나 14세에 진사가 되었다. 전촉의 왕건王建을 섬기다 전촉이 망하자 다시 후촉의 맹창孟昶을 섬겼다. 소사小詞를 잘해 맹창의 칭찬을 받았다. 저서에 《전촉기사前蜀紀事》 2권과 《다보》 1권이 있다.

紫筍茶와 납면차蠟面茶가 있는데 복주福州에서 난다고만 했다. 오대五代 말년에 건안은 남당南唐에 속해 있었다. 해마다 여러 고을의 백성을 이끌고 차를 채취하였다. 북원에서는 처음에는 연고차研膏茶를 만들다가 이어서 납면차를 만들었다. 이후 또 더 나은 것을 만들어 경정차京挺茶라고 불렀다. 우리 성조聖祖께서 개보開寶(968~976)[17] 말년에 남당을 함락시키고, 태평흥국太平興國(976~984)[18] 초에는 특별히 용봉차龍鳳茶의 틀을 만들어놓고 사신을 북원으로 파견하여, 단차團茶를 만들게 해서 백성들이 마시는 차와 구별하였다. 용봉차는 대개 이때부터 시작된 것이다. 대개 용봉차 같은 것은 모두 태종조에서 만든 것으로, 함평咸平(998~1003)[19] 연간 초에 이르러 진국공晉國公 정위丁謂가 비로소《북원다록北苑茶錄》에 처음으로 수록하였다. 경력慶曆(1041~1048) 연간에는 채양蔡襄이 전운사轉運使로 갔다가 소룡단차小龍團茶를 진상하여 황제의 뜻에 맞자, 이후로는 해마다 공물로 바쳤다. 소룡단차가 나오면서부터 용봉차는 마침내 차등의 품목이 되었다. 원풍元豐(1078~1085) 연간에는 황제의 뜻으로 밀운룡차密雲龍茶를 만들었는데 그 품질이 또 소룡단차보다 윗길이었다. 소성紹聖(1094~1098) 연간에는 고쳐서 서운상룡차瑞雲翔龍茶라 하였다."

宋熊蕃, 宣和北苑貢茶錄: "陸羽茶經, 裴汶茶述者, 皆不第建品. 說者但謂二子未嘗至建, 而不知物之發也固自有時. 蓋昔者山川尙閟, 靈芽未露. 至于唐末然後, 北苑出爲之最. 是時僞蜀時詞臣毛文錫作茶譜, 亦第言建有紫筍, 而臘面

17 개보: 북송 태조 조광윤이 사용한 세 번째 연호이다.
18 태평흥국: 북송 2대 황제 태종 조광의가 사용한 첫 번째 연호이다.
19 함평: 북송 3대 황제 진종 조항이 사용한 첫 번째 연호이다.

乃産于福. 五代之季, 建屬南唐, 歲率諸縣民采茶, 北苑初造研膏, 繼造臘面. 既
又製其佳者, 號曰京鋌. 聖祖開寶末下南唐, 太平興國初, 特置龍鳳模, 遣使卽北
苑, 造團茶以別庶飮, 龍鳳茶, 蓋始于此. 蓋龍鳳等茶, 皆太宗廟所製. 至咸平初,
丁晉公始載茶錄, 慶曆中, 蔡君謨將漕小龍團以進被旨, 仍歲貢之. 自小團出, 而
龍鳳遂爲次矣. 元豐間, 有旨造密雲龍, 其品又加于小龍團之上. 紹聖間, 改爲瑞
雲翔龍."

　　"대관大觀(1107~1110)[20] 초에 이르러 지금 황제께서 친히《대관다
론》[21] 20편을 지어서, 백차白茶라는 것이 보통의 차와는 같지 않은데
우연히 나온 것이지 사람의 힘으로 이룰 수 있는 것이 아니라고 하였
다. 이에 백차가 최고가 되었다. 무릇 차 싹 중 가장 좋은 것을 소아小
芽라 하는데 참새의 혀나 매 발톱과 같다. 그다음은 간아揀芽이다. 차
싹 하나에 잎을 하나만 달고 있는 것인데 일창일기라고 부른다. 또 그
다음은 중아中芽이다. 차 싹 하나에 두 개의 잎을 달고 있어 일창양기
一鎗兩旗라고 부른다. 선화宣和(1119~1125)[22] 연간 경자년(1120)에 정가
간鄭可簡이 처음으로 은선수아銀線水芽를 만들었다. 대개 장차 가려 익
힌 싹을 재차 발라내, 오직 그 심 한 가닥만을 취하여 만들어 용단승
설龍團勝雪이라 하였다. 차의 묘미가 용단승설에 이르러 지극해졌다.
하지만 여전히 백차의 다음가는 자리에 있었는데 황제께서 백차를 좋

20 대관: 북송 8대 황제 휘종徽宗 조길趙佶(재위 1100~1126)이 사용한 세 번째 연호이다.
21 《대관다론》: 휘종이 지었다. 원래의 제목은《다론茶論》이었으나, 명대 들어《대관
　　다론》으로 바뀌었다. 모두 20개의 조목을 두어 차를 논하였다.
22 선화: 휘종이 사용한 여섯 번째 연호이다.

아했기 때문이다."

"至大觀初, 今上親製茶論二十篇, 以白茶者與常茶不同. 偶然出, 非人力可
致. 于是白茶爲第一. 凡茶芽最上, 曰小芽, 如雀舌鷹爪. 次揀芽. 乃一芽帶一葉
者, 號一鎗一旗. 次曰中芽, 乃一芽帶兩葉, 號一鎗兩旗. 宣和庚子歲. 鄭公可
簡[23]始創爲銀線水芽, 蓋將已揀熟芽再剔去, 秪取其心一縷. 號龍團勝雪. 茶之
妙, 至勝雪極矣. 然猶在白茶之次者, 以上之所好也."

송나라 채양이 《다록茶錄》[24]에서 말했다. "차의 색깔은 흰 것을 귀
하게 친다. 하지만 병차餠茶는 흔히 좋은 기름으로 그 표면을 바르는
경우가 많았으므로, 청색과 황색, 자색과 흑색의 차이가 있게 되었다.
이미 가루를 내고 나서, 황백색 것은 물을 받으면 색깔이 어두워지고
청백색 것은 물을 받으면 선명해진다. 이 때문에 건안 사람들이 차를
품평할 때는 청백색을 황백색보다 낫게 여겼다."

宋蔡襄茶錄: "茶色貴白. 而餠茶多以珍膏油其面, 故有靑黃紫黑之異. 旣已
末之, 黃白者受水昏重, 靑白者受水詳明, 故建安人鬪試, 以靑白勝黃白."

남월南越 진감陳鑑이 《호구다경주보虎丘茶經注補》에서 말했다. "육
우의 《다경》에는 호구虎丘[25]가 빠지고 없다. 내 생각에 육우가 호구를

---

23 簡: 원문에는 '간間'으로 되어 있으나, 웅번의 《선화북원공다록》 원문에 따라 고쳤다.

24 《다록》: 채양은 육우가 《다경》에서 건안차建安茶의 품격을 언급하지 않았고, 정위
丁謂가 《다도茶圖》에서 찻잎을 따고 만드는 방법만 논하였기에 《다록》을 저술하게
되었다고 서문에서 밝히고 있다. 《다록》은 상하 두 편으로 20개 항목으로 이루어
졌다.

25 호구: 중국 강소성江蘇省 소주시蘇州市 서북쪽에 있는 산으로, 오왕吳王 합려闔閭의

숨긴 것이라는 의심이 든다. 우물을 논하고 물을 품평했는데 차만 어찌 뺐겠는가?" 내 생각은 이렇다. 뺀 것이 아니라 호구차는 《다경》에 들어 있는데 아무도 찾아낸 사람이 없었을 뿐이다.[26]

　　南越陳鑑, 虎丘茶經注補: "陸桑苧翁茶經漏虎丘, 竊有疑焉陸嘗隱虎丘者也. 井焉, 品水焉,[27] 茶何漏?" 曰: 非漏也. 虎丘茶自在經中, 無人拈出耳.

　　《다경》에서 말했다. "나무는 과로瓜蘆와 같다. 주석: 과로는 고체苦𣗗로 광주廣州에 있다. 잎은 호구차와 다름없지만 다만 과로는 쓸 뿐이다. 꽃은 흰 장미 같다. 주석: 호구차는 꽃이 피면 백장미에 비해 더 작다. 차 씨앗은 작은 탄환 같다. 상등품은 난석爛石, 즉 풍화토에서 자란 것이고, 중품은 자갈이 섞인 흙에서 자란 것이다. 야생에서 자란 것이 상품이고 밭에서 자란 것은 그다음이다. 마땅히 양지바른 벼랑과 그늘진 숲에서 자란 것이 좋다. 자줏빛을 띠는 것이 상품이고 초록색은 그다음이다. 죽순처럼 뾰족한 것이 상품이고 새싹처럼 생긴 것이 그다음이다. 잎이 말려 있는 것이 상품이고 잎이 펴진 것은 그다음이다. 무릇 차를 따는 것은 2, 3, 4월 사이에 한다. 차 중에 죽순 같은 것은 풍화토에서 나는데 4, 5촌쯤 자라서 마치 고사리가 처음 새순을 피워낸 것과 같은 모양일 때 이슬을 맞으며 딴다. 차의 싹은 차 덤불 위로 올라오는데 잎이 셋인 가지와 넷

　　무덤이 있다고 전해지는 명승지이다. 합려와 부차에 관한 전설이 많이 전해진다.

26 이 글은 《호구다경주보》의 서문에 해당한다. 진감은 육우 《다경》에 나오는 호구차 관련 설명을 모아 주석을 달고 보충 설명하기 위해 이 책을 지었음을 밝히고 있다. 이 글 다음에 이어지는 내용은 모두 《호구다경주보》에서 인용한 것으로, 중간중간 들어간 주석과 보충은 진감이 쓴 것이다.

27 井焉, 品水焉.: 《호구다경주보》에는 "井焉, 泉焉, 品水焉"으로 되어 있다.

인 것, 그리고 다섯인 것이 있다. 그중 가운데 부분이 뾰족하고 예쁘게 돋은 것을 고른다."

茶經: "樹如瓜蘆, 注: 瓜蘆, 苦荈也. 廣州有之. 葉與虎丘茶無異, 但瓜蘆苦耳. 花如白薔薇, 注: 虎丘茶花開, 比白薔薇而小. 茶子如小彈. 上者生爛石, 中生礫壤. 野者上, 園者次. 宜陽崖陰林. 紫者上, 綠者次. 筍者上, 芽者次. 葉卷上, 葉舒次. 凡采茶, 在二三四月間. 茶之筍者, 生爛石, 長四五寸, 若薇蕨始抽, 凌露采之. 茶之芽, 發於叢薄之上, 有三枝四枝五枝者. 選中枝穎拔佳."

찻물로는 샘물이 상품이고, 빗물이 그다음이며, 우물물은 하품이다. 보충한다.[28] 유백추劉伯芻가 《수기水記》에서 말했다. "육우가 이계경李季卿을 위해 호구 검지劍池[29]의 돌 샘물을 품평하여 3등으로 꼽았다. 장우신張又新은 검지의 돌 샘물을 5등으로 품평했다."

泉水上. 天雨次. 井水下. 補. 劉伯芻水記: "陸鴻漸爲李季卿品虎丘劍池石泉水第三. 張又新品劍池石泉水第五."

《이문광독夷門廣牘》에 이렇게 나온다. "호구의 돌 샘물은 예전에는 3등을 차지했는데 육우는 5등으로 품평했다. 돌 샘물과 못물은 모두 비가 모였거나 구멍으로 스며들어 이루어진 웅덩이이다. 하물며 오왕 합려의 무덤 속 통로에는 당시의 석공들이 갇혀 죽은 자가 많았고,[30]

---

28 보충한다[補]: 진감이 보충한 내용은 장우신의 《전다수기煎茶水記》를 잘못 인용했다. 《전다수기》를 통해 진감이 보충한 내용을 바로잡으면 "장우신이 《전다수기》에서 말했다. 유백추가 검지의 돌 샘물을 3등으로 품평했다. 육우가 이계경을 위해 호구 검지 돌 샘물을 5등으로 품평했다"이다.

29 검지: 오왕 합려를 3,000자루의 명검과 함께 매장했다는 못을 말한다.

승려의 무리가 위쪽에 있는 절에서 살았으니[31] 더럽고 탁한 물이 스며들지 않을 수 없었다. 이름은 비록 육우천陸羽泉이라 했어도 천연의 물은 아니었던 셈이다. 도가에서 음식을 섭취하는 것은 시체의 기운을 금기로 하였다."

夷門廣牘謂: "虎丘石泉舊居第三, 漸品第五. 以石泉淳泓, 皆雨澤之積, 滲寶之瀆也. 況闔閭墓隧, 當時石工多閟死, 僧衆上棲, 不能無穢濁滲入. 雖名陸羽泉, 非天然水. 道家服食, 禁屍氣."

물이 끓는 상태를 처음에는 하안蝦眼, 즉 새우 눈이라 하고, 그다음은 해안蟹眼, 즉 게 눈이라 하며, 그다음은 어안魚眼, 즉 물고기 눈이라고 한다. 처음에는 솔바람이 우는 듯하다가 점점 소리가 없어진다. 새우, 게, 물고기의 눈은 솥 안에서 물이 끓는 모양이다.[32] 소리가 솔바람 파도 소리 같다가 점차 느려지면 불기운이 다 된 것이다. 이것은 쓰면 안 된다.

湯之候, 初曰蝦眼, 次曰蟹眼, 次魚眼. 若松風鳴, 漸至無聲. 蝦蟹魚眼, 鍑內水沸之狀也. 聲如松濤漸緩, 則火候到矣, 此則勿用.

근세의 차품으로 말하자면, 용정龍井과 개편岕片이 제일이다. 장주長洲의 여종옥呂種玉이 말했다. "차 중 뛰어난 것은, 절강성에서는 용정차를 으뜸으로 치고, 강남에서는 개편을 제일로 여긴다." 소민巢民

---

30 하물며 오왕 …… 많았고: 합려의 무덤이 완공된 이후 아들 부차가 공사에 참여한 1,000여 명의 인부들을 죽여 무덤의 위치를 숨겼다는 전설에서 나온 말이다.

31 승려의 무리가 …… 살았으니: 호구산 정상의 운암사雲巖寺를 가리킨다.

32 새우 …… 끓는 모양이다: 역시 진감의 주석으로, 앞에 '주注' 자가 빠졌다.

모양冒襄[33]은 《개다휘초岕茶彙抄》[34]에서 이렇게 말했다. "장흥 지경 인근에서 생산된 차는 나해羅嶰와 백암白巖, 오첨烏瞻과 청동靑東, 그리고 고저顧渚와 소포篠浦이다. 호구차虎丘茶는 어린아이의 살 냄새가 난다. 오나라 사람으로 성이 가柯씨인 자가 매번 오동나무에 첫 이슬이 내릴 때 대바구니를 가지고 개산으로 들어갔는데[35] 맛이 진하고 향이 깊어 지란芝蘭과 금석金石의 성질을 갖추었다."

以近世茶品言之, 有龍井岕片爲第一. 長洲呂種玉言: "茶之精者. 浙以龍井爲第一. 江南以岕片爲第一." 冒襄巢民, 岕茶彙抄: "環長興境産茶者, 曰羅嶰, 曰白巖, 曰烏瞻, 曰靑東, 曰顧渚, 曰篠浦. 虎丘茶, 作嬰兒肉香. 吳人柯姓者, 每桐初露白之際, 入岕箬籠攜來, 味老香深, 具芝蘭金石之性."

심재心齋 장조張潮[36]가 《개다휘초》〈소인小引〉에서 말했다. "옛사람은 차를 가루 내 말차를 만든 뒤, 쪄서 모양 틀에 넣어 병차로 만들었다. 그러다 보니 그 본래의 맛을 이미 잃었다. 끓일 때도 또다시 소금을 뿌린다." 《물리소지》[37]에서 말했다. "양자강은 차와 잘 맞으니, 양자강의 중령천中泠泉이 특히 차를 끓이기에 알맞다고 한다."

33 모양(1611~1693): 명말 청초 문인으로 자는 벽강辟疆, 호는 소민巢民·박암撲庵이다.

34 《개다휘초》: 1683년경 모양이 허차서의 《다소》, 웅명우熊明遇의 《나개다기羅岕茶記》, 풍가빈馮可賓의 《개다전岕茶箋》의 주요 내용을 초록하여 엮은 것이다.

35 개산으로 들어갔는데: 《개다휘초》 원문은 "나를 위해 대바구니를 가지고 개산에 들어가 10여 종의 찻잎을 따왔는데 가장 정묘한 것은 한 근 남짓이거나 수량에 불과했다(爲余入岕箬籠攜來十餘種, 其最精妙不過斤許數兩)"인데 간추려서 썼다.

36 장조(1659~?): 청대 안휘성安徽省 흡현歙縣 사람으로 자는 산래山來, 호가 심재이다.

37 《물리소지物理小識》: 방이지가 펴낸 백과사전으로 모두 16권이다.

張心齋潮山來, 岕茶彙抄: "古人屑茶爲末, 蒸而範之成餅, 已失其本來之味矣. 及至烹也, 又復點之以鹽." 物理小識: "揚子宜荈, 謂揚子江中冷泉, 偏宜煮茗也."

고금에 차에 대해 말한 사람은 몹시 많다. 다만 그 문채와 풍치風致는 모두 육우《다경》의 조어造語가 청신한 것만은 못하다. 그래서 그 구절을 간략하게 초록한다. "차에는 아홉 가지 어려움이 있다. 첫째는 만들기이고, 둘째는 감별하는 것이며, 셋째는 그릇이고, 넷째는 불이다. 다섯째는 물이고, 여섯째가 불에 굽는 것이며, 일곱째는 가루 내는 것이다. 여덟째는 끓이는 것이요, 아홉째는 마시는 것이다. 흐린 날에 따라서 밤중에 불에 쬐어 말리는 것은 제대로 만드는 것이 아니다. 씹어서 맛을 보고 향을 냄새 맡아보는 것은 옳게 감별하는 것이 아니다. 누린내 나는 솥이나 비린내 나는 그릇은 알맞은 그릇이라 할 수 없다. 송진기가 있는 땔감이나 부엌에서 쓰던 숯은 적절한 불이 아니다. 날리는 여울물이나 웅덩이에 고인 물은 알맞은 물이 아니다. 겉은 익고 속이 날것이면 바르게 구운 것이 아니다. 푸른 가루가 먼지처럼 날리면 제대로 가루 낸 것이 아니다. 간신히 잡아 급작스레 휘저으면 제대로 끓인 것이 아니다. 여름철에는 많이 마시다가 겨울철에 그만두면 바르게 마시는 것이 아니다." 그중 풍로風鑪를 말한 것은, 매우 고상하여 취할 만한 것이다. 또 차를 끓이는 여러 다기와 다구가 있지만 번거로워 언급하지 않는다.

古今說茶者甚多, 而但其文彩風致, 總不如陸鴻漸茶經之造語清新. 故略抄其句: "茶有九難, 一曰造, 二曰別, 三曰器, 四曰火, 五曰水, 六曰炙, 七曰末, 八曰煮, 九曰飲. 陰采夜焙, 非造也. 嚼味嗅香, 非別也. 羶鼎腥甌, 非器也. 膏薪庖炭, 非火也. 飛湍壅潦, 非水也. 外熟內生, 非炙也. 碧粉縹塵, 非末也. 操艱攪據,非煮也. 夏興冬廢, 非飮也." 其說風罏, 甚雅可取者也. 又有煎茶諸具, 而煩不及焉.

송대 나대경이 《학림옥로》에서 말했다. "나와 나이가 같은 이남금李南金은 《다경》에서는 어목魚目과 용천연주湧泉連珠를 가지고 물 끓이는 기준으로 삼았지만, 근세에는 차를 끓일 때 솥〔鼎〕이나 확鑊은 드물게 쓰고, 병을 써서 물을 끓이는지라 상태를 살피기가 어렵다. 결국 소리를 가지고 일비一沸와 이비二沸, 삼비三沸의 정도를 따져야 한다. 또 육씨의 방법³⁸은 찻가루를 차 솥에 넣기 때문에, 제 이비에서 양에 맞게 넣어야 한다. 이것은 오늘날 끓인 물을 차 사발에 넣고 점다하는 것만 못하니, 마땅히 이비를 지나 삼비로 넘어가는 즈음을 알맞은 때로 삼아 소리로 변별해야 한다." 시에 말하기를,

섬돌 벌레 찍찍대고 1만 매미 울어대며	砌蟲唧唧萬蟬催
홀연히 천 대 수레 짐을 싣고 오는구나.	忽有千車輬載來
솔바람 냇물 소리 뒤섞여 들려올 때	聽得松風竝澗水
급하게 옥색의 초록 자기 잔을 찾네.	急呼縹色綠瓷杯

宋羅大經鶴林玉露: "余同年李南金云: '茶經以魚目', 湧泉連珠爲煮水之節. 然近世瀹茶, 鮮以鼎鑊, 用瓶煮水, 難以候視. 則當以聲, 辨一沸二沸三沸之節. 又陸氏之法, 以末就茶鑊, 故以第二沸爲合量而下. 未若以今湯就茶甌瀹之, 則當用背二涉三之際爲合量. 乃爲聲辨之." 詩云: '砌蟲唧唧萬蟬催, 忽有十車輬載來. 聽得松風竝澗水, 急呼縹色綠瓷杯.'

---

38 육씨의 방법: 육우가 차 끓이는 방법을 말한다. 육우는 《다경》 〈오지자〉에서 차 끓이는 방법을 자세하게 설명하고 있다.

그 논의가 진실로 정밀하다. 하지만 점다의 방법은 탕이 어려야지 늙어서는 안 된다. 대개 탕이 어리면 차 맛이 달고, 늙으면 너무 쓰다. 만약 소리가 솔바람이나 시냇물 소리와 같을 때 갑작스럽게 점다하면 어찌 탕이 지나치게 늙어서 차 맛이 쓰지 않겠는가? 다만 병을 옮겨 불에서 떼어내 끓는 것이 그치기를 조금 기다렸다가 점다한다. 그런 뒤에야 탕이 꼭 맞아서 차 맛이 달다. 이것은 이남금이 미처 말하지 못한 것이다. 인하여 시 한 수로 보완하여 말했다.

솔바람 노송 빗소리 처음으로 들려오면	松風檜雨到来初
구리 병 급히 당겨 죽로에서 떼어낸다.	急引銅瓶離竹爐
소리 들림 완전히 고요해짐 기다리니	待得聲聞俱寂後
한 사발의 춘설이 제호보다 더 낫구려.	一甌春雪勝醍醐

其論固已精矣. 然瀹茶之法, 湯欲嫩而不欲老, 蓋湯嫩則茶味甘, 老則過苦矣. 若聲如松風澗水而遽瀹之, 豈不過老而苦哉. 惟移瓶去火, 少待其沸止而瀹之, 然後湯適中而茶味甘. 此南金之所未講者也. 因補以一詩云: 松風檜雨到来初, 急引銅瓶離竹爐. 待得聲聞俱寂後, 一甌春雪勝醍醐.

오종선吳從先[39]의 《소창청기小窓淸紀》에서 말했다. "차를 끓이는 것은 함부로 할 것이 아니다. 모름지기 그 사람과 차품이 서로 어우러져야 한다. 그래서 그 방법은 매번 고상한 부류와 은일의 인사로서 안개와 노을, 시내와 돌무더기가 가슴 사이에 가득 쌓여 있는 사람에게 전

---

39 오종선: 명말의 문인이다. 안휘성 흡현歙縣 사람으로 명말 청언가淸言家인 진계유, 하위연 등과 교유하였다. 사람됨이 강개하고 담백했다. 저서에 《소창청기》와 《소창자기》등이 있다.

해져왔다."

吳從先小窓淸紀: "煎茶非漫浪, 須要其人與茶品相得. 故其法每傳高流隱逸, 有煙霞泉石磊魂於胸次間者."

지금 연경燕京의 다품茶品 중 자자하게 성행하는 것은 보이차普洱茶가 가장 으뜸이고, 백호차白毫茶가 두 번째다. 청차靑茶는 세 번째이고, 황차黃茶는 네 번째가 된다. 그리고 황차는 늘 우리나라로 흘러들어온 것이 많아 날마다 마시는 바가 되었다. 하지만 다만 사대부가나 부호들만 쓰므로, 중원에서 항상 마시는 것과는 같지 않다. 우리나라 사람들이 차에 벽癖이 없는 것을 또 알 수 있다. 하지만 우리나라 사람이 차를 마신 것 또한 신라 때부터 시작되었다.

今燕都茶品之藉藉盛行者, 普洱茶爲第一, 白毫茶爲第二, 靑茶爲第三, 黃茶爲第四. 而黃茶每多流入我東, 爲日用所飮. 然惟在士大夫家及富豪者所用, 而不如中原之以爲恒用也. 東之無癖於茶, 又可知也. 然東人飮茶, 亦自新羅爲始.

《동국통감東國通鑑》에서 말했다. "신라 흥덕왕興德王 3년 무신년(828)은 바로 당나라 문종文宗 대화大和(827~835)[40] 2년이다. 대렴大廉을 파견하여 당나라로 가서 차 씨를 얻어 오게 했다. 왕이 지리산에 심을 것을 명했다." 고운孤雲 최치원崔致遠은 《계원필경桂苑筆耕》의 〈봉급을 미리 지급해주기를 청하는 글(謝探請料錢狀)〉에서 말했다. "지금 본국의 사신이 탄 배가 바다를 건너가므로, 제가 차약茶藥을 사서 집

---

40 대화: 당나라 17대 문종文宗 이앙李昂(재위 827~840)이 사용한 첫 번째 연호이다. 〈도다변증설〉에는 '태화太和'로 되어 있는 것을 바로 잡았다.

에 보내는 편지와 함께 부치려 합니다." 이것으로 족히 증거로 삼을
만하다.

東國通鑑: "新羅興德王三年戊申, 卽唐文宗大和二年也. 遣大廉如唐, 得茶
子來. 王命植于智異山." 崔孤雲桂苑筆耕, 謝探請料錢狀: "今有本國使船過海,
某欲買茶藥, 寄附家信云云." 則足可爲證者.

송나라 손목孫穆은 《계림유사雞林類事》〈방언方言〉에서 고려인은
차茶를 '다'라고 부른다고 하였다. 그렇다면 고려 사람 또한 차를 마신
것이다.

宋孫穆, 雞林類事方言, 高麗人稱茶曰茶, 則高麗人亦飮茶矣.

오늘날 차 중 이름난 것은 영남의 대밭에서 나오는 죽로차竹露茶라
부르는 것과, 밀양부 관아 뒷산 기슭에서 나는 밀성차密城茶이다. 교남
嶠南 강진현에는 만불사萬佛寺가 있는데 차가 난다. 다산 정약용이 유
배 가서 살 때 쪄서 말려 덩이지어 작은 떡으로 만들게 하고는 만불차
萬佛茶라 이름 지었다. 다른 것은 들은 바가 없다. 우리나라 사람들이
차를 마시는 것은 체증을 해소하고자 함이다. 어느 겨를에 장우신張又
新[41]의 《전다수기煎茶水記》에서 말한 "창槍을 가루 내고 기旗를 빻아,
난초를 사르고 계수나무를 불 땐다"[42]고 한 것처럼 하겠는가?

41 장우신: 당나라 때 관료이자 시인으로, 자가 공소孔昭이다. 차 끓이기에 적합한 물
을 품평한 《전다수기》를 지었다.

42 창을 가루 내고 …… 불 땐다: 본래 이 대목의 출처는 송대 섭청신葉淸臣의 《술자
다천품述煮茶泉品》이다. 그런데 명대 다서전집본茶書全集本과 청대 사고전서본四庫
全書本 등 몇몇 간본刊本에는 《전다수기》에 《술자다천품》이 부록으로 함께 수록되

今茶之爲名者, 出於嶺南竹田, 名以竹露茶. 出於密陽府衙後山麓産茶, 名密城茶. 嶠南康津縣, 有萬佛寺出茶, 丁茶山鏞謫居時, 敎以蒸焙爲團, 作小餅子, 名萬佛茶而已. 他無所聞. 東人之飲茶, 欲消滯也. 奚暇如張又新煎茶水記, "粉槍末旗, 蘇蘭薪桂" 云云乎哉.

차가 비록 천하 사람이 숭상하는 바가 되었지만, 당송 이래로 소금과 철 등과 더불어 차를 전매하는 각다법權茶法이 있었다. 그 이익됨을 또 알 만하다. 처음에 당나라 덕종이 호부시랑戶部侍郎 조찬趙贊의 의논을 받아들여 천하의 차와 칠漆, 대나무와 목재에 열에서 하나를 취하는 세금을 매겨, 이것으로 상평본전常平本錢으로 삼았다. 봉천奉天으로 나가게 되자, 그제야 슬퍼하고 후회하여 조서를 내려 급히 이를 그만두게 하였다. 정원貞元(785~805) 8년(792)에 수재로 세금이 줄어들자, 이듬해에 제도염철사諸道鹽鐵使 장방張滂이 아뢰기를, 차가 나는 주현州縣과 산 및 상인의 요로要路에 3단계로 값을 정하고 10분의 1을 세금으로 거두자고 하였다. 이해부터 해마다 돈 40만 민緡을 얻었다. 하지만 홍수와 가뭄조차 미처 건지지 못하였다.

雖茶爲天下之所尙, 自唐宋以來, 有權茶之法, 與鹽鐵等, 則其利又可知矣. 初唐德宗納戶部侍郎趙贊議, 稅天下茶漆竹木十取一, 以爲常平本錢. 及出奉天, 乃悼悔, 下詔亟罷之. 貞元八年, 以水災減稅, 明年諸道鹽鐵使張滂奏, 出茶州縣若山及商人要路, 以三等定估, 十稅其一. 自是歲得錢四十萬緡. 然水旱亦未拯之也.

어 있다. 따라서 이규경이 이 대목의 출처를 《전다수기》라고 한 것은 《술자다천품》이 《전다수기》에 부록으로 수록된 간본을 보았기 때문이다.

목종穆宗이 즉위하자 진鎭 두 곳에 군대를 주둔시켜 나라 창고가 텅 비었다. 염철사 왕파王播가 총애를 받으려고 스스로 아첨하여 천하의 차세茶稅를 더하여 100전당 50전을 증액하였다. 그 뒤 왕애王涯가 이사二使를 맡더니 각다사榷茶使를 두어, 민간의 차나무를 관장官場으로 옮기게 하고, 예전에 쌓인 것을 불질러버리니 천하가 크게 원망하였다. 영호초令狐楚가 대신하여 염철사 겸 각다사가 되어 다시금 차세를 내게끔 했는데 값을 더하기만 했다. 이석李石이 재상이 되어서는 차세를 모두 염철세로 돌려버렸다. 이것이 각다의 대략이다. 차의 이익이 이미 소금이나 철과 같았다. 그렇다면 세금을 대충 거둔다 해도 무슨 문제가 있겠는가?

穆宗卽位, 兩鎭用兵, 帑藏空虛. 鹽鐵使王播圖寵以自幸, 乃增天下茶稅, 率百錢增五十. 其後王涯判二使, 置榷茶使, 徙民茶樹於官場, 焚其舊積者, 天下大怨. 令狐楚代爲鹽鐵使兼榷茶使, 復令納榷, 加價而已. 李石爲相, 以茶稅皆歸鹽鐵. 此榷茶之大略也. 茶利旣與鹽鐵同, 則略收其稅, 何妨也.

씨 뿌리고 심는 방법 또한 알아두지 않으면 안 된다.《만보전서萬寶全書》에 말했다. "2월 사이에 씨를 뿌린다. 구덩이마다 씨 수십 개를 넣는다. 자라기를 기다려서 옮겨 심고, 늘 똥물을 준다. 3년이면 잎을 딸 수 있다. 차에는 일기이창이라는 이름이 있으니, 잎 하나에 새순 두 개가 난 것을 말한다.[43] 무릇 일찍 딴 것을 차라 하고, 늦은 것은 천이

---

43 차에는 일기이창一旗二槍 …… 말한다: 모문석이 지은《다보》에 "기문의 단황에는 일기이창이라는 이름이 있으니, 잎 하나에 새순 두 개가 난 것을 말한다(蘄門團黃有一旗二槍之號. 言一葉二芽也)"라는 내용을《만보전서》에서 끌어다 쓴 것이다.

라 한다. 곡우穀雨[44] 전후에 수확한 것이 가품佳品이 되는데 거칠거나 가늘거나 다 좋다. 다만 찻잎을 딸 때는 날이 개어 맑아야 한다. 덖어서 말리는 것도 정도에 알맞고 담아서 저장하는 것도 법대로 해야 한다. 차는 대나무 껍질과 잘 맞고, 향약은 꺼린다. 따뜻하고 건조한 것을 좋아하고 차고 습한 것을 싫어한다. 그래서 거두어 집에 보관할 때는 댓잎으로 봉하여 싸매고, 2~3일 동안 배롱焙籠 안에 넣어둔다. 1차로 불을 쓰되 사람의 체온과 같게 해야 한다. 따뜻하면 습기가 제거되지만, 불기운이 많으면 차가 타버려 먹을 수 없다."

其種植之方, 亦不可不知也. 萬寶全書: "二月間種, 每坑下子數十粒. 待長移裁, 常以糞水灌之. 三年可採. 茶有一旗二槍之號, 言一葉二芽也. 凡早採爲茶, 晚爲荈. 穀雨前後收者爲佳, 粗細皆可. 惟在採摘之時, 天色晴[45]明, 炒焙適中, 盛貯如法. 茶宜箬葉而畏香藥, 喜溫燥而忌冷濕. 故收藏家, 以箬葉封裹, 入焙中兩三日. 一次用火, 當如人體溫. 溫則去濕潤, 若火多則茶焦, 不可食."

《고금비원古今祕苑》에서 말했다. "차는 성질이 물을 싫어한다. 마땅히 경사진 비탈, 그늘진 땅의 물 흐르는 곳에 쌀겨와 검붉은 흙을 써서 심는다. 한 개의 움마다 씨앗을 60, 70개씩 쓸 수 있다. 한 치 두께로 흙을 덮어주고, 싹이 나올 때 김을 매줄 필요는 없다. 날이 가물면 쌀뜨물을 부어주고, 보통 때는 오줌이나 똥물을 준다. 혹 모래로 북돋아주는데 뿌리가 물에 잠기면 틀림없이 죽는다. 3년 뒤에 잎을 딸 수 있다. 무릇 차를 심을 때는 한 떨기마다 두 자씩 떼어놓는다. 차를 보

---

44 곡우: 24절기 중 하나로 양력 4월 하순이다. 청명淸明과 입하立夏 사이 절기이다.
45 晴: 〈도다변증설〉 원문은 '암暗'인데 《만보전서》에 따라 바로잡았다.

관하는 방법은 이렇다. 석회를 병 바닥에 두고 찻잎을 크기에 구애받지 않고 잘 싸서 위쪽에 놓아두면 습기가 자연스레 석회 속으로 스며들어 불을 쬐어 말릴 필요가 없다. 8월 사이에 이르러 석회를 다른 것으로 바꾼다. 혹 볕에 쬐어 말리는 것으로 석회를 대신해도 괜찮다." 우리나라 사람이 중국에서 씨앗을 가져다 방법대로 뿌리고 심으면 또한 구하여 쓸 만한데 아무도 지혜로운 마음으로 얻어 오지 않는다.

古今祕苑: "茶性惡水, 宜斜陂陰地中走水處, 用糠與焦土種之. 每一圈, 可用六七十粒. 覆土厚一寸, 出時不要耘草. 旱以米泔水澆之, 常以小便糞水. 或砂壅之, 水浸根必死. 三年後可採. 凡種茶, 相離二尺一叢. 藏茶法, 將便灰放瓶底, 將茶葉不拘大小包好, 撞在上面, 潮氣自然收入灰內, 不用烘. 至八月間. 另換灰. 或用曬乾代灰, 亦可." 我人取種於中國, 如法種植, 則亦可需用, 而無人智心得來.

일본 사람 또한 기록한 것이 있어 살펴볼 수 있다. 일본의 양안상순良安尚順이 쓴《화도회和圖會》[46]에서 말했다. "무릇 다기에 차를 넣는 것은 차례가 있다. 차를 먼저 넣고 탕을 뒤에 넣는 것은 하투下投라 하고, 탕을 절반쯤 넣고 차를 넣은 뒤 다시 탕을 채우는 것은 중투中投라고 한다. 탕을 먼저 넣고 차를 나중에 넣으면 상투上投라고 한다. 봄가을에는 중투로, 여름에는 상투로, 겨울에는 하투로 한다."

日本人亦有所記, 可考也. 日本良安尚順和圖會: "凡投茶於器有序, 先茶後湯, 謂之下投, 湯半下茶, 復以湯滿者, 謂之中投. 先湯後茶, 謂之上投. 春秋中

46《화도회》: 1712년 에도 시대 중기에 편찬된 백과사전《화한삼재도회和漢三才圖會》를 말한다.

投, 夏上投, 冬下投."

차로 책을 지은 것은 육우의 《다경》, 채양의 《다록》, 자안子安의 《시다록試茶錄》,[47] 송 휘종徽宗의 《대관다론》, 웅번熊蕃의 《북원다록》과 《북원별록北苑別錄》,[48] 황유黃儒의 《품다요록品茶要錄》, 심괄沈括의 《본조다법本朝茶法》, 장우신張又新의 《전다수기煎茶水記》, 소이蘇廙의 《십육탕품十六湯品》, 섭청신葉淸臣의 《술자다소품述煮茶小品》,[49] 온정균溫庭筠의 《채다록採茶錄》, 당경唐庚의 《투다기鬪茶記》, 서헌충徐獻忠의 《수품水品》, 전예형田藝蘅의 《자천소품煮泉小品》, 고원경顧元慶의 《다보茶譜》, 풍시가馮時可의 《다록茶錄》, 허차서許次紓의 《다소茶疏》, 문룡聞龍의 《다전茶箋》, 나름羅廩의 《다해茶解》, 웅명우熊明遇의 《나개다기羅岕茶記》, 풍가빈憑可賓의 《개다전岕茶箋》, 육수성陸樹聲의 《다료기茶寮記》, 진감陳鑑의 《호구다경虎丘茶經》, 모소민冒巢民의 《개다휘초岕茶彙抄》 등이다.

茶之爲書者, 陸翁茶經, 蔡襄茶錄, 子安試茶錄, 宋徽宗大觀茶論, 熊蕃北苑茶錄, 北苑別錄, 黃儒品茶要錄, 沈括本朝茶法, 張又新煎茶水記, 蘇廙十六湯品, 葉淸臣述煮茶小品, 溫庭筠採茶錄, 唐庚鬪茶記, 徐獻忠水品, 田藝蘅煮泉小品, 顧元慶茶譜, 馮時可茶錄, 許次紓茶疏, 聞龍茶箋, 羅廩茶解, 熊明遇羅岕茶記, 憑可賓岕茶箋, 陸樹聲茶寮記, 陳鑑虎丘茶經, 冒巢民岕茶彙抄.

47 자안의 《시다록》: 송자안宋子安의 《동계시다록東溪試茶錄》이다.
48 웅번의 《북원다록》과 《북원별록》: 웅번이 지은 것은 《선화북원공다록》이다. 《북원다록》은 정위가 지었고, 《북원별록》은 조여려가 지었다.
49 《술자다소품》: 《술자다천품述煮茶泉品》이다.

차를 가지고 책을 쓴 사람은 몹시 많다. 이제 어찌 군이 투차鬪茶나 품수品水 같은 것까지 적겠는가?

以茶爲書者甚多. 今何必强記若鬪茶品水者乎.

해설

〈도다변증설〉은 '도茶' 자와 '다茶' 자에 대한 어원과 유래, 다품, 수품, 탕변, 차의 구난九難, 차의 재배, 차의 전매專賣, 투다 등에 관한 내용으로 모두 3,221여 자로 이루어졌다.

'도' 자와 '다' 자에 대한 어원과 유래에 대해 《당정운》, 《곤학기문》, 《이아》, 《시경》, 《하소정》, 《주례》, 《국어》, 〈동약〉, 〈성도 백토루에 올라〉, 〈출가〉, 《본초연의》, 《대당신어》, 《물리소지》, 《다경》, 《신농식경》, 《안자춘추》, 《이아주》, 《본초강목》 등 폭넓은 문헌을 인용해 변증하였다.

다품茶品은 《선화북원공다록》과 《대관다론》을 통해 송대 북원北苑 공차貢茶를 설명했고, 《호구다경주보》와 《개다휘초》를 인용하여 호구차虎丘茶를 변증하였다. 근세의 다품 중 절강성의 용정과 강남의 개편이 가장 뛰어나다고 보았고, 당시 연경에서 성행했던 다품은 보이차, 백호차, 청차靑茶, 황차黃茶의 순서를 보이고, 그중 질이 낮은 황차가 조선에 많이 유입된 사정을 밝혔다. 이와 함께 당시 조선의 토산차土産茶로 영남의 죽로차竹露茶, 밀양의 밀성차密城茶, 강진의 만불차萬佛茶가 유명하다고 제시한 것은 대단히 뜻깊다.

수품水品에 대해서는 《전다수기》와 《이문광독》에서 끌어와 호구천虎丘泉이 3등급에서 5등급으로 낮아진 이유를 변증하였다. 또 《물리소지》를 인용해 양자강의 중령천中冷泉이 찻물로 알맞다고 하였다.

탕변湯辨을 논한 대목은 《호구다경주보》와 《학림옥로》를 인용하였다. 솥과 병에서 찻물을 끓일 때 나타나는 상태에 대해서도 상세하게 설명했다.

차의 아홉 가지 어려움은 《다경》의 내용을 소개했고, 《소창청기》를 통해 차 끓이기의 어려움을 강조했다.

차의 재배와 저장에 대해서도 논하였다. 《다경》과 《고금비원》, 《만보전서》를 다양하게 인용했다. 이규경은 우리나라에서 차를 재배하고 차를 마신 시기를 신라 때부터라고 하였는데 《동국통감》과 《계원필경》의 〈봉급을 미리 지급해주기를 청하는 글〉의 내용을 증거로 제시했다.

중국의 차세茶稅에 대해 당나라 덕종德宗(재위 779~805)과 목종穆宗(재위 820~824) 시기 차세 제도에 대해 설명했다. 인용한 서적을 따로 밝히지는 않았지만 이 내용은 《신당서新唐書》 권54 〈식화지食貨志〉에서 끌어왔다. 이 부분은 다산의 〈각다고〉의 영향이 느껴진다.

투다投茶를 논할 때는 일본 에도 시대 중기에 편찬된 백과사전 《화한삼재도회》까지 인용했다. 실제 내용은 1595년경 명대 장원張源이 저술한 《다록》 〈투다〉 항목과 유사하다.

이렇듯 〈도다변증설〉은 차와 관련된 각종 문헌을 갈래에 따라 폭넓게 인용하여 논의의 폭을 넓혔고, 당대 유행한 박물학적인 취향을 반영하여, 차 문화사 논의에 깊이를 더해주었다는 저술적 가치를 지닌다.

조희룡

趙熙龍, 1789~1866

허소치가 초의차를
선물한 데 감사하며

謝許小癡贈草衣茶

허소치가 전해준 초의차의 참맛

다산선생 지식경영법

위적 지식편집자 정약용의 지식경영 공부전략. 탁월한 사고와 과학적인 로 현대에도 유용한 지식경영의 핵 요체.

| 25,000원

일침

진흙탕 같은 세상에서 잃어버린 나를 어떻게 찾을까? 생각을 잡아둘 뿐 아니라 막힌 생각까지 단숨에 꿰뚫는 정문일침.

정민 | 14,000원

사람을 읽고 책과 만나다

정민 교수의 표정 있는 사람, 향기 나는 책에 관하여. 펼쳐들면 행간 사이로 솔바람이 불고 마음이 맑아지는 정민 산문의 정수.

정민 | 14,800원

정조와 채제공, 그리고 정약용

영규의 '삼각인물전' 첫 번째 책. 18세 조선 르네상스를 만든 트로이카 정 채제공, 정약용의 다양한 면모와 역 적 교류를 읽는다.

규 | 15,000원

조선명저기행

조선은 무엇을 생각하고 무엇을 읽었는가? 《연려실기술》부터 《열하일기》까지 조선 최고의 베스트셀러를 만난다.

박영규 | 13,000원

크리미널 조선

조선을 뒤흔든 70가지 범죄부터 치밀한 과학수사, 재판 과정까지. 밀리언셀러 실록사가 박영규가 밝힌 500년 조선의 죄와 벌.

박영규 | 15,000원

행복에 걸려 비틀거리다

월한 심리 실험과 통찰력 있는 연구를 해 밝혀낸 행복의 비밀! 행복해지고 다면 행복의 지도를 다시 그려라.

니얼 길버트 | 최인철·김미정·서은국 옮김 |
4,900원

짓기와 거주하기

노동과 도시화 연구의 세계적 석학 리처드 세넷의 도시 독법. 분리와 차별을 넘어 다른 사람들과 도시에서 함께 살기위한 안내서.

리처드 세넷 | 김병화 옮김 | 22,000원

책의 책

책이 사물로서 갖는 물성과 역사를 탐구한 애서가를 위한 러브레터. 책이라는 매혹적인 공예품의 탄생과 진화 과정을 그린 2,000년 생애사.

키스 휴스턴 | 이은진 옮김 | 24,800원

이야기 인문학 · 비즈니스 인문학

언어천재 조승연과 재미있게, 만만하게 인문학 하기!

영어 단어 하나로 시작해 인간과 세계를 꿰뚫는 맛있고 영양가 넘치는 인문학 이야기. 세계사, 심리, 인간사회, 예술, 경제경영에서 찾은 인문학적 지혜와 색다른 재미를 만날 수 있다.

조승연 | 15,000원 · 14,000원

이야기 동양신화

반고 · 여와의 천지창조부터 황제 · 치우 · 서왕모 등 신들의 전쟁과 사랑을 거쳐 요괴들의 활약에 이르기까지 우리가 잊었던 동양 신들의 역사가 펼쳐진다!

정재서 | 23,000원

고전의 대문 1 · 2

〈라디오 시사고전〉 박재희 교수가 풀어낸 고전의 정수. 논어에서 손자병법까지 최고의 책 7권을 추린 동양고전 입문서.

박재희 | 각권 14,800원

흥, 손철주의 음악이 있는 옛 그림 강의

10만 베스트셀러 《그림 아는 만큼 보이다》 손철주의 명강의로 듣는 옛그ㄹ 국악의 만남. 그림과 음악이 만나ㄷ 로 흥이 난다.

손철주 | 14,800원

소설

보물탐뎡

지금껏 몰랐던 고서 수집 · 경매의 은밀한 즐거움. 옛 글과 그림 속에 담긴 생생한 삶의 현장과 숨겨진 가치를 추적하는 흥미진진한 이야기.

장수찬 | 14,900원

소오강호 전8권

신필 김용이 스스로 꼽은 최고의 작품. 국내 최초 정식 출간 완역본. 정의를 외치ㅈ 권력에 눈이 먼 자들 사이에서 구속과 편견에 맞서는 영호충의 모험담.

김용 | 전정은 옮김 | 각권 12,800원

경제 경영

생각에 관한 생각

노벨경제학상을 수상한 최초의 심리학자 대니얼 카너먼의 첫 대중교양서. 300년 전통경제학의 프레임을 뒤엎은 행동경제학의 바이블.

대니얼 카너먼 | 이창신 옮김 | 25,000원

보이지 않는 고릴라

심리학 역사상 가장 유명하고 독창적이며 흥미로운 실험이 공개된다! 인지, 사고, 기억의 힘과 한계를 속속들이 알려주는 하버드 최고의 자기계발서.

크리스토퍼 차브리스 · 대니얼 사이먼스 | 김명철 옮김 | 14,000원

죽은 경제학자의 살아있는 아이디어

하버드 대학 최우수 강의상을 거머ㅈ 100번쯤 웃다 보면 경제의 흐름이 한ㄴ 에 잡히는 경제교양서. 애덤 스미스부 카너먼까지 300년 경제사 명강의.

토드 부크홀츠 | 류현 옮김 | 25,000원

직업의 지리학

어디 사느냐에 따라 소득이 결정된다. 애플, 구글, 페이스북이 실리콘밸리에서 탄생한 이유는? 혁신 중심지의 전략을 밝힌 역작. 오바마 추천 2018 올해의 책.

엔리코 모레티 | 송철복 옮김 | 16,000원

좋은 기업을 넘어 위대한 기업으로

괜찮은 기업에 머무를 것인가, 위대한 기업으로 도약할 것인가? 짐 콜린스가 치밀한 연구를 토대로 밝힌 위대한 기업을 만드는 핵심요인들.

짐 콜린스 | 이무열 옮김 | 15,900원

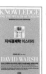

지식경제학 미스터리

2018 노벨경제학상 폴 로머 교수의 ㅅ 성장이론 입문서. '지식'이 경제성장ㅇ 핵심요인이다. 세상을 깜짝 놀라게 한 경제학자들의 숨겨진 이야기.

데이비드 워시 | 김민주 · 송희령 옮김 | 32,000원

작가와 자료 소개

　　조희룡은 조선 말기의 여항 문인이자 서화가이다. 자는 이견而見, 치운致雲 또는 운경雲卿이고, 호는 호산壺山, 우봉又峰, 창주滄洲, 석감 石憨 외에 철적鐵笛, 단로丹老, 매수梅叟 등을 썼다. 벼슬은 오위장五衛 將·절충장군·행용양위부호군行龍驤衛副護軍을 지냈다. 추사 김정희의 제자로, 김정희와 연좌되어 63세 때인 1851년에 임자도荏子島에 유배 까지 갔다. 벽오사碧梧社를 중심으로 유최진柳最鎭, 오창렬吳昌烈, 정지 윤鄭芝潤, 유숙劉淑, 전기田琦 등 당대의 서화가와 교유를 나누었다.

　　그림과 글씨에도 뛰어났다. 산수화와 사군자에 능했고, 특별히 〈매 화서옥도〉가 유명하였다. 글씨는 추사의 서풍을 그대로 이어받았다. 많은 저술을 남겨, 《호산외기壺山外記》와 《일석산방소고一石山房小稿》, 《한와헌제화잡존漢瓦軒題畫雜存》, 《우해악암고又海岳庵稿》, 《화구암란묵

20　조희룡 〈허소치가 초의차를 선물한 데 감사하며〉 ────── **419**

畫鷗盒謾墨》,《수경재해외적독壽鏡齋海外赤牘》,《석우망년록石友忘年錄》, 《고금영물근체시초古今詠物近體詩抄》 등이 전한다.

이 작품은 조희룡이 소치小癡 허련許鍊(1808~1893)에게서 초의선사가 직접 만든 초의차를 선물 받고 감사의 뜻을 담아 친필로 써준 시첩에 실린 작품이다. 시첩의 표제는《철적도인시초銕篴道人詩鈔》이다. 창작 시기는 밝혀지지 않았다. 초의 생전에 지은 것이니 조희룡과 초의의 몰년인 1866년 이전일 수밖에 없고, 시에 '영산靈山' 운운한 내용으로 미루어, 이 작품은 1850년 언저리에 창작된 것으로 보인다. 1850년 7월 16일 추사가 초의가 직접 만든 차편茶片을 허련을 통해서 받은 후, 허련에게 보낸 감사 편지가 남아 있고, 추사의 동생 김명희가 초의차를 선물 받고 〈사차〉도 1850년에 지은 것으로 봤을 때, 조희룡이 허련에게 초의가 만든 차편을 선물 받고 지은 이 시도 동일한 시기에 지은 것으로 추정된다. 또 추사의 편지와 조희룡이 지은 이 시의 내용을 통해 당시 허련이 초의차를 전달하는 메신저 역할을 했음을 확인할 수 있다.

원본에는 따로 제목이 없는데 내용에 따라 〈허소치가 초의차를 선물한 데 감사하며(謝許小癡贈草衣茶)〉란 제목을 붙였다.

원문 및 풀이

허소치 도인道人이 해남에서 와서, 나와 함께 정연당鼎緣堂[1]안에서

---

1 정연당: 조희룡의 거처 이름이다.

그림에 대해 논하였다. 햇차 한 바구니를 주는데 잎이 신선하고 윤기가 나고 봄빛이 가득한 것이 보통 차와는 같지 않았다. 직접 말하기를 "이것은 초의 스님께서 직접 만드신 거랍니다"라고 하였다. 해남에는 애초에 차가 없었는데[2] 스님이 청정한 안목으로 초목을 살펴서 이를 얻어, 허도인과 더불어 맷돌에 갈아 불에 쬐어 말리는 방법[3]을 강구해 세상에 유포하였다. 이로부터 우리나라 사람의 배 속에 절로 쌍정차雙井茶와 일주차日注茶[4]가 있게 되었다. 이에 장시를 지어 사의를 표하고, 아울러 초의선사께 부쳐 문자의 인연을 증명한다.

　許小癡道人, 自海南來, 與余論畵於鼎緣堂中. 遺以新茶一籠, 葉葉鮮潤, 春色盎然, 不類常茶. 自云: "此乃艸衣上人所自製." 海南初無茶, 上人以淸淨眼, 相

2　해남에는 애초에 차가 없었는데: 초의 이전에는 해남에서 차를 거의 만들지 않았다고 말한 내용이라 흥미롭다. 박영보의 〈남차병서〉와 신위의 〈남차시병서〉에서도 비슷한 내용을 언급하고 있다. 실제로도 초의는 다산을 통해 제다를 배워 차를 만들기 시작했으며, 아암 혜장 또한 다산에게서 제다법을 배웠던 것으로 보인다.

3　허도인과 …… 말리는 방법: 다산과 초의의 제다법인 구증구포를 거친 찻잎을 맷돌에 곱게 갈아 가루를 내 덩이지어 떡차로 만든 뒤 불에 쬐어 말리는 방식의 제다법을 말한다. 시의 17구에서 "나에게 한 조각 해남차를 건네주니[贈我一片海山茶]"라 한 것을 보더라도 이때 허련이 조희룡에게 선물한 초의차가 떡차임을 알 수 있다. 허련은 이 초의차를 자신과 초의가 함께 만들었다고 설명하여, 제다 과정에 자신이 참여한 적이 있었음을 밝혔다.

4　쌍정차와 일주차: 초의의 《동다송》 34구에 "쌍정차와 일주차는 강절江浙 땅에 떠들썩해[雙井日注喧江浙]"라는 구절이 나온다. 또 그 아래 주석에 "초차草茶는 양절兩浙 지방에서 이루어졌다. 양절의 차는 일주차가 으뜸이다. 경우景祐(1034~1038) 연간 이래로 홍주洪州의 쌍정차와 백아차白芽茶가 점차 성대해졌다. 근세에 만든 것은 더욱 정밀해서 그 품질이 일주차보다 훨씬 나으니, 마침내 초차 중 으뜸이 되었다[草茶成兩浙, 而兩浙之茶品, 日注爲第一. 自景祐以來, 洪州雙井白芽漸盛. 近世製作尤精, 其品遠出日注之上, 遂爲艸茶第一]"고 했다. 여기서는 최고의 차라는 의미로 썼다.

草木而得之, 與道人自講碾焙之法, 流布人世. 從此海東人腹中, 自有雙井日注.
乃賦長句謝之. 兼寄艸衣禪師, 以證文字因緣.

1	소치의 열 손가락 고물고물 구름 일어[5]	小癡十指縷縷煙雲起
2	저 멀리 바다 구름과 서로 하나 되었구나.	遙與海雲相表裏
3	안개구름 올라타고 아득히 길 떠나와	乘彼煙雲杳然去
4	하늘 바람 노를 저어 만 리 길에 내려왔네.	叩枻天風下萬里
5	학사의 청비각淸閟閣[6]을 찾아와 두드리곤	來敲學士淸閟閣
6	처자식 버리고서 예 머물기 원한다고.	願捨妻孥住於是
7	비단 배접 옥 마구리 1만 개의 두루마리[7]	錦贉玉躞一萬軸
8	어지러이 시렁 꽂혀 알록달록 빛이 난다.	挿架縱橫光離陸
9	그림의 진액 걸러 가슴속에 넣어두고	圖畫瀝液歸胸中
10	때로 아홉 화파[8] 좇아 물감을 적시누나.	時從九派滴漉漉
11	지금에 검은 티끌 열 길 깊이 어두운데	方今緇塵十丈暮
12	세상 사람 영리 따라 앞다퉈 내달리네.	世人榮利爭馳騖
13	그대의 고상한 뜻 마치 샛별 한가지라	高情如君若晨星
14	내 시든 두 눈을 환하게 만드누나.	令我落落雙眼明

5 소치의 …… 구름 일어: 소치의 열 손가락이 움직여 안개와 구름이 피어나는 산수
화를 그려냈다는 의미로 썼다.

6 학사의 청비각: 청비각은 원래 원나라 때 저명한 서화가 예찬倪瓚의 집에 있던 장
서루藏書樓의 이름이다. 여기서는 이어지는 설명으로 미루어 볼 때 추사 김정희의
장서루를 가리키는 것으로 보인다.

7 비단 배접 …… 두루마리: 추사의 서재 청비각에 비단으로 배접한 두루마리 서화
가 1만 개에 달할 만큼 많았다는 의미로 썼다.

8 아홉 화파[九派]: 당대 화단의 아홉 개 유파를 말하는 것으로 보인다.

15	정연당 가운데서 열흘간 술 마시자	鼎緣堂中十日飲
16	안개 노을 스멀스멀 혀뿌리서 피어난다.	煙霞冉冉舌根生
17	나에게 한 조각 해남차[9]를 건네주니	贈我一片海山茶
18	쌍정차와 양선차[10]도 이보단 더 못하리.	雙井陽羨無以加
19	자옥한 봄빛이 사람을 엄습하니	盎然春色欲襲人
20	초의 스님 거처에서 보내온 것일세.	來自艸衣上人家
21	바다 섬 늘 봄이라 풀 나무 잘도 자라	海島常春草樹長
22	해마다 땔감으로 도끼 자루 맡겨졌지.	采樵年年送斧斫
23	스님께서 홀연히 청정한 안목 펼쳐	上人忽放清淨眼
24	신농씨가 초목 맛봄[11] 직접 배워 익혔다네.	自學神農草木嘗
25	빈산에서 열흘간 익힌 음식 일체 끊고	空山十日斷火食
26	향기로운 고저차[12]를 소쿠리에 다 담았지.	筐筥捨盡顧渚香

9 한 조각 해남차: 원문의 해산海山은 해남海南을 가리킨다. 한 조각이라 했으니 떡차임을 알 수 있다. 추사가 1850년 7월 16일 허련에게 보낸 편지에서 "금번에 보내 온 차편은 또한 초의의 암자에서 나온 것인가? 맛이 지극히 훌륭하여 기뻐할 만하네〔今番所寄來茶片, 亦出於艸衣庵子耶. 極佳可喜〕"라고 하였고, 1852년 8월 19일에 허련에게 보낸 편지에서도 "차편을 동정의 물로 시음해보니, 향과 맛이 더욱 훌륭하다〔茶片試之東井, 香味益勝〕"라고 언급한 것을 볼 때도, 실제로 초의차는 처음부터 끝까지 떡차를 기본으로 한 차였음이 한 번 더 확인된다.

10 양선차陽羨茶: 양선陽羨은 현재 강소성江蘇省 의흥현宜興縣의 옛 이름이다. 이곳에서 생산되는 양선차는 육우의 추천으로 공차貢茶로 지정될 만큼 당대 최고차로 일컫던 명차이다.

11 신농씨가 초목 맛봄: 신농씨는 인간의 온갖 풀을 직접 맛보고 사람에게 이로운지 해로운지 시험해《신농본초神農本艸》를 지었다는 태고의 제왕이다. 초의는《동다송》11구에서 "염제께서 진작 맛봐《식경食經》에 실으시매〔炎帝曾嘗載食經〕"라고 말한 바 있다.

12 고저차顧渚茶: 절강성浙江省 장흥현長興縣 고저산顧渚山에서 생산되던 차를 말하는

27 이 뜻이 어이 단지 너만 위한 것이겠나　　　　　此情豈直徒爲爾

28 선남선녀의 번뇌로 괴로운 마음 씻어주기 위함일세

　　　　　　　　　　　　　　　　爲洗善男善女煩惱苦趣腸

29 스님께서 멀리 계셔 친할 수는 없지만　　　　　瓶錫杳杳不可親

30 그 시를 보고 나니 그 사람을 본 듯하다.　　　　既見其詩想見人

31 매화나무 아래에서 호산의 꿈 막 꾸다가　　　　梅花樹下方作湖山夢

32 우리 스님 손끝 봄을 맛보게 될 줄 알았으랴.　　豈圖先嘗吾師指下春

33 어이해야 양 겨드랑이 맑은 바람 타고 올라　　　何由御此兩腋淸風逝

34 팔만사천 게송을 기대어 들을손가.　　　　　　憑聽八萬四千偈

35 〈영산채다도〉[13]를 도인이 그려내니　　　　　道人畫出靈山采茶圖

36 내 서재로 먼저 가서 화유석[14] 곁에 걸어두리.　先向吾齋花乳石畔揭

　　우봉 거사가 우중雨中에 강설초려[15]에서 적다〔牛峯居士 錄于絳雪艸廬雨中〕.

데 여기서는 고급차라는 뜻으로 썼다.

13 〈영산채다도靈山采茶圖〉: 영산은 히말라야를 가리킨다. 초의가 1850년에 쓴 〈산천
도인의 사차시에 화운하여〔奉和山泉道人謝茶之作〕〉란 작품 13, 14구에 "영산에서 가
져와 부처님께 올리고, 차 달임 더욱 따져 범률을 살피었네〔持歸靈山獻諸佛, 煎點更細
考梵律〕"라는 구절이 나온다. 초의의 이 작품은 차의 불교 기원설을 주장한 의미 있
는 논의이다. 허련은 조희룡이 시를 지을 당시 초의가 친히 만든 차와 함께 자신
이 그린 〈영산채다도〉를 선물했던 듯하다. 〈영산채다도〉는 영산, 즉 히말라야에서
부처가 찻잎을 채취하는 광경을 그린 그림으로 보인다.

14 화유석花乳石: 해남에서 나는 돌로, 관상용이나 인장용 석재로 호평받았다. 다산의
제자 황상의 시집에도 〈화유석가花乳石歌〉가 실려 있다. 이 화유석은 그 이전에 허
련 또는 초의가 해남 특산의 화유석을 조희룡에게 선물했던 것으로 보인다.

15 강설초려絳雪艸廬: 조희룡의 거처에 붙인 또 다른 이름이다. 우중에 지었다고 한 것
으로 보아, 이 시는 1850년을 전후한 시기 음력 4, 5월경 지은 작품으로 추정된다.

해설

　7언 36구 268자에 달하는 긴 작품이다. 의미는 크게 보아 다섯 단락으로 구분할 수 있다. 처음 병서에서는 초의가 만든 차를 허련에게 선물 받고 감사의 뜻으로 이 시를 지었음을 밝혔다. 그리고 초의 덕에 해남에서 차가 비롯되었으며, 초의의 제다법이 맷돌에 갈아 불에 쬐어 말리는 방법이었음을 밝히고 있다. 즉 초의가 만든 차가 떡차였음을 밝힌 것이다. 1구에서 16구까지는 소치 허련의 사람됨과 예술을 향한 열정을 칭찬했다. 이어 17구에서 20구까지는 초의 떡차를 받은 소감을 말하고, 이어 21구에서 28구까지는 초의차의 제다 과정과 차의 효능을 설명했다. 이후 29구에서 36구까지 초의를 만나보고 싶다는 뜻을 피력하면서, 허련이 자신에게 그려준 〈영산채다도〉와 그전에 받은 선물인 해남 화유석에 대한 감사로 마무리 지었다.

　특별히 이때 허련이 초의차와 함께 선물한 〈영산채다도〉는 1850년 초의가 산천 김명희의 시 〈사차〉를 받고 쓴 답시 〈산천도인의 사차시에 화운하여〉의 13, 14구에 "영산에서 가져와 부처님께 올리고, 차 달임 더욱 따져 범률을 살피었네"라고 한 구절로 미루어 볼 때, 초의가 김명희에게 차를 선물한 것과 허련이 조희룡에게 선물한 것이 같은 시점이었을 가능성을 확인시켜준다. 특별히 김명희에게 보낸 시에서 초의는 차의 불교 기원설을 새롭게 제기하고 있는데, 허련의 〈영산채다도〉는 이 같은 초의의 견해를 뒷받침해서 부처님이 영산인 설령雪嶺, 즉 히말라야에서 찻잎을 채취하는 광경을 그린 것으로 보인다. 소치가 그렸다는 이 그림은 오늘날 전하지 않는다.

21

이상적

李尙迪, 1804~1865

기용단승설

記龍團勝雪

석탑에서 나온 700년 된 송나라 때 용단승설차에 대한 증언

記龍團勝雪

작가와 자료 소개

이상적의 자는 혜길惠吉 또는 윤진允進, 호는 우선藕船이다. 본관은 우봉牛峰. 그의 문집《은송당집恩誦堂集》은 1848년 북경에서 오찬吳贊이 펴냈다. 철종 13년(1862) 1월 20일에 59세의 나이로 종신직인 지중추부사에 임명되었다. 1865년 8월 5일 62세를 일기로 세상을 떴다. 그는 역관의 신분으로 12차례 중국을 다녀왔고, 중국의 온갖 명차名茶를 두루 맛보았다. 차에 대한 높은 안목을 바탕으로 생활 속에서 늘 차를 즐겼다. 추사 김정희의 제자이며 〈세한도歲寒圖〉에 얽힌 사연으로 이름이 알려졌다.

〈기용단승설〉은《은송당집》속집續集 문文 권1에 수록된 글이다. 1846년 흥선대원군 이하응李昰應(1820~1898)이 부친인 남연군 이구李球(1788~1836)의 묘를 충남 덕산현 가야산에 있던 고려 때 절 가야사

伽倻寺 자리에 이장하려고 절탑을 허물었을 때 탑 속에서 나온 700년 전의 용단승설차를 얻은 일을 적은 기록이다. 송나라 때 차의 실물이 이 세상에 출현하게 된 과정과 관련 옛 기록을 두루 인용하여 차의 제조 연대와 탑에 봉안된 연유를 추정했다.

당시 발견된 용단승설차는 송대의 연고차研膏茶로 표면에 용의 형상을 새겼다. 용의 비늘과 수염이 은은히 일어나고, 옆면에는 해서체 음문陰文으로 '승설勝雪'이란 두 글자가 찍혀 있었다. 700년이라는 긴 세월에도 차는 썩지 않은 채 원형을 유지하고 있었다. 크기는 건초척建初尺으로 사방 한 치, 두께는 그 절반이라고 했다. 건초척은 기원 81년 후한의 장제章帝가 제정한 것이다. 한 척이 23.58센티미터이고, 한 치는 2.35센티미터가량이다. 사방 2.35센티미터, 두께 1.2센티미터 정도 크기의 네모난 형태였음을 알 수 있다.

원문 및 풀이

용단차 한 덩이는 표면에 용의 형상을 만들어 비늘과 수염이 은은히 일어났다. 옆에는 '승설'이란 두 글자가 있는데 해서체의 음각문이다. 건초척으로 쟀을 때 사방 한 치이고, 두께는 그 절반이다. 근래 석파石坡 이하응 공께서 호서湖西의 덕산현德山縣에 묏자리를 살피러 갔다가, 고려 시대의 옛 탑을 찾아가 소동불小銅佛과 니금경첩泥金經帖, 사리와 침향단沈香檀 및 진주 등과 용단승설龍團勝雪[1] 네 덩이[2]를 얻었다. 근래 내가 그중 하나를 얻어 간직하였다.

龍團一銙, 面作團龍形, 鱗鬣隱起. 側有勝雪二字, 楷體陰文. 度以建初尺, 方一寸厚半之. 近者石坡李公省掃于湖西之德山縣, 訪高麗古塔, 得小銅佛泥金經帖舍利子沈檀珍珠之屬, 與龍團勝雪四銙焉. 近余獲其一而藏之.

　구양수歐陽修의《귀전록歸田錄》을 살펴보니, "경력慶曆(1041~1048)[3] 연간에 채군모蔡君謨가 처음으로 소품용차小品龍茶를 만들어 바치면서 소단小團이라 하였다"고 했다.《잠확류서潛確類書》에는 "선화宣和(1119~ 1125) 경자년(1120)에 조신漕臣 정가간鄭可簡이 은선빙아銀線氷芽[4]를

1　용단승설: 본래 이름은 용원승설龍園勝雪이다. 중국과 한국의 많은 문헌에서 '용원승설'을 '용단승설'로 잘못 쓰고 있고, 이것이 굳어 이렇게 통용되었다. 사고전서본四庫全書本《선화북원공다록宣和北苑貢茶錄》에는 "용원승설 아래에 '원園' 자는《잠확류서》에서 '단團'으로 썼지만, 이제 원본에 따랐으므로 여기에 덧붙여 적는다(園字潛確類書作團, 今仍從原本而附識於此)"라고 하여 용원승설이 맞다고 했다. '용원龍園'은 북원北苑 지역의 차밭을 뜻한다.《선화북원공다록》을 지은 웅번의 〈어원채다가御苑採茶歌〉10수 병서並序에서 "오늘날 용원에서 만든 것은 지난날에 비해 더욱 흥성하다(今龍園所製, 視昔尤盛)"라고 했고 4수에서는 "차 따는 이들이 신선한 풀잎을 다투어 밟고, 뒤돌아보니 용원에 새벽이 열리네. 병사의 징소리 세 번 울리니, 차 바구니 짊어지고 서둘러 내려오네. 해가 뜨면 차 따는 것을 허락하지 않는다(紛綸爭徑蹂新苔, 回首龍園曉色開. 一尉鳴鉦三令趨, 急持煙籠下山來. 採茶不許見日出)"라는 내용으로 볼 때 '용원'이 차밭 이름임을 알 수 있다. 따라서 '용원승설'은 '용원에서 만든 승설차'라는 뜻이다. 하지만 여기서는 용단승설이 이미 하나의 용어로 고착되어 있으므로 그대로 따르기로 한다.

2　4덩이[四銙]: 과銙는 일반적으로 사각 형태의 고형차를 뜻한다. 실제로《선화북원공다록》에 그려진 용원승설의 형태도 사각형이다.

3　경력: 북송 4대 황제 인종이 사용한 여섯 번째 연호이다. 원문에 '력歷'으로 잘못 쓴 것을 '력曆'으로 바로잡았다.

4　은선빙아: 원문에서는 은선빙아라 했지만, '은선수아銀線水芽'가 맞다. 수아水芽란 용원승설을 만드는 원료를 말한다.《선화북원공다록》에 "선화 경자년(1120)에 전운사 정가간이 처음으로 은선수아를 만들었다. 이는 이미 가려 익힌 싹을 재차 발라내, 오직 그 심 한 가닥만 취해 진귀한 그릇에 담겨 있는 맑은 물속에 담그면, 깨끗하고 밝게 윤이 나는 것이, 마치 은실(銀線)과도 같다. 이것으로 사방 한 치의

처음 만들었다. 사방 한 치의 네모진 새 덩이차를 만들었는데 작은 용이 그 위에 꿈틀꿈틀 서려 있어 이름을 용단승설이라 하였다"고 하였다. 또 《고려도경高麗圖經》을 살펴보니, "고려의 토속차는 맛이 쓰고 떫어 도무지 마실 수가 없다. 다만 중국의 납차蠟茶와 용봉사단龍鳳賜團만 귀하게 여긴다. 직접 하사품으로 받은 것 외에 장사꾼도 통상하여 팔므로 근래 들어 자못 차 마시기를 좋아하고, 또한 차 도구도 갖추었다"고 했다. 대개 인종仁宗 때는 이미 소용단小龍團이 있었던 것이다. 다만 승설勝雪이란 이름은 송나라 휘종 선화 2년(1120)에 비롯되었다. 하지만 서긍徐兢은 선화 5년 계묘(1123)에 사신으로 우리나라에 온 사람이다. 중외의 풍속과 물산에 대해 이미 낱낱이 다 듣고 보았던 까닭에 이처럼 말했던 것이다.

按歐陽公歸田錄, 慶曆間, 蔡君謨始造小品龍茶以進, 謂之小團. 潛確類書, 宣和庚子, 漕臣鄭可簡創爲銀線水芽. 以制方寸新銙, 有小龍蜿蜒其上, 號龍團勝雪. 又按高麗圖經, 高麗土俗茶味苦澁, 不可入口. 惟貴中國蠟茶幷龍鳳賜團. 自錫賚之外, 商賈亦通販. 故邇來頗喜飮茶, 亦治茶具. 盖仁宗時, 已有小龍團. 惟勝雪之名, 昉於徽宗宣和二年, 而徐兢卽宣和五年癸卯, 奉使東來者. 其於中

새로운 단차를 만들었는데 그 위에 꿈틀거리는 작은 용무늬가 있어 이름을 용원승설이라 하였다〔宣和庚子歲, 漕臣鄭公可簡始創爲銀線水芽. 蓋將已揀熟芽再剔去, 祗取其心一縷, 用珍器貯淸泉漬之, 光明瑩潔, 若銀線然. 其製方寸新銙, 有小龍蜿蜒其上, 號龍團勝雪)"고 하였다. 송대 조여려의 《북원별록》〈찻잎 가리기〔揀茶〕〉에서는 "찻잎에는 소아·중아·자아·백합·오체 등이 있는데 이를 분별하지 않으면 안 된다. 소아는 그 작기가 응조鷹爪, 곧 매의 발톱과 같다. 처음 만드는 용원승설과 백차는 그 싹을 먼저 쪄서 익힌 다음에, 물동이 속에 싹을 담가 발라내 그 정영을 취하는데 겨우 작은 침과 같기에 이것을 수아라 한다. 이는 싹 중에서 가장 정밀한 것이다〔茶有小芽, 有中芽, 有紫芽, 有白合, 有烏蔕, 此不可不辨. 小芽者, 其小如鷹爪. 初造龍團勝雪白茶, 以其芽先次蒸熟, 置之水盆中, 剔取其精英, 僅如鍼小, 謂之水芽. 是芽中之最精者也〕"라고 하였다.

外俗尚及物産, 固已殫見洽聞. 故言之如是.

또 고려의 승려 의천義天과 지공指空, 홍경洪慶과 여가與可의 무리
가 앞뒤로 바다를 건너 도를 묻고 경전을 구하려고 송나라를 왕래한
것이 계속 이어졌으니, 문헌에 기록이 남아 있다. 이때 이들의 무리가
반드시 다투어 이름난 차를 구입해서 불사佛事에 바쳤고, 심지어 석탑
안에 넣어두기까지 했다. 700여 년이 지나 다시 세상에 나온 것은 또
한 기이하다 하겠다. 하지만 무릇 물건 중 가장 쉽게 부패하여 없어지
는 것으로 음식보다 더한 것이 없다. 그런데도 두강차頭綱茶[5]의 한 종
류가 우리나라 땅까지 흘러 전해져, 그 수명은 흰 매를 그린 그림과
나란하고, 보배로움은 수금천보瘦金泉寶보다 낫다. 내가 전부터 선화 연간의
매 그림과 숭녕중보崇寧重寶 몇 매를 소장하고 있는데 바로 휘종 황제가 직접 쓴 수금체
瘦金體이다. 지금에 이르러 예림藝林의 훌륭한 감상거리가 되니, 어찌 신
물神物이 이를 지켜 남몰래 나의 옛것 좋아하는 벽癖을 도우심이 아니
겠는가? 이에 전거를 뒤져 동호인에게 공개한다.

且麗僧義天指空洪慶如可輩後先航海, 問道求經, 往來宋朝者, 項背相望, 文
獻有徵. 于時此類必爭購名茶, 以供佛事. 甚至錮諸石塔, 歷七百有餘年而復出
於世, 吁亦奇矣. 然凡物之最易腐敗澌滅者, 莫先於飮食之需. 而酒有頭綱一種,
流傳東土, 壽齊白鷹之畫, 珍逾瘦金之泉. 余舊藏宣和畫鷹及崇寧重寶數枚, 卽徽宗御書

---

5 두강차: 그해에 가장 먼저 만들어 진상하는 차를 말한다. 《선화북원공다록》에 "한
해에 10여 차례로 나누는데 오직 백차와 승설만은 경칩 전에 만들기 시작하여
10일 안에 완성하여, 날랜 기병을 빨리 달리게 하여 중춘(음력 2월)이 되기 전 서울
까지 이르도록 하기에 '두강'이라고 한다(歲分十餘綱, 惟白茶與勝雪, 自驚蟄前興役, 浹日乃
成, 飛騎疾馳, 不出仲春, 已至京師, 號爲頭綱)"고 했다.

瘦金體者. 至今爲藝林雅賞, 豈有神物護持, 陰相余嗜古之癖歟. 爰證故實, 以公同好.

해설

　이상적은 글에서 용단승설의 출현 과정에 대해서는 모호하게 적었다. 흥선대원군이 충청도 덕산현으로 묫자리를 살피러 갔다가 고려때 세운 옛 탑에서 찾았다고만 했다. 구체적인 절 이름도 없고, 탑에대한 설명도 따로 없다. 다만 덕산현에 있던 어느 절의 5층 석탑에서소동불과 니금경첩 및 사리와 침향단, 진주가 용단승설차 네 덩이와함께 나왔다고 했다. 대원군에게 그중 하나를 얻은 이상적은 여러 문헌을 꼼꼼히 고증하여 이 차의 가치를 밝혔다.

　이상적은 송나라 구양수의《귀전록》과 명나라 진인석陳仁錫의《잠확류서》, 그리고 고려 때 우리나라에 사신으로 온 서긍의《선화봉사고려도경宣和奉使高麗圖經》등 관련 문헌을 차례로 인용하여, 이 차가송나라 휘종 선화 2년(1120)에 중국에서 정가간이 만들어 바친 바로그 용단승설차임을 고증했다. 어떻게 송나라에서 황제께 바친 차가우리나라 탑에 들어가게 되었을까? 당시 중국에 유학했던 의천과 지공 같은 고승이 중국에서 어렵게 구해 와 부처님 전에 바치고 석탑 안에 봉안한 것으로 추정했다.

　용단승설차의 실물이 탑 속에서 700년을 견디다 네 개나 한꺼번에온전한 상태로 세상에 나온 것이다. 특히 위 기록은 용단승설의 의미를 분명하게 알려준다. 먼저 용단龍團은 네모난 단차에 꿈틀거리는 작은 용무늬가 서려 있어 붙은 이름이다. 승설勝雪은 눈보다 희다는 뜻인데 엄선한 차 싹을 쪄서 익힌 뒤 중심의 은실처럼 흰 줄기만 가려 취한 수아水芽로 만들었으므로 이렇게 말했다.

이 용단승설은 고려 중기 차 문화의 융성을 생생하게 증언한다. 700년의 세월을 건너뛰어, 19세기 후반에 고탑에서 용단승설차 네 덩이가 발견된 것은 참으로 놀라운 일이 아닐 수 없어, 당시에 크게 회자되었던 듯하다.

22

이상적

李尙迪, 1804~1865

백산차가

白山茶歌

백두산에 나는 백산차를 말하다

白山茶歌

자료 소개

이 작품의 원제목은 〈백산차가, 사박경로白山茶歌, 謝朴景路〉이다.
《은송당집》권1에 실린 작품이다. 1863년에 지은 작품으로 모두 7언
24구의 장시다. 〈백산차가〉는 백두산 지역에서 생산되는 백산차의 실
체를 증언하여, 차 문화사에서 중요한 자료적 가치를 지닌다.

원문 및 풀이

1	내 일찍이 아홉 차례 연경 행차 참예하여	我曾九泊燕河槎
2	천하의 이름난 차 죄다 맛보았지.	嘗盡天下有名茶
3	열두 거리 길가에는 차박사茶博士[1] 넘쳐나서	十二街頭茶博士

4 음료 파는 가게보다 차 가게가 더 많다네.	賣茶多於賣漿家
5 돌아와 집에 누워 용육龍肉[2]을 얘기하다	歸臥敝廬談龍肉
6 손에 《다경》 들고서 공연히 탄식한다.	手把茶經空咨嗟
7 호남 스님 죽로차竹露茶 새 제품을 내놓으니	湖僧竹露出新製
죽로는 차 이름이다(茶名).	
8 부스럼 딱지 먹듯[3] 지금 사람 좋아하네.	時人往往如嗜痂
9 귀하게 여겨짐은 우리 것임 때문이니	秪應所貴吾鄕物
10 애당초 맛과 향은 이빨 사이 떫기만 해.	終是香味澁齒牙
11 불함산의 일강차를 그대 줌에 감사하니[4]	不咸一綱感君惠
12 찬 날씨 폐병에는 인삼[5]만큼 효과 있네.	天寒肺病當三椏
13 이 땅에도 이런 것이 있을 줄 뉘라 알리	誰知此土乃有此
14 비유컨대 인재가 먼 시골서 나옴인 양.	譬如人才出荒遐

---

1 차박사: 찻집에서 차를 따라주는 종업원을 가리키는 표현이다.

2 용육: 용은 상상의 동물이어서 그 고기가 있을 리 없다. 이 말은 중국에서 늘상 마시던 좋은 차를 조선에서는 전혀 마실 수 없게 되었으므로, 그 정황이 마치 먹을 수 없는 용 고기와 같다고 말한 것이다. 용육과 관련된 내용은 소동파의 《동파전집東坡全集》 권74 〈필중거에 답한 글(答畢仲擧書)〉에 보인다.

3 부스럼 딱지 먹듯(嗜痂): '기가嗜痂'는 부스럼 딱지를 즐긴다는 말이니, 남달리 특별한 벽癖을 가리킨다. 예전 유옹劉邕이란 사람이 부스럼 딱지 먹기를 좋아해서 창가벽瘡痂癖이 있단 말을 들었는데 일반적으로는 엽기적인 기호를 나타낼 때 쓰는 표현이다.

4 불함산의 …… 감사하니: 불함산은 백두산의 별칭이다. 백두산에서 나는 일강차라는 뜻이다. 백산차의 찻잎이 침 모양으로 말려 있어 고급 첫물차(一綱)의 모양과 비슷하므로 이렇게 말했다.

5 인삼: 삼아三椏는 잎이 세 갈래인 인삼을 가리킨다.

15 안타깝다 중령수中冷水를 얻기야 어려워도⁶　　但恨難得中冷水

16 군이 멀리 무이차武夷茶를 사 올 필요 전혀 없네.　無勞遠購武夷芽

17 그대 보지 못했나 강남의 어차를 공물로 못 바치자

　　　　　　　　　　　　　　　　　　　君不見江南御茶不入貢

18 창기槍旗가 매몰되어 쓸모없이 되었음을.⁷　　旗槍埋沒隨蟲沙

19 또 보지 못했나 박작⁸에서 해마다 온갖 물품 교역해도

　　　　　　　　　　　　　　　　　　　又不見泊汋年年通百貨

20 올가을엔 수선화가 하나도 없는 것을.　　今秋無箇水仙花

21 다화도 그린 벗은 비처럼 흩어지고　　　茶話故人散如雨

　　　정치형程穉蘅이 그린 〈다화도茶話圖〉를 말한다(謂程穉蘅茶話圖).⁹

22 봉화 연기 어느새 천진天津 물가 이르렀네.　　烽烟已入天津涯

6 안타깝다 …… 어려워도: 중령수는 중국의 이름난 샘물로 중령中泠이라고도 한다. 강소성江蘇省 진강시鎭江市 금산金山 아래에 있다. 이 샘물로 차를 끓이면 가장 좋다 하여 '천하제일천天下第一泉'의 명성이 있다. 휘종의 《대관다론》〈수水〉에서 "옛 사람들이 물을 품평하여, 비록 중령과 혜산을 으뜸이라고 했지만, 인가와는 거리가 있어, 늘 얻을 수 없을 것 같으면, 다만 산의 샘 중에 맑고 깨끗한 것을 취하는 것이 마땅하다(古人品水, 雖曰中冷惠山爲上, 然人相去之遠近, 似不常得, 但當取山泉之淸潔者)"고 했다. 허차서의 《다소》〈물 가리기(擇水)〉에서도 "옛사람이 물을 품평하여, 금산의 중령을 첫 번째 샘이나 두 번째라고 하고, 혹은 여산 강왕곡을 첫 번째라고 하였다(古人品水, 以金山中冷爲第一泉第二, 或曰廬山康王谷第一)"라고 했다.

7 쓸모없이 되었음을: 전쟁에서 죽은 병사를 가리키는 말이다. 여기서는 아무 쓸모 없게 되었다는 의미이다.

8 박작: 요녕성 포석하구蒲石河口의 옛 지명이다. 지금의 단동시 동북 지역에 해당한다. 조공 행렬이 이곳을 반드시 지나므로, 교역이 활발하게 이뤄졌던 곳이다.

9 정치형이 …… 말한다: 정치형은 추사에게 〈문복도捫腹圖〉 등의 그림을 그려 보낸 정조경程祖慶(1785~1855)을 말한다. 〈다화도〉는 차 나누는 모습을 그린 그림인 듯하나 전하지 않는다.

23	내 인생에 많은 복을 누림 정녕 다행이니	何幸吾生享多福
24	차 끓이고 시 지으며 세월을 보내리라.	煎茶覓句送年華

해설

1863년 박경로가 보내준 백산차白山茶를 받고서 답례로 지어 보낸 시이다. 앞에서는 전후 아홉 차례 북경을 다녀오는 동안 천하에 이름 난 차를 다 맛보았고, 거리 찻집마다 차박사가 넘쳐나고, 음료를 파는 가게보다 차 파는 가게가 더 많아, 차 마시는 풍습이 일상 속에 보편화된 중국의 정황을 말했다. 귀국해서 집에 누워 있노라니 그때 그곳에서 마셨던 좋은 중국차의 향기가 혀끝에 맴돌아도 구할 수 없는지라, 공연히 육우의 《다경》을 뒤적이며 안타까운 탄식만 했노라고 썼다.

7, 8구에서는 호남의 스님 초의가 새로 죽로차를 만들면서 지금 사람들이 그 차에 대해 벽癖에 들린 듯 열광한다고 했다. 초의가 구증구포 방식으로 법제한 떡차를 죽로차라 한 것은 이미 이유원李裕元이 그의 〈죽로차〉에서 상세히 노래한 바 있다. 추사나 자하 신위, 금령 박영보 등이 초의차를 맛보고 열광하여 초의에게 전다박사煎茶博士라는 칭호를 선사하고, 〈남차병서〉 등의 작품을 준 것도 널리 알려진 사실이다. 하지만 이상적은 초의차의 맛과 향이 이빨 사이에 떫은맛을 남길 뿐 중국의 고급차에 견줄 바가 못 된다고 말했다. 그럼에도 사람들이 열광한 것은 우리나라에서 생산된 차여서 귀하게 여기기 때문이라고 했다. 백산차의 맛을 높이려다 보니 초의차를 깎아 말했다.

11구에서 16구까지는 박경로가 준 불함산不咸山, 즉 백두산에서 난 백산차에 대한 예찬을 담았다. 박경로가 불함산에서 난 일강차를 보내왔다. 추운 겨울 기침을 가라앉히는 데 이 차가 인삼탕만큼 효과가 있다는 말을 적고, 이 땅에서 이처럼 좋은 차가 나는 줄은 아무도 모를 것이라고 했다. 천하제일천天下第一泉으로 이름 높은 중령수를 얻기는 힘들겠지만, 굳이 비싼 돈을 치러가면서 강남의 무이차武夷茶를 살 필요가 없으리만치 백산차의 맛과 향이 뛰어남을 칭찬했다.

17구에서 끝까지는 백산차를 끓여 마시면서 자신의 근황과 차 생활을 담담하게 술회했다. 송나라 때 강남에서 나던 어차御茶를 공물로 바치지 못하게 하자, 차나무를 재배하려 들지 않아 좋은 차밭이 모두 망가지고 말았다. 또 올가을엔 강남에서 배가 올라왔어도 수선화 구근조차 한 뿌리도 올라오지 않았다. 그러니 차는 말해 무엇하겠는가? 21구는 벗 정치형이 그려 선물한 〈다화도〉 얘기를 꺼내, 예전 차를 함께 마시며 얘기 나누던 모습을 그림으로 그려준 벗도 이제는 소식이 끊겼고, 강남 쪽에선 전쟁 소식만 들려오는 답답한 현실을 환기했다. 이러구러 좋은 차를 구해 마실 일은 점점 더 멀어져 안타깝기 짝이 없었는데 생각지 않게 박경로가 보내준 백산차를 마시게 되어 더없는 복을 누릴 수 있었음에 감사했다.

백두산은 차나무가 자생할 수 없는 위도이다. 시에 나오는 백산차의 실체가 궁금해진다. 일설에 백산차는 백두산 일대에서 자생하는 진달랫과 또는 석남과의 상록 관목으로, 한겨울 흰 눈을 뚫고 솟은 어린잎을 채취해서 만든다고 한다. 잎은 긴 타원형으로 솔잎 향과 박하 맛이 어우러진 독특한 향기가 난다. 〈백산차가〉는 자칫 잃어버릴 뻔했던 백산차의 존재를 기록으로 남겼다는 사실만으로도 차 문화사의 소중한 증언이다.

윤치영

尹致英, 1803~1858

용단차기

龍團茶記

유배지에서 만난 최고급 용단차의 참맛

작가와 자료 소개

　윤치영은 선조 때 재상 윤두수尹斗壽(1533~1601)의 9대손이다. 본
관은 해평海平, 자는 관여觀汝, 호는 석오石梧 또는 녹천綠泉이다. 부친
은 이조참판을 지낸 윤명렬尹命烈(1762~1832)이다. 34세 때인 1836년
에 음직으로 북부도사北部都事에 올라, 호조정랑과 토산현감을 지냈
고, 1846년 총위영總衛營 종사관이 되었다. 1847년 45세 때 문과에 급
제하여 당상관에 올랐다. 내각의 여러 벼슬을 거쳐, 1849년 안동 김문
에 의해 풍양 조씨 세력으로 몰려 조병현趙秉鉉(1791~1849), 서상교徐
相敎 등과 함께 1849년 8월 10일에 신지도로 유배 갔다. 이후 1852년
에 해배될 때까지 4년간 유배 생활을 했다. 문집으로《석오집》22권
22책이 전한다.

　신지도의 척박한 환경 속에서 초의 등과 교유하면서《초의시고草

23　윤치영〈용단차기〉　　　447

衣詩藁》에〈서초의선사음고후書艸衣禪師唫藁後〉란 글을 썼다. 또 1851년 겨울에는 유배지로 찾아온 초의의 요청에 따라《동다송》을 정서한 석오본《동다송》과〈대광명전신건기大光明殿新建記〉등을 친필로 써주었다. 차에 관한 시문 또한 여럿 남겼다.〈용단차기〉는《석오집》속집 권1에 수록되었다. 이 글은 신지도의 유배지에서 강진 만덕산 용단차龍團茶를 끓여 마신 뒤, 차와 물에 대한 소감을 밝힌 내용이다. 그는 서울 시절부터 중국의 건안차를 마시며 차를 즐겼던 다인이다. 그의 이 글은 19세기 중반의 차 문화를 이해하는 데 도움을 준다.

원문 및 풀이

금릉의 만덕산에는 차나무가 있는데 홍아紅鵝[1]가 무성한 것과 같다. 매번 청명 이전에 따서 만드는 것을 산인山人들이 업業으로 삼는다. 그 향기는 소형素馨,[2] 즉 재스민과 같고, 그 맛은 운병芸餅[3]과 다름

---

1 홍아: 윤치영이 차에 붙인 독특한 호칭이다. 다른 문헌에서 용례를 찾기 어려운데 그의 문집에서는 여러 차례 이 표현을 썼다. 처음 갓 나온 싹이 불그스레한 기운을 띠고 거위 목처럼 길쭉하게 말려 있는 것을 두고 표현한 듯하다. 자순차紫筍茶의 일종인 듯하다.

2 소형: 재스민 종류의 향기가 짙은 흰 꽃이다. 이시진李時珍은《본초강목本草綱目》권14,〈말리茉莉〉조에서 "소형은 또한 서역에서 들어왔다. 야실명화耶悉茗花라 하는데 곧《유양잡조酉陽雜俎》에 실린 야실밀화野悉蜜花가 그것이다. 줄기는 하늘대고, 잎은 말리와 비슷하지만 작다. 꽃은 가늘고 말랐고 꽃잎이 네 개다. 황색과 백색 두 가지가 있다. 꽃을 따서 기름을 짜서 머리에 바르면 몹시 향기롭고 매끄럽다[時珍曰: '素馨亦自西域移來, 謂之耶悉茗花, 卽酉陽雜俎所載野悉蜜花也. 枝幹裊娜, 葉似茉莉而小. 其花細瘦四瓣, 有黃白二色. 采花壓油澤頭, 甚香滑也']"라고 했다.

없다. 육우가 《다경》에서 첫 번째가 차茶요, 두 번째는 가檟이며, 세 번째는 설蔎이고, 네 번째는 명茗이며, 다섯 번째는 천荈이라 했는데[4] 이것과 더불어 갑을을 겨룰 만하다.

金陵萬德之山, 有茶樹, 如紅鵝之盛. 每淸明前, 摘以焙之, 山人以爲業. 其臭如素馨, 其味如芸餠. 陸羽經一茶二檟三蔎四茗五荈, 足與甲乙.

맥과麥顆와 아주 비슷한 것을 이름하여 용단龍團이라 하니, 참으로 뛰어난 제품이다. 이를 주는 사람이 있어 시험 삼아 해안법蟹眼法을 써서 화자花瓷에 끓이자, 섬배蟾背의 꽃다운 향기[5]가 훌륭해서 마치 촉나라 노파가 차로 만든 죽[6]과 같았다. 막상 마셔보니 맛은 고약했고 시원한 맛도 전혀 없었다.

於麥顆酷類, 名曰龍團, 眞絶品也. 有以遺之者, 試用蟹眼法, 煎之花瓷, 宜蟾背芳香, 如蜀嫗之粥, 而旣飮味惡, 殊欠淸洌.

3 운병: 향초로 빚은 떡을 말한다.
4 《다경茶經》 권상 〈일지원一之源〉에 "其名一曰茶, 二曰檟, 三曰蔎, 四曰茗, 五曰荈"이라고 하였다.
5 섬배의 꽃다운 향기〔蟾背芳香〕: 섬배는 차의 별칭이다. 청대 육정찬의 《속다경》〈육지음六之飮〉에서 "섬배의 꽃다운 향 피어나길 기다리며, 새우 눈이 끓어오름 자세히 바라보네〔候蟾背之芳香, 觀蝦目之沸湧〕"라고 했다.
6 촉나라 노파의 차로 만든 죽: 《다경》〈칠지사七之事〉에 실린 〈광릉기로전廣陵耆老傳〉에는 차죽 파는 노파 이야기에 나온다. 진晉나라 원제元帝 때 어느 노파가 날마다 시장에서 차죽을 팔았는데 번 돈은 길가의 고아와 거지에게 나누어주었다. 관리가 이상하게 여겨 옥에 가두자, 노파가 차죽을 끓이던 그릇을 잡고서 감옥의 창문을 통해 날아갔다고 한다.

나는 이 차가 중국 사람이 말하는 풀을 섞은 물건[7]에 가깝다고 의
심하였다. 하지만 산사람이 속일 리는 없는지라, 심부름하는 아이에게
물을 제대로 썼는지 힐문하여 맞춰보고 확인해보니 바로 물맛에 차
맛을 빼앗긴 것이었다. 짠물기가 있는 흘러가는 더러운 물로 급하게
불을 때서 나물국 끓이듯 하는 바람에 차의 맛이 품제品第할 만한 것
이 못 되었던 것이다.

余疑是茶近於華人所云入艸物. 然山人不應欺, 故詰小僮調水, 符以驗之, 乃
泉味所奪也. 以瀾汙醎鹵之水, 急炊如烹藿, 未可以品第茶味.

일찍이 집 뒤 바위 중간에서 오탁소안烏啄小眼,[8] 즉 까마귀가 물을
쪼아 먹은 작은 구멍과 신분神瀵,[9] 곧 신령스러운 샘물 등을 얻었다.
사슴이 발로 파서 얻었다는 녹포옥정鹿跑玉井[10]이라도 이보다 나을 수

---

7 중국 사람이 말하는 풀을 섞은 물건: 송대 황유黃儒의《품다요록品茶要錄》〈입잡
入雜〉에 "물건이란 진실로 가짜를 용납할 수 없는데 하물며 음식물은 더욱 불가하
다. 그러므로 차에 다른 풀이 들어간 것을 건안 사람들은 잡된 것이 들어갔다고
한다(物固不可以容僞, 況飲食之物, 尤不可也. 故茶有入他草者, 建人號爲入雜)"고 했다.

8 오탁소안: 금강산 유점사楡岾寺에 있는 오탁정烏啄井에 얽힌 전설을 말한다. 정엽
鄭曄의《수몽집守夢集》권3〈금강록金剛錄〉에 "또 그 땅에는 본래 샘이 없었다. 하루
는 까마귀 떼가 모여 와 땅을 쪼자 갑자기 신령한 샘이 흘러넘쳤다. 지금의 오탁
정이 그것이다(又其地本無泉. 一日群烏來集啄地. 靈泉忽流溢. 今之烏啄井是也)"라는 내용이
있다.

9 신분: 종북국終北國의 호령산壺領山 꼭대기의 자혈滋穴에서 솟아난다는 향기롭고
신령스러운 물의 이름이다.《열자列子》〈탕문湯問〉에 나온다.

10 녹포옥정: 정형井陘에 샘이 없어 사당에 제사를 올리지 못해 걱정하고 있을 때 사
슴 두 마리가 나타나 앞발로 후벼 파자 샘이 솟았다는 고대의 전설이다. 장혼張混
의〈토고討古〉시 중〈호왕사胡王祠〉에 "정형에 우물 없어 근심하더니, 두 마리 사
슴 앞발로 파 샘이 솟았네. 이것을 호장胡將이 얻어가지고, 사당에 음식 올려 제사

는 없었다. 마침내 음식할 때 쓰는 물병을 가져다 실로 묶어서 물을 긷고, 활화活火11를 써서 다시 끓였다. 막 익자마자 문득 일정한 향기가 온 세상에 두루 퍼져나가는 것을 느꼈으니 독루향篤耨香12에 견줄 바가 아니었다.

嘗於屋後巖腹, 得烏啄小眼與神瀵等, 鹿跑玉井, 無以過此. 遂持膳瓶, 牽絲以汲. 用活火再煎. 纔熟, 便覺定香徧光明界, 非篤耨所可跂.

그렇다면 차는 샘물을 가지고 서로 좋아지기도 하고 나쁘게도 되는 것이어서 능히 혼자서 훌륭할 수는 없는 셈이다. 나쁜 샘물에 그르친 바가 되어 남에게 좋지 않다고 배척당하니, 비유하자면 훌륭한 천리마가 말을 잘 알아보는 백락伯樂13과 만나지 못해 소금 수레나 끄는

지냈지[井陻患無井, 泉湧二鹿跑. 以謂胡將得, 祠祀薦羞骰]"라 했다. 《이이엄집而已广集》권4에 나온다.

11 활화: 명대 주권朱權의 《다보茶譜》〈전탕법煎湯法〉에서 "숯불에 불꽃이 있는 것을 활화라 한다[炭火之有焰者, 謂之活火]"고 했다.

12 독루향: 나무에서 나는 진액을 채취해 만든 향 이름이다. 이시진은 《본초강목》권 34의 〈독루향〉 조에서 이렇게 썼다. "독루향은 진랍국眞臘國에서 나는 나무의 진액이다. 이 나무는 소나무처럼 생겼는데 그 향은 오래되면 넘쳐 흐른다. 색깔은 희고 투명한 것을 백독루白篤耨라 한다. 한여름에도 녹지 않고 향기는 맑고도 먼 데까지 퍼진다. 토인들이 채취한 뒤 여름철에는 불로 나무를 지져 진액이 다시 넘쳐흐르게 한다. 겨울이 되어 엉기면 그제야 이를 거두어들인다. 그 향이 여름엔 녹고 겨울엔 굳는다. 호리병에 담아 그늘지고 서늘한 곳에 놓아두면 녹지 않는다. 나무껍질과 섞은 것은 색이 검어져 흑독루黑篤耨라 하여 하품으로 친다[篤耨香出眞臘國, 樹之脂也. 樹如松形, 其香老則溢出, 色白而透明者名白篤耨, 盛夏不融, 香氣清遠. 土人取後, 夏月以火炙樹, 令脂液再溢, 至冬乃凝, 復收之. 其香夏融冬結, 以瓠瓢盛, 置陰涼處, 乃得不融. 雜以樹皮者則色黑, 名黑篤耨, 爲下品]."

13 백락: 춘추 시대 진秦나라 목공穆公 때 천리마를 잘 감별하기로 유명한 사람이다.

곤욕을 당하는 것이나 다를 바 없다. 앞서 맛이 나빴던 것이 어찌 차의 잘못이겠는가?

然則茶以泉相瑕瑜, 未能自善. 其爲劣泉所誤, 被人擯薄, 譬如驥騄, 不遇伯樂, 爲塩車所困. 曩之味惡, 豈茶之過乎.

미물도 오히려 이러한데 하물며 도를 간직하고 기량을 품은 선비라 할지라도 알아줌을 만나지 못한다면 어찌 능히 세상에서 중히 여기는 바가 되겠는가? 이는 비슷한 다른 경우에도 미루어 볼 수 있다. 이 때문에 이 일을 기록해서 경계로 삼는다.

微物猶然, 況士之懷道抱器者, 不有知遇, 烏能爲世所重乎? 此可以推類, 故識其事, 以爲戒云.

해설

용단차는 금릉 만덕산 백련사 승려들이 청명 이전에 맥과로도 부르는 보리 알갱이처럼 갓 돋아난 어린 움으로 만든 최고급 차였다. 글에서는 당시 백련사 승려들이 청명 시절이면 차를 따서 만드는 것이 큰일이었다고 썼다. 이규경도 〈도다변증설〉에서 강진의 백련사에서 만들던 '만불차萬佛茶'를 언급하고 있는 것을 볼 때 다산이 강진을 떠

그가 일찍이 우판虞板을 지나다 늙은 천리마가 소금 수레 밑에 쓰러져 있는 것을 보고 쓰다듬어주자, 천리마가 고개를 쳐들고 울었다는 이야기가 전한다. 재주 있는 사람이 시대를 만나지 못함을 비유한 고사로, 여기서는 좋은 차를 그에 걸맞은 샘물로 끓여내지 못한 상황을 말한 것이다. 《전국책戰國策》〈초책楚策〉 4에 나온다.

난 뒤에도 백련사 승려들은 해마다 봄철이면 상당한 규모로 차를 만들고 있었음을 알 수 있다.

용단차는 떡차를 불에 구워 가루 낸 뒤 솥에서 끓여 죽처럼 걸쭉하게 해서 마셨다. 육우의 《다경》에 나오는 자다법煮茶法과 거의 같은 방식이었다. 하지만 막상 끓인 차를 마셔보니 맛이 아주 고약했다. 이에 물을 살펴보니 짠 기운이 남은 나쁜 물로 끓이는 바람에 차 맛이 그렇게 된 것임을 알았다. 이후 새로 얻은 샘물로 다시 끓이자 이번에는 향기와 맛이 대단히 훌륭하였다. 이를 통해 윤치영은 차와 물의 조화가 차 맛을 결정한다고 말하면서, 당시 유배지에서 지내며 세상에서 버림받은 자신의 처지를 훌륭한 맛을 지니고도 물을 잘못 만나 제 지닌 참맛을 발휘하지 못하는 차에 견주었다.

24

박영보

朴永輔, 1808~1872

남차병서

南茶並序

경화세족의 입맛을 사로잡은 초의차

작가와 자료 소개

박영보의 본관은 고령高靈이고 자는 성백星伯·금령錦舲, 호는 열수洌水이다. 어사御史 박문수朴文秀(1691~1756)의 후손으로 1844년 증광문과에 병과로 급제한 후 사헌부 대사헌, 이조참판, 경기도관찰사 등을 역임했다. 자하紫霞 신위申緯의 제자다.

〈남차병서〉는 1830년 9월, 초의가 스승인 완호 윤우 스님의 삼여탑三如塔을 세운 후, 명銘과 서문을 받기 위해 직접 만든 차를 가지고 서울에 올라왔을 때, 우연히 이산중李山中을 통해 초의의 남차를 얻어 마신 후 그 맛에 반해 지은 글이다.

〈남차병서〉는 병서並序와 7언 40구로 이루어졌으며, 몇 가지 다른 계통의 필사본이 존재한다. 먼저 박영보가 친필로 써서 초의에게 보낸 원본이 개인 소장으로 남아 있다. 신헌申櫶(1810~1884)의《금당기주琴堂記珠》에도 이 시가 수록되었는데 이는 초의가 소장하고 있던 원본을 그대로 베낀 것이다. 전사轉寫 과정에서 오자가 여럿 발생한 데다 원본이 전하고 있어 이본으로서의 가치는 없다.

다른 하나는 박영보의 문집《서령하금집西泠霞錦集》에 수록된 수정본이다. 그런데 문집에 실린 수정본에는 병서가 빠지고 〈남차는 호남과 영남의 사이에서 난다. 초의선사의 수제차를 우연히 얻어 한번 마시곤, 이를 위해 장구長句 20운을 지었다〔南茶産湖嶺間. 草衣禪師手製茶, 偶得一啜, 爲作長句二十韻)〉는 제목으로 바뀌었다. 뿐만 아니라 문집본은 친필본에서 마땅치 않았던 부분을 대폭 수정해서 시어 중 수십 자를 수정했다. 박영보가 이 수정본을 정본화한 것이어서 본 책에서는 시 창작의 전후 경과를 알 수 있는 병서 부분은 친필본에서 가져와 제시하고, 시 본문은《서령하금집》에 수록된 수정본을 기준으로 제시하겠다.

원문 및 풀이

남차는 호남과 영남 사이에서 난다. 초의선사가 그 땅을 구름처럼 노닐었다. 다산 승지와 추사 직각과 모두 시문으로 교유함을 얻었다. 경인년(1830) 겨울에 서울 지역을 내방하며 수제차 한 포로 예물을 삼았다. 이산중이 이를 얻어 돌고 돌아 내게까지 왔다. 차가 사람과 관계됨은 금루옥대金縷玉帶처럼 또한 이미 많다. 맑은 자리에서 한 차례 마시고 장구 20운을 지어 선사에게 보내니, 혜안으로 바로잡고, 아울러 화답해주기를 구한다.

南茶湖嶺間産也. 草衣禪師, 雲遊其地, 茶山承旨及秋史閣學, 皆得以文字交焉. 庚寅冬, 來訪于京師, 以手製茶一包爲贄. 李山中得之, 轉遺及我. 茶之

關人, 如金縷玉帶, 亦已多矣. 淸座一啜, 作長句二十韻, 以送禪師, 慧眼正之, 兼求郢和.[1]

1	옛날엔 차를 마셔 신선 되어 올랐거니	古有飮茶而登仙
2	못 되어도 청현淸賢됨을 잃지는 않았다네.	下者不失爲淸賢
3	쌍정차와 일주차[2]는 세대가 이미 멀고	雙井日注世已遠
4	우전차와 고저차[3]는 이름만 전해온다.	雨前顧渚名空傳
5	화자花瓷와 녹구綠甌[4]로 마구 마셔 적시니	花瓷綠甌浪飮濕
6	참맛은 남상南商들이 이미 달여보았다네.	眞味南商已經煎
7	우리나라 나는 차는 차 맛이 더욱 좋아	東國産茶茶更好
8	그 이름 싹 나올 제 첫 향기 고운 듯해.	名如芽出初芳姸
9	빠르기는 서주西周부터 늦게는 지금까지	早或西周晚今代
10	중외中外가 같지 않아 큰 차이 서로 나네.	中外雖別太相懸

---

1 이 대목은 박영보의 《서령하금집》에는 빠지고 없다. 친필본에만 들어 있는 병서이다. 앞뒤 맥락 이해에 도움이 되므로 여기에 싣는다. 문집에 보이는 이 시의 제목은 〈남차는 호남과 영남의 사이에서 난다. 초의선사의 수제차를 우연히 얻어 한 번 마시곤, 이를 위해 장구 20운을 지었다(南茶産湖嶺間. 草衣禪師手製茶, 偶得一啜, 爲作長句二十韻)〉이다.

2 쌍정차와 일주차: 쌍정차는 중국 강서성江西省 분녕현分寧縣에서 생산되던 고급차의 이름이고, 일주차는 절강성浙江省 소흥현紹興縣에서 생산되던 차를 가리킨다.

3 우전차雨前茶와 고저차顧渚茶: 우전차는 일반적으로 곡우에 딴 찻잎으로 만든 차를 의미하지만, 여기서는 호북성湖北省과 절강성에서 생산된 차를 말하며, 고저차는 절강성 장흥현長興縣 고저산顧渚山에서 생산되던 차를 말한다.

4 화자와 녹구: 화자는 각종 그림이 그려진 채색자기彩色瓷器를 말한다. 조선 시대에는 청화백자靑畵白瓷를 뜻했다. 녹구는 산화동을 넣은 유약으로 만든 녹색 사발을 말한다.

11 보통의 화초에도 각각 화보花譜 있다지만	凡花庸草各有譜
12 토인이야 그 누가 차가 먼저임을 알리.	土人誰識茶之先
13 신라 땅의 사신이 당나라에 들어간 날	鷄林使者入唐日
14 만리 배에 차 씨 지녀 푸른 바다 건너왔지.[5]	携渡滄波萬里船
15 강진과 해남 땅은 복건 나개[6] 한가진데	康南之地卽建岕

남방의 바다와 산 사이에 차가 많이 있는데 강진과 해남이 특히 성하다(南方海山間多有之, 康津海南尤盛).

16 씨 한번 뿌린 뒤론 내던져두었지.	一自投種等棄捐
17 봄 꽃과 가을 잎을 버려두고 돌보잖아	春花秋葉抛不顧
18 청산에서 일천 년이 쓸데없이 지나갔다.	空閱靑山一千年
19 기이한 향 묻혀 있다 오랜 뒤에 드러나니	奇香沈晦久乃顯
20 봄날이면 광주리에 따온 것이 인연 됐네.	採春筐筥稍貢緣
21 하늘 위 달님인듯 용봉단龍鳳團 작게 빗자	天上月團小龍鳳
22 법제는 거칠어도 그 맛은 훌륭하다.	法樣雖麤味則然
23 초의선사 정업淨業에 힘 쏟은 지 오래인데	草衣禪師古淨業
24 짙은 차로 묘오妙悟 얻어 참된 선禪을 깨달았네.	濃茗妙悟參眞禪
25 한묵翰墨이야 여사餘事여서 이제 다만 분별해도	餘事翰墨今寥辨
26 한때의 명사들이 공경하여 우러르네.[7]	一時名士香瓣虔

5 신라 땅의 …… 바다 건너왔지:《삼국사기三國史記》에 기록된 흥덕왕 3년(828) 당나라에 사신으로 다녀온 대렴大廉이 차 씨를 가지고 왔던 일을 말한다.

6 복건福建 나개羅岕: 복건은 복건성福建省을, 나개는 절강성浙江省을 말한다.

7 공경하여 우러르네(香瓣): 선승이 사람을 축복할 때 피우는 오이씨처럼 생긴 향이다. 상대를 존경하여 사숙하는 의미로 쓴다. 본래는 판향이지만 본문에서는 평측에 맞춰 '향판香瓣'으로 썼다.

27	병석瓶錫[8]으로 산을 나서 천 리 길을 건너오며	出山瓶錫度千里
28	두강頭綱으로 잘 만든 단차團茶[9]를 가져왔지.	頭綱美製携團圓
29	오랜 벗이 나에게 예물로 함께 주어[10]	故人贈我伴瓊玖
30	희고 곱게 흩뿌리자 자리가 환해진다.	撒手的皪光走筵
31	내 삶은 다벽茶癖에 수액水厄[11]을 더했는데	我生茶癖卽水厄
32	나이 들어 뼛속까지 삼충三蟲[12]이 박혔다네.	年深浹骨三蟲堅
33	열에 셋은 밥을 먹고 일곱은 차 마시니	三分飡食七分飮
34	심가沈家의 강초薑椒[13]처럼 비쩍 말라 가련하다.	沈家薑椒瘦堪憐
35	이제껏 석 달이나 빈 찻잔 들고 있다	伊來三月抱空盌
36	송우성松雨聲 누워 듣자 군침이 흐르누나.	臥聽松雨流饞涎
37	오늘 아침 한 탕관湯灌에 장과 위를 씻어내니	今朝一灌洗腸胃

---

8 병석: 물항아리와 석장錫杖을 말한다. 병瓶은 승려가 손을 씻기 위해 물을 담아두는 항아리이다. 여기서는 승려의 조촐한 행장을 가리킨다.

9 두강으로 잘 만든 단차: 두강은 그해에 가장 먼저 진상되는 차를 뜻하지만, 여기서는 그해에 가장 빨리 딴 찻잎이라는 뜻으로 쓰였다.

10 예물로 함께 주어(伴瓊玖): 경구는 아름다운 옥인데 후세에서 예물의 미칭으로 쓰는 표현이다.

11 수액: 차를 지나치게 많이 마신다는 의미이다. 진晉의 사도장사 왕몽王濛이 차 마시는 것을 좋아하여, 사람들이 오면 언제나 명을 내려 차를 마시게 하였는데 사대부들이 매번 문안하러 갈 때면 "오늘은 수액이 있는 날이다"라고 말했다는 고사에서 나온 말이다. 《세설신어世說新語》에 관련 내용이 보인다.

12 三蟲: 삼시충三尸蟲이다. 인간의 몸속에서 살면서 인간의 죄과罪過를 기록해 두었다가 옥황상제에게 고자질해서 수명을 단축시킨다는 벌레이다. 여기서는 차에 인이 박여 뼛속까지 사무쳐 있다는 뜻으로 쓴 것이다.

13 심가의 강초: 홍성洪城 심씨 가문의 차로 차와 생강 및 산초를 함께 타 마셨다는 의미로 보인다.

38 방 가득 부슬부슬 초록 안개 서리누나.　　　　滿室霏霏綠霧烟

39 도화차桃花茶 심으려고 장로에게 청하노니¹⁴　　只煩桃花乞長老

40 백낙천白樂天에 국화나물¹⁵ 대접 못함 부끄럽다.　愧無菊虀酬樂天

해설

박영보는 병서에서 초의가 서울로 오면서 가져온 수제차를 벗인 이산중李山中에게 조금 얻어 마신 후 초의에게 장편의 시를 지어 감사의 뜻을 전하고 화답을 청했음을 밝혔다.

이어서 6구까지는 중국차의 연원을 말했다. 고인들이 차를 마셔 몸이 가벼워져 신선이 되어 하늘에 오른 일과, 쌍정차와 일주차, 우전차와 고저차 등 역대의 명차를 들어 차 마시는 일의 연원이 오래되었음을 밝혔다.

이어 우리나라에서 생산되는 차도 그에 못지않은 품질을 지녔음과 신라 때 김대렴金大廉이 당나라에서 차 씨를 들여와 남녘땅에 이를 심어 재배한 내용을 적었다. 호남의 강진과 해남 땅은 중국차의 대표적

14 도화차 …… 청하노니: 소동파가 대야장로大冶長老에게 도화차桃花茶를 부탁하여 자신의 정원에 심고 〈대야장로에게 물어 도화차를 청해 동쪽 언덕에 심다(問大冶長老乞桃花茶栽東坡)〉란 시를 지어준 일을 가리키는 말이다.

15 국화나물(菊虀): 국화로 무친 나물이다. 당대 풍지馮贄의 《운선잡기雲仙雜記》 권2에 실린 〈차와 바꿔 술을 깨다(換茶醒酒)〉에서 "백낙천이 막 관에 들어갔는데 유우석이 제대로 술병이 났다. 우석이 이에 국화싹나물, 무, 젓갈을 주고 낙천의 육반차 두 주머니와 맞바꿔서 술을 깼다(樂天方入關, 劉禹錫正病酒. 禹錫乃饋菊苗虀蘆菔鮓 換取樂天六班茶二囊以醒酒)"는 고사에서 끌어다 쓴 것이다.

산지인 복건성과 절강성에 다를 바 없다고 했다. 하지만 우리의 경우 천 년 전에 차 씨를 뿌린 뒤로 아무도 거들떠보지 않아 까맣게 잊혀진 물건이 되고 말았음을 안타까워했다.

그렇듯 잊힌 차를 초의 스님이 용봉단龍鳳團과 같이 작은 떡차로 만들었는데 이른 봄 가장 어린 찻잎으로 만들었기 때문에 볼품은 없었지만 맛이 훌륭하다고 했다. 박영보는 초의가 차로 묘오를 얻어 선의 경지를 참구하였다고 높였다.

자신은 차벽茶癖이 있을 정도로 차를 몹시 애호하던 사람인데 마시던 차가 떨어져 석 달이나 굶고 있던 터에 초의차를 마시려고 하니 물이 끓는 소리만 들어도 군침이 흐른다고 했다. 초의의 차를 단차團茶로 표현하고, 맷돌에 갈아 가루로 흩는다고 한 것으로 보아 이때 초의가 가져와 선물한 남차南茶는 떡차였음이 분명하다.

이처럼 〈남차병서〉는 처음으로 초의차가 경화세족에게 알려진 직접적인 계기가 된 작품으로 조선 후기 차 문화사에서 매우 의미 있는 자료다.

이유원

李裕元, 1814~1888

죽로차

竹露茶

구증구포 죽로차에 담긴 다산의 제다법

竹露茶

작가와 자료 소개

이유원은 자는 경춘景春, 호는 귤산橘山 또는 묵농默農이다. 본관은 경주이다. 이조판서 이계조李啓朝(1793~1856)의 아들로 1841년(헌종 7) 정시문과에 급제, 예문관검열·규장각대교를 거쳐 1845년 동지사의 서장관으로 청나라에 다녀왔다. 의주부윤과 함경도관찰사를 거쳐 좌의정, 영의정을 역임했다.

정치적으로 홍선대원군과 반목, 대립하였고, 1875년 주청사奏請使의 정사正使로 청나라에 가서 북양대신 이홍장李鴻章을 방문, 회견하고 세자 책봉을 공작하였다. 1879년 영의정으로 있을 당시, 청나라 이홍장으로부터 영국·프랑스·독일·미국과 통상수호하여 일본을 견제하고, 러시아가 엿보는 것을 방지하라는 요지의 서한을 받았다. 1880년 벼슬에서 물러나 봉조하奉朝賀가 되었으나, 1881년 이유원의 개화를 반대하는 유생 신섭申樶의 강력한 상소로 거제도에 유배되었다가 곧 풀려났다. 1882년 전권대신으로서 일본변리공사 하나부사 요시모토 花房義質와 제물포조약에 조인하였다. 저술에 《임하필기林下筆記》와 《가오고략嘉梧藁略》 및 《귤산문고橘山文稿》를 남겼다. 이유원은 차에 취미가 있어 차 문화를 증언하는 여러 기록을 남겼다. 그는 자신의 집에 다옥茶屋까지 마련해두고 〈가곡다옥기嘉谷茶屋記〉라는 기문까지 남겼다.

〈죽로차竹露茶〉에서는 전남 장흥 보림사에서 나는 찻잎으로 다산의 제다법에 따라 구증구포九蒸九曝로 만드는 죽로차의 제다 과정과 차를 끓이는 과정에 대해 상세하게 적고 있다. 또 죽로차가 중국의 보이차 못지않게 품질이 우수하다는 것도 언급하고 있다. 《가오고략》 4책에 수록되어 있는 〈죽로차〉는 다산의 제다법과 당시의 음다법을 살필 수 있는 매우 중요한 자료이다.

원문 및 풀이

1	보림사는 강진 고을 자리 잡고 있으니	普林寺在康津縣
2	호남 속한 고을이라 싸릿대가 공물일세.	縣屬湖南貢楛箭
3	절 옆에는 밭이 있고 밭에는 대가 있어	寺傍有田田有竹
4	대숲 사이 차가 자라 이슬에 젖는다오.	竹間生草露華濺
5	세상 사람 안목 없어 심드렁이 보는지라	世人眼眵尋常視
6	해마다 봄이 오면 제멋대로 우거지네.	年年春到任蒨蒨
7	어쩌다 온 해박한 정열수丁洌水 선생께서	何來博物丁洌水
8	절 중에게 가르쳐서 바늘 싹을 골랐다네.	教他寺僧芽針選

9	천 가닥 짤막짤막 머리카락 엇짜인듯	千莖種種交織髮
10	한 줌 쥐면 동글동글 가는 줄이 엉킨 듯해.	一掬團團縈細線
11	구증구포 옛 법 따라 안배하여 법제하니	蒸九曝九按古法
12	구리 시루 대소쿠리 번갈아서 방아 찧네.	銅甑竹篩替相碾
13	천축국 부처님은 아홉 번 정히 몸 씻었고	天竺佛尊肉九淨
14	천태산 마고선녀 아홉 번 단약을 단련했지.	天台仙姑丹九煉
15	대오리 소쿠리에 종이 표지 붙이니	筐之筥之籤紙貼
16	'우전雨前'이란 표제에 품질조차 으뜸일세.	雨前標題殊品擅
17	장군의 극문戟門이요 왕손의 집안으로¹	將軍戟門王孫家
18	기이한 향 어지러이 잔치 자리 엉겼구나.	異香繽紛凝寢讌
19	뉘 말했나 정옹丁翁이 골수를 씻어냄을²	誰說丁翁洗其髓
20	산사에서 죽로차를 바치는 것 다만 보네.	但見竹露山寺薦
21	호남 땅 귀한 보물 네 종류를 일컫나니³	湖南希寶稱四種
22	완당 노인 감식안은 당세에 으뜸일세.	阮髥識鑑當世彦
23	해남 생달, 제주 수선, 빈랑 잎 황차러니	海橽耽蒜檳榔葉
24	더불어 서로 겨뤄 귀천을 못 가르리.	與之相垺無貴賤

---

1 장군의 …… 집안으로: '극문'은 고대 군영軍營 앞에 세운 군문軍門을 말한다. 보림사의 죽로차가 차 중에 대장군이요 왕손가에 해당될 만큼 우수한 차라는 의미로 쓴 듯하다.

2 정옹이 골수를 씻어냄을: 정옹은 다산 정약용을 말한다. 다산이 죽로차를 마시고 병든 몸을 낫게 했다는 뜻이다.

3 호남 땅 …… 일컫나니: 이유원은 《임하필기》〈호남사종湖南四種〉에서 호남의 네 가지 명물로 보림사 대밭의 차(竹田茶)와 해남에서 나는 박달나무 기름, 제주도의 수선화와 황차黃茶를 꼽았다. 이 시의 내용으로 보면 추사가 제주도에서 만들어 마셨다는 황차는 빈랑檳榔 잎으로 만들었던 듯하다.

25	초의 스님 가져와 선물로 드리니 草衣上人齎以送
26	산방에서 봉한 편지 양연 댁에 놓였었지.⁴ 山房緘字尊養硯
27	내 일찍이 어려서 어른들을 좇을 적에 我曾眇少從老長
28	은혜로이 한잔 마셔 마음이 애틋했네. 波分一椀意眷眷
29	훗날 전주 놀러 가서 구해도 얻지 못해 後遊完山求不得
30	여러 해를 임하林下에서 남은 미련 있었다네. 幾載林下留餘戀
31	고경古鏡 스님 홀연히 차 한 봉지 던져주니⁵ 鏡釋忽投一包裹
32	둥글지만 엿 아니요, 떡인데도 붉지 않네. 圓非蔗餹餠非茜
33	끈에 이를 꿰어 꾸러미로 포개니 貫之以索疊而疊
34	주렁주렁 달린 것이 일백열 조각일세. 纍纍薄薄百十片
35	두건 벗고 소매 걷어 서둘러 함을 열자 岸幘褰袖快開函
36	상 앞에 흩어진 것 예전 본 그것일세. 床前散落曾所眄
37	돌솥에 끓이려고 새로 물을 길어 오고 石鼎撑煮新汲水
38	더벅머리 아이 시켜 불부채를 재촉했지. 立命童豎促火扇
39	백 번 천 번 끓고 나자 해안蟹眼이 솟구치고 百沸千沸蟹眼湧

---

4 산방에서 …… 놓였었지: 이유원의 《임하필기》 중 〈삼여탑三如塔〉에 보면 초의 스님이 스승인 완호대사玩虎大師의 삼여탑을 세우면서 시는 홍현주洪顯周에게 부탁하고, 서문은 신위申緯에게 부탁했는데 이때 예물로 보림차를 가져왔다고 적고 있다. 양연養硯은 신위의 별호다.

5 고경 스님 …… 던져주니: 이유원의 〈삼여탑〉 항목 끝에 이런 기록이 보인다. "내가 임신년(1872) 대보름날 사시향관四時香館에 고경선사古鏡禪師와 함께 보림차를 마셨다. 대화가 초의에게 미치자 탑명 서문을 적어 서로 보았다. 초의는 박금령朴錦齡과 가장 마음이 맞았다. 보림차는 강진의 대밭에서 나는데 우리나라에서 가장 으뜸가는 차다(余於壬申上元, 在四時香館, 與古鏡禪, 啜寶林茶. 話及草衣, 錄塔銘序相視. 草衣最有契於朴錦齡. 寶林茶産康津竹田, 爲東國第一品)."

40	한 점 두 점 작설雀舌이 풀어져 보이누나.	一點二點雀舌揀
41	막힌 가슴 뻥 뚫리고 이뿌리가 달콤하니	胸膈淸爽齒根甘
42	마음 아는 벗님네가 많지 않음 안타깝다.	知心友人恨不遍
43	황산곡은 차시 지어 동파 노인 전송하니⁶	山谷詩送坡老歸
44	보림사 한잔 차로 전별했단 말 못 들었네.	未聞普茶一盞餞
45	육우의《다경》은 도공陶公이 팔았으나	鴻漸經爲瓷人沽
46	보림사 차를 넣어 시 지었단 말 못 들었네.	未聞普茶參入撰
47	심양 시장 보이차는 그 값이 가장 비싸	潘肆普茶價最高
48	한 봉지에 비단 한 필 맞바꿔야 산다 하지.	一封換取一疋絹
49	계주 북쪽 낙장과 기름진 어즙은	薊北酪漿魚汁胹
50	차를 일러 종을 삼고 함께 차려 권한다네.⁷	呼茗爲奴俱供膳
51	가장 좋긴 우리나라 전라도의 보림사니	最是海左普林寺
52	운각雲脚이 유면乳面에 모여듦 걱정 없다.⁸	雲脚不憂聚乳面

6 황산곡은 …… 전송하니: 황산곡黃山谷이 쌍정차를 소동파에게 보내주며 쓴 시
〈쌍정차를 자첨에게 보내다[雙井茶送子瞻]〉란 시에서 끌어온 것이지만, 이유원은 이
를 황산곡이 소동파를 전송하며 써준 시로 잘못 이해했던 듯하다.

7 계주 북쪽 …… 권한다네: 중국 남북조 시대 북위北魏(386~534)에서 차를 낙장酪漿
의 노예, 즉 낙노酪奴로 일컬은 왕숙王肅의 고사를 끌어다 쓴 것이다. 남조南朝에서
붕어국과 차를 즐겨 먹던 왕숙이 북위로 망명하여 양고기와 양젖[酪漿]을 즐겨 먹
자, 효문제孝文帝가 왕숙에게 "차와 양젖 중 어느 것이 좋습니까? 하고 물으니 왕
숙이 '차는 양젖의 노예酪奴도 될 수 없습니다'라고 하자, 효문제가 다음에는 붕어
국과 낙노를 함께 준비하겠다"라고 했다는 고사이다.《낙양가람기洛陽伽藍記》에 관
련 내용이 보인다.

8 운각이 …… 걱정 없다: 운각은 구름발처럼 금방 흩어지고 꺼지는 거품[乳花]을 뜻
하고 유면이란 우유처럼 끈끈하고 걸쭉한 상태의 거품을 뜻한다. 따라서 유면이
란 잘 끓은 차를 말하는 것으로, 운각이 조금 있더라도 차 맛에는 별 영향이 없
다는 의미로, 죽로차가 대단히 좋은 차라는 뜻으로 쓴 것이다. 명대 고렴高濂의

53 번열煩熱과 기름기 없애 세상에 꼭 필요하니　除煩去膩世固不可無

54 보림차면 충분하여 보이차가 안 부럽네.　　　　我産自足彼不羨

해설

〈죽로차〉는 7언 54구 모두 380자에 달하는 장시이다. 내용상 다섯 단락으로 구분할 수 있다. 첫 단락, 1~16구에서는 죽로차의 제다법과 포장 상태를 밝혔다. 보림사 대밭(竹田)에 차가 많이 자라는데 세상 사람들은 차인 줄도 모르고 잡풀 보듯 한다고 했다. 그것을 다산이 와서 절의 승려들에게 바늘 같은 아주 어린 싹을 따서 구증구포의 방법으로 떡차를 만들게 하고 대오리 소쿠리에 담아 '우전雨前'이란 상표를 붙였는데 품질이 으뜸이라고 했다.

둘째 단락, 17~24구에서는 죽로차가 대장군처럼 뛰어나고 왕손王孫처럼 귀한 차라고 했다. 그리고 다산이 골수를 씻어내고, 절에서 공물로 바치는 죽로차를 박달나무 기름(桂樝), 제주도의 수선화, 황차와 더불어 호남의 네 가지 보물이라 일컫는다고 했다.

셋째 단락, 25~36구에서는 죽로차가 엽전 모양으로 만들어 110개를 끈에 꿰어 꾸러미로 포개진 작은 떡차였음을 밝혔다. 이유원은 젊

《준생팔전遵生八牋》권11 〈전다사요煎茶四要〉에서 "무릇 찻가루가 적고 탕이 많으면 운각은 흩어지고, 탕이 적고 찻가루가 많으면 유면이 모인다(凡茶少湯多, 則雲脚散, 湯少茶多, 則乳面聚)"고 했다. 명나라 육수성陸樹聲의 《다료기茶寮記》에도 "운각이 점차 생겨, 유화乳花가 표면에 떠오르면 맛이 온전하다(雲脚漸開, 乳花浮面則味全)"고 한 데서 따왔다. 여기서는 차 맛이 가장 좋다는 뜻으로 쓴 것이다.

은 시절 신위의 집에서 초의가 신위에게 선물로 준 보림사 죽로차를 마신 적이 있었다고 했다. 그 후 백방으로 그 차를 구하려고 했지만 구하지 못했다. 어느 날 고경 스님이 찾아와 차 한 봉지를 선물한 것을 보니 둥근 떡을 실로 꿰어 꾸러미로 만들었는데 세어보니 떡차가 110개였다. 바로 예전 신위의 집에서 본 보림사 죽로차와 같았다.

넷째 단락, 37~46구에서는 차를 끓이는 과정을 설명하고, 차를 마시니 막힌 가슴이 뻥 뚫리고 이뿌리에 달콤한 맛이 느껴진다고 죽로차의 효능과 맛에 대해 설명했다. 그리고 이처럼 좋은 보림사 죽로차를 옛 차인들은 몰랐다고 했다.

다섯째 단락, 47~54구에서는 가장 비싼 중국의 보이차에 못지않은 죽로차의 우수성과 번열과 기름기를 없애주는 효능으로 보이차가 안 부럽다고 적었다. 이유원은 《임하필기》에서 중국의 보이차에 대해서도 자세히 언급했다. 그는 자신이 직접 마셔본 결과 보림사 죽로차가 중국의 고급 보이차 못지않은 품질을 지녔다고 단언하였다.

이 시는 구증구포로 법제한 보림사의 죽전차, 또는 죽로차가 잎차가 아닌 떡차임을 확실하게 증언해준다. 보림사 죽로차를 초의가 그 방식대로 만들었다는 것으로 보아, 초의차 또한 다산에게서 나온 것임을 알 수 있다.

참고로 이유원의 《가오고략》에 실린 〈가곡다옥기〉를 함께 소개한다. 자신의 다옥에 대한 유일한 기록이기 때문이다.

내 성품이 평소에 차를 좋아한다. 사방의 이름난 차를 얻으면, 문득 산수가 좋은 곳으로 달려가 끓여 마신다. 한강 가에 살 때는 작은 집을 지어 '춘풍철명지대春風啜茗之臺'라고 하였다. 글씨는 수옹遂翁 섭동경葉東卿이 써서 주었다. 후에 가오곡嘉梧谷으로 이사해서는 퇴사담退士潭을 파서 좋은 물을 얻어, 호남의 보림차와 제주의 귤화차橘花茶를 끓여 마셨다.

근자에 연경에서 돌아온 주자암周自菴이 진짜 용정차와 우전차를 주므로 못물을 길어다 함께 끓였다. 솔 그늘과 대 그림자 사이에 솥과 사발을 늘어놓고 날이 저무는 줄도 몰랐다. 하지만 손을 대고서 찻물을 따라도 오히려 티끌이나 모래 등이 날려드는 것은 어쩔 수 없었다. 이에 나무를 세워 시렁을 만들고, 위에는 판자로 덮었다. 집 모서리에 이를 세우니, 간데없이 하나의 집이 되었다.

길이는 다섯 자 남짓 되고, 너비는 두 자가 넘었다. 가운데에는 화로를 고일 틀이 있었다. 구리줄로 탕관湯罐에 드리워 고리에 매달았다. 수탄獸炭을 화로 구덩이에 넣고 부채로 바람을 일으키면 바람이 스스스 불어 솔가지가 바람에 울부짖는 소리를 낸다. 해안의 상태가 막 지나고 나면 어안魚眼이 또 생겨난다. 듣고 있노라면 정신이 아득해졌다가, 차를 마시면 정신이 깨어나곤 했다.

소동파가 간직해두었다는 밀운룡密雲龍[9]이 어찌 내가 얻은 용정차나 우전차가 아닌 줄 알겠는가? 다만 네 학사를 후대해줄 기약이 없음이 안타깝다. 물건의 신품神品은 언제나 있지만, 마음을 알아주는 사람은 늘상 있는 것이 아니다. 그러니 내 다옥을 나 홀로 좋아할 밖에.

余性素嗜茶. 得四方名茶, 輒走好山水烹飮. 居漢水上, 築小屋曰春風啜茗之臺, 葉遂翁東卿題贈. 後移卜嘉梧谷. 鑿退士潭, 得聖水. 煮湖南之普林茶, 耽羅之橘花茶. 近自燕京還, 周自菴贈龍井雨前眞茶. 汲潭水和煎, 列鐺碗於松陰竹影之間, 不知日

---

9 밀운룡: 소동파가 아껴 마시던 차의 이름이다. 소동파의 〈행향자行香子〉란 사詞에 나온다. 당시 소동파의 문하에 황정견黃庭堅 · 진관秦觀 · 장뢰張耒 · 조보지晁補之, 네 사람을 일컬어 '소문사학사蘇門四學士'라 일컬었는데 소동파가 이들이 오기만 하면 아껴 두었던 밀운룡을 내오게 했다는 데서 나온 고사다. 《속다경續茶經》에 나온다.

之夕, 傳手灌來, 猶不免爲塵霾沙石之侵. 乃支木爲架, 覆之以板, 起於堂隅. 宛是一屋子. 長可五尺, 廣踰二尺. 中排有範尊爐, 以銅索錘罐, 掛之於環. 納獸炭於爐坎, 用扇受風. 風至颲颲, 作松鳴聲. 蟹眼纔過, 魚眼又生. 聽之神往, 啜之神醒. 東坡所藏密雲龍, 安知非余所得龍井雨前. 而但恨四學士無厚待之期, 物之神品恒有. 而人之知心不常有, 以我屋吾自好之.

이유원은 서울 집에 봄바람에 차를 마시는 집이란 뜻의 '춘풍철명지대'란 별도의 공간을 마련했고, 가오곡으로 이사한 후에도 따로 다옥을 지어 차 생활을 지속했다. 그는 차벽茶癖이 있어, 호남의 보림차와 밀양 황차[10], 제주 귤화차 등을 즐겨 마셨고, 선물로 받은 중국산 용정차나 우전차도 마셨다.

차를 마실 때는 솔숲과 대밭 사이에 솥과 사발을 늘어놓고 마셨는데 바람 때문에 먼지나 모래가 자꾸 들어가므로 아예 집 모퉁이의 별도 공간에 다옥을 만들어 이 문제를 해결했다. 다옥은 길이가 다섯 자, 너비는 두 자 남짓한 작은 공간인데 나무로 시렁을 얹고 그 위를 판자로 덮은 허술한 구조였다. 가운데에는 화로를 고일 만한 틀을 만들었다. 탕관은 구리줄에 달린 고리에 매달고, 화로에 숯을 넣어 부채로 부쳐 불을 피웠다. 물이 끓기 전에 생기는 기포의 모양새로 해안과 어안을 구분하고, 찻물 끓는 소리에 정신이 아득해졌다가 차를 마신 후에는 정신이 깨어나곤 했다고 한 것을 보면 그의 차에 대한 애호가 상당한 수준이었음을 알 수 있다.

---

10 밀양 황차: 이유원은 밀양 황차黃茶에 대한 귀한 기록을 시로 남겼다. 〈정은 강로 상공께서 밀양 황차를 주신 데 감사하며(謝貞隱相公贈密陽黃茶)〉란 작품이 그것이다.

26

범해 각안

梵海 覺岸, 1820~1896

차약설

茶藥說

차의 약효를 예찬함

작가와 자료 소개

　범해 각안은 완호 윤우의 법맥을 이은 호의縞衣 시오始悟(1778~
1868)의 법제자이다. 《동사열전東師列傳》을 지은 학승이자, 〈차약설茶
藥說〉과 〈차가茶歌〉 및 여러 수의 차시를 남긴 차인이다. 속성은 최씨
로, 14세에 대둔사에서 출가했고, 1836년 호의의 제자가 되었다. 이후
하의荷衣·초의·문암聞庵·운거雲居·응화應化 등에게 참학參學하였다.
범해는 《동사열전》 외에 《경훈기警訓記》, 《유교경기遺敎經記》, 《동시만
선東詩漫選》, 《사십이장경기四十二章經記》 등의 저술과 시문집 《범해선
사유고梵海禪師遺稿》를 남겼다.
　《동사열전》에 따르면 범해는 초의를 증계사證戒師로 모시기는 했
지만 호의 시오의 법계를 정통으로 이은 승려였다. 최근 백파白坡 신
헌구申獻求가 1875년 강진에 내려온 직후 범해를 만나 그에게 써준 친

26 범해 각안 〈차약설〉　　479

필 서첩《백파서거사白坡書居士》가 공개되었다. 이 서첩 첫 면에 〈증범
해대선사贈梵海大禪師〉란 작품이 실려 있다. 신헌구는 초의의《동다송》
끝에 적힌 시 한 수를 지어 유명해진 인물이다.

　범해는 33세 때인 1852년 가을에 이질에 걸려 사경을 헤매다 차를
마시고 병이 바로 나았다.《범해선사유고》에 수록된 〈차약설〉은 이때
의 신기한 차 체험을 설명한 내용이다. 〈차약설〉은 《백열록栢悅錄》에
도 실려 있다. 유고에는 앞부분이 "一日同入室號無爲兄, 自侍親而來, 與
同禪懺名富仁弟, 自侍師而至. 擧首左右, 三台分位, 自知其必生矣"라 했는
데,《백열록》에는 "一日與予, 同入室於本師者, 號曰無爲兄, 自其母侍病之
所來坐. 與予同禪懺於艸衣長老者, 名曰富仁弟, 自阿師侍給處來坐"라 하여
유고의 설명이 한결 자세하다. 이 책에서는《범해선사유고》를 저본으
로 하였다.

원문 및 풀이

　백약이 비록 훌륭하다 해도 모르면 못 쓴다. 온갖 병으로 괴롭더라
도 구해주지 않으면 살지 못한다. 구해주지 않아 못 살게 되었을 때도
구해주고 살려주는 기술이 있다. 몰라서 못 쓰고 있는데 알려주어 쓰
게 하는 묘함이 있다. 사람이 느끼고 하늘이 여기에 응하지 않으면 약
이나 병은 어찌해볼 도리가 없다.

　百藥雖良, 不知不用, 百病爲苦, 不救不生. 不救不生之際, 有救之生之之術,
不知不用之中, 有知之用之之妙, 非人感之天應之, 藥與病, 爲無可奈何也.

　나는 임자년(1852) 가을에 대둔사 남암南庵에 머물고 있었다. 이질

을 앓아 사지가 늘어지고 세 끼니마저 잊은 지가 어느덧 열흘 넘어 달 포가량 되었다. 틀림없이 죽게 될 줄로 알았다. 하루는 같이 입실한 무위無爲 형님이 어버이를 돌보러 갔다가 왔다. 같이 선탑禪榻에 참례懺禮하던 부인富仁 아우님도 스승님을 모시던 곳에서 이르러 왔다. 머리를 들어 좌우를 보니 삼 형제가 자리를 잡고 있는지라 틀림없이 살게 될 줄을 알았다.

予壬子秋住南庵, 以痢疾委四肢, 忘三時, 奄及旬朔, 自知其必死矣. 一日同入室號無爲兄, 自侍親而來, 與同禪懺名富仁弟, 自侍師而至. 擧首左右, 三台分位, 自知其必生矣.

잠시 후 무위 형님이 말했다.

"내가 냉차冷茶로 거의 위태로운 지경에 계시던 어머니를 구했으니, 급히 끓여서 써보기로 하세."

부인 아우님이 말했다.

"제가 아차芽茶를 간직하여 불시의 수요에 대비해두었으니 쓰는 데 무슨 어려움이 있겠습니까?"

그 말대로 차를 끓이고, 그 말대로 차를 썼다. 한 잔 마시자 배 속이 조금 가라앉았다. 두 잔을 마시니 정신이 상쾌해졌다. 석 잔 넉 잔을 마시자 전신에서 땀이 흐르고 맑은 바람이 뼛속까지 부는 듯 상쾌하여, 마치 애초에 아무 병도 없었던 사람 같았다.

俄爾兄曰: "我以冷茶救母幾危之際, 急煎用之." 弟曰: "我藏芽茶, 以待不時之需, 何難用之?" 如言煎之, 如言用之, 一椀腹心小安, 二椀精神爽塏, 三四椀渾身流汗, 淸風吹骨快然, 若未始有病者矣.

이로 말미암아 먹고 마시는 것이 점차 나아져 기운을 차리는 것이 날마다 좋아졌다. 6월이 되자 70리 떨어진 본가로 가서 어머니의 기제사에 참석하기까지 했다. 이때가 청나라 함풍 2년(1852) 임자년 7월 26일이었다. 이 소식을 들은 이가 놀라고, 본 사람은 나를 가리키곤 했다.

由是食飲漸進, 振作日勝, 直至六月, 往參母氏忌祭 於七十里本家. 時乃淸咸豊二年壬子七月二十六日也. 聞者驚之, 見者指之.

아아! 차는 땅에 있고, 사람은 하늘에 있으니, 하늘과 땅이 감응한 것인가? 약은 형님에게 있고, 병은 아우에게 있었으니, 형제가 감응한 것인가? 어찌 신통한 효험이 이와 같단 말인가? 차로써 어미를 구하고, 차로써 아우를 살려냈으니, 효제孝悌의 도리가 극진하다 하겠다. 아! 안타깝구나. 병이 그다지 심하지도 않았는데 어찌 틀림없이 죽을 줄로 알았으며, 정이 그리 두텁지 않았건만 어찌 반드시 살 줄 알았더란 말인가? 평생의 정분이 어떠한지 알 수 있겠다. 이에 기록하여 뒷날에 구할 수 있는 방법이 있는데도 병을 구하지 못하는 무리에게 보여준다.

吁! 茶在地, 人在天, 天地應歟! 藥在兄, 病在弟, 兄弟感歟! 何神效之如此. 以茶救母, 以茶活弟, 孝悌之道盡矣. 傷心哉! 病不甚重, 何知必死. 情不甚厚, 何知必生哉. 可知其平生情分之如何. 而記示其後來有可救之道, 而不可救之流.

해설

보름 가까이 이질을 앓아 죽을 지경이었는데 뜻밖에 차를 마신 후 병마를 털고 일어난 체험을 하고서, 차의 약효에 대해 예찬한 글이다.

식음을 전폐하고 죽기만 기다리고 있던 그가 동문 형제들이 달여준 아차를 마시고 기적처럼 병이 낫게 되자 차의 효능에 놀라 이 글을 썼다.

그런데 이 사연은 1852년 당시까지 대둔사에서 차가 뜻밖에 널리 보편화된 상태가 아니었음을 증언하는 내용이기도 하다. 1830년 초의가 서울로 보림백모寶林白茅 떡차를 가져가 전다박사의 호칭을 들으며 초의차 신드롬을 일으켰던 것이 23년 전 일인데도, 당시 33세였던 대둔사 승려 범해는 차의 효능에 대해 전혀 알지 못했다. 무위나 부인 같은 승려들이 비록 차의 약효를 알고는 있었으나, 상음常飮 목적이 아닌 약용으로 소량 보관하고 있었다. 또 차를 마시고 병이 나은 것을 보고 사람들이 모두 놀랐다고 한 것을 보면 당시까지만 해도 대둔사에서 차는 일부 승려들이 비상약으로 소량 보관했을 정도이지, 음료로 마실 만큼 일상화된 것이 아니었다.

1852년이면 초의는 벌써 67세의 고령이었고, 스승인 호의는 무려 75세 때였다. 그런데 14세에 출가하여 호의에게서 머리를 깎아 절집 생활이 20년 가까이 되던 33세의 승려 범해가 이때까지 차의 존재조차 거의 모르고 있었다. 이전까지 범해가 차를 거의 경험해본 적이 없었다는 얘기이기도 하다. 훗날 《동사열전》을 비롯해 대둔사의 중요 기록과 역사를 집대성했던 범해 각안은 33세 때 차의 신통한 약효를 처음 체험한 뒤 그제야 차의 효능에 열광하는 마니아가 되었다.

범해 각안

梵海 覺岸, 1820~1896

차가

茶歌

호남 지역 사찰의 제다와 차 문화

茶
歌

자료 소개

〈차가茶歌〉 또한 《범해선사유고》에 실린 시이다. 범해 각안은 앞서 읽은 〈차약설〉에서 차를 마시고 목숨을 건진 뒤 차에 대해 처음으로 눈을 떴다. 이후 그는 차에 대한 관심을 놓지 않았다. 문집에 남은 여러 편의 차시가 이를 증언한다. 이 가운데 〈차가〉는 당시 대둔사 일원의 다풍과 차를 직접 만든 다수 승려의 이름이 실명으로 나열되고, 여러 산지별 차의 특징을 거론한 점에서 당시 호남 지역 사찰에서 만들던 차에 대해 알 수 있는 대단히 중요한 작품이다.

원문 및 풀이

1	책 펴고 오래 앉아 정신이 희미하니	攤書久坐精神小
2	차 생각 간절해져 참기가 어렵구나.	茶情暴發勢難禁
3	우물에 꽃이 피어[1] 따습고도 달콤하여	花發井面溫且甘
4	물 길어 화로 안고 끓는 소리 기다린다.	斛罐擁爐取湯音
5	일비 이비 삼비 되니[2] 맑은 향기 떠오르고	一二三沸淸香浮
6	네다섯 여섯 잔에 땀이 살풋 나는구나.	四五六椀微汗泚
7	육우의《다경》이 옳은 줄을 알겠으니	桑苧茶經覺今是
8	노동盧仝의 〈다가茶歌〉[3]는 대체만 알았도다.	玉泉茶歌知大體
9	보림사의 작설차는 관청으로 실어 가고	寶林禽舌輸營府
10	화개동의 진품은 대궐로 바쳐지네.	花開珍品貢殿陛
11	함평 무안 토산차는 남방의 기화奇貨이고	咸務土産南方奇
12	강진 해남 만든 것은 서울까지 알려졌지.	康海製作北京啓
13	마음 찌꺼기 씻어내어 일시에 스러지니	心累消磨一時盡

1 우물에 꽃이 피어: 우물 바닥에서 물이 솟아오르는 것이 마치 꽃이 피어나는 듯이 보인다는 의미로 보인다. 꽃이 우물 표면에 떨어졌다는 뜻으로 볼 수도 있다.

2 일비 …… 삼비 되니: 육우의《다경茶經》〈오지자五之煮〉에서 "물을 끓일 때 물고기 눈 같고 가늘게 소리가 나면 일비一沸이다. 가장자리를 따라 이어진 구슬이 샘솟 듯 올라오면 이비二沸이다. 물결이 솟구쳐 파도가 일렁이면 삼비三沸이다. 그 이상 은 물이 쇠어 먹을 수 없다(其沸如魚目, 微有聲, 爲一沸. 緣邊如湧泉連珠, 爲二沸. 騰波鼓浪, 爲 三沸. 已上水老, 不可食也)"고 했다. 즉 〈오지자〉에서 설명하는 자다법煮茶法으로 차를 끓인 것이다.

3 노동의 〈다가〉: 당나라 중기의 시인 노동이 지은 〈붓을 달려 맹간의가 햇차를 보 내온 데 감사하다〉를 말한다.

14	신령한 빛 환히 밝아 반나절이 가뜬하다.	神光淨明半日增
15	졸음은 물러가고 안화眼花⁴가 일더니만	睡魔戰退起眼花
16	음식 기운 쑥 내리고 가슴 열려 시원쿠나.	食氣放下開心膺
17	괴론 설사 딱 멈춤은 진작에 경험했고	苦痢停除曾經驗
18	감기 낫고 해독되니 더더욱 신통하다.	寒感解毒又通明
19	공자 모신 사당에선 참신하여 잔 올리고	孔夫子廟參神酌
20	부처님 법당서도 공양 올림 정성일세.	釋迦氏堂供養精
21	서석산의 창기차는 부인⁵ 통해 시험했고	瑞石槍旗因仁試
22	백양사의 작설 조취 신⁶을 좇아 기울였지.	白羊舌嘴從神傾
23	덕룡산의 용단차는 절교조차 시원하고⁷	德龍龍團絶交闊
24	월출산서 나온 것은 신의信義 막힘 일 없다네.⁸	月出出來阻信輕

4 안화: 눈앞에 무언가가 불꽃처럼 어른거린다는 뜻이다. 차를 마시자 졸음이 가시면서 정신이 번쩍 들더라는 표현을 이렇게 했다.

5 부인富仁: 용허龍虛 부인은 앞서 〈차약설〉에서 범해에게 아차芽茶를 제공했던 범해의 사제이다. 그의 자세한 인적 사항은 남아 있지 않은데 《동사열전》에 따르면 그는 자행慈行 책활策活선사의 법을 받았던 승려다. 자행은 완호 윤우의 제자이니 범해와는 한 뿌리에서 갈려 나왔다. 〈차가〉 21구에서 부인이 서석산의 창기차槍旗茶를 시험했다고 한 것을 보면 그가 이 시를 지을 당시 무등산의 사찰에 머물렀음을 알 수 있다.

6 신神: 백양사의 작설차와 조취차를 만든 승려로 이름을 확인할 수 없다.

7 덕룡산의 …… 시원하고: 차 맛이 너무 훌륭해 다른 것은 돌아보지 않는다는 뜻으로 보이나 분명치 않다. 덕룡산의 용단차는 나주 불회사佛會寺에서 만들던 떡차를 말한다. 모로오카 다모쓰와 이에이리 가즈오의 《조선의 차와 선》에도 불회사의 떡차에 대한 보고가 나온다.

8 월출산서 …… 일 없다네: 월출산 인근 도갑사나 월남사에서 생산한 차를 가리키는 듯 하나, 분명치 않다. 다산의 막내 제자 이시헌李時憲과 그 후손들도 월출산 백운동 대숲에서 차를 만들었으나, 이 시에서는 승려들의 제다를 다루었다.

25 초의 스님 옛 거처는 이미 언덕 되어 있고	中孚舊居已成丘
26 이봉离峯[9] 스님 계시는 산 물 긷기가 편안하다.	离峯棲山方安拼
27 조화를 법대로 함 무위[10] 스님 바로 그요	調和如法無爲室
28 옛 법 따라 잘 보존함 예암禮庵[11]의 휘장일세.	穩藏依古禮庵拼
29 좋고 나쁨 따지잖음 남파南坡[12]의 성벽性癖이요	無論好否南坡癖
30 많고 적음 마다않음 영호靈湖[13]의 뜻일래라.	不讓多寡靈湖情
31 세속을 살펴봐도 차 즐기는 이가 많아	細看流俗嗜者多
32 당송 시절 성현聖賢만 못할 것이 하나 없네.	不下唐宋諸聖賢
33 선가의 유풍이야 조주 스님 화두거니[14]	禪家遺風趙老話

9 이봉: 이봉 낙현樂玹(1814~1890)은 승평昇平 사람으로 속성은 김씨다. 13세에 쌍계사 은월隱月 장로에게 머리를 깎고, 30세에 설하說何 정훈正訓선사에게서 수법受法하였다. 장흥 보림사에서 주석했고, 만년에는 송광사에서 세상을 떠났다.

10 무위: 무위 안인安忍(1816~1886)은 16세(1831) 때 대둔사에서 호의縞衣 시오始悟의 문하에서 수계하였다. 이후 호남총섭표충수호湖南總攝表忠守護의 승직을 역임한 비중 있는 승려다. 앞서 〈차약설〉에도 이름이 나왔다. 한편 최근 수원박물관에서 펴낸《삼사탑명三師塔銘 두륜청사頭輪淸辭》란 자료집에는 무위 안인이 소장했던 추사 친필의 연담蓮潭 탑명塔銘이 수록되어 있고, 다산이 그의 스승이었던 호의 시오에게 준 〈호의게縞衣偈〉 친필이《두륜청사》란 이름으로 수록되어 있다.

11 예암: 예암 광준廣俊(1834~1894)은 연담蓮潭 유일有一의 4대손으로 의암義庵 창인昌仁을 거쳐 은암銀庵 정호正浩, 포운浦雲 응원應元으로 이어진 법계에 속한다. 무위 안인과 예암 광준 두 사람은 제다와 탕법, 그리고 장다藏茶에서 고법古法을 잘 지켜 보존했던 인물들이다.

12 남파: 남파 교율敎律은 철선鐵船 혜즙惠楫에서 풍암豊庵 의찰宜札로 이어진 법맥에 속하는 승려다.

13 영호: 영호 율한栗閒은 초의에게 대승계大乘戒를 받은 승려다.

14 조주趙州 스님 화두거니[趙老話]: 당나라 승려 조주선사(778~897)의 화두 '끽다거喫茶去'를 말한다.

34	참된 맛을 얻어봄은 제산霽山[15] 스님 먼저일세.	見得眞味霽山先
35	만일암挽日庵 중수重修 마쳐 달구경 하던 밤에	挽日工了玩月夜
36	차 올리고 피리 불며 차를 끓여 이끌었지.	茗供吹籟煎相牽
37	정기 대그릇 묘언[16] 낫을 납일에 가져오니	正筥彦銍臘日取
38	성학聖學[17]은 샘물 긷고 태련太蓮[18]을 부르누나.	聖學汲泉呼太蓮
39	온갖 병과 갖은 근심 모두 다 스러지매	萬病千愁都消遣
40	걸림 없이 소요함이 부처와 한가질세.	任性逍遙如金仙
41	《다경》,《다탕》,〈다보〉,《다기》,《다론》과《다송》[19] 등	
		經湯譜記及論頌
42	넓은 하늘 하나의 별 혹 불에 타 없어지리.	一星燒送無邊天
43	기정[20]은 힘껏 써서 나와 함께 전함이 어떠한고.	
		如何奇正力書與我傳

15 제산: 제산 운고雲皐는 초의선사와 함께《진묵조사어록震默祖師語錄》을 펴냈던 승려다. 그가 차의 진미를 얻었다고 썼다.

16 정기正己 묘언妙彦: 원문의 '정사언질正筥彦銍'에서 '정正'은《범해선사시집》에 〈훈정기訓正己〉란 시에 나오는 '정기正己'로 보이고, '언彦'은 같은 책에 나오는 〈차해언次海彦〉의 '해언'이나 범해의 〈자서전〉 말미에 자신의 제자로 꼽은 '묘언妙彦' 중 한 사람인 듯하나 묘언으로 추정한다.

17 성학: 성학 찬민贊敏은 범해의 〈자서전〉에 제자로 이름이 올라 있는 승려다.

18 태련: 태련 미순美順은 연담 유일에서 백련白蓮 도연禱衍, 완호 윤우, 성묵聖默 지원志圓으로 이어진 계맥에 속한다.

19《다경》,《다탕》 …… 《다송》: 범진본《다경(합)》에 수록된 편명인《다경》,《다탕》,〈다보〉,《다기》,《다론》,《다송》을 나열한 것이다.《다경》은 육우의《다경》,《다탕》은 소이의《십육탕품》,《다보》는《군방보》 중의〈다보〉,《다기》는 이덕리의《동다기》,《다론》은《채다론(다신전)》,《다송》은《동다송》을 줄여서 말한 것이다.

20 기정奇正:《범해선사시집》권1에 〈증기정상인贈奇正上人〉이란 시가 수록된 것으로 보아 기정 또한 승려의 이름이다.

해설

　모두 43구, 303자의 장시이다. 서사에서는 자다법을 먼저 설명하고, 이어 주요 차 산지를 거론한 후, 차의 신통한 약효를 풀이했다. 5구에서 "일비 이비 삼비 되니 맑은 향기 떠오르고"라 한 표현에서 당시 마신 차가 떡차를 가루 내 솥에서 탕과 함께 끓인 방식이었음이 확인된다.

　9~12구와 21~24구에는 보림금설寶林禽舌과 화개진품花開珍品, 함무토산咸務土産과 강해제작康海製作, 이 밖에 서석창기瑞石槍旗와 백양설취白羊舌嘴, 덕룡용단德龍龍團, 월출출래月出出來 등 다양한 차 산지들이 나열되었다. 시를 지을 당시 장흥 보림사와 지리산 쌍계사, 함평 무안과 강진 해남 지역, 그리고 무등산과 백양사, 불회사와 월출산 등 다양한 지역에서 차가 생산되었음을 알 수 있다. 차도 창기槍旗·금설禽舌·작설雀舌·조취鳥嘴·용단龍團 등 다양한 별칭으로 불렸다.

　이어 21구부터 43구 끝까지 각처에서 직접 제다에 참여하고 차를 애호한 여러 다승茶僧의 이름을 호명했다. 작품에 등장하는 승려는 확인되는 존재만 해도 용허 부인, 이봉 낙현, 무위 안인, 예암 광준, 남파 교율, 영호 율한, 제산 운고, 성학 찬민, 태련 미순, 기정 등 열 명이나 되고, 정체가 불분명한 22구의 '신神'과 37구의 '정사언질正筍彦銍'의 '정正'과 '언彦' 등까지 모두 13인의 승려 이름이 등장한다.

　특별히 흥미로운 것은 41구다. '경탕보기급논송經湯譜記及論頌'은 초의의 유품 속에 들어 있던 《다경(합)》에 있는 《다경》, 《다탕》, 〈다보〉, 《다기》, 《다론》, 《다송》을 한 글자로 나열한 것이다. 육우의 《다경》과 소이의 《십육탕품》, 《군방보》 중 〈다보〉와 이덕리의 《동다기》, 《채다론(다신전)》과 《동다송》을 줄여 말했다. 이를 통해 당시에 초의가 필사한 《다경(합)》이 승려들 사이에서 매우 귀중하게 인식되었던 사실을 알 수 있다.

신헌구

申獻求, 1823~1902

해차설

海茶說

해남에서 만든 초의차의 품질과 효과

작가와 자료 소개

신헌구는 자는 수문秀文, 호는 추당秋堂·옥침도인玉枕道人·백파거
사白坡居士를 쓴다. 본관은 고령高靈이다. 40세 때인 1862년 정시 병과
에 급제해 벼슬길에 올랐다. 1864년 사헌부 지평을 거쳐, 1869년에
승정원 동부승지를 지냈다. 그는 1875년 흥선대원군의 밀명으로 해
남으로 쫓겨 내려와 5년간 머물렀다. 그의 문집《추당잡고秋堂襍稿》는
모두 2권 2책이다. 그는 해남에서 송파松坡 이희풍李喜豊(1813~1886)
과 가깝게 왕래하며, 대둔사 승려들과도 두터운 교분을 나누었다. 그
는 초의의《일지암시고》에 발문을 썼다. 초의의《동다송》끝에 적힌
시를 쓴 백파거사는 그의 별호이기도 하다. 그는 〈해차설〉 외에 여러
편의 차시를 남겼다.

〈해차설〉은《추당잡고》권1에 실려 있다. 필사본을 보면 나중에

'해海' 자를 지워 〈차설〉로 고쳤는데 〈해차설〉은 해남에서 만든 차에 대한 의미여서 이 글의 본래 취지에 더 적합하므로 이를 취한다. 해남에서 만든 초의차에 대해 적은 대단히 소중한 기록이다.

원문 및 풀이

내가 사물이 나는 것을 살펴보니, 먼 데 것은 버려지고, 때와 만나지 못하면 감춰진다. 도리의 문[1]에 있지 않으면 사람이 알지 못하고, 종남산 가는 길목[2]에 들지 않으면 재목이 팔리지 않는다. 슬프다. 해양의 옥천차[3]는 기운과 맛이 꽃답고 짙어서, 설화와 운유[4]도 이보다

---

1 도리桃李의 문: 당나라 적인걸狄仁傑의 고사에서 따왔다. 도리는 뛰어난 인재를 뜻한다. 적인걸이 추천한 수십 인이 모두 명신名臣이 되자 어떤 이가 천하의 도리가 모두 공의 문하에서 나왔다고 말한 데서 나온 말이다.

2 종남산 가는 길목: 당나라 때 노장용盧藏用의 고사가 있다. 종남산에 은거했던 그가 그로 인해 명성을 얻어 벼슬길에 올랐다. 종남산에 은거해 살던 사마승정司馬承禎을 만났을 때 그가 종남산을 그리워하는 뜻을 말하자, 사마승정은 "종남산은 벼슬로 가는 지름길일 뿐이지요."라고 비꼬았다. 그러자 노장용이 몹시 부끄러워했다는 고사이다. 두 이야기 모두 여기서는 권세 있는 사람에게 줄을 대지 않고는 세상이 알아주지 않는다는 뜻으로 썼다. 본인의 능력보다 줄을 잘 서야 세상의 인정을 받는다는 뜻이다.

3 해양海陽의 옥천차玉川茶: 해양은 해남을 가리킨다. 옥천차는 차시로 유명한 당나라 노동의 호 옥천자玉川子에서 따와 초의차의 명칭에 붙인 것이다.

4 설화와 운유: 초의 《동다송》 33구에서 "설화차雪花茶와 운유차雲腴茶는 짙은 향기 앞다투고(雪花雲腴爭芳烈)"라고 한 데서 따왔다. 설화는 소동파의 〈전안도가 건계차를 부쳐 온 것에 화답하여(和錢安道寄惠建茶)〉라는 시에서 "설화와 우각雨脚이야 어이 족히 말하리(雪花雨脚何足道)"라고 하였고, 운유는 황산곡의 〈쌍정차를 자첨에

더 낮지는 않다.

余觀物之生, 遇則遺, 不遇則晦. 不在桃李之門, 人不知, 不入終南之徑, 材不市. 悲夫! 海陽之玉川茶, 氣味芳烈, 雪花雲腴, 未之或勝.

그러나 먼 시골의 풍속이 어리석어 차 보기를 돌피처럼 본다. 서울의 사대부는 토산을 보기만 하면 낮고 우습게 여겨, 한갓 건양의 단산과 벽수5만 추종하여, 토산차는 화로에 끓이려 들지 않는다. 저것이 실로 황량하고 궁벽한 곳에서 생장하여, 요행히 나무꾼의 낫을 면한다 해도, 마침내 뒤섞여 썩은 풀이나 마른 그루가 되고 마니, 어찌 능히 백수탕6을 시험하겠는가?

而遐俗恂愗, 視之若稊稗. 洛中士大夫見土産, 則卑夷之, 非從建陽之丹山碧水, 不齒爐篆. 彼固生長荒僻, 倖免樵丁之鎌, 則終混爲腐草槁枿, 安能試百壽湯乎?

근래 대둔사의 산방에서 처음으로 마셔보았는데 일찍이 초의 스님이 만든 제품이었다. 옛날 부대사는 몽정에 암자를 엮고, 성양화와 길

게 보내다〔雙井茶送子瞻〕〉라는 시에 "우리 집은 강남이라 운유를 딴다네〔我家江南摘雲腴〕"라 한 것이 보인다. 《동다송》에 그 설명이 보인다. 이 글을 지을 당시 신헌구가 초의의 《동다송》을 익히 읽었음을 잘 보여준다.

5   건양의 단산丹山과 벽수碧水: 초의의 《동다송》 35구에서 "건양은 산이 붉고 물은 푸른 고장인데〔建陽丹山碧水鄕〕"라고 한 데서 따왔다. 건양은 단산벽수의 산 좋고 물좋은 고장이어서 이곳에서 월간차와 운감차 같은 좋은 제품이 생산되었다.

6   백수탕百壽湯: 소이의 《십육탕품》 중 제3품의 이름이다. 백수탕은 백발탕白髮湯이라고도 하는데 물이 십비十沸를 넘긴 노숙한 상태를 가리킨다. 초의는 《동다송》에서 백수탕을 좋은 차탕의 뜻으로 썼는데 그 뜻을 그대로 취해서 썼다.

상예를 나눠 심었다.[7] 각림사 승려 지숭은 삼품의 향을 구별하여, 경뇌소는 자신이 마시고, 훤초대는 부처님께 바치며, 자용향은 손님에게 접대해 마침내 천하에 이름이 났다.[8] 초의는 바로 이러한 부류이다. 신령한 마음과 지혜의 눈으로 풀과 나물 가운데서 가려 따서 오래가는 훌륭한 맛을 얻었으니, 물건도 만남이 있는 것인가? 하지만 몽정과 각림은 당대의 명사들에게 많이 들어가, 제품이 이를 통해 드러났다.

近始得啜於大芚山房, 曾是上人草衣所品製也. 昔傅大士結菴蒙頂, 分種聖楊花吉祥蕊, 覺林僧志崇辨三品香, 以驚雷笑自奉, 萱草帶供佛, 紫茸香待客, 遂名於天下. 草衣卽其流. 靈心慧眼, 采擇於草萊中, 得其芳味之雋永, 亦物之有遭虖? 然蒙頂覺林, 多入於當世之名士, 題品以之著.

초의의 차는 홀로 절집에서만 이름났을 뿐, 세상에서는 일컫지 않는다. 이는 사대부들이 대단히 훌륭한 것을 놓쳤기 때문이니, 누가 자료를 수집하고 망라하여 육우의《다경》을 이으려 하겠는가? 아! 내가 이 설을 짓는 것은 다만 초의의 차를 위해서만은 아니다. 가만히 남쪽

---

7 부대사는 몽정에 …… 심었다:《동다송》32구에 "길상예吉祥蕊와 성양화聖楊花가 바로 이것이라네(吉祥蕊与聖楊花)"에서 끌어왔다. 그 주석에 "부대사傅大士가 몽정산蒙頂山에 혼자 살면서 암자를 엮고 차를 심었다. 무릇 3년 만에 몹시 훌륭한 것을 얻어, 성양화와 길상예라고 불렀다. 모두 5근을 가지고 돌아와서 바쳤다(傅大士自住蒙頂, 結庵種茶. 凡三年, 得絶嘉者. 號聖楊花吉祥蕊. 共五斤, 持歸供獻)"고 한 내용이 보인다.

8 각림사 승려 …… 이름이 났다:《동다송》20구에 "경뇌소驚雷笑와 자용향紫茸香이 차례로 나왔구나(雷笑茸香取次生)"라 한 데서 인용했다. 그 풀이에 "당나라 각림사覺林寺 스님 지숭志崇이 차를 3품으로 만들었다. 경뇌소는 자신이 마시고, 훤초대萱艸帶는 부처님께 올리고, 자용향紫茸香은 손님을 접대했다고 한다(唐覺林寺僧志崇, 製茶三品. 驚雷笑自奉, 萱艸帶供佛, 紫茸香待客云)"라고 했다.

땅의 인사들이 훌륭한 것을 지녔으면서도 흔히 세상과 만나지 못한 탄식이 있음을 안타깝게 여겨서이다.

草衣之茶, 獨擅空門, 而世未之稱. 此由於士大夫遺視太高, 誰肯蒐羅以續陸羽經乎? 嗟夫! 余之爲此說, 不獨爲草衣茶, 竊恨南土人士, 含英蘊華, 多有不遇之歎也.

해설

제목의 '해차海茶'는 초의가 만든 해남차를 줄여 말한 표현이다. 초의차의 명칭을 옥천차로 명명한 것도 흥미롭다. 옥천은 〈붓을 달려 맹간의가 햇차를 보내온 데 감사하다〉를 지은 노동의 호다. 신헌구는 세상 사람들이 명성만 좇아 건양의 단산벽수만 찾을 뿐, 해남 옥천차의 훌륭함에 대해서는 무지한 것을 통탄했다. 해남 사람들도 무지하여 차를 잡목 취급하고, 서울의 사대부는 토산土産이라 무시하며 중국산 차만 찾는다.

초의는 신헌구가 해남에 내려오기 전에 이미 세상을 떴으므로 두 사람은 생전에 만난 적이 없었다. 하지만 신헌구는 대둔사 월여산방에서 초의 스님의 제다법 그대로 만든 차를 처음 맛보고, 그 맛에 반해 《일지암시고》에 발문을 쓰고, 초의차의 예찬자가 되었다. 글에 인용된 여러 고사는 모두 초의의 《동다송》에 나오는 내용으로 채웠다. 〈해차설〉은 초의 사후에 초의의 제다법으로 만든 차를 처음 맛보고 숨은 인재에 견주어 그 차의 가치를 선양한 글이다. 차 문화사에서 의미 깊은 글로 꼽기에 손색이 없다.

한편 신헌구의 《추당잡고》 권1에는 〈화훼잡시花卉雜詩〉 20수 연작이 실려 있다. 남쪽 땅에서 나는 초목화과草木花果 중 이름도 우아하고 서울서 보기 드문 것만 가려 한 수씩 노래한 내용이다. 이 중 19가 〈향차香茶〉이다. 1877년에 지은 이 작품이 바로 초의의 《동다송》 끝에 적힌 백파거사 신승지의 제시題詩에 해당한다. 《동다송》에는 따로 제목 없이 시만 적어놓아, 전후 경과를 알기 어렵다. 시 제목 아래에 다음과 같은 긴 글이 부연되어 있는데 참고 자료로 여기에 함께 제시한다.

차나무는 덤불을 이루면 마치 과로瓜蘆 같고 잎은 치자 같다. 겨우내 시들지 않는다. 가을에 비로소 꽃을 피우는데 백장미 같다. 속이 노란 것이 마치 황금 같다. 곡우를 전후하여 참새 혀 같은 새잎을 딴 것이 다품茶品 중 으뜸이고, 효과도 뛰어나다. 승려 초의는 박식한 데다 아치雅致가 있고, 차를 덖고 끓이는 방법을 깊이 얻어 《동다송》을 지은 것이 자못 자세하다. 각림覺林의 경뇌소·자용향이나 몽정의 성양화·길상예에 견주어진다. 소동파와 황산곡의 설화나 운유, 단산과 벽수의 운간雲澗과 월감月龕도 모두 여기에는 미치지 못한다.

茶木成叢, 如瓜蘆, 葉如梔子. 經多不凋. 秋始花, 如白薔薇. 心黃如金. 穀雨前後, 采新葉如雀舌, 爲茶品第一, 功效甚多. 僧草衣博識有雅致, 深得炒煎之法, 作茶頌頗詳, 比諸覺林之驚雷笑紫茸香, 蒙頂之聖楊花吉祥蕊, 以爲東坡山谷之雪花雲腴, 丹山碧水之雲澗月龕, 皆不及此.

초의 스님 일찍이 초록 향연香煙 시험하니	艸衣曾試綠香煙
곡우 전에 갓 나온 새 혀 같은 여린 싹일세.	禽舌初纖穀雨前
단산丹山의 운간월雲澗月은 아예 꼽지 말지니	莫數丹山雲澗月
한 잔의 뇌소차雷笑茶가 수명을 늘려주네.	一鍾雷笑可延年

차나무의 외양과 성질, 우전차의 우수한 효과에 대해 말한 후, 초의의 제다 솜씨가 출중해《동다송》에 그 내용이 자세히 나온다고 적었다. 이어 중국의 여러 명차를 끌어와 초의차가 이들 차에 전혀 손색없는 우수한 품질을 지녔음을 칭찬했다.

29

안종수

安宗洙, 1859~1896

농정신편

農政新編

일본에서 수입해 온 차나무 재배법과 제다법

農政新編

작가와 자료 소개

안종수는 조선 후기의 관리이자 농학자로, 본관은 광주廣州이고, 호는 기정起亭이다. 1881년 4월부터 4개월간 승지 조병직趙秉稷(1833~1901)이 신사유람단紳士遊覽團으로 일본에 갈 때 수행원으로 발탁되어 함께 다녀왔다.

《농정신편》은 안종수가 일본에서 수집해 온 일본과 중국의 각종 농서農書를 바탕으로 하여 1881년에 저술하고 1885년에 출간한 우리나라 최초의 근대적 농서로, 모두 4권 4책으로 이루어져 있다.

1권에는 토양의 종류와 성질을 다룬 〈토성변土性辨〉과 작물의 배양 방법을 다룬 〈배양법培養法〉을 실었다. 〈토성변〉은 일본의 농학자 사토 노부카게佐藤信景가 저술한 《토성변土性辨》을, 〈배양법〉은 사토 노부히로佐藤信淵가 저술한 《배양비록培養秘錄》의 일부를 편역한 것이다.

2권은 거름의 종류와 제조법을 다룬 〈분자법糞苴法〉과 거름의 사용법을 다룬 〈분배방糞培方〉으로 구성되었다. 〈분자법〉은《배양비록》을, 〈분배방〉은 사토 노부히로가 저술한《십자호분배예十字號糞培例》를 편역한 것이다.

3권과 4권은 각종 식물의 뿌리[根], 줄기[幹], 껍질[皮], 잎[葉], 꽃[花], 열매[實]의 상태와 재배법을 설명한 〈육부경종六部耕種〉으로, 사토 노부히로가 저술한《초목육부경종법草木六部耕種法》과 청나라 호병추湖秉樞가 저술한《다무첨재茶務僉載》를 편역한 것이다. 이 가운데 차와 관련된 내용은 3권 〈잎[葉]〉에 수록되어 있으며, 시기에 따른 찻잎의 종류, 차나무의 재배법과 제다법을 자세하게 소개하였다.

《농정신편》 초판본은 1885년 광인사廣印社에서 20여 장의 목판 삽화를 삽입하여 400부가 간행되었으며, 각도 행정기관을 통해 유포되었다. 재판본은 1905년 박문사博文社에서 초판본에 수록된 삽화를 빼고 4권 1책으로 간행하여 농상공부를 통해 전국에 널리 보급되었으며, 사립학교의 고등용 교과서로도 사용되었다. 1931년 일제강점기에는 조선총독부에 의해 한글로 번역된 단행본《농정신편》이 간행되어 농촌 사회에 널리 보급되어 영농 지침서로 활용되었다. 이 책에서는 1885년 광인사 간행본을 저본으로 하였다.

원문 및 풀이

차茶는 잎 가운데 좋은 것이다. 일찍 딴 것을 차라 하고, 늦게 딴 것을 명茗이라 한다. 찻잎 가운데 아직 잎이 채 피지 않은 것을 채취하여 만차挽茶[1]를 만들고 점차點茶[2]에 쓴다. 찻잎이 이미 핀 것은 전차煎茶[3]용

으로 한다. 또 우전차雨煎茶⁴와 우후차雨後茶가 있는데 곡우 전후에 딴
차를 말한다. 청명 전에 딴 것은 상품이다. 무릇 일찍 딴 것은 상품이고
늦을수록 하품이다. 그러므로 노명老茗과 만명晚茗이란 것은 그 잎이
활짝 핀 하품이다. 또 수간차水揀茶와 추차麄茶가 있다. 수간차는 우수
때 딴 것이고, 추색차는 곧 우전차이다.⁵ 대개 차의 색이 선명하고 고
우며 싹이 가늘고 작은 것이 상품이기에 일찍 딴 것이 귀하다.

茶者葉之佳也. 早採曰茶, 晚採曰茗. 茶之採未開葉者, 製爲挽茶, 用於點茶.
採旣開葉者, 用於煎茶也. 又有雨前茶雨後茶之名, 穀雨前後所採之稱也. 清明
前採者, 爲上品. 凡早採爲上, 愈晚愈下. 故老茗晚茗者, 其葉大開之下品也. 又

---

1 만차: 만차는 차광 재배한 찻잎을 찐 후 그대로 건조하여 차호茶壺, ちゃつぼ에 저
장한 말차抹茶,まっちゃ로 만들기 전의 잎차 상태를 뜻한다. 오늘날에는 '만차'라는
용어보다는 일반적으로 '연차碾茶, てんちゃ'라는 용어를 널리 사용하고 있다.

2 점차: 만차를 맷돌에서 곱게 가루 낸 찻가루를 찻사발에 넣고 차선茶筅으로 휘저
어 거품을 내 마시는 음다법이다.

3 전차: 전차는 찻잎을 찐 후 건조한 차를 뜻하는데 일반적으로 일본에서 차라고 하
면 전차를 의미한다. 또 전차를 우려 마시는 것을 '전차도煎茶道'라고 한다.

4 우전차: 원문에는 '양전차兩前茶'로 되어 있는데 내용에 맞춰 '우전차'로 고쳤다.

5 수간차 …… 우전차이다: 우수雨水는 양력으로 2월 19일경이고, 우전雨前은 양
력으로 4월 20일경을 말한다. 따라서 수간차는 우전차보다 두 달이나 이른 시기
에 채엽하므로 우전차에 비해 훨씬 어린잎이다. 그 때문에 수간차에 비해 우전차
가 거칠어 추색차라고 한 것이다. 송대 호자胡仔가 지은 《초계어은총화苕溪漁隱叢
話》에서도 "대개 수간차는 사전社前, 즉 입춘 전후의 차이고, 생간차는 화전火前 즉
한식 이전의 차이며, 추색차는 우전, 즉 곡우 이전의 차이다. 민중 지역은 따뜻하
기에 우전차는 이미 쇠어 맛이 한층 무거워진다(蓋水揀茶即社前者, 生揀茶即火前者, 麄
色茶即雨前者. 閩中地暖. 雨前茶已老而味加重矣)"고 했다. 사전은 춘분을 전후한 시기이다.
고대에 입춘이 지난 뒤 다섯 번째로 맞는 무일戊日에 토지신에게 제사 지내는 날
을 사일社日, 혹은 춘사春社라고 한다. 사일은 보통 입춘에서 41일에서 50일 되는
때에 해당하고, 대략 춘분에 가깝다.

有水揀茶, 麤茶之名. 水揀茶者, 雨水時所採也. 麤色茶者, 卽雨前茶也. 盖以色
鮮美芽細小, 爲上品, 而貴早採也.

토양의 성질이 너무 따뜻한 곳이면 향은 강하지만 맛이 좋지 않다.
반대로 너무 추운 곳에서는 맛은 좋지만 향기가 약하다. 오직 배양을
세심하고 솜씨 있게 해야 상품을 얻을 수 있으니, 구비廐肥, 즉 마소의
똥이나 인분人糞이 제일 좋다. 성질은 산의 북쪽과 나무 그늘 등 북풍
이 상쾌하게 부는 곳을 좋아하고, 습하고 질퍽한 곳을 가장 꺼린다.

土性過於溫煖, 則香烈太甚, 而其味不美. 過於寒冷, 則其味雖厚, 香氣甚醜.
惟培養精妙, 乃得上品. 廐肥人糞最宜也. 性喜山北樹陰, 北風爽塏處, 而最忌濕
氣之湫溢.

9월 하순에 늙은 차나무 씨앗 중 껍질이 막 벌어지려 하는 것을 채
취하여 종자로 삼는다. 껍질을 제거하고 거적으로 싸서 습한 땅에 묻
고, 그 위에 풀이나 짚을 덮어 얼지 않도록 한다. 가끔 쌀뜨물이나 따
뜻한 물을 뿌려주면, 정월 하순에서 춘분 때가 되면 씨의 종자가 절로
움이 터 싹이 돋아난다. 차나무는 옮겨 심는 것을 싫어하므로 씨를 본
밭에 바로 심는다. 적토, 흑토나 모래, 자갈이 섞인 흙이라도 상관없다.

九月下旬, 採老木實之殼口將開者, 而爲種子, 去殼而包於藁席, 掘濕地而埋
之. 上覆菰藁之類, 使不傷於寒氣, 以溫水, 或米泔水, 時時澆之, 則正月下旬春
分時, 種子自臍生芽, 而不喜移植. 故蒔植之. 不拘赤黑土與砂石地.

깊이 2자, 너비 2자 6~7촌 정도의 골을 파고 그 밑에 기와 조각을
깐다. 거름흙 20포, 참깻묵, 멸치 가루, 쌀겨 각 8말을 흙과 골고루 섞
어 골에 채운다. 싹이 나온 종자를 30여 개씩 나누어 줄지어 심는다.

골의 거리는 3자 5~6촌으로 한다. 약간의 소변을 뿌린 재를 흙과 섞어 1촌 정도 덮고, 그 위에 쌀겨를 3촌가량 덮는다. 까마귀와 까치, 꿩과 솔개 등은 차 씨앗을 좋아하므로 장대를 세우고 그물을 쳐 쪼아 먹지 못하도록 해야 한다. 때때로 쌀뜨물이나 물을 주어 마르지 않게 한다. 첫해와 다음 해에는 특별한 손질이 필요 없다. 3년째 되는 해 이른 봄에 뿌리 주변의 흙을 갈아준다. 거름〔糞汁〕을 부어주고 가장 길게 웃자란 가지를 잘라준다.

掘溝深二尺, 廣二尺六七寸, 以瓦敷其底, 以肥土二十囤, 胡麻油糟八斗, 乾鰯末八斗, 米糠八斗, 和土以塡之. 以茶芽三十餘粒, 分排列植, 每溝相去三尺五六寸, 以小便灰小許和土, 覆一寸許. 又覆米糠三寸許. 烏鵲雉鳶, 性嗜茶子, 宜張羅立竿以禁之. 時澆米泔水, 或長流水, 其年及明年棄置之. 第三年早春, 耕耙根邊之土, 使無凝結, 澆以糞汁, 截去最長之枝.

무릇 차나무는 키가 작고 옆으로 많이 벌어져야 수확량이 많다. 또 가뭄이 든 비옥한 논에 차나무를 심으면 상품을 만들 수 있다. 차나무를 잘 가꾸려면 부지런히 잡초를 뽑아주고 뿌리 근처를 깊이 갈아서 구비, 인분, 마분을 덮어주며 마른 가지나 거미줄을 제거해주어야 한다. 또 겨울이면 거름을 충분히 묻어주고 춘분에 덧거름〔盛養水〕을 뿌려주면 빛깔이 곱고 향과 맛이 짙은 차를 얻을 수 있다.

凡茶樹以丈矮橫擴爲貴. 且沃沓之被旱處植茶, 則能作上品. 凡養茶者, 勤除雜草, 深耕根傍, 多培廐肥, 或人馬糞, 攘剔枯葉, 與蜘蛛絲. 冬則埋肥於根傍, 春分時 澆盛養水 則色麗香馥. 味亦極佳.

9월 하순에 댓가지로 시렁을 만들어 세운 다음, 위에 멍석을 덮어 서리와 눈을 가려준다. 겨울에 눈과 서리를 가려주지 않으면 추위에 싹이 얼어 하품이 되고 만다. 잎을 따기 한 달 전에 액체 거름[水糞]을 잎에 뿌려주는 것을 색부분色附糞이라 하는데 효과가 좋다. 무릇 오래 묵은 그루터기에서 상품의 차가 나온다. 20~30년 이하의 나무는 오직 겨울 중에 숙성시킨 거름[熟糞]을 뿌리 근처에 듬뿍 주고 2월 8일에 북돋아준다. 이렇게 하면 차 맛이 조금 좋아진다.

九月下旬, 以竹木結架, 上覆藁席, 嚴防霜雪. 冬不能覆於寒, 則上茶變爲下品. 採葉前三十日, 薄澆水糞, 是謂色附糞. 其效著明. 凡古株必生上茶. 二三十年以下之樹, 唯冬中多培濃製熟糞於根邊而覆土. 二月八日培之又如此, 則茶味稍佳.

차 만드는 법茶製法

만차를 만드는 방법에는 쪄서 만드는 증제법蒸製法과 삶아서 만드는 자제법煮製法이 있다. 증제는 햇차 중 지극히 어린 것으로 만들고, 자제는 햇차 중 얼마간 살진 것으로 만든다.

증제법은 큰 가마솥에 6할 남짓 되게 물을 붓고, 짚으로 가마솥 주둥이를 두른 뒤 그 위에 시루를 얹는다. 찻잎을 시루 안에 넣고, 센 불을 때서 열탕의 증기가 위쪽을 가득 채우면 찻잎의 숨이 다 죽는다. 젓가락에 달라붙는 정도를 가지고 가늠하되 너무 지나치거나 부족하게 해서는 안 된다. 그러고 나서 찻잎을 대자리에 펼쳐 옮겨 차갑게 식힌 뒤, 조금 있다가 센 불로 건조 상자에서 말린다. 건조 상자는 두꺼운 종이 두 장을 상자에 풀로 붙인 것이다. 화로는 깊이가 1자 8치이다. 바닥에는 재를 3~4치 깔고, 숯불 4~5치를 더한다. 짚을 덮어 태워 불기운을 늦춘다. 화로 위에 대자리를 펴고, 대자리에 건조 상자를 얹어놓는다. 찻잎을 건조 상자 안에 한 겹 펼쳐놓는다.

두 가닥의 죽비죽비는 길이가 1자 2치인데 절반을 구부려 6치로 만들고, 노끈으로 그 끝을 묶어 조금 넓게 벌어지게 해야 한다.로 살살 휘저어 찻잎이 꺾이지 않게 해야 한다. 대략 습기가 없어질 때까지로 한정한다. 그러고는 약한 불의 건조 상자에 옮겨 약한 불의 건조 상자는 손으로 눌러 비비면 약간 뜨거운 불기운이 느껴진다. 센 불의 건조 상자는 손으로 조금 오래 비비면 그 열기를 견디지 못한다. 또 죽비로 휘저어준다. 온기가 조금도 없게 되면 성긴 체로 체질해 내려 갑을을 결정한다. 가장 가는 것이 상품이 되고, 10돈쭝(37.5그램)을 한 봉지로 삼는다. 그다음은 또한 저마다 차등이 있다.

挽茶製法, 有蒸製焿製二法. 蒸製製其新葉極釋者, 焿製製其新葉漸肥者也.

蒸製法注水於大釜六分許, 以藁環於釜口, 置甑於其上. 納茶葉於甑中, 熱以猛火熱湯之氣遍上, 則茶葉皆萎. 以粘着於箸爲度. 勿令過不及. 乃攤移茶葉於竹簀, 冷定後, 少頃乾焙於武火烘箱. 烘箱以厚紙二枚, 糊合於箱者也. 爐深一尺八寸. 底布灰三四寸, 加炭火四五寸. 覆藁而燒, 以緩炎氣. 布竹簀於爐上, 置烘箱於簀, 而茶葉攤布一重於烘箱中.

以兩岐竹篦, 竹篦長一尺二寸, 屈其半爲六寸, 以繩編其末, 稍使廣開. 輕輕攪回, 使無葉析. 略無濕氣爲限. 移於文火烘箱, 文火烘箱, 以手按摩, 覺有微熱. 武火烘箱, 手摩稍久, 不堪其熱者. 又以篦子攪回. 至於少無溫氣, 則以疎篩篩下, 定其甲乙. 最細者爲上品. 十錢重爲一袋, 其次亦各有差.

자제법은 대광주리에 찻잎을 절반쯤 담아 뜨겁게 끓는 가마솥 안에 넣는다. 젓가락으로 잎을 휘젓는데 또한 끈적끈적한 정도를 가지고 판단하여, 맑은 물로 옮겨 이를 식힌다. 조금 마른 뒤 약한 불과 센 불의 건조 상자에서 불에 쬐어 말린다. 쬐어 말리는 것은 증제법과 같다.

다만 증제의 경우 제벽법除癖法, 즉 벽癖을 없애주는 방법이 있다. 그 잎이 너무 크면 종종 벽이 있다. 맛이 쓰거나 떫은 것은 석회즙을 끓는 물에 조금 섞어준다. 또 향기에 벽이 있는 것은 올볏짚 잿물을 섞는다. 또 색깔이 나쁜 것은 굴 껍질 잿물을 섞어주면 갑자기 푸른빛이 생긴다. 무릇 차를 만들 때 끓는 물이 몹시 뜨겁지 않으면 색이 나쁘고 맛 또한 좋지 않다.

羹製法, 以竹籬盛茶葉半量, 入於熱湯釜中. 以箸攪葉, 亦以粘着爲度, 移於淸水而冷之. 少乾後, 焙乾於文武火烘箱. 烘乾同蒸製.

但蒸製有除癖法. 其葉過大, 則種種有癖. 若味苦味澁者, 少和石灰汁於熱湯. 又香氛有癖者, 和早稻藁灰汁. 又色惡者, 和牡蠣殼灰汁, 則靑色忽生. 凡製茶之湯, 非極熱, 則色醜而味亦不佳.

전차煎茶 만드는 방법은 위 잎과 아래 잎을 나눠 자제법과 같게 한다. 맑은 물에 이를 식혀 골풀 자리에 펼쳐 펴서 햇볕에 말린다. 습기가 모두 제거되었으면 센 불 건조 상자에서 불에 쬐어 말리고, 체질을 해서 거친 가루를 제거한다. 이것이 상품의 전차이다. 또 중품과 하품은 잿물 넣은 끓는 물에 삶아 갈대 자리에 펼쳐서 말린다. 매 60돈[6] 단위로 한 장의 종이 봉지에 넣어 봉한다.

煎茶製法, 分上葉下葉, 如羹製法. 而冷之於淸水, 攤布於藺席, 乾之於太陽. 濕氣盡祛, 則焙乾於武火烘箱, 篩去麁末. 是爲上煎茶. 又其中下品, 則羹於灰汁熱湯, 攤乾於蘆筵. 每六十錢, 封入一紙袋也.

당차제법唐茶製法은 만차제법과 차이가 없다. 다만 부뚜막의 모양이 앞쪽은 낮고 뒤쪽은 높아 평평한 솥을 앉혀 약한 불로 지핀다. 생찻잎을 솥 안에 넣고서 덖는다. 손으로 잡아 돌려 잎이 숨이 죽어 부드러운 것으로 가늠하여 멍석에 옮겨 잎이 부서지지 않도록 천천히

---

6 매 60돈[每六十錢]: 1돈은 3.75그램이므로 60돈은 225그램이다.

유념한다. 또 솥에 넣어 이렇게 7, 8번 한다. 이미 말라서 가루로 부서질 경우 4, 5번에서 그쳐도 무방하다. 이는 약한 불로 여러 차례 덖었기 때문에 향기와 맛이 마침내 상품으로 만들어진다. 또 산차와 동백, 구기자, 오가피, 뽕나무와 닥나무의 잎 또한 모두 찌거나 삶아서 차를 만들면 흉년에 굶주린 사람들을 구할 수 있다.

唐茶製法, 與挽茶製法無異, 而但竈樣, 前卑後高, 安置平鍋, 以文火爇之. 入生茶葉於鍋中, 以焙之. 以手攪回, 葉萎而軟弱爲度, 移於莞席, 使葉不碎, 徐徐柔之. 又入於鍋, 如是七八度, 旣乾而粉碎, 則止於四五度, 亦無妨. 此因文火屢焙之, 氣味遂作上品也. 且山茶茶梅枸杞五加皮桑楮之葉, 亦皆爲蒸煮爲茶, 凶荒救飢者也.

높은 산 큰 고개와 골짜기 가운데 가장 높은 곳이 차 심기에 가장 좋다. 차라는 물건은 안개와 이슬에 감응하므로, 깊으면 깊을수록 그 맛이 더욱 진하다. 심는 땅은 흙의 성질이 두터울수록 차나무가 더욱 튼튼하고, 그 잎이 더욱 두껍고 또 크다.

高山大嶺, 窮谷中至高處, 最宜植茶. 茶之爲物, 感於霧露, 愈深則其味愈濃. 所植之地, 土性愈厚, 則茶樹愈壯, 其葉更厚且大.

차는 천연으로 나는 것을 극품極品이라 한다. 높은 산 위태로운 산마루에 있어서 쉽게 채취할 수 없는 것은 암차巖茶의 종류로 이름 부른다.

茶以天然生謂之極品, 在於高山危嶺, 不可容易採者, 是名巖茶種.

찻잎은 이른 새벽에 이슬에 젖은 것을 따야 좋다. 안개와 이슬의 성대한 기운을 머금어, 땅의 기운이 위로 솟아오르는 때가 되면 그 잎에 정화精華가 가득 넘치기 때문에 맛이 진하고 향기가 짙다.

茶葉宜乘早曉露而採之, 含霧露氳氳之氣, 當地脉上騰之時, 其葉精華充溢, 故味濃而香烈.

찻잎은 반쯤 말리고 반쯤 펴진 것 즉 일기일창一旗一槍을 살펴야 한다. 잎 뒷면에는 아직 백호白毫, 즉 흰 솜털이 있고, 잎 안쪽은 색깔이 마치 푸른 옥 같은 것이 가장 좋다. 반쯤 말리고 반쯤 편 것을 따니, 비유하자면 젊고 건강한 사람이 혈기가 한창 왕성할 때와 같다.

茶葉宜視其半捲半舒 卽一旗一槍, 葉背猶有白毫, 葉內色如翠玉者最佳. 採其半捲半舒者, 比如少壯人血氣正盛也.

찻잎은 세 차례 싹을 틔운다. 첫 번째는 곡우 때이고, 두 번째는 매실이 누렇게 익을 무렵이며, 세 번째는 벼꽃이 필 때이다.[7] 다만 처음 딸 때 너무 지나치게 하면 안 된다. 두 번째 싹이 나오는 것을 방해할까 염려해서이다. 두 번째 또한 이를 본뜬다.

茶葉三次發芽. 初次穀雨, 二次黃梅時, 三次稻花候. 但初採不可過度, 恐妨第二次之發生, 再次亦倣之.

녹차제법製綠茶法
무쇠 솥에 약한 불을 지펴 찻잎을 놓고, 잠시도 손을 멈추지 않고 덖어서 부드럽게 만든다. 손에 잡히는 대로 비벼서 대략 한 덩어리가

---

7 첫 번째는 …… 필 때이다: 이들 시기에 딴 찻잎으로 만든 차를 우전차雨前茶, 입하차立夏茶, 곡화차穀花茶라고 한다.

되면, 다른 솥에 옮긴다. 다른 솥 또한 은근한 열기를 느낄 정도라야 한다. 이미 덩어리진 잎은 손으로 털어서 펼치고 또 비빈다. 찻잎 하나하나가 돌돌 말리면 다시 먼젓번 솥으로 옮겨 잡히는 대로 비비는데 잎이 모두 마르는 것을 기준으로 삼는다. 이것을 일러 모차毛茶[8]라고 한다. 크고 작은 대나무 체 12개로, 처음에는 가지와 줄기를 체로 걸러내고, 다음은 2호 체로 체질하고 남은 것을 체질한다. 그렇게 해서 남은 차는 첫 번째 체 그릇에 쏟아넣는다. 이것을 일러 두사모차頭篩毛茶라고 한다. 3호 체 이하로는 모두 차례에 따라 미루어나간다. 12등급으로 구분했으면, 등급마다 풍차에 넣어 부채질을 거친 뒤 꼼꼼히 가르고 골라 솥에 넣고 덖는다. 처음 덖는 것을 마광磨光이라 하고, 두 번째 덖는 것은 작색作色이라 하며, 세 번째 덖는 것은 복화覆火라 한다. 그 색깔이 들쭉날쭉하지 않으면 완성되었다고 보고 상자에 포장해서 내다 판다.

文火鐵鑊, 放在茶葉, 暫不住手, 而炒軟之. 隨抄隨搓, 略成一團塊, 移於別鑊. 別鑊亦不過微熱. 其已成團塊之葉, 以手抖開, 而又搓之. 至於葉葉捲結, 再移前鑊, 隨抄隨搓, 以其葉盡乾爲度, 是謂毛茶. 以大小竹篩十二箇, 初次篩過其枝幹, 次以二號篩, 篩過其篩, 而所遺之茶, 則放入於頭篩之器, 是謂頭篩毛茶. 三號篩以下, 皆以次遞推之. 旣分十二等, 每等放入風車, 而扇過後, 十分掄擇, 入鑊而炒之. 初炒曰磨光, 再炒曰作色, 三炒曰覆火. 其色無參差則告成, 裝箱而出售.

---

8 모차: 모차는 완성되지 않은 '반제품 차' 또는 '초벌차'를 뜻한다. 모차는 다시 여러 공정을 거친 후 차를 완성하게 되는데 녹차류에서 모차는 대부분 약한 불에서 재차 건조시키는 과정(足火)을 통해 완성시킨다. 일본에서는 황차荒茶라고 한다.

해설

이 자료는 《농정신편》 3권 〈잎〉에 수록되어 있으며, 시기에 따른 찻잎의 종류, 차나무의 재배법과 제다법을 자세하게 설명했다. 찻잎의 종류는 만차와 전차, 우전차와 우후차로 구분했다.

차나무 재배법에서는 9월 하순에 씨앗을 채취 및 파종하여 싹을 틔우는 방법과 모종하는 방법, 그리고 모종 후 관리하는 방법을 소개하고, 계절에 따라 차나무를 관리하는 방법을 안내했다.

제다법에서는 점차에 사용되는 말차의 원료가 되는 만차의 제다법으로 증제법과 자제법, 그리고 우려 마시는 전차의 제다법을 설명했는데 이는 모두 일본식 제다법을 설명한 것이다. 증제차를 만들 때 잘못 만든 차를 회생시키는 제벽법에 대해 자세하게 설명하고 있는 점도 흥미롭다.

중국차 제다법으로는 당차제법과 녹차제법을 구분해서 소개했다. 당차제법에서는 부뚜막의 모양과 살청과 건조를 모두 솥에서 하는 초청炒靑 제다법을 설명했다. 당차제법은 오늘날 우리나라에서 소위 전통차라고 하는 부초차釜炒茶의 제다법과 상당히 유사하다는 점이 주목된다. 또한 현재 우리나라에서 주로 경사 가마를 사용하고 있는 점까지 유사한 것으로 볼 때, 당차제법이 우리나라 근대 시기에 형성된 제다법에 상당한 영향을 주었을 것으로 짐작된다.

녹차제법은 솥에서 1차적으로 모차를 만든 후 체로 등급을 나눈 후 다시 솥에서 열처리하여 완성시키는 단계로 풀이했다. 이처럼 《농정신편》에서 설명하고 있는 차 관련 자료는 당시에는 새로운 선진 기술로 많은 이들에게 주목받아, 전국 각지로 널리 배포되어 제다 현장에서 실제로 적용되었을 것으로 보인다.

30

문일평
文一平, 1888~1939

차고사

茶故事

한국 차 문화사를 풀어 쓴 최초의 통사

작가와 자료 소개

문일평은 독립운동가이자 역사학자, 언론인이다. 평안북도 의주 출신으로 본관은 남평南平이고, 호는 호암湖巖, 자는 일평一平이다. 본래 이름은 명회明會이며, 초명은 정곤正坤이다. 본래의 이름 대신 자字를 이름으로 쓴 것이다.

1933년 〈조선일보〉 편집고문이 되면서부터 언론을 통해 우리나라 역사 속에서 민족문화와 민족정신을 찾아 대중에게 널리 알리고자 힘을 기울였다. 특히 정인보鄭寅普(1893~1950), 안재홍安在鴻(1891~1965) 등과 함께 조선학운동을 주도하여 민족문화의 정체성을 찾고자 노력하였다. 이러한 노력은 죽을 때까지 계속되었다.

《차고사茶故事》는 조선학운동의 일환으로 우리나라에도 전통 차 문화가 있었음을 알리기 위해 삼국 시대부터 조선 시대까지의 차 문화사를 정리하여 〈조선일보〉에 1936년 12월 6일부터 1937년 3월 17일까지 총 23회에 걸쳐 연재한 후, 연재한 글을 모아 《호암문일평 전집》에 정리·수록한 것이다. 모두 18항목으로 구성되었으며, 여러 문헌을 통해 우리나라 차 문화의 역사적 사실을 논증하였다.

《차고사》 원문은 지금부터 80여 년 전 문장이라 한자 투가 지나치게 많고, 오늘날의 표현과도 달라 이해하기 어렵다. 인용된 원문은 번역 없이 그대로 본문 사이에 끼어 있고, 원문에 이어지는 설명에서 그 내용이 본문에 되풀이되어 체제가 다소 혼란스럽다.

이 책에서는 원문을 보태거나 빼는 일 없이 그대로 따르되, 현대의 독자들이 이해하기 쉬운 현대문으로 모두 고쳤다. 또 원문은 모두 번역문을 따로 빼서 인용문으로 처리하고, 내용을 조절했다. 여기서도 임의로 보태거나 뺀 내용은 일절 없음을 분명히 밝혀둔다. 예를 들어 "茶의 故事를 傳해주기는 本史外에 또 遺事가 있으니 鱗片的記錄이지만 여기저기 보인다" 같은 문장을 "차의 고사를 전해주는 것은 《삼국사기》 외에 《삼국유사》가 있다. 편린에 지나지 않는 기록이라도 여기저기 보인다"와 같이 고쳤다. 일종의 번역 작업을 거친 셈이다.

원문 및 풀이

0. 서설[1]

차는 담배와 서로 떼지 못할 관계를 지닌 물건이다. 앞서 담배 이야기를 했으니 이제부터 차 이야기를 할까 한다. 차는 담배처럼 일반적으로 보급되지 못하고 말았지만, 문헌상으로 본다면 들어온 연대가 담배에 비하여 몇 갑절이나 오래되었다. 또 생활상에 끼친 영향도 적지 않았다.

차는 조선 고유의 식물이 아니다. 삼국 시대 말엽에 중국 땅으로부터 전래하였다. 조선에도 산다山茶, 속칭 동백과 감차甘茶가 없지 않지만, 오늘날 일반적으로 차라고 말하는 것은 본래 중국의 특산이다. 이것이 다른 문화와 마찬가지로 옛날 신라에 흘러 들어와 재배하게 된 것이다. 당시 일본과 오늘날 서양의 차들도 모두 중국에서 전파되었다. 다만 일본은 신라보다 수 세기나 뒤처졌고, 서양은 신라보다 8, 9세기 뒤진 것이 다를 뿐이다.

후세에 조선 사람은 거의 차를 마실 줄 모르게 되었으나, 옛날 신라 사람은 차를 상당히 애호했던 듯하다. 신라 때는 주로 승려 계층을 중심으로 성행하였고, 고려 때는 승려 계층에서 민간에까지 널리 퍼지게 되었다. 그렇지만 고려 때도 오늘날 담배처럼 민중에게까지 퍼지지는 못하고 특권 계급에게 일종의 기호품으로 아낌을 받았다.

차가 비록 일반인이 늘상 마시던 것은 아니나 고려 때 성행했던 것만은 사실이다. 이를테면 왕궁에서 행한 연중행사의 의식에는 반드시 술, 과일과 함께 차를 애용했고, 외국 사신을 영접하는 예절에서도 으레 여러 가지 귀한 음식과 함께 차를 대접하였다. 귀인과 부호도 차를 즐겨 마셨던 만큼 차 도구를 갖춰두는 풍습이 자못 성행하여 이것이 고려 도자기 발달의 한 원인이 되었다 한다.

이렇게 신라에 기원을 둔 차 마시는 풍조가 고려에 와서는 한층 더 성행하게 되었지만, 조선 시대에 이르러서는 쇠퇴하고 말았다. 그 쇠

1 0. 서설: 첫회 연재 원고에는 별도의 제목을 달지 않았다. 전체 글의 성격상 서설적 내용을 담고 있어 편의를 위해 제목을 붙였다.

퇴의 원인이 어디에 있었을까? 불교의 쇠약에 돌리는 이도 있다.[2] 과연 그렇다. 불교와 관련이 깊었던 음다풍飮茶風이 불교의 쇠약에 따라 쇠퇴하게 됨은 또한 자연스러운 이치라 하겠다.

그러나 차 마시는 풍조가 불교의 흥쇠에 좌우되었다는 것은 바로 차 마시는 것이 굳이 없애지 못할 정도로 보급되거나 깊이 침투하지 못했다는 분명한 증거다. 차가 들어온 지 1,000년 가까이 되도록 민중에게 보급되지 못한 것은 무슨 이유일까? 혹 조선 곳곳에 단 샘이 흐르고, 흔히 반탕飯湯, 즉 숭늉을 마시는 습성이 있기 때문은 아닐까? 단 샘도 단 샘이려니와 특히 숭늉 같은 것은 일종의 곡차穀茶로서 구수한 맛이 반드시 쓰고 떫은 질 나쁜 차에 못하지 않다. 이것이 차의 보급에 적지 않은 장애가 되었을지도 모른다.

어찌 되었든 차는 조선 시대 들어 갑작스럽게 쇠퇴하고 말았다. 차가 쇠퇴하는 동시에 차 때문에 생겨났던 차 도구의 고아한 도자기도 다시 옛날처럼 만들지 못하게 되었다. 하지만 나는 차의 쇠퇴와 운명을 같이 한 미술공예의 퇴보를 탄식하는 것이 아니다. 나의 탄식은 차라리 여기서 한발 더 나아가 차를 산업화하지 못한 것에 있다.

조선 시대는 말할 것도 없고, 차를 즐겨 마시던 고려에서도 어째서 차의 재배를 등한시했을까? 호남과 영남의 따뜻한 지역은 차 재배에

---

2 불교의 쇠약에 돌리는 이도 있다: 1932년 아유카이 후사노신鮎貝房之進(1864~1946) 이 《잡고雜攷》 5집 〈차 이야기〔茶の話〕〉에서 "그런데 조선에 들어 음차의 습속이 쇠퇴하게 된 원인을 말하자면, 아무런 고증할 문헌도 가지고 있지 않지만, 나는 고려의 숭불주의가 조선에 들어서 숭유주의, 즉 배불주의가 된 것에 기인한 것으로 단정하는 것이다(さて此の李朝に入りて飲茶の習俗の廢されし原因はと申しますに、何等考證すべき文獻も持たぬのでありますが、私は麗朝の崇佛主義が李朝に入りて崇儒主義即ち排佛主義となつたに起因せしものと斷ずるのであります)"라고 한 것을 두고 한 말이다.

가장 알맞다. 그런데 왜 차를 더 많이 재배하여 국제적 무역 상품으로 만들지 못했던가? 이것이 한 가지 큰 의문이다. 이런 의미에서 나는 고금의 문헌에 보이는 차에 대해 한 차례 고찰해보는 것이 전혀 무익한 일은 아닐 줄로 믿는다.

1. 차의 전래와 불공佛供

차가 조선에 들어온 것은 신라 때 세 여왕 중 한 분인 선덕왕宣德王 연간(632~647)이다. 이때는 삼국 시대 말엽으로 중국에서 차가 유행하기 시작한 당나라 초기에 해당한다. 지금으로부터 약 1,290년 전이다.

차가 전래된 것은 선덕왕 때였지만, 성행한 것은 이로부터 다시 180년이 지난 흥덕왕興德王 때 대렴大廉이 당에서 차 씨를 가져다 왕명으로 지리산에 심은 뒤의 일이다. 《삼국사기》〈신라본기〉 흥덕왕 3년 조에 그 전말을 적어놓았다.

> 흥덕왕 3년(828), 당나라에 들어갔다가 돌아온 사신 대렴이 차 씨를 가지고 오자 왕이 지리산에 심도록 하였다. 차는 선덕왕 때부터 있었지만 이에 이르러 성행하였다.
>
> 三年入唐迴使大廉, 持茶種子來. 王使植地理山. 茶自善德王時有之, 至於此盛焉.

흥덕왕 3년은 서기 828년이다. 지리산地理山은 오늘의 지리산智異山이니, 이것이 차가 정사正史에 등장한 최초 기록이다. 간단하나 나는 이 몇 줄의 기사에 의해 차가 벌써 삼국 시대 말엽부터 신라에 들어온 것과, 그것이 신라 말에 다시 수입되기를 기다려 비로소 성행하게 된 사실을 알았다.

차의 고사를 전해주는 것은 《삼국사기》 외에 《삼국유사》가 있다.

편린에 지나지 않는 기록이라도 여기저기 보인다.

신라 문화의 황금시대였던 경덕왕 치세 때 일이다. 경덕왕 24년 3월 3일에 왕께서 귀정문歸正門의 다락 위에 납시어 충담이란 고승을 불러보시고, 그가 남산 미륵세존에게 공양하는 차를 한 사발 얻어 마셨다. 그 차의 풍미가 아주 훌륭하였고, 차 사발 안에 이상한 향기가 진동하였다고 한다. 다소 길지만 이제 그 원문을 그대로 소개하면 다음과 같다.

왕이 나라를 다스린 지 24년째 되던 해, 오악五岳과 삼산三山의 신들이 때로는 혹 궁전 뜰에 나타나 모셨다. 3월 3일에 왕이 귀정문의 다락 위에 납시어 좌우 신하에게 말했다.

"누가 능히 길에서 복장이 훌륭한 승려 한 사람을 데려올 수 있겠느냐?"

이에 마침 위엄이 있고 차림새가 깨끗한 큰스님 한 분이 서성이며 가고 있었다. 신하들이 바라보고서 이끌어 와서 뵙게 하니, 왕이 말했다.

"내가 말한 훌륭한 승려가 아니다."

그를 물러가게 했다. 또 한 스님이 있었는데, 납의衲衣, 즉 기운 옷을 입고 앵통櫻筒(삼태기를 졌다고도 한다)을 지고 남쪽으로부터 왔다. 왕이 기뻐하여 만나보려고 다락 위로 맞아들여 통 속을 살펴보니 차 도구가 담겨 있을 따름이었다.

왕이 말했다.

"그대는 누구인가?"

승려가 말했다.

"충담忠談입니다."

"어디서 오는가?"

"소승은 매년 3월 3일과 9월 9일에 차를 달여 남산 삼화령三花嶺의 미륵세존께 올립니다. 이제 차를 올리고 돌아오는 길입니다."

왕이 말했다.

"과인에게도 한 잔의 차를 나눠주겠는가?"

승려가 이에 차를 달여 바쳤다. 차는 기운과 맛이 보통과 달랐고, 찻잔 안에는 기이한 향기가 몹시 진했다.

王御國二十四年, 五岳三山神等時或現侍扵殿庭. 三月三日王御故正門樓上謂左右
曰: "誰能途中得一貟榮服僧來." 扵是適有一大德威儀鮮潔徜徉而行. 左右望而引
見之, 王曰: "非吾所謂榮僧也." 退之. 更有一僧被衲衣負櫻筒 一作荷簣從南而來.
王喜見之邀致樓上視其筒中, 盛茶具已. 曰: "汝爲誰耶." 僧曰: "忠談." 曰: "何所歸
來." 僧曰: "僧每重三重九之日, 烹茶饗南山三花嶺彌勒世尊, 今玆旣献而還矣." 王
曰: "寡人亦一甌茶有分乎." 僧乃煎茶献之, 茶之氣味異常甌中異香郁烈.[3]

《삼국유사》는 연대 착오가 많기로 유명하다. 하지만 이것을 어느 정도 믿는다면 경덕왕 24년(765)은 차가 다시 수입되었던 흥덕왕 3년으로부터 63년 전이다. 이때 차가 이미 불공佛供에 쓰였고, 임금이 마신 것을 알 수 있다.

차가 불공에 쓰인 예는 이 밖에도 또 있다. 《삼국유사》〈명주오대산보질도태자전기〉 조에 보천寶川, 효명孝明, 두 왕자가 강릉 오대산에 들어가 암자를 짓고 수도할 적에 두 분이 날마다 이른 아침에 골짜기 물을 길어다 차를 끓여 문수보살에게 공양하였다고 했다.[4] 또 그 아래

---

3 일연,《삼국유사》권2 기이紀異 제2,〈경덕왕충담사표훈대덕 景德王忠談師表訓大德〉의
   기사이다.
4 일연,《삼국유사》권3 탑상塔像 제4,〈명주오대산보질도태자전기溟州五臺山寶叱徒太
   子傳記〉에 "두 태자가 함께 예배하고, 매일 이른 아침에 골짜기 물을 길어 와 차를

글에 정거천淨居天의 무리가 차를 끓여 바쳤다[5]고 한 것이 모두 그 예이다. 다만 보천과 효명이 어떤 왕자인지 분명치 않다. 만약 효명이 효소왕이라면 경덕왕보다 훨씬 이전에 벌써 부처님께 차를 올리는 풍습이 있었던 것을 짐작할 수 있겠다.

부처님께 차를 올렸을 뿐 아니라 승려 사이에는 진작부터 차를 마셨다. 원효대사도 그중 한 분이다. 전라도 부안현 변산의 감천甘泉에서 승려 사포蛇包가 원효에게 점다點茶하여 올렸다는 것은 항간의 전설이지만 근거 없는 말은 아니다. 고려 이규보李奎報는 이 전설을 자신의《남행월일기南行月日記》[6]에 이렇게 적었다.

> 곁에 암자가 하나 있다. 세간에서 하는 말은 사포 성인이 예전에 머물던 곳이라 한다. 원효가 와서 살았으므로 사포 또한 와서 모시고 있었는데 차를 달여 원효공에게 올리려 했지만 샘물이 없어 괴롭게 여겼다. 그러자 이 물이 바위틈에서 갑자기 솟아났는데 맛이 지극히 달아 젖과 같았다. 이로 인해 늘 점다하였다.
>
> 傍有一庵, 俗語所云蛇包聖人所昔住也. 以元曉來居, 故蛇包亦來侍, 欲試茶進曉公, 病無泉水. 此水從巖罅忽湧出, 味極甘如乳. 因嘗點茶也.

끓여 1만 진신문수보살을 공양하였다(兩太子並禮拜, 每日早朝, 汲于洞水, 煎茶供養一萬眞身文殊)"는 내용이다.

5 정거천의 무리가 차를 끓여 바쳤다: 일연,《삼국유사》권3 탑상 제4,〈대산오만진신臺山五萬眞身〉에서 "淨居天衆, 烹茶供獻"이라고 한 기사이다.

6 《남행월일기》: 고려 신종 때인 1199년, 전주목全州牧에 사록겸장서기司錄兼掌書記로 부임한 이규보가 1년 4개월간 전주의 여러 지역을 답사하고 기록한 일기 형식의 기행문이다.《동문선東文選》66권에 전문이 실려 있다.

원효는 삼국 시대 말엽, 통일신라 시대 초기 신라의 거룩한 스님이다. 그가 차를 마신 사실은 이 기사가 증명한다.

신라 때 차는 승려들 사이에서 아껴 마셨기 때문에 궁정에서 가끔 차를 예물로 고승 대덕에게 준 일이 있다. 이를테면 《삼국유사》에서 경덕왕이 월명사月明師에게 "좋은 차 일습을 하사했다[賜品茶一襲]"고 했고, 헌안왕이 보조선사普照禪師에게 "차약으로 맞이했다[茶藥迎之]"고 한 것 등이 명백한 예이다.

2. 신라차의 종류

신라 때 차를 승려에게 예물로 쓴 예는 최치원崔致遠이 왕명을 받아 지은 무염국사無染國師의 비명에도 "차와 향을 예물로 드려, 거르는 달이 없게끔 했다[贄以茗馞, 使無虛月]"고 나온다. 명茗은 차이고 발馞은 향이다. 비명에 보이는 사실로 말하면, 헌안왕이 세자로 있을 때 무염국사의 높은 덕망을 공경하고 아껴 매달 심부름꾼을 통해 차와 향을 예물로 보내 문안했다는 말이다.

차茶와 명茗의 구별은 《이아주爾雅註》에 "일찍 채취한 것을 차라 하고 늦게 채취한 것은 명이라 한다[早採爲茶, 晚採爲茗]"고 했다. 같은 물건이되 채취한 시기의 이르고 늦음에 따라 명칭을 달리했을 뿐이다. 그러나 실제로 쓸 때는 차를 명이라 하기도 하고, 명을 차라고 하기도 하여 뒤섞어 쓴다.

명이 금석문에 보이는 것은 무염국사보다 수십 년 선배인 진감국사眞鑑國師의 비명에 '한명漢茗'이라고 적은 것이 처음이다. 진감국사는 신라 문성왕 12년 경오년(850)에 77세로 입적한 고승이다. 대렴이 당나라에서 차 씨를 다시 수입해 온 흥덕왕 3년에는 그의 나이가 55세였다. 그러므로 이 '한명' 운운한 기사는 대렴의 그것과 그다지 차이 나지 않았을 것이다. 이때 신라에서 토산차 외에도 한명, 곧 중국에서 가져온 차를 귀하여 여겨 함께 사용하였음을 짐작할 수 있다.

그런데 당시 신라 사람들이 마시던 차는 말차末茶(가루로 만든 차)였을까, 엽차葉茶였을까?《삼국유사》에는 '전다煎茶', 즉 차를 끓인다고 했고, 이규보의《남행월일기》에는 점다點茶라고 적었다. 전다는 엽차를 말한 것이고,[7] 점다는 말차를 말한다. 이것이 실제 사실을 전한 것이라면 엽차도 있었고 말차도 있었던 셈이다. 하지만 엽차보다 말차가 흔히 음용되었던 듯하다. 이는 다른 학자도 이미 논한 바 있다. 진감국사에게 "한명을 올리는 자가 있으면 가루를 내지 않고 그대로 돌솥에 넣어 불을 피워 삶았다"고 했다. 참됨을 지켜 세속과 다르게 했다는 내용을 담은 이 기사는 도리어 세속에서는 말차를 마셨음을 의미하는 것이기도 하다. 진감국사비문의 해당 원문은 이러하다.

혹 호향胡香을 선물하는 자가 있으면 기와에 잿불을 얹어 환丸으로 만들지 않고 그대로 사르면서 말했다. "나는 이것이 무슨 냄새인지 모르겠다. 마음을 경건히 할 뿐이다." 또 중국차〔漢茗〕를 올리는 자가 있으면 돌솥에 불을 때서 가루도 내지 않고서 끓이며 말했다. "내가 이것이 무슨 맛인지 알지 못한다. 배 속이나 적실 뿐이다." 참됨을 지키고 세속을 싫어함이 모두 이와 같았다.

或有以胡香爲贈者, 則以瓦載爐灰, 不爲丸而焫之曰: "吾不識是何臭, 虔心而已."

---

7 전다는 엽차를 말한 것이고: 문일평은 일본에서 잎차를 뜻하는 '전다'와 이를 우려 마시는 것을 '전다도'라고 한 것과 혼동한 듯하다. 신라 시대에 '전다'는 일반적으로 떡차를 가루 내 솥에서 끓여 마시는 음다법인 '전다법煎茶法' 혹은 '자다법煮茶法'을 말한다.

復有以漢茗爲供者, 則以薪爨石釜, 不爲屑而煮之曰: "吾不識是何味, 濡腹而已."
守眞忤俗, 皆此類也.[8]

신라가 삼국을 통일하기 전, 차가 당나라에서 들어온 이래로 부처님께 공양하거나 승려의 음용飮用 또는 예폐禮幣 대용으로 차는 향과 함께 사찰에서 없어서는 안 될 귀중품이 되고 말았다. 술을 마실 줄 모르는 승려들은 술이나 약 대신 차를 즐겨 마실 수밖에 없다. 수도자에게 차의 효험은 졸음을 쫓아내고 정신을 깨끗이 할 뿐 아니라, 볕 드는 창가 깨끗한 책상에서 산속의 솔바람 파도 소리와 함께 탁자 위의 차향이 끓어오를 때 좌선의 그윽하고 현묘함을 한층 도와준다. 차 마시는 기풍이 사원에서 기원이 되어 승려들에게 먼저 퍼지게 된 것은 이 같은 이유가 있기 때문이다. 따라서 다도를 깊이 이해하는 이도 선승이 된다. 이것이 불교가 성행하던 신라에서 차 마시는 일이 크게 행해지게 된 까닭이다.

신라의 차는 당나라에서 들어왔고, 일본의 차는 송나라에서 들어왔다. 비록 연대의 선후는 있지만 모두 불교를 따라 전래되었고, 불교를 따라 성행했음은 마찬가지이다. 이로 보면 불교가 성행하던 당시에 고구려와 백제에도 당나라로부터 차 씨가 전래되지 않았을 리 없다. 고구려는 북국의 추운 땅이어서 차 재배에 적합하지 않지만, 백제는 남국의 따뜻한 지역인 만큼 신라보다도 오히려 유리한 조건을 가졌다. 신라보다 일찍 들어와 재배되었다 해도 역사적 사실이 전하지

---

8 통일신라 시대인 887년(진성여왕 원년)에 건립된 〈쌍계사진감선사대공탑비雙磎寺眞鑑禪師大空塔碑〉에 나온다. 최치원이 지었다.

않는 이상 무어라 말할 수 있는 것이 없다.

그러나 지리산을 중심으로 논할 때, 신라의 옛 땅이던 경상도 방면에 비해 백제의 옛 영토이던 전라도 방면에 차 산출이 더 많다고 한다. 이는 400여 년 전에 간행된《신증동국여지승람》에도 적혀 있거니와 오늘날에 이르도록 그대로 변함이 없다. 전라도는 지리산 외에도 모든 명산에 차가 없는 곳이 거의 없다고 한다.

3. 고려의 다촌茶村

고려차에 대해 말하기 전에 신라차의 옛일에 대해 한 가지 더 말할 것이 있다. 다름 아닌 유선儒仙 최치원이 또한 차를 마셨는가 하는 문제이다. 그의《계원필경집桂苑筆耕集》〈사탐청료전장謝探請料錢狀〉에 "본국의 사신을 태운 배가 바다를 건널 적에 제가 차약茶藥을 사서 집에 보내는 편지에 부치려 하였다〔本國使船過海, 某欲買茶藥, 寄附家信〕"고 말한 내용이 나온다. 이를 통해 차약을 당나라에서 사 가지고 와서 마셨던 것을 짐작할 수 있다.

이제 말이 나온 김에 신라 때 국선國仙, 즉 낭도는 차를 마셨던가? 이에 대해서는 분명한 역사적 사실이 없다. 하지만 신라 때 술랑述郎의 유적으로 한송정寒松亭 가에 석조石竈 및 석구石臼와 함께 다천茶泉이 있다. 다천은 말할 것도 없이 차를 달이던 샘물이다. 이 전설이《신증동국여지승람》에 "한송정 가에는 다천과 석조, 석구가 있는데 바로 술랑 선도仙徒의 유적이다〔寒松亭畔, 有茶泉石竈石臼, 卽述郎仙徒遺跡〕"9라고 하였다.

이로 보면 신라 때 낭도들도 차를 마신 것을 알겠다. 통일신라 이후에는 낭도의 세력이 차츰 미약해졌지만 차를 아껴 마셨던 것은 사실인 듯하다. 만일 그렇다면 신라 때 차는 승려들에게 좌선하는 양식이 되었을 뿐 아니라 낭도가 먼 곳을 유람할 때 쓰는 양식도 되었다.

고려 때 차는 어찌 되었는가? 고려 6대 성종께서 공덕재功德齋를 베풀기 위해 손수 차를 가느라 옥체를 수고롭게 하였음은《고려사高麗史》에 나오는 유명한 사실이다. 최승로崔承老의 상소를 보면 이 같은 폐단이 벌써 4대 광종 때부터 시작되었다 한다. 만승萬乘의 지존으로 이처럼 불공에 쓸 말차를 직접 제조한다는 것은 놀랄 만한 일이 아닌가?

그러나 고려 때는 불교가 성행함에 따라 역대 임금이 부처님의 제자로 스스로를 낮추던 터였다. 승려들이 마시는 차는 더더욱 퍼져서 언제인가 궁정에는 다방茶房이라 하여 차를 관리하는 관청이 생기고, 사원에는 다촌茶村이라는 차를 바치는 부락이 생겼다.

다촌이 어떠한 것인지 알려면《통도사사적약록通度寺事蹟略錄》[10]을 보면 된다. 그 내용은 다음과 같다.

절의 사방 산천을 보충하고 채우는 것은 그 땅의 사방 둘레가 4만 7천 보가량이다. 저마다 탑과 장생표가 도합 12개다. 동쪽에는 흑석봉이 있는데 돌로 쌓은 장생표 하나를 두었다. 남쪽에는 사산 포천봉탑이 있으니, 석비로 된 장생표 하나를 배치하였다. 북쪽에는 동을산이 있다. 돌로 쌓은 장생표 하나를 두었다. 가운데에는 잉천과 궤천이 있고 각각 석비로 된 장생표 두 개를 배치했다. 오른쪽은 사방 장생표 안쪽이다. (중략) 북쪽 동을산 다촌은 차를 만들어 절에 바치던 장소이다. 절에 바치던 차밭과 차샘이 지금까지 사라지지 않고 남아 있어, 뒷사람들이 다소촌茶所

9 《신증동국여지승람》 44권 〈강릉대도호부〉에 '한송정' 관련 내용이 나온다.
10 《통도사사적약록》: 원제는《통도사사리가사사적약록通度寺舍利袈裟事蹟略錄》이다.

村이라고 한다.

寺之四方山川裨補也者, 其地四方周四萬七千步許. 各塔長生標合十二. 東有黑石
峰, 置石磧長生標一. 南有沙山布川峰塔, 排石碑長生標一. 北有冬乙山, 置石磧長
生標一. 中有仍川杌川, 各排石碑長生標二, 右四方長生標內. (中略) 北冬乙山茶村,
乃造茶貢寺之所也. 貢寺茶田茶泉, 至今猶存不泯. 後人以爲茶所村也.

통도사는 지역이 매우 광활해서 경계를 표시하는 사방의 장생표를
들면, 동쪽에는 흑석봉黑石峰이 있어 돌무더기 장생표 하나를 두었고,
남에는 포천봉탑布川峰塔이 있는데 석비로 된 장생표 하나를 세웠다.
북쪽에는 동을산冬乙山이 있어 돌무더기 장생표 하나를 두었고, 중앙
에는 잉천仍川과 궤천杌川이 있어 각각 석비로 된 장생표를 세웠다. 오
른쪽은 사방 장생표의 안쪽이다.

그런데 이 사방 장생표 안에 북쪽에 있는 동을산 다촌이 곧 차를
제조하여 본사찰에 바치던 장소라 절에 바치는 차를 재배하던 차밭과
차를 달이던 차샘이 오늘날까지 남아 있어 후인들이 이곳을 다소촌이
라고 한다고 했다. 일설에 이는 고려 정종靖宗 때쯤이 될 것이라고 한
다. 연대는 분명히 알 수 없지만 이 다촌 또는 다소촌이 고려 시대에
된 것만은 사실이다.

그러면 다촌 또는 다소촌이 오늘날 어디일까? 《통도사사적약록》
아래쪽에 "북다촌인 평교는 바로 거화군의 지경이다(北茶村坪郊, 乃居火
郡之境也)"라고 하였다. 《삼국사기》 〈지리지地理志〉에 거화居火는 바로
언양이니 지금은 울산군 언양면이 되었다.

사찰에 차를 바치던 다촌은 통도사 외에도 다른 모든 큰 사찰에는
흔히 있었으리라 여겨진다. 순천 송광사 같은 곳에도 조계산차曹溪山
茶라 하여 고려 말까지 세간에 유명했던 만큼, 반드시 필수품으로 재

배하였을 것이니, 여기라 해서 어찌 다촌이 없었겠는가? 고려의 사원 경제에 있어 차는 빼놓을 수 없는 물건인 것만큼은 주의하여야 할 것이다.

4. 고려의 다방茶房

고려의 다촌을 대강 살펴보았다. 이제부터 고려 때의 다방에 대해 말해보겠다. 다촌이 사원에 공급하는 차를 가꾸던 촌락인 데 반해, 다방은 궁정에 공급하는 차를 관리하는 관청이었다. 물론 다방은 그 자체의 성격상 차 외에도 주과酒果 같은 것도 맡았을 것이다. 궁중에 큰 연회가 있을 때 차와 술, 차와 과일을 차려놓는 것이 다방의 역할이었다.

불교 국가이던 고려 궁정에서 연중행사로 가장 큰 의식은 봄의 연등회燃燈會와 겨울의 팔관회八關會가 있었다. 연등회와 팔관회에는 으레 차를 올리는 예식이 있었다. 연등회는 대회 당일에만 차를 올렸고, 팔관회는 소회일小會日과 대회일大會日에 모두 차를 올렸다.

차를 올리는 진다進茶는 쉽게 말해 주과와 음식을 올리기 전에 임금께서 먼저 차를 올리라고 명하시면, 모시는 신하가 바로 차를 올리는 것을 말한다. 이때 예를 집행하는 관리가 임금을 향해 잡수십사 하고 몸을 숙이며 권한다. 술을 올리고 진지를 올릴 때도 예식을 집행하는 관리가 임금을 향해 잡수십사 하고 몸을 숙여 권하는 것은 똑같다.

이때 임금께서 반드시 태자 이하의 시신侍臣에게 차를 내리시는 것이 정해진 절차이다. 이렇게 차가 태자 이하 시신에게 이르면 집례관이 절 올리기를 청한다. 그러면 태자 이하가 임금이 내려주신 은혜에 감사하는 뜻으로 두 번 절을 올린다. 집례관이 마시라고 하면 태자 이하가 모두 그 차를 마신다. 차를 다 마시고 나서는 읍한 채 있는다. 태자 이하에게 술과 음식을 주실 때도 그 예식은 이와 똑같다.

《고려사》 69권, 〈예禮〉 11, 〈상원연등회의上元燃燈會儀〉의 기록은
다음과 같다.

임금께서 근시관近侍官에게 차를 올리라고 명하면 집례관이 전殿을 향
해 국궁鞠躬하고 직접 권한다. 매번 술을 내오고 밥을 내올 때마다, 집례
관이 전을 향해 국궁하고 직접 권한다. 이후로도 모두 이렇게 한다. 그다
음에 태자 이하 시신에게 차를 하사한다. 차가 나오면 집례관이 절하기
를 청하고, 태자 이하가 두 번 절한다. 집례관이 마시기를 청하면 태자
이하가 모두 마시고, 마신 뒤에 읍을 한다. 매번 태자 이하 시신에게 술
과 밥을 베풀 때도 좌우의 집례관이 절 올리기와 마실 것 먹을 것을 청
한다. 이후로도 모두 이와 같다.

上命近侍官進茶, 執禮官向殿躬身勸. 每進酒進食, 執禮官向殿躬身勸. 後皆倣此.
次賜太子以下侍臣茶. 茶至, 執禮官贊拜. 太子以下再拜. 執禮官贊飮, 太子以下皆
飮訖揖. 每設太子以下侍臣酒食, 左右執禮贊拜. 贊飮贊食. 後皆倣此.

이는 연등대회날 차를 올리는 예식이다. 팔관소회일과 대회일에
차 올리는 예식도 대강은 연등대회일의 그것과 큰 차이가 없다. 다만
팔관회에는 차를 올리는 것 외에 다식茶食까지 있었다. 그 설비와 차
를 올리는 것은 다방의 아전들이 하였다.

연등회와 팔관회는 의식이 휘황찬란해서 헌화獻花와 주악奏樂, 무
도舞蹈 외에 온갖 희극戲劇이 다 있었고, 국가적으로 이 대제전을 얼마
나 중시했던지 연등회와 팔관회가 있을 때는 반드시 삼경유수三京留守
와 동서병마사東西兵馬使, 팔목사도호八牧四都護가 표문을 받들고 들어
와 하례하였다. 특히 팔관대회일에는 송나라 상인을 비롯하여 동서
여진女眞과 탐라耽羅 제번諸藩이 와서 조회하고 하례하였다.

여기서 주의할 점은 이런 국가적 대제전의 의식에 반드시 차를 사용했다는 사실이다. 그러나 고려 때는 연등회와 팔관회에만 차를 사용한 것이 아니었다. 이외에도 큰 예식에는 차를 사용하였다. 이를테면 왕자나 왕희王姬를 책봉하는 의식과 공주를 시집보내는 의식에는 반드시 차를 올리는 예식이 있었다. 다음은《고려사》권67, 〈예禮〉 9, 〈왕자와 왕희를 책봉하는 의식〔冊王子王姬儀〕〉의 기록이다.

> 손님과 주인이 서로 읍을 하고 자리에 나아간다. 차 올리는 절차를 마치고 술이 나오면 집례관이 손님과 주인을 이끌고 나와 자리로 나아간다. 주인이 손님에게 오를 것을 청하면 손님은 사양한다. 주인이 오를 것을 청하기를 세 차례 하면 손님은 감히 사양하지 못한다고 말한다. (중략) 또 두 번 절을 마치고 각자 자리에 나아가면 차를 내온다. 술과 음식을 베푸는 것도 처음과 같다.
>
> 賓主相就座, 進茶訖, 酒至, 執禮官引賓主, 出就褥位. 主人請獻賓, 賓辭. 主人請獻至于三, 賓稱不敢辭. (中略) 又再拜訖, 各就座, 進茶. 設酒食如初.

이것은 왕자와 왕희를 책봉하는 의식에서 차를 내는 한 예이다. 공주를 시집보내는 의식에서 차를 내는 것은 다음과 같다.

> 손님과 주인이 서로 읍하고 자리에 나아간다. 마치면 차와 술을 베푼다. 술이 이르면 손님과 주인이 모두 흥을 갖춰 술잔을 올린다. 마치면 음식을 베푼다. 예가 끝나면 잔치를 파한다.
>
> 賓主相揖就座. 訖, 設茶酒. 酒至, 賓主具興獻酬. 訖, 設食. 禮畢罷宴.

공주를 시집보내는 의식에서도 역시 왕자와 왕희를 책봉하는 의식에서 본 것처럼 술과 음식을 내오기 전에 반드시 먼저 차를 준비하여 놓았다. 이것은 국가에서 규정한 예식인 만큼 바꿀 수 없는 것이었다.

　이로 볼 때 차는 주과와 함께 고려 궁정 생활에서 중요한 음식물 중 하나였다. 그러므로 차 공급을 위해 다방이란 관청까지 두게 된 것이니 알고 보면 그 이유는 아주 명백하다.

5. 송인宋人의 고려 다방

　고려차가 송나라 사람의 기록에 나타나는 것은 손목孫穆의《계림유사鷄林類事》와 서긍徐兢의《고려도경高麗圖經》[11]이다.

　《계림유사》는 대부분 없어지고 오직 방언을 적은 일부분이 남아 있다. 차에 관한 것은 두 마디뿐인데 고려에서는 "차茶를 다茶라 하고 차시茶匙를 다술茶戌이라 한다[茶曰茶, 茶匙曰茶戌]"고 했다. 다시, 즉 찻숟가락을 차술이라고 함은 현대어와 같다. 차를 다라고 함은 현대어의 '차'와 다르다.《계림유사》의 기록이 정확하다면 차는 본래 토산이 아니기 때문에 우리말이 없으므로 고려 시대까지도 중국 음대로 '다'라고 부르다가 후세에 차츰 변하여 '차'라고 부르게 되었는지도 모르겠다. 하지만 이는 나의 억측일 뿐이고 '다'가 '차'로 바뀌는 유례가 없으니 아직 의문으로 남겨둘 수밖에 없다.

　《고려도경》은 저자인 서긍이 송나라 사신을 따라 인종仁宗 때 고려에 와서 오랫동안 송경松京에 머물면서 적은 기록이다.[12] 차의 기미氣

11《고려도경》: 원제는《선화봉사고려도경宣和奉使高麗圖經》이다.

12《고려도경》은 …… 적은 기록이다:《선화봉사고려도경》은 서긍이 송나라의 국신사國信使 일행으로 1123년(인종 원년) 6월 13일 개경에 도착하여 7월 13일 개경을 떠날 때까지 1개월간 체류한 후 귀국하여 지은 것이다.《선화봉사고려도경》권

味부터 도구와 끓이는 법 및 마시는 방법까지 상세하게 적었다. 그는 《고려도경》권32, 〈기명器皿〉편에 〈다조茶俎〉 항목을 따로 두었다. 그 내용은 다음과 같다.

> 토산차土産茶는 맛이 쓰고 떫어 입에 넣을 수가 없다. 오직 중국의 납차 臘茶와 용봉사단龍鳳賜團을 귀하게 친다. 황제가 하사한 것 외에도 상인 들도 팔기 때문에 근래에는 자못 차 마시기를 좋아한다. 차 도구도 더욱 갖추어져, 금화오잔金花烏盞, 즉 황금빛 꽃을 그려 넣은 검은 찻잔과 비 색소구翡色小甌, 곧 비취색의 작은 사발, 은로탕정銀爐湯鼎, 즉 은제 화로 와 물을 끓이는 솥 등은 모두 중국의 제도를 본떴다. 무릇 연회를 베풀 때는 궁정 안에서 끓여 은제 연잎으로 덮어 천천히 걸어와 올린다. 시중 드는 자가 차를 다 돌렸다고 하면 그제야 마시므로 다 식은 차를 마시지 않을 수가 없다. 관사에서는 붉은 칠한 받침에 차 도구를 펼쳐놓고 붉은 비단 보자기로 덮어둔다. 하루 세 차례 차를 올리고 탕湯을 이어서 올린 다.[13] 고려 사람들은 탕이 약이 된다고 하면서, 매번 사신들이 다 마시면

34~39에는 송에서 출발하여 고려에 도착하기까지의 여정旅程이 실려 있다.

13 하루 …… 올린다: 차를 마신 뒤 탕을 마시는 '철차철탕啜茶啜湯' 풍속에 대해서는 송나라 주욱朱彧의 《평주가담萍洲可談》에 "지금 세상의 풍속은 손님이 오면 차를 마시고, 갈 때는 탕을 마신다. 탕은 달고 향기로운 가루 낸 약재를 취해서 혹은 따 뜻하게 혹은 시원하게 마시는데 감초를 쓰지 않은 것이 없다. 이러한 풍속이 천하 에 두루 퍼졌다(今世俗客至則啜茶, 去則啜湯. 湯取藥材甘香者屑之, 或溫或涼, 未有不用甘草者. 此 俗遍天)"고 하였다. 그런데 차를 마신 후 탕을 마신 이유에 대해서는 송대에 지은 《남창기담南窓記談》에서 "손님이 오면 차를 베풀고, 가고자 하면 탕을 베푼다. 어 느 때 시작되었는지 알지 못하지만, 위로는 관청으로부터, 아래로는 마을까지 그 것을 그치지 않았다. …… 대개 손님이 앉은 지 이미 오래되면, 그 말이 많아져 기 운이 상하는 것을 염려하기 때문에, 가고자 하면 곧 탕을 마시게 한다. 옛사람들

반드시 기뻐하고, 혹 다 마시지 못하면 자기를 업신여긴다고 생각해서
불쾌해하면서 가버린다. 그래서 늘 억지로라도 마시곤 했다.

土產茶味苦澁, 不可入口. 惟貴中國臘茶幷龍鳳賜團. 自錫賚之外, 商賈亦通販. 故
邇來頗喜飮茶. 益治茶具, 金花烏盞, 翡色小甌, 銀爐湯鼎, 皆竊效中國制度. 凡宴則
烹於廷中, 覆以銀荷, 徐步而進. 候贊者云茶遍, 乃得飮, 未嘗不飮冷茶矣. 館中以紅
俎, 布列茶具於其中. 而以紅紗巾冪之. 日嘗三供茶, 而繼之以湯. 麗人謂湯爲藥, 每
見使人飮盡必喜, 或不能盡, 以爲慢己, 必怏怏而去. 故常勉强, 爲之啜也.

글 첫머리에 "토산차는 맛이 쓰고 떫어서 입에 넣을 수 없다"고 하
여 고려차를 폄하했다. 고려차는 이렇게 좋은 제품이 못 되므로 고려
인은 "오직 중국의 납차와 용봉사단을 귀하게 친다. 황제가 하사한 것
외에도 상인들이 또한 판다"고 했다. 납차는 납일 전후에 채취한 엽차
이며,[14] 용봉사단은 당시 송나라 제실帝室에서 쓰던 어용御用의 고귀한
차이다. 간혹 국제적 예물로 오기도 하나 오히려 부족해서 사들이기
까지 했던 모양이다.

의 뜻도 반드시 이것에서 나왔음을 의심할 수 없다(客至則設茶, 欲去則設湯. 不知起於何
時, 然上自官府下至里閭, 莫之或廢. …… 蓋客坐旣久, 恐其語多傷氣, 故其欲去則飮之以湯. 前人之意,
必出於此, 不足爲嫌也)"고 하였다.

14 납차는 …… 엽차이며: 납차는 실제로는 엽차가 아니고 송대 복건성 지역에서 만
들던 연고차硏膏茶이다. 송대 정대창程大昌의《연번로속집演繁露續集》권5〈납차蠟
茶〉에서는 "건차의 이름이 납차蠟茶이다. 그 차탕 표면에 뜬 유화가 밀蠟이 녹은
것과 서로 비슷하여 납면차蠟面茶라 하였다. 양문공의《담원談苑》에서는 '강동지
방에서 납면蠟面이라 부르는 것이 이것이다. 지금 사람들은 '납蠟'을 '납臘'으로 많
이 쓰고, 이른 봄이란 뜻을 취했지만, 그 본뜻을 잃은 것이다(建茶名蠟茶. 爲其乳泛湯面
與溶蠟相似, 故名蠟面茶也. 楊文公談苑曰, 江左方有蠟面之號是也. 今人多書蠟爲臘云, 取先春爲義, 失
其本意)"라고 했다.

그는 다시 다구茶具에 대해 썼다. "근래에는 자못 차 마시기를 좋아한다. 차 도구도 더욱 갖추어져, 금화오잔(도금한 검은 잔)과 비색소구(비췻빛 작은 사발)와 은로銀爐와 물 끓이는 작은 솥이 모두 중국의 제도를 본떴다"고 하였다. 이로 보면 고려 때 차 마시는 풍조가 성행하면서 온갖 다구를 만들었기 때문에 비색소구와 금화오잔 같은 고려자기의 발달을 촉진한 것을 알겠다.

그는 다시 더 나아가 차 달이는 일과 마시는 방법을 이렇게 적었다. "무릇 연회를 베풀 때는 궁정 안에서 끓여 은제 연잎으로 덮어서 천천히 걸어와 올린다. 시중드는 자가 차를 다 돌렸다고 하면 그제야 마시므로 다 식은 차를 마시지 않을 수가 없다." 이것은 고려의 특수한 음다飮茶 예법으로 송나라 사람의 눈에는 기이하게 비쳤던 듯하다.

그는 다시 그 아래에 이어서 이렇게 썼다. "관중館中에서는 붉은 칠한 받침에 차 도구를 펼쳐놓고 붉은 비단 보자기로 덮어둔다. 하루에 세 차례 차를 올리고 탕을 이어서 올린다. 고려 사람들은 탕이 약이 된다고 하면서 매번 사신들이 다 마시면 반드시 기뻐하고, 혹 다 마시지 못하면 자기를 업신여긴다고 생각해서 불쾌해하면서 가버린다. 그래서 늘 억지로라도 마시곤 했다."

이상 몇 줄의 차 관련 기사는 당시 고려 귀인들 사이에 유행하던 다도로, 오늘날 우리로 하여금 눈으로 직접 보는 듯한 실감을 준다.

6. 고려차와 중국차

《고려도경》의 차에 대한 평은 17대 인종 원년(1123)에 쓴 것이다. 이에 따라 우리는 고려 중엽 다풍의 전모를 가장 잘 살펴볼 수 있다.

앞서 이미 말했지만 다구를 다투어 숭상하였기 때문에 고려청자 같은 천하의 일품을 창조하기에 이르렀다. 이는 차 마시는 일로 해서 생긴 예술상의 좋은 영향이다. 이와 동시에 주의해야 할 것은 차 마시는 일이 지극히 성행했던 고려 시대에도 오히려 귀인들 사이에서 송차宋茶를 구입하여 토산차의 개량을 꾀하지 못했으니, 이는 차가 아직 산업화하지 못한 분명한 증거라 하겠다.

송나라 용봉단龍鳳團[15]은 송나라에서도 귀한 물건으로 쳤다. 이것을 송나라에서 처음으로 고려 왕실에 보내온 것은 11대 문종 32년(1078)이다. 문종 이래로 인종 원년에 이르기까지 무릇 45년 동안 고려의 귀인과 부호가 이 용단차를 비롯해서 그 밖의 송차를 얼마나 많이 사 왔으며, 이 때문에 또 고려의 재물이 얼마나 많이 유출되었겠는가? 모르긴 해도 그 금액이 엄청났을 것이다. 다음은《고려사》〈세가世家〉의 기록이다.

문종 32년 6월, 송나라의 사신 좌간의대부 안도安燾와 기거사인 진목陳睦 등이 도착했다. (중략) 별도로 용봉차 10근을 하사했다.

文宗三十二年六月, 宋國信使左諫議大夫安燾, 起居舍人陳睦等到. (中略) 別賜龍鳳茶一十斤.

이후 예종 때도 송나라에서 보낸 용봉차를 조정 대신들에게 하사한 일이 있다. 송나라에서 증품贈品으로 온 것 외에도 송나라 상인에게 구입한 사실은 "하사품 외에도 상인이 또한 판매했다〔自賜賚之外, 商

---

15 용봉단: 송대 정위丁謂가 처음 만든 연고차이다. 송대 장순민張舜民은《화만록畫墁錄》에서 "정진공(정위)이 복건 전운사가 되어 처음 만든 것이 봉단鳳團이고, 후에 또 만든 것이 용단龍團으로, 바치는 것이 40덩이에 불과하다〔丁晉公爲福建轉運使, 始製爲鳳團, 後又爲龍團, 貢不過四十餠〕"고 하였다.

賈亦通販)"고 한 기록에 의해 절로 명백하다. 다만 그 수량이 표시되지 않아 막연한 상상만 하게 된 것이 유감스럽다.

어찌 되었든 신라 때보다 고려 때는 차 마시는 풍조가 한층 성행한 만큼 토산차도 많이 재배하게 되었고, 중국차도 많이 수입하게 된 것만은 움직일 수 없는 사실이다.

토산차 중에는 유차孺茶와 뇌원차腦原茶 같은 명칭도 보인다. 유차는 글자 그대로 어린 차란 의미이다. 시에 붙은 주석에 "유차는 진주晉州 화계花溪에 조아차早芽茶가 있는데 지금의 작설차이다. 이규보가 유차라고 불렀다(晉州花溪有早芽茶, 今之雀舌茶也. 李奎報號爲孺茶)"[16]라고 했다.

그리고 뇌원차는 고려 정종 연간에 거란에 예물로 보냈으므로 토산차임이 분명하다. 다만 그 명칭의 유래를 알 수 없다고 한다. 이 뇌원차가 성종 때 벌써 최승로의 부의품으로 사용되었고, 문종 때에는 최보성崔輔成 등 80세 이상의 국로國老에게 하사한 것이 《고려사》에 적혀 있다.

성종 8년(989)에 최승로가 세상을 뜨니, 나이가 63세였다. 왕이 통곡하며 슬퍼했다. 교서를 내려 그 공훈과 덕행을 기리고 태사太師로 추증했다. 부의로 베 1,000필, 면麵 300석, 멥쌀 500석, 유향乳香 100량, 뇌원차腦原茶 200각角, 대차大茶 10근을 내렸다.《고려사》 열전 6, 〈최승로전〉

16 유차는 …… 불렀다: 이규보가 지은 유차 관련 시 5수에는 이러한 내용의 주석은 없다. 다만 〈손한장이 다시 화답하기에 차운하여 기증하다(孫翰長復和次韻寄之)〉라는 시의 주석에 "화계는 차가 나는 곳이다. 그가 진양에서 벼슬 살 때 가서 만나보았으므로 보내온 시에서 이를 언급하였다(花溪茶所産, 君嘗記晉陽時往見, 故來詩及之)"라는 내용이 보인다.

同八年卒, 年六十三. 王慟悼, 下敎褒其勳德, 贈太師. 賻布一千匹, 麪三百碩, 粳米
五百碩, 乳香一百兩, 腦原茶二百角, 大茶一十斤.《高麗史》列傳 6,〈崔承老傳〉

이것이 최승로의 부의에 보이는 뇌원차다. 최보성 등에게 예물로
준 뇌원차는 다음과 같다.

80세 이상의 국로인 상서우복야尙書右僕射 최보성과 사재경司宰卿 조옹
趙顒, 태자첨사太子詹事 이택성李澤成 등에게 합문閤門에서 잔치를 베풀었
다. 왕이 직접 자리에 임하여 술을 내리고, 최보성과 조옹 등에게 각각
공복公服 1벌과 복두幞頭 2매, 뇌원차 30각을 내리셨다. 이택성에게는
공복 1벌을 내리셨다. 합문부터 말을 타고 정아문正衙門으로 나가는 것
을 허락하였지만 세 원로가 굳게 사양하였다.《고려사》〈세가〉권7, 문
종 3년

饗八十以上國老, 尙書右僕射崔輔成, 司宰卿趙顒, 太子詹事李澤成等於閤門, 王親
臨賜酒. 仍賜輔成·顒等公服各一襲, 幞頭二枚, 腦原茶三十角. 澤成公服一襲. 許令
閤門乘馬, 出正衙門, 三老固辭.《高麗史》,〈世家〉卷七, 文宗 3年

또 거란에 예물로 보낸 뇌원차에 대한 기록은 다음과 같다.

김원충金元冲이 거란에서 돌아왔다. (중략) 조서詔書에 말하였다. "올린
표문을 살펴보니 조공을 하도록 해준 은혜에 감사하였다. 이와 함께 금
흡병金吸瓶과 은약병銀藥瓶, 복두幞頭와 사저포紗紵布, 공평포貢平布, 뇌원
차와 대지大紙, 세묵細墨, 용수석龍鬚席 등을 바친 일을 모두 잘 알았노
라."《고려서》,〈세가〉권6, 정종 4년

金元冲, 還自契丹. (中略) 詔曰, "省所上表, 謝恩令朝貢. 幷進捧金吸瓶·銀藥瓶·幞

頭·紗紵布·貢平布·腦原茶·大紙·細墨·龍鬚簦席等事具悉." 《高麗史》, 〈世家〉

卷六, 靖宗 4年

이상 열거한 내용 중 최승로의 부의에는 뇌원차가 200각이고, 최
보성에게 준 예물에는 뇌원차가 30각이다. 어째서 근斤이라 하지 않
고 각角이라고 했을까? 각은 혹 '조각'의 약자가 아닐까? 이에 대해서
는 아유카이 씨의 깊은 연구가 있다.[17] 그는 각을 고려의 속어인 '편片'

17 아유카이 씨의 깊은 연구가 있다: 1932년 아유카이 후사노신은 〈차 이야기〉에서
'각角'에 대에 다음과 같은 견해를 밝혔다. "다만 이 뇌원차가 고려 토산차 이름이
었던 것으로 추측된다고 하는 것은 《고려사》〈세가〉 정종 4년(1038)에 다른 토산
품과 함께 거란에 보내고 있었기 때문에 중국차라고 하는 것은 의미가 달라지기
때문이다. 또 뇌원차는 떡 모양으로 만든 단차로, 말차의 재료였던 것도 알 수 있
는 것은 그 양수를 '각角'으로 칭하고 있기 때문이다. 각이라고 하는 수량 명칭은
중국에는 전혀 없고, 고려의 특별한 단어이다. 청나라 초기 서건학은 그가 저술한
《독례통고》에서 《고려사》를 인용하고 같은 글을 싣고 있지만, '뇌원차'도 '차'도
모두 '각'을 '근'으로 바꾸었다. 중국에 없는 단어이기 때문에 경솔하게 '각'을 '근'
의 착오라고 생각하고 바꾼 것인가? 어쨌든 간에 심한 오해이다. 이 각은 조선어
'편'의 의미로서 '조각chokak'이라고 하는 방언이므로 이 단어에 해당하는 속어로
떡 모양의 '한 편(一片)'이 '한 각(一角)'이 된다는 뜻으로 몇 편으로 한 근이 되는
것인지 분명하지 않지만, 근의 의미는 아닌 것이다. 송나라 장순민의 《화만록》에
는 당나라 정원(785~805) 연간에 상곤이 처음으로 제작한 연고차가 떡 모양으로
만들어 '한 관(一串)'으로 칭하고 있지만, 이 '관串'과 같은 의미이고, 또 명나라 양
신의 《다록茶錄》에도 차에 편차와 산차 두 종류가 있는데 편차는 차를 쪄서 틀 가
운데에 채워서 떡 모양으로 만든 것이고, 산차는 엽차를 가리킨 것이지만, 이 편
차의 '편'이 곧 '각'이다(但々此の腦原茶は高麗土産茶名であったこと丈けは推測されますと云
ふは、麗史世家靖宗四年(西紀1038年)に、他の土産と共に契丹に進捧して居りまするので、支那茶とし
ては意味を爲さんからであります。且又此の腦原茶は餅樣を作りたる團茶で、末茶の資料であったこと
も分るのでありまするは、其の量數を角と稱して居りますからであります。角と云ふ量稱は支那には全
く無く、高麗特種の語であります。清初の徐乾學は其の著讀禮通考に麗史を引用し同文が載せてありま
するが、腦原茶も茶も悉く角を斤に改めて居ります。支那に無さ語なれば、卒然角は觔の誤りと思ひ取

즉 조각의 의미로 해석하였다. 뇌원차가 엽차가 아니고, 떡 모양으로 빚어 만든 차이므로 떡 모양의 한 조각이 1각이 될 것인데 다만 몇 각이 1근이 되는지는 알 수 없다고 한 것은 탁견이라 하겠다.

이렇게 토산차 가운데 뇌원차 같은 특수한 명칭을 지닌 좋은 물건도 있어서 국내에서뿐 아니라 국제적인 증품贈品으로 충당하기도 했다.

7. 산업화하지 못한 이유

유차孺茶는 고려 때 토산차 가운데 가장 빼어난 제품이다. 이는 이른 봄 잔설 속에서 싹튼 눈아차嫩芽茶, 즉 어린싹으로 만든 차여서 그 향기와 감미甘味가 각별해 왕실에서 쓰는 어용차御用茶였다고 한다.

남쪽 사람이 유차를 채취하여 정제精製한 뒤 먼저 고려 왕실에 진상하면 왕실에서 어쩌다 간혹 재신宰臣이나 선사禪師에게 하사하는 예가 없지 않았으나, 좀처럼 구하기 힘든 진귀한 물건이었다. 이렇게 진귀한 유차를 어떤 선사가 고려 명종조의 이규보에게 예물로 주었는데 차를 즐겨 마시던 풍류 시인인 그는 몹시 기뻐하며 온갖 찬사를 다 바쳤다.

그 선사는 노규老珪라는 운봉雲峰에 살던 고승이다. 그가 유차를 보내며 시를 청하자, 이규보는 이에 응하여 유차를 노래한 장편 고시

り改めたるものか、何れにせよ甚しき誤解であります。此の角は朝鮮語片の義にて조각(chokak)と云ふ方言がありますから、此の語に當てたる俗語で、餅様一片が一角となる譯で幾片で一斤となるものか明かならざるも、斤の意味では無いのであります。宋の張舜民の畫漫錄には、唐の貞元中(西紀785~805年)常袞が始めて製したる研膏茶が瓣樣を作り一串を稱したるとありますが、此の串と同義で又明の楊愼の茶錄にも茶に片茶と散茶の二種類ありて、片茶は茶を蒸し模中に實して餅樣を作りたるもの、散茶は葉茶を指したものでありますが、此の片茶の片即ち角であります)."

2수를 지어 선사에게 감사의 뜻을 표했다. 이어 다시 3수를 더 지어 동호인과 서로 수창하였다.

이 장편 고시 5수를 통해 당시 고려차의 실황을 가장 잘 살펴볼 수 있다. 그 시에 따르면 첫째, 유차는 채취하기가 아주 힘들다. 차밭에 심어서 나는 것이 아니고 산중의 야생차를 채취하기 때문이다.

남쪽 사람 맹수조차 두려워하지 않고　　　　南人曾不怕髭髯
험한 곳에 깊이 들어 칡넝쿨을 더위잡네.　　冒險衝深捫葛藟

맹수가 출몰하는 것도 개의치 않고 심산유곡에 위험을 무릅쓰고 들어가 칡과 머루 덩굴을 헤치며 가서 유차를 땄다.

둘째, 유차의 제법이 몹시 어렵다.

만 개 낱알 따 모아야 떡차 하나 만드나니　　摘將萬粒成一餠
천 냥 줘도 떡차 하나 어이 쉽게 얻으리오.　　一餠千錢那易致

낱낱이 힘들게 채취할 뿐 아니라 채취한 뒤에도 몇천 몇만의 눈아차를 모아야만 겨우 떡만 한 차 한 조각이 만들어진다. 너무나 진귀해서 떡차 하나를 천금을 주고도 구하기가 쉽지 않다.

셋째, 유차의 포장이 매우 훌륭하였다.

맑은 향기 퍼져 먼저 샐까 염려하여　　　　爲恐淸香先發洩
비단 상자 겹겹이 싸 자줏빛 끈 동여맸네.　　牢緘縹箱纏紫蘽

옥색빛 비단 상자 속에 넣어 굳게 포장해서 그 위에 자주색 머루 넝쿨로 잘 묶었다.

넷째, 유차를 유통하는 간사한 상인이 횡행한 것이다. 예나 지금이
나 좋은 물건은 이익이 크므로 나쁜 물건을 가지고 좋은 물건이라 속
이는 예가 얼마든지 있다.

근자엔 사고팔 때 속이는 일 하도 많아　　　　　　　近遭販鬻多眩眞
간사한 상인 꾀 속으로 다투어 떨어지네.　　　　　　競落黠商謀計裏

당시 유차는 진품珍品이어서 값도 비쌌으므로 간사한 상인이 유차
가 아닌 것을 유차라고 속여 팔아 그네들의 술수에 많이 속는 일이 있
었다.

다섯째, 차에 매기는 세금의 수탈이 너무 심했다.

인하여 화계에서 차 딸 때를 논하노니　　　　　　　因論花溪採茶時
노소老少를 가리잖고 관에서 징발하여　　　　　　　官督家丁無老稚
첩첩 험한 산마루서 아찔하게 거두어서　　　　　　　瘴嶺千重眩手收
만 리 길 서울까지 맨 어깨로 져 날랐지.　　　　　　玉京萬里頳肩致
이는 바로 창생의 기름과 살일러니　　　　　　　　　此是蒼生膏與肉
만 사람의 살을 갈라 그제야 이르렀네.　　　　　　　臠割萬人方得至

당시 차가 생산되던 화계花溪에서는 차를 채취할 때 집집마다 노소
를 막론하고 모두 징발해서 산속으로 깊숙이 들어가 차를 따서 머나
먼 서울까지 지게 하여 갔다. 이것은 차가 아니라 실은 백성의 고혈이
었다. 온 백성의 살을 베어 먹은 것이나 다름없었다.

내가 여기서 주목한 것은 넷째와 다섯째이다. 즉 차가 고려 때는

증품에서 한 걸음 더 나가 상품으로 매매할 만큼 수요와 공급의 관계가 보편화하였다. 하지만 관아의 수탈이 심해 이로 인해 민폐가 막대하였다. 이것이 고려 시대에 차가 상품화하면서도 산업화까지는 이르지 못하고 만 절대적인 원인은 아니라 해도 적어도 주요한 원인 중에 하나일 것으로 나는 믿는다.

그러므로 이규보는 이를 크게 분개하여 산야를 불질러서 다공茶貢, 즉 차를 공물로 충당하는 일을 없애야만 남쪽 백성이 비로소 안도할 터이니, 그대가 간관諫官이 되거든 먼저 이것을 드러내어 말하라고 그의 벗에게 간절히 부탁했던 것이다. 이규보가 유차시에서 이처럼 차에 관한 중요한 사실을 적은 것은 시보다 사료로서 한층 더 귀중하다 하겠다.

8. 차 맷돌과 차 끓이는 도구

무지한 관리들의 가혹한 가렴주구는 차의 산업화를 방해한 원인 중 하나가 되었다. 고려 때만 그런 것이 아니라 조선에 와서도 그러했다. 지리산에서 나는 잣에 대한 관의 요구가 심하여 그곳에 사는 백성들이 이를 다른 곳에 가서 사다 공납에 충당한 예가 있다. 함흥의 향기 나는 배도 관에서 가렴주구가 심하여 백성들이 그 나무를 모두 도끼로 찍어버린 예까지 있다. 차도 좋은 것이 있으면 반드시 관리의 착취가 뒤따라오므로 이것을 범이나 승냥이처럼 두려워하여 백성들이 흔히 숨기는 일까지 있었다. 그러나 조선 관리들의 가혹함은 다음 차례로 미루기로 하고, 여기서는 다시 고려 때 차 이야기를 계속해서 이야기할까 한다.

고려 때는 신라 때 이상으로 엽차보다 말차가 성행한 듯하다. 말차는 엽차를 갈아 가루로 만든 것이다.[18] 차라면 거의 말차를 의미할 정도로 성행했다. 말차를 만드는 도구는 연다마碾茶磨 또는 줄여서 다마茶磨로 부른다. 이는 고려 명사의 시구에도 보인다. 고려의 옛 서울인 개성에서 발견된 다마, 즉 차 맷돌을 보면 그 실물이 어떤지 알 수 있다. 간단히 말하면 일종의 석제 풀매의 종류인데 그 생김새는 풀매와는 다르다. 어쨌든 고려 사람은 이 다마에 차를 갈아 분말로 만들어 끓는 물에 넣어서 마셨다.

고려 명종 때 이규보가 쓴 〈어떤 이가 다마를 준 데 감사하며〔謝人贈茶磨〕〉에서 "돌을 쪼아 둥근 바퀴 만들어, 돌리느라 한쪽 팔이 힘이 드누나〔琢石作弧輪, 廻旋煩一臂〕"라 하였다. 돌로 만든 둥근 바퀴를 한 팔로 돌리며 차를 맷돌에 가는 광경을 그렸다. 같은 시대 이인로李仁老가 쓴 〈승원다마僧院茶磨〉 시에서도 "바퀴는 개미 걸음 더딘 것은 상관 않고, 반달 도끼 휘두르자 옥가루가 날리누나〔風輪不管蟻行遲, 月斧初揮玉雪飛〕"라 했다. 풀매를 더디 돌려도 돌릴 때마다 하얀 옥가루가 쏟아진다고 하여 차 맷돌로 말차 만드는 실제 상황을 읊었다.

고려 때 이름난 공경公卿과 문인 학사가 남긴 문집을 뒤진다면 차에 관한 내용이 이 밖에도 얼마든 있겠지만, 너무나 번잡해서 그만두고, 당시의 차 달이던 도구에 대해 한마디 하려고 한다.

《고려도경》〈다조〉에 나오는 은로銀爐와 탕정湯鼎은 은으로 만든 화로와 물 끓이는 작은 솥을 뜻한다. 탕정이 어떤 모양과 재질로 만들어졌는지 설명하지 않아 도무지 추측할 길이 없다. 《고려도경》에서

---

18 말차는 …… 만든 것이다: 고려 시대 말차는 주로 고형차를 가루 낸 것이다. 위에서 언급한 '뇌원차'와 '유차'도 고형차인데 유차 관련 시의 내용 중 "만 개 낱알 따 모아야 떡차 하나 만드나니〔摘將萬粒成一餠〕"라는 내용을 통해서 알 수 있다.

탕정을 말한 것보다 훨씬 뒤의 일이지만 이규보의 〈남쪽 사람이 보내 준 철병鐵瓶을 얻어 차를 끓이다(得南人所餉鐵瓶試茶)〉 시를 보면 대개 어떤 모양인지 짐작하지 못할 것은 아니다.[19]

긴 주둥인 학이 고개 들어 돌아보는 듯   喙長鶴仰顧
불뚝한 배 성난 개구리 배를 내민 양.   腹脹蛙怒迸
자루는 뱀 꼬리를 구부린 듯이   柄似蛇尾曲
목은 마치 오리 목에 혹이 난 듯해.   項如鳧頸瘦

철병은 글자 그대로 철제임이 분명하다. 그 형상은 부리가 날씬하고도 길며, 그 몸통은 아주 불쑥하게 내밀었다. 하지만 그 주둥이는 몹시 좁고, 몸통에는 손잡이가 붙어 있었다. 이를 통해 막연하게나마 차 달이던 도구가 어떠하였는지 알 수 있다.

당시에 철병에만 차를 달인 것인가 하면 반드시 그렇지는 않다.[20] 비록 이규보가 죽은 지 100여 년 뒤의 일이지만, 정몽주는 〈돌솥에 차를 끓이다(石鼎煎茶)〉에서 이렇게 노래했다.

나라에 보답 못하고서 늙어버린 서생이   報國無效老書生
차 마시는 벽이 들어 세상 정이 없어졌네.   喫茶成癖無世情
눈보라 치는 밤에 조용한 집 홀로 누워   幽齋獨臥風雪夜

19 《고려도경》에서 탕정을 …… 아니다: 탕정은 물 끓이는 솥을 말하고 철병은 목과 물을 따르는 부리가 길게 생긴 주전자의 형태다.
20 당시에 철병에만 …… 그렇지는 않다: 철병은 물을 끓여 차 사발 등에 따르는 용도였지 철병에서 직접 차를 끓이지는 않았다.

돌솥의 솔바람 소리 아껴서 듣는다네.　　　　　　愛聽石鼎松風聲

　　시로는 석정의 구조와 모양이 어떤 것인지 알 수 없지만, 철병 말
고도 석정이 있었다는 것만은 분명하다. 정몽주는 차를 마시는 데 큰
취미가 있어 고요한 서재에 홀로 누워 있을 때 돌솥에 차 끓는 소리를
들으면서 삼매三昧에 들어가는 것을 일종의 도락으로 삼았다.
　　정몽주는 고려 말의 충신일 뿐만 아니라 동방이학東方理學의 개조
開祖로 불릴 만큼 유교 철학인《주역》을 즐겨 읽었는데《주역》을 읽을
때는 석정石鼎에 차를 끓이는 것이 상례였다. 그의 시〈주역을 읽다가
〔讀易〕〉는 또 이렇다.

돌솥에 찻물이 처음 끓으니　　　　　　　　　石鼎湯初沸
풍로에 숯불이 붉게 피누나.　　　　　　　　　風爐火發紅
감리坎离는 천지의 작용이거니　　　　　　　　坎离天地用
이를 보자 생각이 무궁해진다.　　　　　　　　卽此意無窮

　　이로 보아 돌솥에 차를 끓이는 것은 정몽주의 풍류였다. 철병에 차
를 달이는 것이 이규보의 풍류였던 것과 견줘보면 더욱 맛이 있음을
깨닫는다.

9. 조선의 차

　　고려 시대에는 차 마시는 풍습이 자못 성행해서 승려와 속인을 떠
나 모두 즐겨 마셨다. 적어도 상류사회에 보급된 것만큼은 사실이다.
그러던 것이 왕조가 한양으로 내려오고 불교가 배척됨에 따라 차 마
시는 풍속도 갑자기 쇠퇴했다. 이는 차를 마시는 일이 본래 선가禪家

의 습속이어서 불교와 관계가 깊었기 때문이다.

하지만 조선 시대 한양에서도 초기에는 오히려 고려의 유풍이 얼마간 남아 있었다. 하지만 중엽 이후로는 민속과 물건 이름으로 전하는 것 외에는 차란 것이 그 자태를 아예 감추고 말았다. 어쩌다 차가 학자의 박물학적 고증 자료로 글 속에 가끔 보일 뿐이다.

신숙주가 세종 25년(1443)에 서장관書狀官으로 일본에 갔을 때 쓴 《해동제국기海東諸國記》 중 그들의 풍속을 적은 대목에서 이렇게 썼다.

> 사람들이 차 마시기를 좋아한다. 길가에 찻집을 두고 차를 판다. 행인이 돈 1문을 주고 차 한잔을 마신다.
>
> 人喜啜茶. 路旁置茶店賣茶, 行人投錢一文, 飮一碗.

이로 보아 당시 일본에서는 차 마시는 풍습이 벌써 대중화되어 있었다. 당시 조선은 차 마시는 풍습이 대중화되기는커녕 도리어 쇠퇴했던 기간이다. 이렇게 조선과 일본 두 나라의 다도가 한곳에서는 성하고 한곳에서는 쇠퇴한 것을 서로 비교해보면, 차 마시는 풍습의 쇠퇴가 문화상에 미친 영향이 결코 적지 않다. 차 마시는 일로 촉발된 도자기의 심미감을 무디게 하는 동시에 미술공예의 퇴보를 가져오게 했다.

이때는 조선이 건국한 지 50년 뒤여서, 차 마시는 풍습은 진작에 소멸된 듯하다. 신숙주申叔舟(1417~1475)의 《보한재집保閑齋集》을 아무리 뒤져봐도 그 많은 시문 가운데 차에 관한 문자는 보이지 않는다. 겨우 〈선종판사 수미가 찾아왔길래 이튿날 아침 시로 사례하다(禪宗判事壽眉見訪, 翼朝詩謝)〉란 시의 중 "도갑산 냇가의 작설차(道岬山溪雀舌茶)"라는 한 구절이 있을 뿐이다. 그 시는 이렇다.

도갑산 산과 시내 작설차가 나오고	道岬山溪雀舌茶
옹촌의 울타리엔 눈 속에 매화 피었지.	瓮村籬落雪梅花
내가 고향 그린 뜻을 그대 응당 알아서	也應知我思鄉意
남녘땅 옛날 애기 언급한 것 많았네.	說及南州故事多

도갑사는 운암에 있는데 스님이 사는 곳이다. 옹촌은 광주의 옹정리로, 예전 선인께서 사시던 집이 있다(道岬寺在雲岩, 師之所住. 瓮村光州之瓮井里, 先人舊業所在).

시를 보면 이마저도 차를 선물로 받거나 차를 음료로 마시면서 읊은 것이 아니다. 도갑사 승려가 찾아왔으므로 그에게 준 시구에 지나지 않는다. 지은이가 직접 붙인 주석을 보면 도갑사는 영암군 월출산에 있는 고찰로, 그 절에 있던 수미壽眉 스님이 찾아왔기에 이튿날 아침에 시로 감사의 뜻을 표한 것이다. 왜 이렇게 사의를 표했는가 하면, 수미 스님은 본래 남쪽 사람으로 그 선사先師가 일찍이 신숙주의 증조부가 광주의 옹촌瓮村에 살 때 가끔 종유한 세의世誼가 있었기 때문이다.

성종 때 편찬된 《동국여지승람東國輿地勝覽》에 차 산지로 전라도의 21개 군[21]을 열거했는데 그 가운데 영암만은 나오지 않는다. 이로 보아 도갑산 절에서 나는 작설차가 당시까지는 있었는데 성종 때에 이르러서는 없어진 것은 아닐까?

그러나 작설이 문헌에 나타나는 첫 번째 사례는 고려 말 이제현李齊賢(1287~1367)이 송광사 승려에게 준 장편 고시 〈송광사 스님이 새

---

21 차 산지로 전라도의 21개 군: 《동국여지승람》에 기록된 전라도 지역의 차 산지는 전북 7지역(고부, 고창, 무장, 순창, 옥구, 태인, 흥덕)과 전남 18지역(강진, 무진, 광양, 나주, 낙안, 남평, 능주, 담양, 동복, 무안, 보성, 순천, 영광, 진원, 함평, 해남, 화순, 고흥)으로 모두 25개 지역이다.

차를 보내왔으므로 붓 가는 대로 어지러이 말해 스님께 부치다〔松廣和
尙寄惠新茗, 順筆亂道, 寄呈丈下)〉 중 "봄에 만든 작설차를 자주 나눠주었
지〔春焙雀舌分亦屢〕"라고 한 구절이다.[22] 작설은 이른 봄에 채취하는 차
의 어린싹이다. 그 생김새가 참새 혀와 같다 해서 이처럼 형용한 것이
지, 본래 이름은 아니다. 그러던 것이 그 뒤로 차츰 변하여 명사가 되
었다. 작설차란 세 글자가 온전하게 보이는 것은 신숙주의 시구가 처
음이다.[23]

광해군 초기에 완성된 허준의 《동의보감》에는 고차苦茶 항목 아래
한글로 풀이하되 '작설차'라고 하였다. 이로부터 이를 인용하면서 작
설차는 아주 익숙한 명사가 되고 말았다. 하지만 작설차는 처음에는
좋은 차를 의미하였음에도 후세에 와서는 맛이 쓰고 질이 나쁜 차를
가리키게 되었다. 나중에는 이것마저 잘 구별하지 못할 정도로 차에
대한 지식은 형편없게 되었다.

10. 함양의 차밭

음다飮茶가 쇠퇴함에 따라 차 생산도 쇠퇴함은 자연스러운 이치다.
그것이 조선 초기 말에 이르면 차의 본산지인 지리산에도 어떤 곳에

---

22 작설이 문헌에 …… 구절이다: 작설이 문헌에 나타나는 첫 번째 사례는 진각국사
眞覺國師 혜심慧諶(1178~1234)의 〈선사를 모신 방장실에서 눈雪으로 차를 끓이다〔陪
先師丈室煮雪茶筵〕)이다. 이 시의 내용 중 "모두 떠서 작설을 달이네〔把㴠煎雀舌〕"라는
구절이 있다.

23 작설차란 세 글자가 …… 처음이다: '작설차雀舌茶'란 세 글자가 처음 보이는 것은
여말선초의 문인 원천석元天錫(1330~?)의 〈아우 이사백이 보내준 차에 감사하다
〔謝弟李宣差師伯惠茶〕)이다. 시 내용 중 "가는 풀로 새로 봉한 작설차라네〔細草新封雀舌
茶〕"라는 구절이 나온다.

서는 차의 모습을 보기 힘들게끔 차 생산이 감소되었다. 그 한 예로 지리산 북쪽인 함양 같은 곳은 차 종자가 거의 없어지다시피 하였다.

성종 2년(1471) 신묘년에 점필재佔畢齋 김종직金宗直이 함양군수로 갔을 때 함양군에는 차 생산이 아주 없다고 한 것을 보더라도 알 수 있다. 점필재는 함양에 부임하여 다원을 만들어 차나무를 가꾸어 민폐를 덜려고 했다. 이것이 함양 다원茶園이다. 김종직의 시 〈다원茶園〉 2수에 그 내용이 보인다.

위로 올리는 차는 본 고을에서는 나지 않는데도 매년 백성에게 이를 부과한다. 백성들은 돈을 가지고 가서 전라도에서 이를 사 온다. 쌀 한 말로 차 한 홉을 얻는다. 내가 처음 고을에 도착해 그 폐단을 알고 나서 백성에게 이를 책임 지우지 않고 관에서 직접 구해서 바쳤다. 일찍이 《삼국사기》를 읽다가 신라 때 당나라에서 차 씨를 얻어 지리산에 심을 것을 명했다고 운운한 것을 보았다. 아! 함양 고을은 지리산 아래에 있으니, 어찌 신라 때 심은 남은 종자가 없겠는가? 부로들을 만날 때마다 이를 찾아, 과연 엄천사嚴川寺 북쪽 대숲 속에서 몇 그루를 얻었다. 내가 몹시 기뻐서 그 땅에 다원을 세우게 했다. 주변은 모두 백성들의 밭이었으므로 이를 사서 관전官田으로 보상해주었다. 몇 년 만에 자못 번성해서 다원 안에 두루 퍼졌다. 만약 4, 5년만 기다린다면 위에 바치는 분량을 채울 수 있을 것이다. 마침내 시 2수를 지었다.

上供茶, 不産本郡, 每歲賦之於民, 民持價買諸全羅道. 率米一斗得茶一合. 余初到郡, 知其弊, 不責諸民, 而官自求丐以納焉. 嘗閱三國史, 見新羅時得茶種於唐, 命蒔智異山云云. 噫! 郡在此山之下, 豈無羅時遺種也. 每遇父老訪之, 果得數叢於嚴川寺北竹林中. 余喜甚, 令建園其地, 傍近皆民田, 買之償以官田. 纔數年而頗蕃, 敷遍于園內. 若待四五年, 可充上供之額. 遂賦二詩.

신령한 싹 받들어 성군 축수하고파도 　　　　欲奉靈苗壽聖君

신라 적 남은 종자 오래도록 못 보았네. 　　　　新羅遺種久無聞

이제야 지리산서 캐내어 얻었으니 　　　　　　如今擷得頭流下

우리 백성 조금은 편해짐을 기뻐하네. 　　　　且喜吾民寬一分

대숲 밖 황량한 밭 몇 이랑의 언덕에 　　　　　竹外荒園數畝坡

자영紫英과 오취烏觜를 뽐낸 지 얼마이리. 　　　紫英烏觜幾時誇

다만 백성 마음과 육신 치료하게 하리니 　　　但令民療心頭肉

낱알 같은 차 싹을 담아 올 필요 없네. 　　　　不要籠加粟粒芽

위 기록에 의해 차에 관한 중요한 사실로, 차가 쇠퇴한 것 외에도 여러 가지를 발견할 수 있다. 첫째는 예전의 차 공납이 이때까지 남아 있었다는 것이다. 둘째는 다른 생산지에 가 구입해서 상납한 사실이다. 셋째는 찻값이 몹시 비쌌다는 점이다. 넷째는 이로 인한 민폐가 막대했다는 것이다. 다섯째는 김종직이 민폐를 덜기 위해 다시 차를 가꾸어 위에 바치는 물량을 채웠다는 것 등등이다.

그러나 다만 함양군 한곳에서만 이 같은 사실이 있었던 것으로 볼 수 있을까? 모르긴 해도 일찍이 차를 생산하던 지방에서는 반드시 이와 같은 차의 공납이 모두 있었을 것이다. 하지만 어떤 곳은 차가 이미 거의 절종된 것도 살피지 않고 세금 부과만은 그대로 있는 것을 보면 이것도 관인의 무리한 착취에서 나왔다고 보는 것이 타당하다. 좀 더 심하게 말하면 차가 절종되기에 이르고 만 것조차, 공납을 빙자해 백성들의 고혈을 착취하는 관인의 가렴주구에서 벗어나기 위해 백성들이 스스로 차나무를 찍어버린 것인지도 모르겠다. 성종조까지는 태평성대에 속하고, 또 점필재 같은 현명한 수령이 있었으므로, 함양의 차와 백성이 소생할 수 있었을 뿐이다. 점필재는 함양 다원의 전말을 서문으로 적고 나서 다시 이를 개괄하여 득의의 시 2수로 다시 심경을 표현했다.

11. 양호楊鎬의 풍자

전운戰雲이 한반도를 덮고, 피비린내 나는 먼지가 7년에 뻗었던 임진왜란 때의 일이다. 하루는 명나라 장수 양호가 주둔지였던 남원에서 돌아와 선조 대왕을 뵙고 차 2포를 바쳤다. 이 차는 그가 남원에서 가지고 온 토산차였다. 그는 이 차를 바치기 전에 먼저 선조께 귀국에도 차가 있는데 어째서 이것을 채취하지 않느냐고 질문 비슷하게 여쭈었다.

그는 이어 데리고 온 자신의 부하에게 명하여 차를 가져오게 해서 선조의 어전에 올리면서, 이 차가 남원에서 나는 것인데 그 다품茶品이 아주 훌륭하다고 설명했다. 그런데도 귀국 사람들은 왜 차를 먹지 않느냐고 한 번 더 의문을 제기했다. 이에 선조가 양호에게 "조선은 습속이 본시 차를 마시지 않소"라고 대답하자, 양호가 다시 말했다. "이 차를 요동에 가져다가 팔면 10근에 은 1전을 받을 것입니다. 이것으로 생활할 수 있습니다."

양호가 계속해서 말했다. "서번西蕃 사람, 즉 여진 사람은 기름진 음식을 먹기 때문에 하루라도 차를 마시지 않으면 죽습니다. 중국은 차를 팔아 1년에 1만여 필의 전마戰馬를 남깁니다." 선조가 말했다. "이것은 육안차六安茶의 종류가 아니고 작설차입니다." 양호가 말했다. "다 똑같습니다. 조선 사람이 인삼차를 마시지만 이것은 차가 아니고 탕입니다. 인삼탕을 마시면 속에서 번열이 나서 차를 마시는 것처럼 상쾌하지 않습니다. 귀국 사람이 차를 마시면 마음이 열리고 기운이 나서 여러 일을 다 잘할 수 있습니다."

이것이 남원차를 두고 선조와 양호가 문답한 내용이다. 양호는 은 근히 우리 조선 사람이 여리고 게으른 것을 풍자하였다. 선조께서 양 호의 이 신랄한 풍자를 마음에 깊이 새겨듣는 한편, 양호가 바친 남원 차 2포를 기쁘게 받으셨다.

이런 일이 있은 지 얼마 안 되어 선조께서 여러 신하를 별전에 불 러 양호가 차로 말한 풍자담을 그대로 말씀하셨다. 이것이《선조실록》 에 적혀 있는데 이때가 바로 임진왜란이 끝나가던 1598년 6월 23일 이다.

임금께서 말씀하셨다. "양대인이 우리나라 사람은 성품이 느긋해서 일 처리를 잘하지 못한다고 접견할 때마다 말하더군. 앞서는 내게 이렇게 말하였다. '귀국에는 차가 있는데 어찌하여 채취하지 않습니까?' 좌우를 시켜 차를 가져오게 해서 보여주며 이렇게 말하였다. '이것은 남원에서 나는 것입니다. 그 제품이 몹시 훌륭합니다. 귀국 사람들은 어째서 마시 지 않는지요?' 내가 말했다. '우리나라는 습속이 차를 마시지 않소.' '이 차를 채취해서 요동에 판다면 10근에 은 1전을 받아 살 도리가 될 것입 니다. 서번 사람, 즉 여진 사람들은 기름진 음식 먹기를 좋아해서 하루라 도 차를 마시지 않으면 죽습니다. 중국은 차를 채취해서 팔아 1년에 전 마 1만여 필을 얻습니다.' 내가 말했다. '이것은 육안차의 종류가 아니고 작설차입니다.' 그가 대답했다. '이것은 다 한가지입니다. 귀국에서는 인 삼차를 마시는데 이것은 탕이지 차가 아닙니다. 이를 마시면 속에서 번 열이 나니, 차가 상쾌한 것만은 못합니다. 귀국의 신하들로 하여금 차를 마시게 한다면 마음이 열리고 기운이 들려서 무슨 일이든 잘할 수 있을 것입니다.' 그러더니 내게 차 2포를 주었다. 아마도 네가 만약 차를 마신다면 일을 잘할 수 있다는 뜻으로 경계를 주려는 뜻 같아 보였다. 이는 차를 위해 말한 것이 아니라 오로지 일을 하지 못한다고 꺼낸 말로 꾸며서 말한 것이다." 정탁이 말했다. "이는 다만 희롱하여 모욕하는 말입니다. 태만한 기운이 어찌 차를 마신다고 낫겠습니까?"

上曰: "楊大人以我國人, 性稟弛緩, 不能莅事. 每於接見, 輒言之. 前日言於予曰: '貴國有茶, 何不採取?' 使左右, 取茶來示, 曰: '此南原所産也. 厥品甚好. 貴邦人何不喫了?' 予曰: '小邦習俗, 不喫茶矣.' 此茶採取, 賣諸遼東, 則十斤當銀一錢, 可以資生. 西蕃人喜喫膏油, 一日不喫茶則死矣. 中國採茶賣之, 一年得戰馬萬餘匹矣.' 予曰: '此非六安茶之流, 乃鵲舌茶也.' 對曰: '此一般也. 貴國啜人參茶, 此湯也, 非茶也. 啜之中心煩熱, 不如茶之爽快矣. 使貴國陪臣喫茶, 則心開氣擧, 而百事能做矣.' 仍贈予茶二包, 似是爾若喫茶, 則或可做事, 以警之之意也. 此非爲茶言之, 專爲不做事而發, 設辭言之也." 鄭琢曰: "此直戲侮之言也. 怠慢之氣, 豈喫茶所能療也?"

양호가 차를 통해 풍자한 것은 뜻 속에 뜻을 담고 말 밖에 말이 있어 여러 가지 함축이 많은 일화이다. 무엇보다 중국인의 실리적 안목으로 잠깐 만에 벌써 상품이라 할 만한 차를 발견하였다. 이런 보물을 가지고도 1,000년 넘도록 상품화할 줄 모르는 조선인에 비하면 하늘과 땅 차이가 있다 하겠으니 이는 조선 사람이 깊이 유의해야 할 점인가 한다.

12. 차 풍자의 재음미

명나라 사람 양호가 차로 풍자한 것은 송나라 사람 서긍이 《고려도경》에 남긴 〈다조茶俎〉의 평과 함께 차 고사에서 매우 중요한 위치를 차지한다. 하나는 《고려도경》에 적혀 있고 하나는 《조선왕조실록》에 적혀 있어, 무엇보다 사료로 신빙할 만하다. 또 시대는 다르지만 둘 다 중국의 식자가 우리나라의 다풍을 직접 보고, 글과 말로 관찰한 내용과 생각을 표시한 점이 일종의 독특한 묘미를 가졌다고 하겠다.

다만 서긍은 고려 시대 다풍의 성행을 그린 데 반해, 양호는 조선 다풍의 쇠퇴를 말한 것이 차이 날 뿐이다. 이를 통해서도 고금의 다풍이 성하고 쇠했는지 볼 수 있다. 조선 중기의 다풍 쇠퇴를 엿보려면 양호가 차로 풍자한 것을 다시 음미하지 않을 수 없다.

첫째, 남원차다. 양호는 자기가 가져온 차를 보이면서 분명히 남원에서 나는 차라고 얘기했다. 후세에 〈춘향가〉로 유명해진 남원이 당시에 정말로 차 산지였던가? 《동국여지승람》을 보면 남원은 지리산 둘레의 10여 개 고을 가운데 서쪽을 차지한 큰 고을이지만, 그 토산품에 차는 보이지 않는다. 만약 이것이 사실이라면, 100년 전인 성종 때 없던 차가 100년 뒤인 선조 때 있었을까? 내 억측으로는 그 이웃 고을에서 난 것을 남원차라고 마음대로 말한 것이 아닐까 싶다.

둘째, 차 무역이다. 양호는 혼자 생각하기를, 차를 마시지 않는다고 해도 상품으로 팔 수는 있다고 여겼다. 그래서 그는 선조가 "우리나라의 습속이 차를 마시지 않는다"고 대답하자, 이 차를 채취해 요동에 팔라는 주장을 제기하였다. 그뿐만 아니라 한 걸음 더 나아가 차 가격을 말하고, 또 그 이익이 엄청남을 보이기 위해 명나라 차마茶馬 무역의 실례까지 들었다. 그럼에도 어쨌든 예전 임진왜란 이후의 경영에서 차를 개량하고 재배해 한 번도 상품으로 이용해보지 못하고 만 것이 조선의 현실이었다.

셋째, 육안차이다. 이때 양호가 남원차를 좋은 제품이라고 하자, 이말을 들으신 선조께서 그것이 좋은 제품이 아니고 좋지 않은 제품이라는 뜻으로 대답하셨다. 이것이 바로 "이것은 육안차의 종류가 아니고 작설차이다"라고 말한 까닭이었다. 작설차의 '작鵲'은 본래는 '작

雀'이다. 어떤 종류의 작설차는 이미 대강 말한 바와 같이 애초에는 어린싹으로 만든 좋은 제품을 지칭하던 것이 차츰 변해서 고차苦茶의 명사가 되고 말았다. 그렇다면 육안차가 얼마나 훌륭한 제품인지 이에 대해 좀 알아보기로 하자.

명나라 때 허차서許次紓의《다소茶疏》중〈산차產茶〉항목에는 이렇게 나온다.

천하의 명산에는 반드시 신령스러운 풀이 난다. 강남은 땅이 따뜻하므로 유독 차에 적합하다. 대강 이북은 육안차를 일컫는데 육안은 고을 이름이다. 실은 곽산현의 대촉산에서 나는 것이다.

天下名山, 必產靈草. 江南地暖, 故獨宜茶. 大江以北, 則稱六安. 然六安乃其郡名. 其實產霍山縣之大蜀山也.

이로 보면 육안차는 명대 강북에서 나는 가장 손꼽던 차임을 알 수 있다. 다시 명대에 나온《다부휘고茶部彙考》[24]에는 육안차에 대한 설명이 이렇게 나온다.

다품 또한 훌륭하고 약에 넣으면 효과가 가장 좋다. 다만 잘 볶지 않으면 향기를 펴지 못해 맛이 쓰다. 차의 본래 성질은 실로 훌륭하다.[25]

品亦精, 入藥最效. 但不善炒, 不能發香而味苦. 茶之本性實佳.

24《다부휘고》: 명대 차 관련 문헌 중《다부휘고》라는 책은 확인되지 않는다.
25 다품 또한 …… 실로 훌륭하다: 이 대목은 명대 도륭屠隆(1542~1605)의《고반여사考槃餘事》〈다전茶箋〉에 나오는 구절이다.

육안차는 정품精品으로 약용도 된다. 다만 이것을 만들 때 잘못 볶으면 향기가 적어지고 맛도 써진다. 그러나 그 본성으로 말하면 아주 좋다. 이 육안차는 선조의 궁정에서 일종의 약품으로 간혹 사용한 듯하다.[26]

넷째, 인삼차이다. 이는 양호가 "귀국에서는 인삼차를 마시는데 이 것은 탕이지 차가 아닙니다"라고 한 데서 보듯 탕이지 차는 아니다. 그의 어조로 미루어 살핀다면 선조 당시 대궐에서도 차 대신 인삼탕을 마셨던 모양이다.

차를 약료 또는 조정 대신의 부의품으로 하사한 일은 있었지만 마신 예는 보이지 않는다. 인삼탕을 차 대신 마신 것은 선조 대에 시작된 것이 아니다. 조선 초기의 끝 무렵인 성종 때에 이미 명나라 사신에게 접대한 일이 있었다. 이는 명나라 사신 동월董越의 〈조선부朝鮮賦〉[27]의 주석에서 "근정전에 차례대로 앉았다. 인삼탕 한 잔을 올리기를 마치고〔勤政殿序坐, 旣獻人蔘湯一盞畢〕"라고 적혀 있는 것을 보더라도 알 수 있다.

하지만 인삼은 신령스러운 풀로 조선의 자랑인 만큼 그 탕을 귀한 손님에게 대접한 것은 다풍이 성행하던 고려 때도 있었다. 고려 충선

26 이 육안차는 …… 듯하다: 선조 때 궁정에서 육안차를 약품으로 사용한 사실은 유희춘柳希春(1513~1577)이 1568년 8월 9일에 쓴 일기 〈무진하戊辰下〉에서 "식후에 의정부로 출근을 했다. 사인청으로 들어가 약 창고로 올라가 당약과 향약을 검열하고 평생 본 적이 없는 육안차를 마셨다〔食後仕進于府 入舍人廳 升藥庫閱唐鄕藥 見平生所未嘗飮陸安茶〕"고 한 내용을 통해 알 수 있다.《미암집眉巖集》권6에 들어 있다.
27 명나라 사신 동월의 〈조선부〉: 조선 시대 성종 19년(1488) 명나라에서 사신으로 온 동월董越(1430~1502)이 조선의 산천, 풍속, 인물, 물산 등을 부賦 형식으로 기록한 글이다.

왕이 원나라 연경에 있다가 돌아올 때, 원나라 학사 조맹부趙孟頫가 봉정한 유별시留別詩[28] 가운데 "사발 나눠 인삼탕을 함께 마시고, 물가를 돌면서 작약 가지 같이 보네〔分甌共酌人蔘飮, 繞涇同看芍藥枝〕"라고 한 구절은 어느 정도 그 같은 내용을 전해준다.

13. 학인의 차 지식

인삼탕 같은 것을 차 대신 마시던 조선 시대에 일반인은 차에 대한 이해와 취미는 말할 것도 없고, 차에 대한 상식조차 갖추지 못했던 것이 사실이다. 그러면 학자나 호사가의 차 관련 지식의 정도는 어떠했던가? 이 역시 깊고 넓은 식견을 지닌 이가 없었다고 해도 과언이 아니다.

조선 초기에는 기우자騎牛子 이행李行(1352~1432)처럼 끓인 차의 물맛을 잘 감별하는 다도의 달인이 없지는 않았다. 조선 말에도 다산 정약용같이 《동다기東茶記》를 저술한 조선의 대가가 없는 바 아니다.[29] 하지만 대체로는 다풍이 쇠퇴해감에 따라 차에 대한 지식이 부족해진 것도 부인할 수 없다. 성현의 《용재총화慵齋叢話》에 나타난 기우자 이행의 일화를 소개하겠다.

상곡 성석린과 기우자 이행 공은 서로 친했다. (중략) 이공이 한번은 성석린의 집에 갔는데 상곡이 아들 공도공恭度公 성엄成揜에게 창밖에서 차를 끓이게 했다. 찻물이 새는 바람에 다시 다른 물을 더 넣었다. 이공

---

28 조맹부가 봉정한 유별시: 조맹부의 《송설재집松雪齋集》 권5, 〈심왕과 이별하며〔留別瀋王〕〉를 말한다.

29 조선 말에도 …… 없는 바 아니다: 호암은 《동다기》의 저자를 이덕리가 아닌 다산 정약용으로 잘못 알고 있었다.

이 맛보더니 이렇게 말했다. "이 차에 네가 두 가지 물을 넣었구나." 이공은 능히 물맛을 구분했다. 충주 달천의 물을 으뜸으로 삼았고, 금강산에서 흘러나온 한강의 우중수牛重水를 두 번째로 쳤으며, 속리산의 삼타수三陀水를 세 번째로 여겼다.

桑谷與騎牛李公相善. (中略) 李公嘗到堂, 桑谷令恭度公烹茶於窓外. 茶水漏, 更添他水. 李公嘗之曰: "此茶女添二生水." 公能辨水味, 以忠州達川水爲第一, 自金剛山出來, 漢江中之牛重水爲第二, 俗離山之三陀水爲第三.

상곡桑谷 성석린成石璘(1338~1423)과 기우자 이행은 모두 고려 말의 사대부로 조선 초기까지 살았던 사람이다. 다풍이 성행했던 고려조의 유로遺老였으므로 다도에 달인이 된 것도 그럴듯한 일이다. 하지만 이는 차라리 특별한 경우였고, 일반적으로는 조선 학자의 차에 대한 지식은 아주 천박하였다.

선조 때 이수광李睟光(1563~1628)은 조선 중기의 박식한 학자로 유명하다. 그러나 그가 《지봉유설芝峯類說》에서 고증한 차 채취에 관한 내용으로 말하면 조선의 차가 아닌 중국차를 그대로 가져다가 적은 것에 지나지 않는다. 그 기록은 다음과 같다.

옛사람이 이른바 우전차雨前茶라고 한 것은 대개 3월 중 곡우 이전에 차나무에서 처음으로 나는 어린잎이 좋기 때문이다. 혹 정월 중의 우수 전까지라고 말하기도 한다. 이제현의 시에 "향기 맑아 일찍이 화전火前 봄에 딴 것일세〔香淸曾摘火前春〕"라고 했다. '화전'이란 말을 살펴보니, 한식에 불을 금하기 전에 따서 만들었다는 말이다. 신라 흥덕왕 때 사신이 당나라에서 돌아왔는데 차 씨를 얻어서 왔으므로 지리산에 심게 하였

다. 오늘날 남방의 여러 고을에서 나는 차는 그때 심었던 것이라 한다.[30]

古人所謂雨前茶, 蓋以三月中穀雨前, 茶初生嫩葉爲佳. 或言正月中雨水前也. 李齊賢詩: "香淸曾摘火前春", 按火前者, 採造於寒食禁火前也. 新羅興德王時, 使臣自唐還, 得茶子來, 命植智異山. 今南方諸郡産茶, 乃其時所種云.

우전차와 화전차火前茶는 모두 중국 남방 차의 채취와 제법이고, 조선 남방의 것은 아니다. 그가 글 끝에서 오늘날 남방의 여러 고을에서 차가 난다고 말했으나, 채취 시기를 말하지는 않았던 것은 차에 대한 그의 실제 지식 정도가 어떠했는지 가늠케 한다.

다음으로 숙종 때 박학한 학자 이익李瀷(1681~1763)의《성호사설星湖僿說》에 나오는 차에 관한 이야기이다. 그 내용은 이러하다.

《사전祀典》에 다식茶食이 있는데 쌀가루를 써서 꿀과 섞어 나무틀 안에 쌓아 덩이진 떡으로 만든 것이다. 사람들이 이 이름의 뜻을 알지 못하나, 내 생각에 이것은 송나라 때 대소용단大小龍團이 와전된 것이다. 차는 처음에는 탕으로 끓였는데 가례家禮에서는 점다點茶를 썼다. 곧 차 가루를 잔 안에 넣어 뜨거운 물을 붓고 다선茶筅, 즉 차솔로 휘젓는다.[31]

祀典有茶食, 用米麵和蜜, 木匡中築作團餠, 人不解其名義. 余謂此宋朝大小龍團之訛也. 茶始煎湯, 家禮用點茶, 則以茶末投之盞中, 沃以湯水, 攪以茶筅也.

다식이 용단이 잘못 바뀐 것이라고 한 말은 의미를 잘 알 수가 없

---

30 이수광의《지봉유설》19권 식물부食物部〈약藥〉에 나온다.
31 이익의《성호사설》6권 만물문萬物門〈다식茶食〉에 나온다.

다. 또 점다 방법도 당시 사실을 그대로 적은 것이겠으나 옛날의 그것과는 크게 다르다. 성호의 박학다식으로도 차에 대해서만은 오히려 이러하였다.

다음으로 정조 때 사가四家 중 한 사람이던 유득공柳得恭(1748~1807)의《경도잡지京都雜志》에 나타난 차에 관한 기록이다.

차는 토산이 없어 연경의 시장에서 사 온다. 혹 작설이나 강귤薑橘로 대신하기도 한다.[32]

茶無土産, 貿於燕市, 或代以雀舌薑橘.

그는 토산차가 없어 연경에서 구입한다고 했고, 작설과 생강과 귤로 대신한다고 했다. 그러나 남쪽에서 나는 차가 있는데 토산차가 없다고 한 것은 무슨 까닭인가? 또 작설은 고차인데 이것으로 차를 대신한다 함은 대체 무슨 뜻인가? 유득공의 박학으로도 이렇다고 한다면 그 밖의 경우는 물어볼 필요도 없다.

14. 초의의 《동다송東茶頌》

조선 시대 학인의 차에 대한 지식은 대개 천박했던 것이 사실이다. 근세에 열수洌水 정약용처럼 다도에 조예가 깊은 이도 없지는 않다. 그는 전남 강진에 귀양가 살 때 산다山茶, 즉 동백을 길렀고,《동다기東茶記》를 저술하여 스스로 다산茶山이라는 호를 썼다. (다산은《아언각비》에도 차에 대한 이야기를 썼지만 여기서는 생략한다.)

---

32 유득공의《경도잡지》1권 〈다연茶烟〉에 나온다.

그러나 다산의《동다기》외에 더 유명한 차에 관한 기록이 있으니, 초의의《동다송》이 그것이다. 초의는 전남 해남군 대둔산 대둔사大芚寺의 승려인 의순선사意恂禪師의 아호다. 속성은 장씨張氏로 나주 사람이다. 정조 10년(1786) 병오년에 태어나 고종 3년(1866) 병인년에 81세의 고령으로 입적했다. 지리산과 금강산, 한라산의 명산을 두루 구경하였고, 일찍이 정다산丁茶山을 따라 노닐며 유가의 경전을 배웠다. 또 추사 김정희 같은 명류와 많이 왕래하였다. 그는 선림禪林에서 존경을 받았을 높았을 뿐 아니라 시명 또한 세속에까지 떨쳤다.

그런데 초의는 다도의 달인이어서 온 세상이 모두 차 마시는 것을 잊고 있던 시절에 그는 홀로 토산차를 즐겨 마셨고, 차를 읊은 차시와 차를 예찬한《동다송》을 지었다. 동다東茶란 글자 그대로 동국차, 즉 토산차를 가리킨다. 이 책자는 분량이 그리 많지는 않지만 내용이 토산차를 노래하고 관련 내용을 적은 것인 만큼, 어떤 의미에서《동다송》은 조선의《다경》이라 하겠고, 초의는 조선의 육우라 해도 지나친 말이 아닐 것이다.

이제《동다송》의 내용을 알리기 위해 한 예를 들어보겠다.

지리산 화개동에는 차나무가 40, 50리에 펼쳐져 자란다. 우리나라 차밭으로 넓기가 이보다 더한 것은 없지 싶다. 화개동에는 옥부대가 있고, 옥부대 아래에는 칠불선원이 있다. 좌선하는 자들이 늘 뒤늦게 쇤 찻잎을 따서 햇볕에 말린다.

智異山花開洞, 茶樹羅生四五十里. 東土茶田之廣, 料無過此者. 洞有玉浮臺, 臺下有七佛禪院, 坐禪者常晩取老葉晒乾.

화개동은《신증동국여지승람》을 보면 진주晉州에 속한 화개부곡花

開部曲일 것이다. 여기서 나는 토산으로 닥나무와 감, 그리고 차도 적혀 있다. 선조 때 승려 휴정休靜의 《청허당집淸虛堂集》에도 두류산의 화개동이 나온다. 골짜기가 좁아 사람이 호리병 속을 드나드는 것 같다고 했다. 하지만 차나무에 관한 내용은 보이지 않는다. 하지만 그 아래에 "혹 그 사이에서 한가롭게 휘파람을 불고, 혹 그 사이에서 차를 마시며, 혹 눕기도 하면서 늙음이 장차 이르는 줄도 알지 못한다(或閑嘯其間, 或啜茶其間, 或偃臥其間, 不知老之將至也)"고 한 구절이 있는 것을 보면, 얼마간 화개동의 차를 연상케 하는 점이 없지 않다.

옛 문헌에서는 어찌 되었든 간에 초의의 《동다송》 주석에 따르면 분명히 화개동에 차나무가 40, 50리에 걸쳐 펼쳐져 있었던 것과, 그것이 조선 최대의 차밭이고 칠불암의 선승들이 항상 그 차를 채취하여 마셨던 사실을 말하였다. 이로 볼 때 음다풍이 거의 멸절되었던 근대에 와서도 남쪽의 일부 선승 사이에는 차 마시는 풍조가 여전히 남아 있던 것을 짐작할 수 있다.

그리고 《동다송》에서는 이렇게 노래했다.

우리나라에서 나는 것도 원래는 서로 같아	東國所産元相同
빛깔과 향, 기운과 맛, 효능은 한가질세.	色香氣味論一功
육안차의 맛에 몽산차의 약효 지녀	陸安之味蒙山藥
옛사람은 둘을 겸함 아주 높이 평가했지.	高人高判兼兩宗

초의는 주석에서 《동다기》 중 일부를 인용하여 다시 이렇게 적었다. "어떤 이는 우리 차의 효능이 월 땅에서 나는 것만 못할 것으로 의심한다. 내가 보니 색과 향, 기운과 맛이 조금도 차이가 없다. 다서에 '육안차陸安茶는 맛이 낫고, 몽산차蒙山茶는 약효가 좋다'고 했는데 우

리 차는 대개 이 둘을 아울렀다. 만약 이찬황李贊皇과 육자우陸子羽가 있다면 두 사람은 틀림없이 내 말이 옳다고 할 것이다〔或疑東茶之效, 不及越産. 以余觀之, 色香氣味, 少無差異. 茶書云: '陸安茶以味勝, 蒙山茶以藥勝.' 東茶 盖兼之矣. 若有李贊皇陸子羽, 其人必以余言爲然也〕."33

초의는 토산차에 대해 이해가 깊었던 만큼 얼마간 지나치게 칭찬 하는 느낌이 없지 않다. 일반인이 상상하는 것처럼 토산차가 쓴 차만 이 아니고, 잎을 따서 만드는 방법이 어떠한가에 따라 훌륭한 제품이 될 수 있다는 것도 알았다.

몽산차는 검남劍南 지역 몽정蒙頂에서 나는 차의 이름이다. 명나라 육수성陸樹聲이 쓴《다료기茶寮記》〈오화차五花茶〉조에 "몽정에는 또 오화차가 있는데 그 방에서 다섯 번을 만들어낸다〔蒙頂又有五花茶, 其房 作五出〕"34고 한 데서, 몽정산에 오화차라는 명차가 있었음을 알 수 있 다. 또《준생팔전遵生八箋》〈논차품論茶品〉조에 "차가 나는 곳은 천하 에 몹시 많다. 검남의 경우 몽정 석화가 있다〔茶之産於天下多矣, 若劍南有 蒙頂石花〕"고 했다. 이로 보면 몽정산에는 오화차 외에도 석화차石花茶 란 좋은 제품이 나오는 것을 알 수 있다. 이 두 차를 병칭하여 차가 나 는 산의 이름을 따서 몽산차라고 하는 듯하다.

초의는 다시 동차 채취 시기를 설명하였다.

<hr/>

33 어떤 이는 …… 옳다고 여길 것이다: 이덕리의《기다記茶》〈다사茶事〉여섯 번째 항목에 보이는 내용이다.

34 명나라 육수성이 …… 만들어낸다: 육수성의《다료기》에는 〈오화차〉조가 없다. 호암의 착오이다. 〈오화차〉조는 송나라 주승비朱勝非의《감주집紺珠集》10권에 있 으며 내용은 "몽정에는 또 오화차가 있는데 그 조각은 다섯 잎이 나온 모양으로 만든다〔蒙頂又有五花茶, 其片作五出〕"라고 했다.

다서에서 말했다. "찻잎을 따는 때는 시기를 맞추는 것이 중요하다. 너무 이르면 향이 온전치 않고, 늦으면 다신茶神이 흩어진다. 곡우 전 5일이 가장 좋고, 곡우 후 5일이 그다음이며, 다시 5일 뒤가 또 그다음이다." 하지만 우리나라 차에 징험해보니, 곡우 전후는 너무 이르다. 마땅히 입하 전후를 알맞은 때로 삼아야 한다.

茶書云: "採茶之候, 貴及時. 太早則香不全, 遲則神散. 以穀雨前五日爲上, 後五日次之, 後五日又次之." 然驗之東茶, 穀雨前後太早, 當以立夏前後爲及時也.

찻잎 채취는 시기가 잘 맞아야 하는데 너무 일러도 좋지 않고 너무 늦어도 안 되니 곡우 전 5일이 가장 좋고, 이후 5일도 좋다고 했다. 하지만 조선차에 대입하면 곡우 전후는 너무 시기가 빠르고, 입하 전후가 알맞은 시기라고 했다.

이렇듯 초의의 《동다송》은 차 고사를 논하는 데 가장 귀중한 저서임을 알아야 하겠다.

15. 우리 차의 우열

토산차의 우열에 대해 예부터 안팎 사람들 사이에 찬반양론이 있다. 헌종 때 초의가 토산차를 절대 예찬하는 의미로 《동다송》을 지었음은 앞서 말한 바와 같다. 조선의 식자 중에는 토산차라면 무조건 질 나쁜 제품으로 인정하는 경향이 있다. 선조 때 허준許浚(1539~1615) 같은 명의도 그의 저서 《동의보감》에 고차苦茶를 조선말로 '작설차'라고 풀이하였다. 이때 작설차는 토산차를 뜻하고, 고차는 '쓴 차'를 가리킨다. 오늘날에 와서도 작설차라면 가장 하품 차의 보통명사가 되고 말았다.

외국의 식자로 조선차에 대해 폄하해서 말한 사람은 송나라 사람

서긍徐兢이다. 그가 "토산차는 맛이 쓰고 떫어서 입에 넣을 수가 없다〔土産茶味苦澁, 不可入口〕"라고 한 것을 보아 알 수 있다. 이에 반해 명나라 사람 양호는 조선차를 매우 좋다고 예찬하였으니, 그가 한 말에 "이것은 남원에서 나는 것인데 그 제품이 몹시 훌륭하다〔此南原所産也, 厥品甚好〕"라고 한 것을 보아 알 수 있다.

이와 같이 토산차에 대한 안팎 사람의 찬반양론은 거의 비슷하다. 조선차는 좋은가 좋지 않은가? 이것은 정도의 문제일 뿐이다. 풍토의 영향도 있겠지만 예로부터 조선인은 차 재배에 전문적이지 않으므로 중국인의 그것처럼 개량에 개량을 더하여 훌륭한 제품을 만들지 못한 것이 사실이다. 그러나 일반인이 생각하는 것처럼 토산차가 반드시 변변치 못한 제품인 것만은 아니다. 채취와 제다의 방법이 제대로 되기만 하면 쓰고 떫은 기미도 없어지고 빛깔과 향기, 기운과 맛이 천하일품은 못 되더라도 중국차에 그다지 못하지 않은 모양이다.

차 채취 방법도 맑은 밤에 구름이 없고 이슬에 흠뻑 젖은 것을 채취하는 것이 가장 좋고, 해가 있을 때 채취하는 것이 그다음이요, 흐리거나 비가 올 때 채취하는 것은 좋지 못하다. 또 차 만드는 법도 냉하고 습한 것을 피하여, 따뜻하고 건조해야 하므로 대껍질로 싸서 말리는 그릇 안에 넣어 2, 3일에 한 번씩 불에 쪼인다. 온도는 체온을 넘겨서는 안 되는데 불기운이 강하면 차가 먹을 수 없게 된다.

이상은 초의의《동다송》주석과 이규경李圭景의《오주연문장전산고五洲衍文長箋散稿》〈도다변증설茶茶辨證說〉주석에 적혀 있는 채취와 제다법의 한 구절이다. 조선에도 남쪽 지방의 선가禪家에서는 일종의 독특한 방법을 알았던 것 같다. 그렇지 않으면 도저히 저와 같은 훌륭한 제품이 있을 수 없다. 오늘날까지 차를 마시는 실낱같은 잔명을 지켜온 남방의 선가는 유구한 내력을 지닌 만큼 거기에 서로 전해오는 제다의 비방이 있을 것이다. 만일 그렇다면 저 초의가 《동다송》에서 예찬한 토산차를 반드시 과장으로만 볼 것은 아니다.

우리 차에 대해 예찬한 사람은 초의 외에도 추사 김정희가 있다. 추사는 초의와 나이가 같은 도우道友이다. 부처의 철학적 이치와 시를 읊으면서 토론과 왕래가 자못 빈번하였다. 추사는 다도에도 깊은 이해를 가지고 있었다. 그는 일찍이 지리산의 승려가 제조한 차를 영남 사람에게 얻어 시음하고는 크게 예찬하여 이렇게 말했다. 이재 권돈인에게 준 편지인 〈여권이재與權彝齋〉에 나온다.

> 다품茶品이 과연 승설차勝雪茶의 남은 향기올시다. 일찍이 쌍비관雙碑館 안에서 이 같은 차를 보았더니, 동쪽으로 온 지 40년 동안 다시는 보지 못하였지요. 영남 사람이 지리산 승려에게 이를 얻었는데 산승 또한 개미가 금탑金塔을 모으는 것같이 해서 실로 많이 얻기가 어렵다는군요. 또 내년 봄에 다시 구하려 하나, 승려들이 모두 깊이 비밀로 하면서 관가를 두려워해 쉬 내놓지 않는군요.[35]
>
> 茶品果是勝雪之餘馥賸香. 曾於雙碑館中, 見如此者, 東來四十年, 再未見之. 嶺南人得之於智異山僧, 山僧亦如蟻聚金塔, 實難多得. 又要明春再乞, 僧皆深秘, 畏官不易出.

안목과 식견이 한 세상에 으뜸이었던 추사 또한 오히려 지리산 차에 대해 중국 엽차의 최고 정품精品인 승설차와 맞겨룰 만하다고 대단히 칭찬하였으니, 만일 재배와 채취, 제다의 비법을 보급해 다량 생산

---

35 김정희의 《완당전집阮堂全集》 3권 서독書牘 〈여권이재 17〉이다.

을 꾀하였다면 농사짓는 나라인 조선에 커다란 이익이 되었을 것이다. 하지만 끝내 산업화하지 못하고 만 것은 다른 까닭이 아니다. 관리의 가혹한 수탈을 두려워하여 깊이 감추고 감히 보내지도 못하게 되었기 때문이다. 고금을 통해 차가 산업화하지 못한 요인이 무엇인지 알 수 있을 것이다.

16. 차의 상품

차를 산업화하지 못한 것은 관리의 가렴주구도 가렴주구지만, 무엇보다 민중이 차를 마시지 않았기 때문에 그것을 재배할 필요가 없었기 때문이다. 비록 대중이 차를 마시지 않더라도 실제로 이해에 밝고 빠른 조선 사람이라면 이것을 널리 심어 남에게 상품으로 팔지 못할 바는 아니다. 그러나 차에 대해 애초부터 그러한 관념조차 없었던 것이 사실이다.

민중은 말할 것도 없고, 예전 조선의 당국자로서 차를 상품화하는 것을 일찍부터 염두에 둔 이가 있었던가? 모르긴 해도 없었을 것이다. 고종 18년(1881) 신사년에 운양 김윤식이 영선사領選使로 천진天津에 갔을 때 중국 정치가 이홍장李鴻章이 김윤식과 조선의 물산에 대해 말하던 끝에 차의 유무를 물었다. 김윤식은 차가 호남의 바닷가 지방에서 소량으로 생산되고 있을 뿐이라고 대답하였다.

그 뒤 임오군란 때 우리나라에 왔던 오장경吳長卿의 막료 중에도 조선이 부강을 이루는 방법으로 차의 이익을 말한 이가 있었다. 그중에도 이한신李瀚臣 같은 이는 그때 접빈관이던 석릉石菱 김창희金昌熙 (1844~1890)에게 〈조선부강팔의朝鮮富强八議〉를 논술하였다. 《삼주합존三奏合存》에 실린 〈조선부강팔의〉의 1조는 다음과 같다.

첫째는 상무商務를 살펴 이익을 거두라는 것이다. 서양의 나라는 경제 통상을 근본으로 삼아 힘써 세금을 납입하게 해서 군대를 기른다. 그러므로 부강함이 나날이 더해지니, 실로 상인들이 먹여 살리는 것이다. 이제 이들과 통상조약을 맺었으니, 이제부터 여러 상인들이 나라에 구름처럼 모여들 것이다. 온갖 물건을 펼쳐놓고 파는 것이 장차 끝도 없이 이르러 반드시 백성의 재화가 밖으로 넘쳐나게 되어 잔이 새는 것을 막지 못하게 될 것이다. (중략) 이는 시급히 따져보아 변화를 인하여 권도權道를 펴서 서로 장사의 이익을 일으키지 않을 수 없다. 예를 들어 석탄과 철, 생사와 차는 서양인들이 필요로 하는 가장 중요한 물건이다. 마땅히 급히 백성들을 가르쳐서, 채취하여 만들 방법을 강구해야 한다.

一日籌商務, 以收利益也. 西國以經商爲本, 務納貨稅以養兵. 故富强日臻, 實寓餬於賈也. 今旣與之通商立約, 從此各商雲集於國中, 設百貨暢銷, 將見源源而至, 必致民財外溢, 莫塞漏巵. (中略) 此不得不亟思因變達權, 以興互市之利. 如煤鐵絲茶, 爲西人需用大宗, 急宜敎民, 講求探製.

위에 열거한 '매철사다煤鐵絲茶', 즉 석탄과 철, 생사生絲와 차는 서양인이 많이 찾는 물품이니, 아무쪼록 급히 백성을 가르쳐 석탄과 철 같은 광물을 채굴하고, 생사와 차 같은 물건을 제조하여야 한다고 했다. 그러나 500년 동안 금은 등 광물의 채굴은 국법으로 금하였고, 차와 뽕나무의 재배도 이미 쇠퇴한 상태였으므로 갑자기 어찌해볼 수 없었다.

이한신은 다시 2조에 차와 뽕나무의 재배와 채취하여 제품화하는 방법을 설명하고, 중국의 그것을 본받는 것이 좋겠다고 했다. 조금 길지만 그 원문을 다음에 제시한다.

차와 뽕나무를 널리 심는다. 차는 산 흙이 좋으니 바람을 피해 그늘로 나간다. 곡우 전에 싹을 딴 것이 다품 중 가장 좋고, 곡우 이후에 딴 잎은 빛깔과 맛이 하품이다. 서양 사람들은 홍차를 즐겨 마신다. 녹차는 중국의 안휘성安徽省과 복건성福建省, 두 성에서 채취하여 제다하는 방법을 본떠 배워야 한다. 뽕나무는 평원이 좋다. 습기를 싫어하고 비료를 좋아하니, 듬성듬성 심어서 낮게 보호한다. 초봄에 잎을 따서 누에를 먹이고 누에가 커서 고치실을 뽑으면 흰 실을 상품으로 치고 누런색은 그다음이다. 중국의 호주에서는 아녀자나 아이 할 것 없이 모두 그 일을 부지런히 한다. 그래서 누에 치고 뽕나무 기르는 이익이 천하에 으뜸이니, 그 방법을 배우지 않을 수 없다.

廣植茶桑, 茶宜山土, 避風就陰. 穀雨節前採苗, 爲茶品最上. 節後收葉, 色味乃下. 西人喜飮紅茶. 綠茶與中國徽閩兩省, 採製之法, 是宜倣效. 桑宜於平原, 惡濕喜肥, 疎栽低護. 春初採葉以飼蠶, 蠶長繅絲. 白絲爲上, 黃色次之. 中國湖州, 無論婦孺, 皆勤其業. 故蠶桑之利, 甲於天下. 其法不可不知也.

이로 보면 그는 친절하게 떠먹이다시피 가르쳐주었다. 예전부터 비단과 차로 유명하던 중국인의 주장인 만큼 경청할 만하다. 하지만 차와 뽕나무뿐 아니라 모든 산업에 있어서도 중국인에게 배울 점이 많다.

그럼에도 이를 헤아리지 않고 조선이 개국할 때부터 송학宋學과 함께 가례家禮 같은 것은 그대로 채용하면서도 정작 인간의 실생활에 필요한 생산 방법에 이르러서는 중국 것을 도무지 채용하지 않았고 배우려고도 하지 않았다. 그러므로 조선 시대를 통해 통치자들이 공리空理와 허례虛禮에는 눈이 밝았지만 실리와 실용으로 들어가기만 하면 아득히 색맹처럼 되었다.

이는 신라 시대나 고려 시대에는 일찍이 보지 못하던 것이다. 조선에 와서 농공상農工商 할 것 없이 모든 산업이 시들어 진작되지 못한 것은 이유가 없지 않다. 오늘날 조선이 세계에서 가장 빈약한 나라가 된 원인이 배태胚胎된 지도 이미 오래이다.

차와 생사에 있어서는 중국이 예로부터 천하에 독보적이었고, 당시 일본도 명치유신 이후로 차와 생사의 개량을 꾀하는 동시에 생산액의 증진을 꾀하여 중국과 경쟁하기에 이르렀다. 그러나 이 두 세계적인 차와 생사 생산국 사이에 끼어 있는 반도는 차와 생사 생산이 가장 빈약하다기보다 거의 전무한 상태였으니, 이 얼마나 풍자적인가? 그리하여 조선인은 근세에 이르도록 차를 널리 심어 개량에 개량을 더해 상품으로 외국 시장에 내보내지 못하고 말았다.

17. 차고사 보유補遺

예전에야 어쨌든 간에 오늘날에 와서 차 마시는 풍습이 이미 소멸된 것만은 부인할 수 없는 사실이다. 우리네가 일상에서 사용하는 말 중 다관茶罐이나 차종茶鍾이니 하는 다구의 이름이 아직도 남아 있어, 예전 차 마시던 흔적을 전해줄 뿐이다.

물건 이름만이 아니라 지명 중에도 다천茶泉이나 다촌茶村 같은 차 전설이 얽힌 곳이 있다. 서울의 다방茶坊골도 옛날 다방茶房이 와전된 것이 아닌가 싶다. 본래 궁중에 두었던 다방이 조선 초기 어느 시기에 지금의 다방골 위치로 옮긴 것이 아닐까? 그러나 이는 아무 근거 없는 나의 막연한 상상에 지나지 않는다.

사물의 이름과 땅 이름 외에도 우리네 연중행사 중 하나인 차례茶禮 같은 것은 차고사의 유풍과 여운이 깊이 스며 보급되어 조선인과는 떼려야 뗄 수 없는 민속의 일부가 되고 말았다.

그렇다면 차례란 무엇인가 하면 명절에 죽은 이를 제사 지내는 간략한 예법이라고《조선어사전》에 적혀 있다. 그러나 내가 본 바에 따르면 죽은 이를 제사 지내는 간략한 예법일 뿐 아니라 산 사람을 대접하는 약례 또한 차례(다례)라고 말한다.

조선 시대에 중국 사절을 맞이할 때는 으레 먼저 다례를 행하였다. 오늘날 표현으로 하면 내빈에게 음식을 드리기에 앞서 다과를 내놓는 것인데 사실은 다과가 아닌 약식 향응을 가리킨다.

임진왜란 중 의주 행재소行在所에서 오락가락하는 명나라 사신을 접견할 때마다 "다례를 행하였다(行茶禮)"거나 "이에 다례를 행하였다〔仍行茶禮〕" 등의 내용이 실록에 보인다. 병자호란 뒤 볼모로 붙잡혀 갔던 소현세자昭顯世子(1612~1645)께서 잠깐 귀국하여 부왕父王을 뵈러 왔다. 그때 호위하던 청나라 장수에 대해 세자께서 몸소 객관으로 나가 다례를 행한 일이 있었다.

갑신년(1644) 1월 22일, 왕세자께서 종묘를 배알하시고는 이내 남별궁南別宮으로 납시어 호위하여 온 청나라 장수를 만나보시고 다례를 행하신 뒤 돌아오셨다.
甲申年正月二十二日, 王世子展謁宗廟, 仍往南別宮, 見護行將, 行茶禮而歸.

남별궁은 오늘날 조선호텔 터에 있던, 당시 청나라 장수의 숙소였다. 다례는 간단하게 차린 음식을 뜻한다.

고종 병자년, 즉 1876년에 조선에 왔던 청나라 사신을 근정전에서 접견할 때도 먼저 다례를 행한 것이 당시 궁중 일기인《일성록日省錄》에 보인다.

내가 말했다. "중국 사신이 멀리서부터 오니 변방에 빛이 납니다. 다례를 행하여 간략하게나마 작은 정성을 표하고자 하오." 칙사가 말했다. "감히 훌륭한 차를 받지 못하겠사옵니다." 내가 말했다. "통관通官 이하에게 차를 하사하는 것은 어떻겠소?" 칙사가 말했다. "삼가 따르겠나이다."

予曰: "皇華遠辱, 退輒動色, 願行茶禮, 略表微忱矣." 勅使曰: "敢不拜嘉茶." 予曰: "通官以下, 賜茶何如?" 勅使曰: "敬依."

글 속의 '나'는 고종께서 자신을 일컬은 것이고, 칙사는 청나라 사신을 가리킨다. 이로 보면 다례는 살아 있는 사람에게 내리는 간략한 음식에도 사용하던 말임을 알 수 있다. 하지만 오늘날에 와서는 사실상 죽은 이에 한하여 사용하게 되었다.

다례 외에 다담상茶啖床이란 용어가 있다. 다담은 다례와는 정반대로 성대한 차림을 뜻한다. 지방 관아에서 감사나 사신에게 올리는 최상의 성찬을 말한다.

다담도 처음에는 다례와 마찬가지로 약식의 명칭이었는데 이처럼 반대 의미를 갖게 되었는지도 모르겠다. 시대가 바뀌고 일이 변한 오늘날에는 다담상은 아주 없어지고 말았지만, 용어만큼은 그대로 남아 있다.

다담 이야기가 나왔으니 말이지 갑오경장 이전까지도 다시茶時라는 것이 있었다. 다시는 사헌부 관원들이 날마다 한 차례씩 출근해서 모여 앉는 것을 일컫는 말이다. 사헌부 관원은 오늘날 검사와 비슷한 임무를 맡은 관헌官憲이다. 날마다 한 차례씩 점심시간 같은 때 한자리에 모여 함께 의논하는 관례가 있었다고 짐작된다. 하고많은 명칭 중 어째서 다시라고 했을까? 이는 아마 음다飮茶의 풍습이 성행하던 고려 이래로 전해 내려온 풍속인 듯하다. 차 마시는 일이 폐지된 조선 시대에 들어와서도 여전히 모여 얘기하는 것과 그 용어만큼은 전해져온 것이 아닌가 한다.

다시는 사헌부의 특수 용어이다. 한편 비록 특수 용어는 아니지만 궁중에서 잔치를 베풀 때 다정茶亭이란 것이 있다. 다정은 다정자茶亭子의 약칭이다. 즉 다기 등을 놓은 탁자를 말하는데 어떤 진연도進宴圖를 보더라도 반드시 다정은 주정酒亭과 가지런히 놓여 있다. 이것은 예부터 행한 일정한 의식이어서 최근 광무光武 연간까지 조금도 변함없이 그대로 내려왔다.

어느 역사가의 연구에 따르면, 고려 때 팔관회의 의식이 조선의 진연進宴 의식으로 남아 있다고 한다. 팔관회에서 차가 중요한 일부를 차지하였기 때문에, 이로 보면 다정이란 말의 유래도 퍽이나 오래되었음을 알 수 있다.

차 용어의 연원을 살필 때 차와 약을 나란히 거론하여 가끔 차약茶藥이라고 말한 예가 있고, 차와 술을 함께 꼽아 흔히 주다酒茶로 일컬은 예도 있다. 이 두 가지 용어 사이에 분명한 시대적 구분이 있지는 않다. 하지만 어떤 의미에서 차 마시는 풍습이 승려 계통부터 일반 세속으로 옮겨 오게 된 사정을 전해준다고 볼 수 있다.

하지만 차는 한 걸음 더 나가 과자나 연초煙草, 즉 담배와 함께 일컬어 다과茶菓 또는 다초茶草라고 말할 만큼 대중화되기 이전에 벌써 쇠퇴하고 말았다. 대중이 마시지 않는 차가 어떻게 산업화할 수 있겠는가? 조선 문화에 끼친 차의 공적이 겨우 예술에서 끊어지고, 산업에까지 진전되지 못한 것은 주로 이 때문이다.

차는 본래 중국말로는 '춰'이고, 일본말로는 '챠'이다. 영어 '티'와 조선말 '차'가 비록 얼마간 바뀌긴 했어도 모두 원어 '춰'에서 나왔다. 차는 원어 그대로 '차'라고 하는 것이 맞겠는데 어째서 '다'라고 했을까?《두시언해杜詩諺解》나《훈몽자회訓蒙字會》에도 '차'라고 적혔는데 어느 시대에 어떤 이유로 '차'를 '다'라고 했는지 알 수 없다.

범어梵語에 차를 '알가關伽'라고 하니, 중국말 '춰'와는 전혀 다르다. 인도차가 중국차를 옮겨 심은 종자라는 주장도 있지만, 어원이 다른 것으로 추측해볼 때 둘은 별도의 계통으로 보아야 한다는 주장이 옳은 것도 같다.

그리고 차의 명칭에 대소가 있다. 고려 문종 때《고려사》에 나타난 차 중 '대차大茶'라는 것이 보인다. 이 대차를 두고 어떤 학자는 대국차大國茶, 즉 중국차로 해석하였다.[36]

그러나 문종의 넷째 아들 대각국사大覺國師의 문집을 보면 송나라 승려 변진辯眞이 대각국사에게 보낸 예물 중 소차小茶 100근이 적혀 있다. 이로 미루어 본다면 앞서 말한 대차가 반드시 중국차를 의미한 것이 아니고, 당시 송나라에 이미 대차와 소차라는 명칭이 있었던 모양이다. 다만 이 대차와 소차에 관한 연구는 다음 기회로 미루기로 한다. 차고사는 너무 지루하므로 이쯤에서 붓을 던지기로 한다. 하지만 망발과 착오가 많은 점을 스스로 부끄러워하여 마지않는다.

36 이 대차를 두고 …… 해석하였다: 아유카이 후사노신이《잡고》5집〈차 이야기〉에서 "나는 이것은 중국차를 가리킨 것이라고 생각한다. 왜냐하면 '대'는 옛날 방언으로 '중국', 즉 '대국'의 '대'라는 의미로서, 중국 물건의 형용사로 사용되었기 때문이다[私は是は支那茶を指したものと考定して居ります。如何となれば大は古く方言として支那即ち大國の大の意味として、支那物の形容詞に用ゐられて居るからであります]"라고 설명한 것을 말한 것이다.

해설

이상 살펴본 대로 《차고사》의 목차는 이렇다.

호암은 《차고사》를 저술하면서 일본인 학자 아유카이 후사노신이
지은 〈차 이야기〉의 내용을 상당 부분 활용하였다. 하지만 우리나라

차 역사 자료에 접근하기 어려웠던 일제강점기의 상황에도 본인이 직접 발굴한 많은 자료를 함께 실어 논의의 폭과 깊이를 확대한 점은 높이 평가해야 마땅하다.

그 내용은 신라 시대부터 19세기에 이르기까지 우리 차 문화사의 의미 있는 역사적 장면을 간추려 정리했다. 차가 어떤 경로로 우리나라에 전래되었고, 신라와 고려의 차 문화를《삼국사기》와《삼국유사》,《고려도경》및《고려사》의 자료를 망라하여 정리했다. 조선 전기 김종직의 함양 다원과 임진왜란 당시 명나라 장수 양호와 선조 사이의 문답을 통해 조선 시대 차 문화의 실상을 알렸다. 또 19세기 초의차의 명성과 추사 등 학인들의 차 지식을 설명했다.

호암은《차고사》에서 우리나라에서 차가 산업화되지 못한 이유를 역사적인 사실을 통해 밝혔다. 호암이 차의 경제성과 산업화를 대단히 중요하게 생각했음을 보여준다.

자료

李穆,《李評事集》, 영인본, 한국문집총간.

文緯世,《楓菴先生遺藁》, 풍암선생유고발간위원회, 1995.

全承業,《仁峰全承業先生遺稿》, 옥천전씨송정공파종회, 2007.

黃胤錫,《頤齋亂藁》, 친필 필사본.

李時憲,《江心》, 친필 필사본.

李德履,《江心漫錄》, 필사본, 의암 김규선 소장.

尹在瓚,《橘林文苑》, 친필 필사본.

丁若鏞,《與猶堂全書》, 영인본, 한국문집총간.

丁若鏞,《洌水文簧》,《정본 여유당전서》 35책, 다산학술문화재단, 2012.

尹詩有,《航菴秘笈》, 필사본, 개인소장.

尹馨圭,《戱齋雜錄》, 필사본, 서울대학교 규장각 한국학연구원 소장

徐有榘,《林園經濟志》, 서울대학교 규장각 한국학연구원 소장.

申緯,〈南茶詩幷序〉, 친필본, 개인 소장.

草衣 意恂,《茶神傳》, 다예관본, 아모레퍼시픽미술관 소장.

毛煥文 增補,《增補萬寶全書》, 목판본, 1746.

毛煥文 增補,《增補萬寶全書》, 목판본, 1850.

草衣 意恂,《東茶頌》, 석오본, 개인 소장.

草衣 意恂,《東茶頌》, 다예관본, 아모레퍼시픽미술관 소장.

法眞,《茶經合》, 필사본, 개인 소장.

王象晋,《群芳譜》, 목판본, 국립중앙도서관 소장.

汪灝,《廣羣芳譜》, 신문풍출판공사, 대만, 1980.

俗愚堂,〈大芚寺草菴序〉, 친필본, 아모레퍼시픽미술관 소장.

草衣 意恂,《一枝庵詩稿》, 보련각 영인본, 1975.

李圭景,《五洲衍文長箋散稿》, 영인본, 동국문화사, 1955.

趙熙龍,《鋟窾道人詩鈔》, 친필본, 개인 소장.

李尙迪,《恩誦堂集》, 영인본, 한국문집총간.

尹致英,《石梧集》, 필사본, 국립중앙도서관 소장.

朴永輔,《西泠霞錦集》, 필사본. 개인 소장.

朴永輔,〈南茶並序〉, 친필본, 박동춘 소장.

李裕元,《嘉梧藁略》, 영인본, 한국문집총간.

梵海 覺岸,《栢悅錄》, 영인본, 도서출판 송광사, 2002.

梵海 覺岸,《梵海禪師遺稿》, 신연활자본, 동국대학교 도서관 소장.

申獻求,《秋堂襍稿》, 필사본, 연세대학교 도서관 소장.

安宗洙,《農政新編》, 광인사 간본, 1885.

文一平,《湖岩文一平全集》, 민속원, 1995.

文淵閣,《四庫全書》, 전자판.

저서 및 논문

김대성,《초의선사의 東茶頌》, 동아일보사, 2004.

김명배,《茶道學》, 학문사, 1993.

김명배,《中國의 茶道》, 명문당, 2001.

김명배,《茶道學論攷(Ⅱ)》, 대광문화사, 2001.

김명배,《增補 茶道學論攷》, 대광문화사, 2005.

김명배,《韓國의 茶書》, 탐구당, 1992.

김봉호,《艸衣選集》, 문성당, 1977.

류건집,《茶經 註解》, 이른아침, 2016.

류건집,《茶賦 註解》, 이른아침, 2009.

류건집,《東茶頌 註解》, 이른아침, 2009.

류건집,《韓國茶文化史 上·下》, 이른아침, 2007.

모로오카 다모쓰·이에이리 가즈오, 김명배 역,《朝鮮의 茶와 禪》, 보림사, 1991.

박희준, 〈석오石梧 윤치영尹致英을 통해 본 강진의 차문화〉, 제1회 강진 차茶 문화
학술대회, 2016. 9.

석용운 엮음,《한국 茶文化자료집》 20책, 도서출판 초의, 2006.

석용운, 〈東茶頌의 새로운 고찰〉,《盆栽壽石》 1981, 11-12월호.

석용운,《초의선사의 茶향기》, 도서출판 초의, 2012.

송재소·유홍준·정해렴 외 공편,《한국의 차 문화 천년 1》, 돌베개, 2009.

송재소·유홍준·정해렴 외 공편,《한국의 차 문화 천년 2》, 돌베개, 2009.

송재소·유홍준·정해렴 외 공편,《한국의 차 문화 천년 3》, 돌베개, 2011.

송재소·조창록·이규필 공편,《한국의 차 문화 천년 4》, 돌베개, 2012.

송재소·조창록·이규필 공편,《한국의 차 문화 천년 5》, 돌베개, 2013.

송재소·조창록·이규필 공편,《한국의 차 문화 천년 6》, 돌베개, 2014.

송재소·조창록·이규필 공편,《한국의 차 문화 천년 7》, 돌베개, 2014.

유동훈,《《다신전茶神傳》의 출전出典〉,《한국차학회지》 제23권 제2호, 한국차학회,
2017. 6.

유동훈, 〈다신계茶信契가 강진지역 다사茶史에 미친 영향〉,《한국차학회지》 제23권
제4호, 한국차학회, 2017. 12.

유동훈, 〈文緯世의 〈茶賦〉를 통해 본 장흥지역 飮茶風俗 考察 – 固形茶를 중
심으로〉,《한국차문화》 제3집, 한국차문화학회, 2012. 5.

유동훈,《《부풍향차보扶風鄉茶譜》 고찰考察〉,《한국차문화》 제7집, 한국차문화학회,
2016. 10.

尹庚燁,《茶文化古典》, 弘益齋, 1999.

應松 朴暎熙,《東茶正統考》, 호영출판사, 1985.

이을호, 〈全南 康津에 남긴 茶信契節目考〉,《호남문화연구》 Vol 1, 전남대학교
호남학연구원, 1963.

鮎貝房之進,《雜攷》, 근택출판부, 1932.

정민, 〈이덕리李德履 저著《동다기東茶記》의 차문화사적 자료가치〉,《문헌과해석》
　　제36호, 문헌과해석사, 2006, 가을호.

정민,《새로 쓰는 조선의 차문화》, 김영사, 2011.

정민,《다산의 재발견》, 휴머니스트, 2011.

정민,《강진 백운동 별서정원》, 글항아리, 2015.

정민,《《부풍향차보》의 제다와 다구론茶具論〉,《한국차학회지》제22권 제4호, 한국
　　차학회, 2016. 12.

정민, 〈다산과 강진의 차문화〉, 제2회 강진 차茶 문화 학술대회 2017. 9.

정민,《잊혀진 실학자 이덕리와 동다기》, 글항아리, 2018.

정영선,《한국 차문화》, 너럭바위, 1992.

정영선 편역,《동다송》, 너럭바위, 2007.

國家圖書館古籍文獻叢刊,《中國古代茶道祕本五十種》(전4책), 중국, 전국도
　　서관문헌축미복제중심, 2003.

諸岡 存·家入一雄 共著,《朝鮮の茶と禪》, 일본의다도사, 1940.

陳祖槼·朱自振 編,《中國茶葉歷史資料選輯》, 홍익재, 1995.

쩡유화,《茶經講說》, 도서출판 茶와사람, 2008.

쩡유화,《點茶學》, 普洱世界, 2008.

쩡유화,《中國古代茶書精華》, 남탑산방, 2000.

草衣 張意恂 著·金斗萬 譯,《東茶頌·茶神傳》, 태평양박물관, 1982.

崔凡述,《韓國의 茶道》, 寶蓮閣, 1980.

최영성, 〈문위세文緯世의 〈다부茶賦〉〉,《차문화》2009년 5-6월호.

布目潮渢,《中國茶書全集》, 汲古書院, 1987.

작품명

용어